Ritschl, Albrecht

Die Entstehung der altkatholischen Kirche

Ritschl, Albrecht

Die Entstehung der altkatholischen Kirche

Inktank publishing, 2018

www.inktank-publishing.com

ISBN/EAN: 9783747765630

Die

Entstehung

der

altkatholischen Kirche.

Eine

kirchen- und dogmengeschichtliche Monographie

von

Albrecht Ritschl

Doktor der Philosophie und Theologie, außerordentl. Professor der Theologie an der Universität Bonn, ordentl. Mitglied der historisch-theologischen Gesellschaft zu Leipzig.

Zweite, durchgängig neu ausgearbeitete Auflage.

Bonn,

bei Adolph Marcus.

1857.

Vorrede.

Als ich „die Entstehung der altkatholischen Kirche" in ihrer ersten Gestalt ausarbeitete, war ich in der Lage, gegen eine Reihe von Aufstellungen der Tübinger Schule Widerspruch zu erheben; aber ich hatte noch nicht diejenige Stellung des Gegensatzes gegen dieselbe erreicht, welche den Widerspruch zu einem principiellen und durchgreifenden gemacht hätte. Deßhalb entbehrt das Buch in seiner ersten Gestalt theilweise der nöthigen Konsequenz, wodurch es mir selbst bald genug fremd geworden ist, in dem Maaße, als meine theologische Bildung sich zu ergänzen und zu vervollständigen strebte. Die Theilnahme, welche das Buch trotz seiner Mängel bei den Fachgenossen gefunden hat, und welche ich auch in den scharfen und schonungslosen Entgegnungen dankbar erkenne, hat es mir möglich gemacht, an eine neue Bearbeitung des Gegenstandes zu denken und dieselbe schon jetzt, sieben Jahre nach dem Erscheinen der ersten Ausgabe, zu veröffentlichen. Ich habe den Plan des Buches im Ganzen festhalten können; in einzelnen Fällen ist der Stoff anders vertheilt worden; nur in der Geschichte des jüdischen Christenthums ist an die Stelle der Untersuchungen über die clementinische Literatur eine Darstellung der verschiedenen jüdisch-christlichen Parteien getreten. Aber das Buch ist eben doch von Grund aus ein anderes, als sein Vorgänger gleichen Namens. Die Wichtigkeit des Gegenstandes für die gesammte evangelische Theologie läßt mich hoffen, daß die Fachgenossen diesem neuen Beitrag zur Lösung einer schwierigen Aufgabe ihre Aufmerksamkeit nicht versagen werden. Den Beruf wenigstens, noch einmal die Geschichte der ältesten Entwickelung der Kirche zu behandeln, wird man mir, wie ich denke, zugestehen, zumal da ich mich von jedem Parteistreben als solchem frei weiß.

Bonn, den 7. Juli 1857.

Der Verfasser.

Inhalt.

Einleitung.

Die theologische Forschung hat sich in der neuern Zeit mit großer Lebendigkeit der Geschichte des apostolischen und nachapostolischen Zeitalters, d. h. der beiden ersten christlichen Jahrhunderte zugewandt. Es ist dies ein Gebiet der Geschichte, zu dessen Aufhellung bei dem Mangel direkter Quellen der Konjekturalkritik ein weiter Raum gelassen ist, deren Anwendung ebenso viel Reiz darbietet, als sie Schwierigkeiten zu überwinden hat. Die Schwierigkeiten, welche der Geschichtschreibung des bezeichneten Zeitraums entgegentreten, sind aber nicht einfacher und gewöhnlicher Art, sondern gewissermaßen potenzirt. Nicht alle Schriften nämlich, welche jenem Zeitraume angehören, tragen das Zeichen ihres Ursprungs und ihrer Zeitbestimmung so deutlich an der Stirn, daß man an ihnen eine feste Basis zur Kontrole der einzelnen geschichtlichen Data, welche aus verschiedenen Gründen unsicher sind, und zur Aufstellung von Hypothesen besäße, mit welchen allein die Lücken der Geschichtsanschauung ausgefüllt werden können. Dies gilt von fast allen Schriften, von denen es klar ist, daß sie dem Jahrhunderte von der Zerstörung Jerusalems bis auf die Zeit des Irenäus angehören; aber auch eine Reihe neutestamentlicher Schriften, auf welche sich die Geschichte stützen muß, entbehrt der unzweifelhaften Merkmale ihrer geschichtlichen Stellung. Damit also diese Schriften der Geschichtsforschung feste Anhaltspunkte gewähren können, bedarf es literargeschichtlicher Untersuchungen, und bei diesen ist nicht zu umgehen, daß die Gesammtanschauung der Periode, welche erst hypothetisch aus der Analyse der einzelnen Schriften hervorgehen soll, vielmehr schon als Basis der Untersuchung derselben sich geltend macht. Wenn also überhaupt eine Voraussetzungslosigkeit der Geschichtschreibung möglich wäre [1]), so ist sie auf diesem Felde gar nicht in Anspruch zu nehmen. Wird nun aber nicht eine solche Geschichtschreibung, welche erst den geschichtlichen Ort der Quellen nach der Totalanschauung der Periode, und dann diese nach jenen bestimmt, sich im Kreise bewegen? Wird diese Methode Gewißheit zu geben im Stande sein, und nicht in die größten Fehler und Willkürlichkeiten sich verwickeln? Dies alles wird freilich stattfinden, wenn man die streitige Periode, oder die einzelnen ihr angehörigen Quellen isolirt behandelt; allein wenn man eine feste Anschauung der Zeiträume und historischen Gestalten hat, welche der dunkeln Periode vorausgehen und folgen, so ist ein Grundfehler in der Totalanschauung der dazwischen liegenden Entwickelung nicht leicht zu begehen. Uebrigens aber kann bei den sich ergänzenden Untersuchungen des Ganzen und des Einzelnen immer nur eine der Wahrheit sich annähernde Gewißheit erstrebt werden. Die vollkommene Erfassung des Gegenstandes, welche die Zustimmung zu ihren Resultaten erzwingt, liegt nie in der Macht einer bewußten Absicht, und kann durch eine bestimmte Methode der Forschung doch nicht hervorgebracht werden.

Bei der Verfolgung der Aufgabe ist es aber nöthig, ein neuerdings manchmal angewandtes Mittel unbenutzt zu lassen. Es ist freilich ein ganz richtiger Gedanke, daß die Kritik des neuen Testamentes, wenn sie die Echtheit einer kanonischen Schrift zu leugnen Ursache findet, nicht nur bei dem negativen Urtheile ste-

---

1) Dafür aber, daß sie es nicht ist, erlaube ich mir die treffenden Worte W. v. Humboldts in der Charakteristik Schillers vor dem Briefwechsel zwischen S. und H. (Stuttg. 1830) S. 57 anzuführen: „Eine Thatsache läßt sich ebenso wenig zu einer Geschichte, wie die Gesichtszüge eines Menschen zu einem Bildniß blos abschreiben. Wie in dem organischen Bau und dem Seelenausdruck der Gestalt giebt es in dem Zusammenhange selbst einer einfachen Begebenheit eine lebendige Einheit, und nur von diesem Mittelpunkt aus läßt sie sich auffassen und darstellen. Auch tritt, man möge es wollen, oder nicht, unvermeidlich zwischen die Ereignisse und die Darstellung die Auffassung des Geschichtschreibers; und der wahre Zusammenhang wird am sichersten von demjenigen erkannt, der seinen Blick an philosophischer und poetischer Nothwendigkeit geübt hat. Denn auch hier steht die Wirklichkeit mit dem Geiste in geheimnißvollem Bunde."

hen bleiben darf, sondern auch die Aufgabe hat, den historischen Ort zu bestimmen, welchem die unechte Schrift wahrscheinlich angehört. Es liegt aber eine sehr dringende Gefahr des Irrthums darin, solange das zweite christliche Jahrhundert nicht nach allen Seiten durchforscht ist, solchen wie man vermuthet unechten Schriften des N. T. nicht nur aus blos innern Gründen ihren Ort in demselben anzuweisen, sondern noch dazu sie in erster Reihe als Quellenschriften und repräsentative Dokumente jener Periode zu benutzen. Gesetzt, daß wirklich Grund dazu vorhanden wäre, Schriften, wie das johanneische Evangelium, die Apostelgeschichte, die Pastoralbriefe dem zweiten Jahrhundert zu überweisen, so muß die Kritik sich erst viel vollständiger, als bisher geschehen ist, über die Geschichte des zweiten Jahrhunderts orientiren, ehe sie dazu fortschreiten kann, den Ort unechter Schriften des Kanons positiv zu bestimmen.

Ueber die dunkle Periode der nachapostolischen Zeit glauben wir am sichersten Klarheit gewinnen zu können, wenn wir unsere Aufgabe bestimmt fassen als die Geschichte der Entstehung der altkatholischen Kirche aus dem Urchristenthume. Die Richtungen und Verhältnisse im apostolischen Zeitalter sind die nothwendige Voraussetzung, aus welcher die bis jetzt dunkle Entwickelung des zweiten Jahrhunderts hervorgegangen sein muß, und die Gestalt der altkatholischen Kirche am Ende des zweiten und am Anfang des dritten Jahrhunderts ist das Resultat derselben. Es wird wohl keinem Zweifel unterliegen, daß dies Resultat nicht nur indirekte Schlüsse auf die Art seiner Entstehung erlaubt, sondern daß die Gestalt des katholischen Christenthumes in jener Epoche für die Erforschung des zweiten Jahrhunderts auch direkte Gesichtspunkte an die Hand giebt. Mit dieser Untersuchung hoffen wir einmal eine Lücke der Dogmengeschichte auszufüllen, dann aber auch eine Schuld der protestantischen Geschichtsforschung abzutragen. In den dogmengeschichtlichen Handbüchern und Monographieen suchen wir nämlich vergebens nach einer Charakteristik des ältesten katholischen Christenthumes, dessen Unterschied vom Urchristenthum doch eben so einleuchtet, wie der vom Protestantismus. Um so weniger dürfen wir also dort einen Nachweis der

Entstehung jener Form des Christenthums aus seiner ursprünglichen Gestalt erwarten. Zweitens aber ist die Lösung unserer Aufgabe, der Entstehung der einen altkatholischen Kirche aus dem einfachen Keime des Evangeliums durch die mannigfaltigen Formen der urchristlichen Vorstellungen und Richtungen hindurch nachzuforschen, eine wissenschaftliche Pflicht, welche die protestantische Theologie seit ihrem Ursprunge der katholischen Geschichtsanschauung gegenüber noch nicht erfüllt hat. Wenn die römisch-katholische Kirche die Festsetzung ihrer wesentlichen Formen von Christus und den Aposteln herleitet, so entstand für die Theologen der Reformation nicht nur die Aufgabe, diesen Anspruch als unhistorisch abzuweisen, sondern es ergab sich auch die Nothwendigkeit, die von dem ursprünglichen Sinne des Evangeliums und von den Formen der apostolischen Lehre und Einrichtungen abweichende Gestalt der katholischen Religionsanschauung und Verfassung auf historischem Wege zu begreifen. Für die Erfüllung dieser Pflicht ist bis jetzt keinesweges Alles gethan, und darum das, was geschehen ist, wegen der anhaftenden Halbheit durchaus nicht sicher gestellt. Der Grundfehler fast aller protestantischen Versuche, den Umschlag des Urchristenthums in die katholische Form zu begreifen, liegt aber darin, daß man das Verhältniß der Verfassung und der dogmatischen Grundanschauung im Katholicismus nicht erkannte. Entweder wurde über der sich deutlich aufdrängenden Abweichung der katholischen Episkopalverfassung von den urchristlichen Gemeindeeinrichtungen die von den apostolischen Lehrtypen principmäßig verschiedene dogmatische Grundanschauung der altkatholischen Kirche ganz übersehen; oder die letztere in Abhängigkeit von der ersten gestellt, und zwar so, daß das Aufkommen alttestamentlicher Verfassungsformen innerhalb des Christenthums den Rückschlag der apostolischen Glaubensfreiheit in die alttestamentliche Form des religiösen Bewußtseins bewirkt habe. In beiden Fällen tritt uns ein hinter den Ansprüchen an Geschichtschreibung zurückbleibender Mangel entgegen, den wir am besten an den beide Richtungen darstellenden Schriften nachweisen.

In den magdeburgischen Centurien wird die apostolische Herkunft des Episkopates geleugnet, und auf dem Felde der Verfassung die Abweichung der katholischen Kirche des zweiten Jahrhunderts von den apostolischen Einrichtungen nachgewiesen; allein einen Umschwung der Grundanschauung, welche mit der Entwickelung der Kirchenverfassung zugleich sich bemerklich macht, erkennen die Verfasser so wenig, daß sie die Abfassung des apostolischen Symbolums durch die Apostel, welche doch der Behauptung des apostolischen Ursprungs des Episkopates ganz parallel ist, ohne Anstand annehmen. In dieser Beziehung also haben die Centuriatoren selbst den katholischen Standpunkt nicht verlassen, und sind deßhalb nicht im Stande, den Punkt zu finden, von welchem an die Gesammtentwickelung der Kirche die apostolische Grundanschauung verläßt. Allerdings weisen sie schon bei Kirchenlehrern des zweiten Jahrhunderts einzelne Vorstellungen nach, welche von dem rechten Wege der apostolischen Lehre sich entfernt haben sollen, und die Masse dieses abweichenden Lehrstoffes wird in jedem folgenden Jahrhundert größer; das vorgeblich Unrichtige wird aber so mechanisch neben das Richtige gestellt, daß für dessen Auftreten auch nur die mechanische Kategorie eines Falles als Erklärungsgrund übrig bleibt. Diese aber giebt die Geschichte allen Mächten des Zufalls Preis, um so mehr, wenn nicht einmal ein gemeinsames Merkmal der vom rechten Wege abgekommenen Lehrelemente aufgezeigt werden konnte.

Der andere Fall macht sich in Neanders Anschauung von dem Gange der inneren Geschichte des zweiten Jahrhunderts bemerklich [1]. Derselbe erkennt den innern Charakter der Abweichung des katholischen Christenthums von dem paulinischen sehr wohl, indem er den Entwickelungsgang so schildert, daß aus dem durch die Vermittelung des Paulinismus zur Selbständigkeit und Unabhängigkeit vom Judenthum entwickelten Christenthum sich wieder ein dem alttestamentlichen verwandter Standpunkt, eine neue Veräußerlichung des Reiches Gottes, und eine neue Zucht des Gesetzes herausgebildet habe. Als Mittelglied dieses Umschlages

1) Vgl. Allgem. Gesch. der christl. Rel. und Kirche (2. Aufl.) Bd. 1. S. 331—333.

sieht Neander die Anerkennung der Nothwendigkeit eines dem alttestamentlichen nachgebildeten Priesterthums an, dessen Aufnahme in die christliche Gesammtanschauung das Eindringen der übrigen alttestamentlichen Religionselemente nach sich gezogen habe. Das heißt, der Umschlag der dogmatischen Grundanschauung steht in Abhängigkeit von der Ausbildung der Verfassung. Diese Annahme ist aber so wenig natürlich, daß der Historiker sich wiederum genöthigt sieht, jene Phase der Verfassung aus dem innern Zustande der herrschenden Form des Christenthums abzuleiten. Freilich widerspricht es seiner Voraussetzung von der schon am Schlusse des apostolischen Zeitalters für das Christenthum gewonnenen Selbständigkeit, wenn er sagt, daß, wo ein judaistisches Element am meisten vorherrschte, jene Phase der Verfassungsentwickelung am leichtesten eintreten konnte. Man sieht aber hieraus auf das klarste, wie wenig der Historiker seinen Pragmatismus durchzuführen im Stande ist. Nicht minder tritt dies hervor, wenn Neander die in der Annahme der Verbreitung der alttestamentlichen Priesteridee in paulinischen Kreisen liegende Schwierigkeit nur durch die Affirmation zu beseitigen vermag, daß dennoch der zur Selbständigkeit erwachsene christliche Geist vermöge einer von innen heraus sich erzeugenden Verwandtschaft mit dem jüdischen Standpunkt wieder in das Jüdische überging. Hienach ist nämlich die Entstehung des Priesterthums im Christenthum nicht sowohl die Voraussetzung des Rückschlags in den alttestamentlichen Religionscharakter, sondern vielmehr eine Folge dieser Entwickelung, deren Möglichkeit aber ebensowenig im Allgemeinen erklärt, als im Besondern geschichtlich nachgewiesen ist. Eine Art von Erklärung jener Thatsache hebt sich freilich aus jenen Widersprüchen ziemlich deutlich hervor, wenn es heißt: „In den Gemeinden der Heidenchristen stand die neue Schöpfung entfaltet da, aber der überwundene jüdische Standpunkt drang von einer anderen Seite wieder ein; die Menschheit konnte sich auf jener Höhe der reinen Geistesreligion noch nicht behaupten; der jüdische Standpunkt war der erst für die Auffassung des reinen Christenthums zu erziehenden, erst vom Heidenthume entwöhnten Masse ein näherer, also mußte eine neue Zucht des Gesetzes sich aus dem Christenthume entwickeln, welche einst zur Erziehung der rohen Völker dienen sollte.“ Aber hierin ist doch eben auch nur der Gedanke eines Falles als Erklärung oder vielmehr als Ersatz der nachzuweisenden Entwickelung hingestellt; und das Recht, diese Anschauung auf die Geschichte anzuwenden, wird durch ihre Unterordnung unter die weiteste Perspektive des göttlichen Weltplanes keinesweges gesichert; vielmehr dient dieser geschichtsphilosophische Gesichtspunkt nur dazu, dem Leser den Mangel einer geschichtlichen Untersuchung des Problems um so empfindlicher zu machen.

In neuerer Zeit hat kein Theolog den Zustand der altkatholischen Kirche im Gegensatze gegen das Urchristenthum einerseits und die römisch-katholische Kirche andrerseits schärfer ins Auge gefaßt, als Thiersch in den „Vorlesungen über Katholicismus und Protestantismus.“ Derselbe hat namentlich eine klare Anschauung von dem Charakter der altkatholischen Kirche, welchen Neander nur sehr unbestimmt als Verwandtschaft mit dem alttestamentlichen Standpunkt bezeichnet. Thiersch hebt es hervor, daß schon frühzeitig in der Auffassung der richtigen, namentlich von Paulus verkündigten Heilslehre eine Verdunkelung des Bewußtseins der Kirche eingetreten sei. Die Hauptkirchenlehrer des zweiten und dritten Jahrhunderts schätzten in demselben Maaße die Verdienstlichkeit menschlicher Werke und Büßungen für Sünden, welche nach der Taufe begangen sind, als sie das richtige Verhältniß zwischen göttlicher Gnade und menschlichem Thun verkannten, und die tiefe Bedeutung des paulinischen Gegensatzes zwischen Werken und Glauben, Gesetz und Evangelium vergessen hatten. Während Paulus ferner den Wahn bekämpft habe, daß Gleichförmigkeit der Ceremonieen zum Heil und zur Einheit der Kirche nöthig sei, so werde dieser Grundsatz höchstens noch von Irenäus vertreten, aber im Osterstreit und in der Ausschließung der nazaräischen Christen von der Kirche ganz aus den Augen gesetzt. Endlich habe man unter den Werken des Gesetzes schon in jener Epoche rein mosaische Ceremonieen (?), unter dem Glauben die kirchliche Orthodoxie verstanden [1]). Nach dieser richtigen

1) A. a. O. 1. Th. S. 172.

Schilderung sollte man, da die Aufgabe des Verfassers ihn nur beiläufig auf diesen Gegenstand führte, wenigstens richtige Andeutungen zur geschichtlichen Erforschung des Ganges erwarten, in welchem das Urchristenthum sich zu dem beschriebenen Ziele entwickelte. Die Mittel aber, welche der Verfasser zu diesem Zwecke anwendet, sind einerseits zu gewaltig, andrerseits zu dürftig, um das einfache geschichtliche Verständniß der Entwickelung des zweiten Jahrhunderts anzubahnen. Vielmehr kehren in der Ansicht von Thiersch die Fehler Neanders wieder, nur in demselben Maaße greller ausgedrückt, als er die Aufgabe klarer wie Jener aufgefaßt hat. Der Schlüssel, womit Thiersch das große Räthsel des zweiten Jahrhunderts zu lösen versucht, ist der überhistorische Begriff des Falles, durch den der paradiesische Zustand des apostolischen Zeitalters verloren ging [1]). Und wenn Neander diesen Fall durch die Berufung auf den göttlichen Weltplan der Erziehung roher Völker zum Christenthum zu motiviren suchte, so setzt auch Thiersch seine Annahme in die engste Beziehung zur göttlichen Vorsehung, in eine so enge, daß man nicht umhin kann, ihn so zu verstehen, daß Gott selbst diesen Fall bewirkt habe. Wie er in dem apostolischen Zeitalter das Gute in seiner höchsten Fülle dargestellt sieht, so erkennt er in den Hinweisungen einiger neutestamentlichen Briefe auf häretische oder unsittliche Erscheinungen die vollste Kraft des Bösen, welches in demselben Maaße, wie das Gute, seine Wirksamkeit auf die Menschheit ausgeübt habe, so daß alle Zustände der Indifferenz, in deren Fesseln sonst das irdische Dasein liegt, weit zurückgelassen seien. Um den letzten Schritt dieser gegenseitigen Spannung zu vermeiden, der nur das Endgericht hätte hervorrufen können, und dadurch die weitere Verbreitung des Evangeliums abgeschnitten hätte, habe die göttliche Langmuth eine Sistirung des Bösen nur dadurch möglich machen können, daß sie die eminente Geistesmacht der apostolischen Zeit, der gegenüber sich das Böse zu solcher Intensität entzündet hatte, zu-

---

1) A. a. O. S. 105.

rückzog[1]). So blieb nur eine natürliche Entwickelung übrig, welche gegen die vorhergehende Höhe des apostolischen Zustandes in außerordentlichen Kontrast trat, insofern sie nur das einmal Empfangene zu bewahren hatte, ohne etwas Neues hinzuzuthun. Diese Theorie hat nun aber außer ihrer Inkongruenz und der Schwäche ihrer historischen Anlehnungspunkte[2]) den Fehler, daß sie zur Erklärung der Entstehung der altkatholischen Kirche gar nicht ausreicht, weßhalb der Verfasser sich genöthigt sieht, ein Element von äußerlichem Pragmatismus zu Hülfe zu nehmen. Wenn mit dem Nachlassen der Energie des heiligen Geistes, und dem Eintritt des Christenthums in das Geleise natürlicher Entwickelung eine streng konservative Periode, wie Thiersch will, ihren Anfang nahm, so ist die Abweichung der altkatholischen Kirche von den reinen Grundanschauungen des herrschend gewordenen Paulinismus ein um so größeres Räthsel. Dies erklärt nun Thiersch dadurch, daß es der Kirche in dem Kampfe gegen die wesentlich pseudopaulinische Gnosis nicht mehr so gelungen sei, wie dem Johannes, das Pseudopaulinische ohne alle Annäherung an das judaistische Extrem zu verneinen[3]). In diesen Worten rächt sich die Unzulänglichkeit des äußerlichen Pragmatismus wiederum dadurch, daß der Grund gar nicht an das zu Begründende hinanreicht. Wie kann die gründliche Abwendung der altkatholischen Kirche von dem paulinischen Grundgedanken, welche Thiersch an einer andern Stelle vollkommen anerkennt, aus einem äußern Verhältniß der Kirche herrühren, welches, wie es heißt, nur zu einiger Annäherung an das Antipaulinische führen konnte? Und wenn diese Annäherung bei

---

1) A. a. O. S. 159. Vgl. desselben Verfassers Versuch zur Herstellung des historischen Standpunktes für die Kritik der neutestamentlichen Schriften S. 292 f.

2) In dieser Hinsicht bemerke ich in der Kürze, daß die Motivirung der vor dem Endgericht zurückweichenden göttlichen Langmuth durch die Rücksicht auf die am Schlusse des apostolischen Zeitalters erst so wenig vollendete Christianisirung der Welt dem eschatologischen Gedankenkreis, in dem sich der Verfasser sonst bewegt, außerordentlich fern liegt. Dieses Bedenken wird durch Apok. 14. 6 vollkommen erledigt, dadurch aber die ganze Theorie von T. vernichtet.

3) A. a. O. S. 151. 172 f.

anderen Gelegenheiten schrittweise immer zugenommen hätte, so würde sie nie zu einer principiellen Abwendung vom Paulinismus geworden sein. Ungeachtet unseres Widerspruches gegen die von Thiersch behauptete Lösung der vorliegenden Aufgabe müssen wir dennoch anerkennen, daß er allein in der neuern Zeit die Aufgabe klar erkannt und ziemlich richtig bestimmt hat, während die Handbücher der Kirchen- und Dogmengeschichte keine Andeutung von der Aufgabe enthalten. Man ist nur gewohnt, an dem Charakter der katholischen Kirche die Verfassung und ihren Gegensatz gegen die häretische Gnosis aufzufassen; daß dieselbe aber eine bestimmte Grundanschauung vom Christenthum mit sich führen müsse, und wie sich diese zu den Formen des apostolischen Bewußtseins verhalte, darüber findet man nirgends Auskunft.

Aus diesem Stande des allgemeinen theologischen Bewußtseins glaube ich die Möglichkeit herleiten zu dürfen, daß Rothe in den „Anfängen der christlichen Kirche und ihrer Verfassung" es unternahm, hinsichtlich der Verfassung von der blos negativen protestantischen Ansicht abzuweichen, und sich insoweit der katholischen Theorie anzunähern, als er die Einsetzung des kirchlichen Episkopates durch die Apostel behauptete, ohne darum die Anerkennung der vorher herrschenden apostolischen Gemeindeverfassung aufzugeben. Daß mit der Veränderung der Verfassung auch eine Veränderung der christlichen Grundanschauung verbunden gewesen sein müsse, deutet Rothe an, jedoch in so beiläufiger Weise, daß die Wichtigkeit dieser Aufgabe nicht in das verdiente Licht tritt. Freilich erhebt sich Rothe insofern über die bisher geschilderten Ansichten vom Urchristenthum, als er den im apostolischen Zeitalter herrschenden Parteigegensatz der Petriner und Pauliner weder, wie Thiersch, ganz und gar leugnet, noch, wie Neander, zu einem unwesentlichen Unterschied abschwächt, welcher vielmehr eine Ergänzung als einen Kampf beider Richtungen bedingt haben sollte; — allein auf dem Punkte, wo nach Rothe's Darstellung diese beiden Parteien am Ende des apostolischen Zeitalters sich gegen die Verbreitung gnostischer Häresie durch Herstellung der kirchlichen Einheit geschützt haben sollen, wird über die der Verfassung nothwendig zu Grunde liegende dogmatische Einigung nur Folgendes bemerkt: „Im Angesichte des großen gemeinschaftlichen Gegensatzes (d. i. der Gnosis) traten die untergeordneten Gegensätze unter den der apostolischen Lehre gemäß Gläubigen zurück, und die Petriner und die Pauliner wurden sich des unverhältnißmäßigen Uebergewichts des Identischen über das Differente in ihren beiderseitigen Fassungen des Christenthums bewußt, und damit zugleich der unabweislichen Nothwendigkeit, die Differenzen über dem Gemeinsamen zu vergessen, wofern der Besitz dieses letzteren für beide gesichert bleiben solle"[1]). Auf die Frage, was denn das Identische in den Richtungen der Petriner und Pauliner war, und in welcher Weise dasselbe formulirt wurde, bietet Rothe's Schrift keine Antwort, und wir sind auch nicht im Stande, eine solche in seinem Sinne aus dem Uebrigen zu erschließen. Wir machen nur darauf aufmerksam, daß wenn die beiden genannten Parteien in die katholische Kirche ausmündeten, als Dokument ihres gemeinsamkirchlichen Bewußtseins nicht die apostolische Glaubensregel angesehen werden kann. Denn diese berührt die streitigen Parteifragen so wenig, daß dieselben dadurch nicht hätten beschwichtigt werden können. Vielmehr mußte gezeigt werden, wie die Behauptung der Judenchristen: das Christenthum ist das alte Gesetz, und die der Pauliner: das Christenthum ist der Glaube an Christus ohne Gesetz, eine Ausgleichung finden konnten, und in welcher Formel sie dieselbe gefunden haben. Eine dritte Frage würde schon durch die Beantwortung der beiden ersten ihre Erledigung finden, ob eine der beiden Parteien, und welche die Basis zur Einigungsformel dargeboten hat. Eine Geschichte der Verfassung kann nur an einer Untersuchung dieser Fragen einen festen Hintergrund haben, zumal da bei dem fragmentarischen Charakter der Quellen für die Verfassungsgeschichte die Untersuchung über die Geschichte der Parteien und ihrer Versöhnung wichtige Ergänzungen muß bieten können.

---

1) Die Anfänge der christlichen Kirche und ihrer Verfassung. 1. Th. S. 340.

Da die mehr oder weniger deutliche Annahme eines Falles des Christenthums, zur Erklärung seines Ueberganges in die katholische Form, sich darauf gründet, daß schon während des apostolischen Zeitalters die paulinische Lehre in ihrer Reinheit zur allgemeinen Herrschaft gekommen, das Judenchristenthum aber zur vollen Bedeutungslosigkeit herabgesunken sein soll, so fordert die von Baur zuerst begründete, und von Rothe angenommene entgegengesetzte Ansicht, daß auch zur Erklärung der Genesis der katholischen Kirche ein anderer Gesichtspunkt aufgestellt werde. Die katholische Kirche scheint als eine Versöhnung des Paulinismus und des Judenchristenthums begriffen werden zu müssen. Diese Aufgabe, welche Rothe bei seiner Tendenz auf die Verfassungsgeschichte nur obenhin berührt, hat Schwegler im „Nachapostolischen Zeitalter" zu lösen versucht. Während Schwegler in der Ansicht von den Gegensätzen des apostolischen Zeitalters, und der daraus folgenden Grundbestimmung der Aufgabe über die Entstehung der katholischen Kirche mit Rothe einig ist, trennt er sich von demselben darin, daß er die Gründung einer katholischen Kirche nicht unmittelbar an den Schluß des apostolischen Zeitalters anknüpft, sondern dies Resultat an den Schluß des zweiten Jahrhunderts versetzt. Hiedurch ist es bedingt, daß an die Stelle der von Rothe vermutheten plötzlichen Einigung beider Parteien ein fast hundertjähriger schrittweise stattfindender Versöhnungsproceß eintritt. Diese Ansicht steht in Wechselwirkung mit der von Baur schon in seiner Abhandlung über die korinthische Gemeinde vorgetragenen Annahme, daß der Gegensatz zwischen Paulinern und Judenchristen keineswegs blos auf das apostolische Zeitalter beschränkt gewesen sei, sondern auch noch die Entwickelung des zweiten Jahrhunderts beherrscht habe. Die fortdauernde Kräftigkeit des Judenchristenthums bis tief ins zweite Jahrhundert, welche hauptsächlich aus den clementinischen Homilieen, dem Hirten des Hermas, der Apostelgeschichte, der Stellung des Hegesippus zur Kirche jener Zeit und anderen Dokumenten geschlossen wird, bietet nun allerdings zur Erklärung der Genesis der katholischen Kirche am Ende des zweiten Jahrhunderts eine den Ansprüchen an Geschichtschreibung scheinbar mehr entsprechende Basis, als die Annahme von der früh festgestellten Herrschaft des Paulinismus, von welcher nur die überhistorische Kategorie eines Falles zum Katholicismus scheint überleiten zu können. Denn aus dem Geringeren scheint sich das Höhere entwickeln zu können; aber wie das einmal gewonnene Höhere wieder verloren gehen kann, das erscheint einer in ihren Grenzen sich haltenden Geschichtschreibung unverständlich. So will denn auch Schwegler in der Darstellung des Kampfes und der Versöhnung der beiden genannten Richtungen die stufenweise Entwickelung des Ebjonitismus zum Katholicismus hin verfolgen [1]. Abgesehen davon, ob dies der wirkliche Sachverhalt ist, hat nun Schwegler den Fehler begangen, daß er den Katholicismus der Hauptkirchenlehrer Irenäus und Tertullian sowie des Clemens und Origenes von seiner Darstellung ausgeschlossen hat. Denn die Lösung seiner Aufgabe mußte ihn bis zu dem Punkte führen, wo der Katholicismus geworden ist, da erst von da aus die richtige Beurtheilung dessen möglich ist, was vorkatholisch ist. Indem aber der Verfasser die letzten Repräsentanten der paulinischen Entwickelungsreihe, die ignatianischen Briefe und das johanneische Evangelium ausdrücklich als vorkatholisch bezeichnet [2], und an den clementinischen Recognitionen auch nur das nachzuweisen sich vornimmt, wie der Ebjonitismus im Begriff ist, Katholicismus zu werden, so bleibt die Frage unbeantwortet, welche nothwendig erledigt werden mußte, was denn der Katholicismus ist, in welcher bestimmten einheitlichen Formel er sich ausgeprägt hat. Denn der Augenschein lehrt, daß Schwegler, so weit er die Entwickelungsreihen des Judenchristenthums und des Paulinismus verfolgt hat, keine einheitliche Formel auf beiden Seiten nachzuweisen im Stande war, und wenn er eben deßhalb so vorsichtig ist, die Entwickelungsstufe beider Reihen, bei welcher seine Darstellung stehen bleibt, nur als vorkatholisch, oder als katholisch werdend zu bezeichnen,

1) A. a. O. 1. Th. S. 29. 486.
2) A. a. O. 2. Th. S. 170.

so hat er doch damit seiner Aufgabe, wie er sie am Schlusse des ganzen Werkes bezeichnet, nicht Genüge gethan. Bei der Vergleichung der Formeln, in denen Schwegler eine Versöhnung der beiden bisher divergirenden Richtungen ausgeprägt findet, wird man nun aber auch darüber sehr zweifelhaft, ob diese Versöhnung wirklich auf der Basis des Judenchristenthums zu Stande gekommen ist. Während Schwegler in den Pastoralbriefen die Formel πίστις καὶ ἀγάπη, in den ignatianischen Briefen und dem johanneischen Evangelium den Begriff der ἀγάπη als katholisirenden Ausdruck der Versöhnung zwischen der paulinischen und der judenchristlichen Richtung ansieht[1]), führt er ganz andere Merkmale der Versöhnung an den Schriften an, welche von Seiten des Judenchristenthums als katholisirende gelten sollen. Am Markusevangelium wird zu diesem Behufe nur der neutrale Charakter hervorgehoben, um dessen willen alle Parteimerkmale der Evangelien des Matthäus und Lukas weggelassen seien[2]). Am zweiten petrinischen Briefe wird zwar die Versöhnlichkeit des Judenchristenthums gegen den Paulinismus an der persönlichen Empfehlung des Paulus durch Petrus nachgewiesen; dagegen werden die Formeln, in welchen der Verfasser jenes Briefes den Charakter des Christenthums zusammenfaßt, εὐσέβεια, ἁγίαι ἀναστροφαί, ἀρετή, ἁγία ἐντολή, ὁδὸς τῆς δικαιοσύνης für den judenchristlichen Standpunkt in Anspruch genommen, ohne daß an denselben auch nur eine Einwirkung des Paulinismus anerkannt würde[3]). An den Recognitionen endlich soll das Merkmal des Katholicismus darin liegen, daß das Christenthum als etwas Neues anerkannt, daß das Judenthum als Vorschule des Christenthums und das Christenthum als wesentliches und unentbehrliches Komplement des Judenthums dargestellt werde[4]). Eine bestimmte Formel, in der dies geschehen wäre, welche man mit der paulinischen πίστις καὶ ἀγάπη vergleichen könnte, hat Schwegler

1) A. a. O. 2. Th. S. 139. 168. 370.

2) A. a. O. 1. Th. S. 475.

3) A. a. O. 1. Th. S. 513.

4) A. a. O. 1. Th. S. 482.

nicht aufgewiesen, und die nachher angeführten Punkte, in denen die Recognitionen über den beschränkten Judaismus der Homilieen hinausgegangen sein sollen, können jenen Mangel nicht ersetzen. Schwegler hat an den drei Schriften, welche nach seiner Meinung die letzte Stufe des Judenchristenthums repräsentiren, seine Aufgabe nicht durchführen können; wir können aber nach dem in seiner Schrift vorliegenden Material auch nicht behaupten, daß er mit Unrecht das Judenchristenthum als Basis des Katholicismus darstellte. Denn wenn auch die von ihm als letztes Ziel der paulinischen Richtung bezeichnete Formel πίστις καὶ ἀγάπη ganz allein als Ertrag dieser Richtung ohne Koncession an das Judenchristenthum sich begreifen läßt, so haben wir ja kein Recht, jene Formel, die Schwegler selbst als vorkatholisch annimmt, als die Grundformel des Katholicismus anzusehen. Vielmehr hat die Hypothese Schweglers noch einen Rückhalt an seinem Versuch, die Verfassung der katholischen Kirche auf judenchristliche Grundanschauungen zu reduciren[1]). Obwohl wir also unserer Untersuchung vorgreifen würden, wenn wir über die Richtigkeit dieser Ansicht schon hier aburtheilten, so ist doch hier der Ort, noch folgendes Bedenken gegen die Schweglersche Methode der Geschichtsanschauung auszusprechen.

Die Darstellung der Geschichte des nachapostolischen Zeitalters unter dem Gesichtspunkt der schrittweisen Abstumpfung und endlichen Versöhnung des Gegensatzes zwischen Paulinismus und Judenchristenthum erfordert einerseits eine scharfe Bestimmung jeder einzelnen von diesen Richtungen, da man nur nach den Hauptmerkmalen wird entscheiden können, welcher Richtung ein Literaturprodukt jener Periode angehört; andererseits eine genaue Nachweisung des gemeinsamen Bodens, wodurch die schließliche Versöhnung der Gegensätze allein möglich wird. In diesen beiden Hauptpunkten genügt die Geschichtsanschauung Schweglers gerechten Ansprüchen keineswegs. In Beziehung auf das Judenchristenthum oder den Ebjonitismus hatte Schwegler schon in seiner Schrift über den Montanismus

---

1) A. a. O. 2. Th. S. 179 ff.

erklärt, daß das Wesen dieser Richtung nicht auf die Beobachtung des mosaischen Ceremonialgesetzes, auf das feindselige Verhalten gegen den Apostel Paulus und namentlich auf die specifisch sogenannte ebjonitische Christologie zu beschränken, sondern in dem weitern Sinne zu verstehen sei, nach welchem insbesondere die Ebjoniten des Epiphanius und die pseudoclementinischen Homilieen als ihre Repräsentanten betrachtet werden müßten[1]). Hierauf hat schon L. Georgii in einer Recension und einem Aufsatze „über den Charakter der christlichen Geschichte in den zwei ersten Jahrhunderten[2])" erwidernd die Frage gestellt, welches charakteristische Merkmal der Gemeinsamkeit dem Ebjonitismus im gewöhnlichen Sinne und der Darstellung desselben in den Clementinen und durch Epiphanius zu Grunde liege? Er hat ferner daran erinnert, daß Epiphanius ein schlechter, unkritischer Gewährsmann sei; er hat darauf gedrungen, daß man zwischen principiellen und sekundären Anschauungen im Ebjonitismus unterscheiden müsse, und daß zur Feststellung der ersteren nur der Gegensatz gegen die paulinische Auffassung des Christenthums entscheidend sei, während in sekundären Punkten entweder Gemeinschaft mit dem Paulinismus oder Neutralität stattfinde. Die von Georgii mit dem vollsten Rechte gestellte Frage nach der gemeinsamen Grundformel aller Phasen des Ebjonitismus im Gegensatz gegen den Paulinismus hat Schwegler weder in einer speciell gegen Jenen gerichteten Erwiderung[3]), noch in seinem Werke über das nachapostolische Zeitalter beantwortet, sondern nur wiederholt, daß im zweiten Jahrhundert neben den Momenten des Judenchristenthums noch allerlei Gebräuche und Anschauungen vorkämen, welche, obwohl sie nicht auf das alttestamentliche Judenthum zurückgeführt werden könnten, doch in den judenchristlichen Kreisen herrschten, und von Epiphanius unter dem Namen „Ebjonitismus" zusammengefaßt würden.

1) A. a. O. S. 89.

2) In den deutschen Jahrbüchern für Wissenschaft und Kunst, Jahrg. 1842. Nr. 13—15 33—37. 229—232.

3) In den theologischen Jahrbüchern von Zeller, Jahrg. 1843. S. 176 ff. Vgl. Nachap. Zeitalter 1. Th. S. 20 ff.

Hierin wird völlig verkannt, daß, wenn es darauf ankommt, ob die Entwickelung des zweiten Jahrhunderts als abhängig vom Gegensatz des Paulinismus und des Judenchristenthums anzusehen ist, die Rücksicht auf solche Elemente ganz überflüssig ist, welche, mögen sie auch allein in judenchristlichen Kreisen sich finden, für jene Untersuchung gleichgültig sind, wenn sie nicht in bestimmter Antithese gegen den Paulinismus stehen; die also auch nicht als Kriterien einer antipaulinischen Richtung gebraucht werden dürfen. Eben so unbestimmt, wie der Begriff des Ebjonitismus, ist die Bezeichnung des Charakters der paulinischen Lehre, welche Schwegler an die Spitze der Entwickelung dieser Seite des Urchristenthums stellt. Paulus, heißt es, habe der vom Judenchristenthum behaupteten Identität des Christenthums und Judenthums hauptsächlich zwei Ideen entgegengesetzt, die Abrogation des mosaischen Gesetzes und die Universalität des Christenthums, in jener Beziehung die Rechtfertigung durch den Glauben an die Stelle der Gesetzesgerechtigkeit setzend, in dieser Beziehung die Aufnahme der Heiden in den Verband der Christen ohne vorgängige Beschneidung fordernd [1]). Diese Ideen erhalten ihren specifischen Charakter ohne allen Zweifel doch erst in dem Totalzusammenhang der paulinischen Lehre, sonst müßte man bestreiten, daß in ihnen der unterscheidende Charakter des Paulinismus enthalten sei, da auch auf dem Boden des Judenchristenthums der Universalismus und der Wegfall der Beschneidung für geborne Heiden, ja in gewissem Sinne auch die Rechtfertigung durch den Glauben Platz findet. Nichts desto weniger lehnt Schwegler eine genetische Darstellung der paulinischen Lehre als etwas seiner Aufgabe Fremdes ab [2]). Und wenn er dennoch eine Andeutung über die bei der Entwickelung der paulinischen Lehre einzuhaltende Methode giebt, daß nämlich an die Spitze des Systems die Idee gestellt werden müsse, auf welcher eigentlich die geschichtliche Bedeutung des Paulinismus beruhe, die Idee der Neuheit und Selbständigkeit des Christenthums [3]), so

1) Nachap. Zeitalter 1. Th. S. 25.

2) A. a. O. S. 148.

3) A. a. O. S. 152.

ist diese vielmehr Resultat, als Voraussetzung des dialektischen Ganges der paulinischen Lehre.

Die Methode, welche Schwegler verfolgt, die allmähliche Versöhnung beider ursprünglich entgegengesetzten Richtungen darzustellen, setzt nun aber auch einen beiden innewohnenden Trieb zur Versöhnung, also einen Punkt der Uebereinstimmung voraus, ohne dessen Nachweisung die historische Möglichkeit des bezeichneten Entwickelungsganges von vorn herein in Frage gestellt werden muß. In diesem Falle sind wir Schwegler gegenüber. Denn willkürlich genug wird das Judenchristenthum zu tief herabgesetzt, und der Paulinismus zu hoch erhoben; so daß, nach der gleich anzugebenden Schilderung beider, es schwer begreiflich ist, wie beide Richtungen auch nur äußerlich durch das Bekenntniß zu Jesus Christus zusammengehalten wurden. Als das ursprüngliche Christenthum der jerusalemischen Apostel wird der Glaube an die Messianität Jesu bezeichnet. „Man sieht aber leicht," heißt es weiter, „daß bei dieser Fassung das Christenthum nur eine innerjüdische Frage, eine Entwickelungsstufe des Judenthums war. Mit der Anerkennung Jesu als des Messias war der Gesichtskreis des Judenthums auf keinem Punkte überschritten. Denn es bestand auch zwischen Juden und Christen in dogmatischer Hinsicht kein principieller Unterschied, sondern nur der untergeordnete sachliche, daß die Einen die Verwirklichung der Messiasidee in die nächstliegende Vergangenheit verlegten, die Anderen noch von der Zukunft erwarteten. Es ist unter diesen Umständen begreiflich, daß die ältesten Christen nichts anderes sein wollten, als die allein rechtgläubige Sekte unter den anderen religiösen Sekten ihres Volkes" [1]). Da Schwegler dieser Anerkennung Jesu als Messias weder eine dogmatische noch sittlich-religiöse Triebkraft über den Kreis des Judenthums hinaus zutraut, sondern der Ansicht ist, daß die Anschauung von der Autonomie und Universalität des Christenthums, welche das innere Leben Jesu selbst erfüllte, seinen persönlichen Schülern verborgen blieb [2]), so ist allerdings nicht zu begreifen, daß doch

1) A. a. O. S. 91. 92.
2) A. a. O. S. 148.

„aus dem ganz innerjüdischen Gedanken, daß Jesus der Messias sei, sich das Dogma und der reichgegliederte politische Organismus der katholischen Kirche entwickelt haben soll“ [1]). In ähnlicher Unabhängigkeit nicht blos von dem innersten Lebenskern Jesu, sondern auch von irgend einer durch Jesu Wirken hervorgehobenen Idee wird nun auch der Paulinismus durch Schwegler aufgefaßt. Für Paulus soll das historische Christenthum in nichts anderem bestanden haben, als in der einfachen Thatsache des erschienenen, gestorbenen und auferstandenen Messias; mit der Kunde von dieser Thatsache ergebe sich die ganze paulinische Auffassung des Christenthums mit logischer Nothwendigkeit. Da die dem Paulus gewordenen Offenbarungen doch nichts weiter als psychologische Processe seien, und das Band zwischen Paulus und dem traditionellen Christenthum sich auf die angegebenen Punkte beschränke, so stelle sich eben in seiner Lehre „die immanente Dialektik des Judenthums selbst, das dialektische Umschlagen der Gesetzesreligion in die Freiheitsreligion, des gebundenen und unglücklichen Bewußtseins in die versöhnte Selbstgewißheit dar“ [2]). Hienach wäre aber die Anlehnung dieses geistigen Processes an die Geschichte Jesu von Nazareth, und deßhalb auch die Gemeinsamkeit in der Geschichte des Paulinismus und des Judenchristenthums etwas rein Zufälliges, was sie nicht gewesen sein kann. Dieser Auffassung des Grundverhältnisses beider Richtungen des Urchristenthums entspricht nun ferner die Anwendung eines sehr äußerlichen Pragmatismus auf die Geschichte der Versöhnung derselben. Wenn in denselben kein innerer, Gemeinschaft bildender Trieb erkannt worden ist, so kann die schrittweise eintretende Abstumpfung des Gegensatzes nur durch den äußern Zweck der Einheit motivirt werden, zu dessen Erreichung die literarischen Wortführer beider Parteien, wie es Schwegler darstellt, eine Schroffheit nach der andern aufgeben. Die oben angeführte Charakteristik des Paulinismus erregt aber noch ein sehr wichtiges Bedenken. Ihr gemäß müßte nicht

1) A. a. O. S. 114.

2) A. a. O. S. 155. 156.

Jesus, sondern Paulus der Christus gewesen sein, oder, da Schwegler an einer andern Stelle die Vergeistigung und Verklärung des Judenthums, namentlich des Messiasbegriffs, in allen Fällen auf Jesus zurückgeführt wissen will[1]), läßt er dem Leser sogar noch die unangenehme Entscheidung, welchen von Beiden er für den wahren Christus zu halten habe.

Wenn also die Nachweisung des beiden Gegensätzen zu Grunde liegenden Keimes und die scharfe Charakteristik der altkatholischen Kirche bis in die Mitte des dritten Jahrhunderts die Gewähr dafür zu leisten im Stande ist, daß auch die zwischen diesen beiden Grenzen liegende Entwickelung nach ihren wesentlichen inneren Bedingungen richtig erkannt werde, so ist in Beziehung auf die Ansichten, welche über den Gang der Geschichte vom Urchristenthum zum Katholicismus vorgeführt sind, noch folgendes zu bemerken. Während die ältere historische Anschauung mehr oder weniger klar auf die Annahme eines Falles vom apostolischen Christenthum zum katholischen hinausläuft, mußten wir Schweglers Versuch, die Entwickelung des Judenchristenthums zum Katholicismus hin darzustellen, mit dem modernen geschichtsphilosophischen Grundsatz in Verbindung bringen, daß das je Frühere das Niedere und das je Spätere das Höhere sei. Dem äußern Anschein nach scheint der Gegensatz beider Ansichten ein totaler zu sein. Näher angesehen, hält aber Schwegler doch den Paulinismus für höher, als den Katholicismus, und den Stand des Bewußtseins Jesu für höher, als das von ihm sogenannte Urchristenthum. Also möchte doch die Geschichte sich weder dem einen noch dem andern Grundsatze fügen, und eine kombinirte Anschauung zur richtigen Auffassung des wirklichen Zusammenhanges befähigen. Also wenn auch das Urchristenthum einen höhern Charakter an sich trug, als die katholische Kirche des dritten Jahrhunderts, braucht man darum nicht gleich von den Bedingungen der natürlichen geschichtlichen Entwickelung abzusehen. In diesem Sinne hat zuerst L. Georgii[2]) die Idee ausgespro-

1) A. a. O. S. 148.

2) Deutsche Jahrbücher 1842, S. 916.

chen, daß die Entwickelung des nachapostolischen Christenthums im Wesentlichen auf das paulinische Princip zurückzuführen ist. Nachdem er das nebelhafte Bild des Ebjonitismus als Typus der nachapostolischen Geschichte abgelehnt hat, äußert er sich so: „Zwar ist es unleugbar, daß in der nachapostolischen Kirche sich eine engherzige und äußerliche Auffassung des Christlichen geltend machte, daß besonders in Gestaltung des christlichen Lebens eine Art von Werkheiligkeit aufkam, welche nahezu einen jüdischen Charakter an sich zu tragen scheint. Allein Engherzigkeit und Aeußerlichkeit der Denkweise ist doch noch nicht ein Kriterium des Jüdischen; sondern jedes Princip, jede Idee ist einer freiern oder beschränktern Auffassung fähig, je nachdem diese mehr an das Wesentliche, an den Gedankeninhalt, oder an das Unwesentliche, an die zufällige Aeußerlichkeit sich anschließt. Man braucht daher gar nicht auf judaisirende Einflüsse zurückzugehen, um diese Veräußerlichung des Christlichen in der nachpaulinischen Zeit zu erklären."

In Uebereinstimmung mit diesen Andeutungen von Georgii ist in unserer ersten Darstellung der „Entstehung der altkatholischen Kirche" der Versuch gemacht worden, die Entwickelung im zweiten Jahrhundert aus einer Abwandlung der paulinischen Ansicht zu erklären, und das katholische Christenthum im Allgemeinen auf die paulinische Richtung zu reduciren. Diese Betrachtungsweise hat auch Lechler „das apostolische und das nachapostolische Zeitalter (1851)" befolgt. Dagegen hat Baur „das Christenthum und die christliche Kirche der drei ersten Jahrhunderte (1853)" im Wesentlichen wieder die von Schwegler vertretenen Grundsätze auf die Geschichte der uns beschäftigenden Epoche angewendet. Wie Jener geht Baur davon aus, daß in dem Gegensatze des Paulus und der Urapostel ein doppeltes Evangelium vorliege, und daß die Gemeinschaft zwischen beiden Theilen nur durch die Wohlthätigkeit der Heidenchristen gegen die Judenchristen erhalten werden sollte. Von dieser Grundlage aus entwickelt Baur zunächst die Schilderung, wie sich diese Gegensätze gesteigert haben sollen, einerseits im Lukasevangelium und in Markion, andererseits in der Apokalypse, Papias, Hegesipp und den Ebjoniten. Aber wie schon auf Seiten des Paulus eine versöhnliche Stimmung gegen die Partei der Urapostel in dem Römerbrief, in der letzten Reise nach Jerusalem anerkannt und in seiner Wirksamkeit zu Rom vermuthet wird, so wird im zweiten Jahrhundert ein Nachlassen und eine Abstumpfung der Gegensätze und ein gegenseitiger Austausch der Meinungen beider Parteien erkannt. In Hinsicht der Judenchristen wird für diesen Zweck hingewiesen auf die Verzichtleistung der Clementinen auf die Beschneidung, auf die daselbst ausgesprochene Anerkennung der Heidenmission in der Person des Petrus, auf die Aneignung der paulinischen Hauptlehre im Jakobusbrief. Die Abstumpfung der Spitzen der paulinischen Partei wird am Hebräerbrief, an den für unecht ausgegebenen Briefen an die Kolosser und Epheser, sowie an der Apostelgeschichte anschaulich gemacht. Zwischen diesen beiden Linien der Steigerung und der Versöhnung der Gegensätze stehen als Vertreter eines vermittelnden, praktischen, neutralen Standpunktes die apostolischen Väter und Justin. Diese Neutralität, in welche die versöhnliche Entwickelung des Paulinismus und des Judenchristenthums einmündete, die durch die Instanz der mit einander verbundenen Apostel Petrus und Paulus bezeichnet wird, ist die Basis des katholischen Christenthums. In demselben hat die Kirche das Bewußtsein des universellen Heilsprincipes erreicht, und wie das johanneische Evangelium der ideelle Ausdruck dieses Zieles ist, so ist die römische Gemeinde der Heerd seiner praktischen Macht geworden.

Die Untersuchung würde nun nicht weiter gefördert werden, wenn man darauf beharrte, die Parteien der Judenchristen und der Pauliner, ihren Gegensatz und ihre Versöhnung als das Schema vorauszusetzen, in welches sich die Geschichte des apostolischen und nachapostolischen Christenthums fügen müßte. Es ist nöthig, viel mehr zu distinguiren, um richtig kombiniren zu können. Demnach deuten wir nur an, daß nicht nur die jüdisch lebenden Urapostel von den Judenchristen, und unter diesen verschiedene Arten unterschieden werden müssen, sondern auch, daß das katholisch werdende Heidenchristenthum und die paulinische Richtung sich nicht decken. Auf Grund dieser Beobachtungen ergeben sich Kombinationen, welche um so wahrscheinlicher sein werden, als sie sich der Forderung entziehen, daß jede christliche Geisteserscheinung der fraglichen Epoche entweder judenchristlich oder paulinisch oder neutralisirend sein müsse. Wir machen uns ferner nicht anheischig zu zeigen, daß alle die christlichen Richtungen, welche zu schildern sind, gleich entwickelungsfähig seien, und daß sie sämmtlich in die Einheit der katholischen Kirche einmünden. Vielmehr werden wir den Mangel der Entwickelungsfähigkeit am Judenchristenthum noch schärfer hervorzuheben haben, als früher. Wenn wir nun dabei beharren, daß das katholische Christenthum nicht aus einer Versöhnung der Judenchristen und der Heidenchristen hervorgegangen, sondern daß es eine Stufe des Heidenchristenthums allein ist, so machen wir nicht den Anspruch, hierin eine von äußeren Motiven und Verhältnissen unabhängige Entwickelung nachzuweisen. Wir halten es auch nicht für das Kriterium der Richtigkeit einer Darstellung dieser Geschichte, daß man von äußeren Bedingungen derselben absehe[1]). Allein die Ansicht muß unrichtig sein, welche die Versöhnung von Richtungen im christlichen Glauben für möglich hält, die von einem doppelten Evangelium ausgingen; da eine Einigung auch durch äußere Gründe immer nur zu Stande kommt, wo derselbe innere Grund wirksam ist. Aber die den alten Bund durchbrechende Thatsache, daß Jesus der Christus ist, deren Bekenntniß auch im Munde der Urapostel nichts weniger als ein ganz innerjüdischer Gedanke ist[2]), bildet den identischen Inhalt des Evangeliums aller Apostel, und der Glaube daran ist das Merkmal des Eintritts in den neuen Bund, wenn derselbe nicht durch nachträgliche Bedingungen ungültig gemacht wird.

Unsere Untersuchung zerfällt in zwei Haupttheile, deren erster die Entwickelung der christlichen Grundanschauung, der zweite die Entwickelung der Gemeinde- und Kirchenverfassung zu verfolgen hat. Denn in der katholischen Kirche hat eine bestimmte Form der Verfassung selbst dogmati-

1) Gegen Baur, Christenth. der drei ersten Jahrh. S. 89.

2) Wie Baur a. a. O. S. 90 mir fälschlich zuschiebt.

schen Werth, und wir werden innerhalb der ersten Untersuchung den Punkt treffen, welcher zu dem zweiten Theile mit Nothwendigkeit überleitet. Die Grundanschauung der katholischen Kirche ist unter vier antithetischen Gesichtspunkten zu fassen, in ihrer Richtung gegen das Judenchristenthum (eben damit gegen das Judenthum), gegen die apostolischen Lehrformen, gegen die Gnosis, gegen das Heidenthum. Von diesen Seiten werden nur die beiden ersten eine tiefer eingehende Untersuchung erheischen, theils weil das Verhältniß zwischen den genannten Richtungen wirklich versteckt, namentlich den Stimmführern der altkatholischen Kirche selbst verborgen war, theils weil dasselbe durch neuere Untersuchungen schief dargestellt worden ist. Die Antithese gegen die Gnosis und die Apologetik gegen das Heidenthum sind leicht zu erkennen, und von den Historikern gewöhnlich fast allein am Katholicismus hervorgehoben worden.

Unsere Untersuchung wird einen überwiegend dogmengeschichtlichen Charakter tragen; denn auch in der Geschichte der Verfassung bieten uns die Quellen keine Kunde von entscheidend eingreifenden Thatsachen. Daher werden wir auch in Hinsicht dieser Reihe darauf angewiesen sein, den allgemeinen Gang der Geschichte aus den sehr zerstreuten Andeutungen zu errathen, und demnach auch die wenigen hervortretenden Akte auf ihren innern Sinn und auf ihr Verhältniß zu den allgemeinen Grundsätzen anzusehen. Die Grenze beider Untersuchungen läßt sich im Voraus nicht bestimmen; wir müssen vielmehr das Recht in Anspruch nehmen, in der Untersuchung über die Verfassung tiefer hinabzugehen, als in der über die Grundanschauung, da es einleuchtet, daß nicht alle wesentlichen Momente der altkatholischen Kirche in derselben Zeit gleich entwickelt gewesen sein werden.

Erstes Buch.

Die Entwickelung der christlichen Grundanschauung.

Erster Abschnitt.

Christus und das mosaische Gesetz.

Wie das Christenthum sich zu dem mosaischen Gesetze und den auf dasselbe begründeten Einrichtungen und Sitten verhalte, das ist die Frage, welche die Gegensätze und Kämpfe in dem ersten Jahrhundert der christlichen Gemeinde hervorruft, bis sie in der Formel der katholischen Kirche eine vorläufige Entscheidung findet. Dieselbe lautet dahin, daß Christus den Zweck gehabt habe, ein neues Gesetz zu verkündigen durch Bestätigung des mosaischen Sittengesetzes und durch Abschaffung des Ceremonialgesetzes. Wenn jedoch diese Auffassung richtig wäre, so würde das Auftreten und der Verlauf der das apostolische Zeitalter beherrschenden Streitfrage nur als eine Abirrung der ganzen christlichen Gemeinde von der klar ausgesprochenen Intention ihres Stifters zu begreifen sein. Dagegen die Voraussetzung eines organischen Zusammenhanges zwischen beiden, mit welcher wir der Urzeit der christlichen Gemeinde entgegenkommen, schließt vielmehr die Vermuthung in sich, daß die Frage über das Verhältniß des Christenthums zum mosaischen Gesetze weder eine allseitig definitive Entscheidung durch Christus gefunden, noch daß diese in der ersten Linie seiner Zwecke gestanden habe. Demgemäß ist aber die Darstellung der innern Geschichte des apostolischen Christenthums nicht vollständig zu begreifen, wenn man nicht die Wurzel seines Hauptproblems in der Art aufsucht, wie Christus selbst sich über das mosaische Gesetz ausspricht.

Dieses Unternehmen wird freilich sehr verschieden ausfallen, je nachdem man bei der Vergleichung und Zusammenstellung der Aussprüche Christi von dem einen oder andern Evangelium ausgeht. Und da die allgemeine Geltung einer Ansicht von dem Verhältniß der Evangelien unter einander nicht vorausgesetzt werden kann, so wird unser Versuch einer historischen Ermittelung des Verhältnisses Christi zum mosaischen Gesetze mehr einen heuristischen Charakter an sich tragen, als von einer zugestandenen Gewißheit ausgehen. Indessen wenn auch die historisch-kritische Ansicht von den Quellen, auf welcher wir fußen, nicht allgemein anerkannt ist, so soll es eben darauf ankommen, ob nicht das von uns zu gewinnende Resultat die zu Grunde gelegte Ansicht rechtfertigen wird. Da die Reden Jesu bei Johannes die uns beschäftigende Frage so gut wie gar nicht berühren, so kann es sich nur darum handeln, bei welchem von den anderen drei Evangelisten man den Schlüssel zu den Aussprüchen Jesu über mosaisches Gesetz zu suchen hat, oder welches von den drei synoptischen Evangelien das ursprünglichste und die Quelle der beiden anderen ist. Ich halte dafür das Evangelium des Markus[1]), welches eine Quelle des Matthäus, und mit dessen Evangelium unter den Quellen des Lukas ist. Es ist deßhalb zu versuchen, welche Ansicht die einzelnen Aussprüche Jesu bei Markus ergeben, ehe die Deutung des hiehergehörigen Theiles der matthäischen Bergpredigt unternommen wird.

Markus theilt keinen Ausspruch Jesu mit, welcher den principiellen Charakter trägt, wie der Grundsatz von der Vollendung von Gesetz und Propheten bei Matth. 5, 17; jedoch macht die Reihenfolge der von ihm dargebotenen Aussprüche Jesu, welche unsere Aufgabe berühren, den Eindruck eines stetigen Fortschrittes von der Oberfläche bis in den Kern der Sache, aus welchem ein grundsätzlicher Ausdruck zu gewinnen ist. Kurz nach dem Anfang der öffentlichen Wirksamkeit Jesu weist er den vom Aussatze Geheilten an, den gesetzlichen Vorschriften zu genügen, seine Gesundheit vom Priester prüfen zu lassen und das Schuldopfer darzubringen (1, 44). Die hierin erklärte Anerkennung der Gül-

1) Meine Ansicht über alle vier Evangelien habe ich mit mehr oder weniger Ausführlichkeit ausgesprochen in einer Abh. „über den gegenwärtigen Stand der Kritik der synoptischen Evangelien“ in den Theol. Jahrbüchern 1851. S. 480—538.

tigkeit des Gesetzes wird nicht verleugnet, wenn demnächst die Pflicht des Fastens für die Jünger abgelehnt wird (2, 19—22). Denn dieser Sitte der Pharisäer und Johannesjünger entspricht keine gesetzliche Vorschrift. Aber bedeutsam genug ist an dieser Stelle der im Gleichniß ausgedrückte Gedanke, daß die neue Offenbarung sich nicht in alte Formen kleiden könne; da dieser Grundsatz über den Fall, auf den er angewendet ist, ohne Zweifel hinausgreift.

Das erste Urtheil gegen ein Stück des Gesetzes selbst fällt Jesus, als seine Jünger am Sabbath durch Ausraufen von Aehren einen durch ein Kornfeld führenden Pfad für sich wegsam gemacht und hiedurch das Verbot der Arbeit am Sabbath verletzt hatten (2, 23—28) [1]). Jesus rechtfertigt das Verfahren der Jünger zunächst durch das Beispiel Davids, der auch aus Noth das gesetzliche Vorrecht der Priester durchbrochen habe; dann aber durch einen Grund, der den ersten Einblick in sein Verhältniß zum Gesetze gewährt: „Der Sabbath ist des Menschen wegen, nicht der Mensch des Sabbaths wegen gemacht, daher ist der Menschensohn Herr auch über den Sabbath.“ In dieser Erklärung liegt, daß Jesus das mosaische Gebot der Sabbathsruhe für seine Anhänger nicht mehr als verbindlich ansieht. Aber auch nur auf seine Jünger, als die Genossen des Gottesreiches bezieht sich diese und die folgenden Erklärungen über gesetzliche Verordnungen. Diejenigen, welche, wie jener Aussätzige, nicht seine Jünger sind, verweist Jesus einfach an das Gesetz, und für die Volksmassen erkennt er sogar die Fortdauer der Auktorität der Schriftgelehrten und Pharisäer als der Nachfolger des Moses an (Matth. 23, 2) [2]). Andrerseits aber schließt die von Jesus für seine Jünger in Anspruch genommene Freiheit gegen das Sabbathsgesetz nicht die Absicht der Aufhebung des ganzen mosaischen Gesetzes in sich. Der Vordersatz seiner

---

1) Vgl. Meyer Komment. z. N. T. I. 2. z. d. St.

2) Dies Wort soll freilich nach Matth. 23, 1 an die ὄχλοι καὶ μαθηταί gerichtet worden sein; die folgende Darstellung wird aber beweisen, daß diese Angabe unmöglich richtig ist, wie ihr schon der gegenwärtig vorliegende Fall widerspricht.

Rede, welchen Matthäus (12, 8) und Lukas (6, 5) mit Unrecht ausgelassen haben, deutet sehr genau auf das Maaß der Herrschaft über das Gesetz hin, deren Jesus sich bewußt ist. Die Schlußform der Rede Jesu fordert nämlich als Obersatz den Gedanken, daß der Menschensohn Recht und Herrschaft über alle die Bestimmungen des Gesetzes habe, welche blos den Menschen zum Zwecke haben und nicht den höchsten Zweck des Menschen ausdrücken. Es wird weiterhin sich ergeben, ob Jesus diesen Grundsatz im negativen Sinne noch auf Anderes, als das Gebot der Sabbathsruhe anwendet. Aber eben so wichtig als die negative Seite desselben ist der positive Sinn, der in dem Satze enthalten ist, daß Jesus den höchsten Zweck des Menschen, nach welchem alle einzelnen Gebote zu beurtheilen sind, in dem mosaischen Gesetze selbst ausgedrückt findet. Auch dieser Gedanke wird durch spätere Reden Jesu seine vollständige Deutung finden.

Als die Pharisäer daran Anstoß nahmen, daß die Jünger Jesu die traditionelle Händewaschung vor dem Essen unterließen (7, 1 ff.), begnügt sich Jesus nicht damit, ihnen vorzuhalten, daß durch die pharisäischen Satzungen die Beobachtung des eigentlichen Gesetzes heuchlerisch verkürzt werde, sondern er ruft die ganze Masse der Zuhörer herbei und erklärt ihnen, daß nichts, was von außen in den Menschen eingehe, sondern nur was von ihm ausgehe, ihn verunreinige (V. 15). Die Auslegung dieser Rede, welche nachher die Jünger empfangen, verneint ganz ausdrücklich das Princip, auf welchem die mosaischen Speiseverbote beruhen, und indirekt die ganze Anschauung der äußern Reinigkeit, auf welche das mosaische Gesetz hinwirkt; und stellt anstatt dessen den Grundsatz auf, daß nur der sündige Antrieb des Herzens den Menschen verunreinige (V. 18—23). Die Umstände deuten es an, daß Jesus bis dahin seine Jünger noch nicht von der Beobachtung der mosaischen Reinigkeitsgesetze entbunden hatte, und die Form der Belehrung bürgt weder in diesem Falle, noch bei der Sabbathsverletzung dafür, daß Jesus die Seinigen absichtlich von der Sitte ihres Volkes entwöhnen wollte. Jedoch ergiebt sich wieder, daß Jesus einen wesentlichen Theil des mosaischen Gesetzes für das Gebiet des Gottesreiches als ungültig angesehen hat. Ja, die absichtliche Proklamation des Grundsatzes vor dem Haufen des Volkes scheint die Beschränkung zu durchbrechen, welche bei der Beseitigung des Sabbathsgesetzes von ihm beobachtet war. Indessen ist dies doch nicht der Fall. Dem Volke, welches ihm ferner steht, ertheilt er die Belehrung nur in der Form des Gleichnisses und Räthsels, dessen Verständniß ohne ausdrückliche Deutung mehr als zweifelhaft war (4, 11. 12); davon hing es aber ab, daß er auf eine Losreißung der Masse von der mosaischen Reinigkeitssitte nicht bedacht sein konnte. Die den Jüngern gegebene Auskunft ist nun nicht wieder unter den Gesichtspunkt gestellt, daß die Reinigkeit ebenso wie der Sabbath nur der Menschen wegen angeordnet sei. Jedoch berührt sich die Rede Jesu in anderer Weise mit dem Grundsatze, welchen er gegen den Sabbath in Anwendung gebracht hat. Der Grund, warum Speisen (und was sonst von außen den Menschen berührt) nicht verunreinigen, ist, daß sie ihm nicht ins Herz dringen (V. 19, was Matth. 15, 17 ausläßt); während die wirklich verunreinigenden Sünden aus dem Herzen kommen. Diesen Maaßstab dürfen wir aber im Vergleiche mit dem auf den Sabbath angewendeten Grundsatze so verstehen, daß gerade das Herz das Organ für den dem Menschen gesetzten höchsten Zweck, wie für die mögliche Abweichung von demselben ist. Die Bestimmungen des Gesetzes also, welche das Herz nicht berühren, weisen sich als solche aus, welche um des Menschen willen, nicht um deren willen der Mensch gemacht ist, welche demnach aufzuheben der Messias das Recht hatte.

Dieser Grundsatz findet aber wieder direkte Anwendung, indem Jesus gegen die Erlaubniß der Ehescheidung durch Moses entscheidet (10, 2—9). Wenn er erklärt, daß Moses der Herzenshärtigkeit der Israeliten nachgegeben habe, so fällt die Verordnung des Moses unter den Gesichtspunkt dessen, was um des Menschen willen gemacht ist. Indem dagegen Jesus an die göttliche Stiftung der Ehe erinnert, so hebt er die Unauflöslichkeit derselben als eine Folge ihrer ursprünglichen Bestimmung hervor, welche an der Stelle des Rechtes der Ehescheidung gelten müsse. Auch in diesem Falle jedoch hält Jesus die Schranke zwischen seinen Jüngern und den anderen Zuhörern fest; denn jenen allein eröffnet er die praktische Folgerung, daß wer sich von seinem Gatten trenne, um eine andere Ehe einzugehen, Ehebruch beginge.

Die Reihe von Aussprüchen, die das mosaische Gesetz berühren, wird innerlich wie äußerlich durch die Rede Jesu über das höchste Gebot abgeschlossen (12, 28—34). Die Bezeichnung der Gebote der Liebe zu Gott und zum Nächsten, als derer, welche alle anderen Gebote überragen, können wir nicht anders verstehen, als daß Jesus in ihnen den Ausdruck des höchsten Zweckes findet, der dem Menschen gesetzt ist. Sie bilden das Kriterium, welches Jesus bei der Aeußerung über den Sabbath indirekt angedeutet hat, und sie sind deßhalb der Kern des Gesetzes, welchen er für das Gottesreich nur bestätigen konnte. Die Erklärung Jesu ist aber noch von einer wichtigen negativen Folgerung begleitet. Der Schriftgelehrte, welcher durch seine Frage nach dem höchsten Gebote jenen Ausspruch Jesu veranlaßt hatte, wiederholt zustimmend dessen Antwort in der Wendung, daß die Liebe zu Gott und zum Nächsten mehr werth sei, als alle Brandopfer und Opfer; und Jesus erwidert darauf: „du bist nicht fern vom Reiche Gottes". Wenn doch dieses Lob auf die ganze Meinung des Schriftgelehrten bezogen werden muß, so kann man nicht umhin, darin einen Fingerzeig Jesu auf seine eigene Beurtheilung des mosaischen Opferinstitutes zu finden. Indem der Schriftgelehrte im Anschluß an die Propheten die relative Gleichgültigkeit der Opfer neben den höchsten sittlichen Geboten des mosaischen Gesetzes behauptet, so kann Jesus darin eine Annäherung an das Gottesreich nur darum erblicken, weil er selbst die Verbindlichkeit des Opferinstitutes für die Genossen des Gottesreiches ausschließt. Der Schriftgelehrte ist jedoch durch seine Einsicht in diese Sache nicht schon selbst in das Gottesreich eingetreten, weil nur der Glaube an Jesu Würde und der dauernde Anschluß an ihn diesen Uebergang vermittelt. Jener Sinn der Antwort Jesu wird bestätigt durch sein Gespräch mit Petrus über die Pflicht der Entrichtung der Tempelsteuer (Matth. 17, 24—27). Freilich der unmittelbare Sinn der Stelle ist der, daß Jesus als

Sohn Gottes von der Pflicht gegen das nationale Kultusinstitut sich frei weiß; allein da auch die Genossen des Reiches in die Rechte der Kinder Gottes eintreten sollen (Matth. 5, 9), so deutet der Ausspruch Jesu indirekt auch auf die Befreiung der Gläubigen von der Beobachtung der Opfergesetze[1]).

Die Reden bei Markus ergeben also folgende Ansicht Jesu von seinem Verhältniß zum mosaischen Gesetze. Er unterscheidet innerhalb desselben dasjenige, was den höchsten Zweck des Menschen ausdrückt, von demjenigen, was nur zum Zwecke des Menschen angeordnet ist. Ueber die Gesetzeselemente dieser Art hat er als Messias Vollmacht, sie außer Geltung zu setzen, während er das Gesetz in der ersteren Beziehung auch als Messias und Haupt des Gottesreiches anerkennt. Den höchsten Zweck des Menschen weist er in den mosaischen Geboten der Liebe zu Gott und zu den Menschen nach, dagegen erklärt er die mosaischen Verordnungen über Sabbathsruhe und Opferdienst für gleichgültig, über Reinigkeit für zwecklos, über Ehescheidung für eine Nachgiebigkeit gegen die Sünde, bei welcher der höchste Zweck der Ehe aus den Augen gelassen wird. Er wirft diese Ansichten nicht als revolutionären Zündstoff in das Volk, sondern spricht sie nur indirekt oder verhüllt, oder nur im Kreise seiner Jünger deutlich aus. Denn nur auf das Gottesreich beziehen sich jene Veränderungen, und nur für die, welche an Jesus glauben, gelten jene Aussprüche; so daß also die Selbstdarstellung Jesu zur Erweckung des Glaubens an sich selbst und zur Gründung des Gottesreiches der vorausgesetzte Grund und das Maaß seiner Erklärungen über das Gesetz ist. Aber er führt diese Grundsätze nicht einmal im Kreise seiner Jünger durch, welche er nur von pharisäischen Traditionen zu entwöhnen sich begnügt; sondern er verzichtet selbst für seine Person auf die Ausübung seiner Freiheit von der Tempelsteuer.

Wenn also auch jene Andeutungen von Jesus so gemeint

---

1) In demselben Sinne ist die zweimalige Berufung Jesu auf Hosea 6, 6: „ich habe lieber Barmherzigkeit als Opfer", welche jedoch Matthäus 9, 13; 12, 7 wohl nicht an der richtigen Stelle mittheilt.

sind, daß sie von den Genossen des Reiches Gottes für die Zukunft befolgt werden sollen, so läßt das Evangelium des Markus eine eigentliche d. h. systematisch gesetzgeberische Thätigkeit Jesu nicht erkennen, welche man auf die Formel zurückführen könnte, daß er das mosaische Sittengesetz bestätigt, das Ceremonialgesetz abgeschafft habe. Dessen zu geschweigen, daß kein Evangelium so etwas als den Hauptberuf Jesu darstellt, so ergiebt sich aus Markus wenigstens ganz deutlich die Unrichtigkeit der letztern Annahme in ihrer gewöhnlichen Form, daß Jesus das Ceremonialgesetz außer Geltung gesetzt habe. Denn er bestreitet zwar die Pflicht zur Sabbathsruhe, den Werth der Reinigungen und der Opfer, und die Gültigkeit der Ehescheidung; dagegen den W e r t h d e r B e s c h n e i d u n g, deren Anordnung man gewöhnlich zum Ceremonialgesetz rechnet, läßt er unangetastet. Und nichts berechtigt zu der Annahme, daß Jesus sie ebenso beurtheilt habe, wie der Märtyrer Justin und die anderen heidenchristlichen Kirchenlehrer, welche sie mit den Ceremonieen auf Eine Linie stellen. Vielmehr beweist die einzige Stelle, in welcher Jesus die Beschneidung berührt (Joh. 7, 22), daß er ihr als Institut der Patriarchen eine besondere Heiligkeit beimißt. Wenn ferner Jesus mit unverkennbarer Absicht seine persönliche Wirksamkeit auf das israelitische Volk beschränkt hat (Mark. 7, 27; Matth. 10, 5. 6), so erkennt er mit dessen Vorrecht auf die Theilnahme am Gottesreich auch die Beschneidung als Zeichen des Vorzuges dieses Volkes indirekt an. Die Unterscheidung der Beschneidung von den Ceremonieen ist übrigens vom A. T. aus vollkommen verständlich. Durch die Beschneidung nämlich wird der aus dem Bundesvolke entsprungene Israelit als Gott geheiligt bezeichnet; durch Reinigungen, Opfer, Sabbathsruhe soll er sich stets selbst für Gott heiligen. So lange also der Gedanke des Bundesvolkes aufrecht erhalten wird, kann die Beschneidung nicht aufgegeben werden, während schon die Propheten auf die nur relative Bedeutung des mosaischen Kultus hingewiesen haben.

Matthäus hat die bisher betrachteten Aussprüche Jesu sämmtlich in seine Schrift aufgenommen, freilich so, daß er die wichtigsten verkürzt, und ihnen die Spitze abgebrochen hat. Aber wenn auch Matthäus dabei den bewußten Zweck oder den unwillkürlichen Antrieb gehabt haben sollte, die Abwendung Jesu von manchen Stücken des mosaischen Gesetzes zu verstecken, so bringt doch seine Darstellung jener Reden keinen dem Markus widersprechenden Eindruck hervor, zumal da er noch einige gleichartige Aussprüche mittheilt, welche Markus nicht darbietet. Die nächste Aufgabe ist aber, den Sinn der das Gesetz berührenden Aussprüche Jesu in der matthäischen Bergpredigt und ihr Verhältniß zu dem bisher gefundenen Resultate zu ermitteln.

Da die Bergpredigt ausschließlich an die Jünger, welche an Jesus als Messias glauben, gerichtet ist, so hat sie nicht den Zweck, den Eindruck von Verletzung oder Veränderung des Gesetzes zu beseitigen, welchen die Reden Jesu bei Markus auf die Pharisäer und die Masse machen konnten und mußten. Freilich muß unentschieden bleiben, ob der leitende Ausspruch, daß Jesus Gesetz und Propheten nicht auflösen sondern vervollständigen wolle, durch den antinomistischen Trieb einzelner Anhänger oder durch eine an die Jünger gerichtete pharisäische Verdächtigung veranlaßt war. Jedenfalls beabsichtigt er nicht, mit jenem Grundsatze sein Verfahren in Beziehung auf Sabbath, Reinigungen, Opfer zu beleuchten, und den Eindruck desselben auf die Jünger zu mildern, da von dem Allem in der Folge nicht die Rede ist. Sondern der Ausspruch bei Matth. 5, 17. 18 muß sein Maaß an der nachher ausgeführten Absicht finden, die Normen derjenigen Gerechtigkeit zu entwickeln, ohne deren Ausübung der Glaube der Jünger an Jesus fruchtlos sein würde (V. 20. vgl. 7, 21—23). Aber das ist eben die Schwierigkeit der Stelle, daß der Satz, namentlich in Begleitung der Versicherung, daß nicht das kleinste Stück des Gesetzes aufgegeben werden solle, die ewige Dauer auch des Ritualgesetzes in sich zu schließen scheint, während schon der weitere Verlauf der Bergpredigt, geschweige denn die anderen von uns erörterten Reden, die Geltung desselben für das Gottesreich ausschließen. Diesen Widerspruch darf man weder so lösen, daß man wegen des weitern Verlaufes der Rede ohne Umstände unter dem νόμος blos das Sittengesetz versteht, noch ist der Gedanke durchzuführen, daß Jesus bei seiner Entwickelung des Sittengesetzes doch den Boden der jüdischen Sitte in voller Unbefangenheit festgehalten habe.

Jedoch nicht erst der weitere Verlauf der Bergpredigt, sondern schon der genau erwogene Sinn des V. 17 schließt den Gedanken aus, daß Jesus das Ritualgesetz für das Gottesreich habe bestätigen wollen. Denn es handelt sich bei dem Nichtauflösen, sondern Vollständigmachen nicht um das Gesetz allein, sondern um die Einheit von Gesetz und Propheten [1]). Es handelt sich auch nicht um das Gesetz, sofern es gebietet, und um die Propheten, sofern sie die Zukunft des Gottesreiches weissagen, denn dann enthielte das Eine Wort πληρῶσαι doppelten Sinn. Sondern beide Glieder sind in dem Sinn zusammengefaßt, daß die Propheten ebenso gebieten wie das Gesetz, daß sie die Gesetzgebung fortsetzen (Matth. 7, 12; 22. 40. Luk. 16, 29. 31) [2]). Die Fortentwickelung des Gesetzes durch die Propheten besteht aber darin, daß sie durch Aufstellung des Zweckes der Gerechtigkeit die sittlichen Gebote aus derjenigen Verbindung lösen, in welcher sie mit den Ritualgesetzen durch den Zweck der Heiligkeit zusammengehalten waren, und denjenigen relativen Unterschied zwischen ihnen aufzeigen, welchen der Schriftgelehrte in den Worten ausspricht, die Liebe zu Gott und zu dem Nächsten sei mehr als alle Opfer und Brandopfer. Moses hat das, was wir als Sittengesetz und Ritualgesetz zu unterscheiden gewohnt sind, darum auf Eine Linie stellen können, weil er den Begriff der sittlichen Gerechtigkeit als solchen nicht aufgefaßt hatte, sondern weil er seine Gesetzgebung unter den Begriff der Heiligkeit stellte, welcher die sittliche Funktion und den körperlichen Zustand zu unmittelbarer Einheit der Bestimmung zusammenfaßte. Wie die Alles umfassende Gerech-

---

1) Die Disjunktion καταλῦσαι τὸν νόμον ἢ τοὺς προφήτας deutet nicht auf zwei verschiedene Mißverständnisse, Jesus wolle das Gesetz vernichten, und andererseits, er wolle die Propheten vernichten. Sondern die Disjunktivpartikel steht in dem negativen Satze für die Conjunktivpartikel (Act. 1, 7. Röm. 4, 13. Eph. 5, 3. Winer Gramm. §. 57 S. 519). Wie Jesus Gesetz und Propheten vollständig zu machen erklärt, so will er nicht das Mißverständniß ablehnen, als wolle er das eine oder die anderen sondern beide zusammen ungültig machen.

2) Umgekehrt Matth. 11, 13, wo die Propheten und das Gesetz als Weissagungsorgane zur Einheit zusammengefaßt werden.

tigkeit Jehova's in der Idee seiner Heiligkeit ebenso verhüllt wie offenbar ist, so wird die Aufgabe der menschlichen Gerechtigkeit durch das auf die Heiligkeit gerichtete mosaische Gesetz nur indirekt ebenso verhüllend wie andeutend dargestellt. Indem nun aber die Propheten in der Offenbarung dadurch fortschreiten, daß sie die Gerechtigkeit Jehova's in der Leitung der Geschichte, und die Gerechtigkeit des Menschen als Zweck des Gesetzes aufweisen, prägen erst sie einen Theil desselben als eigentliches Sittengesetz aus, neben dessen Schätzung die Kultusordnung nur relativen Werth behielt. Wenn also Jesus Gesetz und Propheten in ihrer Einheit zusammenfaßt, so meint er das Gesetz in seiner Fortbildung und Auslegung durch die Propheten unter dem Zwecke der Gerechtigkeit. Aber darin ist eben die Auseinandersetzung des sittlichen und des rituellen Inhaltes eingeschlossen, und an den letztern wird gar nicht gedacht, wenn es sich, wie in der Bergpredigt, um die δικαιοσύνη, und nicht um die ἁγιωσύνη handelt. Wie also Jesus hiemit das Ritualgesetz weder hat bestätigen, noch aus seiner typischen Gestalt in seine ideale Wahrheit hat umsetzen wollen[1]), so ergiebt sich andererseits weder aus dem Anfange noch aus dem Verfolge der Bergpredigt, daß er seine Jünger unmittelbar von der Kultussitte ihres Volkes habe entbinden wollen (vgl. 5, 23). Denn auch das Urtheil der Propheten über die Unabhängigkeit der Gerechtigkeit von der Beobachtung der Kultuspflichten hat keineswegesden Sinn, daß diese überhaupt aufhören sollen. Dagegen schließt der Grundsatz der Bergpredigt auch die Urtheile Jesu über Sabbath u. s. w. welche das Markusevangelium darbietet, nicht aus, da dieselben nicht die völlige Losreißung der Jünger von der nationalen Kultussitte unmittelbar mit sich führen.

---

1) In dieser Formel pflegt man sich zu helfen, wenn man die thatsächliche Abwendung Jesu von den Grundsätzen des Ritualgesetzes mit der unrichtigen Beziehung des Wortes νόμος auf dasselbe ausgleichen will. Jesu Reden geben aber nie diese Betrachtungsweise kund, welche dem Paulus geläufig ist. Und namentlich spricht er die Ungültigkeit der Reinigungen nicht so aus, daß deren Wahrheit in der Reinigung des Herzens bestehe, sondern er hebt nur die Unrichtigkeit des Einen durch die Entgegensetzung des Andern hervor (Mark. 7, 18 ff.).

Jesus ist gekommen, Gesetz und Propheten zu erfüllen. Der Zusammenhang erlaubt nicht die Auslegung, daß Jesus durch sein ganzes Leben den sittlichen Anforderungen des Gesetzes im vollsten Sinne Genüge leisten wolle. Sofern der Ausspruch auf derartige Erfüllung hinweist, wird sie von den Jüngern, von den Genossen des Gottesreiches erwartet. Der 17. V. kann nur die Norm der Gerechtigkeit aufstellen wollen. Das Wort πληροῦν bedeutet hier, wie an manchen anderen Stellen (Luk. 22, 16. 2. Kor. 10, 6. Joh. 15, 11), vollständig, vollkommen machen; nicht vervollkommnen im komparativen Sinne, sondern etwas so weit fortbilden, daß es der in ihm liegenden Bestimmung ganz entspricht. Die innere Bestimmung, der Zweck von Gesetz und Propheten ist die Gerechtigkeit; die Aufgabe Jesu ist also, die fortbildende Auslegung des Gesetzes durch die Propheten im Sinne der Gerechtigkeit zu vollenden. Es unterliegt wohl keinem Zweifel, daß Jesus von V. 21 an Proben des durch ihn vollendeten Gesetzes vorlegt; jedoch die Form, in der dies geschieht, kann erst vollständig verstanden werden, wenn die zwischenliegenden Verse 18—20 richtig gedeutet sind.

Zumeist auf V. 18 nämlich gründet sich der Schein, daß Jesus die ewige Gültigkeit auch des Ritualgesetzes habe behaupten wollen. Sofern hier das Gesetz, von welchem nicht das Kleinste verloren gehen soll, ohne die Propheten genannt ist, drängt sich der Gedanke an die Ritualverordnungen unwillkürlich auf, und ebenso unwillkürlich deutet man den Vers als Realgrund von οὐκ ἦλθον καταλῦσαι: „ich löse das Gesetz nicht auf, weil unmöglich jemals ein Stückchen vom Ritualgesetze verloren gehen kann". Aber diese logische Verbindung ist nicht nur nicht ausschließlich berechtigt, sondern geradezu falsch. Die feierliche Versicherungsformel, welche den Satz einleitet, wird nämlich von Jesus nur gebraucht, wenn er für eine ungewöhnliche fremdartige Wahrheit an die zukünftige Erfahrung appellirt (vgl. Mark. 9, 1; Luk. 4, 24; Joh. 1, 52; 3,3; 5, 19). Er kann also in diesem Satze nicht den Gedanken der ewigen Dauer und Unveränderlichkeit des mosaischen Gesetzes zur Begründung dessen aussprechen, daß er selbst dasselbe nicht auflösen wolle. Denn jener Grundsatz stand im

Gemeinbewußtsein der Juden vollkommen fest[1]). Der in die Zukunft weisende V. 18 ist vielmehr als ein **Erkenntnißgrund**, und zwar für den nächststehenden Gedanken ἦλθον πληρῶσαι τὸν νόμον καὶ τοὺς προφήτας aufzufassen. Daß **diese** Wahrheit sich nicht so von selbst verstand, sondern einer Begründung bedurfte, sieht man leicht ein. Die Bestätigung derselben wird aber eben der zukünftigen Erfahrung der Genossen des Gottesreiches anheimgestellt, daß kein einziges, auch nicht das kleinste Gebot des Gesetzes verloren gehen, unerfüllt bleiben werde, ehe die Welt vergehen (Mark. 13,31; Apok. 21, 1; 1 Joh. 2, 17; 2 Petr. 3, 10), d. h. ihre neue Gestalt gewinnen werde (Apok. 21, 1; 2 Petr. 3, 13; 1 Kor. 7, 31; Röm. 8, 21). Diese Vorhersagung kann sich aber nur auf den νόμος πληρωθείς beziehen, auf das für das Gottesreich geltende Gesetz, wie es aus den Händen Christi hervorgegangen sein wird; und bei dem Unterschiede der dazu gehörigen Gebote kann man unter keinen Umständen an den zwischen Sitten- und Ritualgeboten denken. Vielmehr ergiebt sich aus dem folgenden Verse, daß gerade unter den kleinsten Geboten die für das Gottesreich charakteristischen zu verstehen sind.

V. 19 ist ein Schluß aus dem vorherigen Satze in Hinsicht auf den den Jüngern übertragenen Lehrerberuf im Gottesreiche. Weil auch die unbedeutendsten Bestimmungen des von Jesus vollendeten Gesetzes ihre Erfüllung im Gottesreiche erheischen, so hängt der Rang des Lehrers im Gottesreiche davon ab, ob er den ganzen Umfang jener Gebote Christi in seiner Lehre aufrecht erhält, oder ob er eins davon als gleichgültig bei Seite setzt. Demnach kann Jesus bei den kleinsten Geboten nur an solche scheinbar unbedeutende und kleinliche Vorschriften denken, von welchen er nachher in Anknüpfung an die mosaischen Gebote Proben giebt. Wenn nun die hohe Stellung im Gottesreich von der thatsächlichen Erfüllung und der treuen Ueberlieferung aller der kleinsten Gebote bedingt sein soll, so muß man in der gleichstehenden Bezeichnung derer, welche die niedrigste Stellung einnehmen (ὃς ἐὰν λύσῃ — καὶ διδάξῃ), ebenso wohl an die thät-

1) Vgl. **Meyer** z. d. St.

liche Uebertretung, als an die Vernachlässigung eines der kleinsten Gebote in der Lehre denken. Die gangbare Auslegung (von Meyer und de Wette) wendet dagegen ein, daß λύειν hier dasselbe bedeuten müsse wie καταλύειν im 17. V.; und daß doch Jesus nicht einen Uebertreter des Gesetzes als Mitglied des Gottesreiches habe gelten lassen können. Jedoch wer grundsätzlich eine Gesetzesbestimmung abrogirt, wird sich auch nicht durch die That an sie gebunden halten; und der Parallelismus zwischen λύειν und ποιεῖν ist um so mehr zu betonen, als ohne dieses zwischen λύειν und διδάσκειν nicht unterschieden werden kann. Allerdings fällt es bei dieser Auslegung auf, daß Jesus einen Fall, wie den bezeichneten, im Gottesreiche duldet und nur die niedrigste Stellung in demselben daran knüpft; aber in den Umständen, welche diesen Ausspruch begleiten, liegt nichts weniger als ein Zugeständniß oder eine Ermunterung zu solcher Nachlässigkeit.

Denn der 20. Vers hält den nachlässigen Lehrern den Spiegel der Gefahr vor, in welche sie gerathen können. Wenn es gilt, das logische Verhältniß dieses Verses zu bestimmen, über welches die Ausleger sich mit ebenso geringer Sorgfalt aussprechen, wie über das des 18. V., so liegt in demselben ein Erkenntnißgrund für V. 19 vor. Weder greift der Satz auf V. 17 zurück, um den Begriff der πλήρωσις zu entwickeln, noch ist er ein genügender Grund dafür, daß Jesus auf eine so ausnahmslose Verbindlichkeit des Gesetzes halten muß; sondern an der Ausschließung der pharisäischen Gerechtigkeit vom Gottesreich, und an der Erreichung des Zieles nur durch die entgegengesetzte Art der Gerechtigkeit sollen die Jünger künftig die Probe machen, daß es auch jene Rangunterschiede im Gottesreiche geben müsse. Auch bei dem Falle, den Jesus abweist, daß einer mit pharisäischer Gerechtigkeit das Ziel des Gottesreiches erreichen wolle, ist natürlich der Glaube als Grundbedingung vorausgesetzt. Er fordert jedoch auf Grund des Glaubens eine solche Gerechtigkeit, welche nicht blos im Komparativ sondern im Superlativ über jene hinausgeht, d. h. welche ihr wesentlich entgegengesetzt ist [1].

---

1) Es bleibt ganz unberührt, ob mit wirklichem Glauben pharisäische

Es handelt sich aber um das richtige, das heißt aus der Meinung Jesu zu entnehmende Maaß dieses Gegensatzes, um auch das Verhältniß des Satzes zum vorhergehenden Verse richtig zu bestimmen. De Wette hat bei dieser Gelegenheit den Pharisäern buchstäbliche Beobachtung des Gesetzes zugestanden, und die von Jesus gestellte Forderung auf die sittliche Gesinnung bezogen; aber diese Auffassung ist den Aeußerungen Jesu fremd. Der Erlöser bezeichnet die Pharisäer stets als Heuchler, Scheingerechte; in ihrer Gerechtigkeit erkennt er nur Widerspruch gegen das göttliche Gebot (Mark. 7, 8; Matth. 15, 3), so weit es Recht, Barmherzigkeit, Treue ausdrückt (Matth. 23, 23). Das Gegentheil also, welches von den Gläubigen verlangt wird, ist die dem göttlichen Gebote streng angemessene Gerechtigkeit. Daß Christus die Legalität nicht so herabsetzt, wie es unsere Ansicht gewöhnlich thut, beweist sein Gespräch mit dem reichen Jüngling (Mark. 10, 17—22), in welchem er den objektiven Maaßstab des Buchstabens des Gesetzes allein geltend macht. Aber freilich die Legalität, in welcher die dem Gottesreiche entsprechende Gerechtigkeit besteht, schließt eben die höchste Form der Moralität nach dem Maaßstabe des vollendeten Gesetzes in sich. Also weil eine blos scheinbare Gerechtigkeit das Ziel des Gottesreiches nicht erreichen wird, sondern nur die entgegengesetzte wirkliche Beobachtung des Gesetzes, so ist darin der Maaßstab dafür gegeben, daß schon die Gerechtigkeit, welche auch nur durch die kleinste Uebertretung unterbrochen ist, auf eine geringere Stufe im Gottesreich gestellt werden wird, während nur die vollkommenste Treue der Gesetzerfüllung den entsprechenden hohen Rang erwirbt. Der Satz kann also gar nicht mit Beziehung auf V. 17 das Unternehmen der Vollendung des Gesetzes rechtfertigen sollen. Denn diese von de Wette aufgestellte Deutung enthält die Gleichung: wie sich die pharisäische Gerechtigkeit zum Inhalte des mosaischen

Gerechtigkeit verbunden sein werde, ob die vorgestellte Hypothese je verwirklicht wird. Man kann nur in dem Falle sich herausnehmen, aus dieser Stelle die Lehre zu entwickeln, daß der Mensch durch Glauben und Werke selig werde, wenn man in dem Herr-Herr-sagen (7, 21—23) den Begriff des Glaubens erschöpft denkt.

Gesetzes verhält, so muß sich der Inhalt des vollendeten Gesetzes zu der die pharisäische übersteigenden Gerechtigkeit des Gottesreiches verhalten. Es ist aber eben kein Gradunterschied zwischen den beiden Arten der Gerechtigkeit gedacht, sondern der Gegensatz der scheinbaren und der wirklichen Erfüllung eines Gesetzes; es würde also hieraus auch nicht folgen, daß dem Gesetze ein reicherer Inhalt verliehen werden müßte. Dieser Gedanke ist schon in ganz anderer Weise durch V. 18 bestätigt worden, und bedurfte weiter keines Beweises.

Die Vergleichung der Gerechtigkeit der Jünger mit der pharisäischen ist blos deßhalb herbeigezogen, um an dem entgegengesetzten Verhältnisse beider zum Gottesreiche das Recht der Abstufung des Ranges im Gottesreiche anschaulich zu machen. Deßhalb steht V. 20 nur zu V. 19 in Beziehung, nicht aber als Programm an der Spitze der folgenden Sätze. Der weitere Verlauf der Rede ist nicht beherrscht durch den Gedanken einer Vergleichung der christlichen und der pharisäischen Gerechtigkeit; sondern beruht auf der Vergleichung der vollendeten Gesetzgebung Christi mit der des Moses. Bei der nachgewiesenen Beurtheilung der Pharisäer durch Jesus würde eine solche Vergleichung im Detail zu gar nichts führen; und auch wenn man die folgenden Reden auf den Gegensatz zwischen buchstäblicher und geistiger Erfüllung des Gesetzes reduciren könnte, so würde das nicht der bezeichneten Vergleichung der beiden Formen der Gerechtigkeit entsprechen. Sondern das Programm der folgenden Reden ist in V. 17 zu suchen, welchem die folgenden drei Verse so entschieden logisch untergeordnet sind, daß keiner derselben als selbständiger Ausgangspunkt für das Folgende in Betracht kommen kann.

Man hat vielfach überlegt, ob die nun folgende Rede gegen das mosaische Gesetz oder gegen die pharisäischen Satzungen gerichtet, ob mit den ἀρχαῖοι die Zeitgenossen des Moses oder die unter Leitung der Pharisäer stehenden Geschlechter gemeint seien. Jedoch in der stets wiederkehrenden Formel ἐγὼ δὲ λέγω ὑμῖν ist überhaupt kein Widerspruch gegen die vorausgehenden Anführungen ausgedrückt, sondern indem Jesus seine Person allerdings den nicht näher bezeichneten Gewährsmännern der an die Alten gerichteten Gebote entgegensetzt, beabsichtigt er nur, denselben Neues hinzuzufügen. Auch der Streit darüber, ob Moses oder die Pharisäer als das logische Subjekt von ἐῤῥέθη vorauszusetzen sei, ist müßig. Wenn die mosaischen Gebote bald rein für sich, bald mit einem traditionellen Zusatze [1]) angeführt werden, so hat Jesus eben nicht zwischen der Auktorität des Moses und der seiner Nachfolger (Matth. 23, 2. 3) unterschieden, sondern die Gesetzauslegung der Pharisäer als authentisch mit den mosaischen Geboten selbst zusammengefaßt. Es liegt keine Anerkennung der pharisäischen blos scheinbaren Gerechtigkeit darin, wenn Jesus in die Darstellung des überlieferten Gesetzes nebst dem Wortlaute der mosaischen Sittengebote auch pharisäische Auslegung derselben einschließt; da er in der angeführten Stelle die Pharisäer als die berechtigten Gesetzeslehrer für das jüdische Volk bezeichnet, trotzdem daß sie schlechte Vorbilder der Gerechtigkeit seien.

Jedoch bei näherer Betrachtung der einzelnen Aussprüche Jesu finden sich Schwierigkeiten, welche die Unsicherheit darüber erklären, ob und wie sie sich auf Gesetz und pharisäische Satzung beziehen. Wir haben den Grundsatz V. 17 bisher so verstehen müssen, daß Jesus, indem er das sittliche Gesetz des Moses und der Propheten nach der Idee der Gerechtigkeit vollendet, die zu Grunde liegenden einzelnen Gebote nicht auflöst, sondern erhält und bestätigt. Dieser Ansicht entsprechen nun auch einige der von Jesus erwähnten Fälle. Indem er das Verbot des Tödtens zum Verbote der zornigen und gehässigen Rede und Gesinnung vollendet, schließt er das mosaische Verbot bestätigend ein; und ebenso das Verbot der That des Ehebruches, indem er auch die geheime Begierde, die Frau des Andern zu besitzen, als Ehebruch bezeichnet. Anders ist es mit den folgenden Fällen. Das Verbot aller Eide schließt die Geltung der mosaischen Verordnung des gerichtlichen Eides aus [2]). Das Gebot der vollsten Nach-

---

1) V. 21. 43; oder mit pharisäischer Verkürzung V. 31. Vgl. Meyer z. d. St.

2) Vgl. Meyer und de Wette z. d. St. — Die Verse 31 und 32,

giebigkeit und Verzichtleistung auf das Recht macht die mosaische Rechtsregel der Vergeltung zu nichte; das Gebot der Feindesliebe ist freilich nicht im Widerspruch mit dem mosaischen Gebote der Liebe zu den Freunden, aber mit der als authentisch angenommenen auslegenden Ergänzung desselben durch den gestatteten Haß gegen die Feinde.

Es würde nichts helfen, wollte man die Originalität des Zusammenhanges dieser Sätze mit dem vorausgeschickten Grundsatze in Zweifel ziehen. Denn auch wenn Jesus bei anderer Gelegenheit diese Widersprüche gegen mosaische Gebote erhoben hätte, so könnte die Pflicht nicht umgangen werden, dieselben mit Matth. 5, 17 auszugleichen. Es wird also nicht vermieden werden können, den bisher vorausgesetzten Sinn des Grundsatzes, daß Jesus in der Vollendung von Gesetz und Propheten alle einzelnen auf die Gerechtigkeit bezogenen Aussprüche des Moses bestätigend einschließe, zu modificiren. Vielmehr indem Jesus Gesetz und Propheten, sofern sie im Ganzen die Bestimmung der menschlichen Gerechtigkeit ausprägen, als Grundlage des von ihm zu entwickelnden vollendeten Gesetzes anerkennt und bestätigt, löst er doch einzelne ihrer Bestimmungen auf, in denen sich gerade ihre Unvollkommenheit und ihr Bedürfniß nach Vollendung

---

welche vom Ehebruche handeln, sind den anderen Fällen nicht koordinirt. Weder ist die Einführungsformel dieselbe, wie in den anderen 5 Sätzen, noch findet die regelmäßige Abstufung der Rede statt, welche in den vorhergehenden und nachfolgenden Fällen zu beobachten ist, noch enthält V. 32 einen specifisch neutestamentlichen Gedanken. Vielmehr ist V. 31 durch die Partikel δὲ in Abhängigkeit von dem Vorhergehenden gesetzt, und ist kaum anders, denn als ein Einwurf gegen V. 29. 30 zu verstehen. V. 32 aber stellt jener vom Standpunkte der Schule Hillels erhobenen Auffassung der Verordnung des Moses nur die Deutung des Schammai entgegen. Ich kann die Vermuthung nicht unterdrücken, daß die beiden Verse überhaupt nicht dem Zusammenhange ursprünglich angehören, zumal da in der Perikope über die Ehescheidung (Mark. 10, 2—12; Matth. 19, 3—9) Markus und nicht Matthäus die authentische Erklärung Jesu mittheilt. Daß sich Jesus wie bei Matth. 19, 9 blos für die Regel des Schammai entschieden haben sollte, paßt nicht zu der vorhergehenden Entgegensetzung zwischen der ursprünglichen Untrennbarkeit der Ehe und der Nachgiebigkeit des Moses. Dazu paßt allein das an die Jünger gerichtete unbedingte Verbot der Ehescheidung bei Mark. 10, 11. 12, welches als Norm der Genossen des Gottesreiches denselben Charakter an sich trägt, wie das unbedingte Verbot des Eides und des gerichtlichen Streites. Jesus mußte aber für das Gottesreich ein ausnahmsloses Verbot der Ehescheidung aufstellen, da er den Fall des Ehebruches unter den Genossen desselben nicht voraussetzen konnte.

kund giebt. Man sieht wohl ein, daß nur unter dieser Bedingung ein organisches Verhältniß zwischen der unvollendeten und der vollendeten Stufe des Gesetzes besteht, aber es fragt sich, ob die Reden Jesu selbst auf diese Auffassung hinweisen.

Zu diesem Behufe brauchen wir uns zunächst nur an die Ergebnisse des Markusevangeliums zu erinnern. Wenn Jesus innerhalb des Gesetzes zwischen solchen Stücken unterscheidet, welche den höchsten Zweck des Menschen darstellen, nämlich die Gebote der Liebe zu Gott und zu den Menschen, und solchen Einrichtungen, die nur des Menschen wegen getroffen sind, welche er aufzuheben berechtigt ist, namentlich Sabbath und Ehescheidung, so haben wir daran den Maaßstab, den wir suchen. *Die vollendende Entwickelung des höchsten Zweckes der Liebe, welchen das Gesetz selbst ausspricht, wird sich nur vollziehen lassen durch die Aufhebung der Verordnungen und Einrichtungen des Gesetzes, welche nicht diesem sondern anderen Zwecken dienen.* Näheren Aufschluß zur vollständigen Deutung des Grundsatzes der Bergpredigt bieten aber noch zwei Stellen des Matthäus. Indem Jesus das formale Princip der Gerechtigkeit ausspricht, daß man den Menschen thun solle, was man von ihnen zu erfahren wünscht, fügt er hinzu: οὗτος γάρ ἐστιν ὁ νόμος καὶ οἱ προφῆται (Matth. 7, 12). Indem er ferner das materiale Princip der Gerechtigkeit in den mosaischen Geboten der Liebe zu Gott und zu dem Nächsten nachweist, schließt er bei Matthäus (22, 40) mit den Worten: ἐν ταύταις ταῖς δυσὶν ἐντολαῖς ὅλος ὁ νόμος καὶ οἱ προφῆται κρέμανται. Der Satz ist nicht so zu verstehen, daß alle einzelnen Gebote des Moses und der Propheten jenes Princip ausdrücken, sondern so, daß die Bedeutung und der Werth von Gesetz und Propheten als Einheit an diesen von ihnen dargebotenen und vertretenen Geboten hafte. Also auch nur in diesem Sinne kann Jesus bei Matth. 5, 17 Gesetz und Propheten als die Grundlage seiner vollendeten Gesetzgebung gemeint und in dieselbe eingeschlossen haben; nicht aber sofern das Gesetz eine Summe einzelner Gebote ist, von welchen manche doch dem Principe der Gerechtigkeit nicht entsprechen. Man darf wohl sagen, das organische Verhältniß der Gesetzgebung Jesu zu der des Moses stelle sich gerade darin am deutlichsten dar, daß er die Gebote der Gottes- und Menschenliebe aus ihrer Vereinzelung befreit und zur Geltung als Princip des Gesetzes erhoben habe. Und wenn Jesus in den bezeichneten Sätzen der Bergpredigt solche Verordnungen erläßt, welche die entsprechenden mosaischen ausschließen, so ist der Grund der, daß diese dem Princip der Liebe nicht folgen, Jesus aber die Folgerungen aus dem Princip der Liebe zu Gott und zu den Menschen entwickelt, ohne dieses selbst direkt zu bezeichnen. Ferner ist zu bemerken, daß Jesus, weil er das Princip der Gerechtigkeit in jenen höchsten Geboten aufweist, dadurch der Mühe überhoben wird, eine ins Einzelne gehende Gesetzgebung auszuführen, sondern in der Bergpredigt sich mit Darstellung von Proben derselben begnügen darf. Er mußte darauf rechnen können, daß die Jünger und die Gemeinde die Anwendung des Gebotes der Liebe auf alle Fälle des Lebens finden würden. Der Grund für die Richtigkeit dieser Auffassung ist aber, daß überhaupt nicht die Gesetzgebung und die Auseinandersetzung mit dem mosaischen Gesetze, sondern die Gründung des Gottesreiches durch Darstellung seiner persönlichen Würde als Menschensohn und durch seine Erweckung des Glaubens an sich die erste und höchste Aufgabe Jesu war. Denn die Aussagen Jesu, welche bald auf Veränderung bald auf Bestätigung des Gesetzes hinweisen, und in der richtig verstandenen Idee der Vollendung von Gesetz und Propheten zusammenlaufen, gelten absichtlich und in ihrem vollen Sinne nur der Ordnung des Lebens, welches die an ihn Glaubenden als Genossen des Gottesreiches führen sollen.

Also wie es falsch ist, wenn Jesus hauptsächlich als Gesetzgeber aufgefaßt wird, so ist es falsch, mindestens sehr ungenau, zu behaupten, daß er das Ceremonialgesetz abgeschafft, das Sittengesetz bestätigt habe; sondern die Evangelien des Markus und des Matthäus ergeben folgendes Resultat [1]. Jesus

---

1) Lukas bietet außer Kap. 16, 16—18 nichts Eigenthümliches dar, was unsere Aufgabe berührte, und dies Eigenthümliche ist nicht ursprünglich. V. 16

hat Gesetz und Propheten anerkannt, sofern sie den höchsten Zweck des Menschen in den Geboten der Liebe zu Gott und zu den Menschen in sich enthalten; er hat sie der in ihnen wirkenden Idee der Gerechtigkeit gemäß dadurch vollendet, daß er in jenen Geboten das Princip des Gesetzes für das Gottesreich dargestellt hat; er hat demgemäß für das Gottesreich alles außer Geltung gesetzt, was im mosaischen Gesetze diesem höchsten Principe nicht entspricht, also nicht nur die Sabbathsruhe, den Opferdienst, die Reinigungen, sondern auch die Gestattung der Ehescheidung, das jus talionis, die Beschränkung der Liebespflicht auf die Freunde, das Gebot des Eides. Jedoch hat er weder die Beschneidung und das Privilegium des israelitischen Volkes innerhalb des Gottesreiches abgeschafft, noch seine Jünger, die demselben angehörten, faktisch von der Beobachtung der mosaischen Kultussitte losgerissen. Sondern, wie die vollständige Durchbildung des christlichen Gesetzes, so hat er die Entwöhnung seiner Anhänger vom väterlichen Gottesdienste der zukünftigen Entwickelung unter der Leitung des heiligen Geistes anheimgestellt.

Daß eine solche Entwickelung durch relative Gegensätze hindurchgeht, ist eine allgemeine geschichtliche Erfahrung. In dieser Beziehung ist das Verhältniß zwischen den unmittelbaren Jüngern Jesu und dem Apostel Paulus nichts Ueberraschendes. Indessen wird nur diejenige Auffassung desselben den Ansprüchen an die Geschichte angemessen sein, nach welcher beide Theile das wesentliche Verhältniß Jesu zu dem mosaischen Gesetze nicht verleugnen. Als historisch unmöglich erscheint die Ansicht, daß die Anschauung von der Autonomie und Universalität des Christenthums, welche das innere Leben Jesu selbst erfüllte, seinen persönlichen Schülern verborgen blieb. Sie vertreten vielmehr die Autonomie des Christenthums thatsächlich und absichtlich, sofern sie den Glauben an den Christus

---

ist aus Matth. 11, 13 entlehnt, aber mit Auslassung des wesentlichen Wortes προεφήτευσαν, durch das die Rede einen von unserem Problem abgewendeten Sinn empfängt. V. 17 ist ein unsicherer Nachklang von Matth. 5, 18; V. 18 ist aus Matth. 5, 32 entlehnt.

Jesus als die alleinige Bedingung des Heils und des Eintrittes ins Gottesreich geltend machen. Sie knüpfen an die vollendete Gesetzgebung des Gottesreiches an, indem Jakobus die thätige Beobachtung des vollkommenen Gesetzes der Freiheit, des königlichen Gebotes der Liebe fordert, und indem Petrus die durch das Wort von der Auferstehung Christi zu neuer Hoffnung Wiedergeborenen zur Vollkommenheit in der gegenseitigen Liebe ermahnt. Sie führen die Christen auf den Weg der Duldung des Unrechtes, den Jesu Wort und Beispiel eröffnet hat. Sie haben in ihren Schriften kein Wort mehr für die Verpflichtung zur Reinigkeit, zum Opferdienst, zur Sabbathsfeier. Und sie verleugnen auch den Universalismus des Christenthums nicht, obgleich sie ihre Missionsthätigkeit zunächst auf die Israeliten beschränkend, den Zweck verfolgen, Israel als ganzes Volk in das Gottesreich einzuführen; indem sie demnach ebensowenig wie Jesus die Beschneidung der Israeliten antasten, vielmehr die mosaische Kultussitte unter den jüdischen Christen gelten lassen, wie Jesus sich derselben im Allgemeinen gefügt hatte, um keinen Anstoß zu geben (Matth. 17, 27). Also wenn auch die Urapostel die sittliche Grundidee Jesu nur in der Form der praktischen Anwendung im Einzelnen entwickeln, so haben sie die Stellung, welche Jesus derselben zum Reiche Gottes einerseits und zum mosaischen Gesetze andererseits gegeben hat, in keinem Punkte verleugnet. Aber überdies verbürgen die Ansätze zur dogmatischen Auffassung der Person Christi bei Petrus und Johannes, daß die Urapostel auch nach dieser Seite hin nicht hinter Paulus zurückstehen, sondern ebenso wie er die Absolutheit der Offenbarung in Christus anerkennen[1]).

---

1) Dies braucht für das Evangelium des Johannes nicht erst bemerkt zu werden. Diese Schrift aber, soweit sie direkt und indirekt den Standpunkt des Apostels Johannes darstellt, hat den relativen Gegensatz zwischen den Uraposteln und Paulus, um den es sich hier handelt, längst überschritten. Um Mißdeutungen zu begegnen, erkläre ich, daß ich das Evangelium für echt halte, nicht nur, weil die Leugnung seiner Echtheit viel größere Schwierigkeiten darbietet, als deren Anerkennung; sondern auch weil die Darstellung der Verkündigung Jesu nach den drei andern Evangelien ihre Ergänzung durch die Reden bei Johannes fordert. Weil ich diese Reden nicht unbedingt als Quelle für einen johanneischen Lehrbegriff ansehen kann, werde ich innerhalb der folgenden Darstellung nicht auf das Evangelium eingehen. Aber ich kann mich auch überhaupt

In der Behandlung der mosaischen Kultussitte durch den Apostel Paulus pflegt man die offene praktische Durchführung der von Jesus gegebenen Andeutungen zu erkennen, welche von den Uraposteln nicht unternommen worden ist. Indessen so einfach ist das Verhältniß nicht. Daß Paulus die mosaische Kultussitte bei den von ihm für das Christenthum gewonnenen Heiden nicht einführt, und die Uebertragung der Beschneidung auf sie abwehrt, kann sich nicht unmittelbar auf Andeutungen Christi beziehen, da derselbe über die Bedingungen der Heidenbekehrung nichts verordnet hatte. Ob aber Paulus der Meinung ist, daß die geborenen Israeliten in der christlichen Gemeinde sich von der mosaischen Kultussitte und von der Beschneidung lossagen sollen, ist eine nicht einfach zu beantwortende Frage. Jene Praxis des Paulus stützt sich nun auf seine Theorie vom Gesetze, die mit seiner begrifflichen Entwickelung des Grundverhältnisses von Glaube und Gerechtigkeit zusammenhängt. Indem Christus von den Gläubigen die Gerechtigkeit forderte, welche in der Beobachtung des nach dem Principe der Liebe vollendeten Gesetzes besteht, so hat er die Möglichkeit derselben stillschweigend vorausgesetzt. Paulus aber hat den positiven Grund der Thätigkeit in der Liebe, welche des Gesetzes Erfüllung ist, in dem Glauben an Christus nachgewiesen. In diesem dogmatischen Urtheile hat Paulus seiner persönlichsten Erfahrung gemäß nichts anderes ausgesprochen, als was die unzweifelhafte Voraussetzung der von Christus geforderten Gesetzeserfüllung war. Denn alle von Jesus ausgehenden Aufforderungen und Anweisungen zur Gerechtigkeit gelten nur den Genossen des Gottesreiches, welche als solche im Glauben an ihn stehen. Aber die dogmatische Gedankenfolge des Paulus führt eine Distinktion des Begriffes der Gerechtigkeit mit

nicht davon überzeugen, daß die Lehre des Johannes, wie sie der erste Brief in Uebereinstimmung mit dem Evangelium darbietet, ein wirksames Glied in der Entwickelung des Christenthumes im zweiten Jahrhundert sein sollte. Wenn die Kirchenlehrer seit der Mitte desselben ihre Christologie an den johanneischen Logosbegriff anknüpfen, so beweist das nichts dagegen. Denn der Logosbegriff, auch wenn er richtig verstanden wäre, ist nicht das Ganze der johanneischen Anschauung. Wie aber deren Kern eine Bedingung des Nomismus Justins und seiner Nachfolger sein sollte, vermag ich nicht einzusehen.

sich, welche der Anschauung Christi nicht unmittelbar entspricht. Christus faßt in der Erfüllung des Gesetzes die Gerechtigkeit gegen die Menschen und die Gerechtigkeit vor Gott zu einem Begriffe zusammen. Paulus dagegen denkt den Glauben an Christus als Organ der von Gott verliehenen Gerechtigkeit und unterscheidet davon die in der Liebesthätigkeit bestehende, dem Gesetze entsprechende Gerechtigkeit gegen die Menschen als Folge. Oder vielmehr er bedient sich gewöhnlich nicht einmal des Wortes „Gerechtigkeit" für die sittliche Funktion des Wandels im Geiste, sondern nur im engsten religiösen Sinne für das im Glauben bestehende Grundverhältniß zu Gott [1]. Weil ihm im Glauben an Christus die Gerechtigkeit vor Gott gewiß ist, so unterläßt er es überhaupt, das sittliche Verhalten gegen die Menschen unter den Begriff der Gerechtigkeit zu stellen; so wie ihm auch die Liebe nicht zuerst als gesetzliche Aufgabe entgegentritt, da er dieselbe als subjektive sittliche Kraft aus dem Glauben ableitet. Diese Betrachtungsweise ist aber so wenig im Widerspruch gegen die Meinung Christi, daß sie nur deren dogmatische Auslegung ist, welche die mögliche pharisäische Mißdeutung der Anschauung desselben abwehrt. Jede einzelne Handlung ist hienach nur dann gerecht, wenn sie nicht blos einem richtigen Einzelzweck, sondern in demselben dem absoluten göttlichen Zwecke dient. Denn auf die Erfüllung des Gesetzes als des göttlichen, und im göttlichen Reiche kommt es an. Um aber nicht diese Seite der Gerechtigkeit über dem Wechsel der einzelnen Zwecke aus den Augen zu verlieren, und um nicht in pharisäischer Weise das göttliche Gesetz zu einer Ordnung bloßer Einzelzwecke herabzudrücken, ist es nöthig, sich des absoluten Zweckes persönlich zu versichern, dessen Vollziehung doch allein dem sittlichen Thun im Einzelnen seinen Werth verleiht. Dies geschieht aber eben in dem Glauben an Christus, als dem Organe der rein religiösen und darum nicht selbst erworbenen Gerechtigkeit vor Gott. Indem Paulus diesen Gedanken aufgestellt hat, hat er die sittliche Thätigkeit im Einzelnen nicht für gleichgültig erklärt, sondern

1) Ausnahmen davon sind zwar Röm. 6, 16 ff. Phil. 1, 11. Eph. 5, 9.

in ihrem wahren Sinne sicher gestellt. Er hat aber eben nur als allgemein gültig ausgesprochen, was Jesus selbst gelegentlich angedeutet und in den Ordnungen der Bergpredigt vorausgesetzt hat, daß man alles thue wegen seiner oder wegen des Gottesreiches (Matth. 5, 11; 6, 33; 10, 39). Indem Paulus aus dieser ausschließlichen Bedeutung des Glaubens für die Gerechtigkeit die Folgerung auf die Unverbindlichkeit des mosaischen Gesetzes für die Heiden zog, trifft er zwar nicht unmittelbar mit einer von Christus ausgegangenen Satzung zusammen; er kommt aber mittelbar mit der Abrogation überein, welche in der von Jesus gemeinten Vollendung des Gesetzes enthalten ist. Und wenn Jesus die Erneuerung der sittlichen Pflichten aus dem Principe der Liebe im Einzelnen der weitern Entwickelung seiner Gemeinde überließ, so war dazu nöthig, daß die Liebe selbst nicht blos als gesetzliche Aufgabe, sondern wie es von Paulus geschieht, als Folge des Glaubens, als nothwendiger subjektiv-religiöser Antrieb aufgefaßt wurde.

Nach Maaßgabe dieser Andeutungen sind wir weit davon entfernt, einen fundamentalen Gegensatz zwischen Paulus und den Uraposteln vorauszusetzen. In diesem Falle hätten sie die gemeinsame Geschichte nicht haben können, welche sie nach den von Niemand bezweifelten Dokumenten gehabt haben. Einen praktischen Gegensatz zwischen Beiden werden wir freilich anerkennen müssen, aber das Feld desselben wird eine so enge Abgrenzung finden, daß die wesentliche Uebereinstimmung in den von Christus aufgestellten leitenden Ideen nur um so deutlicher einleuchten wird.

Zweiter Abschnitt.

Der paulinische Lehrbegriff.

Der Schein des Widerspruches zwischen der Lehre des Paulus und dem Standpunkt der anderen Apostel ist hauptsächlich dadurch hervorgerufen, daß die dem Paulus eigenthümlichen Gedankenbildungen die Aufmerksamkeit in der Art in Anspruch genommen haben, daß der Umkreis der allen Aposteln gemeinsamen religiösen Ideen und Grundanschauungen nicht genügend gewürdigt worden ist. Die Nachweisung derselben wird die Originalität des Paulus nicht beeinträchtigen, aber zugleich seinen Zusammenhang mit den Uraposteln sicher stellen.

1. Die neutrale Basis der paulinischen Lehre.

Alle neutestamentlichen Ideen wurzeln im A. T., und deßhalb hält Paulus nicht zufälligerweise an der Grundidee des alten Bundes fest. Der Eine (1 Kor. 8, 4) unvergängliche (Röm. 1, 23), unsichtbare Gott (V. 20), welcher alle Dinge geschaffen hat (V. 25; 1 Kor. 8, 6), dem die Erde und ihr Inhalt gehört (10, 26), ist der Bundesgott des Volkes Israel (Röm. 3, 2; 11, 1). Dessen Gesetz ist eine wirkliche Offenbarung der Wahrheit (2, 20), und dessen Stimme vernimmt Paulus aus allen Büchern des A. T., den Quellen aller speciellen religiösen Erkenntniß, so daß selbst der Buchstabe Motiv zu einem dogmatischen Satze wird (Gal. 3, 16). Und es sind eigentlich nur Zeugnisse des A. T., durch welche Paulus die unbedingte Gültigkeit des mosaischen Gesetzes in der christlichen Gemeinde widerlegt. Das Urtheil des Apostels über das Heidenthum ist nach den Maaßstäben des

A. T. gebildet, ja sogar einige Einflüsse der gewöhnlichen jüdischen Ansicht von den Heiden hat Paulus festgehalten. Das Heidenthum ist Finsterniß (2 Kor. 6, 14), die Heiden kennen Gott nicht (1 Theff. 4, 5; Gal. 4, 8), indem sie nur vermeinten Göttern (Gal. 4, 8; 1 Kor. 8, 4; 10, 19), in Wahrheit aber Kreaturen dienen (Röm. 1, 23). Darum sind sie Ungläubige (2 Kor. 6, 14. 15). Der Irrthum der Heiden beruht aber auf dem sittlichen Fehler der angemaßten Weisheit, durch welche sie den Inhalt der ihnen zu Theil gewordenen Offenbarung der göttlichen Macht in der Natur für sich verkehrt haben (Röm. 1, 19—22). Die Folge davon ist die sittliche Zerrüttung der Heidenwelt (V. 26), welche bisher durch keine specielle Offenbarung des göttlichen Willens, wie sie die Juden empfingen, gehemmt worden ist. Und nach diesem Verhältniß gilt die Gesetzlosigkeit als Charakter des Heidenthums (2 Kor. 6, 14; Röm. 6, 19). Die Heiden heißen schon im Vergleich mit den Juden einfach Sünder (Gal. 2, 15; Röm. 9, 30).

Aus dem lebendigen Zusammenhang mit der unter seinen Volksgenossen herrschenden Vorstellungsweise erklären sich die Ansichten des Paulus über Engel und Dämonen. Die Engel, in verschiedene Klassen getheilt, bilden die Umgebung Gottes (Röm. 8, 38; Kol. 1, 16), und haben einen untergeordneten Antheil an der Weltregierung, sofern sie die mosaische Gesetzgebung vermittelt haben (Gal. 3, 19) [1]), bei der Wiederkunft Christi auftreten werden (1 Theff. 3, 13; 4, 16), und als Schutzengel den Gläubigen nahe sind (1 Kor. 11, 10). Diesem Kreise steht entgegen der Satan mit den Dämonen. Wie derselbe in Gestalt der Schlange die Stammältern verführt hat (2 Kor. 11, 3), so ist er fortwährend geschäftig, zur Sünde zu reizen (1 Theff. 3, 5; 1 Kor. 7, 5), und physische Plagen über einzelne Menschen zu verhängen (1 Kor. 5, 5; 2 Kor. 12, 7). Sein eigentliches Gebiet ist das Heidenthum (2 Kor. 4, 4; 6, 15; Kol. 1, 13; Eph. 2, 2),

---

1) Vgl. Hebr. 2, 2; Act. 7, 53. Iosephus Antiqq. 15, 5, 3: *ἡμῶν τὰ κάλλιστα τῶν δογμάτων καὶ τὰ ὁσιώτατα τῶν ἐν τοῖς νόμοις δι' ἀγγέλων παρὰ τῷ θεῷ μαθόντων.* Deuter. 33, 2 (LXX): *κύριος ἐκ Σινᾶ ἥκει — ἐκ δεξιῶν αὐτοῦ ἄγγελοι μετ' αὐτοῦ.*

in der Art, daß die Dämonen unter den Bildern der Götter von den Heiden verehrt werden (1 Kor. 10, 20. 21). Es ist ein anderer Gesichtskreis, in welchem Paulus den Teufel als den Gott dieser Welt bezeichnet (2 Kor. 4, 4), und alles, was dieser Welt angehört, Jüdisches wie Heidnisches in den schärfsten Gegensatz zum christlichen Wesen stellt (Gal. 1, 4; 1 Kor. 1, 18; 2, 6. 8; 3, 18; Röm. 12, 2; Eph. 2, 2. 3). Vom jüdischen Standpunkt aus wird der Teufel als Herr des Heidenthums, vom christlichen Standpunkt aus als Herr dieser Welt, des gegenwärtigen Verlaufs der Menschengeschichte vorgestellt. Das Korrelat dieser Vorstellung aber ist, daß Christus der Herr der zukünftigen Welt (αἰὼν μέλλων) ist.

Der ausschließende Gegensatz zwischen der gegenwärtigen und der zukünftigen Welt ist das Schema, in welches die jüdische Messiaserwartung hineingezeichnet ist. Christus selbst hat sich diese Anschauung angeeignet (Mark. 10, 30; Matth. 12, 32) und alle neutestamentlichen Schriftsteller sind darin nachgefolgt. Paulus freilich, so oft er die gegenwärtige Welt als etwas dem Christen fremdes bezeichnet, bedient sich nur einmal des Ausdruckes der zukünftigen Welt (Eph. 1, 21), und giebt deßhalb auch keinen Beitrag zu der Anschauung von Christus als dem Herrn der zukünftigen Welt. Aber diejenige Vorstellung theilt er mit allen neutestamentlichen Schriftstellern, daß Christus in nahe bevorstehender Zukunft das Gericht abhalten, der gegenwärtigen Welt ein Ende machen und mit seinen Gläubigen das Reich Gottes aufrichten werde, in dem er als der Herrscher offenbar wird, welcher er seit seiner Auferstehung zur Rechten Gottes ist. In diesem der Hoffnung angehörenden Gebiete darf man um so weniger scharf ausgeprägte Begriffe suchen, je lebendiger die Zeugen von der Hoffnung erfüllt sind. Deßhalb ertragen die Apostel die Vorstellung, daß Christus am Ende der Tage, am Schlusse des gegenwärtigen Weltverlaufs erschienen (1 Petr. 1, 20; Hebr. 1, 1), daß er gestorben sei, um die Gläubigen aus der gegenwärtigen schlechten Welt zu erlösen (Gal. 1, 4; vgl. Hebr. 9, 26), ohne die Behauptung auszusprechen, daß sie schon in der zukünftigen Welt leben. Die zukünftige Welt, welche

Christus unterworfen ist (Hebr. 2, 5) ist noch im Himmel verborgen (Phil. 3, 20); das himmlische Jerusalem, in welchem die Bürger der zukünftigen Welt wohnen sollen (Gal. 4, 26; Apok. 3, 12; Hebr. 12, 22), ist noch nicht erschienen. Deßhalb dehnt die geduldige Erwartung dieser Ereignisse die Vorstellung von den letzten Tagen immer weiter aus, so lange die Hoffnung lebendig bleibt (Jak. 5, 3; 1 Petr. 1, 5; Jud. 18; 1 Joh. 2, 18; 2 Petr. 3, 3); und schreibt der Gemeinde nur einen Vorschmack der zukünftigen Güter zu (Hebr. 6, 5). Alle diese Andeutungen setzen den Gedanken voraus, daß Christus, der Herr der zukünftigen Welt, dieselbe bei seiner Wiederkunft inauguriren werde [1]. Der ganze Umfang dieser Vorstellungen, wenn auch aus dem Judenthum hervorgewachsen, ist für allgemein christlich zu halten.

Wenn deßhalb Epiphanius als besondere Sektenansicht der Ebjoniten anführt, daß Christus das Loos der zukünftigen Welt empfangen habe, dem Teufel aber die gegenwärtige Welt durch den Befehl des Allmächtigen anvertraut sei [2], so ist es durch das N. T. nicht begründet, dem Berichterstatter darin Glauben zu schenken, und danach die Schriften, in welchen jene Formel, oder ein Anklang an dieselbe wiederkehrt, für die ebjonitische Partei in Anspruch zu nehmen [3]. Es sind vielmehr alles heidenchristliche Schriften, welche im zweiten Jahrhundert diese Idee darbieten [4], und wenn sie speciell im Briefe des Barnabas vor-

---

1) Demnach nimmt das N. T. nicht Theil an dem Schwanken der jüdischen Vorstellung, ob die Zeit des Messias zur gegenwärtigen oder zur künftigen Welt gehöre (vgl. Bleek, Brief an die Hebräer, 2. Th. S. 20 ff.), sondern rechnet die erste Erscheinung Christi mit dem Bestande der Gemeinde zu dem gegenwärtigen Zeitlauf. Im Brief des Barnabas Kap. 1 findet sich eine Spur der entgegengesetzten Anschauung, sofern das irdische Werk Christi als futurorum initia bezeichnet wird.

2) Haer. 30, 16: *Τὸν μὲν Χριστὸν λέγουσι τοῦ μέλλοντος αἰῶνος εἰληφέναι τὸν κλῆρον, τὸν δὲ διάβολον τοῦτον πεπιστεῦσθαι τὸν αἰῶνα ἐκ προσταγῆς δῆθεν τοῦ παντοκράτορος* Hom. Clem. 15, 7: *Ὁ τῶν ὅλων δημιουργὸς καὶ θεὸς δυσίν τισιν ἀπένειμεν βασιλείας δύο, ἀγαθῷ τε καὶ πονηρῷ, δοὺς μὲν τῷ κακῷ τοῦ παρόντος κόσμου μετὰ νόμου τὴν βασιλείαν, τῷ δ' ἀγαθῷ τὸν ἐσόμενον ἀΐδιον αἰῶνα.*

3) Schwegler Montanismus S. 113. Nachapost. Zeitalter 1. Th., S. 338. 451. 2. Th. S. 158.

4) Ep. Barnab. 2: Dies sunt nequissimi, et contrarius habet huius seculi potestatem. Herm. Pastor Sim. 1: *Ἡ πόλις ὑμῶν μακρὰν ἐστιν*

kommt, der das Judenchristenthum auf das schärfste bekämpft, so kann sie nicht ein unterscheidendes Merkmal von Ebjonitismus sein. Freilich zur Zeit des Epiphanius war die Anschauung vom Besitze der gegenwärtigen Welt durch den Teufel, welche Christus selbst ausspricht (Joh. 12, 31; 14, 30; 16, 11), dem kirchlichen Bewußtsein fremd geworden, und deßhalb fiel sie ihm bei einer Partei auf, welche in ihrer Abtrennung von der Kirche stabil geworden war. Indessen für die älteste Zeit des Christenthums ist die ganze Gedankenreihe allgemein gültig, und Paulus theilt sie nur mit allen Schriftstellern des neuen Testamentes.

Paulus unterscheidet sich auch darin nicht von den Aposteln, daß er die von Christus selbst (Mark. 13, 30) angeregte Hoffnung hegte, die Wiederkunft des Herrn in der nächsten Zeit zu erleben (1 Thess. 4, 16. 17; 1 Kor. 15, 52). In dieser Erwartung wurzelt die allen Aposteln gemeinsame eschatologische Zuspitzung der Vorstellungen vom Heile durch Christus. Und zwar ist hierin eine vielleicht auffallende, aber wohl erklärbare Abweichung aller Apostel von der durch Christus vertretenen Anschauung wahrzunehmen. Christus wendet alle Bezeichnungen des Heilszweckes auf seine gegenwärtige Wirksamkeit an. In ihm und seinem Wirken ist das Reich Gottes da; durch die Aufnahme seines Wortes werden die Menschen Genossen desselben, und der Zukunft ist nur dessen Erscheinung in der vollkommenen Macht und Würde vorbehalten. Er vollzieht in der Gegenwart das Gericht, indem er die Gläubigen und die Ungläubigen scheidet, indem er wie mit dem Schwerte die nächsten Angehörigen um des Glaubens oder Unglaubens willen innerlich trennt; und das Gericht in der Zukunft ist nur für besondere Klassen der Menschen bestimmt, für diejenigen Heiden, welche das Evangelium

---

ἀπὸ τῆς πόλεως ταύτης. — Οὐ νοεῖς ὅτι ταῦτα πάντα ἀλλότριά ἐστι, καὶ ὑπ' ἐξουσίαν ἑτέρου εἰσιν; Ep. Polyc. ad Philipp. 5: *Ἐὰν τῷ κυρίῳ εὐαρεστήσωμεν ἐν τῷ νῦν αἰῶνι, ἀποληψόμεθα καὶ τὸν μέλλοντα.* 2 Ep. Clem. 6: *Ἔστιν οὗτος ὁ αἰὼν καὶ μέλλων δύο ἐχθροί· οὗτος λέγει μοιχείαν καὶ φθορὰν καὶ φιλαργυρίαν καὶ ἀπάτην, ἐκεῖνος δὲ τούτοις ἀποτάσσεται. Οὐ δυνάμεθα οὖν τῶν δύο φίλοι εἶναι· δεῖ δὲ ἡμᾶς τούτῳ ἀποταξαμένους ἐκείνῳ χρῆσθαι.* — Cf. Asc. Ies. IV, 2: Berial, malus angelus rex huius mundi, quem possedit a tempore primae collocationis.

nicht vernommen haben, für die zwölf Stämme Israels, welche als diese Gesammtheit ebenfalls nicht Zeugen der Verkündigung Jesu waren; für die Heuchler, welche sich in die Gemeinde der Gläubigen eingeschlichen haben. Jesus verbürgt den Gläubigen die Rettung als gegenwärtigen Besitz, führt sie in der Gegenwart in das ewige Leben ein. Dagegen setzen die Apostel einstimmig die Erfahrung des Gerichtes, das Auftreten des Reiches Gottes, den Gewinn des Erbes, der Rettung und des ewigen Lebens in die wenngleich nahe Zukunft, und knüpfen den Gedanken an alle jene Vorgänge und Güter an die Wiederkunft des Herrn. Diese Veränderung der Anschauung ist daher zu verstehen, daß alles, was mit Christus ist und im Glauben an ihn angeeignet wird, vom Menschen aus angesehen, immer das Sollen in sich schließt, und daß die an Christus geknüpften göttlichen Zwecke sich in die Zukunft reflektiren müssen, da sein Werk noch nicht vollendet ist. Nur geringe Ausnahmen davon finden sich bei den Aposteln, und bei Paulus ist höchstens Kol. 1, 13 dahin zu rechnen. Dagegen treten nun bei den Aposteln andere Begriffe zur Bezeichnung des gegenwärtigen Verhältnisses der Gläubigen auf, die Vorstellung ihrer Heiligkeit, ihrer Neuschaffung oder Wiedergeburt, und speciell bei Paulus ihrer Gerechtigkeit. Diese Begriffe aber schließen die zu Grunde liegende Perspektive auf die Zukunft des Heiles nicht aus; sie rechnen auf das Sollen, eben deßhalb weil sie sittliche Begriffe sind. Auf dieser Solidarität aller Apostel ruht das Interesse des Paulus an der zweiten Parusie Christi. In dieser Hoffnung ist also nicht ein seiner Gesammtrichtung gleichgültiges Element zu erkennen, sondern dieselbe bedingt auch seine eigenthümliche Lehrbildung wesentlich. Dagegen begründet es die Natur der Hoffnung, daß die einzelnen Ahnungen des Zukünftigen bei den verschiedenen Aposteln abweichende Färbung haben. Ein durchgreifender Typus hält die Aussprüche der Apostel über die Zukunft Christi und seiner Gemeinde zusammen, jedoch ohne daß die Eschatologie in Gestalt eines Dogma ausgeprägt wäre.

Unter den Vorbereitungen der Erscheinung Christi denkt Paulus an die Noth und Bedrängniß aller Menschen (1 Kor.

7, 26. 28), welche auch in der Rede Christi (Mark. 13, 9) in Erinnerung gebracht und von dem Apokalyptiker so schreckenerregend geschildert wird. Unter den einzelnen Umständen der den Gläubigen zugedachten Bedrängniß erscheint die Vorstellung von Antichristen, welche vom Herrn selbst (Mark. 13, 6. 22) als falsche Messiasse und Propheten specialisirt sind. Paulus bleibt diesem Typus auch insofern treu, als er (2 Theß. 2, 3—12) den Widerchrist mit Attributen schildert, welche ihn als die höchste Steigerung jüdischer Gottlosigkeit erkennen lassen; während in späterer Zeit Johannes erst die Stadt Rom und einen ihrer Herrscher (Apok. 13. 17), dann christliche Irrlehrer (1 Joh. 2, 18. 19) als Antichriste anschaut. Ueber die Art der Erscheinung Christi, daß er plötzlich, in Begleitung der Engel, unter dem Schalle der Posaunen vom Himmel auf die Erde herabkommen werde, ist Paulus mit den sonst vorkommenden Schilderungen einig (1 Theß. 4, 16; 1 Kor. 15, 52).

Dagegen tritt ein Unterschied zwischen den neutestamentlichen Schriftstellern in Hinsicht der Folgen der Parusie auf. Die übrigen Zeugen knüpfen den ganzen Umfang dessen, was zu erwarten ist, das Gericht, die Erscheinung des Gottesreichs, die Auferstehung, die Theilnahme der Erwählten an der Seligkeit an den Einen Moment der Wiedererscheinung Christi. Dagegen Paulus und der Apokalyptiker unterscheiden zwei Epochen der Geschichte des Gottesreichs nach der Parusie. In der Apokalypse wird von dem durch die Parusie und die Auferweckung der Gerechten eingeleiteten tausendjährigen Reich (20, 4—6) die Epoche getrennt, in der die allgemeine Auferstehung, das Endgericht, die Vernichtung des Teufels und des Todes, und die Seligkeit in dem himmlischen Jerusalem eintritt (20, 7 ff.). Ebenso unterscheidet nun auch Paulus von der Periode der Herrschaft Christi im Kreise seiner auferstandenen Gläubigen die Periode der Herrschaft Gottes, welche mit der vollen Besiegung der satanischen Mächte und des Todes beginnt (1 Kor. 15, 22—28). Eine Abweichung zwischen beiden Darstellungen liegt nur darin, daß Paulus die ganze erste Epoche mit dem Kampf gegen die satanischen Mächte ausgefüllt denkt, während der Apokalyptiker denselben auf die Grenze beider Epochen verlegt. Die Herrschaft Christi denkt sich Paulus ohne Zweifel, ebenso wie der Apokalyptiker das tausendjährige Reich, auf der Erde; denn wenn auch 1 Thess. 4, 17 von der Entrückung der lebenden Gläubigen von der Erde dem vom Himmel herabsteigenden Herrn entgegen die Rede ist, so ist die Anschauung dadurch zu ergänzen, daß sie mit Christus wieder auf die Erde zurückkehren sollen. Dagegen ist mit dem Zustande der Alleinherrschaft Gottes, wann Gott Alles in Allen sein wird, ein Gegensatz von Himmel und Erde nicht vereinbar; wie der neue Himmel und die neue Erde in der Apokalypse nur die volle Identität beider bedeuten. Auf welche Epoche des Gottesreichs Paulus die Erscheinung des im Himmel verborgenen Jerusalem (Gal. 4, 26; Phil. 3,20) bezogen habe, ist nicht auszumachen; denn die Darstellung dieses Punktes in der Apokalypse (21, 22. 23) ist nicht unbedingt auf Paulus zu übertragen. Bei diesen eschatologischen Schilderungen ist also weder auf Seiten des Paulus reiner Idealismus ohne Beimischung symbolisch-materieller Anschauungen, noch ist auf Seiten der Apokalypse eine grob-materialistische unideale Auffassung ausgeprägt. Wenn Johannes sagt, daß Gott selbst und das Lamm der Tempel im neuen Jerusalem sein, und daß die Erscheinung Gottes sie erleuchten werde, so daß Sonne und Mond, Tag und Nacht aufhören, so bedeutet diese Schilderung dasselbe, wie der Gedanke des Paulus, daß Gott Alles in Allen sein werde. Das Gepräge der eschatologischen Erwartungen bei Paulus und bei Johannes ist also wesentlich gleichartig.

Deßhalb steht der grobe Chiliasmus mit beiden Aposteln im Widerspruch. Der jüdische Ursprung dieser Form eschatologischer Erwartung, welche in der christlichen Kirche durch Kerinth[1]),

1) Eus. H. E. III, 28: *K. λέγει μετὰ τὴν ἀνάστασιν ἐπίγειον εἶναι τὸ βασίλειον τοῦ Χριστοῦ καὶ πάλιν ἐπιθυμίαις καὶ ἡδοναῖς ἐν Ἱερουσαλὴμ τὴν σάρκα πολιτευομένην δουλεύειν· καὶ — ἀριθμὸν χιλιονταετίας ἐν γάμῳ ἑορτῆς λέγει γίνεσθαι.* In dieser Form theilt Gajus die Lehre des K. mit. Nach Dionysius von Alexandrien lehrte er: *ἐπίγειον ἔσεσθαι τὴν τοῦ Χριστοῦ βασιλείαν, καὶ ἐν τούτοις ἔσεσθαι, ἐν γαστρὸς καὶ τῶν ὑπὸ γαστέρα πλησμοναῖς· τουτέστι σιτίοις καὶ ποτοῖς καὶ γάμοις, καὶ δι' ὧν εὐφημότερον ταῦτα ᾠήθη ποριεῖσθαι, ἑορταῖς καὶ θυσίαις καὶ ἱερείων σφαγαῖς* (A. a. O. u. VII, 25).

Papias [1]), Irenäus [2]), Nepos [3]) vertreten ist, ist nicht zu bezweifeln. Aber das jüdische Christenthum ist für jenen Irrthum nicht verantwortlich zu machen. Der grobe sinnliche Chiliasmus ist weder überhaupt eine Parteimeinung jener Richtung, noch speciell im Gegensatz gegen das Heidenchristenthum oder den Paulus. Denn die Apokalypse schließt jene Meinung aus, und nur bei einer der Fraktionen jüdisch-christlicher Herkunft, bei den pharisäischen Ebjoniten, findet sie sich (Hieron. in Ies. l. XVIII. cap. 66, 20). Dagegen Papias, Irenäus, Nepos gehören dem Heidenchristenthume an. Andererseits ist auch der Chiliasmus der Apokalypse nicht blos eine Gedankenbildung jüdischer Christen. Denn auch der sogenannte Barnabas (cap. 15) bekennt sich zu dieser Idee, und Justin der Märtyrer (Dial. c. Tryph. 80. 81) erklärt die Anerkennung derselben für rechtgläubig, indem er durch die Anwendung des evangelischen Ausspruchs, daß die Auferstandenen nicht heirathen, sondern den Engeln gleich sein werden (Luk. 20,35), jede Uebertreibung im Sinne des groben Chiliasmus abwehrt. Es würde also fehlerhaft sein, wenn man in der einen oder andern Wendung jener Anschauung ein Kennzeichen von Parteiunterschieden zwischen jüdischen und Heidenchristen finden wollte. Der Gegensatz der beiden Formen des Chiliasmus deckt sich nicht mit dem Gegensatze der nationalen Gruppen in der christlichen Kirche, und deßhalb bedeutet die Verdammung des groben Chiliasmus durch die Kirche im dritten Jahrhundert nicht die Verdammung ihrer eigenen judenchristlichen Vergangenheit [4]). Allerdings zeigt sich in der Beurtheilung der Apokalypse durch Dionysius von Alexandrien eine Entfremdung des kirchlichen Bewußtseins jener Zeit von dem eschatologischen Interesse der

1) Eus. H. E. III, 39: *Χιλιάδα τινα φησὶν ἐτῶν ἔσεσθαι μετὰ τὴν ἐκ νεκρῶν ἀνάστασιν σωματικῶς τῆς τοῦ Χριστοῦ βασιλείας ἐπὶ ταυτησὶ τῆς γῆς ὑποστησομένης.*

2) Adv. haer. V, 33.

3) Eus. H. E. VII, 24: *Διδάσκει, χιλιάδα τινα ἐτῶν τρυφῆς σωματικῆς ἐπὶ τῆς ξηρᾶς ταύτης ἔσεσθαι.*

4) Schwegler, Montanismus S. 137.

Urgemeinde; aber dies Interesse ist allen Vertretern derselben gemeinsam, und ist keine Parteimeinung judenchristlicher Art.

In der Apokalypse hängt mit der Trennung der beiden Epochen des Gottesreichs in der Zukunft die Annahme einer doppelten Auferstehung zusammen. Die erste unmittelbar auf die Parusie folgende und dem tausendjährigen Reiche vorausgehende Auferstehung gilt nur den verstorbenen Bekennern Christi (20, 4. 5). Dagegen folgt auf diese Periode die Auferweckung aller übrigen Menschen und das Gericht über dieselben, welches nach ihren Werken den Einen die Seligkeit, den Anderen die Verdammniß zutheilt (V. 11—15). Ganz in derselben Weise verbindet Paulus mit der Parusie die Auferweckung der gestorbenen Christen (1 Kor. 15, 23. 52). Außerdem bekennt aber auch er sich zu einer allgemeinen Auferstehung zum Gerichte, als dessen Maaßstab ebenfalls die Werke der Menschen bezeichnet werden (2 Kor. 5, 10; Röm. 2, 6. 16; 14, 10). Da nun diese Ereignisse nicht mit der ersten nur auf die Bekenner Jesu beschränkten Auferstehung zusammenfallen können, so scheint es im Sinne des Paulus und nach Analogie der Apokalypse nothwendig zu sein, dieselben mit dem Ende, dem Zeitpunkte der Ueberwindung der satanischen Mächte und des Uebergangs der Herrschaft von Christus an den Vater zusammenzustellen (1 Kor. 15, 24). Aber freilich hat sich Paulus über diese Punkte nicht so deutlich ausgesprochen, daß ein volles Verständniß möglich ist. Denn während es bei dem angedeuteten Zusammenhange ausgeschlossen würde, daß auch die Bekenner Jesu noch dem Gerichte unterworfen seien, so folgt doch Paulus (2 Kor. 5, 10; Röm. 14, 10) der Anschauung, daß auch sie sich dem Gerichte nach Maaßgabe ihrer Werke stellen müssen. Dies Schwanken erklärt sich aber wohl daraus, daß einmal die alttestamentlich begründete Anschauung von dem allgemeinen Gerichte festgehalten wird, und daß andererseits diese Vorstellung durch die neu aufgetretene Trennung zwischen Christen und Nichtchristen modificirt ist.

Ueber die Art der Auferstehung endlich hat unter den neutestamentlichen Schriftstellern allein Paulus sich ausdrücklich ausgesprochen. Es ist aber erklärlich, daß gerade in diesen Vorstellungen keine volle dogmatische Klarheit herrscht. Paulus behauptet ausdrücklich, daß der auferstandene Leib anders sein werde als der gestorbene. Der Leib, welcher stirbt, ist materiell, der welcher aufersteht, ist geistartig. Jener verhält sich aber zu diesem, wie das Samenkorn zur Pflanze. Das heißt nicht nur, daß der Keim, die reale Möglichkeit des Auferstehungsleibes im irdischen Leibe liegt, sondern auch, daß dieser vernichtet werden muß, damit jener zur Entwickelung gelange (1 Kor. 15, 55 ff.). Dagegen schildert Paulus an einer andern Stelle (2 Kor. 5, 1—10) in der Gewißheit, durch den Märtyrertod unmittelbar zu Christus zu kommen (Phil. 1, 23), das Verhältniß des Auferstehungsleibes zum gegenwärtigen so, daß jener von Gott im Himmel aufbewahrt ist, um entweder wie ein Kleid den Seelen angezogen zu werden, oder denen, welche die Parusie erleben, über ihren sterblichen Leib gezogen zu werden, dessen Vergänglichkeit darunter vergeht. Daß in Beziehung auf diesen geheimnißvollen Vorgang Ahnungen verschiedenen Gepräges aufgefaßt werden, liegt in der Natur der Sache; eine dogmatische Gewißheit und abschließende Einsicht in die Art dieser Vorgänge zu gewinnen, ist auch nicht die Aufgabe irgend eines Menschen.

Die Zustände der Geretteten und der Verlorenen in der Epoche des Zieles schildert Paulus ohne Anwendung sinnlicher Symbolik. Die Gerechten treten in den Zustand der vollkommensten Reinheit und Unvergänglichkeit ein (1 Kor. 15, 42. 43; Röm. 2, 10; 8, 21. 23), in welchem sie Gott erkennen wie er ist (1 Kor. 13, 12). Der umfassende Ausdruck ist das ewige Leben (Röm. 5, 21). Dagegen ist das Verderben der Ungerechten (ἀπώλεια; Röm. 9, 22; Phil. 1, 28; 3, 19) als Trübsal und Angst bezeichnet (Röm. 2, 8. 9). Eine Wiederbringung der Sünder liegt nicht in der Aussicht, daß Gott Alles in Allen sein wird (1 Kor. 15, 28).

Bei der Lösung der Frage, *auf welche Weise die Menschen die Gerechtigkeit gewinnen*, verläßt Paulus den in den bisher entwickelten Ideen vertretenen Boden der Gemeinschaft mit den unmittelbaren Schülern Jesu. Daß das aber nicht in willkürlicher Weise geschehen ist, und daß Paulus die christlichen

Ideen nicht nach einer ihnen fremden Anschauung umgebildet hat, dafür bürgt der Umstand, daß er von dem auch im christlichen Gedankenkreise feststehenden Satze ausging, daß die Erfüllung des Gesetzes Mittel der Gerechtigkeit und Seligkeit sei.

II. Das Gesetz und die Sünde.

Indem wir dem Gedankengange des Römerbriefs folgen, finden wir in den drei ersten Kapiteln einerseits den Grundsatz, daß die Erfüller des Gesetzes gerechtgesprochen werden (2, 13), andererseits die Bezeichnung der Thatsache, daß Alle gesündigt haben und der von Gott zu verleihenden Ehre entbehren (3, 23). Der erste Satz entspricht der oben bezeichneten eschatologischen Richtung der paulinischen Anschauung. Die Gerechtigkeit soll erst dem zukünftigen Urtheilsspruche Gottes im Gerichte verdankt werden. Die Erfüllung des Gesetzes ist aber schon hier nicht als der selbständige Grund der Gerechtigkeit, sondern nur als Mittel zur Erreichung des göttlichen Urtheils gedacht. Die Bedingtheit des gerechtsprechenden Urtheils Gottes durch die thätige Erfüllung des Gesetzes hat ferner im Sinne des Paulus allgemeine, Juden und Heiden umfassende Bedeutung. Das Gesetz, auf welches jene Bestimmung Anwendung findet, ist nicht allein das historische mosaische (Röm. 2, 17 - 20), sondern auch das sittliche Bewußtsein der Heiden, welches von Natur in deren Herzen lebt (V. 14. 15). Die Gleichstellung jener historischen Größe mit dieser psychologischen Thatsache ist für den fernern Verlauf der Lehre des Paulus von großer Wichtigkeit. Sie kommt der psychologischen Analyse der Sünde entgegen und stellt die Entscheidung über das Verhältniß zwischen Gesetz und Sünde auf jenen Boden der Betrachtung.

Der zweite Satz wird durch eine Reihe alttestamentlicher Aussprüche bewiesen (3, 10—18), deren Sinn ist, daß alle Menschen unter der Macht der Sünde seien (V. 9). Denn Paulus bleibt nicht dabei stehen, die Sünde als eine Reihe oder Masse einzelner Thaten zu betrachten, sondern er kennt sie als einen Zustand, welcher dem Menschen durchaus eigen ist, wenn auch in gewisser Rücksicht wieder von dem Menschen zu unterscheiden. Nämlich die Sünde ist gewaltsame Macht über den Menschen; nicht sowohl hat der Mensch Sünde, als die Sünde den Menschen hat (Röm. 3, 9; 5, 12. 21; 6, 12. 14; 7, 8. 9. 14. 17). Die Macht der Sünde wohnt und wurzelt jedoch in dem Menschen (7, 20). Sie ist mit seiner Persönlichkeit so verwachsen, daß es nicht zur Verringerung der Schuld des Menschen gereicht, wenn die Sünde als Macht über ihn bezeichnet wird. Freilich, indem Paulus die sündige Entwickelung bis zum ersten Erwachen des sittlichen Bewußtseins verfolgt, so ergiebt sich ihm, daß die Sünde des Einzelnen nicht erst mit der freiwilligen Uebertretung des Gesetzes, mit der ersten Verschuldung beginnt, sondern daß der Mensch den ersten Fehltritt begeht, weil ihn die Sünde vor dem ersten diskreten Willensakt als Macht besitzt (Röm. 7, 7. 8). Aber diese Beobachtung hat nicht den Sinn, den sündhaften Menschen zu entschuldigen.

Ebenso ist es zu beurtheilen, wenn Paulus auf den geschichtlichen Ursprung der allgemeinen Macht der Sünde über die Menschen eingeht (Röm. 5, 12—21). Allerdings erklärt sich der Apostel in dieser Stelle direkt nur über den Ursprung des allgemeinen Todes aus der Uebertretung Adams; aber dieser Gedanke vollzieht sich nur mittelst des Begriffs der Sündenmacht. Wenn durch die That des Einen Menschen die Sündenmacht in geschichtliche Wirksamkeit getreten ist; wenn die Sündenmacht nicht nur dem Adam, sondern durch ihn allen seinen Nachkommen den Tod zugezogen hat, mit welchem sie ihren Knechten lohnt (6, 23), so ist wörtlich (οὕτως) die That Adams als der letzte Grund des allgemeinen Todeszustandes gemeint (V. 15). Aber dieser Gedanke schließt in sich, daß die Sündenmacht auf Alle sich erstreckt hat, an welchen der Tod zur Erscheinung kam, weil dieselbe ihrer Natur nach sich des ihr eröffneten Gebietes bemächtigen mußte. Paulus hat manichäischen Konsequenzen dadurch vorgebeugt, daß er diese Verbreitung des Todes auf göttliches Urtheil zurückgeführt hat (V. 16). Dasselbe schließt jedoch die in sich nothwendige Fortwirkung der einmal aufgetretenen Sündenmacht auf die Menschen nicht aus, sondern begrenzt dieselbe nur in der richtigen Weise. Freilich tritt im Vergleich mit dem göttlichen Strafurtheil der Ungehorsam Adams fast in die Stellung einer Veranlassung des Todes zurück (V. 16); jedoch der rückschauende Blick des Apostels (V. 19) faßt die Selbständigkeit der menschlichen Uebertretung und das göttliche Strafurtheil zu dem Gedanken zusammen, daß durch die That Adams Alle als Sünder hingestellt worden seien. Hiemit ist nicht unwirklicher Schein bezeichnet, sondern der wirkliche Zustand der Menschen, welcher zwar kraft göttlichen Urtheils, aber doch auf Grund der Uebertretung Adams mittelst der gewaltsam fortschreitenden Sündenmacht geworden ist.

Wenn also auf diese Weise der allgemein herrschende Tod auf die That Adams zurückgeführt wird, so deutet Paulus eine Stellung der Sünde zum einzelnen Menschen an, in welcher unmittelbar keine Verschuldung desselben enthalten ist. Um nämlich die Sünde Adams als den einzigen menschlichen Grund des über seine Nachkommen herrschenden Todes zu rechtfertigen, beruft er sich (V. 13. 14) auf die Lage der Geschlechter vor der Erlassung des mosaischen Gesetzes. Damals war Sünde unter den Menschen, und Alle waren dem Tode unterworfen; aber der Tod konnte nicht als Strafe der eigenen Sünde betrachtet werden, weil dieselbe bei dem Mangel eines Gesetzes nicht Uebertretung und Verschuldung, also auch nicht strafbar sein konnte. Was nun auf den Anfang des ganzen Geschlechtes Anwendung findet, das paßt auch auf die sittliche Lage des Einzelnen. Wenn die Sünde vor der ersten Uebertretung des Gesetzes im Menschen zwar vorhanden, aber todt ist (Röm. 7, 7—9), so ergiebt sich die Voraussetzung, daß die Begriffe von Sündenmacht und Sündenschuld sich nicht unbedingt decken. Freilich in der Sphäre des sittlichen Bewußtseins, in dem konkreten Leben des Verkehres mit dem Gesetze gilt dies nicht. Aber wenn die abstrahirende Selbstbeobachtung die Sündhaftigkeit bis zu ihren letzten Wurzeln verfolgt, so entdeckt sie eine Gebundenheit durch Macht der Sünde, welche das ganze Geschlecht betrifft, welche also Erbsünde des ganzen Geschlechts ist, aber nicht Schuld des Einzelnen als solchen begründet. Wie dieser Gedanke, vom Menschen aus angesehen, logisch unvollziehbar ist, so ist auch Paulus nicht als Auktorität für denselben aufzuführen. Denn Paulus erklärt ausdrücklich, daß die Sünde nicht angerechnet wird, wenn kein Gesetz da ist (Röm. 5, 13); und damit steht auch nicht im Widerspruche, daß er die Juden τέκνα φύσει ὀργῆς nennt (Eph. 2, 3). Dieser Zustand der Verschuldung gegen Gott wird nämlich den Juden nicht zugesprochen abgesehen von ihren Thatsünden, sondern abgesehen von dem auf Gottes Gnade gegründeten Bundesverhältniß.

Der Gedanke, daß die Menschen abgesehen von der Erlösung durchaus unter der Macht der Sünde stehen, wird ferner darin ausgedrückt, daß der Mensch im Fleische, fleischlich ist (Röm. 7, 5. 14. 18. 25; 8, 4 ff.; Gal. 5, 19 ff.; Eph. 2, 3). Der Ausdruck „Fleisch" kommt aber bei Paulus in verschiedenen Wendungen vor, zu deren Erklärung zunächst der Sprachgebrauch des A. T. zu vergleichen ist. Im A. T. bezeichnet Fleisch nicht nur den Leib des Menschen im Gegensatze gegen seinen Geist (z. B. Ps. 16, 9; 84, 3; Hiob 12, 10; 14, 22), sondern vielfach den ganzen Menschen im Gegensatze gegen Gott, und zwar in Rücksicht auf seine Hinfälligkeit und Schwäche (Hiob 34, 15; Ps. 78, 39; Jes. 40, 6), verglichen mit der Unvergänglichkeit und absoluten Kräftigkeit des göttlichen Geistes (Deut. 5, 26; Jes. 31, 3; Jerem. 17, 5; Ps. 56, 5). Der Ursprung dieser Vorstellungsweise ist darin zu finden, daß der Leib das handgreifliche Merkmal des Unterschiedes des Menschen von Gott ist. Obwohl also übrigens der menschliche Geist in die nächste Beziehung zum göttlichen gesetzt zu werden pflegt, gilt doch aus jener Rücksicht die Vorstellung vom Fleisch zur Bezeichnung des ganzen Menschen in Geist und Leib. Die Vorstellung von der Sündhaftigkeit ist in keiner der Stellen des A. T. in dem Worte eingeschlossen. Ob es in der Stelle Gen. 6, 3 der Fall ist, ist streitig. Jedenfalls aber würde auch diese eine Stelle noch nicht als feststehenden Sprachgebrauch beweisen, daß der Mensch sowohl nach seiner Schwäche wie nach seiner Sündhaftigkeit als Fleisch bezeichnet würde.

Paulus folgt den beiden Formen des alttestamentlichen Sprachgebrauches. Einerseits gebraucht er σάρξ im Gegensatz gegen den menschlichen Geist, in keinem andern Sinne als σῶμα (Kol. 2, 5; Eph. 5. 9; 2 Kor. 7, 1; 4, 11; Röm. 2, 28. 29). Andererseits bedeutet ihm σάρξ den ganzen Menschen, speciell im Gegensatze seiner Schwäche gegen die göttliche Macht (Gal. 1, 16; 2, 16; 1 Kor. 1, 29; Röm. 3, 20). Auf derselben Linie steht die Bezeichnung der menschlichen Abstammung κατὰ σάρκα im Gegensatze gegen verschiedene Arten göttlicher Abstammung (Röm. 1, 4; 9, 3. 5; Gal. 4, 23. 29; 1 Kor. 10, 18. vgl. Gal. 6, 16), da doch die Beziehung jener nicht auf die leibliche Existenz beschränkt werden kann. Daran schließen sich endlich die Fälle, in denen menschliches Handeln und Wissen als solches bezeichnet werden soll, welches unabhängig von göttlicher Einwirkung und darum nichtig und erfolglos ist (Röm. 4, 1. 2; 6, 19; Gal. 3, 3; Phil. 3, 3. 4; 1 Kor. 1, 26; 2 Kor. 1, 12; 5, 16). In allen diesen Fällen ist mit dem Gedanken des Gegensatzes des menschlichen Wesens zu dem göttlichen keine Beziehung auf Sünde und Verschuldung verbunden, sondern die Grenze des sichern Sprachgebrauches des A. T. vollständig eingehalten.

Dieser Klasse von Aussagen gegenüber steht nun aber jene Reihe von Stellen, in welchen die σάρξ als Träger und Quell der Sünde dargestellt wird. Sie erwecken vielfach den Schein, als ob Paulus die Sinnlichkeit des Menschen als Sitz der Sünde angesehen habe. Allein da, wo σάρξ mit dem Gedanken der Sünde verbunden ist, ergiebt sich als Gegensatz nie der menschliche Geist, sondern nur der göttliche (Gal. 5, 16—19; 1 Kor. 3, 1—3; Röm. 8, 5 ff.). Wenn aber die σάρξ nicht dem menschlichen Geiste entgegengesetzt wird, so kann sie nicht als Sinnlichkeit gefaßt werden; wenn sie dagegen dem göttlichen Geiste entgegengesetzt wird, so muß sie den ganzen Menschen bezeichnen. Also geht diese Ausdrucksweise nicht auf das ganz gewöhnliche Schema der Elemente der menschlichen Person zurück, sondern lehnt sich an die eigenthümliche Anschauung vom Menschen an, welche im A. T. und bei Paulus nachgewiesen ist. Dies wird noch durch folgende Umstände bestätigt. Einmal wechselt die Vorstellung der sündigen σάρξ mit der von dem alten Menschen (παλαιὸς ἄνθρωπος, Röm. 6, 6; Gal. 5, 24; Eph. 4, 22; Kol. 3, 9; 2, 11). Wenn aber in diesem Ausdruck der von der Sünde Erlöste seinen ganzen frühern Zustand als sündhaft darstellt (vgl. Gal. 2, 19), so kann σάρξ auch nichts anderes als den ganzen sündigen Menschen bedeuten. Wenn ferner der σάρξ in Hinsicht auf Sündhaftigkeit geistige Funktionen, nicht blos ἐπιθυμία, sondern φρόνημα, θέλημα, νοῦς beigelegt werden (Gal 5, 24; Röm. 8, 5—9; Eph. 2, 3; Kol. 2, 18), ohne daß eine figürliche Redeweise angezeigt ist, so kann dies wiederum nur auf den ganzen Menschen Anwendung finden.

Es erhebt sich demnächst die Frage, wie Paulus die σάρξ als Bezeichnung des menschlichen Wesens bald mit der Nebenbedeutung der Sündhaftigkeit, bald ohne dieselbe hat brauchen können; ob diese doppelte Anwendung ganz unbedingt ist, oder unter welchen Merkmalen der speciell paulinische Gebrauch des Wortes im Unterschiede von dem alttestamentlichen zu erkennen ist? Man könnte auf die Meinung geführt werden, daß Paulus in allen Fällen, wo σάρξ die Sündhaftigkeit bedeutet, diesen Begriff auf die allgemeinere Kategorie der Schwäche reducirt. Diesen Gedanken finden wir ohne Zweifel Röm. 5, 6 (vgl. 6, 19), wo der Widerspruch der Sündhaftigkeit gegen Gott in dem allgemeineren Begriff der Schwäche ausgedrückt ist. Daß damit die Schuld der Sünde nicht geleugnet wird, lehrt der Verfolg jenes Verses. Wenn also die anerkannte Gottlosigkeit als Schwäche dargestellt werden kann, so scheint auch der Ausdruck für das im Vergleich mit Gott schwache und hinfällige Wesen die Sündhaftigkeit, also den Widerspruch gegen Gott umfassen zu können.

Indessen wird es gerade bei einer solchen Voraussetzung nöthig, nach den Bedingungen zu fragen, unter welchen das an sich gegen die Bedeutung der Sündhaftigkeit neutrale Wort speciell in diesem Sinne verstanden werden muß. Zu diesem Zwecke ist der Sprachgebrauch gerade im Briefe an die Römer lehrreich. Wo in den ersten sechs Kapiteln desselben das Wort σάρξ vorkommt, überschreitet seine Bedeutung die Linie des alttestamentlichen Gebrauches nicht. Es hat in jenem Theile des Briefes (1, 3; 3, 20; 4, 1; — 2, 28) keine Beziehung auf die Sündhaftigkeit. Demnach ist es schwer anzunehmen, daß das Wort im siebenten Kapitel ohne weiteres in dem specifischen Sinne gebraucht worden ist. Das ist aber bei näherer Betrachtung auch nicht der Fall. Vielmehr zeigt sich gerade V. 5. 14 deutlich, daß erst durch besondere Erklärungen die Beziehung auf die Sünde der σάρξ beigelegt wird. V. 5 kann dem Zusammenhange gemäß nur als synthetisches Urtheil verstanden werden: in dem Zustande der menschlichen Schwäche, welche dem auf das Gesetz bezogenen Leben entspricht (Röm. 4, 1; Gal. 3, 3; Phil. 3, 3), war die Sünde in den Gliedern wirksam. Also an sich schließt das Wort σάρξ auch hier nicht den Gedanken der Sünde in sich, sondern derselbe wird erst ausdrücklich zu dem Gedanken der Schwäche hinzugefügt. Ebenso ist in V. 14 der Sinn von σάρκινος an sich kein anderer, als er durch den Gegensatz gegen den νόμος πνευματικός gefordert wird, nämlich der Sinn der menschlichen Schwäche, welche dem Geistesinhalte des göttlichen Gesetzes nicht entspricht. Erst die Apposition πεπραμένος ὑπὸ τὴν ἁμαρτίαν deutet die Schwäche, den Gegensatz gegen Gott, als Widerspruch gegen denselben, wegen der Abhängigkeit von der Macht der Sünde. Auch in den folgenden Versen, in denen σάρξ vorkommt (V. 18. 25; 8, 3. 6. 7), kann man sich leicht davon überzeugen, daß das Wort nur durch die damit verbundenen Hinweisungen auf die Sünde den Sinn eines Gott widersprechenden Zustandes gewinnt, während z. B. in 8, 4. 5 nur die neutrale Bedeutung des Wortes zu erkennen ist. Auch in anderen Stellen wie Gal. 5, 24; Eph. 2, 3 hat σάρξ nur durch seine Verbindung mit ἐπιθυμία den positiven Sinn der sündhaften Existenz.

Also σάρξ als Ausdruck für den Menschen, wie er abgesehen von der Erlösung ist, ist nur unter der Bedingung auf die Sündhaftigkeit bezogen, daß direkte Bezeichnungen derselben hinzutreten. Deßhalb kann sich nicht die Vermuthung erheben, als ob Paulus die Thatsache der Sünde durch die Fleischesnatur des Menschen begründen wolle. Auf diese Vermuthung richtet man sich ein, wenn man erwartet, daß Paulus die Sinnlichkeit mit jenem Worte meine. Aber es fällt dem Apostel weder ein, die Sünde aus der Sinnlichkeit zu erklären, noch die menschliche Schwäche aus der Sünde zu erklären; sondern er setzt nur die Sündhaftigkeit und die Schwäche des Menschen in ganz positiven und bestimmt begrenzten Fällen einander gleich.

Es liegt uns jedoch noch ob, zu erklären, in welchem Sinne Paulus den Leib und die Glieder als Sitz der Sünde und der Begierde bezeichnen konnte, wenn er doch nicht in der Richtung der Sinnlichkeitstheorie begriffen war. Der Schlüssel zu diesen Stellen (Röm. 6, 6. 12: 7, 5. 23. 24; 8, 13; Kol. 2, 11; 3, 5) liegt in der richtigen Abgrenzung des Standpunktes, von welchem aus Paulus diese Aussagen bildet. In der Darstellung von Röm. 7, 14 an bezeichnet er zwar nicht die Erfahrungen des Wiedergeborenen und Erlösten, aber auch nicht die des Sünders im Allgemeinen, sondern die des Sünders, der unter dem Gesetze eine bestimmte Stufe der sittlichen Entwickelung erreicht hat. Dem sündig geborenen Menschen ist das Gesetz, wie Paulus vorher erörtert hat, Anlaß zur Uebertretung geworden; wegen der Unterwerfung unter die Macht der Sünde ist ferner die Erfüllung des Gesetzes nicht möglich; aber das Gesetz hat soviel Macht über den Sünder, daß er zwar nicht durch die That das Gesetz erfüllt, aber mit seinem eigentlichen Willen, dem νοῦς (V. 24), κατὰ τὸν ἔσω ἄνθρωπον (V. 22) dem göttlichen Gesetze beistimmt. Daran ergiebt sich ein bleibender Widerspruch in dem Menschen, der zuerst als Wollen und Nichtthun bezeichnet, dann aber noch viel schärfer ausgedrückt wird. Es scheint freilich hier der Gegensatz von Geist und Sinnlichkeit sich wieder aufzudrängen. Aber das Fleisch, in welchem nichts Gutes wohnt (V. 18), bedeutet das ganze Ich, wie es sich dem Gesetze gegenüber weiß, nicht die sinnliche Seite der Person. Denn es ist das Ich des alten Menschen (Röm. 6, 6), dessen Begriff dem der σάρξ gleich ist. Daß dem so ist, ergiebt sich im fernern Fortschritte der Rede daran, daß σάρξ seinen Gegensatz an ὁ ἔσω ἄνθρωπος findet (V. 22). Das Ich, welches Fleisch ist, erfüllt das Gesetz nicht; das Ich, welches, wenn auch ohne Kraftäußerung, dem Gesetze zustimmt, ist das eigentliche Ich. In dieser Verdoppelung des Ich drückt Paulus den Widerspruch aus, in welchen der sündhafte Mensch durch die Einwirkung des Gesetzes verwickelt wird. Daß aber diese Verdoppelung nur scheinbar ist, giebt Paulus in den folgenden Versen durch Vertauschung der Ausdrücke mit anderen zu erkennen. Dem Begriff ὁ ἔσω ἄνθρωπος wird der Begriff νοῦς substituirt; die sündliche Persönlichkeit σάρξ wird auf das Sündengesetz in den Gliedern herabgesetzt. Das Verhältniß des innern Widerspruchs wird demnach zwiefach ausgedrückt, je nachdem das Gewicht der Persönlichkeit auf die eine oder die andere Seite gelegt wird. Im Vergleiche damit, daß der (innere) Mensch Freude am göttlichen Gesetz hat, ist die Sündenmacht ein Gesetz, welches nur im Leibe und seinen Gliedern, in der selbstlosen Seite der Persönlichkeit wirkt (V. 22. 23). Sofern jedoch die Thatkraft des Ich noch ausschließlich durch die Sünde beherrscht ist, dient das Ich dem Fleische nach, als der ganze alte Mensch, dem Sündengesetz, und nur in dem unkräftigen, nicht zur vollen Persönlichkeit entwickelten νοῦς dem Gesetze Gottes (V. 25). Wenn also die Sünde auf den Leib und die Glieder bezogen wird, so geschieht dies unter der Bedingung, daß das Ich sich nicht mehr als alten Menschen, als σάρξ weiß, und doch noch Sünde in seiner Persönlichkeit wahrnimmt. Das heißt, nur vom Standpunkte der Erlösung kann diese Betrachtung sich erheben. Aber Paulus in seinem Erlösungsbewußtsein zeichnet zwei verschiedene Situationen, in welchen die Sünde nur dem Leibe zugeschrieben wird. Zunächst ist es der Fall bei den Gläubigen, deren Personen in dem heiligen Geiste leben, deren Sünde also nur im Leibe oder den Gliedern wurzeln kann (Röm. 6, 12; 8, 13; Kol. 3, 5). Dann aber findet diese Anschauung auch schon rückwirkende Anwendung auf den Fall, daß die Sehnsucht nach Erlösung ihre höchste Spitze erreicht hat, und das Ich, wenn auch an sich ohne Erfolg der Bethätigung, sich von seiner eigenen Sünde unterscheidet. Dies ist der Fall in der erörterten Stelle Röm. 7. und 6, 6. Dagegen in den Heiden sind die Begierden „Begierden der Herzen" (1, 24), der innersten Persönlichkeit, weil in ihnen die Sünde in keiner Weise gebrochen ist.

Wenn also in dem Gläubigen die σάρξ in der vollen Bedeutung des alten Menschen nicht mehr da ist (Röm. 6, 6; Gal. 5, 24), sondern die Sünde nur noch im Leibe, in der selbstlosen Seite der Persönlichkeit sich regt, so kann die σάρξ, in welcher der noch lebt, der mit Christus gekreuzigt ist (Gal. 2, 19. 20), welche Paulus auch im Gläubigen als Motiv von Begierden kennt (Gal. 5, 16. 17; Röm. 13, 14) nur in gleichem Umfange mit σῶμα gemeint sein. So biegt sich allerdings in Beziehung auf die Sündhaftigkeit der eine Sprachgebrauch von σάρξ in den andern um. In Betreff des noch nicht Erlösten bedeutet σάρξ den ganzen Menschen; in Betreff des Erlösten erscheint die σάρξ, welche dem heiligen Geiste widersteht, auf den Leib beschränkt. Aber darin liegt nicht, daß die Sinnlichkeit als solche wenigstens für den Gläubigen die einzige Quelle der Sünde ist, sondern daß die Sünde in dem Gläubigen, der eigentlich im heiligen Geiste lebt, nur in dem Elemente des Leibes Anknüpfungspunkte findet, denen gemäß jedoch die Begierde nicht blos sinnliche Begierde wird.

Die Menschen dagegen, welche in dem Sinne Fleisch sind, als in ihrer Schwäche die von Adam her fortwirkende Macht der Sünde eingeschlossen gedacht wird, sind als solche unfähig, das Gesetz zu erfüllen. Hiedurch begründet Paulus seinen Satz, daß kein Mensch durch Werke des Gesetzes vor Gott gerecht wird (Röm. 3, 20; Gal. 2, 16). Gesetzt, Paulus ließe es gelten, daß der sündige Mensch im Einzelnen das Gesetz zu erfüllen vermöchte, so würde auch dies an den Zweck der Gerechtigkeit nicht hinanreichen, da das Gesetz diejenigen mit dem Fluche bedroht, welche nicht alle Gebote desselben erfüllen. Also weil jedenfalls kein Sünder der Forderung des Gesetzes genügen kann, deßhalb sind alle, die den Weg dahin einschlagen, unter dem Fluche (Gal. 3, 10). Die gewöhnliche Voraussetzung also, daß das Gesetz bestimmt sei, das Leben zu vermitteln (Röm. 7, 10), erweist sich als irrig (Gal. 3, 21).

Aber Paulus bleibt nicht dabei stehen, die vorgefundene und z. B. von Jakobus festgehaltene Wechselbeziehung zwischen Gesetzeswerken, Gerechtigkeit, Leben als etwas Unmögliches aufzuheben, sondern er knüpft die neue Verbindung zwischen Gesetz, Sünde und Zorn Gottes.

Zunächst ist diese neue Kombination darauf gegründet, daß das Gesetz die im Menschen als todt ruhende Sünde ins Leben, zur persönlichen Erfahrung, zum Bewußtsein und zur thätlichen Verwirklichung bringt (Röm. 7, 7 ff.). Die Sünde nimmt von der verbietenden Haltung des Gesetzes Veranlassung, den Menschen über den Werth des verbotenen Gegenstandes der Lust zu täuschen, und in der Uebertretung des Gesetzes sich ihre eigentliche Gestalt zu geben (V. 13). Erst in der bewußten Uebertretung des Gesetzes erscheint der Widerspruch der Sünde gegen den Willen Gottes vollständig; denn wo kein Gesetz ist, da findet auch keine Zurechnung der Sünde statt (4, 15; 5, 13). Wie nun das Gesetz in jenem Vorgange das Mittel für die Sünde wurde, den Menschen in alle Begierden, in den vollen Todeszustand des Widerspruches gegen den göttlichen Willen hineinzureißen (7, 8—11), so ist dasselbe nicht im Stande, den Widerspruch zu lösen; sondern es hält die Kluft offen zwischen dem eigentlichen Willen, dem Gewissen, welches dem göttlichen Gesetze zustimmt, und der Sünde, welche das Organ zur Erfüllung des Gesetzes fesselt (7, 14 ff.). Wegen des Gesetzes also kann der Mensch nicht thun, was er eigentlich will, oder das Gesetz ist die Kraft der Sünde (1 Kor. 15, 56). Das Gesetz ist nur scheinbar dazu bestimmt, das Leben zu vermitteln; in Wirklichkeit führt es zum Tode (Röm. 7, 10), und wegen dieser Beziehung zwischen Gesetz, Sünde, Tod ist das Geschäft des Gesetzgebers Moses ein Amt des Todes (2 Kor. 3,7); denn das Gesetz zieht den Zorn Gottes nach sich (Röm. 4, 15).

Welche positive Vorstellung vom Gesetze ist aber mit diesen Sätzen verbunden? Es kann kaum zweifelhaft sein, daß, da Paulus alle jene Anschauungen aus seiner persönlichen Erfahrung entwickelt, er das ungetheilte mosaische Gesetz meint, ohne Unterscheidung seines sittlichen und ceremoniellen Inhaltes. Freilich ist eine gewisse Ungleichheit der Beziehung seiner Aeußerungen nicht zu verkennen. Man sieht es an den Sätzen im Galaterbrief, in denen er Elemente des Gesetzes dem Heidenthume gleich stellt (4, 3. 9), daß sie durch die vorherrschende Rücksicht auf die ceremoniellen Satzungen bedingt sind. Andererseits überwiegt in den Erklärungen im Römerbriefe die Rücksicht auf die sittliche Seite des Gesetzes so, daß das Ceremonialgesetz unwillkürlich außer Acht gelassen zu sein scheint. Dies zeigt sich schon in der Gleichstellung des Gesetzes des Gewissens mit dem mosaischen (2, 14. 15). Dann aber bezeichnet er das Gesetz als von Geist erfüllt und Gott angemessen (7, 14). Die angegebene Abweichung zwischen den beiden Briefen läßt sich nicht dadurch beseitigen, daß man die Aeußerungen des Römerbriefs blos auf das Sittengesetz, und die des Galaterbriefs ausschließlich auf das Ceremonialgesetz bezieht; denn die ausdrückliche Scheidung beider ist dem Apostel fremd. Dagegen ist die Annahme nicht zu umgehen, daß Paulus jenen Unterschied, der weiterhin für die Entwickelung der christlichen Grundanschauung wichtig wurde, unwillkürlich anticipirte. Daß er aber Beides in dem Einen Begriff des Gesetzes zusammenfaßte, hat den Grund, daß Paulus am mosaischen Gesetze das Merkmal der Aeußerlichkeit und Buchstäblichkeit hervorhob. War es auch pneumatisch, so war es doch nicht vom göttlichen Geiste in die Herzen der Menschen, sondern mit Buchstaben auf Stein geschrieben (2 Kor. 3, 6. 7; Röm. 2, 29). In dieser Hinsicht hat auch nicht etwa das in die Herzen der Heiden geschriebene Gesetz einen Vorzug vor dem mosaischen, denn auch jenes ist nicht durch den göttlichen Geist begründet. Weil nun das Gesetz äußerlich dem Menschen gegenübertritt, darum kann es die Spannung des Widerspruches in seinem Innern nicht überwinden. Aber andererseits kann der göttliche Wille dem Sünder nicht anders als äußerlich gegenübertreten, weil der Sünder keine Erfahrung vom göttlichen Geiste in sich haben kann, und weil es auch in sittlicher Beziehung gilt, daß der psychische Mensch nicht den göttlichen Geist in sich aufnimmt (1 Kor. 2, 14). Und deßhalb trägt doch nicht das Gesetz die Schuld der Sünde; sondern vielmehr diese verschuldet jene heillose Stellung des Menschen zum Gesetze, zu dessen Inhalt das Gewissen sich stets hingezogen, und durch dessen Form es sich stets abgestoßen fühlt.

Zu welchem Zwecke ist denn aber der göttliche Wille in der Form des statutarischen Gesetzes den Sündern gegenübergetreten, wenn es doch nicht dazu bestimmt sein konnte, ihnen das Leben und die Gerechtigkeit zu vermitteln? Ein Irrthum Gottes ist nicht anzunehmen, sondern der Erfolg muß für die Absicht Gottes bürgen. Das Gesetz ist gegeben, um die Sünde in der Gestalt der Uebertretungen hervorzutreiben und zu vermehren (Röm. 5, 20; Gal. 3, 19). Aber damit ist freilich nicht das letzte Ziel des göttlichen Rathschlusses gemeint. Denn Gott hat Alle nur deßhalb in den Ungehorsam zusammengeschlossen, damit er Alle erlöse (Röm. 11, 32); die Bindung durch die Sünde und das Gesetz ist nur ein Mittel für die Offenbarung der Gnade in Christus (Gal. 3, 22. 23). Diese Zweckbestimmung des Gesetzes findet ihre Erklärung darin, daß einerseits mit der Häufung der Sünde durch das Gesetz die Erkenntniß der Sünde, als dessen, was nicht sein soll, hervorgerufen (Röm. 3, 20); und daß andererseits in der Knechtung des widerstrebenden Willens durch das Gesetz die Sehnsucht nach Freiheit und Erlösung erweckt wird. Diese beiden in einander verflochtenen Beziehungen meint Paulus in dem Ausspruche, daß das Gesetz unser Erzieher auf Christus hin geworden ist (Gal. 3, 24). Christus selbst ist das Ende des Gesetzes (Röm. 10, 4). Denn wenn die wesentliche Bedeutung des Gesetzes nicht in der Bewirkung der Gerechtigkeit, sondern in der Bewirkung der Sünde liegt, so müssen die Menschen, die durch Christus von der Sünde erlöst sind, auch außer Beziehung zum Gesetze gestellt werden. Daher sagt Paulus von sich, er sei als Christgläubiger dem Gesetze gestorben (Gal. 2, 19; Röm. 7, 6), sofern er von der Sünde erlöst ist.

Auf diese Gedankenverbindung ist die Stellung begründet, welche Paulus gegen das mosaische Gesetz einnahm, nämlich der Widerspruch gegen die Allgemeingültigkeit der jüdischen Sitte im Bereiche der christlichen Gemeinde. Wir sehen, daß ihn dabei nicht eine ausdrückliche Geringschätzung des Ceremonialgesetzes leitete, etwa in dem Sinne, daß dasselbe nicht unbedingt göttlichen Ursprungs wäre. Denn er leugnet die religiöse Bedeutung der sittlichen Werke unter dem Gesetze ebenso, wie die der ceremoniellen Observanzen. Seine Opposition gegen das mosaische Gesetz beruht überhaupt nicht auf materieller Kritik gerade dieses Gesetzes, sondern auf formeller Kritik des Begriffes des Gesetzes, um deren willen er jedes Gesetz für unfähig erklärt, die Gerechtigkeit zu vermitteln.

III. Der Glaube und die Gerechtigkeit.

Da die Rechtfertigung durch die Werke des Gesetzes sich als unmöglich erwiesen hat, so stellt Paulus als Inhalt der christlichen Offenbarung die *Gerechtigkeit durch den Glauben* auf (Gal. 2, 16; Röm. 1, 17; 3, 22). In der Aufstellung dieses Verhältnisses weicht Paulus nicht sowohl durch einen besondern Begriff des Glaubens, als durch eigenthümliche Deutung der *δικαιοσύνη* von dem Sprachgebrauch des neuen Testamentes ab. Nicht blos Jakobus, sondern auch Petrus, und endlich Christus selbst bezeichnen mit dem Worte den Zustand des sittlichen Rechtverhaltens im Ganzen und Einzelnen, welcher seinen Grund in dem Glaubensverhältnisse zu Christus, aber seine Mittel an den gesetzlichen Werken hat, und in Hinsicht dieser als Aufgabe des Gläubigen aufgefaßt wird (Matth. 5, 20; 6, 33; Jak. 2, 20—22; 1 Pet. 2, 24; 3, 14). In einigen Fällen folgt auch Paulus derselben Anschauung (2 Kor. 9, 10; 2 Tim. 2, 22; Röm. 6, 16—20); aber gerade in der letztgenannten Stelle deutet er an, daß dieselbe einschließlich ihrer Voraussetzungen und Folgerungen ihm eigentlich fremd sei. Indem er vielmehr sehr bestimmt zwischen dem aktiven Grunde und den Bedingungen der menschlichen *δικαιοσύνη* unterscheidet, so giebt er dem Begriffe eine andere Ausprägung. Aktiver Grund der menschlichen Gerechtigkeit ist in keinem Falle der Mensch selbst, sondern nur Gott durch sein Urtheil. Was dagegen von Seiten des Menschen in Betracht kommt, seien es Werke, oder Glaube, gilt nur als Bedingung des die Gerechtigkeit verleihenden göttlichen Urtheils. Es handelt sich in allen Fällen um *λογίζεσθαι εἰς δικαιοσύνην* (Röm. 4, 4. 5. 24; 2, 13), d. h. um das Urtheil darüber, daß das, was bei dem Menschen vorgefunden wird, dem Willen Gottes entspricht[1]). Demnach denkt Paulus in *seinem* Gebrauche des Wortes *δικαιοσύνη* direkt nicht einen Zustand des Menschen,

1) Die Begriffe *δικαιοῦν*, *δικαίωσις* sind ausschließlich auf göttliches Urtheil zu beziehen; in dem *δικαιοῦσθαι* ist *ἀνακρίνεσθαι* enthalten (1 Kor. 4, 4); dem *δικαιοῦν* ist *ἐγκαλεῖν* entgegengesetzt (Röm. 8, 33). Auch wo nicht Gott als Subjekt des *δικαιοῦν* vorausgesetzt ist, handelt es sich um Urtheil z. B. von Menschen (Röm. 3, 4; 4, 2) oder der Sünde (Röm. 6, 7).

sondern ein *Verhältniß des Menschen zu Gott, welches dieser unter einer vom Menschen zu leistenden Bedingung aufstellt*. Die Bedingungen, welche von Seiten des Menschen in Betracht kommen, Werke oder Glaube, stehen übrigens, ganz abgesehen von der Möglichkeit jener, nicht in gleichem oder gleich richtigen Verhältnisse zu der von Gott zu erklärenden Gerechtigkeit. Die Gerechtigkeit aus den Werken könnte nur von der Zukunft, von dem göttlichen Gerichte erwartet werden (Röm. 2, 13. 16); die aus dem Glauben ist als gegenwärtiger Besitz gedacht (5, 1. 9; 9, 30; Gal. 2, 17) [1]. Die Gerechtigkeit aus dem Glauben ist so bedingt, daß die göttliche Begründung derselben rein hervortritt; sie ist deßhalb Gottesgerechtigkeit (2 Kor. 5, 21; Röm. 1, 17; 3, 22; 10, 3); dagegen in der Gerechtigkeit aus den Werken würde die menschliche Bedingung den göttlichen Grund so beeinträchtigen, daß sie nur als eigene Gerechtigkeit gedacht wird (Röm. 10, 3). Sie müßte als Lohn in Beziehung auf einen Rechtsanspruch erscheinen (4, 4); während das Rechtfertigungsurtheil über den Glauben δωρεὰν τῇ αὐτοῦ χάριτι erfolgt (3, 24). Deßhalb nun, weil die Gerechtigkeit aus den Werken an sich dem Wesen Gottes nicht entsprechen würde, und wegen der Sünde als unmöglich erwiesen ist, ist allein die Gerechtigkeit aus dem Glauben das von Gott geltend gemachte Verhältniß.

Die subjektive *Funktion des Glaubens*, welcher nur als etwas Vielen Gemeinsames einen objektiven Schein gewinnt (Gal. 1, 23; 3, 2. 5. 23), ist, wie leicht zu begreifen ist, von Paulus nicht technisch definirt. Doch bieten seine Briefe für die psychologische Bestimmung des Begriffes zureichenden Stoff. Aus dem Gegensatz zum Bekenntniß (Röm. 10, 9) erkennt man, daß der Glaube eine innerliche Richtung ist; aus dem Gegensatze zum Zweifel (4, 19. 20; 14, 1. 23) folgt, daß er eine stetige und nicht wandelbare Gemüthsbeschaffenheit ist; aus dem Gegensatze zu εἶδος (2 Kor. 5, 7) ergiebt sich, daß er eine vom Augenscheine

1) Nur an Einer Stelle (Gal. 5, 5) ist die Glaubensgerechtigkeit als Gegenstand der Hoffnung gedacht, nämlich in dem Sinne ihrer öffentlichen Darstellung im Gerichte.

unabhängige, ja ihm vielmehr entgegengesetzte Gewißheit ist. Dies alles erlaubt schon nicht die Annahme, daß Paulus den Glauben als eine andere Art des Wissens auffaßt. Das γινώσκειν ἐκ μέρους (1 Kor. 13, 9. 13) bedeutet nicht den Glauben. Aber auch der Gegensatz des Glaubens zum Wissen im Sinne der Herabsetzung des letztern ist dem Apostel fremd. Die Sätze über die göttliche Thorheit und die menschliche Weisheit (1 Kor. 1) bezeichnen nicht einen Widerspruch zwischen Glauben und Wissen überhaupt, sondern nur zwischen christlichem Glauben und vorchristlichem Wissen, wodurch dem Rechte christlicher Erkenntniß nichts weniger als zu nahe getreten wird (1 Kor. 2, 6 ff. 12, 8); obgleich natürlich beim Apostel keine Methodik des Verhältnisses zwischen Glauben und Wissen zu suchen ist. Als die Grundform des Glaubens ist der Wille gemeint. Dies ergiebt sich einmal aus den mit πίστις verwandten Vorstellungen der Treue und des Vertrauens; dann aber aus dem Verhältnisse der πίστις zur ὑπακοή, welche gelegentlich auf die wesentlichen Objekte des Glaubens so angewendet wird, daß man den Gehorsam als die allgemeinere Form des Glaubens verstehen muß (2 Thess. 1, 8; 2 Kor. 10, 5; Röm. 6, 16; 10, 16; 15, 18; 16, 19), und demnach nicht umhin kann, den Ausdruck ὑπακοὴ πίστεως (Röm. 1, 5; 16, 26) als den Gehorsam zu deuten, der in seiner Beziehung auf Christus oder das Evangelium speciell Glaube zu nennen ist. Daß in dem Gehorsam das Vertrauen und die Treue eingeschlossen ist, braucht kaum erwähnt zu werden; wir sind aber dadurch so weit aufgeklärt, daß der Glaube, der als Bedingung der Gerechtigkeit vor Gott in Betracht kommt, ein innerlicher, stetiger und von dem Wechsel der Erscheinungen unabhängiger Gehorsam ist, welcher seine besondere Eigenthümlichkeit von den Objekten empfängt, auf die er speciell bezogen wird.

Als das letzte Objekt des Glaubens ist Gott gedacht, aber natürlich nie in einem unbestimmten oder abstrakten Begriff. Sondern im allgemeinsten Sinne gilt das gehorsame Vertrauen der Allmacht und Wahrhaftigkeit Gottes, als Grund seiner Verheißung, wie bei Abraham, dem Vorbilde der Christen (Gal. 3, 6; Röm. 4, 3. 20. 21). Auch der Glaube der Christen findet seinen letzten Gegenstand in Gott, als denjenigen der den Ungerechten gerecht spricht (Röm. 4, 5); und unter specieller Bezeichnung eines Mittels zu diesem Zwecke ist der Glaube das Vertrauen auf Gott, der Christum von den Todten erweckt hat (Röm. 4, 24. 25; 10, 9). Weil nun Christus ausschließlicher Vermittler zwischen dem Glauben und dem gerechtsprechenden Gott ist, so ist der richtige und erfolgreiche Glaube an Gott auch in den Bezeichnungen πίστις εἰς Χριστόν (Kol. 2, 5; Gal. 2, 16) oder πίστις Ἰησοῦ Χριστοῦ (Röm. 3, 22. 26; Gal. 2, 16. 20; 3, 22; Phil. 3, 9) gemeint, da der vertrauensvolle Gehorsam gegen Christus an sich der richtige Glaube an Gott ist. Sofern aber Christus als specifischer Gegenstand des Glaubens auftritt, ist er als der auferstandene gemeint, da erst durch die Auferweckung seine Würde als Sohn Gottes offenbar und wirksam geworden ist (Röm. 1, 4), und ohne die Gewißheit jenes Aktes der Glaube an Christus erfolglos wäre (1 Kor. 15, 14).

Es ist ein durch die Umstände wichtiger Beweis für die Wahrheit des Satzes von der Rechtfertigung aus dem Glauben, wenn Paulus (Gal. 3. Röm. 4) auch am Eingange des alten Bundes die Bedingung der Gerechtigkeit Abrahams in dessen Glauben aufzeigt, und wenn er daraus folgert, daß auch in der Periode des Gesetzes nicht die Werke als Bedingung der Gerechtigkeit anerkannt worden seien. Jedoch die eigentliche Erkenntniß davon, daß der Glaube an Christus die Rechtfertigung durch Gott bedinge, oder daß die Auferweckung Christi die Rechtfertigung der Glaubenden vermittele (Röm. 4, 24. 25; 10, 9. 10) kann im Sinne des Paulus nur aus seinen Vorstellungen von Christus gewonnen werden.

Die Aussagen des Paulus über das Wesen und die verschiedenen Existenzformen der Person Christi werden sehr mit Unrecht auf das zurückgeführt, was man sich bei dem johanneischen Worte λόγος denkt. Es unterliegt keinem Zweifel, daß Paulus dem Christus, der durch seine Auferstehung zu göttlicher Macht erhoben ist (Röm. 8, 34), unumwunden den Gottesnamen giebt (Röm. 9, 5; Tit. 2, 13). Und wenn dies nicht öfter geschieht, so erkennt man aus Phil. 2, 9—11, daß das stehende

Prädikat κύριος der Name über allen Namen ist, der nichts geringeres als den Gottesnamen bezeichnet (1 Kor. 12, 3; Röm. 10, 9 vgl. Apok. 19, 16; Jak. 2, 1). Als der auferstandene umfaßt Christus die Fülle des göttlichen Wesens (Kol. 2, 9). Es ist also mit dem Gottesnamen nicht so gemeint, daß das Wesen Christi hinter demselben zurückbliebe; sondern es ist eine solche durch den Vater bewirkte *Gottgleichheit des erhöhten Christus* gemeint, welcher der Gottesname nur vollkommen entspricht. Aber das εἶναι ἴσα θεῷ (Phil. 2, 6) ist nur auf die Anschauung vom erhöhten Christus, und nicht auf seine knechtische Gestalt oder die derselben vorhergehende Existenz anzuwenden. Die μορφὴ δούλου würde man nun nicht so verstehen, wie es Paulus will, wenn man sie als die *Mensch*werdung des präexistirenden Wesens auffaßte. Merkmale der Knechtsgestalt sind, daß Christus in der schwachen Fleischesgestalt auftrat (Röm. 8, 3), daß er vom Weibe geboren wurde (Gal. 4, 4); allein durch diese Merkmale wird nicht sein Charakter als Mensch gedeckt. Wenn Christus von dem Apostel nur während der Epoche seiner Erscheinung im Fleisch als Mensch vorgestellt wurde, so mußte der μορφὴ θεοῦ die μορφὴ ἀνθρώπου entgegengesetzt sein. Daß aber μορφὴ δούλου als Gestalt des Menschen überhaupt gedeutet werde, dazu fehlt es im Gedankenzusammenhange des Apostels an allen Gründen. Denn er bezeichnet *Christus wesentlich als Menschen*; zunächst in seiner geschichtlichen Stellung gegenüber dem Adam (1 Kor. 15, 22. 45—47; Röm. 5, 12 ff.). Aber auch in der vorausgesetzten Präexistenz ist Christus als menschliches Gegenbild gegen Adam gedacht, als der himmlische Mensch gegen den irdisch-stofflichen (1 Kor. 15, 47); und die Stelle im Philipperbrief (2, 6) ist nur dann zu verstehen, wenn man erkennt, daß Christus als ἐν μορφῇ θεοῦ ὑπάρχων in Vergleich mit dem irdischen Adam gestellt wird. Diese Deutung wird nun endlich durch die Vorstellung bestätigt, in welcher Paulus die so weit auseinandergehenden Aussagen über Christus zusammenfaßt. *Christus ist das Ebenbild Gottes* (εἰκὼν τοῦ θεοῦ, 2 Kor. 4, 4; Kol. 1, 15). Der Ausdruck deckt nicht nur die Gottheit des erhöhten Christus, auf den er seine nächste Anwendung findet, sondern wegen seiner von Paulus auch sonst nicht verleugneten Herkunft (Gen. 1, 27; vgl. 1 Kor. 11, 7) die wesentliche und urbildliche Menschheit, auf welche Paulus durch den eigenen Ausdruck Jesu ὁ υἱὸς τοῦ ἀνθρώπου sich hatte hinweisen lassen [1]). Als der himmlische Mensch ist Christus der Erstgeborene im Vergleich mit jedem Geschöpfe, auf den hin alles geschaffen ist, und der deßhalb auch als der Grund der Schöpfung angeschaut werden konnte (Kol. 1, 15—17. 1 Kor. 8, 6).

Für den Glauben also kommt Christus direkt als der auferstandene Herr in Betracht. Als solcher hat er seine bestimmte Wirksamkeit auf die Gläubigen hin, nämlich in dem heiligen Geiste. Die Fülle der Gottheit, welche nach des Vaters Willen in ihm wohnt, ist gemeint, wenn der Herr als der Geist selbst bezeichnet wird (2 Kor. 3, 17), oder wenn es heißt, daß der letzte Adam zum lebengebenden Geiste geworden sei (1 Kor. 15, 45). Als Herr des Geistes (2 Kor. 3, 18) erweist er sich aber durch Mittheilung desselben an die Gläubigen (Röm. 1, 4). Den Qualitäten des Geistes, in welchem Christus kraft seiner Auferstehung wirkt, entsprechen demnach bestimmte Prädikate, mit denen Paulus die Gläubigen bezeichnet, und deren Inhalt mit der Funktion des Glaubens identisch gedacht werden muß, sofern derselbe wesentlich auf den erhöhten Christus gerichtet ist. Dem πνεῦμα ζωοποιοῦν (1 Kor. 15, 45; vgl. Röm. 8, 2) entspricht das specifische Leben, welches dem Gläubigen beigelegt wird, und welches bald als Leben in Christus, d. h. auf ihm als Grund (Röm. 8, 2), bald als Leben mit ihm (Röm. 6, 8), bald als Leben Christi im Gläubigen (Gal. 2, 20; Kol. 3, 3. 4; 2 Kor. 13, 5; Röm. 8, 10), bald als Leben in Beziehung auf Gott (Röm. 6, 11), bald als Leben im Geiste (Gal. 5, 25) bezeichnet wird. Da der Geist nur von dem Herrn Christus aus wirkt, und der erhöhte Christus nur im heiligen Geiste ein offenbares Verhältniß zum Gläubigen hat (1 Kor. 12, 3), so erklärt sich die gleiche Geltung der Ausdrücke, daß die Gläubigen im heiligen Geiste seien, oder daß sie Christus angezogen haben (Röm. 13, 14; Gal. 3, 27) und

1) Vgl. Weisse, Evangelische Geschichte 1. Th. S. 323 ff. Die Evangelienfrage in ihrem gegenwärtigen Stadium (1856) S. 228.

ähnliche. Das Leben im heiligen Geiste bezeichnet den religiösen Zustand in der Richtung auf Gott, nicht etwa die sittliche Praxis der Gläubigen, welche vielmehr durch Formeln wie περιπατεῖν, στοιχεῖν ἐν πνεύματι (Gal. 5, 16. 25; Röm. 6, 4; 8, 4) davon unterschieden wird. Ferner ist jener Begriff auch nicht unmittelbar als ζωὴ αἰώνιος vorgestellt, da der Umfang dieses Zustandes in der Sprache des Paulus ausdrücklich auf die Zukunft des Lebens im Geiste beschränkt wird (Gal. 6, 8; Tit. 1, 2; 3, 7; Röm. 5, 21; 6, 22. 23).

Dem πνεῦμα ἁγιωσύνης (Röm. 1, 4) entspricht die Heiligkeit, welche ohne weiteres von den Gläubigen prädicirt wird. Wie nun dieselben durch den ἁγιασμὸς πνεύματος (2 Thess. 2, 13. vgl. 1 Petr. 1, 2) geheiligt sind (1 Kor. 6, 11; Röm. 15, 16), so werden sie ohne Unterschied des Sinnes ἡγιασμένοι ἐν Χριστῷ (1 Kor. 1, 2. vgl. Act. 26, 18), und Christus der ἁγιασμός für die Gläubigen (1 Kor. 1, 30) genannt. Die durch den Geist im Gläubigen gewirkte Heiligkeit bedeutet nichts weniger als die sittliche Aktivität, sondern einen unmittelbaren Zustand, der von dem Leben im Geiste nicht unterschieden ist. Der Begriff der Heiligkeit ist nicht etwa auf die Trennung von dem Unreinen zu beschränken, sondern indem diese negative Seite auch in dem paulinischen Gebrauche des Wortes nicht zu verkennen ist, so ist sie doch nur eingeschlossen in den positiven Sinn der Angemessenheit zur Bundesgemeinschaft mit Gott, gemäß der Eigenthümlichkeit der vorliegenden Offenbarungsstufe. Zu dem lebendigen und heiligen Gott können nur Menschen im Bundesverhältnisse stehen, welche durch den heiligen Geist die entsprechenden Eigenschaften des wahren Lebens und der Heiligkeit empfangen haben. Nur an wenigen Stellen (1 Thess. 4, 3; Röm. 6, 19. 22) hat ἁγιασμός die Bedeutung einer menschlichen Thätigkeit; aber wiederum nicht der positiven sittlichen Pflichterfüllung, sondern der sittlichen Askese, die in der Unterdrückung der Unreinheit, in der Reinigung von den sündigen Trieben besteht (2 Kor. 7, 1). Diese Selbstheiligung ist der Sache gemäß als Mittel der Erhaltung der zuständlichen Heiligkeit in den Begriff derselben einzuschließen, da ja dieser Zustand nicht ohne innere Bewegung zu denken ist.

Im Vergleich mit dem Zustande des alten Menschen (Röm. 6, 6; Eph. 4, 22; Kol. 3, 9) ist die Wirksamkeit des heiligen Geistes die erneuernde (Tit. 3, 5. 6), und der Gläubige neuer Mensch, neues Geschöpf (Eph. 4, 23. 24; Kol. 3, 10. 11; 2 Kor. 5, 17; Gal. 6, 15), so daß die religiösen Bedingungen der vorchristlichen Zeit nicht mehr für ihn gelten.

Der Glaube, welcher als Gerechtigkeit angerechnet wird, enthält also, wie es scheint, den durch den heiligen Geist gewirkten Zustand der Heiligkeit und des neuen Lebens. Sofern nun das Verhältniß der Rechtfertigung vom Glaubenden selbst aus aufgefaßt wird, scheint es gar keine Schwierigkeit zu haben, daß Gott jenen Zustand der Heiligkeit gerecht, d. h. seinem Willen gemäß findet. Hiemit würde, wie es scheint, der Forderung genügt, daß das göttliche Urtheil der Rechtfertigung keine Selbsttäuschung in sich schließen dürfe. Allein diese Anschauung würde bei Paulus den Gedanken voraussetzen, daß die Wiedergeburt von Seiten Gottes der Rechtfertigung vorangehe und sie begründe. Ein solcher Gedanke scheint Tit. 3, 5—7 ausgesprochen zu sein. Aber die nähere Betrachtung der Stelle ergiebt, daß die Erneuerung durch den Geist der zureichende Grund nicht der Rechtfertigung, sondern der Erbschaft des ewigen Lebens ist, und daß die Rechtfertigung als eine Bedingung dieses Zieles erwähnt wird, ohne daß ihr Verhältniß zur Wiedergeburt klar gemacht würde. Ferner wenn die Auferweckung Christi der Grund der heiligenden und erneuernden Wirksamkeit des Geistes ist, und wenn es dann heißt, daß Christus zum Zwecke unserer Rechtfertigung erweckt sei (Röm. 4, 25), so scheint die Identität der Begründung fast auch die Identität von Rechtfertigung und Wiedergeburt nahe zu legen, und es gleichgültig zu machen, welchen der beiden Begriffe man dem andern zu Grunde legt. Allein während die Auferweckung Christi als der entferntere zureichende Grund der Wiedergeburt gedacht ist, so ist jene That Gottes in der vorliegenden Stelle nur als eine Bedingung der Rechtfertigung von uns Einzelnen bezeichnet. Die Aeußerung des Paulus ist nicht so zu verstehen, daß das göttliche Rechtfertigungsurtheil über die Gläubigen überhaupt in der Auferweckung

Christi ausgesprochen sei. Vielmehr ist jenes göttliche Urtheil über den Glauben und die Gläubigen gefällt und ausgesprochen in der Thatsache des Todesgehorsams Christi (Röm. 5, 16—19). Die geschichtliche Stellung dieser Thatsache verbietet die Annahme, daß Paulus voraussetze, als fände dies göttliche Urtheil in den Menschen etwas, was für gerecht zu erklären wäre. Die Gläubigen sind in jenem Zeitpunkt nicht vorhanden gewesen, sondern von Seiten Gottes nur gedacht worden. Und die Ausdrucksweise des Paulus an jener Stelle ist der Art, daß er die Rechtfertigung nicht auf bestimmte Einzelne, sondern auf die Gesammtheit der Menschen bezieht, die durch Adam Sünder sind, aber in Hinsicht Christi als gläubig gedacht werden. Demnach ist die Rechtfertigung der Gläubigen wirklich als die Rechtfertigung von Gottlosen zu verstehen (Röm. 4, 5. 6). Denn das göttliche Urtheil ist auch nicht ein analytisches Urtheil über die subjektiv-sittliche Beschaffenheit der Gläubigen, sondern ein synthetisches Urtheil über die Gläubigen vermittelst des objektiven Inhalts des Glaubens, nämlich Christus. Wenn also die Gerechtsprechung der gesammten Gläubigen in dem Todesgehorsam Christi enthalten ist, so ist sie vor der Erneuerung der einzelnen Gläubigen durch die Auferweckung Christi und durch den heiligen Geist; und diese kann nur als Folge jener gedacht werden. Daß nun aber die Auferweckung Christi als Bedingung unserer Rechtfertigung bezeichnet wird (Röm. 4, 25), hat den Grund, daß jene That Gottes die Würde Christi erwiesen und den Glauben in den Einzelnen möglich gemacht hat, welcher in dem geschichtlichen Akte der Rechtfertigung nur ideell vorausgesetzt war.

Wenn nun die Heilsbedeutung des geschichtlichen Lebens Christi im Einzelnen erörtert werden muß, so ist zu beachten, daß dieselbe nur vom Glauben und in Beziehung auf Gläubige wahrgenommen wird (2 Kor. 2, 15. 16). Die rechtfertigende, versühnende und erlösende Kraft des Lebens und Todes Christi hat ja blos aus dem Erfolge wahrgenommen werden können, und jenen Gedanken kann kein Ausdruck abgesehen von dem am Glauben wahrnehmbaren Erfolge gegeben werden.

Der Akt, an welchen Paulus die Rechtfertigung der Gläubigen anknüpft, ist der in der Blutvergießung erscheinende Tod Christi (Röm. 5, 9). Diese Anschauung des Todes setzt ein bestimmtes Urtheil über das Leben Christi voraus. Die Erscheinung dessen, der zwar im Fleische auftrat, jedoch von keiner Sünde in sich Erfahrung gemacht hatte (2 Kor. 5, 21), gilt dem Paulus zunächst als Verdammungsurtheil Gottes über die Macht der Sünde, welche sich in dem Fleischeswesen der Menschen auswirkte (Röm. 8, 3). Dadurch, daß Christus im Fleische und doch sündlos auftrat, ist die alle Menschen umfassende Macht in unmittelbar wirksamer Weise der Sünde abgesprochen. Die Vollziehung jenes Verdammungsurtheils liegt nicht außerhalb desselben, sondern fällt mit demselben zusammen, weil Christus Mensch und doch von der Macht der Sünde ausgenommen ist. Weiterhin ist nun aber der Tod Christi der Akt, in welchem die bestehende Angehörigkeit der Menschen zur Sünde für die Gläubigen aufgehoben wird. Paulus faßt die gegen die Sünde wirksame Bedeutung des Todes Christi in zwei Richtungen auf, als Opfer zur Versühnung der Schuld, als Lösegeld zur Erlösung der Gläubigen von der Macht der Sünde. Beide Vorstellungen stimmen darin überein, daß sie eine Stellvertretung der Gläubigen durch Christus einschließen[1]; übrigens aber beziehen sie sich auf entgegengesetzte Richtungen und Motive.

Wenn Christus als Opfer (Eph. 5, 2), als Passahopfer (1 Kor. 5, 7), endlich in der wichtigsten Stelle (Röm. 3, 25) mit absichtlicher Genauigkeit als höchstes Sühnopfer[2]) dargestellt

---

1) Es bedarf nur einfacher Erwähnung, daß der Gebrauch der Formel, daß Christus *ὑπὲρ ἡμῶν ἀπέθανεν*, und ähnlicher nicht die Stellvertretung ausdrückt; vgl. 2 Kor. 5, 14. 15.

2) Röm. 3, 25 bedeutet nicht das Wort *ἱλαστήριον* Sühnopfer; daß jedoch Christus als solches gedacht ist, liegt in *ἐν τῷ αὐτοῦ αἵματι*. Jenes Wort bezeichnet Christus als Kapporeth. Die Anschauung ist folgende: Daß eine Sühnung wirksam sei, ist dadurch bedingt, daß nicht Blut überhaupt, sondern daß es an den richtigen Ort versprengt werde. Der richtige Ort für die zur höchsten Sühne dienende Sprengung ist die Kapporeth. Also muß auch Christi Blut an die Kapporeth gesprengt sein. Aber die Kapporeth hat diesen Werth, weil sie die Stätte der göttlichen Erscheinung (כָּבוֹד) ist; Christus ist der höchste Träger der göttlichen Erscheinung (*δόξα θεοῦ*, 2 Kor. 4, 6; Phil.

wird, so bedeutet dies, daß er sein Leben an Gott hingegeben hat, daß er die Schuld der Sünde bedeckt, und daß er hiemit einem Bedürfnisse Gottes entspricht. Um seiner Gerechtigkeit willen hat Gott das Sühnopfer im Tode Christi veranstaltet, weil er seinem Wesen gemäß ohne eine solche Vermittelung mit Sündern nicht in Gemeinschaft treten kann. Freilich nur durch den Glauben und für den Glauben gilt Christus als ἱλαστήριον als Vertreter Gottes, und als θυσία als Vertreter der Menschen. Der Erfolg ist die Sündenvergebung, die Uebersehung der Schuld (2 Kor. 5, 19; Eph. 1, 7; Kol. 1, 14), welche in der Stelle Röm. 3, 25. 26 als der volle Inhalt der δικαίωσις gedacht zu sein scheint (vgl. 4, 5—8).

Paulus wird nicht richtig verstanden, wenn man diese Stelle des Römerbriefes in dem Sinne deutet, daß Christus in seinem Tode die Sündenstrafe der Menschen getragen und der Strafgerechtigkeit Gottes genuggethan habe. Schon nach der richtigen Auffassung der alttestamentlichen Idee des Sühnopfers liegt die Vorstellung fern, daß Gott das unmittelbare Objekt der Handlung sei. Durch das Opfer soll nicht Gott versöhnt, und umgestimmt, sondern die Sünden sollen gesühnt werden, d. h. ein Hinderniß, welches in dem **Verhältniß** zwischen Gott und den Menschen liegt, soll weggeräumt werden. Ferner kann das Opfer, sofern es den Tod erleidet, nicht als Träger der menschlichen Schuld gemeint sein, denn es darf als Opfer nicht verunreinigt sein. Jene Vorstellung kann aber auf die vorliegende Stelle auch deßhalb nicht angewandt werden, weil Paulus **nicht** sagt, daß Gott den Tod Christi εἰς ἔνδειξιν τῆς ὀργῆς veranstaltet habe. Denn nur ὀργή, nie aber δικαιοσύνη bezeichnet das, was man mit sehr unbiblischem Ausdrucke Strafgerechtigkeit nennt (Röm. 1, 18; 2, 5; 5, 9; Eph. 5, 6; Kol. 3, 6 u. oft). Seine Gerechtigkeit aber hat Gott im Tode Christi erwiesen, sofern es seinem Wesen gemäß gehandelt ist, daß er den Glaubenden rechtfertigt, und daß er doch nicht ohne Sühnung die Gemeinschaft mit den

4, 19); also ist Christus, der selbst Opfer ist, zugleich im höchsten Sinne Kappereth, und seine Opferung ist zur Sühne wirksam, weil er selbst mit seinem Blute besprengt ist.

Sündern eingeht. Wenn man endlich für jene falsche Vorstellung von Versöhnung des göttlichen Zornes auf Gal. 3, 13; 2 Kor. 5, 21 sich beruft, so sagt Paulus weder, daß der Zorn Gottes den Fluch des Gesetzes über Christus verhängt, noch daß der Zorn Gottes ihm die Strafe der Sünde auferlegt habe.

Auch die Anwendung des Begriffes *καταλλαγή* auf die Wirkung des Todes Christi (Röm. 5, 10; 2 Kor. 5, 18. 19) leistet jener Vorstellung von Versöhnung keinen Vorschub. Denn als Objekt der Versöhnung ist wieder nicht Gottes Zorn, sondern die Sünde der Menschen in ihrer Qualität als Feindschaft gegen Gott gedacht (Röm. 8, 7). Deßhalb ist auch jenes Prädikat des Todes Christi keine selbstständige Kategorie, sondern von den Kategorieen des Opfers und des Lösegeldes abhängig. Wenn durch den Tod Christi die Schuld der Sünde gesühnt, oder die Macht derselben aufgehoben ist, so ist durch denselben auch die Feindschaft gegen Gott in Versöhntheit übergegangen. Diese Situation ist auch nicht etwa dahin zu deuten, daß wenn der Mensch gegen Gott in Feindschaft begriffen war, dieser jenem im Zorne gegenüberstand, daß also die Aufhebung der menschlichen Feindschaft durch Christus indirekt auch die Versöhnung des göttlichen Zornes einschließe. Denn den Zorn Gottes bezieht Paulus immer nur auf die *ἀπολλύμενοι*, aber unter keiner Bedingung auf die *σωζόμενοι*; diese sind vielmehr als solche, auch sofern sie früher Sünder waren, unter die göttliche Gnade gestellt.

Der andere Haupttitel, welcher auf den Tod Christi angewendet wird, ist der der Erlösung der Gläubigen, und zwar in der prägnanten Vorstellung des Kaufpreises (*ἀγοράζειν* Gal. 3, 13; 1 Kor. 6, 20; 7, 23; *λυτροῦσθαι* Tit. 2, 14; *ἀπολύτρωσις* Röm. 3, 24; 1 Kor. 1, 30; Eph. 1, 7; Kol. 1, 14). Hierin ist die Unterwerfung und Hingabe des Lebens Christi unter die Macht der Sünde vorgestellt (Röm. 6, 10), während die Versühnung die Hingabe desselben an Gott einschließt. Durch dies Lösegeld sollen daher die Menschen von der Macht der Sünde (Tit. 2, 14 vgl. 1 Petr. 1, 18), die sich namentlich in dem Fluche des Gesetzes, nämlich dem Tode (Gal. 3, 13; Röm. 5, 21) kund giebt, erlöst werden, während die Versühnung die Aufhebung der Schuld der Sünde bewirkt. Endlich erkennt man leicht, daß die Erlösung ein Bedürfniß des Menschen ist, welcher an der ihm angebotenen Gemeinschaft mit Gott verhindert würde, wenn er fortdauernd in der Gewalt der Sündenmacht wäre, während wir in der Sühnung ein Bedürfniß Gottes erkannten. Der einfache Sinn der Vorstellung von dem Kaufpreise ist demnach, daß die momentane, äußerliche, durch die Auferweckung wieder aufgehobene Unterwerfung des Lebens Christi unter die im Tode herrschende Sündenmacht ein Aequivalent für die Menschen ist, welche von Geburt an, innerlich und dauernd unter der Herrschaft der Sünde standen. Man sucht bei Paulus und auch, wo noch sonst im N. T. diese Vorstellung ausgesprochen ist (Mark. 10, 45; 1 Petr. 1, 18; Apok. 5, 9; 14, 3. 4; Hebr. 9, 12. 15), vergeblich nach den Voraussetzungen, mit welchen die Kirchenväter die Idee des Lösegeldes im Tode Christi zu erläutern versuchten, so daß ein Rechtshandel zwischen Gott und dem Teufel daraus abgeleitet wurde, der freilich in einen Betrug desselben auslief [1]). An dieser Ausführung des Bildes macht man die deutliche Erfahrung, daß die Aequivalenz, auf welche es ankommt, im Vergleich des Todes Christi mit dem Sündenleben der Menschen nicht vollzogen werden kann. Aber wenn man denken sollte, daß auch schon Paulus diese Wahrnehmung gemacht haben müsse, so ergiebt sich vielmehr, daß Paulus durch eine eigenthümliche Stellung des Bildes demselben einen andern Ausdruck gegeben hat, als ihm durch die patristischen Hülfslinien verliehen worden ist. Zunächst ist zu beachten, daß Paulus dreimal den Begriff *ἀπολύτρωσις* durch *ἄφεσις τῶν ἁμαρτιῶν* erklärt (Eph. 1, 7; Kol. 1, 14; Röm. 3, 24. 25). Die Begriffe sind keineswegs unmittelbar identisch, vielmehr drücken sie die entgegengesetzten Beziehungen des Todes Christi aus. Der unvermittelte Uebergang von der einen Vorstellung zur andern weist nun schwerlich darauf hin, daß dem Apostel die eine näher gelegen hätte, als die andere; aber wohl darauf, daß die

1) Vgl. Baur, die christliche Lehre von der Versöhnung S. 30 ff.

Idee der Versühnung leichter anschaulich zu machen war, als die der Erlösung. Denn der Erfolg der Versühnung ist in dem objektiven Verhältnisse zwischen Gott und den Gläubigen wahrzunehmen; der Erfolg der Erlösung kann nur in dem subjektiven Zustande der Gläubigen dargestellt werden. Wo es sich also um die kürzeste Bezeichnung des objektiven Erfolges des Todes Christi handelte, ging Paulus am bequemsten auf die Idee der Versühnung zurück; aber ohne dadurch den Begriff der Erlösung überhaupt zurückzunehmen.

Denn wo es darauf ankommt, die von der Sünde abgewendete Seite des Lebens der Gläubigen durch den Tod Christi zu begründen, geschieht es nur durch Vermittelung der Erlösungsidee. Aber in den hieher zu beziehenden Aussagen des Paulus ist die mit dem Gedanken des Kaufpreises gesetzte Stellvertretung der Gläubigen durch Christus in das Gegentheil umgebogen, und dadurch sind die Konsequenzen abgeschnitten, welche die patristische Deutung des Begriffes unerträglich machen. Das Bild vom Kaufpreis in seiner Anwendung auf den Tod Christi würde dem Wortlaute nach so gedeutet werden, daß weil Christus im Tode unter die Gewalt der Sünde kam, die Gläubigen darum von aller Sünde faktisch befreit und dem Tode entzogen seien. Aber Paulus ist weit entfernt zu behaupten, daß weil Einer für Alle gestorben sei, deßhalb Niemand mehr zu sterben brauche; sondern er sagt im Gegentheil: *εἷς ὑπὲρ πάντων ἀπέθανεν, ἄρα οἱ πάντες ἀπέθανον* (2 Kor. 5, 14).

Als Gläubiger weiß er nichts davon, daß Christus in der Hingabe an die Sündenmacht anstatt seiner gestorben, sondern nur, daß er selbst mit Christus gekreuzigt, gestorben, begraben sei (Röm. 6, 3—6; Gal. 2, 19; Kol. 3, 3). Die in dem Bilde des Kaufpreises ausgeprägte Stellvertretung mußte aber deßhalb umgebogen werden, weil das Verhältniß zwischen den Sündern und der sie beherrschenden Macht nicht äußerlich, sondern innerlich ist. Der Tod, den Christus der Sündenmacht leistet, ist nur unter der Bedingung Lösegeld für Menschen, daß dieselben in die Gemeinschaft mit jenem Akte eintreten, und dadurch die Vernichtung ihrer sündhaften Persönlichkeit, des alten

Menschen erfahren (Röm. 6, 6). Diese Vorstellung ist aber ferner nicht zu vollziehen ohne die Ergänzung, daß dann auch die Gemeinschaft an der Auferstehung Christi, d. h. der Eintritt in das blos auf Gott und Christus gerichtete, im heiligen Geiste gegründete Leben erfolgen müsse (Röm. 6, 10. 11; 2 Kor. 5, 14. 15).

An diesem Ausgang der auf den Tod Christi angewendeten Idee von der Erlösung erkennt man aber deutlich, daß dieselbe der Idee der Versühnung logisch nicht koordinirt ist. Die Versühnung der Schuld der Gläubigen ist in dem Tode Christi vollzogen; die Erlösung der Gläubigen von der Macht der Sünde ist zwar auf den Tod Christi gegründet, wird aber vollzogen in der Taufe (Röm. 6, 4; Kol. 2, 10. 11). Die Erlösung gehört also nicht wie die Versühnung zu der in der geschichtlichen Erscheinung Christi deklarirten Rechtfertigung der Gläubigen, sondern zu der auf die Auferstehung gegründeten Erneuerung des Gläubigen durch den heiligen Geist. Nachdem wir uns bis jetzt durch die Analogie zwischen Gerechtigkeit und Heiligkeit und durch die zwischen Versühnung und Erlösung haben leiten lassen, ergiebt sich die Nothwendigkeit der Kombination zwischen Versühnung und Rechtfertigung einerseits, und zwischen Erneuerung durch den Geist und Erlösung andererseits.

Versühnung und Gerechtsprechung sind nur auf den Glauben und die Gläubigen bezogen. Indem aber diese Wirkungen in der geschichtlichen Erscheinung Christi wahrgenommen werden, gelten sie vom Standpunkte des sühnenden Mittlers und des gerechtsprechenden Gottes an und für sich den als zukünftig gedachten Gläubigen insgesammt [1]. Gott vergiebt um des Opfers Christi willen den Gläubigen die Sünden und spricht in Christus dieselben gerecht. Ist aber überhaupt ein sachlicher und

---

1) So wie auch die vorweltliche, d. h. ewige Erwählung der Gläubigen in Christus im Gedanken Gottes nicht den Einzelnen, sondern der Gesammtheit der Gläubigen gilt (Eph. 1, 4. 5). Prädestination des Einzelnen denkt Paulus nur unter Anleitung bestimmter Schriftstellen (Röm. 9, 11—13. 17), und ohne Anzeichen, daß er sie anders als in der Zeit geschehen denkt, was auch Röm. 8, 28—30 nicht nachzuweisen ist. Auch in der Frage über die Verstockung Israels ist der Apostel auf nichts weniger als die Seligkeit der Einzelnen bedacht, welche durch Röm. 11, 25 jedenfalls nicht befriedigend gewährleistet würde.

begrifflicher Unterschied zwischen Sündenvergebung und Gerechtsprechung gedacht? Dagegen scheint die Art zu sein, wie die Nichtanrechnung der Sünden mit der Anrechnung der Gerechtigkeit für den Gottlosen, und des Glaubens als Gerechtigkeit gleich gesetzt wird (Röm. 4, 5—8), und die Anknüpfung der Gerechtsprechung an das Blut Christi (5, 9; 3, 24. 25). Aber diese Ansicht ist logisch unbefriedigend. Denn die Sühnung leistet Christus in seinem Tode als Vertreter der Menschen; die Gerechtsprechung der Gläubigen kann er nur vermitteln als Vertreter Gottes. Freilich ist es nun derselbe Akt, der Tod, an welchen Paulus sowohl die Sühnung als auch die Gerechtsprechung anknüpft; aber in verschiedenen Beziehungen. Als Vergießung des Blutes ist dieser Akt sühnend; als Leistung des Gehorsams ist er rechtfertigend (5, 18. 19). In dem Gehorsam überhaupt liegt die nächste Bedingung der Gottheit Christi (Phil. 2, 8—11); in ihm besteht die Qualität Christi als Trägers der göttlichen Erscheinung (ἱλαστήριον, Röm. 3, 25); in ihm als der wirklichen Darstellung des göttlichen Willens vollzieht Gott das Verdammungsurtheil über die Sünde (8, 3); der Gehorsam Christi, welcher im Tode seine höchste Steigerung und seine reinste Gestalt gewann, ist also die konkrete Darstellung des göttlichen Willens in einem Menschen. Indem aber Christi Gehorsam in diesem Sinne als fortwirkend, und die Gläubigen in ihm eingeschlossen gedacht werden, so ist jene konkrete Darstellung des göttlichen Willens zugleich der Ausdruck des Rechtfertigungsurtheils über die Gläubigen. Oder der Glaubende, der sich als Descendent Christi und nicht mehr als Descendent Adams kennt, hat an dem Gehorsam Christi die Gewißheit, daß Gott alle diejenigen, welche ebenso zu Christus stehen, wie er selbst, in die Selbstdarstellung Christi eingeschlossen gedacht hat, und durch die specifische Eigenthümlichkeit seines Vertreters faktisch diejenigen Alle, welche zu ihm gehören, als solche ansieht, die sind, wie sie sein sollen. Deßhalb kann die Rechtfertigung nur in dem positiven Sinne gemeint sein, daß Gott den Gläubigen als solchen ansieht, der seinem Willen entspricht; nicht blos als solchen, der seinem Willen nur nicht widerspricht. Aber freilich die Aufhebung der Schuld ist mit der Rechtfertigung untrennbar gesetzt; und nicht nur wegen des logischen Wechselverhältnisses, sondern auf Grund der blutigen Todesleistung Christi. Aber diese ist doch nur eine Erscheinung an der Vollziehung des vollkommenen Gehorsams, als des menschlichen Thuns. Wir werden also auf die Doppelseitigkeit des Gehorsams Christi hingewiesen, um seine Mittlerstellung im Sinne des Paulus zu verstehen. Der Gehorsam Christi ist das Organ der Gerechtsprechung für Viele, sofern sich der Wille Gottes in einem Menschen wirklich und vollkommen vollzieht; er ist das Mittel der Sühnung, sofern in ihm der dem Gebote Gottes vollkommen entsprechende Wille eines Menschen sich darstellt. Wir meinen nicht, daß Paulus diese dialektischen Unterschiede als solche in irgend einem Momente sich vergegenwärtigt habe; vielmehr hat er unzweifelhaft die ganze Gedankenreihe in Einer Intuition aufgefaßt. Unsere Hülfslinien sollen nur als Probe dafür dienen, daß, wenn die Rechtfertigung und die Sühnung an den Tod Christi angeknüpft werden, darum jene nicht blos in dem negativen Sinne der Vergebung der Sünden gemeint ist.

Die Rechtfertigung, welche Gott im Tode Christi über die Gläubigen insgesammt ausgesprochen hat, ist der letzte Grund ihrer Heiligung, Belebung und Erneuerung durch den heiligen Geist (vgl. Eph. 5, 25. 26). An dieser Folge der Auferstehung Christi nimmt der einzelne Gläubige wahr, daß er zu denen gehört, über welche im Tode Christi das Rechtfertigungsurtheil ausgesprochen ist (Tit. 3, 5—7). Und wenn die Auferweckung Christi zum Zwecke unserer Rechtfertigung erfolgt ist (Röm. 4, 25), so bedeutet dies, daß der Einzelne nicht ohne jene Bedingung dazu kommt, sich zu den im Tode Christi gerechtfertigten Vielen zu rechnen. Die Gewißheit des einzelnen Gläubigen von der Wiedergeburt aus dem heiligen Geiste ist unmittelbar; die Gewißheit von der Rechtfertigung hat der Einzelne nicht unmittelbar, sondern nur durch einen Schluß von der Wiedergeburt auf seine Zugehörigkeit zu den Vielen, die in Christi Gehorsam für gerecht erklärt sind. Diese Beziehungen sind von Paulus klar unterschieden, so daß es ihm unmöglich wäre, von einer Rechtfertigung durch den heiligen Geist zu sprechen, oder zu behaupten, daß die Rechtfertigung in der Eingießung des neuen geheiligten Lebens durch den Geist in den Einzelnen bestehe. Denn die Rechtfertigung ist ein einmaliger, und nicht ein wiederholbarer Akt; in dem Tode Christi vollzieht sich jenes göttliche Urtheil für die Gesammtheit der Gläubigen, nicht aber in irgend einem andern Akte für den Einzelnen als solchen. Aber die Wiedergeburt durch den heiligen Geist, die Folge der Rechtfertigung, ist wesentlich Prädikat des Einzelnen und Aller als Einzelner.

Die belebende, heiligende, erneuernde Macht des Geistes in dem Gläubigen ist ferner nur gedacht, indem zugleich die Macht der Sünde, der Bestand des alten Lebens im Gläubigen ausgeschlossen ist, d. h. so, daß der Gläubige von der Sündenmacht erlöst ist. Diese Thatsache ist aber nicht in der Art mit dem Charakter des neuen Lebens verbunden gedacht, daß sie mit diesem zusammen auf die Auferstehung Christi zurückgeführt würde, sondern dieselbe wird auf den Tod Christi begründet. Und ferner ist zu beachten, daß nicht der auf den Tod Christi gerichtete Glaube[1]) als Organ dieses Vorgangs gedacht ist, sondern die auf den Tod Christi bezogene Taufe. Durch die Taufe ist am Gläubigen der alte Mensch, welcher Fleisch ist, der Sündenleib, der Fleischesleib vernichtet oder ausgezogen (Röm. 6, 6; Kol. 2, 11), weil die Taufe der Akt der Gemeinschaft mit dem Tode Christi ist. Demnach muß überall, wo jener Erfolg am Gläubigen ausgesagt wird, die Taufe, und nicht der Glaube, als Mittel seiner Vollziehung vorausgesetzt werden (Gal. 2, 19; 5, 24). Die Taufe hat aber nur die Beziehung auf den Tod Christi einerseits und auf die Vernichtung des alten Menschen andererseits. Die positive Kehrseite davon, das neue Leben, ist nur in der Auferstehung Christi durch den heiligen Geist gegründet; und das Organ dafür ist der Glaube. Nirgendwo hat Paulus die Taufe als Organ des heiligen Geistes und Mittel

---

1) Der Tod Christi ist der specifische Gegenstand des Glaubens, und der gekreuzigte Christus der Inhalt der apostolischen Verkündigung (1 Kor. 1, 18. 23) unter dem Gesichtspunkt der Rechtfertigung und Versühnung; nicht unter dem der Erlösung.

der Wiedergeburt bezeichnet. In der Stelle Tit. 3, 5 ist das λουτρὸν παλιγγενεσίας und die ἀνακαίνωσις πνεύματος ἁγίου zweierlei; und die Taufe wird in jenem Ausdrucke nicht als das Bad der Wiedergeburt bezeichnet, sondern als das Bad, welches zu dem neuen Lebenszustande gehört. Es gehört aber insofern zu demselben, als die Taufe dem im Geiste wurzelnden neuen Leben die Aufhebung der Sündenmacht durch den Tod Christi gewährleistet.

Aber unter welchen Bedingungen ist dieser Erfolg bei der Taufe gedacht? Unsere Aufgabe in der Beantwortung dieser Frage ist nicht, diesen Erfolg der Taufe überhaupt begreiflich zu machen, sondern die Deutung derselben durch Paulus zu ermitteln. Und es ist nicht zu erwarten, daß Paulus den Vorgang im eigentlichen Sinne begreiflich macht; denn die ursprüngliche Bedeutung eines Ritus, wie die Taufe ist, ruht auf der einfachen Voraussetzung, daß in ihm etwas Unbegreifliches vorgehe. Eine Deutung also, welche der ursprünglichen Schätzung der Taufe entspricht, wird nicht die Schwierigkeiten beseitigen, welche der der Symbole ungewohnte Verstand bei jedem Ritus findet. Die Gedankenreihe des Paulus ist folgende: Indem Christus sein Leben im Tode unter die Macht der Sünde hingab, geschah dies so, daß er durch denselben Akt, als Mittel des Uebergangs zu dem neuen Leben, außer aller persönlichen Beziehung zur Sündenmacht kam (Röm. 6, 10). In der dem Begräbnisse ähnlichen Untertauchung ist nun der Gläubige in die Gemeinschaft mit dem Tode Christi versetzt; sofern er alter Mensch ist, ist er mit Christus gestorben. Also ist der Gläubige ebenfalls außer Beziehung zu der Macht der Sünde versetzt. Nebenbei wird dies noch durch den Satz begründet, daß der Gestorbene (durch die Sünde selbst) von dem Sündigen frei gesprochen ist (V. 7); der Getaufte ist als der alte Mensch gestorben; also hat die Sündenmacht keinen Anspruch mehr an ihn. Zu beachten ist nun aber, daß wie die Taufe nur an Gläubigen vollzogen wird, dieser Erfolg des Todes Christi durch die Taufe nur auf diejenigen übertragen wird, welche als Gläubige die erneuernde Wirkung des heiligen Geistes an sich erfahren, und dadurch heilig sind. Demnach kann die Wirkung der Taufe nicht als etwas neben der Wirksamkeit des Geistes gemeint sein, sondern sie findet nur auf dem von ihm beherrschten Gebiete Anwendung. Aber in der Beziehung auf dieses hat die Taufe die Bedeutung, daß die durch den Geist Geheiligten die Ueberwindung der Sündenmacht nicht noch als ihre Aufgabe anzusehen haben, sondern der principiellen Aufhebung derselben in sich gewiß sein dürfen. Es handelt sich hier um einen ideellen Vorgang, und deßhalb um eine ideelle Schätzung der Sündenmacht. Wenn Paulus dieselbe mit der sündigen Leibesnatur identificirte, so wäre freilich gar nicht zu verstehen, daß durch die Taufe der Sündenleib vernichtet sein soll (Röm. 6, 6; Kol. 2, 11). Der Satz ist aber zu verstehen, wenn Paulus, wie wir nachgewiesen haben, den Leib als Sitz der Sünde nur bei denjenigen bezeichnet, welche durch die Zucht des Gesetzes dahin gefördert sind, ihr eigentliches Ich in einen wenn auch unwirksamen Gegensatz gegen die Macht der Sünde zu stellen. Wenn demnach der Leib nur in dem ideellen Sinne, daß er die selbstlose Seite der Persönlichkeit ist, mit der Sünde identificirt worden war, so ist es auch nur im ideellen Sinne zu verstehen, in diesem aber auch ganz richtig, wenn die Erlösung von der Sündenmacht als Vernichtung des Sünden- oder Fleischesleibes bezeichnet wird.

Die Rechtfertigung durch den Glauben hat also folgenden Sinn. Der Gehorsam des sündlosen Gottessohnes ist einerseits wirksam zur Sühnung der Schuld der von ihm vertretenen Menschen, und andererseits die wirksame Darstellung des göttlichen Willens der Sündenvergebung und Gerechtsprechung über die Glaubenden, welche in ihrem Glaubensgehorsam gegen Christus die richtige Stellung zu Gott einnehmen werden. Dieser ideelle göttliche Akt wird insofern durch die Auferstehung Christi wirksam, als diese den Einzelnen den Glauben an den Gottessohn möglich macht. Jedoch die Wirksamkeit des heiligen Geistes zur Erweckung neuen Lebens und zur Heiligung ist Folge der Rechtfertigung, wenn auch eine solche, an deren Wahrnehmung die Gewißheit der Rechtfertigung für den Einzelnen gebunden ist, welcher zugleich durch die Taufe die Gewißheit gewinnt, daß die Aufhebung der Sündenmacht, welche principiell schon in der sündlosen Erscheinung des Sohnes Gottes bewirkt war, durch dessen Tod ihm faktisch zu Theil geworden ist.

IV. Das Leben und der Wandel im Geiste.

Das Leben des Gläubigen im heiligen Geiste, welches von der Macht der Sünde befreit ist, ist deßhalb auch nicht mehr dem Gesetze unterworfen, welches ja die Kraft der Sünde ist (1 Kor. 9, 20; Gal. 2, 19; 3, 25; 5, 18; Röm. 6, 14; 7, 4—6; 10, 4). Die Thatsache des Empfanges des Geistes allein durch den Glauben (Gal. 3, 3. 5) bürgt dafür, daß es widersinnig ist, gesetzliche Pflichten zu übernehmen. Denn da die Erfüllung des mosaischen Gesetzes die Absicht in sich schließt, die Gerechtigkeit durch Werke zu gewinnen, so wäre eben damit die im Tode Christi ausgesprochene Rechtfertigung des Glaubenden verleugnet (2, 21; 3, 1). Diese Gedankenreihe bildet den Hebel der Befreiung der Heidenchristen von der judenchristlichen Zumuthung, um der Seligkeit willen sich dem mosaischen Gesetze zu unterwerfen. Im schärfsten Gegensatz dagegen erklärt der Apostel, daß in dem neuen Lebensverhältniß zu Christus auch die religiöse Bedeutung aller nationalen und socialen Unterschiede aufgehoben sei (1 Kor. 7, 19—22; Gal. 3, 28; Kol. 3, 9), und daß der Unterschied zwischen heidnischer und jüdischer Sitte religiös gleichgültig sei.

Aber das Leben der Gläubigen in jenem specifischen Sinne ist nicht unbedingt in der Erscheinung wahrzunehmen. Die Gläubigen sind mit Christus der Sünde gestorben, und sind mit ihm zum neuen Leben auferstanden; aber ihr Leben ist gegenwärtig mit Christus in Gott verborgen. Erst mit der sichtbaren Wiedererscheinung Christi wird auch das Leben der Gläubigen, ihr in sich vollendeter Zustand, unmittelbar offenbar werden (Kol. 3, 3. 4). Aus dem in dieser Stelle klar hervortretenden Gesichtspunkt versteht man es, wenn Paulus dieselben Prädikate der Gläubigen bald als gegenwärtig, bald als zukünftig bezeichnet. Kein Prädikat ist entschiedener auf die Gegenwart bezogen, als die Gerechtigkeit aus dem Glauben, und doch wird sie wenigstens einmal bestimmt als Gegenstand der Hoffnung gedacht (Gal. 5, 5). Das Leben im Geiste ist gegenwärtiger Besitz der Gläubigen, und doch gehört das ewige Leben erst der Zukunft an (Röm. 6, 22; Gal. 6, 8; Tit. 3, 7). Die Christen sind mit Christus auferweckt (Kol. 2, 12; 3, 1; Eph. 2, 6) und doch werden sie erst in der Zukunft Genossen der Auferstehung Christi sein (Röm. 6, 5). Sie gelten schon gegenwärtig als Erben, die den Besitz angetreten haben (Gal. 3, 29; 4, 7; Röm. 8, 17), und darum als Söhne Gottes (Gal. 3, 26; 4, 5—7; Röm. 8, 14. 19); aber doch wird ihr Erbe erst in der gerichtlichen Entscheidung des zukünftigen Tages ertheilt werden (Kol. 3, 24; Eph. 1, 14; 5, 5); und die Sohnschaft wird erst in der zukünftigen Offenbarung der Söhne Gottes erwartet (Röm. 8, 19. 23). Die Erlösung ist im Tode Christi dem Gläubigen gewiß; und doch wird auch sie wieder in die Zukunft verlegt (Eph. 1, 14; 4, 30); da auch der Leib seine Erlösung von der Vergänglichkeit erfahren soll (Röm. 8, 23). In der Gemüthsrichtung auf dieses zukünftige Ziel ist sich Paulus seines Heilsbesitzes nur in Gestalt der Hoffnung bewußt (Röm. 8, 24; vgl. Tit. 3, 7). Denn der göttliche Geist, in welchem der Gläubige gegenwärtig lebt, ist nicht das letzte Ziel des Heiles, sondern nur der Erstling der Gaben Gottes (Röm. 8, 23) und das Pfand der ferneren Gaben (2 Kor. 1, 22; 5, 5; Eph. 1, 14). Alle diese Gegensätze sind daraus verständlich, daß die zukünftige Offenbarung des im Glauben enthaltenen Besitzes von der verhüllten Darstellung desselben in der Gegenwart unterschieden wird. Die ideale Auffassung des Glaubensstandes zeigt sich demnach nicht als ein Hinderniß für die Lebendigkeit der Aussicht in die Zukunft. Die Sicherheit des Heilsbesitzes in der Gegenwart macht den Apostel nicht gleichgültig gegen die Erwartung der Zukunft Christi; sondern gerade wegen der idealen Ansicht von dem subjektiven Inhalte des Glaubens streckt sich seine Gedankenbildung mit Nothwendigkeit nach der eschatologischen Erwartung aus. Nicht äußere Anbequemung, sondern innerstes Bedürfniß hat die Vorstellungen hervorgerufen, welche wir aus bekannten Gründen schon oben dargestellt haben, und welche an dieser Stelle wieder zu ergänzen sind.

Das Leben der Gläubigen, welches also in der Gegenwart nicht unmittelbar in die Erscheinung tritt, erscheint mittelbar in dem Wandel im Geiste. Die Voraussetzung desselben ist die Gemeinschaft der Gläubigen in diesem Principe des Geistes Christi. Die Vorstellung davon schließt in sich, daß Alle den gleichen Grund ihres Lebens in dem Geiste haben, und daß derselbe in jedem Einzelnen ein verschiedenes Maaß der Wirkung (Röm. 12, 3; Eph. 4, 7. 16) ausübt, und einen verschiedenen Charakter der Bethätigung ausprägt (Röm. 12, 6 ff.; 1 Kor. 12, 4—7). Demnach ist das dem Apostel geläufige Bild des Leibes und der Glieder Christi ein sehr passender Gesammtausdruck für die im Geiste auf Christus gegründete Gemeinschaft der Gläubigen (Röm. 12, 4. 5; 1 Kor. 12, 12—27; Eph. 4, 4. 25; 5, 30). In dem gegenseitigen Verhältnisse der Gläubigen zu einander und in dem dienenden Austausche ihrer Gaben vollzieht sich der Wandel der Gläubigen. Derselbe heißt in Beziehung auf die verschiedenen Abstufungen des begründenden Principes Wandel in der Liebe (Röm. 14, 15; Eph. 5, 2), in der Neuheit des Lebens (Röm. 6, 4), im Geiste (Gal. 5, 16. 25; Röm. 8, 4), in dem Lichte (Röm. 13, 12. 13; Eph. 5, 8 ff.), in Christus (Kol. 2, 6), oder Wandel, welcher der Berufung durch Gott entspricht (1 Theff. 2, 12; Kol. 1, 10; Eph. 4, 1; Phil. 1, 27). Nach dem Stoffe seiner Erscheinung heißt er der Wandel in guten Werken (Eph. 2, 10); und mit Rücksicht hierauf werden die guten Werke als der von Gott vorherbestimmte Zweck der durch das Evangelium bewirkten Neuschöpfung bezeichnet (Eph. 2, 10; Tit. 2, 14; 3, 8). Die Vollkommenheit vor Gott wird durch den guten Wandel vermittelt (Kol. 1, 22. 28), und das ewige Leben, das unvergängliche Erbe wird der Lohn desselben sein (Gal. 6, 9; Eph. 6, 8; Kol. 1, 4. 5; 3, 24; Phil. 3, 14; 2 Tim. 4, 8). Wegen dieser Aussicht und wegen der Hindernisse, welche der Wandel der Gläubigen durch eigene wie durch fremde Sünde erfährt, liebt es Paulus, denselben als Kampf oder als Wettkampf darzustellen (1 Kor. 9, 24—27; Phil. 1, 27; 3, 12—14; 2 Tim. 4, 7 vgl. Eph. 6, 11 ff.).

Der Gedanke einer Belohnung des guten Wandels

klingt auch durch, wenn Paulus seine Ermahnungen zum guten Wandel durch die Hinweisung auf das zukünftige Gericht motivirt (Röm. 14, 10. 12; 2 Kor. 5, 10; Phil. 1, 10. 11; 1 Theſſ. 3, 12. 13; 4, 6). Einen Widerspruch gegen seine Grundsätze von der Gnade Gottes und der Verdienstlosigkeit des Menschen darf man aber hierin nicht finden. Denn diese beziehen sich auf das Verhältniß des Sünders zu Gott in Betreff der Rechtfertigung; jene Aussprüche gelten dem Verhältniß des Geheiligten zu Gott zum Zwecke des Heiles im weitern Sinne; und Paulus spricht sich vorsichtig genug aus, um nicht den Schein hervorzurufen, daß er die Selbstgerechtigkeit der Gläubigen befördere. Denn nicht die von dem Gläubigen erworbenen Verdienste, sondern immer nur der von Gott gegebene Geist gilt als Pfand für die Erreichung des Endzieles des Heiles.

Andererseits aber ist der Wandel in guten Werken in verschiedener Beziehung nothwendig für den Glaubensstand und das Leben im Geiste. Der Wandel in den Tugenden ist die Frucht, die nothwendige Folge des Geistes (Gal. 5, 22 vgl. Eph. 5, 9; Phil. 1, 11). Deßhalb erweist sich die von Paulus anerkannte Möglichkeit, daß man der Gnade Gottes verlustig gehen könne (Gal. 5, 4; 1 Kor. 10, 12; Phil. 3, 18. 19), daß man vergeblich glaube (1 Kor. 15, 2), auch dann, wenn die Frucht des Wandels ausbleibt (2 Kor. 6, 1). Ferner ist der Wandel sowohl für Andere das Merkmal, ob der Gläubige im Geiste feststeht (Phil. 1, 27 vgl. 4, 1; 1 Theſſ. 3, 8), als auch für diesen selbst die Probe seines Glaubensstandes (2 Kor. 13, 5). Die normale Aeußerung des Geistes und Glaubens in der Liebe und den guten Werken hat aber auch die rückwirkende Kraft, die Herzen zu befestigen (1 Theſſ. 3, 12. 13; 2 Theſſ. 2, 17), am innern Menschen stark zu werden (Eph. 3, 16), und den Glauben zu vermehren (2 Kor. 10, 15; 2 Theſſ. 1, 3; Eph. 4, 15). Die Erfüllung mit dem Geiste wird außer der Bereitschaft zum Gottesdienste an die gegenseitige Unterordnung in der Furcht Christi angeknüpft (Eph. 5, 18—21). Aus diesem Grunde tritt neben die Anschauung, daß die Gläubigen im Geiste neu geschaffen sind, der Gedanke, daß sie in fortschreitender Erneuerung begriffen sind (Röm. 12, 2;

2 Kor. 4, 16; Kol. 3, 10); und wenn sie im Glauben Christus angezogen haben, so ist der auf denselben zurückwirkende Wandel auch ein stetes Anziehen Christi (Röm. 13, 14). Es ist in Anwendung auf das Geistesleben kein Widerspruch, daß derselbe Inhalt als seiend anerkannt und doch wieder als Sollen hingestellt wird. Vielmehr reflektirt sich jede geistige Thatsache, welche als Princip feststeht, in dem entsprechenden Sollen, und durch die faktische Erfüllung der so gestellten Aufgabe wird der principgemäße Zustand als solcher gesichert.

In diesem Sinne ist es auch zu verstehen, daß Paulus die Gläubigen zum Kampfe gegen die in ihnen sich regende Sünde auffordert, und vor der Begehung von Sünden im Allgemeinen und im Einzelnen warnt (1 Kor. 6, 18; 14, 20; Eph. 4, 17 ff. 25 ff.; Röm. 6, 12). Der Gläubige ist zwar aus der Herrschaft der Sünde befreit, sein Sünden- und Fleischesleib, sein alter Mensch ist vernichtet; aber was im Princip vollzogen ist, ist im Einzelnen eine zu vollziehende Aufgabe. Der Gläubige als solcher gehorcht nicht mehr den Begierden des Leibes (Röm. 6, 12), aber das Fleisch begehrt doch noch gegen den göttlichen Geist in ihm (Gal. 5, 16). Daher ergehen die verwandten Aufforderungen, die Streiche des Leibes zu tödten (Röm. 8, 13), d. h. die Begierden zu unterdrücken, und sich von aller Befleckung des Fleisches und Geistes zu reinigen (2 Kor. 7, 1). Diese asketische Seite der Sittlichkeit ist der ἁγιασμός, zu welchem die Gläubigen berufen sind (1 Thess. 4, 3—7; Röm. 6, 19. 22); in dieser Thätigkeit besteht die pflichtmäßige Erhaltung und Vollendung der durch den Geist begründeten Heiligkeit (2 Kor. 7, 1); und auf diesen Gedanken ist auch das Bild zurückzuführen, daß die Gläubigen ihre irdischen Glieder tödten sollen (Kol. 3, 5). Denn da in dem Gläubigen die Sünde nicht vom Herzen, sondern nur noch von den Gliedern aus in der Erregung von Begierden wirkt (s. o. S. 71), so hat jener Ausspruch den Sinn, daß man die an den einzelnen Gliedern haftenden Sündenreize unterdrücken solle. Umgekehrt ist die besondere Sorgfalt für den Leib zu vermeiden, um nicht Begierden in sich zu erregen (Röm. 13, 14); damit die Bestimmung des Leibes zu einem reinen und heiligen Opfer für Gott erreicht werde (Röm. 12, 1). Ueber der Verkennung dieser Aufgabe kann der Gnadenstand verloren gehen. Denn die Thäter von Sünden werden nicht in das Gottesreich eintreten (1 Kor. 6, 9. 10; Gal. 5, 21; Eph. 5, 5). Im Verhältniß zu dieser Gefahr und zu der gerichtlichen Entscheidung Christi ist deßhalb die Furcht ein dem Gebiete des christlichen Wandels nothwendiger Charakterzug (2 Kor. 5, 11; 7, 1; Eph. 5, 21); obgleich die Furcht des Knechtes, die mit dem Gesetze verbunden war, durch den Geist des Herrn ausgeschlossen ist (Röm. 8, 15).

Das Leben im Geiste oder der Glaube ist der Grund des christlichen Wandels; die Liebe (1 Kor. 13; Phil. 2, 2; Kol. 3, 14) ist die Kraft, in welcher der Glaube (Gal. 5, 6) oder der Geist (Gal. 5, 22; Kol. 1, 8) auf die sittliche Thätigkeit angewandt ist. Unter der Dreizahl von Glaube, Liebe, Hoffnung, welche das heilsmäßige Leben umfassen (1 Thess. 1, 3; 5, 8; Kol. 1, 4. 5), ragt die Liebe als die größte hervor (1 Kor. 13, 13), weil sie das zusammenfassende Band der christlichen Vollkommenheit ist (Kol. 3, 14). Als Princip des Wandels im Geiste erscheint die Liebe auch vollkommen genügend im Vergleich mit dem mosaischen Gesetze, da dessen Inhalt in dem Gebote der Liebe selbst zusammengefaßt wird (Gal. 5, 13. 14; Röm. 13, 8—10). Daher ist der, welcher den Andern liebt, der eigentliche Erfüller des Gesetzes.

Mit diesem Satze ist Paulus und die von ihm ausgeprägte Gestalt des Evangeliums vor dem Verdachte gerechtfertigt, als ginge sein Kampf gegen die Verpflichtung der Heidenchristen zu dem mosaischen Gesetze auf antinomistische Folgerungen aus. Und es ist wohl nicht blos eine apologetische Wendung gegen die Judenchristen, in der er jene Thatsache ausspricht, sondern es geschieht ohne Zweifel in dem Bedürfniß, die Uebereinstimmung der beiden Stufen des göttlichen Bundes zu erproben. Auf dem Standpunkt, welchen der Apostel einnimmt, empfindet er kein Bedürfniß einer gesetzlichen Formulirung der christlichen Pflichten. Die Liebe, welche in der Selbstaufopferung Christi anschaulich ist und hierin das wirksamste Vorbild darbietet (Röm. 15, 7;

1 Kor. 11, 1; Eph. 5, 2. 25; Phil. 2, 5), ist selbst der Inhalt des Gesetzes Christi (Gal. 6, 2), aus welchem alle einzelnen Pflichten abgeleitet werden können. Die Ermahnungen, welche Paulus giebt, hat er selbst gewiß am wenigsten als Stoff eines neuen Gesetzes angesehen, sondern das Vertrauen gehegt, daß aus dem Princip des heiligen Geistes die nothwendige Erkenntniß der sittlichen Pflicht geschöpft werden könne.

Daß aber die sittliche Entwickelung des Heidenchristenthums hiedurch sicher gestellt war, hat die folgende Geschichte nicht bestätigt. Und wenn dieselbe sich viel stärker auf das mosaische Gesetz einließ, als Paulus anerkannt haben würde, so ist doch zu beachten, daß die Anlässe zu diesem Umschwung in seinen Briefen selbst wahrnehmbar sind. Da wo es sich um sociale Anordnungen in den Gemeinden handelte, hat Paulus einigemale auf besondere Gebote Christi sich berufen (1 Kor. 7, 10; 14, 37), gelegentlich seine eigene auf dem Geiste ruhende Auktorität geltend gemacht (7, 12. 40); aber daneben hat schon Paulus mosaische Verordnungen theils direkt (14, 34) theils indirekt (9, 9. 10. 13. 14) und gewiß nicht blos aus Anbequemung an die Judenchristen herangezogen. Diese Erscheinung ist zu verstehen sowohl aus der persönlichen Stellung des Paulus zur jüdischen Sitte, als auch aus einem unabweisbaren Bedürfnisse der Heidenmission. Der Heidenapostel, welcher im Vergleich mit Christus alle Vorzüge seiner Abstammung gering schätzt (Phil. 3, 4 – 8), wünscht verdammt, von Christus verworfen zu sein, wenn nur dies zum Heile seiner Volksgenossen dienen könnte (Röm. 9, 3). Er, der um der Heiden willen auf die jüdische Sitte verzichtet, unterwirft sich derselben wieder, damit er Juden gewinne (1 Kor. 9, 20). Dabei ist es ganz unmöglich, daß er nicht eine Fülle jüdischer Gewohnheiten und gesetzlicher Maaßstäbe wie von selbst in sich trug, und dieselben in den Kreisen des Heidenchristenthums zur Geltung brachte. Andererseits aber konnte die heidenchristliche Gemeinde überhaupt nicht bekehrt werden, ohne daß nicht eine Menge alttestamentlicher Anschauungen ihr eingepflanzt wurde, die begreiflicherweise nicht in abstrakten Ideen, sondern in bestimmt ausgeprägten Lebensformen bestanden haben werden. Es ist nicht mögkich, die Praris des Apostels in dieser Beziehung näher zu bestimmen. Aber überhaupt waren ja die Heidenchristen von Paulus auf das alte Testament, als das Dokument aller göttlichen Offenbarung hingewiesen, und ihre christliche Bildung von dem Einflusse desselben abhängig gemacht worden. Dies war nicht nur nothwendig, um die Heiden zu Christen zu machen, sondern auch zweckmäßig, um dieselben auf denselben Boden der Bildung mit den jüdischen Christen zu stellen und um die richtige Art der Gemeinschaft zwischen Beiden zu begründen. Es wird sich fragen, ob dieses Ziel erreicht, und ob etwa die Selbständigkeit des Heidenchristenthums durch jenes Element seiner Bildung gefährdet worden ist. Die angeführten Proben der socialen Anordnungen des Apostels beweisen wenigstens genug, um es zu begreifen, daß die religiöse und kirchliche Anschauung des Heidenchristenthums, wie dasselbe in den nächsten Dokumenten sich darstellt, sehr entschieden auf die Vorbilder des alten Testamentes sich bezieht.

Dritter Abschnitt.

Das jüdische Christenthum.

Die Darstellung der Geschichte des jüdischen Christenthums, welche überhaupt durch die Mangelhaftigkeit und Unsicherheit der Quellen sehr erschwert ist, hat noch mit dem Nachtheile zu kämpfen, daß die Terminologie ungewiß ist. Deßhalb kommt es vor Allem darauf an, die äußeren Anhaltspunkte der Untersuchung festzustellen. Baurs Behandlung der christlichen Urgeschichte beruht auf der engen Kombination der von Epiphanius geschilderten Ebjonitensekte, der clementinischen Homilieen und der späteren Traditionen über die Urapostel mit der Richtung der Gegner des Paulus im apostolischen Zeitalter. Auf Grund dessen urtheilte er, daß in der ältesten jüdisch-christlichen Gemeinde das streng ebjonitische Element viel überwiegender gewesen sein müsse, als man gewöhnlich denke [1]). Indem Schwegler diese Ansicht aufnahm, erweiterte er sie bis zu der Annahme, daß der Ebjonitismus auch die ganze kirchenhistorische Periode bis gegen das Ende des zweiten Jahrhunderts ausfülle [2]). Denn jener Richtung sollten fast alle, jedenfalls die bedeutendsten literarischen Produkte, sowie die Verfassungs- und Kultusbildungen jener Zeit angehören. Wenn wir nun auch absehen von dieser durch Baur nicht gebilligten Uebertreibung, so ist doch schon die Uebertragung jenes Sektennamens auf das ursprüngliche jüdische Christenthum im apostolischen Zeitalter, welche Baur [3]) festhält, nur geeignet, Verwirrung zu stiften, und ent-

1) Paulus S. 384 ff.

2) Nachapostol. Zeitalter 1. Th. S. 104 f. 192 f.

3) Das Christenthum der drei ersten Jahrh. S. 157: „Als eine von der katholischen Kirche verworfene Sekte sind die Ebjoniten dasselbe, was ursprünglich die Judenchristen überhaupt im Unterschiede von den paulinischen Christen waren."

behrt der nöthigen geschichtlichen Begründung. Denn mit dem Namen der Ebjoniten bezeichnen zwar die Kirchenväter seit dem letzten Drittheil des zweiten Jahrhunderts zwei Klassen der jüdischen Christen. Die eine Klasse aber, die Nazaräer, wenn auch erst von Hieronymus bestimmt charakterisirt, nimmt ein ganz anderes Verhältniß zu den Aposteln ein, als die Ebjoniten im engern Sinne. Weil jedoch dieser engere Gebrauch des Namens aus unverwerflichen Gründen herkömmlich gilt, so eignet sich jene Bezeichnung nicht für die Gesammterscheinung des jüdischen Christenthums. Aber noch weniger richtig wäre es, den Namen auf dies ganze Gebiet anzuwenden, wenn man dabei speciell an diejenigen Merkmale denkt, welche Epiphanius an den von ihm dargestellten Ebjoniten hervorhebt. Denn da diese Merkmale vom Essenismus herrühren, so würde die Uebertragung des Namens auf das jüdische Christenthum überhaupt den Gedanken ausdrücken, daß dasselbe von Anfang an mit den Essenern zusammengehangen habe. Dies vorauszusetzen hat man aber durchaus kein Recht.

In Hinsicht auf die anderen möglichen Namen der dem Paulus gegenüberstehenden Richtung hat Schliemann[1]) versucht, feste Gesichtspunkte aufzustellen. Er meint, das Wort „Judenchristenthum" bezeichne nie eine Richtung, sondern nur die Abstammung; unter judenchristlicher Auffassung will er diejenige Darstellung des Christenthumes verstanden wissen, welche durch den frühern jüdischen Standpunkt bedingt sei, aber in keiner das Christenthum wesentlich trübenden Weise. Die letztere werde durch die Ausdrücke „judaisirend, judaistisch" bemerklich gemacht; judaisirendes Christenthum sei die Richtung, welche jüdische Elemente in ungehöriger Weise ins Christenthum übertrage, welche sich zum Beispiel in dem Hirten des Hermas darstelle. Freilich müssen wir nun auch diese Unterscheidung für schief und verfehlt erklären. Ohne noch auf die Frage einzugehen, welches denn das Maaß des Gesunden, Berechtigten, gegenüber dem Trübenden und Ungehörigen in der Nachwirkung jüdischer Anschauung

1) Die Clementinen S. 371.

auf das Christenthum sei, müssen wir, nach Schliemanns Feststellung der Namen, auch den Paulus und den Barnabas als Judenchristen ansehen, und das katholische Christenthum, in welchem sich ein Rückschlag in die alttestamentliche Gesetzesform darstellt, als judaistisches Christenthum betrachten. Andererseits wird es sich fragen, ob wir z. B. die Eschatologie auch in der Form, welche ihr Paulus und der Apokalyptiker verliehen, für judenchristlich oder für judaistisch, für berechtigt oder für ungesund zu halten haben. An diesen Fällen zeigt sich, wie unsicher der Schliemannsche Gesichtspunkt von der berechtigten und unberechtigten Nachwirkung des jüdischen Standpunktes auf das Christenthum ist. Der Fehler liegt aber hier, wie bei den Bestimmungen Schweglers, darin, daß der wesentliche Punkt des Gegensatzes der fraglichen Richtung gegen das paulinische Christenthum nicht ins Auge gefaßt ist, nach dessen thatsächlicher Feststellung die Frage über Recht oder Unrecht einer Einwirkung des Judenthums auf das Christenthum erhoben werden mag.

Der Grundsatz der dem Paulus widerstrebenden Richtung kann nicht schärfer ausgedrückt werden, als in dem Grundsatze, vor dessen Anerkennung der Brief des Barnabas seine Leser als vor dem Inbegriff aller Sünde warnt: Adhuc et rogo vos, tanquam unus ex vobis, omnes amans super animam meam, ut attendatis vobis et non similetis eis, qui peccata sua congerunt, et dicunt: *quia testamentum illorum et nostrum est* (cap. 4). Das heißt: Das Gesetz, welches Gott durch Moses gegeben hat, ist auch das Wesen des Christenthumes. Aus dieser Anschauung gehen nun z. B. solche Sätze hervor, wie folgende: Debet is, qui ex gentibus est, et ex deo habet, ut diligat Iesum, proprii habere propositi, ut credat et Moysi. Et rursus Hebraeus, qui ex deo habet, ut credat Moysi, habere debet et ex proposito suo, ut credat in Iesum [1]. Es braucht wohl nicht weiter nachgewiesen zu werden, worin der Unterschied dieser Ansicht von der des Paulus besteht. Jedoch muß man sich hüten, die in jenen Sätzen ausgedrückte Identität

1) Recogn. Clem. IV, 5; cf. Hom. 8, 6.

des alten und des neuen Testamentes, des Judenthums und des Christenthums zu weit zu fassen, um nicht den Gegensatz gegen Paulus zu verwischen. Nämlich auch Paulus erkennt ja einen Punkt der Identität des neuen Testamentes mit dem alten an, auch Paulus kann von seinem Standpunkte das Christenthum für das wahre Judenthum erklären (Phil. 3, 3), wie dasselbe von der mit ihm rivalisirenden Richtung gegenüber den ungläubigen Juden geschah. Der Unterschied ist aber der, daß Paulus das Christenthum in Kontinuität und Uebereinstimmung mit der göttlichen Verheißung, aber in Gegensatz zu dem mosaischen Gesetze stellt; die ihm entgegengesetzte Ansicht aber die Kontinuität und Uebereinstimmung des Christenthumes mit dem Gesetze behauptet, und die Verheißung lediglich an das gesetzliche Verhalten des Menschen gebunden achtet. Freilich wechselt nun innerhalb dieser Richtung das Urtheil über den Inhalt des Gesetzes, und der Ursprung desselben wird theilweise über Moses zurückverlegt, es wird sich aber zeigen, daß diese Abweichungen den obigen Grundsatz nicht verletzen.

Für diese Richtung nun, welche verschiedene Formen umfaßt, wählen wir die Namen: „Judenchristenthum, judenchristlich"; nicht weil die Anhänger derselben lediglich nationaljüdischer Abstammung waren, denn es müssen sich auch geborene Heiden derselben angeschlossen haben; sondern weil jene Namen am besten die Identität von Judenthum und Christenthum ausdrücken, welche von jener Richtung bezweckt wird. Dagegen müssen wir mit den Bezeichnungen „Judaismus, judaistisch" u. dgl. einen über den eben geschilderten Parteigegensatz hinausgreifenden Sinn verbinden. Auch in der Lehre des Paulus, in den Anschauungen des Katholicismus ist viel Judaistisches. Es ist nur keine große Weisheit, diese Bezeichnung in den einzelnen Fällen anzuwenden; und einen wissenschaftlichen Werth hat dies Verfahren nicht, weil die Hauptfäden der christlichen Entwickelung in den ersten Jahrhunderten auch beim größten Schein von Judaismus, von Abhängigkeit vom Judenthum, ganz anderer Natur sind. Deßhalb bleibt als die passendste Bezeichnung des Christenthums, welches durch die Rücksicht auf die jüdische Nationalität und Sitte bedingt ist, so daß darunter auch die Species des Judenchristenthums befaßt wird, der Titel „jüdisches Christenthum, jüdische Christen" übrig.

I. Das jüdische Christenthum in dem apostolischen Zeitalter.

Der Punkt, auf welchem sich die Forschungen über das Urchristenthum am meisten verwickelt haben, ist die Frage nach dem Maaße der Uebereinstimmung und der Solidarität der Urapostel mit den Judenchristen. Zu deren Lösung bieten sich drei Gruppen von Quellen dar, die Schriften im neutestamentlichen Kanon, welche die Namen der Häupter der Gemeinde zu Jerusalem tragen, von welchen namentlich der Brief des Jakobus, der erste Brief des Petrus, die Apokalypse des Johannes in Betracht kommen; dann die Berichte der Apostelgeschichte und des Paulus über das Verhalten jener Apostel zu den Streitigkeiten zwischen Juden- und Heidenchristen; endlich die patristischen Ueberlieferungen über die Lebensweise und die Attribute jener Apostel. Während diese letzteren die Apostel mit solchen Farben schildern, welche sie als Vorgänger und Urheber der ebjonitischen Richtung erkennen lassen, stellen die Briefe des Jakobus und Petrus nichts weniger als das oben bezeichnete Princip des Judenchristenthums dar. Dagegen ist nun wieder die Eigenthümlichkeit der Apokalypse und der Berichte im Galaterbrief und in der Apostelgeschichte nicht von so ausgesprochener Klarheit, daß nicht hierüber je nach den verschiedenen Gesichtspunkten Streit entstanden wäre. Wenn es sich nun aber fragt, welcher Ausgangspunkt der Untersuchung der wahren kritischen Methode entspricht, so kann die Wahl zwischen den kanonischen Schriften mit den Apostelnamen und den Ueberlieferungen der Kirchenväter nicht schwer sein. Die protestantische Geschichtschreibung des Urchristenthums kann sich nicht auf patristische Privattraditionen, sondern nur auf kanonische Schriften gründen. Man wende nicht hiegegen ein, daß doch auch die Authentie der Apostelschriften nur durch Ueberlieferung verbürgt sei, und daß die Echtheit des Jakobusbriefes nicht einmal eine gleichmäßige Ueberlieferung für sich habe. Denn die Ueberlieferung der Gemeinden hat mehr geschichtlichen Werth, als die einzelner Lehrer; und es kommt hinzu, daß die beiden Briefe nur unter der Voraussetzung ihrer Echtheit verstanden werden können, während die apokryphische Herkunft der Traditionen über Jakobus, Petrus, Johannes, Matthäus sich mit Bestimmtheit nachweisen läßt. Es ist nicht gelungen, jene für unecht erklärten Briefe als nachapostolische Schriften wirklich zu begreifen, dagegen ist der nachapostolische Ursprung jener Traditionen mit der größtmöglichen Bestimmtheit zu beweisen.

Der Brief des Jakobus, welcher unter allen neutestamentlichen Schriften die nächsten Anklänge an die Reden Jesu enthält, ist gleich weit von der Gedankenbildung des Paulus, wie von den Ansprüchen des Judenchristenthums entfernt. Nur nach einem solchen Maaßstabe, welcher in allen Schriften des N. T. dogmatische Produktion erwartet, konnte der Brief als stroherne Epistel erscheinen. Wenn man ihn, wie er aufgefaßt sein will, als praktische Schrift würdigt, so läßt er seinen Verfasser als charaktervollen, originellen und poetischen Geist erkennen, der die Grundgedanken des Christenthums unverkürzt sich angeeignet hat, und dieselben in der höchsten sittlichen Energie geltend macht. Man muß aber auch nicht mit dem Maaßstabe der paulinischen Lehre an das Verständniß des Briefes gehen, und nicht voreilig dem Scheine folgen, als polemisire Jakobus gegen den Hauptgrundsatz des Paulus, oder ein Mißverständniß desselben. Denn mit solchen Voraussetzungen verschließt man sich das richtige Verständniß direkt [1]).

---

1) Wenn wir die Echtheit des Briefes voraussetzen, so wird die Analyse seiner Grundgedanken dieselbe gegen die Meinung rechtfertigen, daß der Brief wegen seines zwischen Paulinismus und Judenchristenthum vermittelnden Gepräges spätern Ursprunges sei. Die Unsicherheit der kirchlichen Tradition über den Brief kann die inneren Gründe für die Echtheit nicht aufwiegen. Daß die Schrift des hochangesehenen Vorstehers der Gemeinde zu Jerusalem nicht früh und allgemein bekannt ist, erklart sich aus dem Verhältnisse der Empfänger des Briefes zu den uns zugänglichen Kreisen kirchlicher Tradition. Zeugnisse darüber, daß die jüdischen Christen in der Zerstreuung diesen Brief empfangen haben, wird man von vornherein weder von heidenchristlichen Schriftstellern, noch von den essenischen Judenchristen erwarten, welche später zum Christenthume übergegangen sind, als der Brief geschrieben ist. Dagegen ist es von Wichtigkeit, daß der Brief in der Peschito steht, weil wir die Leser des Briefes

Jakobus stützt seine Anschauung vom christlichen Leben auf die Gnade Gottes, der, wie er Geber alles Guten ist, seinem Willen gemäß uns durch das Wort der Wahrheit geboren hat zu dem Range der vornehmsten Geschöpfe (1, 17. 18). In diesem kurzen Satze sind alle Glieder der Heilsordnung zusammengefaßt, wie sie etwa Paulus im Briefe an die Epheser ausführt. Die zeugende Kraft, welche dem Worte beigelegt wird, entspricht durchaus der von Jesus selbst ausgesprochenen Vorstellung (Mark. 4, 20; Joh. 6, 63), und Jakobus macht dieselbe noch anschaulicher dadurch, daß das von den Hörern aufgenommene Wort, in denselben eingewurzelt, ihnen zur andern Natur geworden sei (ἔμφυτος 1, 21), und deßhalb die Seelen zu retten vermöge, weil es dieselben mit seinen Keimen und Trieben durchdringt und erfüllt. Unter diesem Worte versteht aber Jakobus ein Gesetz. Er stellt das Wort unmittelbar schon als Gegenstand des Thuns hin (1, 22. 23), und bezeichnet es näher als das vollkommene Gesetz der Freiheit (1, 25; 2, 12). Die Vollkommenheit dieses Gesetzes Jesu ist ohne Zweifel ein Merkmal im Vergleiche mit dem Gesetze des Moses, und wenn Jakobus die Liebe des Nächsten als dessen Hauptgrundsatz (νόμος βασιλικός 2, 8) bezeichnet, der die Verbote des Dekaloges unter sich befaßt (2, 11), so folgt er in Beidem nur der von Jesus selbst begründeten Anschauung. Der eigentliche Sinn dieses vollkommenen Gesetzes breitet sich aus in den Geboten der Barmherzigkeit (2, 13; 1, 27; 3, 17), der Milde und Friedfertigkeit (3, 13—18) im Gegensatze gegen Haß und Unfriede; und in der Pflicht der ungetheilten Hingabe an Gott im Gegensatze zur Welt (1, 27; 4, 4). Ermahnungen zur Beobachtung des mosaischen Ceremonialgesetzes sucht man in dem Briefe vergebens. Dies hindert nicht, anzunehmen, daß der Schreiber wie die Leser des Briefes sich an dessen Satzungen gebunden achteten; jedoch folgt aus jener Thatsache, daß Jakobus die Ceremonieen nicht als Element des christlichen Gesetzes angesehen haben kann, was auch im Vergleich mit den Reden Jesu unmöglich ist. Daß er

wohl vorzugsweise in Syrien zu suchen haben, wo zahlreiche Juden lebten, deren Verkehr mit Jerusalem ein sehr enger sein mußte.

den Inhalt der Gnade als Gesetz bestimmt, unterscheidet zwar die Anschauungsweise des Jakobus nicht nur von der des Paulus, sondern auch von der des Petrus, ja von dem Sinne der Reden Jesu selbst; jedoch ist diese Auffassung nicht ohne Vorbild im A. T. Unter den Psalmen sind manche, deren Dichter das Gesetz als Gegenstand ihrer Lust, als das aufheiternde und erfrischende Lebenselement empfinden, als den Stoff, den sie durch die Furcht Gottes, die der Weisheit Anfang ist, in ihr Herz aufgenommen haben (Ps. 1, 2; 18, 23; 19. 8. 9; 37, 30. 31; 40, 9; 111, 10; 112, 1; 119). Die Empfindung des Druckes, der Beschränkung, der Unseligkeit ist an die atomistische Auffassung der vielen einzelnen Gebote gebunden; das Gesetz als Gesammtausdruck der göttlichen Wahrheit und Gerechtigkeit erscheint jenen Dichtern als der Grund ihrer gesteigerten sittlichen Freiheit, als die Nahrung ihrer eigentlichen Persönlichkeit, also als die stetige Erweisung der göttlichen Gnade (Ps. 26, 3). Diese Züge spiegeln sich ab in der Vorstellung des Jakobus von dem vollkommenen Gesetz der Freiheit, welches der Mensch nicht nur im Einzelnen durch die That erfüllen soll, sondern welches er erfüllt, weil er sich darin vertieft hat und darin mit seinem Gemüthsleben verharrt (1, 25), weil es in der Form der Weisheit (3, 13. 15; 1, 5) ihm zum eigensten Besitze, eben zu jenem eingeborenen Keime der Seligkeit geworden ist. Und diese Anschauung hat um so mehr innern Grund und Recht, wenn eben die Liebe als Hauptinhalt des Gesetzes gemeint wird. Die Reproduktion jener Ansicht vom Gesetze darf bei einem Manne nicht Wunder nehmen, welcher mit der Höhe, Klarheit und Energie seiner christlich-sittlichen Richtung doch allein im N. T. den Ton der didaktischen Poesie des A. T. verbindet. Aber ferner ergiebt sich leicht, daß die unbefangene Zusammenschauung des Gesetzes mit der Gnade, welche in der spätern Literatur nicht wiederkehrt, von der durch Paulus vollzogenen Entgegensetzung beider noch nicht berührt gewesen sein kann. Die Anschauung des Jakobus ist, mit den Worten des Paulus (Röm. 7, 10) ausgedrückt, daß das Gebot zum Leben gereiche, und wenn Paulus selbst diese Anschauung als eine in seiner Erfahrung nicht eingetroffene, sondern von derselben beseitigte Erwartung bezeichnet, so werden wir schließen dürfen, daß ein auf sie gegründeter christlicher Gedankenkreis von Paulus nicht abhängig sei. Auch wenn anzunehmen sein sollte, daß Jakobus mit der dem Paulus so persönlich gewordenen entgegengesetzten Anschauung schon bekannt war, so begründet die eben so vollkommene individuelle Wahrheit seiner Gesammtansicht den weitern Schluß, daß ihn die Ansicht des Paulus weder gehemmt noch angeregt hat. Demnach ist endlich nicht einzusehen, daß der Brief des Jakobus mit dieser Grundanschauung die Gegensätze des Paulinismus und des Judenchristenthums versöhnen, oder den von Paulus neu gewonnenen Inhalt dem judenchristlichen Verständniß aneignen wollte [1]). Denn abgesehen von der nachgewiesenen Herkunft derselben, schließt die Unbefangenheit ihrer Fassung jede derartige Reflexion aus, und da Niemand im zweiten Jahrhundert die Grundidee des Jakobus von Gnade und Gesetz reproducirt hat, so eignet sich der Brief nicht zu einem Gliede in der Kette der nachapostolischen Entwickelung der christlichen Anschauung.

Die bezeichnete Ansicht des Jakobus vom Gesetze dient ihm übrigens durchaus nicht zur voreiligen Beruhigung im sittlichen Streben, noch zu einer ästhetischen Geringschätzung der Gesetzesbeobachtung im Einzelnen. Sein Gesichtskreis ist außerdem durch die Erwartung des nahen Gerichtes beherrscht (2, 12. 13; 3, 1; 4, 12; 5, 9; 1, 12), vor welchem der Uebertreter auch nur eines Gebotes als Schuldner des ganzen Gesetzes erscheinen wird.

Durch diese beiden Pole der Anschauung, durch die Darstellung des Gesetzeswortes als Inhalt der speciellen wiedergebärenden Gnade, und durch die Erwartung des Gerichtes über alle einzelnen gesetzlichen Werke wird das eigenthümliche Verhältniß zwischen Glauben und Werken bedingt und erklärt, welches Jakobus aufstellt. Es kann begreiflicherweise ebensowenig mit der paulinischen Formel übereinkommen, wie die Ansicht des Jakobus von Gnade und Gesetz; es darf aber auch ebensowenig

1) Vgl. Schwegler a. a. O. 1. Th. S. 444. Baur a. a. O. S. 96.

wie diese als bewußter Gegensatz gegen Paulus aufgefaßt werden. Nur indem man auf diese Voraussetzung verzichtet, wird man alle die Verwickelungen abschneiden können, welche daraus für das Verständniß der christlichen Urgeschichte hervorgegangen sind [1]).

Der Glaube an Jesus Christus, den Herrn der Herrlichkeit, gilt dem Jakobus als Bezeichnung des allgemeinen religiösen Zustandes, in welchem er und seine Leser begriffen sind (2, 1. 5); und es bedarf wohl nur einer beiläufigen Hinweisung darauf, daß der Bruder Jesu jenes Prädikat des erhöhten Meisters nur ebenso wie Paulus im Sinne der vollen Gottheit meint (Phil. 2, 9—11; Röm. 9, 5). Aber Jakobus giebt in dem Briefe keine nähere Auskunft über die Beziehung des Glaubens auf diesen seinen Gegenstand. Dagegen sondern sich seine Aussagen über den Glauben in zwei Gruppen, welche der Doppelseitigkeit der göttlichen Gnade entsprechen. Sofern Gott als Geber aller guten und vollkommenen Gaben aufgefaßt wird, ist der Glaube das zweifellose Vertrauen auf Gott, welches sich namentlich im Gebete äußert (1, 5—8; 5, 15). Sofern die Gnade sich speciell in der Mittheilung des vollkommenen Gesetzes durch Christus erwiesen hat, ist der Glaube der Glaubensgehorsam, der seinen konkreten Inhalt an den auf das Gesetz bezogenen Werken hat. In diesem Sinne meint es Jakobus, daß der Glaube ohne die Werke todt sei, wie der Leib ohne die Seele todt ist (3, 26). Diese beiden Bedeutungen fallen übrigens nicht aus einander. Denn die Weisheit, um welche Jakobus in zweifellosem Vertrauen beten lehrt (1, 5. 6), weil sie von oben kommen muß, und weil der Mensch sie nicht selbst sich geben kann (3, 15. 17), ist eben die Fertigkeit des Glaubensgehorsams, oder die Durchdringung des Willens mit dem Gesetze. Also der Glaube geht nicht auf in der Reihe der einzelnen empirischen Werke, als wenn dieselben reines Eigenthum des Menschen wären; sondern der Glaube, der die Werke umfaßt, verbürgt es, daß die Fertig-

1) Vgl. Weiß, Paulus und Jakobus. In Schneiders Deutscher Zeitschrift rc. 1854. Nr. 51. 52.

keit zur Erfüllung des Gesetzes die wahre von Gott gegebene Weisheit ist. Andererseits ist aber der Glaube ohne Werke todt und nichtig (2, 17. 20), nicht nur, weil der Glaube in den Werken erscheint (2, 18), sondern weil die dem Gesetze entsprechenden Werke der subjektive Stoff des Glaubens sind.

Dem Satze, daß der Glaube ohne Werke nichtig ist, würde Paulus zustimmen, nicht dagegen dem, daß sich die Werke zum Glauben verhalten wie die Seele zum Leibe. Denn Paulus beschränkt den Begriff der Gnade, auf welche sich der Glaube bezieht, auf die Verheißung und ihre Erfüllung in Christi Tod und Auferstehung, und denkt die Werke als Folge des in jenem Inhalte vollendeten Glaubens. Ungeachtet dieses begrifflichen Unterschiedes läßt aber auch Paulus die Werke aus dem im Gläubigen innerlich gesetzten Gesetze der Liebe hervorgehen.

Die Polemik des Jakobus kann nun nicht gegen die Lehre des Paulus oder gegen ein Mißverständniß derselben gerichtet sein. Die Leser des Briefes, jüdische Christen, welche noch im Synagogalverbande stehen (2, 1—7), lassen nicht auf Einwirkung des Paulus schließen. Und der Gebrauch, welchen Jakobus von dem den Abraham betreffenden alttestamentlichen Hauptargumente des Paulus für seine Lehre macht (2, 21—24), ist so unbefangen, daß Jakobus eine andere, geschweige die entgegengesetzte Erklärung des Paulus unmöglich vorausgesetzt haben kann. Es ist auch ganz verkehrt, wenn man den von Jakobus bekämpften werklosen Glauben in irgend einer bestimmten Parteibildung meint suchen zu müssen. Vielmehr ist das lieblose Verhalten gegen die Armen (2, 15. 16), an welchem Jakobus den werklosen Glauben anschaulich macht, eine Erscheinung unter den Christen, die ebenso leicht zu verstehen ist, wie das von Christus gerügte werklose Bekennen (Matth. 7, 21–23). Die Belehrung nun, welche Jakobus jenen werklos Glaubenden ertheilt (2, 19—24), führt freilich noch zu einer Formel, welche von der bisher besprochenen Ansicht abweicht, nämlich, daß der Glaube zu den Werken mithilft, und daß der Glaube durch die Werke vollendet wird (2, 22). Diese Formel empfängt aber ihr Verständniß aus der Art, in welcher Jakobus die Belehrung anlegt. Er führt den von ihm zu bekämpfenden Glauben in dem Bekenntniß der Einheit Gottes ein (2, 19). Anstatt nun diesen auch den Dämonen möglichen Glauben als völlig falschen abzuweisen, weil ihm ja das sittliche und eigentlich religiöse Element des Vertrauens mangelt, läßt er ihn, der Verständigung wegen, als unvollkommene Form, als Anfang des Glaubens gelten, und beweist nun an Abraham, daß dessen Glaube nur mit Einschluß des an Isaak bewiesenen Gehorsams die Rechtfertigung erworben habe. Aber die getrennte Beurtheilung von Glauben und Werken, in welcher der Glaube als Unterstützung der Werke, oder als Anfang erscheint, der seine Vollendung durch die Werke erfährt, ist eben gar nicht die dem Jakobus natürliche Betrachtungsweise, sondern er ist nur wegen des Gegners auf sie eingegangen. Die bloße Addition von Glaube und Werke, welche er in der polemischen Situation ausspricht (2, 24), ist weit unter seinem eigentlichen Sinne, der vielmehr auf eine organische Identität gerichtet ist, wenn auch dieselbe noch nicht den Ausdruck ihrer klaren Gliederung erreicht hat. Indem das katholische Dogma hauptsächlich auf jene Formel sich stützt, kann es sich nicht schmeicheln, dem vollen Sinne des Jakobus zu entsprechen.

Der Brief des Jakobus ist kein Dokument des Judenchristenthums; da er das vollkommene Gesetz der Freiheit im Gegensatz zu dem mosaischen Gesetze meint. Er ist hierin den Reden Christi treu; aber er hat doch nicht die Gedankenreihe, in welcher Christus die Vervollkommnung des Gesetzes mit der Verkündigung des Gottesreiches verband, einfach reproducirt, sondern er schließt das Glauben weckende und beseligende Wort Christi und sein vollkommenes Gesetz in Einem Gedanken zusammen. Hierin liegt das alttestamentliche Gepräge des Briefs, dessen Grund wir oben erklärt haben. Wir sprechen nicht von einem judaistischen Gepräge des Briefs. Denn der Sprachgebrauch, welcher das Epigonenthum seit Esra als Judaismus von der klassischen Zeit der alttestamentlichen Religion unterscheidet, ist durchaus berechtigt. Der Jakobusbrief berührt sich aber nicht, wie z. B. die Ansicht Cyprians, mit Mustern jener spätern Epoche. Auch müßte jenes Urtheil so verstanden werden, als wenn der christliche Charakter der Anschauung des Jakobus nicht normal wäre. Wir finden aber, daß die Anlehnung des Jakobus an die didaktische Poesie des A. T. die Reinheit und die individuelle Originalität seiner christlichen Ansicht nicht beeinträchtigt hat; deßhalb weil innerhalb des A. T. Nichts der „christlichen Freiheit" näher steht, als die Schätzung des Gesetzes in jenen Psalmen. Einer christlichen Partei hat jedoch Jakobus mit seiner Idee vom Gesetze und Glauben nicht die Losung gegeben, weil dieselbe hinter der dialektischen Klarheit zurückbleibt, welche zur dogmatischen Parteibildung nöthig ist. Das katholische Dogma ist von anderem Ausgangspunkte auf die Formel von dem Glauben und den Werken zurückgekommen, welche Jakobus als polemisches Mittel zwar ausspricht, welche aber weit entfernt ist, seine ganze Meinung auszudrücken.

Der erste Brief des Petrus hat in der letzten Zeit die Ungunst mancher Kritiker erfahren, welche mit der Voraussetzung, daß ein Apostel in eigenthümlicher Weise dogmatisch produktiv sein müsse, an ihn herantraten [1]), diese Erwartung nicht befriedigt fanden, und demnach an der Echtheit des Briefes zweifeln zu müssen glaubten. Dieser Maaßstab ist aber so wenig historisch-kritisch, als er ein unwillkürlicher Rest der alten Ansprüche der Orthodoxie an die Schrift ist, daß sie zunächst oder ausschließlich dem Bedürfnisse dogmatischer Erkenntniß diene. Die Zeugnisse der evangelischen Geschichte über den Charakter des Petrus lassen gar nicht erwarten, daß er sich in der Lehrbildung ausgezeichnet haben werde. Nichts desto weniger beruht es auf unzureichender Beobachtung, wenn man die Lehrart des ersten Briefes des Petrus paulinisch gefunden hat. Vielmehr trägt derselbe gerade in den Punkten, die wir zu beachten haben, das Gepräge durchaus eigenthümlicher, individueller Auffassung, welche direkt weder im apostolischen noch im nachapostolischen Zeitalter wieder vorkommt. Die vielfachen Berührungen mit dem Gedankenkreise des Paulus dagegen sind entweder nur scheinbar, oder beziehen sich auf allgemein christliche Ideen. Da end-

1) De Wette, Einleitung ins N. T. 5. Aufl. S. 350. Schwegler Nachapostol. Zeitalter 2. Th. S. 6.

lich der Brief das Zeugniß des ganzen christlichen Alterthums vom zweiten Briefe Petri abwärts für sich hat, und die inneren Gründe, mit denen seine Authentie verdächtigt worden ist, nicht stichhaltig sind, so wäre es sehr unkritisch, wenn man denselben nicht als echtes Dokument der christlichen Ansicht des Petrus gebrauchen wollte. Und an dem richtig erwogenen Standpunkte des Briefes hat man die sicherste Gewähr seiner apostolischen Ursprünglichkeit [1]).

Ungeachtet des paränetischen Zweckes, welchen Petrus in dem Briefe, ebenso wie Jakobus in dem seinigen verfolgt, giebt Petrus viel mehr als dieser Andeutungen über die Bedeutung der Person und der Schicksale Jesu. Christus, der durch seine vorweltliche Prädestination (1, 20) und durch den Besitz des heiligen Geistes (3, 18) ausgezeichnet ist, dessen Werk schon durch seinen Geist in den Propheten vorherverkündigt worden ist (1, 10—12), hat durch seinen Tod, den er als Gerechter für die Ungerechten litt (3, 18), die Menschen aus der Macht der Sünde losgekauft (1, 17. 18), um sie Gott zuzuführen (3, 18), oder, nach einem andern Bilde, deren auf sich genommene Sünden in seinem Tode vernichtet (2, 24). Durch seine Auferstehung (1, 3), und durch deren von den Aposteln vermittelte Kunde (1, 23—25) hat Gott seiner Barmherzigkeit gemäß die Christen wiedergeboren zu der Hoffnung auf das im Himmel bereit gehaltene Heil, oder das Erbe (1, 3. 4. 9. 10; 2, 2), welches Christus in seiner bevorstehenden Offenbarung vom Himmel herabbringen wird (1, 5. 13). In dieser Hoffnung, deren gegenwärtige Gewißheit (1, 5. 7—9. 21) in dem als Gehorsam gegen Christus aufgefaßten Glauben (1, 2. 14. 22) dargestellt ist, sind die Christen neue Geschöpfe (1, 3. 23; 2, 2), sind sie in die priesterliche Stellung zu Gott, welche dem Volke des A. T. verheißen war, eingetreten, (2, 5. 9), sind sie innerlich durch den unvergänglichen Geist Gottes beseelt (3, 4; 4, 14). Andererseits stehen sie unter der Erwartung des Gerichtes über das Werk eines Jeden (1, 17. vgl. 4, 5. 15—17) und deßhalb in der Furcht vor Gott (1, 17; 2, 17; 3, 2. 15). Im Verhältniß zum Gericht

1) Vgl. überhaupt Weiß, Der petrinische Lehrbegriff. Berlin 1855.

kommt es darauf an, daß sie in vollkommener Weise auf das zukünftige Heil hoffen (1, 13). Dazu gehört, daß sie gemäß dem in der Taufe gewonnenen guten Gewissen gegen Gott (3, 16. 21) die früher befolgten, mit Irrthum und Finsterniß begleiteten fleischlichen und seelenfeindlichen Lüste aufgeben (1, 14; 2, 11; 4, 2. 3), und dem Willen Gottes folgen (4, 2), guten Wandel führen (1, 15; 2, 12; 3, 2. 16), kurz in dem Thun des Guten ihre Seelen auf Gott richten. Der gute Wandel besteht den Brüdern gegenüber in der Erweisung der Liebe (1, 22; 2, 17; 3, 8; 4, 8), den Heiden gegenüber in der Aufrechthaltung der sittlichen Ehre (2, 12. 17; 3, 16) und in der Duldung des Unrechtes (3, 9. 14; 4, 16). Die Gerechtigkeit, welche sich der Christ durch den guten Wandel erwirbt (2, 24; 3, 14), wird zwar Mühe haben, vor dem Gericht als zureichend zu gelten (4, 18); jedoch die Sünden, welche die Christen noch begehen, erfahren in den Leiden um Christi willen schon gegenwärtig ihr Gericht (4, 17). Dieselben sind einerseits die Strafe für Vergehungen der Christen, andererseits haben sie den Werth, wie alle Leiden des Leibes, die Macht der Sünde völlig zu brechen (4, 1), und die Kraft der christlichen Hoffnung zu läutern und zu stärken (1, 7); speciell aber verbürgen sie, weil wegen Christus verhängt, als Gemeinschaft der Leiden Christi selbst, auch die Erreichung des Zieles der Hoffnung, das herrliche Heil (4, 13).

Dieser Gedankenkreis unterscheidet sich von dem des Paulus durch die ausschließliche Herrschaft des eschatologischen Elementes, welches zwar auch den Grundriß der Lehre des Paulus bildet, und namentlich seine Paränese sehr wesentlich bedingt, welchem aber gerade sein eigenthümlichster Lehrpunkt, die organische Beziehung zwischen dem Tode Christi und dem Glauben das Gegengewicht leistet. Bei Petrus dagegen ist der Glaube, als die Gewißheit der Hoffnung und der gute Wandel ausschließlich eschatologisch gerichtet. Da nun die Anschauung aller Apostel vom Heile (mit Ausnahme des Johannes in den Briefen) ursprünglich eschatologisch normirt ist, da alle ihre Begriffe vom Reiche Gottes, vom Heile, vom Erbe, vom ewigen Leben, auch von der Gerechtigkeit ursprünglich in die Zukunft weisen (s. o. S. 57), und erst Paulus mit seinem Begriffe von der Glaubensgerechtigkeit eine auf die Gegenwart bezogene Heilsanschauung ausprägt, so trägt der Gedankenkreis des Petrus den Stempel der Ursprünglichkeit und innerlichen Unabhängigkeit von Paulus, — mag auch der Brief einer spätern Epoche angehören, und, was wir übrigens nicht behaupten, die Anlehnung an paulinische Briefe verrathen. Namentlich aber ist das Verhältniß zwischen Hoffnung und gutem Wandel von Petrus ganz eigenthümlich bestimmt worden. Er denkt die Werke nicht als Folge des Glaubens, wie Paulus; auch nicht als konkreten Stoff des Glaubens wie Jakobus; sondern der gute Wandel, der Gehorsam gegen die Wahrheit, die in den Werken bestehende Gerechtigkeit gilt ihm als Probe für die Sicherheit und Zuverlässigkeit des Glaubens, der wesentlich auf die Auferstehung Christi gegründet, und auf das zukünftige Heil als Hoffnung gerichtet ist. Verdienstlichkeit der Werke gegen Gott ist hiemit ebenso bestimmt ausgeschlossen, wie in der paulinischen Lehre; denn zunächst gilt diese Probe für das Bewußtsein des Gläubigen selbst; das göttliche Gericht dient nur dazu, an den Werken die Vollkommenheit der Hoffnung zu erweisen, und nur die Hoffnung erwirbt das Heil.

Wenn man nun fragt, wie Petrus die Norm des guten Wandels gemeint hat, so fehlt in dem Briefe mit jeder Beziehung auf das mosaische Gesetz auch jede direkte Hinweisung auf Willenserklärungen Christi, wie sie doch der Brief des Jakobus darbietet. Zwar die Hervorhebung der Liebe gegen die Brüder weist deutlich genug auf den obersten Grundsatz Christi selbst zurück, jedoch die Form der Wahrheit, gegen welche die Leser gehorsam sein (1, 22), und die Anschauung des Willens Gottes, dem gemäß sie leben sollen (4, 2) ist in fließender Unbestimmtheit gehalten. Judenchristliche Zumuthungen macht Petrus seinen heidenchristlichen (1, 14. 18; 2, 9. 10; 3, 6; 4, 3), im Missionsgebiete des Paulus lebenden Lesern nicht; sondern er überträgt auf sie die Ehrenprädikate des alten Bundesvolkes (2, 9), ohne daß die Beobachtung des mosaischen Gesetzes bei ihnen vorauszusetzen wäre. Denn überhaupt paßt die unbedingte Anerkennung und Werthschätzung des mosaischen Gesetzes ebensowenig zu der Idee der in der christlichen Offenbarung vollzogenen Neugeburt, welche Jakobus und Petrus vertreten, als sie von Christus in die Idee des neuen Bundes eingeschlossen ist.

Unter allen Schriften des N. T. trägt die Apokalypse des Johannes am meisten judaistische Färbung, weil die apokalyptische Literatur überhaupt erst in der Epoche des Judaismus entstanden ist. Aber darum ist die Schrift nicht judenchristlich. Freilich in direkter Weise läßt sich dies nicht ausmitteln, weil nicht einmal der Name des Gesetzes, geschweige das Problem seiner Beobachtung durch die Christen in der bilderreichen Weissagung seine Stelle findet. Der Chiliasmus ist eine judaistische Anschauung, schließt aber nicht nothwendig den judenchristlichen Grundsatz in sich. Man meint nun freilich, daß der Seher, welcher nur zwölf Apostel als Grundsteine des neuen Jerusalems kennt (21, 14) auf diese Weise den Apostel Paulus indirekt ausschließe, und nur dem Interesse der judenchristlichen Partei ergeben sein könne. Aber mindestens ist das ein zweideutiger Grund. Denn Zwölf ist die runde symbolische Zahl, welche allein zu der auf die israelitischen Stämme begründeten Typik paßte, und welche so konventionell feststand, daß auch Paulus von zwölf Jüngern schreibt (1 Kor. 15, 5), wo sachgemäß nur elf betheiligt waren. Die Argumente für den judenchristlichen Standpunkt des Sehers sind also durchaus unzuverlässig. Dagegen folgt Johannes zwei allen Aposteln gemeinsamen Ideen, welche ihrer Natur nach von den Judenchristen nicht angeeignet werden konnten. Er erkennt einmal die volle Gottheit [1]) des erhöhten

---

1) Unterschieden von dem Gottesnamen des erhöhten Christus, den Niemand weiß als er selbst (19, 12. vgl. 2, 17; 3, 12; 14, 1), den er bei seiner Wiedererscheinung an der Hüfte geschrieben trägt (19, 12. 16), ist der Name, bei welchem er dann genannt werden wird, ὁ λόγος τοῦ θεοῦ (19, 13) Derselbe darf also nicht als Umschreibung des Gottesnamens, als die Paraphrase „Meinra di Jehova“ verstanden werden; er findet auch nicht seine Erklärung durch die Beziehung auf V. 9, so daß Christus der Inbegriff der göttlichen Verheißungen wäre (Hofmann, Schriftbeweis 1. Th. S. 106); sondern er deutet auf Christi richterliche Funktion (V. 11), welche er nicht blos anstatt Gottes, sondern welche Gott selbst durch ihn ausüben wird. Derselbe Name in demselben Sinne ist gemäß einer nahe liegenden Kombination in dem Prädikate ἡ ἀρχὴ τῆς κτίσεως τοῦ θεοῦ (3, 14) angedeutet, wo es sich auch handelt

Christus an (1, 17; 2, 8; 19, 16; 22, 13) wie Paulus (Phil. 2, 9; Röm. 9, 5; Tit. 2, 13) und Jakobus (2, 1); an welche Idee die judenchristlichen Vorstellungen von der Präexistenz und höhern Natur Jesu als Urmensch und Erzengel nicht hinanreichen. Dann aber bekundet die Auffassung Christi als des Passahlammes, daß der Apokalyptiker das Werk des Herrn nur als neuen Bund unter Abrogation des alten verstanden hat. Die stehende Bezeichnung Christi als des geschlachteten Lammes (5, 6; 7, 14; 12, 11; 13, 8 u. oft), welches durch seinen Tod die Gläubigen von der Macht der Sünde losgekauft und sie gereinigt hat (5, 9; 7, 14; 14, 3), wird nicht mit Recht meistens auf den jesaianischen Typus des wie ein Lamm sanftmüthigen Knechtes Gottes zurückgeführt. Allerdings wird die Aussage des Jesaias (53, 7) im N. T. (Act. 8, 32. 33; 1 Petr. 2, 24) auf Christus bezogen; aber daß das bei Jesaias beiläufige Bild des sanftmüthigen Lammes jene johanneische Bezeichnung hervorgerufen habe, ist mehr als unwahrscheinlich. Einmal paßt dazu nicht die johanneische Vorstellung vom Zorne des Lammes (6, 16). Dann aber leitet die allgemein apostolische Vorstellung, daß Christus als das (wahre) Passahlamm gestorben sei, welche von Paulus (1 Kor. 5, 7), von Petrus (1 Br. 1, 19 *ἀμνὸς ἄμωμος* vgl. Exod. 12, 5), ja von Johannes selbst im Evangelium (19, 36 vgl. Exod. 12, 46) vertreten ist, bestimmt darauf hin, daß auch in der Apokalypse dieser Typus herrscht. Dazu kommt, daß die altchristliche Literatur die Geltung dieses Typus in dem Maaße bezeugt, daß das jesaianische Bild vom sanftmüthigen Lamme erst durch Vermittelung der Idee des Passahlammes auf Christus angewendet wird[1]). Und endlich sollte man doch, wenn

---

um die Hinweisung auf Christi Auftreten als Richter. Dieses ist der Ausgangspunkt der johanneischen Auffassung Christi als des Wortes Gottes.

1) Zur Erläuterung dienen folgende Stellen der Test. XII Patr. Test. Ioseph. 19: *Εἶδον, ὅτι ἐκ τοῦ Ἰούδα ἐγεννήθη παρθένος, — καὶ ἐξ αὐτῆς προῆλθεν ἀμνὸς ἄμωμος. — Ἐκ τοῦ Ἰούδα καὶ Λευὶ ἀνατελεῖ ὑμῖν ὁ ἀμνὸς τοῦ θεοῦ, χάριτι σώζων πάντα τὰ ἔθνη καὶ τὸν Ἰσραήλ.* Test. Benjamin 3: *Πληρωθήσεται ἐπὶ σοὶ προφητεία οὐρανοῦ περὶ τοῦ ἀμνοῦ τοῦ θεοῦ καὶ σωτῆρος τοῦ κόσμου, ὅτι ἄμωμος ὑπὲρ ἀνόμων παραδοθήσεται καὶ ἀναμάρτητος ὑπὲρ ἀσεβῶν ἀποθανεῖται, ἐν αἵματι διαθήκης ἐπὶ σωτηρίᾳ Ἰσραὴλ καὶ τῶν ἐθνῶν.* — Iustini Dial. cap. 111:

alle diese neutestamentlichen Stellen auf den jesaianischen Typus zurückgingen, erwarten, daß auch das jesaianische Wort πρόβατον und nicht ἀμνός und ἀρνίον gebraucht würden, welche dem Sprachgebrauche des Opferrituals angehören. Die Anerkennung Christi als Passahlamm schließt aber die Vorstellung von dem neuen Bunde und die Abrogation des alten in sich, während das Judenchristenthum das Werk Christi auf die Herstellung und Befestigung des alten Bundes deutet. Freilich fällt es auf, daß der Seher in Beziehung auf den Tempel der Vorhersagung Christi (Mark. 13, 2), daß er von Grund aus zerstört werden würde, nicht folgt, sondern daß er, abgesehen von der Verunreinigung des Vorhofes durch die Heiden, das Bestehen des Tempels für die Zeit der irdischen Herrschaft Christi vorbehält (11, 1. 2). Indessen darf man wegen der übrigen Charakterzüge der Apokalypse diesen Umstand nicht im Sinne unbedingter Ergebenheit an das Judenthum auffassen; er paßt aber zu der bedingten Werthschätzung der national-religiösen Institute, welche wir demnächst bei den Aposteln wahrnehmen und zu verstehen versuchen.

Zur Bestimmung des von dem Apostel Johannes eingenommenen christlichen Standpunktes ist neuerdings mehrfach eine Lokaltradition geltend gemacht worden, welche wir hier nicht unbeachtet lassen dürfen. In dem Streite über den Zeitpunkt der christlichen Passahfeier, der gegen das Ende des zweiten Jahrhunderts zwischen den Kirchen von Rom und von Kleinasien geführt wurde, beruft sich der Bischof Polykrates von Ephesus[1]) für die in Kleinasien heimische Festsitte auf den Johannes, welcher an der Brust des Herrn gelegen, welcher Priester gewesen sei,

---

Ἦν γὰρ τὸ πάσχα ὁ Χριστὸς ὁ τυθεὶς ὕστερον, ὡς Ἡσαΐας ἔφη· αὐτὸς ὡς πρόβατον ἐπὶ σφαγὴν ἤχθη. Kap. 72 führt Justin erst einen vorgeblichen Ausspruch des Esra an: Τοῦτο τὸ πάσχα ὁ σωτὴρ ἡμῶν καὶ ἡ καταφυγὴ ἡμῶν, dann Jerem. 11, 19: ἐγὼ ὡς ἀρνίον ἄκακον, φερόμενον τοῦ θύεσθαι, und fährt dann fort: καὶ ἐκ τούτων τῶν λόγων ἀποδείκνυται, ὅτι ἐβουλεύσαντο Ἰουδαῖοι περὶ αὐτοῦ τοῦ Χριστοῦ, ἀναιρεῖν αὐτὸν σταυρώσαντες βουλευσάμενοι, καὶ αὐτὸς μηνύεται ὡς καὶ διὰ τοῦ Ἡσαΐου προεφητεύθη, ὡς πρόβατον ἐπὶ σφαγὴν ἀγόμενος, καὶ ἐνθάδε ὡς ἀρνίον ἄκακον δηλοῦται. Ebenso Clemens Alex. in einem Fragment im Chron. paschale (ed. Dindorf p. 14): ὁ κύριος αὐτὸς ὢν τὸ πάσχα, ὁ ἀμνὸς τοῦ θεοῦ, ὡς πρόβατον ἐπὶ σφαγὴν ἀγόμενος.

1) Bei Euseb. H. E. V. 24.

welcher die Stirnbinde getragen habe, welcher Zeuge und Lehrer sei. Die kleinasiatische Passahfeier war nach dem Zeitpunkte der jüdischen auf den vierzehnten Nisan normirt, und deßhalb wird ihr judenchristliches Gepräge zugeschrieben [1]). Ueber den Sinn dieser Passahfeier schwebt aber wiederum der Streit. Einerseits wird geltend gemacht, daß die Kleinasiaten der Chronologie des Matthäus folgend am 14. Nisan die Erinnerung an das von Jesus gefeierte jüdische Passah und an das zugleich eingesetzte Abendmahl begangen haben; und sofern der Apostel Johannes als Auktorität dieses Ritus angeführt wird, wird auf die Unechtheit des seinen Namen führenden Evangeliums geschlossen, in welchem das letzte Mahl Jesu am 13. Nisan nicht als Passahfeier, vielmehr sein Tod am 14. Nisan als das vollkommene Passahopfer dargestellt wird [2]). Dagegen behauptet Weitzel, daß auch die kleinasiatische Passahfeier auf diesen johanneischen Gedanken begründet sei, und daß sie an den 14. Nisan nur deßhalb geknüpft sei, weil dieser Tag durch den Tod des wahren Passahlammes geweiht worden sei [3]). Was nun die Bedeutung der Sache für den christlichen Standpunkt des Johannes betrifft, so würde der von Baur gegen die Echtheit des Evangeliums gezogene Schluß ebenso auch auf die Apokalypse Anwendung finden, deren Verfasser, wie wir gesehen haben, und wie wir trotz Baurs Einwendungen [4]) festhalten müssen, Christus recht eigentlich als das wahre Passahlamm bezeichnet. Jedoch hat man Ursache, die Angabe des Polykrates über Johannes nicht zu überschätzen. Baurs Meinung, daß die Feierlichkeit, in welcher sich der Bischof auf den Vorgang des Johannes beruft, keine Einrede gegen die geschichtliche Glaubwürdigkeit seines Zeugnisses gestatte [5]), schließt den Glauben an die apostolische Einsetzung

1) Z. B. von Hilgenfeld in den Theol. Jahrb. 1849. S. 255. Aber der Vorwurf ist schon alt, indem er seit dem dritten Jahrhundert erhoben wird; vgl. a. a. O. S. 261 ff.

2) Von Baur z. B. in dem Werke über das Christenthum der drei ersten Jahrh. S. 150.

3) Die christliche Passafeier der drei ersten Jahrhunderte. S. 95 ff.

4) A. a. O. S. 140.

5) A. a. O. S. 150. Ebenso Thiersch, Die Kirche im apostol. Zeit-

des christlichen Passah in sich, der doch schwerlich sicher zu begründen ist. Aber wenn man dem Polykrates in diesem Punkte folgt, so muß man auch in den Kauf nehmen, daß Johannes die Stirnbinde des jüdischen Hohenpriesters getragen habe. Die Gemeinschaft dieser Tradition mit der Angabe über die Passahfeier des Johannes setzt nun aber diese in ein sehr bedenkliches Licht. Welches also auch der Sinn der kleinasiatischen Passahfeier sein mag, so ist die damit verknüpfte Angabe des Polykrates über den Apostel Johannes nicht als kritischer Haltpunkt zur Ermittelung der Richtung desselben zu benutzen; namentlich aber ist der für sicher gehaltene Schluß gegen die Authentie des Evangeliums dadurch nicht begründet [1]).

Die Apostel, namentlich Petrus, Johannes und Jakobus der Bruder des Herrn, und die von ihnen gebildete und geleitete Gemeinde zu Jerusalem hielten als geborene Israeliten an der **Beobachtung des mosaischen Gesetzes** fest. Der Besuch des Tempels durch die Apostel wird freilich in der Apostelgeschichte (2, 46; 3, 1; 5, 21. 42) nur in dem Sinne erwähnt, daß sich dort die beste Gelegenheit zum Lehren darbot. Aber wenn

---

alter S. 293 ff. Derselbe giebt fälschlich an, daß man sich in Rom auf Petrus und Paulus als Begründer der dortigen Festsitte berufen habe.

1) Wie unzuverlässig alle diese episkopalen Traditionen über die Apostel sind, ist in dem vorliegenden Falle noch weiter anschaulich zu machen. Zu seinen Auktoritäten zählt Polykrates *Φίλιππον τὸν τῶν δώδεκα ἀποστόλων, ὃς κεκοίμηται ἐν Ἱεραπόλει, καὶ δύο γεγηρακυῖαι παρθένοι· καὶ ἡ ἑτέρα αὐτοῦ θυγάτηρ ἐν ἁγίῳ πνεύματι πολιτευσαμένη ἐν Ἐφέσῳ ἀναπαύεται.* Wenn man hiemit Act. 21, 8. 9 vergleicht, daß der jerusalemische Gemeindebeamte Philippus, den Paulus zu Cäsarea fand, 4 prophetische Töchter hatte, so dürfte der kritische Verdacht nicht zu beschwichtigen sein, daß Polykrates, oder die ihn leitende Tradition eine Verwechselung gleichnamiger Personen begangen habe. Was ferner P. außer den beiden beanstandeten Daten noch von Johannes weiß, ist kaum anderswoher als aus dessen Schriften geschöpft; das Prädikat *ὁ ἐπὶ τὸ στῆθος τοῦ κυρίου ἀναπεσών* aus dem Evangelium; das Prädikat *μάρτυς* scheint auf Apok. 1, 2. vielleicht mit der bekannten unrichtigen Deutung zurückzuweisen; und endlich muß ich vermuthen, daß *διδάσκαλος* dem ersten Briefe gilt. — Ich gestehe überhaupt, daß wenn Aussagen neutestamentlicher Schriftsteller und patristische Angaben über Apostel in Konflikt kommen, ich unbedenklich die Glaubwürdigkeit der letzteren in Frage stelle. Die Kirchenväter haben von den Verhältnissen der apostolischen Zeit unglaublich wenig gewußt, und das; was sie wissen, wissen sie meist falsch.

die Gemeinde einen so großen Eifer für das Gesetz bewies (21, 21), so können ihre Vorsteher, die Apostel, in der Treue gegen die bestehende jüdische Sitte nicht zurückgeblieben sein. Und wenn die christliche Gemeinde als jüdische Sekte erschien (24, 5; 28, 22), so muß sie das unverkennbare Gepräge jüdischer Sitte an sich getragen haben. Zwar werden nur vereinzelte Züge von der jüdischen Praxis der Apostel mitgetheilt, daß Petrus den Genuß unreiner Speise verabscheut (10, 14), und daß Jakobus die Uebernahme eines Gelübdes mit den dazu gehörigen Reinigungen und Opfern für unverfänglich hält (21, 24); indessen im Vergleich mit dem Gesammtcharakter der Gemeinde zu Jerusalem deuten dieselben darauf, daß die Apostel kein Bedenken bei der Beobachtung des mosaischen Gesetzes hatten. Dies steht nicht im Widerspruch mit der Art, wie die drei, Petrus, Johannes, Jakobus in ihren Schriften das mosaische Gesetz stillschweigend von dem Kreise der christlichen Pflichten ausschließen. Ohne daß wir auf den Unterschied der Zeit zwischen der Abfassung der Apokalypse und des Briefes Petri, und der Gründung der Gemeinde zu reflektiren, und einen Fortschritt der Apostel über ihre erste Bildungsstufe hinaus anzunehmen brauchen, erklärt sich die Sache aus dem Verhalten Jesu zu der gesetzlichen Praxis. Wenn Jesus ausdrücklich Sabbathsfeier, Reinigungen, Opfer von der Ordnung des Gottesreiches ausschloß, und doch weder für seine Person die jüdische Sitte verließ, noch seine Jünger grundsätzlich derselben entzog (s. o. S. 33), so kann es nicht Wunder nehmen, daß dieselben, ungeachtet ihrer vollen Einsicht in die Neuheit des Bundes, in der Beobachtung des mosaischen Gesetzes fortfuhren. Dazu kommt, daß Jesus die Beschneidung, also ein Privilegium des israelitischen Volkes, auch in Beziehung auf das Gottesreich nicht angetastet hatte. Die Apostel aber konnten ihr angeborenes Vorrecht als Israeliten nur durch die Beobachtung der mosaischen Sitte erhalten. Die Anschauung von Christus als dem wahren Passahlamm und von seinem Tode als dem Opfer des neuen Bundes brauchte ihnen die Theilnahme an Brand- und Dankopfern nicht zu verleiden; und die Gewißheit der durch Christus vermittelten Sündenvergebung brauchte sie nicht zu drängen, sich z. B. der Theilnahme an dem jährlichen Sühneritus zu entziehen, da derselbe überwiegend kultischen Verunreinigungen galt.

Die Schwierigkeit beginnt erst bei der Frage, warum die Urapostel nicht die Heidenmission begonnen haben, und ob sie nicht bei dem Konflikt zwischen den strengen Judenchristen und den Ansprüchen der Heidenchristen die Grundsätze des Judenchristenthums vertreten haben?

Jene erste Frage wird nicht durch die Thatsache beantwortet, daß Petrus den Kornelius und seine Familie (Act. 10) und daß Philippus den äthiopischen Eunuchen (8, 26—40) getauft habe; denn in beiden Fällen wird ein specieller göttlicher Antrieb dazu vorausgesetzt, welcher nicht in dem Grundsatze der Pflicht der Heidenbekehrung festgehalten wurde. Und außerdem kommt in Betracht, daß in beiden Fällen Proselyten des Thores für die christliche Gemeinde gewonnen wurden. Die eigentliche Heidenmission begann, nach der Darstellung der Apostelgeschichte, ohne Zuthun der Apostel durch einige der zersprengten Mitglieder der jerusalemischen Gemeinde (11, 20. 21), und erst nachträglich stellte die Gemeinde zu Jerusalem die heidenchristliche Pflanzung zu Antiochia unter die Obhut des Barnabas, der sich alsbald den Paulus zugesellte, den Hauptvertreter des Rechtes der Heidenmission. Wenn nun auch Petrus (15, 7) die Bekehrung des Kornelius als Beweis der göttlichen Erwählung von Heiden sehr stark betont, so thut er es dem Thatbestand gemäß nicht in dem Sinne, als sei er selbst grundsätzlich auf die Bekehrung der Heiden bedacht gewesen. Und deßhalb bedarf es doch immer noch der Erklärung, warum die Urapostel sich nicht beeilt haben, dem Befehle Christi gemäß (Mark. 16, 15; 13, 10) auch den Heiden das Reich Gottes zu verkündigen, sondern warum sie es dem Zufalle überließen, ob dies Geschäft zur Ausführung käme. Der wahre Grund dieses Verhaltens wird auch den auffallenden Umstand erklären, daß die Apostel trotz ihrer principiellen Gleichgültigkeit gegen das mosaische Gesetz doch nichts dazu gethan zu haben scheinen, den Eifer ihrer jerusalemischen Genossen für dasselbe zu mäßigen. Denn daß sie im Sinne des Judenchristenthums den Eifer für das mosaische Gesetz getheilt hätten, wird außer der

Apostelgeschichte auch durch den Brief des Paulus an die Galater widerlegt. Daß sie aber überhaupt erst durch die Wirksamkeit des Paulus auf den Gedanken gebracht worden wären, daß das Reich Gottes auch den Heiden bestimmt sei, ist im Vergleich mit den Aussprüchen Jesu bei Markus und Matthäus und mit den Aussagen der Propheten des A. T. unglaublich.

Der Streit, an welchem die **Stellung der Urapostel zur Heidenmission und zum Heidenchristenthume** in das Licht treten wird, betraf nicht das Recht und die Möglichkeit des Eintrittes von Heiden in die christliche Gemeinde, sondern nur die Bedingung desselben. Die heidenchristliche Gemeinde zu Antiochia hatte mit der christlichen Taufe nicht die Beobachtung des mosaischen Gesetzes übernommen, sondern lebte nach dem Grundsatze des Paulus frei von demselben. Dagegen verlangten Mitglieder der Gemeinde zu Jerusalem, welche früher der pharisäischen Sekte angehört hatten, daß jene Heidenchristen um der Seligkeit willen sich der Beschneidung und dem ganzen mosaischen Gesetze unterwerfen müßten (Act. 15, 1. 5). Diese Forderung ist Merkmal des eigentlichen Judenchristenthumes. Wenn Christen um der Seligkeit willen die Bedingungen annehmen sollen, unter welchen sich der Bund Gottes mit dem Einen Volke dargestellt hatte, so wird dadurch die Neuheit des Bundes Christi verleugnet; und die eigenthümlichen Bedingungen und Zwecke desselben, wenn sie überhaupt anerkannt werden, werden auf die Bedingungen und den Zweck des alten Bundes reducirt oder denselben untergeordnet. Vom Standpunkte des neuen Bundes selbst kann man diejenigen, welche so den neuen Bund auf den alten reducirten und seine allumfassende Bedeutung mit dem nationalen Zwecke des alten Bundes identificirten, nicht anders, als wie Paulus thut, eingeschlichene falsche Brüder nennen. Die Partei, deren die Apostelgeschichte erwähnt, ist identisch mit den Leuten, welche die Beschneidung des Titus verlangen (Gal. 2, 3. 4), und welche späterhin in den galatischen von Paulus gegründeten Gemeinden nicht jüdischer Abstammung Eingang gefunden, und dieselben für die Beschneidung und für die Beobachtung des übrigen mosaischen Gesetzes gewonnen haben. Diese Ansichten und Tendenzen, die bei dem Ausbruche des Streites nach dem übereinstimmenden Zeugnisse der Apostelgeschichte und des Paulus nur eine kleine Gruppe entschiedener Anhänger in der jerusalemischen Gemeinde besaßen, wurden von den Aposteln, wenigstens den Häuptern, Jakobus, Petrus, Johannes nicht getheilt [1]).

Die Apostelgeschichte erzählt im 15ten Kapitel, daß, nachdem der Streit der strengen Judenchristen mit den Heidenchristen in Antiochia ausgebrochen, und darauf Paulus und Barnabas zur Verständigung mit den Aposteln nach Jerusalem gesandt waren, eine öffentliche Verhandlung über jene Streitfrage vor der ganzen jerusalemischen Gemeinde angesetzt wurde. In dieser Versammlung spricht zuerst Petrus, und erkennt die Erfolge des Christenthums, die außerordentlichen Geistesgaben und die Reinigung des Herzens bei den Heidenchristen an (V. 8. 9); erklärt es deßhalb für eine Versuchung Gottes, dieselben noch auf das Gesetz zu verpflichten, und ihnen damit ein Joch aufzulegen, welches doch Niemand zu tragen vermöge oder vermocht hätte; denn durch das Gesetz werde auch Niemand gerecht, sondern durch die Gnade Gottes würden sowohl die jüdischen Christen, wie die Heidenchristen selig (V. 10. 11). In diesen Worten bekennt sich also Petrus ganz zu den paulinischen Grundsätzen von der Unmöglichkeit der Gesetzeserfüllung, und von der Gerecht- und Seligmachung der Menschen durch die Gnade; und darin stimmt ihm auch Jakobus bei mit Rücksicht auf das Zeugniß, welches die gesammte Prophetie für die Berufung der Heiden ablege. Beide verwerfen demnach die Zumuthung der strengen Judenchristen,

1) Baur a. a. O. S. 50 (vgl. Schwegler Nachap. Zeitalter 1. Th. S. 151) erklärt den Bericht des Paulus im Galaterbrief nicht richtig, wenn er aus demselben entnimmt, daß die älteren Apostel selbst die Gegner des Paulus gewesen seien, welche die Beschneidung des Titus gefordert hätten. Wer kann denn annehmen, daß Paulus mit den *παρείσακτοι ψευδάδελφοι* die Urapostel meine! Die Bezeichnung derselben als *δοκοῦντες στῦλοι εἶναι* ist blos Ironie gegen die galatischen Irrlehrer, welche sich fälschlich auf die Auktorität der Apostel berufen, nicht gegen diese selbst. Die Auffassung des Standpunktes der Urapostel hängt von dem Dilemma ab: entweder beurtheilen wir sie nach dem Standpunkt der judenchristlichen Partei, welche sie als Auktoritäten anführt, aber nach den neutestamentlichen Schriften. Ich wähle die letztere Basis, unter anderem auch deßhalb, weil gerade der Galaterbrief beweist, daß die Gegner des Paulus in Galatien sich in lügenhafter Weise auf die Urapostel berufen haben.

daß die Heidenchristen das mosaische Gesetz zu beobachten hätten. Jedoch gehen sie nicht so weit, um auch für die geborenen Juden unter den Christen die Unverbindlichkeit des mosaischen Gesetzes auszusprechen. Es wird vielmehr vorausgesetzt, als sich von selbst verstehend, daß die geborenen Juden unter den Christen nach wie vor bei der Beobachtung des mosaischen Gesetzes zu verbleiben haben. In diesem Sinne wird dann auf den Vorschlag des Jakobus deßhalb, weil in allen Städten (des heidnischen Gebietes) Anhänger des mosaischen Gesetzes sind (auf deren Gewinnung für das Christenthum gerechnet wird), also aus Rücksicht auf diese den Heidenchristen ganz im Allgemeinen geboten, sich der jüdischen Sitte in einigen Punkten anzubequemen. Jene vier Punkte der Enthaltung, die den Heidenchristen auferlegt werden, sind aber keineswegs gleichgültige Züge der jüdischen Sitte — denn bei dieser Voraussetzung müßte man fragen, warum gerade in diesen Punkten und nicht in noch mehreren eine Nachgiebigkeit gegen jüdische Vorurtheile verlangt wird — sondern sie sind die Bedingungen, unter denen die Israeliten die Proselyten des Thores unter sich aufnahmen.

Dieses Sachverhältniß ist in Beziehung auf das Verbot des Genusses von Götzenopferfleisch, von Blut und von Ersticktem schon mannigfach anerkannt worden [1]). Dagegen ist man über die Deutung der πορνεία wenig einig, da es der Zusammenhang des Beschlusses unmöglich macht, das Wort im gewöhnlichen umfassenden Sinne zu verstehen. Im mosaischen Gesetze (Lev. 17. 18) werden neben den drei bekannten Verboten auch die Bestimmungen über verbotene Ehegrade und andere geschlechtliche Verhältnisse auf die Fremdlinge ausgedehnt, die sich unter den Israeliten aufhalten. Da nun die Heidenchristen durch die uns deutlichen Punkte des Verbotes als Proselyten des Thores bezeichnet sind, so erscheint es nicht nur als wahrscheinlich, sondern als unumgänglich, daß mit der ihnen verbotenen πορνεία das gemeint ist, was Lev. 18 dem Genuß von Götzenopferfleisch, von Blut und

1) Vgl. Gieseler Kirchengeschichte 4. Aufl. I, 1, S. 97; Wieseler, Chronologie des apostol. Zeitalters S. 185.

von Ersticktem gleich gestellt ist. Dieser Schluß wird durch zwei Stellen in den Recognitionen bestätigt. Zuerst wird den Heidenchristen der Beischlaf mit einem menstruirenden Weibe verboten [1]; wie den Proselyten (Lev. 18, 19); zugleich aber angedeutet, daß noch andere Formen der Keuschheit pflichtmäßig sind, und dies muß man auf den übrigen Inhalt des Gesetzes Lev. 18. beziehen. Dann aber wird an einer andern Stelle ausdrücklich die Unvereinbarkeit von Ehen in den verbotenen Verwandtschaftsgraden mit dem christlichen Glauben hervorgehoben [2]. Diese Aussagen müssen um so gewisser als Erläuterungen des Aposteldekretes anerkannt werden, als sie nicht zu den eigenthümlichen Merkmalen des essenischen Judenchristenthums gehören, welches die Recognitionen vertreten.

Welche Ansicht spricht sich nun in dieser Verfügung aus, welche, wenn auch von der ganzen Gemeinde zu Jerusalem vertreten, für uns hauptsächlich in Beziehung auf die leitenden Apostel wichtig ist? Die Reden des Petrus und Jakobus geben keinen vollständigen Aufschluß über das Motiv, nach welchem Jakobus seinen Vorschlag macht. Nur aus der Betrachtung des Dekretes selbst, welches den Heidenchristen die mosaischen Hauptbestimmungen des entferntern Proselytenthumes zumuthet, werden wir den Sinn ermitteln können, in welchem die Apostel es verstanden. Zunächst ist klar, daß die Forderung der Judenchri-

---

1) Rec. VI, 10: Agnovisti deum, honora patrem; honor autem eius est, ut ita vivas, sicut ipse vult. Vult autem ita (te) vivere, ut homicidium, adulterium nescias, odium, avaritiam fugias, iram, superbiam, iactantiam respuas, et exsecreris invidiam, ceteraque his similia penitus a te ducas aliena. *Est sane propria quaedam nostrae religionis observantia*, quae non tam imponitur hominibus, quam proprie ab unoquoque deum colente causa puritatis expetitur. *Castimoniae dico causa, cuius species multae sunt, sed primo ut observet unusquisque, ne menstruatae mulieri misceatur, hoc enim exsecrabile ducit lex dei.*

2) Rec. IX, 29: Ex adventu iusti ac veri prophetae vixdum septem anni sunt, in quibus ex omnibus gentibus convenientes homines ad Iudaeam et signis ac virtutibus quae viderant, sed et doctrinae maiestate permoti ubi receperunt fidem eius, abeuntes ad regiones suas illicitos quosque gentilium ritus et *incesta sprevere coniugia.* — Neque Persae matrum coniugiis aut filiarum incestis matrimoniis delectantur (nämlich nachdem sie zum Christenthum übergetreten waren). Cf. cap. 20. Bingham Origines eccl. VII, p. 421.

sten abgeschnitten ist; aber es fragt sich, ob auch deren Grundanschauung durch das Dekret ausgeschlossen ist, oder ob nicht dasselbe doch absichtlich oder unwillkürlich dem Grundsatze des Judenchristenthumes entspricht? In dem Dekrete ist eine Norm des mosaischen Gesetzes direkt auf die Verhältnisse der christlichen Gemeinde angewendet. Muß man dies nicht so verstehen, daß eigentlich das ganze mosaische Gesetz im Christenthume gilt, jedoch aus äußeren Gründen nur ein Minimum davon bei den Heidenchristen durchgesetzt wird? Die Proselyten waren durch jene Beobachtungen den Israeliten keineswegs gleichgestellt; sie waren, obwohl deßwegen geduldet, keineswegs als Glieder des Bundes anerkannt. Ist nicht auch der Erlaß des Dekretes der jerusalemischen Gemeinde so gemeint, daß die Heidenchristen den Christen aus der Beschneidung untergeordnet werden? Allerdings in gewisser Weise. Aber weiter geht die Analogie nicht.

Denn während die Proselyten nicht Genossen des alten Bundes waren, weil sie weder israelitischer Abstammung, noch durch die Beschneidung in dieselbe eingereiht waren, so sind die Heidenchristen, denen die Proselytengesetze auferlegt werden, um ihres Glaubens an Jesus und seiner Wirkungen willen als Genossen des neuen Bundes anerkannt. Wir wollen uns hiefür nicht auf die Reden der Apostel berufen, sondern, zur Erprobung ihrer Authentie, auf den Unterschied der Proselytengesetze von allen übrigen Gesetzen im Vergleich mit der Situation, auf welche sie angewendet werden. In allen Gesetzen, welche die Israeliten angehen, ist das religiöse Element von dem nationalen, politischen und socialen Zwecke nicht zu trennen. Wenn die Apostel und die Gemeinde zu Jerusalem das mosaische Gesetz zu beobachten fortfuhren, so hat es für dieselben mit der nationalen auch noch religiöse Bedeutung. Dagegen die den Proselyten aufgelegten Pflichten haben blos sociale und keine religiöse Bedeutung. Ihre Enthaltung vom Götzendienst ist keine Verehrung Jehova's, der doch nicht ihr Bundesgott ist, ihre Enthaltung vom Blute, von Blutschande u. dergl. macht sie nicht heilig und fähig, vor Jehova zu treten. Ihre Pflichten sind blos Enthaltungen, deren wegen sie geduldet werden können, aber sie bleiben außer dem Kreise der dem Bundesvolk gegebenen Verheißungen, und sind von den religiösen Leistungen desselben ausgeschlossen. Indem die Bedingungen des Proselytenthums den Heidenchristen auferlegt werden, sollen dieselben also nicht in den Verband des Bundesvolkes eintreten. Die Anwendung jener mosaischen Satzung auf sie hat darum aber auch nicht den Sinn, ihnen in den Augen der geborenen Juden einen positiven religiösen Charakter zu verleihen; sondern die Verfügung der Gemeinde zu Jerusalem enthält nach Maaßgabe des mosaischen Gesetzes selbst nur eine sociale Verpflichtung für die Heidenchristen. Wenn nun aber die Bedingung, unter welcher die bekehrten Heidenchristen von den christgläubigen Juden als Brüder angesehen werden sollten, nicht positiv religiöser Natur ist, so ergiebt sich, daß wirklich der Glaube der Heiden an Jesus der einzige religiöse Grund war, auf welchem nach dem Urtheile des Jakobus die Gemeinschaft der Heiden- und der jüdischen Christen und die brüderliche Anerkennung jener durch diese beruhen sollte. Die Eiferer für die Beschneidung der Heidenchristen mögen freilich das Dekret so aufgefaßt haben, daß die Heidenchristen als Proselyten des Thores erst recht zu Fremdlingen im messianischen Reiche gestempelt würden; denn sie sind bei ihrer Ansicht verharrt. Aber die Apostel haben die Sache so gewiß in dem bezeichneten Sinne gemeint, als sie die Mission des Paulus anerkannt haben (Gal. 2, 7—10). Denn die Verabredung mit Paulus über die Neutralität der Wirkungskreise, wie sie Paulus selbst darstellt, verräth nichts weniger als die gleichgültige Verachtung der Heidenchristen, in welcher die Eiferer sich vorläufig mit dem Dekrete mögen zufrieden gegeben haben. Wenn hingegen das Dekret nicht die Anerkennung des Glaubens der Heiden als Grundes der Gemeinschaft voraussetzen sollte, so ist ferner zu beachten, daß es dann jedenfalls nicht der Ausdruck einer spätern Ausgleichung und Einigung der beiden Nationalitäten in der Kirche sein kann. Denn nach dem eigentlich judenchristlichen Maaßstabe bedeutet die Stellung der Heidenchristen als Proselyten nur ihre Trennung von der wahren (juden-) christlichen Gemeinde. Es ist darum ein Widerspruch in der Annahme, daß die Judenchristen in der nachapostolischen Zeit unter diesen Bedingungen eine Versöhnung und kirchliche Einigung mit den Heidenchristen eingegangen wären. Wenn dagegen die Apostel auf diese Auskunft geriethen, um den judenchristlichen Eiferern entgegenzutreten und um doch auch der jüdischen Sitte eine Koncession zu machen, so ist der Grund davon, daß die Apostel, wie auch sonst klar ist, den Heidenchristen gegenüber einen andern Standpunkt als die Judenchristen einnehmen.

Das Dekret stimmt zunächst mit der durch Christus begründeten und durch die Schriften der Apostel vertretenen Anschauung, daß das mosaische Gesetz nicht wesentliche Bedingung des neuen Bundes sei. Die Uebertragung der blos socialen Pflichten der Proselyten auf die Heidenchristen setzt vielmehr den Gedanken voraus, daß dieselben blos durch den Glauben an Jesus Genossen des neuen Bundes seien; wovon sich die Apostel dadurch überzeugten, daß dieselben Erscheinungen des heiligen Geistes unter heidnischen wie unter jüdischen Christen den Glauben begleiteten (Gal. 2, 7. 8). Aber auf der andern Seite drückt das Dekret allerdings ein Privilegium der jüdischen Christen vor den Heidenchristen aus. Denn nicht nur war ja das Verhältniß dieser zu jenen nach einer Norm des mosaischen Gesetzes geordnet; sondern es war hiemit vorbehalten, daß die geborenen Juden auch als Christen fortfahren sollten, durch Beobachtung des ganzen Gesetzes ihren Vorrang vor allen Völkern aufrecht zu erhalten. Diese Auffassung ist aber ebenfalls den Andeutungen Christi nicht zuwider, der ohne bestimmte Regeln über das zukünftige Verhältniß der israelitischen und der heidnischen Mitglieder seiner Gemeinde aufzustellen, doch die Beschneidung, also das israelitische Privilegium, unangetastet ließ. Aber während für den alten Bund das Privilegium der Israeliten vor allen übrigen Völkern unbedingt war, so ist es von Christus, und, wie wir sehen, auch von den Aposteln nur in bedingter Weise anerkannt. Wenn nicht die Volksgenossenschaft, sondern der Glaube an Christus die Grundbedingung des Bundes ist, so kann nur ein relativer, nicht ein absoluter Vorrang der gläubigen Juden vor den gläubigen Heiden gemeint und in dem Dekrete ausgeprägt sein. Es wird sich später zeigen, in welchem Sinne die Apostel jenen Vorzug ihres Volkes innerhalb der christlichen Gemeinde verstanden haben.

Die Anschauung von dem Verhältniß der Heidenchristen zu den jüdischen Christen, welche dem Dekrete zu Grunde liegt, ist den Aposteln auch nach den übrigen Zeugnissen nicht fremd. Wenn Jakobus die Leser seines Briefes als die zwölf Stämme in der Zerstreuung bezeichnet, so denkt er die gläubigen Juden als das eigentliche Volk des alten Bundes und als den Stamm der neuen Bundesgemeinde. Wenn Petrus seine heidenchristlichen Leser als die Beisitzer der in Kleinasien zerstreuten Juden anredet, so folgt er einerseits der Anschauung des Jakobus, daß die jüdisch-christliche Diaspora die wahre jüdische sei, und wendet andererseits auf das Verhältniß der Heidenchristen zu jenen eben die Vorstellung vom Proselytenthume an. Wenn Johannes die Summe der aus den zwölf Stämmen Erwählten als die Erstlinge der Erlösten, als das wahre Israel (7, 4—8; 14, 1—4) im Gegensatz gegen die falschen Juden (2, 9; 3, 9) bezeichnet, so deutet er damit ebenso das Vorrecht des alten Bundesvolks innerhalb des neuen Bundes an, wie er an die Aufnahme der hinzukommenden Heiden (7, 9) nur auf Grund ihres Glaubens denkt. Ja selbst Paulus, der die Gleichgültigkeit der Abstammung im Verhältniß zum Christenthume so grundsätzlich betont (1 Kor. 7, 19; Gal. 3, 28; Röm. 9, 6—8; Kol. 3, 11), erkennt doch wieder einen Vorrang Israels vor den Heiden an, deßhalb weil es das Stammvolk der in Christus erfüllten Verheißung ist, welcher die Heiden ursprünglich fremd waren (Röm. 3, 2; 11, 24; 15, 8. 9; Eph. 2, 12. 19).

Ferner zeigt sich Johannes in der Apokalypse als eifrigen Verfechter der Forderungen des Dekretes gegen die sogenannten Nikolaiten in Ephesus und in Pergamus (2, 6. 15). Es sind nämlich die Nikolaiten selbst, und nicht eine von ihnen verschiedene Partei, die (2, 14) als solche bezeichnet werden, „welche sich an die Lehre Bileams halten, der den Balak lehrte Anlaß zur Sünde geben den Söhnen Israels, Götzenopfer zu essen und zu huren" (φαγεῖν εἰδωλόθυτα καὶ πορνεῦσαι). Dieselben Grundsätze befolgen nach V. 20 die Anhänger eines prophetischen Weides in der Gemeinde zu Thyatira, welche mit dem symbolischen Namen Jezabel bezeichnet wird. Hiedurch wird zunächst bestätigt, daß die Bezeichnung der Bileamiten für die Partei in Pergamus auch nur symbolisch gemeint sein kann; dann aber der Schlüssel zur richtigen Erklärung der Merkmale der Partei dargeboten. Da die Anhänger der „Jezabel" als solche bezeichnet werden „welche nicht, wie sie behaupten, die Tiefen des Satans erkannt haben" (V. 24), also ihre verwerfliche Praxis mit einem Anspruch auf specifische Erkenntniß (γνῶσις) zusammengehangen haben muß, so bietet sich freilich zunächst die Vergleichung mit der heidenchristlichen Fraktion in Korinth dar, welche Paulus (1 Kor. 8, 1—4. 10) schildert. Denn auch diese erklärten auf Grund ihrer vorgeblichen Erkenntniß die Unzucht für ebenso gleichgültig wie den Unterschied der Speisen, namentlich in Hinsicht heidnischer Opferspeise (6, 12. 13; 10, 8). Allein die Bezeichnung der von Johannes verurtheilten Praxis nach den Namen des Bileam und der Jezabel weist darauf hin, daß es sich bei den Nikolaiten in Ephesus, Pergamus und Thyatira um einen besondern Sinn der πορνεία handelt. Nämlich Bileam und Jezabel verführten die Israeliten nicht überhaupt zur Unzucht; sondern ihre Schuld war, daß sie die Israeliten zu ehelichen Verbindungen mit den Kananitern anleiteten (Num. 31, 16; 24, 1 ff.; 1 Reg. 16, 31). Dadurch aber wurde das mosaische Gesetz von den Ehehindernissen u. dergl. (Lev. 18) thatsächlich übertreten und aufgehoben. Denn dies hatte den Zweck, die Israeliten vor der kananitischen Sitte zu schützen, wie aus dem Schlußsatze hervorgeht: „Verunreiniget euch durch keines von diesem; denn durch alles dieses haben sich die Völker verunreinigt, die ich vertreibe vor euch" (Lev. 18, 24). Die den Nikolaiten zur Last gelegte πορνεία ist demnach an der Vergleichung mit den Grundsätzen des Bileam und der Jezabel nur als Gleichgültigkeit gegen die mosaischen Eheverbote zu erkennen. Und deßhalb sind die Nikolaiten [1]), deren Name selbst wohl nur Uebersetzung von Bilea-

1) Daß der Stifter der Partei der jerusalemische Nikolaus (Act. 6, 5) sei, ist eine Erfindung des Irenäus (adv. haer. 1, 26, 3), der übrigens von der Partei nichts weiter weiß, als daß sie indiscrete vivunt. Dagegen sind

miten ist, als solche Heidenchristen anzusehen, welche wegen ihrer christlichen Erkenntniß (von der Ungültigkeit des Gesetzes) den Bedingungen des Apostelkretes sich nicht unterwarfen, und wahrscheinlich in absichtlicher Opposition gegen dasselbe die Theilnahme an heidnischen Opfermahlzeiten suchten und Ehen in verbotenen Verwandtschaftsgraden empfahlen. Die Energie, mit welcher Johannes dieses Treiben verurtheilt, beweist, wie wichtig es demselben war, den Beschluß der Apostel und der Gemeinde zu Jerusalem aufrecht zu erhalten.

Endlich auch dem Paulus ist das Interesse an den Bestimmungen des Dekretes nicht fremd. Wir können freilich aus seinen eigenen Briefen es nicht bestätigen, daß er ursprünglich im Auftrage der Gemeinde zu Jerusalem das Dekret den Heidenchristen in Antiochia, Syrien, Kilikien eröffnet hat (Act. 15, 23—26 vgl. 16, 4). Denn keiner der Briefe des Paulus nimmt auf jenen Beschluß Rücksicht. Indeß im ersten Briefe an die Korinther spricht er sich mit der vollsten Entschiedenheit gegen solche heidenchristliche Praxis aus, welche dem Dekrete zuwiderläuft. Der Fall, daß ein Christ seine Stiefmutter geheirathet hatte (5, 1), gehört unter die im Lev. 18. verbotenen Ehen, unter die πορνεία im Sinne des Dekretes. Paulus ist der Ansicht, daß durch dieses Vergehen die Zugehörigkeit zur christlichen Gemeinde so verwirkt sei, daß eine Wiederaufnahme in dieselbe nicht zu denken sein soll. In Bezug auf die Theilnahme an Götzenopfermahlen macht er freilich zunächst geltend, daß man sich derselben aus Rücksicht auf diejenigen Gemeindeglieder enthalten solle, welche Anstoß daran nähmen, aber gegen

die Mittheilungen des alexandrinischen Clemens (Strom. II, 20, 118; III, 4, 25) über Nikolaus, und den Mißbrauch seines Grundsatzes und Beispieles durch lüderliche Leute, von ihm selbst nicht in Verbindung gesetzt mit den Nikolaiten der Apokalypse, und wenn nun auch eine gewisse Beziehung jener Mittheilungen auf das πορνεῦσαι vorzuliegen scheint, so fehlt die Beziehung auf das εἰδωλόθυτα φαγεῖν gänzlich. Clemens erzählt folgendes: ὡραίαν γυναῖκα ἔχων οὗτος μετὰ τὴν ἀνάληψιν τὴν τοῦ σωτῆρος πρὸς τῶν ἀποστόλων ὀνειδισθεὶς ζηλοτυπίαν εἰς μέσον ἀγαγὼν τὴν γυναῖκα γῆμαι τῷ βουλομένῳ ἐπέτρεψεν· ἀκόλουθον γὰρ εἶναί φασι τὴν πρᾶξιν ταύτην ἐκείνῃ τῇ φωνῇ ὅτι παραχρήσασθαι τῇ σαρκὶ δεῖ. καὶ δὴ κατακολουθήσαντες τῷ γενομένῳ τῷ τε εἰρημένῳ ἁπλῶς καὶ ἀβασανίστως ἐκπορνεύουσιν ἀναιδὴν οἱ τὴν αἵρεσιν αὐτοῦ μετιόντες.

ihr Gewissen sich zur Nachahmung würden fortreißen lassen (8, 10. 11). Jedoch weiterhin spricht er direkt das Verbot der Theilnahme an heidnischen Opfermahlen aus (10, 20. 21), weil man dadurch mit den Dämonen in Verbindung träte. Daß Paulus nebenbei der pharisäischen Aengstlichkeit nicht Vorschub leisten will, welche nachspürt, ob man nicht zufällig Fleisch ißt, welches von einem heidnischen Opfer herrührt, beeinträchtigt nicht seine unbedingte Zustimmung zu dem einfachen Sinne des Verbotes Lev. 17, 8. 9. Er verlangt aber von den Heidenchristen auch Nachgiebigkeit gegen jene von den jüdischen Christen ausgeübte Vorsicht (10, 25—28). Paulus behandelt also die Gleichgültigkeit von Heidenchristen gegen den Inhalt des Dekretes in keiner andern Weise als Johannes. Daß die von Paulus gerügte und nachher direkt verbotene Theilnahme an heidnischen Opfermahlen in den Tempeln selbst derjenigen Richtung zur Last falle, welche sich speciell an Paulus anlehnte, ist eine ebenso unwahrscheinliche Annahme, als die, daß die Schwachen (8, 9. 10), welche gegen ihr Gewissen zur Nachahmung geneigt sind, im Kreise der jüdisch geborenen Petriner zu suchen seien. Den Christen jüdischer Abstammung in Korinth, welche sich nach Petrus nannten, ist nur jene Aengstlichkeit zuzutrauen, welche unter allen Umständen den Genuß von Opferfleisch scheute. Die unbedingt Liberalen, mit welchen Paulus nicht übereinstimmt, sind aber ohne Zweifel die Anhänger des Apollos unter den Heidenchristen. Die Schwachen dagegen sind die speciellen Pauliner, welche der Apostel aufzuklären und gegen die beiden Extreme zu sichern sucht [1]). Hienach ist zu ermessen, mit wie wenig Recht die Nikolaiten der Apokalypse für Pauliner gehalten werden, und wie mißlich die Folgerung ist, daß Johannes (Apok. 2, 2) den Paulus mit den Aposteln meine, welche in der Gemeinde zu Ephesus als falsch anerkannt worden sind [2]). Der Umstand, daß Paulus den korinthischen Christen gegenüber sich auf das Dekret nicht

1) Vgl. Räbiger, Kritische Untersuchungen über die Korintherbriefe, S. 124 ff.

2) Vgl. Baur a. a. O. S. 75. 76.

beruft, läßt nicht sofort auf dessen Unechtheit schließen, sondern erklärt sich zunächst aus der Ueberlegung, daß die Anhänger des Apollos in Korinth schwerlich etwas auf die Auktorität der Gemeinde zu Jerusalem gegeben haben werden, wenn es doch klar ist, daß sie schon dem Paulus nicht Folge leisteten; und dann aus dem wohlbegründeten und berechtigten Streben des Paulus, in seinem Missionsgebiet nur seine apostolische Auktorität geltend zu machen.

Die direkte und indirekte Uebereinstimmung der Apostel, einschließlich des Paulus, mit den Motiven und den Forderungen des jerusalemischen Dekretes ist ein nicht unwichtiges Zeugniß seiner Echtheit. Eine stärkere Bürgschaft derselben liegt aber in dem Maaße der Einigung zwischen Judenchristen und Heidenchristen, welche es gestattet. Ganz abgesehen von dem Berichte des Paulus im Galaterbrief, welcher ja die Erzählung der Apostelgeschichte aufheben soll, müssen wir behaupten, daß das Aposteldekret nicht der Ausdruck der in späterer Zeit vorgeblich erreichten vollen Einigung beider Theile der christlichen Gemeinde gewesen sein kann [1]). Denn es vermittelt gar nicht eine vollständige sociale und kultische Gemeinschaft zwischen den Heidenchristen und den an das mosaische Gesetz nach wie vor gebundenen jüdischen Christen. Es räumt durchaus nicht alle Hindernisse der gegenseitigen Gemeinschaft weg; sondern es begründet nur eine vorläufige Neutralität des gegenseitigen Verkehres, welche der Wiederkehr von Streitigkeiten nicht den Eingang verschloß [2]). Wenn die Heidenchristen die Proselytengesetze beobachteten, so hatten die geborenen Juden nach dem Willen des Jakobus sie als christliche Brüder, als Genossen der messianischen Hoffnung anzuerkennen. Aber darin lag nicht von selbst, daß nun die jüdische Sitte keine Schranke mehr gegen die Heidenchristen kannte. Sondern so gewiß die jüdischen

1) Gegen Baur a. a. O. S. 94.

2) Ich freue mich, diesen Gesichtspunkt auch in den von Rüetschi mitgetheilten „Beiträgen zur Erklärung und Kritik der Apostelgeschichte" aus dem Nachlasse von Schneckenburger (Stud. u. Krit. 1855, Heft 3, S. 554 f.) zu finden.

Christen fortfuhren, an sich selbst alle Rücksichten auf levitische Unreinheit zu nehmen, waren sie im Verkehre mit den Heidenchristen gehemmt, denen jene Pflichten nicht oblagen. Und namentlich eine eigentliche Speisegemeinschaft zwischen den beiden Theilen war, wegen der vorwiegenden Beziehung von Rein und Unrein auf die Speisesitte, durch die Beobachtung der Proselytengesetze noch nicht begründet, also auch nicht die Gemeinschaft am Herrnmahle. Obgleich Kornelius Proselyt war (Act. 10, 2. 22), so galt er doch dem Petrus und der jerusalemischen Gemeinde als unrein, und der Genuß seiner Speise als verboten (10, 14; 11, 3). Wenn nun auch Petrus auf göttlichen Antrieb mit dem Proselyten aß, und die jerusalemische Gemeinde ihr Bedenken dagegen durch den Bericht des Petrus wegräumen ließ (11, 18); wenn ferner Petrus für seine Person keinen Unterschied mehr zwischen Heiden und Juden in Beziehung auf das Christenthum gelten läßt (15, 7—9), so folgt daraus nicht, daß die ganze Gemeinde zu Jerusalem denselben Schluß, wie Petrus gezogen habe. Vielmehr hat der zum Beschluß erhobene Vorschlag des Jakobus, die Heidenchristen auf die Proselytengesetze zu verpflichten, im Gegensatz zu Petrus den Sinn, eine Schranke zwischen jüdischen und heidnischen Christen aufzurichten, während es bei dem von Petrus geäußerten Grundsatze über den ungehinderten Verkehr beider Theile ganz gleichgültig war, ob die Heidenchristen, die doch nicht mehr unrein waren, noch jene Punkte beobachteten oder nicht. Dagegen, weil der Vorschlag des Jakobus gar nicht weiter erläutert wird, ist anzunehmen, daß er die Beobachtung der Proselytengesetze nur unter denselben Bedingungen meint, welche jeder geborene Jude von selbst verstand. Deßhalb ist aus der Darstellung der Apostelgeschichte gar nicht zu entnehmen, daß der Beschluß auf eine völlige Einigung der beiden Nationalitäten in der christlichen Gemeinde abzielte; sondern nur, daß er auf eine abwartende Neutralität beider gegeneinander berechnet war. Und bei näherer Betrachtung war der Beschluß viel mehr zu Gunsten der Heidenchristen als der jüdischen. Indem jene die wenigen Rücksichten nahmen, sicherten sie sich die Anerkennung als Christen durch die eigentliche

Stammgemeinde, welche die Trägerin der Verheißungen und Ueberlieferungen Christi war. Dagegen die Christen aus der Beschneidung, obwohl ihr Privilegium im neuen Bunde durch den Beschluß ausdrücklich bestätigt war, mußte es Ueberwindung kosten, die heidenchristlichen Proselyten dennoch für vollberechtigte Genossen des Bundes Christi anzusehen. Und freilich war die Stellung der jüdischen Christen durch diesen Beschluß eine sehr verfängliche geworden. Sie sollten die Heidenchristen als ihre Brüder anerkennen, ohne doch volle sociale und kultische Gemeinschaft mit ihnen hegen zu können; dagegen die nicht gläubigen Juden, mit denen sie noch alle Beziehungen der mosaischen Sitte gemein hatten, sollten ihnen um des Glaubens an Christus willen fremder sein, als jene Proselyten. Es ist leicht zu begreifen, daß die Durchführung des Dekretes in Gemeinden verschiedener Nationalität entweder die Entwöhnung der jüdischen Christen von der mosaischen Sitte nach sich zog, oder die Handhabe für weitere Anforderungen jener an die Heidenchristen werden konnte.

Die eben bezeichnete Unzweckmäßigkeit des Dekretes kann nicht gegen seine Echtheit eingewendet werden, wenn man nicht voraussetzt, daß Jakobus die reißenden Fortschritte der Heidenmission des Paulus und die Geringfügigkeit der Erfolge in der Bekehrung der Juden habe voraussehen müssen. Denn durch diese beiden Bedingungen wurde die Bedeutung des Dekretes eine andere, als von Jakobus beabsichtigt war. Und deßhalb müssen wir zum vollen Verständniß des Beschlusses auf die Frage zurückkommen, die noch nicht abschließend beantwortet ist, wie die Urapostel, namentlich Jakobus, die Heidenmission angesehen, und worauf ihre Treue gegen das mosaische Gesetz gegründet war. Es ist bisher nur gezeigt worden, daß die Beobachtung des mosaischen Gesetzes mit der bei den Aposteln nachgewiesenen reinen Auffassung der christlichen Idee vereinbar war, weil auch Christus dieselbe hatte gelten lassen, und das Privilegium des alten Bundesvolkes im neuen Bunde anerkannt hatte; ferner aber, daß dies Privilegium von den Aposteln nur in einem relativen Sinne auf dem Gesammtgebiete des Glaubens an Jesus gemeint sein konnte. Es ist aber noch nicht erklärt, warum die Apostel darüber die Pflicht der Heidenmission zurückgesetzt, warum sie direkt und indirekt den Gesetzeseifer der jüdischen Christen gestärkt, endlich warum sie gemeint haben, durch die Verpflichtung der Heidenchristen auf die Proselytengesetze den ausgebrochenen Streit schlichten zu können.

Die Antwort auf diese Fragen ist nirgends direkt aus dem N. T. zu schöpfen; sie läßt sich aber mit großer Wahrscheinlichkeit auf die ganze Sachlage begründen. Die Urapostel beschränkten ihre Missionsthätigkeit auf die Israeliten, weil sie dem Beispiele Jesu folgend (Mark. 7, 27) es für Pflicht hielten, zuerst den Eintritt Israels in den neuen Bund zu bewirken, ehe sie das Evangelium den Heiden verkündigten. Das Privilegium Israels, allein unter allen Völkern im Bunde mit Gott zu stehen, wußten sie aufgehoben, und dachten nicht daran, diese göttliche Fügung zu vereiteln, wie die strengen Judenchristen es unternahmen. Aber das durch die alttestamentliche Prophetie [1]) begründete Privilegium hielten sie fest, daß Israel als ganzes Volk vor den Heiden in die christliche Gemeinde aufgenommen werden müsse (Apok. 14, 4; Act. 2, 39; vielleicht auch Jak. 1, 18) [2]). Zu diesem Zwecke beobachteten die Apostel selbst das mosaische Gesetz, und störten die jüdisch-christliche Gemeinde nicht in dem Eifer dafür. Und wie ihnen jene Ansicht von der Bestimmung ihres Volkes religiöse Pflicht war, so haben sie auch nicht zwischen der nationalen und der religiösen Seite des Gesetzes in ihrer eigenen Praxis unterscheiden können. Als nun aber die Heidenmission ohne ihr Zuthun ins Leben trat, und die Pläne der strengen Judenchristen abgewehrt werden sollten, da mußten die Proselytengesetze als das beste Mittel zur Darstellung des Vorrechtes und zur Beschwichtigung der Vorur-

1) Vgl. Jes. 2. 49. 60. Micha 4. Jerem. 4, 1. 2.

2) Daß dies ein Herzensanliegen der Christen aus der Beschneidung war, in welchem sie durch den ganz abweichenden Gang der Dinge gestört wurden, erkennt man auch an dem Ernst, mit welchem selbst Paulus im 11ten Kap. des Römerbriefes die Unverbrüchlichkeit der Israel gegebenen Verheißungen mit der Thatsache der Abneigung der meisten Juden gegen Christus in der Weissagung vermittelt, daß der Rest Israels erst nach der Bekehrung der Heiden bekehrt werden solle. — Vgl. überhaupt Weiß, Petrin. Lehrbegriff S. 144 f.

theile der jüdischen Christen erscheinen, weil die Juden schon daran gewöhnt waren, unter dieser Bedingung gewisse religiöse Gemeinschaft mit Heiden zu haben. Aber freilich konnte Jakobus nur unter der Bedingung an die Erhaltung des Gleichgewichtes in gemischten Gemeinden durch dieses Mittel glauben, daß er einen beschleunigten Fortschritt der Judenmission auch in der Diaspora hoffte, und den außerordentlichen Aufschwung der Heidenmission durch Paulus nicht erwartete.

Die Proselytengesetze sind, wie wir später sehen werden, ein Grundgesetz der Sitte in der heidenchristlichen Welt geworden, freilich ohne daß sich die Voraussetzung des Jakobus über die Stellung des jüdischen Volkes in der christlichen Kirche erfüllt hätte. Aber wenn auch die Behandlung der Sache im ersten Briefe an die Korinther dafür bürgt, daß Paulus in den von ihm gegründeten Gemeinden die Heidenchristen zu jenen Enthaltungen verpflichtete, so war dadurch der Friede in den gemischten Gemeinden keineswegs gesichert. Einmal waren nicht alle Heidenchristen immer geneigt, sich dem mosaischen Gesetze, von dem sie frei sein sollten, in den wenigen Punkten zu unterwerfen; wovon uns die Fälle in den Gemeinden zu Korinth, Ephesus, Pergamus, Thyatira vorliegen. Andererseits ließen sich auch die strengen Judenchristen nicht abhalten, ihre Forderungen je nach der Lage der Verhältnisse gegen die Heidenchristen geltend zu machen. Freilich nicht überall sind sie mit solcher Offenheit und mit solchem Erfolge gegen die Freiheit der Heidenchristen und gegen das Apostelrecht des Paulus aufgetreten, wie in den galatischen Gemeinden. Die fremden Judenchristen, welche dem Paulus in Korinth entgegentraten, mögen im Grunde nichts anderes erstrebt haben, als jene Verführer der galatischen Gemeinden; die Briefe des Paulus deuten jedoch nur an, daß sie die jüdischen Mitglieder der korinthischen Gemeinde zu pharisäischer Aengstlichkeit vor dem Genusse von Götzenopferfleisch angeleitet, und sie durch Verdächtigung der apostolischen Würde des Paulus von denselben abwendig zu machen versucht haben[1]).

1) Daß in Korinth eine Christuspartei im Sinne des extremsten Judenchristenthums bestanden habe, ist mit Räbiger (in der angeführten Schrift) zu leugnen.

Wenn die Judenchristen in Galatien auf die Urapostel, und die in Korinth auf Petrus sich berufen haben, so beweist gerade der Brief des Paulus an die Galater, daß es in lügnerischer Weise geschah, und wenn auch die Empfehlungsbriefe, mit denen die Partei in Korinth auftrat, von den jerusalemischen Aposteln ausgestellt gewesen wären, so folgt daraus nicht, daß die Partei die Anweisungen derselben nicht überschritten und nicht falsch gedeutet habe. Der starke Ausfall im dritten Kapitel des Briefes an die Philipper endlich weist darauf hin, daß die judenchristlichen Gegner auch in Rom dem Apostel entgegentraten.

Während also das radikale Heidenchristenthum und das extreme Judenchristenthum gleichmäßig die in dem Dekrete gesetzte Schranke überschritten, so verhinderte dasselbe doch auch nicht, daß eine bedeutende Differenz zwischen Paulus und Jakobus über die inneren Verhältnisse der gemischten Gemeinden im Heidengebiete sich erhob. Das Dekret hat, wie wir gesehen, den Sinn, daß die bei der mosaischen Sitte bleibenden jüdischen Christen und die davon entbundenen heidnischen Christen sich als Genossen des neuen Bundes anerkennen sollten, ohne in volle sociale Gemeinschaft einzutreten. Eine derartige Ordnung gemischter christlicher Gemeinden konnte nun etwa in Palästina genügen, wo zu erwarten war, daß die jüdischen Christen immer das Uebergewicht über die heidnischen haben würden; wo also die untergeordnete Stellung der heidenchristlichen Proselyten die Einheit der Gemeinde nicht beeinträchtigt haben würde. Konnte jedoch diese Ordnung die Einheit gemischter Gemeinden im Missionsgebiete des Paulus verbürgen und erhalten? War es wahrscheinlich, daß unter dieser Bedingung eine Mehrzahl heidnischer mit einer Minderzahl jüdischer Christen sich eins fühlen würde? Gesetzt auch, daß die Heidenchristen den Proselytengesetzen sich fügten, so fehlte eben doch die volle sociale Gemeinschaft, in der allein sie mit jüdischen Christen zusammenwachsen konnten. Wenn dieselben in diesem Falle nicht wieder an das Judenthum zurückfielen, so trat der schlimmere Fall ein, daß der Heidenwelt nicht Eine, sondern eine doppelte Form von

Christenthum entgegentrat. Also auf dem Gebiete der Heidenmission konnte die Ordnung gemischter Gemeinden nicht bei dem Dekrete stehen bleiben. Auf die eine oder die andere Art mußte die volle sociale Einigung zwischen jüdischen und heidnischen Christen erstrebt werden. Eine Ausdehnung der jüdischen Sitte auf die Heidenchristen konnte nun Paulus seinen Grundsätzen gemäß nicht zugestehen; also blieb nichts übrig, als daß er die jüdischen Christen in seinem Gebiete veranlaßte, die mosaische Sitte, namentlich in Beziehung auf Rein und Unrein aufzugeben. Diese Umstände machen es im höchsten Maaße wahrscheinlich, daß die Jerusalemiten darin recht berichtet waren, daß Paulus alle unter den Heidenchristen zerstreuten jüdischen Christen zum Abfalle von Moses anleite, daß sie nicht mehr ihre Kinder beschnitten, noch in den Sitten lebten (Act. 21,21); obwohl wir diese Angabe durch eigene Aussagen des Paulus nicht zu bestätigen vermögen. Aber da er als Apostel der Heiden faktisch der in Jerusalem geltenden Voraussetzung entgegentrat, daß die Israeliten zuerst bekehrt werden sollten, ehe die Heiden die Predigt des Evangeliums erführen, so konnte er auf seinem Gebiete auch nicht dem Grundsatze Folge leisten, daß aus jener Rücksicht die geborenen Juden in ihrer Nationalität und ihrer Sitte erhalten werden m ü ß t e n. Auf seinem Gebiete hatte die volle Gemeinschaft zwischen heidnischen und jüdischen Christen viel größere Wichtigkeit, als die Erhaltung des Zusammenhanges dieser mit ihren Brüdern in Palästina. Die bezeichnete Praxis des Paulus enthielt also keine Verletzung des Dekretes, aber sie war im offenen Widerspruche gegen die stillschweigende Voraussetzung des Jakobus, daß alle Juden, auch als Christen, bei dem mosaischen Gesetze bleiben sollten. Und während freilich Paulus mit seiner Methode Juden und Heiden in seinem Missionskreise verschmolz, erregte er dadurch das tiefe Mißtrauen und die reizbare Spannung der Gemeinde zu Jerusalem gegen sich und sein Werk, welche ihm selbst drückend genug war (Röm. 15, 30—32), und welche sicherlich manche Umtriebe gegen ihn in seinen Gemeinden hervorrief.

Wie sich nun die Apostel zu diesen Maaßregeln des Paulus

verhielten, ist aus dessen Berichte über seinen Streit mit Petrus in Antiochia (Gal. 2, 11—14) zu ersehen. In Antiochia hatte Paulus Speisegemeinschaft zwischen jüdischen und heidnischen Christen eingeführt. Das heißt, er hatte die jüdischen Christen bewogen, die Rücksicht auf die Unreinheit der heidenchristlichen Proselyten und ihrer Speise aus den Augen zu setzen [1]). Petrus nahm Antheil an dieser Gemeinschaft, die ja allein auch die Einigung der Gemeinde im Herrnmahle bedingte, sei es, daß er dem Eindrucke dieser Einheit nicht widerstehen konnte, sei es in der Erinnerung an seine Erfahrung mit Kornelius. Er wurde also der von Jakobus gemachten Voraussetzung untreu, daß der geborene Jude, geschweige denn der Apostel Israels, sich streng an das Gesetz halten, und deßhalb auch des Speiseverkehrs mit Proselyten sich enthalten müsse. Er zieht sich nun aber von ihnen zurück, mit ihm die übrigen jüdischen Christen, sogar Barnabas, als Boten des Jakobus kamen. Wenn man darüber gestritten hat, welches deren Geschäft in Antiochia gewesen sei, ob sie wirklich von Jakobus bevollmächtigt gewesen seien, ob sie endlich nicht die Beschneidung der Heidenchristen hätten fordern wollen; so kann man die Situation nur mit der Annahme verstehen, daß sie im Auftrage des Jakobus das Verhältniß der jüdischen und der heidnischen Christen auf die Norm des Dekretes zurückführen sollten, wie Jakobus es verstand. Sie sollten den Abfall der jüdischen Christen von dem mosaischen Gesetze rückgängig machen, und die Trennung beider Theile nach ihrer Speisesitte wiederherstellen. Es ist zu begreifen, daß die Auktorität des Jakobus bei den jüdischen Christen einschlug, wenngleich der von Paulus ihnen gemachte Vorwurf der Heuchelei nicht konstatirt, daß bei allen, auch bei Petrus vorher eine klare und durchgebildete Ueberzeugung von dem Rechte ihrer nichtjüdischen Praxis geherrscht habe. Dagegen ist es nun von Wichtigkeit, daß Petrus, nach vollzogener Trennung, in der entgegengesetzten Weise das Dekret überschreitet, um die Einheit des Ver-

1) Daß demnach auch zuerst zu Antiochia die jüdischen Christen den Synagogenverband verließen, erkennt man an dem zuerst dort aufgekommenen Namen Χριστιανοί (Act. 11, 26).

kehres in der Gemeinde herzustellen. Wenn ihm Paulus vorhält, daß er die Heidenchristen zu jüdischer Sitte zwinge, so kann dieser Zwang nicht als indirekter auf das Beispiel beschränkt gewesen sein, das er gab, — denn wenn er fortan jüdisch lebte, so lag darin nach dem getroffenen Abkommen keine Verurtheilung der heidenchristlichen Sitte — sondern der Zwang muß in direkter Weise ausgeübt worden sein [1]). Der Vorwurf des Paulus ist dahin zu verstehen, daß Petrus, um die Einheit der Gemeinde zu erhalten, nachdem er an der frühern Praxis irre geworden war, den Heidenchristen außer den Enthaltungen des Proselytenthumes noch andere Pflichten des mosaischen Gesetzes zugemuthet und dadurch auf den Weg des Judenchristenthums eingelenkt hat. Wir erkennen darin nicht blos einen Zug des bekannten Charakters des Petrus, sondern auch ein unwillkürliches aber bedeutungsvolles Zeugniß für das Bedürfniß einer vollern Einigung gemischter Gemeinden, als welche das Dekret des Jakobus verbürgt.

Wir dürfen nicht bezweifeln, daß Paulus diesen verschiedenartigen Zumuthungen der Jakobiten wie des Petrus sowohl in Antiochia als auch anderwärts mit Erfolg widerstand. Jedoch die Frage, ob Jakobus selbst späterhin sich in die Praxis des Paulus gefunden habe, läßt sich aus dem N. T. nicht beantworten. Nach dem Berichte der Apostelgeschichte (21, 18—25) setzen Jakobus und die jerusalemischen Aeltesten entweder die Falschheit der Nachricht voraus, daß Paulus jüdische Christen dem Gesetze abwendig mache, oder sie beabsichtigen eine Täuschung der Gemeinde durch eine Handlung, welche Paulus nach seinem Grundsatze (1 Kor. 9, 19. 20) sehr wohl begehen konnte, ohne daß sie für sich die Wahrheit jenes Gerüchtes widerlegte. Dieser in sich selbst räthselhafte Bericht läßt uns nicht errathen, ob Jakobus in späterer Zeit, geschweige denn bis an sein Ende, die Aussicht auf die Bekehrung des ganzen jüdischen Volkes in voller Lebendigkeit festgehalten und danach auch die Beziehungen der Heidenmission zu den zerstreuten Israeliten beurtheilt hat. Auch über die Stellung des Petrus zu diesem Punkte in späterer Zeit

---

1) Ebenso Wieseler, Chronologie des apost. Zeitalters S. 198.

findet sich nirgends direkte Auskunft [1]). Dagegen für Johannes scheint der Fall des Tempels die Veränderung, aber auch die gründlichste Veränderung seiner Ansicht von den Juden hervorgerufen zu haben.

Es ist ermittelt worden, daß die Theilnahme der Urapostel an der jüdischen Sitte einen andern Sinn gehabt hat, als der Grundsatz der strengen Judenchristen. Die Urapostel erkennen nur den Glauben an Christus als Bedingung des Eintrittes in den neuen Bund an, stehen aber in der auf das A. T. gegründeten Ansicht, daß ihr ganzes Volk den Beruf habe, zunächst in die Erfüllung der ihm gegebenen Verheißung einzutreten, und verfolgen deßhalb die Erhaltung seiner Nationalität durch volle Beobachtung des Gesetzes als religiöse Pflicht. Die strengen Judenchristen dagegen kennen und wollen kein Christenthum außer auf Grund ihrer Volksgenossenschaft, in welche die Heidenchristen durch Annahme der Beschneidung und der ganzen mosaischen Sitte den Eintritt gewinnen müßten. Deßhalb leugnen sie den apostolischen Beruf des Paulus, welchen die Urapostel ausdrücklich anerkannt haben. Wenn nun die Judenchristen in Galatien und wahrscheinlich auch anderwärts ihre Pläne gegen die Freiheit der Heidenchristen vorgeblich unter der Auktorität der Urapostel verfolgten, so haben sie deren Namen mißbraucht, sei es aus bewußter Absicht, sei es im Mißverständniß der jüdischen Praxis, welche beide Theile verband. So auffallend jene Thatsache ist, so falsch wäre die Folgerung, daß weil die Judenchristen sich auf die Urapostel beriefen, diese wirklich mit jenen übereingestimmt hätten. Es war sehr verführerisch, diese Folgerung zur Erklärung des Gegensatzes zwischen Paulus und den Uraposteln anzuwenden, welcher vielfach im N. T. durchklingt, und welcher in der hergebrachten Ansicht nicht gewürdigt war, daß

---

1) Jedoch ist zu beachten, daß Markus unter den Mitarbeitern des Paulus (Kol. 4, 10; Philem. 24), und wiederum Silvanus als Genosse des Petrus auftritt (1 Petr. 5, 12). Im Verhältniß zu später darzustellenden Thatsachen sind diese Notizen nicht ohne Wichtigkeit für den Schluß auf eine zwischen den beiden Aposteln erfolgte Verständigung.

Paulus und die Urapostel über die Rechte der Heidenchristen einverstanden, und daß namentlich seit dem Erlasse des Dekretes kein Gegenstand des Streites zwischen ihnen vorhanden gewesen sei. Allerdings bestand Widerspruch der Ansichten über die Verpflichtung der dem Missionsgebiet des Paulus angehörigen jüdischen Christen auf das mosaische Gesetz, begründet auf die von beiden Seiten verschiedene Betrachtung des Verhältnisses zwischen der Heidenmission und der Judenmission. Unsere Quellen haben nur Eine Spur dieses Widerspruchs erkennen lassen, und gestatten über den weitern Verlauf des Streites nur unsichere Vermuthungen. Allerdings mögen die strengen Judenchristen zur Anlehnung ihrer Praktiken an die Auktorität der Urapostel durch diese Spannung zwischen denselben und Paulus ermuthigt worden sein. Aber der Grund dieses Widerspruchs zwischen den Aposteln ist nicht aus der Solidarität der Urapostel mit den Judenchristen[1]) zu erklären, so gewiß aus dem Berichte des Paulus im Galaterbrief das Gegentheil zu entnehmen ist. Diesem müssen wir zum Schlusse unsere Aufmerksamkeit schenken, um so mehr, als er den Schein des Widerspruchs gegen dasjenige Datum der Apostelgeschichte an sich trägt, aus welchem wir das Maaß des jüdischen Standpunktes der Urapostel gewonnen haben.

Paulus erzählt (Gal. 2, 1—10) von seinem Besuche Jerusalems, welcher mit der Erzählung der Apostelgeschichte Kap. 15 zusammenfällt, etwas ganz Anderes als diese. Abgesehen von der abweichenden Motivirung der Reise in beiden Berichten ergeben sich folgende Inkongruenzen, auf welche das Urtheil begründet wird, daß die Berichte sich gegenseitig ausschlie-

---

1) Es ist eine häufig wiederkehrende Erscheinung, daß eine Gemeinschaft ihre Bestimmung und ihren Standpunkt anders versteht, als die Führer, denen sie denselben verdankt. Wenn man in den Gemeinden des Paulus die christliche Freiheit vielfach gänz anders auffaßte, als Paulus selbst, so würde daraus, daß die ganze Gemeinde zu Jerusalem aus judenchristlichen Eiferern bestand, noch nicht folgen, daß die Apostel die Treue gegen das Gesetz in demselben Sinne wie jene hegten. Wenn dieser Schluß gemacht wird, so spiegelt sich darin die unwillkürliche dogmatische Voraussetzung einer ganz specifischen Auktorität der Apostel über ihre Gemeinden, welche geschichtlich nichts weniger als gerechtfertigt ist.

ßen [1]). Nach der Apostelgeschichte sind die Urapostel mit Paulus principiell einig in der Schätzung des Gesetzes und der Anerkennung der Heidenchristen; nach dem Galaterbrief (2, 7—9) haben jene die Heidenmission des Paulus wegen der unverkennbaren Erfolge und des darin ausgesprochenen göttlichen Zeugnisses anerkannt. Die Apostelgeschichte (15, 12) läßt den Paulus nur als Berichterstatter zur Bestätigung der von Petrus vorgetragenen Grundsätze auftreten; während nach dem Galaterbrief Paulus als selbständige Partei den Uraposteln gegenüber gestanden hat. Nach der Apostelgeschichte sind ferner die Verhandlungen über die schwebende Frage öffentlich gewesen, nach dem Galaterbrief (2, 2) geheim. Nach der Apostelgeschichte endlich haben die Urapostel die Anerkennung der Heidenchristen an die Uebernahme der Bedingungen des Proselytenthumes geknüpft, während sie nach dem Galaterbrief (2, 6. 10) dem Paulus keine andere Bedingung stellten, als daß er in den heidenchristlichen Gemeinden die Unterstützung der jüdischen Christen in Palästina betreibe.

Klar ist, daß Paulus eine unmittelbare Bestätigung des Berichtes der Apostelgeschichte nicht giebt; aber derselbe kann nur in dem Falle durch Paulus ausgeschlossen werden, wenn unzweifelhaft festzustellen ist, daß Paulus den Galatern gegenüber sich auf das jerusalemische Dekret berufen mußte. Diese Grundlage der kritischen Operationen gegen die Glaubwürdigkeit der Apostelgeschichte ist jedoch durchaus nicht sicher. Vorausgesetzt die Echtheit des Dekretes, so konnte Paulus dasselbe wohl gebrauchen, um das Vorgeben seiner Gegner zu widerlegen, daß die Beschneidung der Heidenchristen im Sinne der Urapostel sei. Es genügte aber nicht seinem Hauptzwecke, die galatischen Gemeinden auf seine von Niemandem abhängige Auktorität zurückzuführen. Wenn er nun geltend machen konnte, daß diese selbst von den Uraposteln anerkannt war, durch deren Namen sich die Leser zur Abweichung vom Evangelium des Paulus hatten verlocken lassen, so brauchte Paulus nicht zu erwähnen, daß

---

1) Baur, Paulus S. 104 f. Christenthum der drei ersten Jahrh. S. 94. Zeller, Apostelgeschichte S. 224 ff.

gleichzeitig auch jenes Dekret erlassen worden sei. Andererseits, da Paulus nicht behauptet, daß sein Verkehr mit der Gemeinde zu Jerusalem auf jene Privatverhandlung mit den Aposteln beschränkt gewesen sei, sondern da er dieselbe deutlich der öffentlichen Darstellung seines Evangeliums und seiner Wirkungen entgegensetzt [1]), so schließt er die Möglichkeit solcher Verhandlungen und eines solchen Beschlusses nicht aus, wie sie die Apostelgeschichte berichtet. Dieselben sind aber auch nicht dadurch ausgeschlossen, daß Paulus angiebt, die Urapostel hätten keine weiteren Mittheilungen an ihn gerichtet, um sein Evangelium zu ergänzen (V. 6. Vgl. Meyer z. d. St.). Denn die den Heidenchristen zugemutheten Beobachtungen enthielten, wie wir gesehen haben, weder eine Ergänzung noch eine Verkürzung des Evangeliums des Paulus; auch wenn die Apostelgeschichte recht berichtet, daß Paulus mit der Durchführung des Dekretes beauftragt wurde. Nur indem man verkannte, daß das Dekret die Anerkennung des Christenthums der Heiden voraussetzt, und daß es dieselben keiner Bedingung religiöser Art unterwarf, hat man einen Widerspruch zwischen dieser Aeußerung des Paulus und dem Dekrete finden können. Im Gegentheil ist, wie wir gezeigt haben, die Situation zwischen Paulus, Petrus und den Jakobiten in Antiochia, auf welche Paulus im Galaterbrief als dritten Beweis seiner Unabhängigkeit übergeht, nur unter der Voraussetzung des Dekretes zu erklären. Freilich ist nun die gegenseitige Ergänzung beider Berichte nicht der Art, daß nicht die Darstellung der Apostelgeschichte zugleich als unvollständig und ungenau erschiene. Als Paulus nach Jerusalem kam, scheint er bei den Uraposteln doch nicht ein entschiedenes Einverständniß mit seiner Methode der Heidenmission vorgefunden zu haben, wenn er dieselbe aus ihren Erfolgen als dem göttlichen Zeugnisse dafür rechtfertigen mußte. Die Urapostel ließen sich doch, wie es scheint, eine Zeitlang von den strengen Judenchristen imponiren, da Paulus andeutet, daß es Mühe gekostet habe, den

1) Gal. 2, 2: *Ἀνεθέμην αὐτοῖς* — den Jerusalemiten — *τὸ εὐαγγέλιον ὃ κηρύσσω ἐν τοῖς ἔθνεσι, κατ' ἰδίαν δὲ τοῖς δοκοῦσι.* Vgl. Lechler, Das apostolische und nachapostolische Zeitalter, S. 246. (2. Aufl. S. 398).

Titus der Beschneidung zu entziehen. Aber das von ihm berichtete Resultat enthält neben der Trennung der Wirkungskreise doch die gegenseitige volle Anerkennung als Brüder. Ich kann nicht umhin, darauf hinzuweisen, daß beides sich in dem Dekrete wiederspiegelt, welches die sociale Neutralität der beiden Theile jeder Gemeinde, welche sich doch gegenseitig als Bundesgenossen anerkennen, anordnet; und das Motiv, in welchem Jakobus das Dekret vorschlägt, ist auch der Grund der Neutralität der Wirkungskreise. Diese Neutralität ist, wie Thiersch[1]) treffend erinnert, eine ganz andere, als in welcher Luther von Zwingli in Marburg schied. Das Verhältniß der Apostel nach diesem Bericht stimmt also mit dem Ergebniß der Analyse des Dekretes gänzlich überein, und um so mehr ist die Gleichzeitigkeit beider Beschlüsse gesichert. Aber ferner ist die Selbständigkeit des Paulus in seinem Wirkungskreise, deren Anerkennung er in jenem kritischen Momente von den Aposteln gewann, wie er sie von jeher ausgeübt hatte, ein Punkt, den der Verfasser der Apostelgeschichte bekanntlich ignorirt. Und deßhalb läßt er uns auch in Unkunde über den Gegensatz, der auf Grund jener Einigung zwischen Paulus und Jakobus auftauchte, und in dem Streit zu Antiochia an den Tag tritt.

Wir haben nur noch hinzuzufügen, daß jener Streit, dessen innere Motive dargelegt sind, seinen Anlaß an dem verschiedenen Sinne finden mußte, in welchem man sich über die Trennung der Wirkungskreise einigte. Paulus dachte bei dem Gegensatz zwischen der Beschneidung und den Völkern (V. 7) nur an die geographische, Jakobus dagegen an die ethnographische Abgrenzung. Ueber die Frage, wem die Juden in der Zerstreuung zu folgen hätten, war offenbar nicht Abrede getroffen worden. Die entgegengesetzten Ansprüche der Apostel an die Sitte der jüdischen Christen, welche im Heidengebiete lebten, begründeten also einen Widerspruch, aber auch den einzigen Widerspruch zwischen Paulus und den Uraposteln[2]), welcher zum Bewußtsein

1) Die Kirche im apostol. Zeitalter, S. 129.

2) Auf dieses Maaß ist der Widerspruch zwischen Paulus und den Ur-

kam, und über dessen Auflösung durch sie selbst uns jede direkte Angabe mangelt. Dagegen das eigentliche Judenchristenthum ist von apostolischer Auktorität entblößt, und bildet nicht den Grund eines dauernden Gegensatzes zwischen dem Apostel der Heiden und den unmittelbaren Jüngern Jesu.

II. Die Nazaräer und die pharisäischen Ebjoniten.

Die von uns durchgeführte Trennung der Sache der pharisäischen Judenchristen von den Uraposteln wird bestätigt durch die Existenz und die Eigenthümlichkeit des jüdischen Christenthums der Nazaräer, nach der Beschreibung des Hieronymus [1]. In dieser geringen Sekte hat sich die jüdisch-christliche Ansicht und Praxis der Urapostel in der von uns nachgewiesenen Bedingtheit bis ins vierte Jahrhundert erhalten; und aus der Anerkennung, welche die Nazaräer dem Apostel Paulus schenkten, dürfen wir wohl schließen, daß der von uns erkannte Gegenstand des Streites zwischen den Uraposteln und Paulus demselben doch nicht auf die Dauer das Zutrauen der Urapostel und des ihnen folgenden Theiles der Gemeinde zu Jerusalem entzogen hat.

Daß die Nazaräer von den ersten Generationen der Gemeinde zu Jerusalem abstammen, beweist zuerst ihr Name, welcher die älteste jüdische Bezeichnung der christlichen Gemeinde ist (Act. 24, 5); ferner ihre Wohnsitze im Osten des Jordan, namentlich in der Gegend von Pella, wohin die Gemeinde zu Jerusalem während des jüdischen Krieges sich zurückzog [2]; endlich ihre von hellenischen Einflüssen unberührte hebräische Bildung, welche ihnen den Besitz eines aramäischen Evangeliums zum Bedürfniß gemacht hatte. Uebrigens aber halten sie an der jüdischen Sitte nur in demjenigen Sinne, welcher dem Standpunkte der Urapostel entspricht, und den Interessen der

---

apostelu zurückzuführen, welchen Baur seiner Betrachtung der christlichen Urgeschichte zu Grunde legt.

1) Vgl. Schliemann, Die Clementinen S. 445—458, und daselbst die Beläge.

2) Epiph. haer. 29, 7. Euseb. H. E. III, 5.

pharisäischen Judenchristen widerspricht. Die Nazaräer halten sich als geborene Juden für verpflichtet zur Beobachtung des mosaischen Gesetzes, aber sie dehnen diese Verpflichtung ausdrücklich nicht auf die Heiden aus [1]). Dieser Gegensatz gegen die pharisäischen Judenchristen wird noch besonders hervorgehoben durch ihre Deutungen von prophetischen Stellen gegen die Pharisäer. Wie nun jene bedingte Festhaltung des mosaischen Gesetzes mit dem Grundsatze der Urapostel übereinstimmt, so dürfte auch die auf das A. T. gegründete Polemik gegen die Pharisäer einen Rückschluß auf die gleiche Praxis der Urapostel gestatten, welche zwar vom N. T. nicht bezeugt, aber im Vergleich mit den Aussprüchen Christi so natürlich ist. Endlich auch das Motiv, welches die Urapostel an die Beobachtung des Gesetzes fesselte, klingt in der Angabe des Hieronymus wieder, daß die Nazaräer tiefe Trauer über den Unglauben der Juden hegten, und deren Bekehrung zu Jesus mit Sehnsucht entgegensahen. Aber daneben ist nun besonders charakteristisch die rückhaltlose Anerkennung des Apostels Paulus und seines Wirkens unter den Heiden [2]), welche so bedeutend absticht gegen das Urtheil und die Intriguen der pharisäischen Judenchristen im apostolischen Zeitalter, und gegen den Haß der essenischen Judenchristen im zweiten Jahrhundert. Von wem sollten die Nazaräer, welche keinen Verkehr mit den griechischredenden Gliedern der katholischen Kirche pflegen, welche in ihrer Beschränkung auf die hebräische Sprache geistige Berührung nur mit Juden und Judenchristen haben konnten, diese Anschauung empfangen haben,

---

1) Wenn Augustin (c. Faust. XIX, 18) sagt, daß Faustus diejenigen jüdischen Christen, welche auch die Heidenchristen zur jüdischen Sitte zwängen, unter dem Namen Nazarener erwähnt habe, so ist das ein Irrthum. In der Stelle des Faustus (bei Aug. cap. 4), auf welche sich diese Aussage bezieht, ist jener specielle Charakterzug nicht erwähnt; und Augustin selbst erwähnt ihn auch an einer andern Stelle (c. Crescon. I, 31) nicht, wo er von den Nazaräern spricht, stimmt also in der Bestimmung ihres Charakters mit Hieronymus überein.

2) Hieronymus (in Iesaiam l. III. cap. 9, 1) führt als Urtheil der Nazaräer an: Postea autem per evangelium apostoli Pauli, qui novissimus apostolorum fuit, ingravata est, id est multiplicata praedicatio, et in terminos gentium et viam universi maris Christi evangelium splenduit. Man vergleiche mit dieser Auslegung von Jes. 9, 1 die Berufung des Jakobus (Act. 15, 15—17) auf Amos 9, 11. 12.

wenn nicht von den Uraposteln, wie sich dieselben in den Schriften des N. T. darstellen? Wenn die jüdisch-christliche Gemeinde unter den Aposteln nur eine feindliche Stellung gegen Paulus eingenommen hätte, wenn das Bekenntniß der katholischen Kirche zu Petrus und Paulus wirklich aus einer Verschmelzung des Judenchristenthumes und des Paulinismus, aber erst in der nachapostolischen Zeit, hervorgegangen wäre, woher sollen die Nazaräer ihre Hochachtung vor Paulus gefaßt haben, da sie doch seit dem Jahre 69 fast außer Berührung mit der übrigen Kirche geblieben waren? Der Beweis der Uebereinstimmung der Nazaräer mit den Uraposteln ist darum nicht etwa mangelhaft, weil Hieronymus nicht berichtet, daß die Nazaräer die Anerkennung der Heidenchristen an die Bedingungen des Dekretes gebunden hätten. Das verstand sich bei den Nazaräern, wie bei unserem Berichterstatter von selbst; da die heidenchristliche katholische Kirche die Bedingungen des Proselytenthumes in ihren Satzungen festgehalten hatte. Die Vorstellung der Nazaräer von Christus weist ebenfalls auf die Bildungsstufe der jerusalemischen Gemeinde im apostolischen Zeitalter zurück. Einerseits geht ihre Anerkennung der Geburt Jesu durch die Jungfrau Maria auf das Matthäus-Evangelium zurück, dessen palästinensischer Ursprung und dessen Abfassung vor der Zerstörung Jerusalems sicher ist, und mit welchem das aramäische Evangelium der Nazaräer verwandt war[1]). Aber die Erklärung der Dignität Jesu durch den heiligen Geist, dessen ganze Fülle nach der Taufe auf Jesus sich niederließ, faßt mit der Taufgeschichte eine Ansicht zusammen, welche unter den Aposteln nur von Petrus (1 Petr. 3, 18; Act. 10, 38) vertreten ist. Und jene auffallende Idee, daß der heilige Geist in den Propheten auf Christus gewartet habe, um auf demselben zu ruhen, erinnert an keine apostolische Aussage deutlicher, als an die des Petrus (1 Petr. 1, 11), welcher den heiligen Geist in den Propheten, der auf Christus hinweist, schon als Geist Christi bezeichnet.

Den Nazaräern gegenüber haben aber auch die unversöhn-

1) Vgl. Reuß, Geschichte des neuen Testaments S. 185.

lichen Gegner des Paulus, die pharisäischen Judenchristen, den Bestand ihrer Partei noch durch mehrere Jahrhunderte fortgepflanzt. Sie sind deutlich an denjenigen Merkmalen zu erkennen, welche die jüdisch-christliche Sekte der Ebjoniten in den Schilderungen des Irenäus, Tertullian, Origenes und Hieronymus an sich trägt [1]).

Wenn in einigen Zeugnissen nur im Allgemeinen ausgesagt wird, daß die Ebjoniten in dem jüdischen Charakter des Lebens, bei der Verpflichtung auf die Beschneidung, und bei der Beobachtung des ganzen mosaischen Gesetzes verharren [2]), so ergiebt sich aus anderen Aussagen jener Väter, daß sie dieselben Anforderungen auch an alle Christgläubigen gestellt haben. Origenes (in Matth. tom. XI, 12) erwähnt, daß außer den Juden auch die Ebjoniten den Katholikern die Gleichgültigkeit gegen den Unterschied der reinen und unreinen Speise als Verstoß wider das Gesetz vorwerfen. Hieronymus (comm. in ep. ad Gal. l. II. cap. 3, 5) führt an, daß die Anhänger Ebjons meinen, die an Christus Glaubenden müßten beschnitten werden, und daß die Ebjoniten, im Streit mit den Katholikern, die Stelle bei Ezechiel 44, 7, wo von Unbeschnittenen am Fleische und Unbeschnittenen am Herzen die Rede ist, in dem Sinne geltend machen, daß die göttliche Verwerfung jener nicht durch allegorische Umdeutung zu beseitigen sei (comm. in Ezech. l. XIII). Endlich geht aus einer Aeußerung des Hieronymus, in welcher er den Unterschied der Nazaräer von den Ebjoniten bezeichnet, klar hervor, daß diese im Gegensatz zu jenen die Geltung des mosaischen Gesetzes für alle Christen behauptet haben [3]). In demselben Sinne beriefen sie sich auf das Beispiel Christi, auf seine Worte

1) Die übereinstimmenden Berichte des Hippolytus (Refutatio VII, 34), des Eusebius (H. E. III, 27) und des Theodoret (Haer. fabb. II, 2) sind abhängig theils von Irenäus, theils von Origenes; um so mehr die Notizen der späteren Häresiologen.

2) Iren. adv. haer. I, 26. Tertull. de praescr. haer. 33. Orig. c. Cels. II, 1; V, 61; in Gen. hom. III, 5.

3) Comm. in Ies. l. I. cap. 1, 12: Audiant Ebionaei, qui post passionem Christi abolitam legem putant esse servandam. Audiant Ebionitarum socii, qui Iudaeis tantum et de stirpe Israelitici generis haec custodienda decernunt.

(bei Matth. 10, 24), daß der Jünger nicht über dem Meister und der Knecht nicht über dem Herrn sei (Tert. de praescr. append. 48), und auf seinen Ausspruch (bei Matth. 15, 24), daß er nur zu den verlorenen Schafen Israels gesandt sei (Orig. de princ. IV, 22). Diesen Zügen entspricht es, daß die Ebjoniten die Auktorität des Paulus und seiner Schriften verwarfen, weil er ein Apostat vom Gesetze sei [1]), und daß sie ihn mit weiteren Verläumdungen schmähten [2]). Auf den pharisäischen Charakter dieser Ebjoniten weist endlich auch die Angabe des Irenäus (I, 26) zurück, daß sie Jerusalem als das Haus Gottes verehren, offenbar indem sie die Herstellung des Tempelkultus erwarten, und ihre von Hieronymus (in Ies. l. XVIII. cap. 66, 20) bezeugte grobe Auffassung der Herrlichkeiten des tausendjährigen Reiches.

Indessen ist zu beachten, daß wie Epiphanius unter dem Namen der Ebjoniten eine andere Species von Judenchristen darstellt, die essenischen, so Origenes und nach ihm Eusebius ohne Zweifel auch die echten Nazaräer mit den pharisäischen Judenchristen unter dem Namen der Ebjoniten befassen [3]). Beide unterscheiden nämlich zwei Klassen von Ebjoniten, nach den verschiedenen Ansichten von der Herkunft Christi, indem die Einen die Geburt aus der Jungfrau anerkennen, die Anderen Jesum für den Sohn des Joseph und der Maria halten [4]). Da wir jene Ansicht nach dem Zeugnisse des genau unterscheidenden Hieronymus als specifisches Merkmal der Nazaräer kennen gelernt haben, so ist es das Wahrscheinlichste, daß auch die anderen Berichterstatter jene Partei meinen. Dann dürfen freilich die anderen Charakterzüge der Ebjoniten, die Forderung der Gesetzesbeobachtung von den heidenchristlichen Katholikern, die Verwerfung und Verläumdung des Paulus nur der andern, pharisäischen Fraktion der Ebjoniten angerechnet werden. Diese Einschränkung der Glaubwürdigkeit des Origenes ist aber um

1) Iren. I, 26. Orig. c. Cels. V, 65. Hieron. in Matth. l. II. cap. 12, 2.

2) Orig. in Ierem. hom. XVIII, 12.

3) Vgl. Gieseler, Ueber die Nazaräer und Ebjoniten. In Stäudlin und Tzschirner, Archiv für Kirchengesch. IV, 2. S. 279 ff. (1819).

4) Orig. c. Cels. V, 61; in Matth. tom. XVI, 12. Euseb. H. E. III, 27.

so statthafter, als er die Nazaräer schwerlich so genau kannte, wie Hieronymus; und weil er ihrer Treue gegen das Gesetz, wie ihrem sehr erklärlichen Nichtgebrauche der Briefe des Paulus aus Unkunde denselben aggressiven Sinn gegen die Heidenchristen unterlegen konnte, den die pharisäischen Ebjoniten laut genug kund gaben. In der Zeit, in welcher die heidenchristlichen Katholiker die Beobachtung des mosaischen Gesetzes durch Christen überhaupt nicht gelten ließen, trat ihnen nur die Christologie als wichtiges Merkmal zur Unterscheidung verschiedener Fraktionen unter den jüdischen Christen entgegen. Wie unsicher aber dieses Maaß der Beurtheilung ist, erkennt man an einem andern Umstande. Wenn die Christologie überhaupt der ursprüngliche Scheidungsgrund der Fraktionen unter den jüdischen Christen wäre, so würde sich noch eine dritte Fraktion aus den Berichten der jetzt in Betracht kommenden Väter ergeben. Neben der Vorstellung, daß Jesus von Joseph erzeugt, also Mensch wie jeder andere gewesen sei, welche als Charakterzug der (pharisäischen) Ebjoniten bezeugt wird[1]), geben Irenäus und Hippolytus an, daß die Ebjoniten von Jesus ebenso wie Kerinth gedacht hätten, daß auf den Sohn des Joseph und der Maria nach der Taufe Christus, doch wohl ein Engel, herabgestiegen sei, ihn aber vor dem Leiden verlassen habe[2]). Indessen wie in der katholischen Kirche im zweiten Jahrhundert verschiedene Formen der Christologie neben einander galten, von denen freilich seit dem Anfange des dritten Jahrhunderts nur eine als legitim übrig

---

1) Orig. c. Cels. V, 61. in Matth. XVI, 12. Tert. de virg. vel. 6; de praescr. 33. Euseb. H. E. III, 27. Hieron. in ep. ad Gal. l. I. cap. 1, 11. in ep. ad Ephes. l. II. cap. 4, 10. Const. Apost. VI, 6.

2) Iren. adv. haer. I, 25. 26. Hippol. Refutatio omn. haer. VII, 34. Durch dessen Satz: *Τὰ δὲ περὶ τὸν Χριστὸν ὁμοίως τῷ Κηρίνθῳ καὶ Καρποκράτει μυθεύουσιν*, wird entschieden, daß bei Irenäus similiter anstatt non similiter gelesen werden muß. Uebrigens stellt auch der Appendix zu Tert. de praescr. cap. 48 Ebjon mit Kerinth zusammen, freilich ohne den Punkt ihrer Uebereinstimmung zu bezeichnen. Und auf die bekannte Ansicht Kerinths weist auch Tert. de carne Christi 14 zurück: Poterit haec opinio (daß Jesus angelum gestavit) Ebioni convenire, qui nudum hominem et tantum ex semine David — constituit Iesum, plane prophetis aliquo gloriosiorem, ut ita in illo angelum fuisse dicatur, quemadmodum in aliquo Zacharia.

blieb, so ist die Freiheit der christologischen Formen, welche sich ja auch in den kanonischen Evangelien darstellt, innerhalb des jüdischen Christenthums in noch viel stärkerem Maaße erklärlich, da die Genossen desselben das Hauptgewicht ihres Interesses auf die treue Beobachtung des Gesetzes legten. Ebensowenig als die Nazaräer den Verkehr mit den pharisäischen Ebjoniten wegen ihrer abweichenden Vorstellungen von Christus aufgegeben haben werden, begründet das Auftreten der kerinthischen Christologie neben der gewöhnlichen die Wahrscheinlichkeit einer Spaltung unter den pharisäischen Ebjoniten.

Daß Origenes und Eusebius die Nazaräer unter die Ebjoniten subsumiren, kann um so weniger auffallen, wenn man bedenkt, daß der letztere Name, die Armen, ursprünglich ebenso gewiß ein jüdischer Schimpfname für alle (jüdischen) Christen war, wie der Name Nazaräer [1]). Er bezog sich ursprünglich auf die Armuth der jüdischen Christen, welche in verschiedenem Sinne den Spott der Juden herausfordern konnte; dagegen gewiß nicht, wie es stehender Witz der Kirchenväter ist, auf die ärmliche Christologie [2]). Demnach könnte, wie es scheint, mit Recht von dem Ebjonitismus der urchristlichen Gemeinde in Jerusalem gesprochen werden. Indessen ist zu bedenken, daß dies doch in keinem anderen Sinne geschehen dürfte, als den die Juden damit verbanden. Damit kann jedoch der christlichen Geschichtschreibung nicht gedient sein. Und es ist andererseits insofern zu widerrathen, als die Bezeichnung unter den Händen der Kirchenväter eine engere Begrenzung erfahren hat, welche man ebenso wenig ignoriren darf, wie das geschichtliche Gepräge jedes technischen Ausdrucks. Da Hieronymus so bestimmt die Nazaräer von den (pharisäischen) Ebjoniten unterschieden hat, und als einziger direkter Zeuge für den Charakter jener Fraktion dasteht, so empfiehlt es sich nicht, gegen ihn den von Origenes vertretenen Gebrauch des Namens „Ebjoniten" festzuhalten. Nun ist aber fer-

1) Orig. c. Cels. II, 1: Ἐβιωναῖοι χρηματίζουσιν οἱ ἀπὸ Ἰουδαίων τὸν Ἰησοῦν ὡς Χριστὸν παραδεξάμενοι. Vgl. Gieseler a. a. O. S. 306.

2) Daß der Sektenstifter Ebjon mythisch ist, braucht wohl nicht mehr erwiesen zu werden. Die Gründe dafür bei Gieseler a. a. O. S. 298 ff.

ner neuerdings die Aufmerksamkeit so überwiegend auf die von Epiphanius unter dem Namen „Ebjoniten" dargestellte essenische Species von Judenchristen gerichtet worden, daß man ihretwegen den Anspruch ihrer pharisäischen Brüder auf denselben Namen fast vergessen hat. In dieser modernen Beschränkung des Namens liegt aber am allerwenigsten ein Grund, ihn wieder auf die Bezeichnung der Urgemeinde zu Jerusalem auszudehnen. Wir haben vielmehr Veranlassung, den technischen Gebrauch des Namens nicht ausschließlich nach Epiphanius einzurichten, da die Ebjoniten des Hieronymus im Einklang mit den Angaben des Irenäus, Tertullian und Origenes als eine eigene Species des Judenchristenthums erkannt werden mußten. Ob die Benennungen noch weiter distinguirt werden müssen, wird von der Beurtheilung der essenischen Fraktion der Judenchristen abhängen.

Wenn die Gemeinde zu Jerusalem die Empfängerin des Briefes an die Hebräer war [1]), so kann man schwerlich darüber zweifelhaft sein, welche von den beiden daselbst vertretenen Richtungen der Versuchung zum Abfall vom Christenthum ausgesetzt war. Offenbar waren es Ebjoniten, welche an der Würde des unsichtbar bleibenden Jesus irre wurden, welche über dem, wie es scheint, neu angefachten Eifer für den Tempelkultus den anerkannten Werth des Todes Christi hintansetzten, und darum die christlichen Zusammenkünfte zu verlassen begannen. Denn in der von den Ebjoniten ausgehenden Behandlung der Heidenmission giebt sich zu erkennen, daß sie die Sendung Christi nur als ein Mittel zur Hebung der nationalen Theokratie ansahen; wenn ihnen aber diese Rücksicht über Alles ging, so ist es aus ihr zu erklären, daß jüdische Christen die Kultusgemeinschaft mit

1) Daß dies der Fall ist, setze ich hier voraus, obgleich ich das Gewicht eines Theils der Gründe nicht verkenne, welche neuerdings von K. R. Köstlin (Ueber den Hebräerbrief. Theol. Jahrb. 1854. Heft 3, S. 366 ff.) dagegen geltend gemacht worden sind. Allein die von dem Verfasser des Briefs bekämpfte Theilnahme an Opfern und Opfermahlen paßt eben nur auf jerusalemische Christen; und der Beweis für die Beziehung des Briefs auf die Gemeinde zu Alexandria, welchen Köstlin führt, erscheint mir nicht überzeugend.

den Juden der Theilnahme an den christlichen Versammlungen vorziehen konnten. Die den Aposteln sich anschließende Richtung der Nazaräer ist schwerlich zu jener Abirrung disponirt gewesen. Dies wird aus Umständen wahrscheinlich werden, welche alsbald dargelegt werden sollen.

Denn wenn die christliche Ansicht der Nazaräer im Wesentlichen nach der der Apostel zu beurtheilen ist, so ist zu folgern, daß der Hebräerbrief, je enger er sich dem Lehrtypus der Urapostel anschließt, ein um so näheres Verhältniß zu den Nazaräern eingenommen haben wird. Freilich hat die partielle Ueberlieferung, daß Paulus der Verfasser des Briefes sei, deren Unrichtigkeit wir hier voraussetzen, noch immer so viel Einfluß auf die theologische Ansicht, daß man gewöhnlich annimmt, der Brief müsse aus der Schule des Paulus herstammen, weil er ähnlich wie Paulus die Selbständigkeit des Christenthums gegen mosaische Satzungen vertritt. Wäre diese Ansicht die richtige, so wäre der gegenwärtig erreichte Punkt unserer Darstellung nicht der Ort, auf den positiven Inhalt des Hebräerbriefs einzugehen. Indessen soll der Nachweis versucht werden, daß der Brief an die Hebräer im Zusammenhang mit dem Standpunkt der Urapostel steht, und daß er innerhalb der Geschichte des jüdischen Christenthums seine Berücksichtigung finden muß.

Der Verfasser begründet seine Warnung der Judenchristen vor dem Abfall zum Judenthum durch die Nachweisung der Erhabenheit des neuen Bundes vor dem alten. Dieselbe ist zuerst zu erkennen an dem Vorzuge Christi vor den mittlerischen Personen des alten Bundes. Der Sohn Gottes, das Abbild des göttlichen Wesens, das Organ der Weltschöpfung und seit seiner Erhöhung zur Rechten Gottes der Herr über alle Dinge, ist unendlich erhaben über die Engel und über Moses, die Diener, durch welche die Gesetzgebung vermittelt ist. Er ist ferner als Hoherpriester nach der Art des Melchisedek dem levitischen Hohenpriester überlegen. Das erhellt außer anderen Gründen erstens daraus, daß während die levitischen Hohenpriester als sündige Menschen für sich selbst und für das Volk wiederholt opfern, Christus ein für alle Male sich selbst zum Opfer dargebracht hat.

Zweitens ist Christus Priester der himmlischen von Gott selbst erbauten Hütte, deren bloßes Abbild die irdische von den levitischen Priestern bediente Hütte ist. Endlich ist die Darbringung des eigenen Blutes durch Christus vor Gott geeignet, die Sünden zu sühnen und die Gewissen zu reinigen; während das Blut der Opferthiere nur eine äußerliche Reinigung des Fleisches bewirkte. Hieraus folgt, daß die levitischen Opfer, welche keine Vollendung zu vermitteln vermögen, durch den Eintritt des vollkommenen Opfers, das eine bessere Hoffnung begründet, überflüssig gemacht sind. Wer sich dem Opfer Christi unterwirft, hat deßhalb keinen Grund mehr, an den levitischen Opfern theilzunehmen, vielmehr ist es ein Akt des nicht gut zu machenden Unglaubens, wenn die Theilnahme an jenen der Anlaß zur Verlassung des Bekenntnisses zu Christus ist.

Diese Beweisführung des Verfassers gegen eine judenchristliche Verirrung bewegt sich durchaus innerhalb der Grenzen des jüdischen Christenthums und innerhalb der Bedingungen, welche diesen Lebenskreis von dem Heidenchristenthume und den auf dasselbe angewendeten Grundsätzen des Paulus unterscheiden. Der Verfasser ist ein geborener Jude. Dies ergiebt sich nicht nur aus seiner genauen Bekanntschaft mit dem Tempelkultus, sondern auch aus seinem Glauben an die Wirksamkeit der priesterlichen Reinigungen zu der leiblichen Heiligung, deren Gewißheit ihn auf den höhern Erfolg des Opfers Christi schließen läßt (9, 13. 14). Ferner berücksichtigt der Verfasser nur die Bestimmung des Werkes Christi für das israelitische Volk, für den Samen Abrahams (2, 16. 17). Obgleich ihm der Gedanke nicht fremd ist, daß Christus für jeden Menschen den Tod geschmeckt hat (2, 9), so wird von demselben weiter kein Gebrauch gemacht, sondern die sühnende Kraft der hohenpriesterlichen Leistungen Christi nur auf dasselbe Volk bezogen, welchem die levitischen Vermittelungen galten. Wenn auch die Umstände es nöthig machen, mitunter die neutestamentliche Gemeinde dem Volke des alten Bundes gegenüber zu stellen, so geschieht dies in Ausdrücken, welche den vorherrschenden Gedanken nicht beeinträchtigen, daß dasselbe Volk, welchem der alte Bund gehörte, auch der Träger des neuen sei. Denn das Volk, welches Christus durch sein Blut geheiligt hat (2, 17; 7, 27; 13, 12), und in die Gottesruhe einführt (4, 9), ist nicht in dem übertragenen Sinne gedacht, in welchem Paulus die Christgläubigen ohne Unterschied der Abstammung als das wahre Volk Israel bezeichnet (Gal. 6, 16; 4, 28; 3, 29); sondern der Verfasser meint damit dasselbe Volk, welchem der abbildliche levitische Kultus angehörte [1]. Diese Auffassung des Werkes Christi entspricht also durchaus der Stellung der Urapostel zur Mission unter Juden und Heiden; und nur zu dem von jenen vertretenen Gebiete des jüdischen Christenthumes paßt es, daß die Bestimmung Christi für die Juden als Volk so stark über seine Bestimmung für alle Menschen hervorgehoben wird. Der Ansicht des Verfassers entspricht auch nur die Missions- und Lebenspraxis der Urapostel, nicht die des Paulus. Er kann, wenn er Missionar war, nur unter Juden, und zwar in der Absicht gewirkt haben, zunächst die Bekehrung des ganzen Volkes herbeiführen zu helfen, ehe die Predigt an die Heiden zu bringen wäre. Wir müssen ferner annehmen, daß der Verfasser für sich und für seine Leser nicht an ein völliges Aufgeben der jüdischen Sitte und der Nationalgemeinschaft dachte, indem er die Trennung von dem Tempelkultus empfahl. Für diesen Umstand ist das argumentum ex silentio vollkommen ausreichend; da man geborene Juden, wie der Schreiber und die Leser waren, darüber einig denken muß, daß die Beschneidung und die Beobachtung der täglichen Reinigkeitspflichten sich von selbst verstehen. Die bildlich gehaltene Ermahnung an die Leser, zu Christus außerhalb des Lagers hinauszugehen (13, 13), kann unmöglich so verstanden werden, daß die jüdischen Christen ihrer angestammten Sitte überhaupt und ihrem Volksthum untreu werden sollen. Denn dies verbietet die ganze Haltung des Briefes. Sondern in jenem Satze ist die Enthaltung von Opfermahlen eingeschärft, auf Grund dessen, daß das den Christen angehörige Opfer ein Sühnopfer sei, — da Christus außer dem Thore gelitten hat, wie die nicht auf den Altar kommenden Theile der

1) Vgl. Köstlin a. a. O. 1853. Heft 3. S. 415 ff.

Sühnopfer außer dem Lager verbrannt werden mußten, — und daß überhaupt nichts zu Sühnopfern Gehöriges von Menschen verzehrt werden dürfe. Die Ungültigkeit des Opferkultus für die Christen, welche der Verfasser beweist, darf nicht als die Erklärung der Ungültigkeit alles dessen verstanden werden, was man Ceremonialgesetz nennt; denn die Elemente desselben hatten für die Juden selbst ein verschiedenes Gewicht. Daß der Verfasser, wenn er Jude war und an Juden schrieb, in den Beweis der Ungültigkeit des Opferkultus für die jüdischen Christen nicht stillschweigends auch die Abschaffung der Beschneidung eingerechnet haben wird, dafür bürgt nicht nur das Verhalten Jesu selbst zu diesem Punkte (s. o. S. 34), sondern auch das Urtheil des Paulus, daß die Beschneidung viel werth sei (Röm. 3, 1. 2), nämlich als Zeichen der Angehörigkeit zum Volke des alten Bundes. Aber auch auf die Satzungen über unreine Speisen und Lustrationen, welche dem täglichen Verkehr des jüdischen Lebens seine Farbe gaben, kann der Verfasser nicht haben Verzicht leisten wollen, indem er die Nichtverbindlichkeit der Opfergesetze für die Christen bewies. Freilich hat er ganz Recht, die Opfer den verschiedenen Reinigungen und Enthaltungen von unreiner Speise gleich zu stellen (9, 10). Allein an dieser Stelle ist nur von den Opfern, nicht von den anderen Gewohnheiten ausgesagt, daß sie bis zur Zeit der Verbesserung, d. h. bis auf Christus auferlegt seien. Wir müssen also den Verfasser so verstehen, daß er gegen die Fortdauer jener anderen Observanzen unter den jüdischen Christen keine Einwendungen machen will. Nach Maaßgabe der von ihm befolgten typologischen Methode müßte man auch erwarten, daß er das Gegenbild von Beschneidung, Reinigungen, Enthaltung von unreiner Speise im Christenthum nachgewiesen haben würde, wenn er jene jüdischen Uebungen aus dem Kreise des christlichen Lebens ebenso verbannen wollte, wie die Opfer. Endlich aber kann diese Absicht dem Verfasser auch nicht deßhalb beigelegt werden, weil er im Christenthum eine Aenderung des mosaischen Gesetzes im Zusammenhang mit der Aenderung des Priesterthumes angenommen hätte. Denn die Stelle 7, 11—19 spricht von einer Aenderung des mosaischen Gesetzes nur, sofern das alte Priestergesetz durch das Priesterthum Christi thatsächlich ungültig gemacht worden ist.

Wenn also der Verfasser des Hebräerbriefes im Allgemeinen dem Lebenskreise der Urapostel angehört hat, und durchaus nicht daran zu denken ist, daß er sich den Bedingungen des jüdischen Christenthums nur anbequemt habe, so fragt es sich, ob seine Ansicht vom Christenthume der des Apostels Paulus wirklich so nahe steht, wie gewöhnlich angenommen wird, oder ob auch sie vielmehr an die Gedankenreihen der jerusalemischen Apostel sich anlehnt [1]). In Beziehung auf die erste Frage darf man nicht bei der oberflächlichen Betrachtung stehen bleiben, daß der Verfasser des Hebräerbriefes die allgemeine Bestimmung des Todes Christi anerkennt, daß er denselben in Vergleich mit dem Opfer des großen Versöhnungstages stellt, daß er das christliche Leben von den Schranken des jüdischen Ceremonialgesetzes befreien will, und sich in diesen Zügen mit Paulus berührt. Eine Abhängigkeit seiner Ansicht von Paulus ist wenigstens gerade in diesen Berührungspunkten zwischen beiden nicht ausgesprochen. Denn daß Christi Tod allen Menschen zu Gute komme, verstand sich bei allen Christgläubigen von selbst; die Vergleichung desselben mit dem Opfer des großen Versöhnungstages ist bei beiden Lehrern verschieden vollzogen; die Beseitigung des Opferkultus für die Christen hat aber, wie wir gesehen haben, einen ganz andern Sinn, als die Aufhebung des ganzen Gesetzes, welche Paulus meint.

Vielmehr ergiebt sich bei näherer Betrachtung, daß die Hauptideen im Hebräerbrief andere sind, als bei Paulus, und daß eine Einwirkung desselben auf den Verfasser jenes Schreibens nur in Hinsicht Eines Punktes wahrscheinlich gemacht werden kann. Paulus beweist die Aufhebung des mosaischen Gesetzes durch Christus aus der Relation zwischen der Sünde und dem an sich vollkommenen, aber dem Sünder unerfüllbaren Gesetze, von welchem Christus zugleich mit der Sünde den Gläubigen befreit. Der Hebräerbrief beweist die Abschaf-

---

1) Vgl. Köstlin a. a. O. 1854. Heft 4. S. 463 ff.

fung der Opfergesetze durch Christus aus der Unvollkommenheit der Opfer und ihrer Unfähigkeit, die Vollendung zu gewähren, welche das Opfer Christi dem Gewissen zuführt. Paulus beschränkt den Sühnungsakt auf den Tod Christi. Die Besprengung Christi mit seinem eigenen Blut verbürgt die Vollendung der Sühne nach der Norm des mosaischen Vorbildes, weil Christus als Träger der göttlichen Erscheinung dem ἱλαστήριον entspricht, an welches das Opferblut gesprengt werden mußte (s. o. S. 85). Im Hebräerbrief dagegen wird der Typus des Sühnopfers an dem Tode Christi nicht ohne Vermittelung seiner Auferstehung und Erhebung in den Himmel vollzogen; sofern Christus als Hoherpriester mit seinem eigenen Blute in den Himmel als die Stätte der Gegenwart Gottes und das Urbild des Tempels eingegangen ist (9, 11. 12. 23. 24). Paulus unterscheidet die Sühnung der Gläubigen durch den Tod Christi, und die Heiligung derselben durch den von dem Auferstandenen mitgetheilten heiligen Geist. Der Hebräerbrief identificirt Sühnung und Heiligung, weil Tod und Auferstehung nicht im Kontrast, sondern als Glieder der Einen hohenpriesterlichen That angeschaut werden. Man macht eine unrichtige Voraussetzung, wenn man meint, daß die Auferweckung Christi, welche im Hebräerbrief direkt nur einmal (13, 20) erwähnt wird, nicht hervorragende Wichtigkeit für die Anschauung des Verfassers habe. Dies ist vielmehr so gewiß der Fall, als sie die unumgängliche Bedingung des Eintrittes des Hohenpriesters Christus in den Himmel ist. Aber die Auferweckung und die Erhebung Christi zu himmlischem Leben und göttlicher Herrschaft gelten für die Anschauung der Apostel überhaupt als Ein Akt. Demnach ist freilich nicht der Unterschied zwischen beiden Lehrern, daß der Begriff der Heiligkeit bei Paulus positiv, weil auf die Auferstehung begründet; im Hebräerbrief dagegen negativ ist, weil sie auf den Tod Christi zurückgeführt wird (10, 10). Denn die heiligende und reinigende Wirkung seines Blutes hängt eigentlich erst von der Darbringung desselben vor Gott durch den Auferstandenen ab (9, 14; 13, 12); und der positive Begriff der τελείωσις (10, 14; 9, 9; 10, 1; 11, 40) ist mit ἁγιασμός ganz gleichbedeutend gebraucht.

Aber ein sehr specifischer Unterschied zwischen beiden Lehrern liegt in der Ausprägung des Begriffes der Gerechtigkeit gemäß dem Glauben und seiner Beziehung auf das Werk Christi. Für Paulus gilt die an den Glauben geknüpfte Gerechtigkeit als das durch Gottes Urtheil gesetzte Verhältniß des Gläubigen zu ihm, welches seinen geschichtlichen Grund in dem Todesgehorsam Christi findet (s. o. S. 77. 91). Diese Idee steht in so enger Beziehung zu der durch die Sünde hervorgebrachten Unmöglichkeit der Werkgerechtigkeit, daß sie dem Hebräerbrief eben so fremd sein muß, wie es die paulinische Ansicht vom Gesetze und von der Unmöglichkeit seiner Beobachtung durch den Sünder ist. Der Verfasser des Hebräerbriefes knüpft an den Tod Christi ausschließlich die Heiligung für diejenigen, welche sich ihm im Gehorsam unterwerfen (5, 9); und nur in diesem Begriffe hat er das Verhältniß ausgedrückt, in welches Gott durch das mittlerische Werk Christi den Gläubigen zu sich versetzt. Wenn nun doch der Verfasser die Gerechtigkeit vom Glauben ableitet (11, 4—7), so versteht er beide Begriffe anders als Paulus, und giebt ihrer Verbindung eine andere Stelle in der christlichen Gesammtanschauung, als jener. Mit Gerechtigkeit bezeichnet er ebenso wie Petrus und Jakobus die sittliche Fertigkeit und den konkreten Lebenszustand des Subjekts, welcher dem göttlichen Willen entspricht, und nur mit Einschluß der gesetzgemäßen Werke gedacht ist. Der Glaube aber, ohne welchen Niemand Gott gefallen kann, und welcher die Wurzel jener subjektiven Bethätigung ist, ist die Gewißheit der Hoffnung auf die göttliche Bundesverheißung (11, 1). Als das principielle Verhalten des christlichen Subjekts gilt für den Verfasser des Hebräerbriefes, wie für Petrus die Hoffnung auf das zukünftige, also noch nicht offenbar gewordene und realisirte Heil (3, 6; 6, 11. 18; 7, 19; 10, 23). Der Glaube, welcher auf die Wirklichkeit und Gerechtigkeit Gottes (11, 6), und auf die Verheißung bezogen wird (4, 1. 2), ist die Gewißheit der Hoffnung (3, 14), das dieselbe durchdringende Vertrauen auf die Zuverlässigkeit der Verheißung, ungeachtet deren Inhalt noch verborgen ist. In dieser Bedeutung kann der Glaube nicht als das Organ der Aneignung des Werkes

Christi gemeint sein, sondern nur als Folge der durch Christi Priesterthum angeeigneten Heiligung. Auch Paulus faßt diese Seite am Glauben einmal auf (2 Kor. 5, 7), und andererseits tritt auch im Hebräerbrief (5, 9) einmal der Begriff des Gehorsams auf, welcher nichts anderes bedeutet, als was Paulus regelmäßig mit dem Glauben meint. Allein, wenn doch der Glaube bei Paulus überwiegend als eine bestimmte Form des Gehorsams und im Hebräerbrief überwiegend als das in der Hoffnung mitgesetzte Vertrauen sich darstellt, so hängt diese Abweichung davon ab, daß der Glaube einmal auf die in Christus offenbar gewordene göttliche Gnade, das anderemal auf den noch nicht offenbar gewordenen Inhalt der Verheißung bezogen wird. Ein Widerspruch zwischen beiden Lehrern ist natürlich hierin nicht ausgedrückt, aber eine solche Abweichung in der Anlage ihrer Ideenreihen, welche die Voraussetzung einer wesentlichen Abhängigkeit des Hebräerbriefes von Paulus durchkreuzt. Denn für den Verfasser jenes Briefes steht die Hoffnung auf die zukünftige Herrlichkeit in der Mitte der religiösen Anschauung; das hohepriesterliche Werk Christi, dem man sich im Gehorsam unterwirft, ist als Grund der mit der Hoffnung verbundenen freudigen Zuversicht zu Gott (3, 6; 4, 16; 10, 19. 35) vorausgesetzt; und die zuständliche Gerechtigkeit aus dem Glauben ist als Folge der Gewißheit der Verheißung zu verstehen. Dagegen Paulus stellt den Glauben, der durch Christi Vermittelung die Gerechtigkeit als gegenwärtiges Verhältniß zu Gott in sich schließt, voran, und macht die Hoffnung auf das zukünftige Heil davon abhängig. Es mag sein, daß der Gebrauch der Formel ἡ κατὰ πίστιν δικαιοσύνη (11, 7) durch die Lehrbildung des Paulus veranlaßt ist, aber sie hat für den Verfasser des Hebräerbriefes einen andern Sinn und anderes Gewicht, als für den Heidenapostel. Eine direkte Abhängigkeit jenes von diesem können wir nach allem dem nur in der Vorstellung von Christus vermuthen. Daß der Sohn Abglanz der Majestät und Gepräge des Wesens Gottes genannt wird (1, 3), steht keinem neutestamentlichen Gedanken näher, als dem paulinischen, daß Christus das Ebenbild des Vaters ist (s. o. S. 80). Und da Paulus diese Auffassung unter den Aposteln allein hegt, so darf wohl vermuthet werden, daß die gleichgeltende Umschreibung im Hebräerbrief von paulinischer Anregung herstammt.

Dieser Beweis der wesentlichen Unabhängigkeit des Hebräerbriefes von der Lehrform des Paulus wird nun ergänzt durch die Beobachtung, daß die Prämissen zu seiner Hauptidee bei den Uraposteln gefunden werden. Der dogmatische Hauptgedanke des Hebräerbriefes ist eine durch bestimmte Rücksichten bedingte Auslegung der den christlichen Glauben überhaupt begründenden Thatsache, der Auferstehung Christi von den Todten zu himmlischer Macht. Sofern Christus aus dem Tode in den Himmel eingegangen ist, ist er dem Glauben des Verfassers als der wahre Hohepriester offenbar, der zu dem Zweck sich selbst geopfert hat, daß er mit seinem Blute die Sühne vor Gott leiste. Die Voraussetzungen zu dieser Auffassung der Erhebung des Auferstandenen sind nun zwei, die Ansicht von dem Opfercharakter des Todes Christi, und von dem Himmel als dem eigentlichen urbildlichen Tempel. Daß Christus in seinem Tode als Opfer anzusehen sei, ist von Petrus im ersten Briefe (1, 19) und von Johannes in der Apokalypse deutlich genug bezeugt. Daß der Himmel, als der Ort Gottes, der eigentliche Tempel sei, ist in der Apokalypse vollständig ausgeprägt, und auch schon Stephanus ist dem Gedanken nahe gekommen (Act. 7, 48—50; 6, 14). Freilich Petrus und Johannes fassen Christus als das wahre Passahopfer, und nicht als das Sühnopfer auf, welches dem jährlichen Versöhnungstage entspricht, während dieser Typus vielmehr von Paulus geltend gemacht wird (Röm. 3, 25). Nichts destoweniger läßt sich die Abweichung der Ansicht im Hebräerbrief von der der Urapostel aus dem Zusammenhang jener beiden Prämissen erklären, ohne daß man auf Abhängigkeit von Paulus zu reflektiren braucht, bei welchem ja die Idee vom Sühnopfer Christi anders ausgeprägt ist. Wenn nämlich Christus in seiner Erhebung zum Himmel als Hoherpriester erschien, weil der Himmel als der eigentliche Tempel angesehen wurde, so mußte folgen, daß das von ihm vorher dargebrachte Opfer das dem Versöhnungstage angehörige Sühnopfer war, da nur mit dem

Ritus jener Feier der Eintritt des Hohenpriesters in das Allerheiligste verbunden war.

Die Ansicht des Hebräerbriefes von dem himmlischen Hohenpriesterthume Christi ist also Resultat einer Kombination der allgemein christlichen Vorstellungen von dem Opfercharakter seines Todes und von der Erhebung des Auferstandenen in den Himmel mit der im Kreise der Urgemeinde lebenden und, wie es scheint, zu allmählicher Klarheit gekommenen Idee, daß der Himmel das Urbild des Tempels sei. Der Hebräerbrief stellt also eine spätere Entwickelungsstufe der christlichen Ansicht der Apostel dar, welche sich wie diese noch innerhalb des Gebietes des jüdischen Christenthumes hält. Aber wenn auch die Grenzen der nationalen Sitte von dem Verfasser unseres Briefes durchaus nicht durchbrochen werden, so beabsichtigt er doch eine Veränderung des Umfanges der jüdischen Sitte, im Vergleich mit der bis dahin geltenden und von den Aposteln gebilligten Praxis der Urgemeinde. Wir können es uns freilich nicht recht vorstellen, in welcher Weise die Urapostel und die jerusalemische Gemeinde am Opferkultus Theil genommen haben. Die Schriften der Urapostel verrathen nichts, woran wir Heidenchristen ein inneres Bedürfniß derselben nach jenen Observanzen anzuknüpfen vermöchten. Indessen ergiebt es sich nicht nur indirekt aus der erörterten Situation des Hebräerbriefes, sondern direkt auch aus Act. 21, 23 ff., daß die Urapostel mit ihrer durchaus idealen und universalistischen Ansicht vom Werke Christi die Theilnahme am Opferkultus verbunden haben müssen; und zwar wahrscheinlich mit größerer Unbefangenheit, als uns verständlich ist. Noch der Apokalyptiker will die Erhaltung des Tempels für die Zeit der Wiederkunft Christi, offenbar in einem Interesse, auf welches der Verfasser des Hebräerbriefes verzichtet hat. Dieser also hat es vermocht, die christliche Ansicht der Urapostel so zu entwickeln, daß die Ueberflüssigkeit des Opferdienstes und die Unverträglichkeit desselben mit dem christlichen Bekenntniß in das Licht trat. Er ist darin nicht nur auf die Tendenz des Stephanus zurückgekommen, welcher mehr als sein, denn als des Paulus Vorläufer anzusehen ist, sondern hat auch aus eigener Erfahrung den Weg zu dem Grundsatze Christi (Mark. 12, 33. 34) gefunden, daß die Liebe zu Gott und zum Nächsten, nicht aber die Opfer und Brandopfer den Antheil am Gottesreiche bedingen (Hebr. 13, 13--16). Wir können aber hiebei auch beobachten, daß die vom Verfasser des Hebräerbriefs entwickelte Konsequenz der apostolischen Ansicht nicht nach dem Triebe der begrifflichen Nothwendigkeit, sondern unter Einwirkung eines äußern Anlasses, nämlich des Abfalles der Judenchristen zu Stande gekommen ist. Eben diese thatsächliche Erfahrung von der Unvereinbarkeit des Opferkultus mit dem christlichen Bekenntniß mußte zur Auseinandersetzung beider vom christlichen Standpunkte aus führen.

Unter der Voraussetzung jener Veranlassung des Hebräerbriefs bestätigt derselbe den innern Gegensatz zwischen den Uraposteln und den Judenchristen, über dessen Bestehen man sich durch ihre Gemeinschaft in der jüdischen Sitte nicht täuschen lassen darf. Die vom Hebräerbrief dargestellte Fortbildung der apostolischen Ansicht, und die von seinem Verfasser angestrebte Verkürzung der jüdischen Sitte ist nicht als Beweis der Entwickelungsfähigkeit des von uns so genannten Judenchristenthums zu deuten. Der judenchristliche Grundgedanke, in welchem die Anerkennung Christi den Zwecken der nationalen Religion untergeordnet, und die Neuheit des Bundes durch die Behauptung seiner Identität mit dem alten sogleich verleugnet wird, gestattet keine christlich-religiöse Entwickelung. Die Verkürzung der jüdischen Sitte im Kreise der essenischen Judenchristen, welche das Opferinstitut principiell verwerfen, widerlegt jene Behauptung nicht; denn das Motiv dazu liegt nicht, wie beim Hebräerbriefe, in einer Entwickelung des christlichen Gedankens, sondern in der Stabilität der essenischen Sitte. Andererseits erscheint freilich die im Hebräerbrief angestrebte Verkürzung der Sitte der jüdischen Christen äußerlich als eine Annäherung an das Heidenchristenthum. Aber da durchaus nicht der Bruch der jüdischen Christen mit der nationalen Sitte und Gemeinschaft überhaupt beabsichtigt wird, so läßt der Hebräerbrief dennoch die Grenzen bestehen, welche durch die Neutralität der apostolischen Wirkungskreise bezeichnet sind, und dient nicht zum Beweise einer allmählich vor sich gehenden Verschmelzung zwischen jüdischen Christen und Heidenchristen. Endlich, da diese nicht durch einen Widerspruch zwischen ihren Aposteln über den Inhalt des Christenthums oder über das Recht der Theilnahme der Heiden an demselben getrennt waren, sondern nur durch die bekannte Rücksicht der Urapostel auf ihre Nation, so kann der Hebräerbrief auch nicht darauf angesehen werden, daß er der Versöhnung beider christlichen Richtungen dienen wolle. Vielmehr ist auch unter Voraussetzung seines Erfolges bei den ursprünglichen Lesern anzunehmen, daß die jüdischen Christen den Bestand ihrer Partei mit den übrigen Merkmalen ihrer nationalen Sitte fortpflanzten, ohne Feindschaft gegen das Heidenchristenthum zu hegen, aber auch ohne daß ihre Anerkennung der Freiheit der Heidenchristen erst durch diesen Brief hervorgerufen oder überhaupt sicher gestellt worden wäre.

Die Enthaltung vom Opferkultus, zu welcher der Hebräerbrief die jüdischen Christen anzuleiten versuchte, wurde ihnen nicht lange Zeit nach seiner Abfassung durch die Zerstörung des Tempels aufgedrängt. Es scheint demnach, als ob eine Einwirkung des in jenem Briefe geführten Beweises auf die Ueberzeugung der jüdischen Christen kaum beobachtet werden könnte; da die thatsächliche Unmöglichkeit, Opfer darzubringen, es vollständig erklären würde, wenn man bei den jüdischen Christen später keine Rücksicht auf den Tempelkultus mehr vorfindet. Jedoch ist auch aus den mangelhaften Quellen über den spätern Bestand des jüdischen Christenthums wahrzunehmen, daß die Nazaräer und die Ebjoniten eine verschiedene Stellung zu dem Wegfall des Tempels und seines Kultus einnahmen. Die von Irenäus (adv. haer. I, 26) bezeugte Verehrung der Ebjoniten vor Jerusalem als dem Hause Gottes, verräth es, daß dieselben mit den Juden auf die Herstellung des Tempels zu hoffen fortfuhren. Den Nazaräern dagegen wird nichts dergleichen nachgesagt. Wenn nun auch dieser Umstand an sich natürlich nicht beweist, daß sie in jenem Punkte von den Ebjoniten abgewichen seien, so wird sich dies doch ergeben, wenn wir den T e s t a m e n t e n d e r zwölf Patriarchen ihren Ursprung im Kreise der Nazaräer anweisen dürfen [1]).

Der Verfasser dieses nach der Zerstörung des Tempels geschriebenen apokalyptischen Buches legt den Söhnen Jakobs Weissagungen auf Christus in den Mund, welche die Bekehrung des israelitischen Volkes zum Glauben an den Erlöser bezwecken. Aus dieser Tendenz ist mit Sicherheit zu schließen, daß der Verfasser selbst seiner Abstammung nach jenem Volke angehörte, und die Angehörigkeit zu demselben als Christgläubiger nicht verleugnete. Einem Heidenchristen ist weder der Gedanke, daß die Israeliten aus der Zerstreuung gesammelt werden sollten, noch die Absicht zuzutrauen, durch solche Weissagung auf die Bekehrung des israelitischen Volkes als solchen hinzuwirken. Vielmehr fassen alle heidenchristlichen Schriftsteller des zweiten Jahrhunderts den Unglauben der Mehrzahl des jüdischen Volkes gegen Jesus so auf, daß Gott dasselbe aus dem Bund gestoßen habe, um die Heiden an dessen Stelle treten zu lassen [2]). Eine Nachwirkung der Warnung des Paulus an die Heidenchristen (Röm. 11, 17 ff.) und seiner Verheißung der zu erwartenden Bekehrung Israels ist im Kreise des Heidenchristenthums nicht wahrzunehmen. Einen weitern Beweis der jüdisch-christlichen Herkunft des Buches als jenen kann man nicht mit Sicherheit führen. Denn der besonderen Kennzeichen der jüdischen Sitte zu erwähnen, hatte der geborene Jude in der Rede an seine Volksgenossen keine Veranlassung. Die Einkleidung des Buches aber konnte auch ein Heidenchrist erfinden, da z. B. Justin, dem Paulus folgend, das Christenthum im Gegensatz gegen den Mosaismus mit der Religion der Patriarchen identificirt (Dial. c. Tryph. 19. 20). Der jüdisch-christliche Verfasser des Buches ist jedoch

---

1) Ich habe diese Schrift in der ersten Ausgabe des Buches der paulinischen Entwickelungsreihe zugewiesen. Ich erkenne das Recht des Widerspruches an, welchen Kayser in den „Straßburger Beiträgen zu den theol. Wissenschaften", drittes Bändchen (1851) S. 107 ff. dagegen erhoben hat, kann aber freilich nicht zustimmen, wenn jenes Apokryphum durch Heranziehung von Parallelen aus den Pseudoclementinen auf das Gebiet des essenischen Ebjonitismus gestellt wird.

2) Ep. Barn. 4. 14 Iustin. Dial. 16. 18. 135. Iren. IV, 4, 1. Cf. Clem. Rom. ad Corinth. 29. 30. 58. 2 Ep. Clem 2.

kein Ebjonit gewesen. Denn er stellt die Errettung Israels und aller Heiden als die Aufgabe Christi in einer so rückhaltlosen Unbefangenheit dar, welche ein Ebjonit nie kund geben konnte. Freilich könnte eingewendet werden, daß doch auch die Ebjoniten die Bekehrung der Heiden überhaupt wollten, daß aber in dem Buche keine Gelegenheit geboten war, die von den Ebjoniten gestellten Bedingungen derselben zu berühren. Jedoch es ergiebt sich, daß der Verfasser in die Heidenmission, wie sie eben unabhängig von der jüdischen Sitte von Statten gegangen war, in einer Weise sich gefunden hat, wie es gerade die Ebjoniten nicht thaten. Er deutet das Zerreißen des Tempelvorhanges im Momente des Todes Christi als den Akt, in welchem der Geist Gottes auf die Heiden überging, und erwartet, daß durch die Erwählten aus den Heiden Israel überführt werden solle (Benj. 9. 10); damit das Reich des Feindes sein Ende finde, an dem Tage, an welchem Israel den Glauben ergriffe (Dan 6). Die Anerkennung des Heidenchristenthums in Verbindung mit der dringenden Erwartung der Bekehrung des ganzen israelitischen Volkes charakterisirt nun den jüdisch-christlichen Verfasser des Buches als Nazaräer. Und hiemit stimmt zunächst seine Ansicht von der Person Christi überein. Denn diese ist keine andere als die nazaräische, daß Jesus Mensch sei, daß in der Taufe der Geist Gottes, um auf ihm zu ruhen, sich niedergelassen, und in ihm Heiligkeit, Gerechtigkeit, Erkenntniß, Sündlosigkeit gewirkt habe (Levi 18; Juda 24) [1].

---

1) Daneben finden sich Aussprüche, welche in modalistischer Weise Jesus als den in Menschengestalt erscheinenden Gott darstellen (Sym. 6; Levi 4. 5; Zabulon 9; Aser 7; Juda 22; Benj. 10). Kayser a. a. O. S. 113 hat bei der Mehrzahl dieser Stellen den Verdacht der Interpolation, gewiß mit Recht erhoben. Wenn aber derselbe Gelehrte in anderen Stellen Anspielungen auf die essenisch-ebjonitische Lehre von Adam-Christus, dem wahren Propheten wahrnehmen will, so kann ich dieser Beobachtung nur widersprechen. Denn die Hauptstelle Levi 8 ist offenbar ebenfalls interpolirt, Benj. 9 ist das Wort προφήτης auch nicht zum Texte gehörig; und das sind die beiden einzigen Fälle, in denen Christus Prophet genannt wird. Endlich die Stelle Levi 17 bezieht sich auf die Person des Levi selbst. Daß derselbe zu Gott wie zu einem Vater sprechen wird, bezieht sich darauf, daß Levi zum Sohne Gottes ernannt war (cap. 4); und auf seine Auferstehung am Tage der Freude über die Errettung der Welt rechnet er ebenso wie die anderen Patriarchen (Sym. 6; Benj. 10). Unrichtig ist auch die Meinung von Kayser, daß Christus zu-

Deßhalb dürfen wir *die Testamente der zwölf Patriarchen* als *Denkmal der nazaräischen Richtung* während des zweiten Jahrhunderts zu deren Schilderung benutzen. Die Ermahnungen, welche in allen Theilen des Buches mit der Vorhersagung der Zukunft abwechseln, finden ihren Mittelpunkt in der *Erfüllung der Gerechtigkeit* gemäß *dem Gesetze*, den Geboten und Satzungen Gottes (Levi 13; Gad 3; Juda 13. 18; Rub. 3; Naphth. 2. 3; Joseph 11. 18). Die Furcht Gottes erscheint als das Hauptmotiv der Gesetzeserfüllung (Rub. 4; Levi 13; Jos. 11; Benj. 3), die Fertigkeit derselben wird als Gemüthseinfalt (ἁπλότης) oder als guter Wille (ἀγαθὴ καρδία), einmal auch als Weisheit (Levi 13) bezeichnet. Indem die Sündhaftigkeit auf den Teufel und seine Geister zurückgeführt wird, so gilt die Fähigkeit zum Guten doch als principiell unbeschränkt, bis zur Behauptung der Möglichkeit, daß in Jemand kein Böses wohne (Sym. 5). Indem die Furcht vor Gott, das Gebet und das Fasten vor der Versuchung schützt, so ist die Fürbitte, sei es von einem Menschen (Rub. 1. 4), sei es von Engeln (Levi 3), im Stande, die Uebertretungen der Gerechten zu sühnen. Der Inhalt des Gesetzes ist rein sittlich, und obwohl die Einkleidung der Testamente die Unterscheidung zwischen der Gesetzgebung des Moses und der Christi anzudeuten nicht gestattet, so ist doch die wiederholte Betonung der Liebe gegen Gott und gegen den Nächsten (Isaschar 7; Dan 5; Joseph 11) in dem Sinne zu verstehen, daß das von Christus vollendete mosaische Gesetz die Norm des Lebens sei. Denn die Erneuerung des Gesetzes durch Christus (Levi 16) ist nur insofern gemeint, als die beharrliche Uebertretung des Gesetzes vor Christus als eine Aenderung desselben gewürdigt wird (Naphth. 3). Alle diese Züge berühren sich eben so bestimmt mit der Haltung des Jakobusbriefes, als die Paränese nach Inhalt und Form dem Charakter der didaktischen Poesie des alten Testamentes nachgebildet ist

---

gleich als Engel dargestellt werde. Der Engel, welcher Israel bei Gott vertritt, und deßhalb als Mittler zwischen Gott und Menschen wegen des Friedens Israels bezeichnet wird (Dan 6; cf. Levi 2—5), ist von dem Messias deutlich genug unterschieden als der Mittler für die vormessianische Zeit.

(s. o. S. 111). In die Erfahrung des Verfassers ist der Bruch zwischen dem Neuen und dem Alten in seinem ganzen Umfange noch nicht eingetreten; den sittlichen Inhalt des Christenthums faßt er nicht als Gegensatz, sondern als Fortbildung der alten Religion auf.

Das individuelle Gepräge der in dem Buche empfohlenen Sittlichkeit entspricht ferner der gegen Andere milden, gegen sich selbst vorsichtigen, ja asketisch strengen Haltung, welche Hieronymus den Nazaräern bezeugt. Das Mitleid gegen Unglückliche, die Mildthätigkeit gegen Arme, die Schonung sogar gegen Thiere, die Friedlichkeit und Versöhnlichkeit werden ergänzt durch Abneigung gegen die Reize der Weiber, durch äußerste Vorsicht im Weingenuß, durch die Hochschätzung der Armuth, durch Bedenklichkeit gegen den Gelderwerb, durch freiwilliges Fasten, sowohl um der Versuchung zu entgehen, als um eine begangene Sünde zu büßen, und zwar durch Enthaltung von Fleisch und Wein [1]) gelegentlich bis zum Ende des Lebens (Jos. 3; Rub. 1, Sym. 3; Jud. 15).

Außer diesen sittlichen Grundsätzen, welche die Kunde von den Nazaräern ergänzen und erläutern, bieten jedoch die Testamente der zwölf Patriarchen noch eine eigenthümliche Ansicht von dem Berufe Christi dar, und bereichern dadurch unsere Kenntniß des dogmatischen Standpunktes der Nazaräer. Christus wird nicht nur als König, sondern auch als Hoherpriester dargestellt. Sofern diese beiden Aemter ursprünglich zwischen Juda und Levi vertheilt waren, ist es für den Verfasser von hervorragender Wichtigkeit, und wird von ihm wiederholt ausgesprochen, daß Christus sowohl von Levi als von Juda abstammt. Die Funktionen des Priesterthums werden schon in Beziehung auf Levi nicht blos als der Dienst in der Nähe Gottes und als Darbringung von Opfern bestimmt, sondern zugleich auf die Mittheilung der göttlichen Geheimnisse und die Vollziehung des Gerichtes ausgedehnt (Rub. 6; Levi 2. 4). Diese drei Geschäfte werden nun auch dem

1) Das Vorbild hiezu ist bei Daniel, und nicht mit Kayser a. a. O. S. 137 bei den essenischen Ebjoniten zu suchen.

neuen Priester Christus beigelegt [1]), welcher einen Nachfolger in Ewigkeit nicht finden wird. Aber indem das Levi übertragene Priesterthum in Christi Person zur Vollendung kommt, wird den priesterlichen Funktionen Levi's selbst ein Ende gemacht. Die Darbringung der Opfer durch Levi's Nachkommen soll nur so lange dauern, bis Gott in dem Erbarmen seines Sohnes sich der Heiden annimmt (Levi 4; Rub. 6); und nur bis zu diesem Zeitpunkte soll der Tempel in Achtung sein (Benj. 9; Levi 15). Es ist nicht direkt ausgesprochen, in welcher Weise der Hohepriester Christus den eigentlichen Priesterdienst vollziehen soll. Christus wird als das unschuldige Lamm bezeichnet, welches sündlos für die Sünder stirbt, in dem Blute des Bundes, zum Heile Israels und der Heiden (Benj. 3). Indeß da diese Aussage nicht mit dem Priesterthume Christi, sondern mit dem Hasse der Juden in Verbindung gebracht wird, so scheint der Verfasser das Priesterthum Christi nicht auf die Selbstopferung desselben bezogen zu haben. Da er nun andererseits den obersten Himmel, wo Gott thront, als den eigentlichen Tempel (das Allerheiligste) vorstellt (Levi 3. 5); da er ferner im fünften Himmel die Engel des Angesichtes Gottes denkt, welche ihm dienen, und vor dem Herrn alle Vergehen der Gerechten sühnen durch die Darbringung vernünftigen Wohlgeruches und unblutiger Opfer (Levi 3); da er endlich an Christus sowohl hervorhebt, daß er von der Erde zum Himmel aufgestiegen ist (Benj. 9), als daß über seinem Priesterthume alle Sünde aufhören wird (Levi 18), so ziehen wir den Schluß, daß der Verfasser den priesterlichen Dienst Christi in dessen Erhebung zum Himmel und in dem dort geleisteten Opfer der Fürbitte vollzogen denkt [2]).

Diese Anschauung von dem neuen Priesterthume Christi, durch welches die levitischen Verrichtungen im Tempel aufgehoben

1) Levi 18: Ἐγερεῖ κύριος ἱερέα καινόν, ᾧ πάντες οἱ λόγοι κυρίου ἀποκαλυφθήσονται· καὶ αὐτὸς ποιήσει κρίσιν ἀληθείας ἐπὶ τῆς γῆς ἐν πλήθει ἡμερῶν· — καὶ ἐπὶ τῆς ἱερωσύνης αὐτοῦ ἐκλείψει πᾶσα ἁμαρτία.

2) Kayser a. a. O. S. 126 will aus Levi 9 schließen, daß der Verfasser auch christliche Opfermahlzeiten in dem Sinne der essenischen und ebjonitischen Sitte anerkennt. Indessen in jener Stelle ist nur die Beschreibung des levitischen Opferdienstes enthalten.

werden sollten, entspricht am nächsten der Lehre des Hebräerbriefes. Da nun dieses Schreiben aus dem jüdisch-christlichen Lebenskreise der Urapostel hervorgegangen ist, da ferner die Testamente der zwölf Patriarchen einen Nazaräer zum Verfasser haben, so ergiebt sich, daß der Hebräerbrief die beabsichtigte Ueberzeugung von der Abschaffung der levitischen Opfer durch das ewige Hohepriesterthum Christi wenigstens bei einem Theile der jüdischen Christen hervorgebracht hat. Es mag sein, daß die Zerstörung des Tempels die Ueberzeugungskraft des im Hebräerbriefe geführten Beweises unterstützt hat. Jedenfalls bezeugt die uns vorliegende Schrift, daß, wenn die Nazaräer den Verlust des Tempelkultus mit Gleichgültigkeit ansahen, sie dies aus inneren religiösen Gründen thaten. Ferner aber dient dies Dokument zur Befestigung des aufgestellten Gegensatzes zwischen dem unapostolischen Judenchristenthum, und dem nichts weniger als geistig beschränkten, sondern freien und entwickelungsfähigen Standpunkte, den die Urapostel und die Nazaräer, ungeachtet ihrer Treue gegen das jüdische Volksthum und ungeachtet ihrer dadurch begründeten Selbstbeschränkung auf dessen Sitte, einnahmen.

War der Verfasser der Testamente ein Nazaräer, so kann endlich das dem Patriarchen Benjamin in den Mund gelegte Lob des Apostels Paulus [1]) keine Verwunderung erregen, da derselbe als Heidenapostel die Anerkennung der Nazaräer besaß (s. o. S. 153). Auch in dem Falle, daß die Stelle, wie Kayser (S. 138) es denkbar macht, interpolirt wäre, ist gar kein Grund zu der Annahme, daß sie von heidenchristlicher Hand herrühre, zumal sie in Stil und Anschauung sich von dem Gesammtgepräge des Buches nicht entfernt.

---

1) Test. Benj. 11: *Καὶ ἀναστήσεται ἐκ τοῦ σπέρματός μου ἐν ὑστέροις καιροῖς ἀγαπητὸς κυρίου, ἀκούων τὴν φωνὴν αὐτοῦ, γνῶσιν καινὴν φωτίζων πάντα τὰ ἔθνη, φῶς γνώσεως ἐπεμβαίνων ἐν σωτηρίᾳ τῷ Ἰσραήλ· καὶ ἁρπάζων ὡς λύκος ἀπ' αὐτοῦ καὶ διδοὺς τῇ συναγωγῇ τῶν ἐθνῶν· καὶ ἕως συντελείας τοῦ αἰῶνος τῶν αἰώνων ἔσται ἐν ταῖς συναγωγαῖς τῶν ἐθνῶν καὶ ἐν τοῖς ἄρχουσιν αὐτῶν ὡς μουσικὸν μέλος ἐν στόματι πάντων· καὶ ἐν βίβλοις ταῖς ἁγίαις ἔσται ἀναγραφόμενος καὶ τὸ ἔργον καὶ ὁ λόγος αὐτοῦ· καὶ ἔσται ἐκλεκτὸς θεοῦ ἕως τοῦ αἰῶνος, καὶ δι' αὐτοῦ συνέτισέ με Ἰακὼβ ὁ πατήρ μου λέγων· αὐτὸς ἀναπληρώσει τὰ ὑστερήματα τῆς φυλῆς σου.*

Da es wahrscheinlich ist, daß die Anschauungsweise und die Lebenspraxis der Urapostel, welche die Nazaräer noch im vierten Jahrhundert festhalten, in der jüdisch-christlichen Gemeinde zu Jerusalem vorgeherrscht hat, so lange dieselbe bestand, d. h. bis in die Zeiten Hadrians, so ergiebt sich aus unserer Darstellung, daß die Zerstörung Jerusalems durch Titus das jüdische Christenthum in der Kirche nicht überhaupt unmöglich gemacht hat. Es ist zuzugeben, daß der Stoß, welchen das jüdische Volksthum hiedurch empfing, auch die Tendenz des jüdischen Christenthums in ihrem tiefsten Grunde verletzte. Allein die Folgen davon traten nicht sogleich an den Tag. Vielmehr hat die Vernichtung des Opferkultus das Gleichgewicht in dem religiösen Standpunkt der Nazaräer nicht aufheben können, da die Doktrin des Hebräerbriefs aus der apostolischen Urgemeinde hervorgegangen ist und auf dieselbe eingewirkt hat. Aber die Zerstörung des Opferdienstes hat sogar erst noch eine neue Species von jüdischem Christenthum ins Leben gerufen, welche sich in die Erinnerungen der Stammgemeinde von Jerusalem eingedrängt hat, und die Eroberungsgelüste der pharisäischen Judenchristen in sich aufgenommen hat: das essenische Judenchristenthum.

III. Das essenische Christenthum.

Die Kenntniß dieses Zweiges des Judenchristenthums ist neuerdings, namentlich durch die unausgesetzte Beschäftigung mit den pseudoclementinischen Schriften, bedeutend gefördert worden. Indessen die Stellung der Partei, der diese Schriften angehören, zu den palästinensischen Aposteln, zu der heidenchristlichen Kirche des zweiten Jahrhunderts und zu dem häretischen Gnosticismus ist in vielen Beziehungen noch unklar geblieben. Einen sichern Grund für die Aufklärung jener Verhältnisse der Partei wird man nur durch das Verständniß des religiösen Charakters ihrer jüdischen Ahnen, der Essener legen können. Auch bei diesem Gegenstande spricht sich die Unsicherheit der Betrachtungsweise in dem Titel des „gnostischen Ebjonitismus" aus, welcher namentlich durch Schliemann in Umlauf gesetzt ist, aber nur dahin gewirkt hat, die wirkliche Wurzel der Eigenthümlichkeit jener Gruppe des Judenchristenthums zu verdecken. Wir begründen die Darstellung des essenischen Christenthums durch die Charakteristik der jüdischen Sekte der Essener.

A. Die Essener.

Die Essener [1]) sind eine Sekte unter den Juden in speciellerem Sinne, als die Pharisäer und Sadducäer. Sie sind in einer Gesammtzahl von mehr als Viertausend (Ios. Ant. 18, 1, 5; Philo p. 457) theils über die Städte Palästina's zerstreut (Ios. B. I. 8, 1, 4), theils in besonderen Ansiedelungen auf dem Lande vereinigt gewesen (Philo p. 457). Diese auseinandergehenden Angaben beider Berichterstatter können um so leichter zusammengefaßt werden, als die ausschließliche Beschäftigung der Essener mit Ackerbau, welche ihnen Josephus nachsagt (τὸ πᾶν πονεῖν ἐπὶ γεωργίᾳ τετραμμένοι, Ant. 18, 1, 15) auf ländliche Wohnsitze schließen läßt; und die Betreibung von Ackerbau und Handwerken, welche Philo bezeugt (ὧν οἳ μὲν γεωπονοῦντες, οἳ δὲ τέχνας μετιόντες p. 457), auch auf Wohnsitze in Städten hinweist.

---

1) Die folgende Darstellung habe ich schon in einer Abhandlung „über die Essener" in den Theol. Jahrbüchern 1855, Heft 3. S. 315—356 durchgeführt. Die Beurtheilung der neueren Versuche zur Erklärung des Essenismus, durch welche ich das Recht einer neuen Hypothese begründe, namentlich die Gründe, welche gegen die Ableitung des Essenismus aus der Einwirkung griechischer Philosophie und gegen die Abhängigkeit der palästinensischen Essener von den ägyptischen Therapeuten geltend zu machen sind, nehme ich hier nicht wieder auf; und berücksichtige auch hier die Therapeuten nur, sofern sie mit den Essenern übereinstimmen, nicht aber sofern sie durch Aneignung philosophischer Kultur von ihnen abweichen. Meine Darstellung ist inzwischen bestritten und die Ableitung des Essenismus vom Pythagoräismus wieder vertheidigt worden von Zeller (Der Essäismus und das Griechenthum; Theol. Jahrb. 1856, Heft 3. S. 401—433) und von Mangold (Die Irrlehrer der Pastoralbriefe. 1856). Daß ich trotz der namentlich von Zeller anschaulich gemachten Aehnlichkeit der Essener und Pythagoräer und trotz des von ihm nachgewiesenen höhern Alters der letzteren, die Essener aus der Entwickelung eines hebräischen Grundgedankens erkläre, beruht einmal auf der methodischen Forderung, daß wenigstens der Keim im hebräischen Religionsbewußtsein nachgewiesen werden muß, auf welchen das Beispiel des asketischen Lebens befruchtend hätte wirken können, dann aber darauf, daß die hebräische Idee des Priesterthums sich als den Schlüssel der essenischen Sitte erweist. Mangold hat jene Bedingung der Untersuchung ignorirt; Zeller hat sie anerkannt, aber aus einer irrigen Ansicht vom Priesterthume die Anwendbarkeit dieser Idee für jenen Zweck unpassend gefunden. — Die Quellen, aus denen die Kenntniß von den Essenern zu schöpfen ist, sind Josephus Antiqq. XVIII, 1, 5; Bellum Iud. II, 8, und Philo's Schrift Quod omnis probus liber (Mangey tom. II. p. 444—470).

Das Bestehen der essenischen Sekte erwähnt Josephus zuerst im Allgemeinen für die Zeit des Makkabäers Jonathan, um die Mitte des zweiten Jahrhunderts vor Christus (Ant. 13, 5, 9); aber wenn vielleicht diese Angabe zu hoch gegriffen sein sollte, so ist doch die Existenz der Sekte im zweiten Jahrhundert vor Chr. darum nicht zu bezweifeln, weil Josephus ferner einen Essener Judas zur Zeit des Königs Aristobulus (106 v. Chr.) nennt, welcher den Tod des Bruders desselben, Antigonus vorausgesagt haben soll (B. I. 1, 3, 5; Ant. 13, 11, 2).

Die eigenthümliche Sitte der essenischen Sekte beruht auf einem engen Zusammenleben. So streng die Essener sich von anderen Juden absondern, so sehr suchen sie die Gemeinschaft unter sich; wo überhaupt Essener wohnten, war Einer ausdrücklich zur Versorgung der reisenden Brüder angestellt (Ios. B. I. 2, 8, 4). Denn gerade in der Auffassung und Einrichtung des täglichen Bedürfnisses, der Mahlzeit, giebt sich der specielle religiöse Zweck der Sekte zu erkennen. Ueber die täglichen, heiligen Mahle berichtet Josephus (B. I. 2, 8, 5) Folgendes: „Nach dem Morgengebete werden sie, jeder zu dem Geschäfte, welches er versteht, von den Vorstehern (oder Verwaltern, ἐπιμεληταί) entlassen; und wenn sie bis zur fünften Stunde hinter einander gearbeitet haben, versammeln sie sich wieder an einem Orte; und nachdem sie sich mit leinenen Schürzen gegürtet haben, waschen sie so den Körper in kaltem Wasser ab. Und nach dieser Reinigung (ἁγνεία) kommen sie in einem besondern Hause zusammen, welches zu betreten keinem der anders Glaubenden gestattet ist; und sie selbst gereinigt kommen in den Speisesaal, wie in einen heiligen Tempel (ἅγιόν τι τέμενος). Und wenn sie sich mit Ruhe niedergelassen haben, so legt der Speisemeister nach der Reihe Brote vor; der Koch aber bringt jedem eine Schüssel mit einem Gerichte. Ueber der Speise betet vorher der Priester (προκατεύχεται ὁ ἱερεὺς τῆς τροφῆς), und vor dem Gebete etwas zu kosten ist verboten; wenn er gespeist hat, betet er wiederum, und abwechselnd preisen sie Gott als Verleiher der Speise. Dann legen sie die Gewänder als heilige ab, und begeben sich bis zum Dunkel wieder an die Arbeit. Auf gleiche Weise speisen sie am

Abend, indem die Fremden, die etwa da sind, bei ihnen sitzen." Wenn diese Schilderung noch nicht den deutlichen Eindruck gemacht hat, daß es sich hiebei um Opfer und Opfermahlzeit handelt, so ergiebt es sich unzweifelhaft aus folgenden Aussagen des Josephus (Ant. 18, 1, 5): „Indem sie in den Tempel Weihgeschenke senden, bringen sie keine Opfer dar, wegen des Vorzuges ihrer Reinigungen (ἁγνεῖαι), und indem sie deßhalb von dem gemeinsamen jüdischen Heiligthume ausgeschlossen sind, vollziehen sie die Opfer in ihrem eigenen Kreise" (ἐφ' αὐτῶν τὰς θυσίας ἐπιτελοῦσι). „Zu Empfängern für die Einkünfte, und für Alles was die Erde trägt, erwählen sie gute Männer, und zu Priestern für die Bereitung des Brotes und der Speisen" [1]).

Die Essener besitzen also Priester, und zwar nicht levitischer Herkunft, sondern gewählte; und die Opfer, welche dieselben darbringen, bestehen in dem Brote und den Speisen. Der Opferakt selbst wird durch das über den Speisen gesprochene Gebet vollzogen; und sofern die Essener alle Speise nur unter dieser Bedingung genießen, sind alle ihre Mahlzeiten Opfermahlzeiten.

Indem wir diese Thatsachen zu deuten versuchen, lassen wir einstweilen die Angabe des Josephus bei Seite, daß die Essener diese Opferhandlungen unternommen hätten, weil sie vom Tempel ausgeschlossen worden seien. So sehr es auffällt, von nicht levitischen Priestern und von Opfern außerhalb des Tempels bei Juden jener Zeit zu hören, so wurzelt doch die Praxis der Essener in einer echt hebräischen Idee und in einer weit verbreiteten jüdischen Sitte. Die prophetische Idee, daß das Gebet das Opfer der Lippen sei, und die Gewohnheit der Juden außerhalb Jerusalems, tägliche Gebetsstunden parallel mit den Opfern im Tempel abzuhalten [2]), erscheint auch als die Grundlage der esse-

---

1) Der Ausdruck ποιεῖν σῖτον kann nur auf die Bereitung der Speisen gedeutet werden. Dann entsteht freilich eine Schwierigkeit im Vergleich mit der Stelle B. I. 2, 8, 5, wo der vorbetende Priester von dem σιτοποιός und vom μάγειρος unterschieden wird. Die Zusammenfassung dieser Geschäfte mit der Gebetsfunktion wird sich noch erklären.

2) Woraus nach dem Untergang des Tempels sich die Anschauung entwickelt, daß das Gebet überhaupt an die Stelle des Opfers getreten sei. Vgl. Friedmann und Grätz, in den Theol. Jahrbüchern 1848, S. 356.

nischen Opferhandlung. Wegen des Gebetes über den Speisen empfangen diese überhaupt den Charakter als Opfermahlzeit; wegen des Gebetes hat der Vorbeter den Charakter des Priesters.

Aber wie kommen die Essener dazu, daß sie von jener prophetischen Idee die eigenthümliche Anwendung auf alle ihre Mahlzeiten machen? Der Grund davon giebt sich zu erkennen in dem Verhalten und den Merkmalen aller übrigen Theilnehmer an den Mahlzeiten. Nämlich dieselben nehmen dem vorbetenden Priester gegenüber keineswegs die Stellung ein, welche den jüdischen Laien im Unterschiede von den aaronitischen Priestern angewiesen ist. Schon der Umstand ist von Wichtigkeit, daß die Essener niemals von Anderen bereitete, sondern nur die in ihrem Kreise geweihte Opferspeise essen dürfen. Josephus erzählt (B. I. 2, 8, 8): „Die, welche auf bedeutenden Vergehungen ergriffen sind, stoßen sie aus der Gesellschaft. Der Ausgeschiedene geht aber häufig durch den traurigsten Tod unter. Denn durch die Eide und die Sitte gebunden, kann er auch nicht die von den Anderen bereitete Speise annehmen; grasessend aber und von Hunger verzehrt kommt er um. Deßhalb freilich haben sie aus Erbarmen Viele in den letzten Zügen wieder aufgenommen, indem sie die Todesqual für eine genügende Sühne gelten lassen." Die Essener müssen sich also bei dem eigentlichen Eintritte in die Gesellschaft eidlich verpflichtet haben, nie mehr andere als Gott dargebrachte Speise zu genießen. Hierin liegt aber eine sehr auffallende Analogie zu der Stellung der levitischen Priester, die ja ebenfalls ihren Unterhalt ausschließlich von Gott geweihten Gaben zogen, sei es aus Opferdeputaten, oder Erstlingen oder dem Zehnten, oder anderen Leistungen. Nur die Modalität dessen ist verschieden, was als Gott dargebrachte Gabe angesehen wird; indem auf dem Standpunkte der Essener nur die in ihrem Kreise durch Gebet Gott geweihten Speisen als heilige gelten. Dieselbe Analogie zum levitischen Priesterthume bietet die Lustration dar, welche alle Essener vornehmen, ehe sie sich zu ihrem heiligen Mahle versammeln. Die bei ihnen übliche Abwaschung des ganzen Körpers geht sogar noch über die Reinigung der Hände und Füße hinaus, welche den Priestern vor jeder Dienstleistung vorzunehmen geboten war (Exod. 30, 17—21). Endlich ist nicht zu verkennen, daß wenn die Essener bei ihrer Feier weiße leinene Kleidung tragen, sie darin den levitischen Priestern nachahmend sich denselben gleichstellen (vgl. Lev. 6, 3). In der Hauptstelle freilich erwähnt Josephus nur, daß die Essener nach dem Schlusse des Mahles ihre Kleider als heilige ablegen, ehe sie sich wieder an die Arbeit begeben; es ist also vorauszusetzen, was er verschwiegen hat, daß sie dieselben nach der Lustration angelegt haben. Welcher Art aber diese heiligen Kleider waren, ergiebt sich daraus, daß die Novizen neben Anderem jenen leinenen Schurz, in welchem die Lustration vorgenommen wird, und ein weißes Kleid, offenbar von Leinen, als Insignien empfingen (B. I. 2, 8, 7). Ferner bezeichnet Josephus noch anderswo (§. 3) das Tragen weißer Kleidung (λευχειμονεῖν) als charakteristisches Merkmal der Sekte, und dasselbe bemerkt Philo von den ägyptischen Therapeuten bei der Schilderung ihrer Feier des siebenten Sabbaths (de vita contempl. p. 481 M).

An diesen drei Zügen, dem ausschließlichen Genusse heiliger Opferspeise, der stehenden Lustration vor den täglichen Opfermahlzeiten, dem Gebrauche leinener Kleidung, ist zu erkennen, daß die Essener überhaupt eine Priestergesellschaft darzustellen beabsichtigen. Hiemit steht die Uebertragung des Priestertitels auf die einzelnen Vorbeter nicht im Widerspruch. Denn sofern die Funktion nur durch Wahl übertragen wird, erscheint der Unterschied der Priester von den Uebrigen nur als relativer, und nicht als specifischer. Aber wie verhält sich nun dieses Priesterthum der Essener zur allgemeinen jüdischen Anschauungsweise? Nachdem die besprochenen Merkmale der Essener ihren Anspruch darauf verrathen haben, Priester zu sein, und als solche zu erscheinen, ist die Antwort einfach und leicht. Sie wollen den Charakter des Priesterkönigreiches verwirklichen, welcher dem Volke Israel (Exod. 19, 6) zugesprochen [1]), aber durch

---

1) Der Begriff des Priesters ist im A. T. ursprünglich nicht der des Mittlers, sondern dessen, der heilig, von Gott erwählt und berechtigt ist, Gott zu nahen. Vgl. Bähr, Symbolik des Mos. Kultus II. S. 11 ff. Nachdem dieser Gedanke zwar auf das ganze israelitische Volk angewandt, aber in größter

die Erhebung des levitischen Stammes und der Familie Aarons zurückgedrängt, und nicht zur Entwickelung gekommen war. Ferner aber weisen die von uns erörterten Merkmale der Essener darauf hin, daß sie das allgemeine israelitische Priesterrecht in den Formen ausprägen, welche dem aaronitischen Priesterthume vorgeschrieben waren [1]).

Aus diesem Principe erklären sich noch mehrere andere Eigenthümlichkeiten der essenischen Sitte; zunächst ihre Enthaltung vom Weine. Den levitischen Priestern war es verboten, Wein zu trinken, so bald und so lange sie in Funktion am Tempel waren (Lev. 10, 9). Wenn nun die Essener, denen Josephus (B. I. 2, 8, 5) ununterbrochene Nüchternheit nachsagt, und die Therapeuten (Philo de vita contempl. p. 483) überhaupt keinen Wein genießen, so erklärt sich diese Steigerung des den levitischen Priestern ertheilten Verbotes dadurch, daß jene in ununterbrochener priesterlicher Funktion stehen wollen. Diese Deutung, welche in Analogie zu den bisher erkannten Merkmalen der essenischen Sitte steht, wird noch ausdrücklich bestätigt durch die Aeußerung Philo's, daß die richtige Vernunft sie anleitet, nüchtern zu leben, wie die Priester nüchtern opfern. Wenn auch durchaus nicht behauptet werden kann, daß Philo und Josephus die Gesammterscheinung der essenischen Sitte von dem uns leitenden Gedanken aus darstellen, so ist doch diese beiläufige Bestätigung unserer Hypothese nicht gering anzuschlagen. Denn gerade, je weniger Philo eine derartige Betrachtung der essenischen und the-

---

Specialität nur auf die Familie Aarons übertragen war, ist der Stand des Nasiräers die einzige Art, in welcher der Nichtaaronit sein Priesterrecht in aktiver Weise darstellen durfte. Dies erkennt man an der mannigfachen Analogie zwischen der Lebensweise des Nasiräers und der des Priesters. Die Askese auf dem Gebiete der hebräischen Religion wurzelt also überhaupt in dem Priestercharakter. Dies gegen die Bemerkungen von Zeller, Theol. Jahrb. 1856. S. 414—417.

1) In der Sitte der ägyptischen Therapeuten, welche im Allgemeinen das specifisch jüdische Gepräge der Essener nicht bewahrt hat, sind doch einige Züge, welche mit dem Charakter der essenischen Mahlzeiten sich berühren, und darauf schließen lassen, daß auch jene Sekte ursprünglich mit den priesterlichen Essenern zusammenhängt. Die Therapeuten gebrauchen bei den heiligen Sabbathsmahlen, welche Philo (de vita contempl.) beschreibt, ὕμνοι παραβώμιοι (p. 484). Dies bedeutet nicht, daß sie einen Altar in ihrem Versammlungshause hatten, sondern daß sie ihre Mahle als Opfermahle vollzogen.

rapeutischen Sitte befolgt, scheint um so mehr in dieser Bemerkung die eigene Ansicht der Sekte anzuklingen.

Auch die den Essenern eigenthümliche **Enthaltung von der Ehe** (Ios. Ant. 18, 1, 5; B. I. 2, 8, 1; Philo ap. Euseb. praep. ev. 8, 11, 14) wird schwerlich durch den von Josephus angeführten Grund richtig erklärt, daß sie sich vor der Ueppigkeit und Untreue der Weiber hätten bewahren wollen. Denn die Enthaltung von der Ehe ist kein gemeinsamer Charakterzug aller Essener. Ein Theil der Essener freilich blieb ehelos; und diese sicherten den Bestand ihrer Sekte durch Annahme und Erziehung fremder Knaben (Ios. B. I. 2, 8, 1). Der andere Theil der Essener hingegen lebte in der Ehe (§. 13). Diese unterwarfen die Weiber, ehe sie dieselben heiratheten, ebenso wie die Novizen, einer dreijährigen Probezeit, und vor dem Antritte der Ehe einer dreimaligen Lustration. Als Zweck der Ehe wird aber der jüdische Gesichtspunkt angegeben, um die Erzeugung von Kindern zu versuchen. Bei dieser Abweichung im Schooße der essenischen Sekte selbst ist es weder möglich, jenen Grund des Josephus für die Enthaltung von der Ehe als charakteristische Ansicht der Essener gelten zu lassen, noch bestätigt sich hiebei die Annahme derjenigen, welche die essenischen Enthaltungen überhaupt aus einer dualistischen Entgegensetzung von Geist und Leib ableiten wollen; es müßte denn die Hälfte der Sekte bei einer der nächstliegenden Folgerungen dem vorausgesetzten Principe untreu geworden sein. Wenn die eine Art der Essener, die ja in den bisher besprochenen Zügen ihre Richtung auf besondere priesterliche Reinheit und Heiligkeit verrathen, es für erlaubt und für pflichtmäßig hielt, zu heirathen, so folgten sie darin nicht nur der allgemeinen jüdischen Anschauung, sondern verstießen auch durchaus nicht gegen irgend eine gesetzliche Norm der Reinheit und Heiligkeit. Denn das Gesetz Lev. 15, 18 erklärt nicht den Beischlaf für verunreinigend, sondern nur den unwillkürlichen Samenfluß des Mannes, welcher das sein Lager theilende Weib berührt [1]. Aber gerade dies Gesetz muß schon frühe theilweise dahin miß-

1) Vgl. **Sommer**, Biblische Abhandlungen S. 226 ff.

verstanden worden sein, daß es die eheliche Beiwohnung überhaupt für verunreinigend erkläre (Exod. 19, 15; 1 Sam. 21, 5; 2 Sam. 11, 4; Ios. contra Apionem 2, 24), und auf die Ueberlieferung dieses Mißverständnisses muß sich die Praxis des andern Theiles der Essener stützen. Denn wenn die Essener überhaupt in ihren Uebungen wie Enthaltungen bisher das Streben nach der höchsten priesterlichen Heiligkeit verrathen haben, so haben wir auch für die bei einem Theile derselben geltende Verwerfung der Ehe das Vorbild nur im Kreise der allgemein jüdischen Anschauungen von levitischer Reinheit oder Unreinheit zu suchen. Für diesen Fall ist freilich kein Gesetz zu finden; aber die weitgreifende und altbegründete, wenn auch mißverständliche Deutung jenes Gesetzes genügt zur Erklärung der vorliegenden Erscheinung. Jene Essener können nur darum die Ehe verworfen haben, weil sie die eheliche Pflicht für verunreinigend hielten, und deßhalb in der Ehe überhaupt ein Hinderniß ihrer priesterlichen Reinheit erkannten, welche sie in gesteigerter Weise auszuüben sich verpflichtet fühlten.

Ob übrigens die Weiber der verheiratheten Essener an den priesterlichen Mahlen, dem höchsten Rechte der Sektengenossen, theilgenommen haben, wird sich schwer ausmachen lassen. Es liegt nur die Angabe des Josephus vor, daß dieselben die den Mahlzeiten vorhergehenden Lustrationen begehen, und zwar in Gewänder gehüllt (während die Männer mit dem leinenen Schurze gegürtet sind). Daraus folgt aber nicht ohne weiteres, daß sie auch mit den Männern an den nun folgenden Opfermahlen theilgenommen haben. Denn auch die höhere Klasse der Novizen ist zwar zu jener Lustration, nicht aber zu den Mahlen zugelassen. Freilich erreichen die männlichen Novizen dieses Ziel nach der dreijährigen Probezeit, welche auch die Weiber zu bestehen haben, ehe sie geheirathet werden; aber da Josephus ohne Schwierigkeit die Theilnahme der Weiber an den heiligen Mahlen hätte bezeugen können, wenn sie stattfand, so dürfen wir nicht den Schluß wagen, daß die Weiber durch ihre dreijährige Prüfung dasselbe Recht gewonnen haben werden, wie die Männer. Freilich finden sich im Kreise der ägyptischen Therapeuten auch Frauen als Genossen der heiligsten Mahlzeiten. Aber dieser Umstand bietet nichts zur Entscheidung der vorliegenden Frage. Denn weder bezeichnet Philo dieselben deutlich als Ehefrauen der Therapeuten [1]), noch ist es bei dem anders bedingten Charakter der Askese unter den Therapeuten wahrscheinlich, daß die Ehe unter ihnen ausgeübt wurde. Dann aber erklärt es die kosmopolitischere Art der Therapeuten, daß erst unter ihnen auch die Gleichstellung der Weiber mit den Männern in der Theilnahme an den heiligen Mahlen sich entwickelt haben mag.

Die Enthaltung vom Genusse des Fleisches ist zwar direkt und im Allgemeinen von den Berichterstattern nicht bezeugt; aber sie folgt für die Therapeuten daraus, daß als Bestand ihrer heiligen Mahle ausdrücklich Brot, Salz, Ysop bezeichnet werden (Philo p. 483. 484). Wenn ferner den Essenern nachgesagt wird, daß sie keine Thiere opfern (Philo p. 457), die Essener aber keine andere als Opferspeise genießen, so folgt daraus, daß sie überhaupt auf thierische Nahrung verzichtet haben müssen. Diese Thatsache erhält ein gesteigertes Interesse, wenn man damit die Haltung vergleicht, welche die Essener gegen den Thieropferkultus im Tempel zu Jerusalem einnehmen. Josephus (Ant. 18, 1, 5) sagt: „Indem sie in den Tempel Weihgeschenke senden, bringen sie keine Opfer dar wegen des eingebildeten Vorzuges ihrer Reinigungen (*διαφορότητι ἁγνειῶν ὡς νομίζοιεν*), und indem sie deßhalb von dem gemeinsamen Heiligthume ausgeschlossen sind, vollziehen sie die Opfer in ihrem eigenen Kreise.“ Wenn der Grund der Unterlassung von Thieropfern und der Enthaltung vom Fleischgenusse in der dualistisch begründeten Reflexion auf die Unreinheit des thierischen Lebens läge, so müßte man bei den Essenern eine ganz durchgreifende Abneigung gegen den jerusalemischen Tempel zu finden erwarten.

---

1) De vita contempl. p. 482: Bei der Feier des siebenten Sabbaths *συνεστιῶνται καὶ γυναῖκες, ὧν πλεῖσται γηραιαὶ παρθένοι τυγχάνουσι τὴν ἁγνείαν.* Der Gegensatz zwischen den in der asketischen Lebensrichtung altgewordenen Jungfrauen und den übrigen Weibern ist auch so zu verstehen, daß die letzteren aus Jungfrauen jüngeren Alters, aus Wittwen, oder aus solchen Ehefrauen bestanden haben, welche um des therapeutischen Lebens willen sich der Ehe entzogen hatten.

Sie müßten denselben als Hauptstätte aller Unreinigkeit verworfen und alle Verbindung mit demselben abgebrochen haben. Anstatt dessen erweisen sie demselben ihre Anerkennung durch Weihgeschenke, welche auch angenommen zu sein scheinen, obgleich die Essener selbst aus dem Tempel ausgeschlossen waren. Daß sie aber an den Thieropfern im Tempel sich nicht betheiligen, erklärt Josephus selbst nur aus dem Vorzuge, den sie ihren eigenen Reinigungen beilegen, nicht aus ihrer Verdammung der Thieropfer überhaupt. Freilich müssen wir den Pragmatismus in der Mittheilung des Josephus nach einer andern Seite hin in Anspruch nehmen. Der Opferdienst der Essener hängt mit ihren Reinigungen so untrennbar zusammen, daß sie nicht blos wegen ihrer Reinigungen sich vom Thieropfer im Tempel zurückgezogen, und erst wegen ihrer Ausstoßung aus der Tempelgemeinschaft ihren Opferdienst ausgebildet haben werden; sondern sie enthalten sich des unter dem levitischen Priesterthume stehenden Tempelkultus, weil sie ihren eigenen priesterlichen Kultus, der in Reinigung und Opfer besteht, für genügend und für besser halten; und wegen der ausgesprochenen Prätension priesterlichen Charakters werden ihre Personen vom Tempel fern gehalten, den sie übrigens als Kultusstätte des ganzen Volkes nicht anfechten. Dieser Thatbestand ist vom Standpunkte beider einander entgegenstehenden Parteien ganz begreiflich. Wenn die Essener als Priester einen Opferkultus vollziehen zu können meinen, so haben sie kein Bedürfniß mehr, die Vermittelung der levitischen Priester anzusprechen; dagegen die levitischen Priester müssen jenem Anspruche der Essener auf ein gültiges Priesterthum mindestens die Exkommunikation von dem Orte des nationalen Kultus entgegengesetzt haben. Aber das Verfahren der Essener verhält sich zu der Einen Kultusstätte doch ganz anders, als etwa der Dienst der Höhen in den Zeiten der Könige. Denn nicht nur durch ihre Weihgeschenke, sondern auch durch Unterlassung der Schlachtung von Thieren außerhalb des Tempels nach dem Gesetze Lev. 17, 3—6 erkennen sie das Privilegium des Tempels an. Der Zusammenhang ist also der: die Essener wollen blos Opferspeise genießen, sie erkennen aber an, daß Thieropfer nur im Tempel geschlachtet werden dürfen, deßhalb enthalten sie sich nebst den Thieropfern auch des Fleischgenusses überhaupt. Man könnte daran denken, daß die Essener, indem sie doch den Tempelkultus überhaupt anerkennen, dort Thieropfer darbringen und demnach dort Opferfleisch essen konnten; jedoch ihre Ansicht von ihrem eigenen Priesterthume, sowie von dem vollkommenen Charakter ihrer Opfer ließ ihnen dies von vorn herein nicht als Bedürfniß erscheinen, und überdies wurde es ihnen nachträglich durch die Exkommunikation verwehrt. Die essenische Art des Opfers verstößt aber nicht gegen die Regeln, in welchen das Privilegium der Einen Kultusstätte ausgesprochen ist. Zunächst ist Lev. 17. nur die Darbringung von Thieropfern an einem andern Orte ausgeschlossen und mit dem Fluche bedroht; die Essener opfern aber auch keine Thiere, sondern vegetabilische Speisen. Dann ist der Tempel nur privilegirt für die Darbringung der Gaben an Jehova durch Feuer; die Essener aber opfern auch nicht durch Feuer, sondern durch Gebet. Indem das Gesetz an diese Modalität gar nicht denkt, und nicht denken kann, so durften die Essener die Meinung hegen, dadurch das Gesetz auch nicht zu verletzen; zumal da sie nicht der Ansicht waren, ihre Sitte als allgemeingültige Kultusform dem Volke aufzudrängen und den Tempeldienst in Jerusalem zu stürzen.

Unsere Anschauung von den Essenern ist durch den zuletzt erörterten Punkt nach einer andern Seite hin erweitert worden, als wohin die früheren Merkmale wiesen. In ihrer weißen Kleidung, in ihren regelmäßigen Lustrationen vor der Opferhandlung, in ihrer Beschränkung auf den Genuß heiliger Opferspeise, in ihrer Enthaltung vom Weine und theilweise von der Ehe erkannten wir das Streben, den priesterlichen Charakter in derselben Weise, oder in einer Steigerung der Weise darzustellen, welche den levitischen Priestern vorgeschrieben war. Sie lassen sich durch die Absicht leiten, die Attribute des levitischen Priesterthumes auf sich zu übertragen. Die Enthaltung vom Fleischgenusse dagegen verräth eine bestimmte Verzichtleistung auf ein Attribut des levitischen Priesterthums, welches freilich demselben nicht unmittelbar zukommt, aber durch Vermittelung der

Anordnung der Einen Kultusstätte. Weil nur im Tempel Thiere zu opfern gestattet war, und weil dieser Dienst den levitischen Priestern oblag, so mußten hiebei die Essener die Analogie mit denselben verlassen; und indem sie sich nicht anmaßten, auch Thiere zu opfern, stets jedoch Opferspeise genießen wollten, so enthielten sie sich des Fleischgenusses überhaupt.

Die Anwendung dieses zweifachen Erklärungsgrundes für die Sitte der Essener wird durch eine die Therapeuten betreffende Notiz Philo's gerechtfertigt. Wie er die Enthaltung der Therapeuten vom Weine in Analogie zu der gleichen Enthaltung der dienstthuenden Priester stellt, so macht er bei einem andern Zuge ihrer Sitte auf absichtliche Unterscheidung von den levitischen Priestern aufmerksam (de vita contempl. p. 484). Bei der Feier des siebenten Sabbaths „tragen die Jungen den vorher genannten Tisch hinein, auf welchem die heiligste Speise liegt, gesäuertes Brot mit der Zukost von Salz, dem Ysop beigemischt ist, aus Rücksicht auf den im Tempel stehenden heiligen Tisch. Denn auf diesem liegen Brote und Salz ohne Gewürz; ungesäuert die Brote, ungemischt das Salz. Denn es ziemte sich, daß das Einfachste und Reinste dem vornehmsten Theile der Priester bestimmt sei, als Preis ihres Dienstes, daß aber die Anderen zwar G l e i c h e s e r s t r e b e n, sich aber der Brote enthalten, damit die Besseren einen Vorzug haben.“ In diesem Geständniß des Philo ist nicht nur bestätigt, daß die Therapeuten (und Essener) im Allgemeinen die levitischen Priester nachahmen wollen, sondern auch ausgesprochen, daß sie in gewissen Punkten deren Vorzug durch die Gestalt ihrer heiligen Uebungen anzuerkennen bemüht sind.

In derselben Richtung, sich von den levitischen Priestern zu unterscheiden, scheint nun auch in der essenischen Sitte die E n t h a l t u n g v o m G e b r a u c h e d e s S a l b ö l e s zu liegen. Dieser Punkt ist freilich am allerschwierigsten aufzufassen. Josephus sagt (B. I. 2, 8, 3): „Für Schmutz halten sie das Oel, und wenn einer unfreiwillig gesalbt wird, so wird der Körper abgewischt. Denn ein schmutziges und rauhes Ansehen zu haben, halten sie für gut, und durchaus weiß gekleidet zu sein“ (λευχειμονεῖν τε διαπαντός). Es ist nämlich nicht leicht, das Motiv der Abneigung der Essener gegen das Oel, welches Josephus beibringt, zu verstehen. Er scheint allerdings andeuten zu wollen, daß die Essener das Oel als einen Luxusartikel nicht nur nicht gebrauchen, sondern auch dasselbe als ihres strengen Wesens unwürdig bei zufälliger Berührung verabscheuen. Aber die letzten Worte des Satzes finden darin noch nicht ihre Erklärung. Da vorher nur der Fall gesetzt ist, daß ein Theil des Körpers zufällig vom Oele berührt wird, so kann die Hochschätzung der weißen Kleidung hier nicht darum in Betracht kommen, daß die Beschmutzung derselben durch Oelflecken aus Reinlichkeitsgründen so besonders verhaßt gewesen sei. Denn bei allem Streben nach ritueller Reinigkeit wird die Reinlichkeit der Essener nicht gerade sehr groß gewesen sein, wenn sie ein Kleid nicht eher ablegten, als bis es gänzlich abgetragen und zerrissen war (Ios. B. I. 2, 8, 4). Vielmehr ist die Hochschätzung der weißen Kleidung, als besondern Attributs neben dem Streben nach Rauheit der äußern Erscheinung, als Grund der Abneigung gegen Berührung durch Oel zu verstehen. Die weiße Kleidung aber ist uns als Merkmal des priesterlichen Charakters der Essener bekannt geworden. Wir werden also darauf geführt, daß das Oel nicht nur als Luxusartikel gemieden, sondern auch deßhalb mit Aengstlichkeit verabscheut worden ist, weil es den stehenden priesterlichen Charakter der Essener zu beeinträchtigen schien. Dies kann nun aber nur als absichtliche Unterscheidung und Entgegensetzung gegen das levitische Priesterthum verstanden werden, welches gerade durch Salbung übertragen wurde (Exod. 29, 7. 21. Lev. 8, 12. 30; 10, 7). Es ist nun aber schwer zu ermitteln in welcher Gesinnung diese Selbstunterscheidung von dem levitischen Priesterthume gemeint war. Man kann daran denken, daß die Essener in der Vermeidung des Salböles den Gedanken ausdrücken wollten, daß sie keiner Einweihung zum Priesterthume bedürften. Aber die Analogie der zuletzt erwähnten Fälle könnte auch darauf führen, daß sie sich eher vor jedem Scheine gehütet haben, als ob sie sich das levitische Priesterthum anmaßten, indem sie die Salbung ausschließlich „den Besseren" vorbehielten.

Das Resultat, welches sich aus der Analyse der kultischen Eigenthümlichkeiten der Essener ergab, daß sie eine Priestergesellschaft auf Grund des allgemeinen israelitischen Priesterrechtes sein wollten, erklärt auch die hervorragenden socialen Eigenthümlichkeiten der Sekte. Diese sind die Verwerfung des Eides (Ios. B. I. 2, 8, 6. Philo p. 458), nachdem freilich die Mitglieder bei der Aufnahme in die dritte Klasse einen feierlichen Eid hatten leisten müssen (Ios. §. 7); die Verwerfung der Sklaverei in ihrem Kreise (Ios. Ant. 18, 1, 5; Philo p. 457. 482); und die Gütergemeinschaft (Ios. B. I. 2, 8, 3. 4. Philo p. 458). Wenn irgend etwas anderes, so lassen sich diese Züge der essenischen Sitte aus einer dualistischen Anschauung nicht ableiten. Aber auch die moralischen Reflexionen, mit welchen die Berichterstatter diese Thatsachen erklären, z. B. daß die Sklaverei entweder zur Ungerechtigkeit oder zur Auflehnung führe, öffnen nicht die Einsicht in deren eigentlichen Grund. Viehlmehr aus dem priesterlichen Charakter der Essener ergiebt sich das Streben nach Gleichheit, welches der Gütergemeinschaft bedarf, und die Sklaverei nicht dulden kann. Jene Würde verbietet ihnen aber auch den Eid. Denn sie sind als Priester immerwährend Gott nahe, und würden diesen Vorzug verleugnen, wenn sie zur Bekräftigung ihrer Worte noch einer besondern Beschwörung Gottes bedürften. Jeder Eid, den ein Essener schwört, würde den Eid verletzen, durch dessen Ablegung er in das Priesterrecht eingetreten ist. In diesem Sinne erklären sie, nach Josephus Angabe, den Eid für schlimmer als Meineid, da der, welcher ohne Gott keinen Glauben zu finden meine, verdammt wäre, d. h. sich als solchen darstelle, der seinen Einweihungseid gebrochen habe.

Der priesterliche Charakter ist ferner der Grund jener sittlichen Strenge gegen sich selbst und der Milde gegen Andere, welche die Berichterstatter den Essenern nachrühmen; die Gütergemeinschaft, welche die priesterliche Gleichheit darstellt, steht in Wechselwirkung mit der Armuth, wie mit der Genügsamkeit der Sektengenossen. Aber die Gütergemeinschaft hätte nicht ein Menschenalter lang ausgeführt werden können, wenn nicht die Essener wiederum in ihrer bescheidenen Lebensweise durch ihr priesterliches Selbstgefühl gestärkt und gehoben worden wären. Und dennoch hätte die essenische Gesellschaft in ihrer principiellen Eigenthümlichkeit und in ihren besonderen Einrichtungen durch jenen Idealismus nicht Bestand gewinnen können, wenn nicht in ihrer Grundrichtung die Bestimmung zur Sekte mitgesetzt gewesen, und demgemäß auch bestimmte Einrichtungen in diesem Sinne getroffen worden wären. Daß die Essener für ihre Idee nicht die ausschließliche und allgemeine Gültigkeit im jüdischen Volke in Anspruch nahmen, haben wir schon an ihrer Stellung zum levitischen Kultus bemerken müssen. Darin liegt aber, daß nicht ein reformatorischer Trieb für das Ganze, sondern nur eine separatistische Neigung sie beseelte. Die innere Beschränktheit des sektirerischen Geistes gab aber den Essenern die Kraft, solche Einrichtungen zu treffen, welche ihrer Gemeinschaft ein relativ langes Bestehen gesichert haben. Dahin gehört zunächst die Gütergemeinschaft, welche immer nur auf sektirerischer Grundlage unternommen werden kann; dann die unbedingte Folgsamkeit gegen die Vorsteher in allen die Gemeinschaft angehenden Dingen (Ios. B. I. 2, 8, 6), welche der Recipiende eidlich zu geloben hatte; ferner die eidliche Versicherung desselben, die Satzungen auf keine andere Weise Jemandem mitzutheilen, als wie er sie selbst erfahren habe, die Bücher der Sekte und die Namen der Engel geheim zu halten (§. 7); endlich das Noviziat und die Klassenabtheilung. „Demjenigen, der nach ihrer Gesellschaft strebt, wird nicht sogleich Zutritt gewährt, sondern indem er auf ein Jahr außen bleibt, unterwerfen sie ihn derselben Lebensweise, nachdem sie ihm ein kleines Beil und den vorerwähnten Schurz und ein weißes Kleid gegeben haben. Wenn er aber in dieser Zeit die Probe der Enthaltsamkeit abgelegt hat, so hat er nähern Zutritt zu der Lebensweise, und nimmt an den höheren Reinigungsgebräuchen Theil (καθαρωτέρων τῶν πρὸς ἁγνείαν ὑδάτων μεταλαμβάνει); wird aber zu den gemeinschaftlichen Mahlen (συμβιώσεις) nicht zugelassen. Denn nach dem Beweise seiner Kraft (zur Enthaltsamkeit) wird in anderen zwei Jahren seine Gesinnung (τὸ ἦθος) geprüft; und wenn er sich würdig gezeigt hat, so wird er dann in die Gesellschaft aufgenommen.

Bevor er aber die gemeinsame Speise berührt, schwört er furchtbare Eide", die sowohl die sittlichen und religiösen, als auch die gesellschaftlichen Verpflichtungen betreffen (Jos. B. I. 2, 8, 7).

Die Lebensweise, an welcher schon der Novize der untern Klasse theilnimmt, umfaßt außer den bekannten Enthaltungen vom Genusse des Fleisches und des Weines, sowie von der Ehe offenbar manche Uebungen ritueller Reinigkeit. Das Beil namentlich, welches ihm als Insigne gegeben wird, dient zur Oeffnung der Grube, in welche mit äußerster Vorsicht die Nothdurft verrichtet wird, und welche danach wieder zugeworfen werden muß (§. 9. vgl. Deut. 23, 12—14). Demnach wird auch der Novize dazu angehalten worden sein, sich den Lustrationen zu unterwerfen, die nach der für verunreinigend erklärten Verrichtung der Nothdurft angeordnet waren. Im Unterschiede von solchen und ähnlichen, nicht weiter angegebenen Reinigungen heißt die tägliche Lustration, welche der Opfermahlzeit vorhergeht, und zu welcher die Novizen des obern Ranges zugelassen werden, τὰ καθαρώτερα πρὸς ἁγνείαν ὕδατα. Aber erst ein dritter Schritt, nach dreijährigem Noviziat, führt zur Theilnahme an den Opfermahlzeiten selbst, als dem Symbol der vollen Berechtigung in der Gesellschaft. Man wird wohl die beiden Klassen der Novizen bei der Klassenabtheilung mitzurechnen haben, von welcher Josephus (§. 10) sagt: „Sie sind nach der Zeitdauer ihres enthaltsamen Lebens in vier Klassen getheilt; und in dem Maaße stehen die Jüngeren den Aelteren nach, daß wenn sie dieselben berühren, jene (die Aelteren) sich abwaschen müssen, als wenn sie sich mit einem Fremden verunreinigt hätten." Im Vergleiche mit den vollberechtigten Mitgliedern darf man dann wohl die gewählten Verwalter und Priester (Ant. 18, 1, 5) als die höchste, vierte Klasse ansehen, da es sehr begreiflich ist, daß vorzugsweise die Dauer der Mitgliedschaft den Maaßstab bei der Uebertragung der Aemter bildete. Wenn nun schon die Klassenabtheilung überhaupt und die damit zusammenhängende strenge Disciplin den sektirerischen Charakter der Essener ausdrückt, so ist besonders beachtenswerth, mit welcher Schroffheit das Princip der priesterlichen Heiligkeit zur Abgrenzung der verschiedenen Klassen unter sich verwendet worden ist, daß schon die Mitglieder der je tiefern Klasse von denen der höhern als unrein angesehen werden mußten. Daraus erklärt sich wahrscheinlich auch der Umstand, daß die Bereitung der Speisen nur Mitgliedern der obersten Klasse, den Priestern anvertraut wurde. Es ist anzunehmen, daß die Essener das Princip der rituellen Reinheit noch in anderen Zügen über den gesetzlichen Bestand hinaus entwickelt haben. Dahin gehört z. B. die Strenge der Sabbathsruhe, welche ihnen sogar verbot, die Nothdurft zu verrichten; ferner ihre Observanz, nicht in Gegenwart Anderer, oder nach der rechten Seite hin auszuspucken (§. 9).

Die Erörterung aller dieser Züge hat erwiesen, daß die Eigenthümlichkeit der Essener aus dem Grunde der hebräischen Religion hervorgegangen ist. Es soll nicht in Abrede gestellt werden, daß die orphisch-pythagoreische Sitte, welche die gleichen Merkmale trägt, den Essenismus unter den Juden veranlaßt haben kann. Aber das Judenthum konnte eine solche Veranlassung zur asketischen Lebensgestaltung nicht nehmen, wenn es nicht einen bestimmten Grund dazu in sich trug. Die hypothetische Geschichtsforschung kann den letztern ermitteln, die Veranlassung aber nicht sicher stellen. Möglich ist es nun, daß die Essener, in der Abgeschiedenheit vom religiösen Leben des israelitischen Volkes, heidnische Elemente sich angeeignet haben. Bei der Ermittelung derselben hat man sich jedoch vorzusehen, daß man nicht die philosophische Auffassungsweise der Berichterstatter ohne Noth auf die Meinung der Essener selbst überträgt.

Als ein Hauptstück heidnisch gearteter Sitte bei den Essenern gilt ihr Sonnenkultus[1]). Philo (p. 475) berichtet von den Therapeuten: „Zweimal an jedem Tage pflegen sie zu beten, um die Morgenröthe und um den Abend; beim Aufgang der Sonne, indem sie um einen glücklichen Tag, den wahrhaft glücklichen Tag bitten, daß nämlich ihr Gemüth von dem himmlischen Licht angefüllt sei; beim Untergang aber, daß ihre Seele von

1) Vgl. Zeller, Phil. der Griechen III, 2. S. 588. Lutterbeck, Die neutestamentl. Lehrbegr. I. S. 277. 282.

der Last der Wahrnehmungen und der wahrgenommenen Dinge befreit, mit sich selbst zu Rathe gehen und der Wahrheit nachspüren möge." Hierin ist jedoch gar nicht ausgesagt, daß die Gebete der Therapeuten an die Sonne als das göttliche Wesen gerichtet seien; und was den angegebenen Inhalt der Gebete betrifft, so wird derselbe freilich gänzlich auf Rechnung Philo's zu setzen sein. Denn von den Essenern erzählt ferner Josephus (B. I. 2, 8, 5): „Bevor die Sonne aufgegangen ist, sprechen sie nichts Gewöhnliches, vielmehr richten sie an dieselbe hin einige von den Vätern überlieferte Gebete (πάτριοι εὐχαί), gleichsam bittend, daß sie aufgehen möge." Wie schon der traditionelle Charakter dieser Gebetsformeln, im Vergleich mit dem erkannten jüdischen Typus der Sekte, es ausschließt, daß sie an die Sonne als Gott gerichtet worden seien, so hebt ja Josephus auch nur die Richtung des Körpers nach der Sonne und den Schein hervor, als ob es sich in ihnen um den Aufgang der Sonne handele, das letztere um seinen nicht jüdischen Lesern gefällig zu sein. Wir dagegen können nicht zweifeln, daß die formulirten Gebete — denn an solche müssen wir auch bei den Therapeuten denken — dem täglichen Morgen- und Abendopfer im Tempel entsprechen (Exod. 29, 39), nach der bekannten Regel, daß das Gebet Surrogat des Opfers sei. Also auch diese Sitte findet ihre Erklärung vollständig und ausschließlich in jüdischen Grundsätzen [1]).

Auch die Art, wie Philo im Allgemeinen das philosophische Streben der Essener beschreibt (p. 458), ist eigentlich nicht geeignet, das Vorurtheil zu begründen, daß eine solche

1) Die Sorgfalt der Essener bei der Verrichtung ihrer Nothdurft (Jos. B. I. 2, 8, 9), welche in orphisch-pythagoreischen Kreisen ebenfalls üblich war, wird von Mangold (a. a. O. S. 51) als starker Beweis gegen meine Ansicht angeführt. Allerdings erklärt Josephus selbst die sorgfältige Verhüllung der Essener bei jenem Geschäfte aus der Absicht „die Strahlen des Gottes nicht zu schänden." Aber daß damit die eigene Ansicht der Essener bezeichnet sei, ziehe ich aufs entschiedenste in Zweifel. Einmal liegt eine Gesetzesstelle (Deut. 23, 12—14) vor, welche jene Sitte erklärt; ferner ist es nicht möglich, und auch durch die Aussagen über die vorgebliche Anbetung der Sonne nicht gerechtfertigt, daß die Essener dieselbe für den Gott, d. h. Apollon gehalten haben; und endlich erklärt sich jenes von Josephus angegebene Motiv daraus, daß er selbst die Essener als jüdische Pythagoreer betrachtet.

Richtung den Essenismus charakterisire. „Von der Philosophie überlassen sie den logischen Theil, als zur Tugend entbehrlich, den Wortklaubern, den physischen Theil, so weit es nicht das Dasein Gottes und die Entstehung der Welt betrifft, als zu hoch für die Menschen, den Schwätzern. Aber um den ethischen Theil bemühen sie sich sehr wohl, indem sie sich der von den Vätern überlieferten Gesetze bedienen, welche der Mensch ohne göttliche Begeisterung nicht fassen könne.“ Hierin gesteht aber der philosophische Berichterstatter zu, daß eigentliche Philosophie bei den Essenern nicht heimisch ist. Wie sich schon nichts von Logik, und von Physik nur die allgemeinsten religiösen Grundbegriffe bei ihnen finden sollen, so bezeugt ja Philo auch nicht, daß die Essener ein eigenthümliches philosophisch-ethisches Princip verfolgen, sondern daß ihre Sitte und die Belehrung darüber auf der heiligen Schrift ruhe, wie es bei den übrigen jüdischen Parteien der Fall war. Und wenn sie freilich die Schrift in einer speciellen Richtung für ihr Leben ausgebeutet haben, so hat sich uns ja ergeben, daß ihr Princip nicht aus dem Kreise des Heidenthums entlehnt, sondern aus dem Grunde des hebräischen Religionsbewußtseins geschöpft war.

Aber die Essener haben die *heilige Schrift allegorisch ausgelegt*. Philo (p. 458) berichtet im Verfolg der eben mitgetheilten Aeußerung über das auf die Ethik beschränkte Erkenntnißstreben der Essener, daß in den sabbathlichen Versammlungen „Einer die Schriften vorliest, ein Anderer aber von den Erfahrensten das Gelesene mit einem Lehrvortrag erläutert, indem er das Unverständliche (was etwa in die Physik gehört) übergeht. Denn überhaupt wird bei ihnen die Weisheit durch verhüllte Wahrheiten in altmodischem Bestreben geübt“ [1]). Dieser Angabe wird von *Mangold* und *Zeller* ohne Weiteres die Annahme gleich gesetzt, daß die Essener „auf die Grundsätze

1) Die von mir a. a. O. S. 339 aufgestellte Erklärung der Worte: εἶθ' ὁ μὲν τὰς βίβλους ἀναγινώσκει λαβών, ἕτερος δὲ τῶν ἐμπειροτάτων ὅσα μὴ γνώριμα παρελθὼν ἀναδιδάσκει· τὰ γὰρ πλεῖστα διὰ συμβόλων ἀρχαιοτρόπῳ ζηλώσει παρ' αὐτοῖς φιλοσοφεῖται — nehme ich zurück, da mich die widerlegenden Aeußerungen von *Mangold* S. 41 ff. und von *Zeller* S. 426 überzeugt haben.

der heidnisch-dualistischen Philosophie lebendig eingegangen seien", oder daß der ganze Philonianismus für die Richtung der Essener einstehe. Indessen nicht jede Richtung, welche allegorische Schriftauslegung übt, ist deßhalb philonisirend. Auch die Pharisäer, auch Paulus und der sogenannte Barnabas haben allegorisirt, ohne solche philosophische Tendenzen zu haben, in welchen sich Philo bewegt. Ferner gestattet der Charakter der Ebjoniten, der christlichen Abkömmlinge der Essener jene Unterstellung eines metaphysischen Dualismus bei den Essenern nicht. Da nun bei jenen die allegorische Schriftauslegung überhaupt mangelt, so wird man sogar versucht, dem Zeugnisse des Philo, welches uns vorliegt, zu mißtrauen. Indessen wird es vielmehr dadurch bestätigt, daß das ebjonitische Theologumenon vom Adam-Christus auf allegorischer Auslegung der beiden Erzählungen der Genesis von der Menschenschöpfung beruht. Jedoch soviel beweist gerade das praktische Gepräge jener judenchristlichen Sekte, daß die Weltflucht im Essenismus nicht von philosophischem Dualismus geleitet gewesen sein kann. Daß die Therapeuten in Aegypten sich nach dieser Seite hin entwickelt haben, unterscheidet sie gerade als die, welche Theorie treiben, von ihren palästinensischen älteren Brüdern, welche das praktische Leben treiben, wie Philo (de vita contempl. p. 471) ausdrücklich ausspricht. Und dieser Unterschied spiegelt sich auch ab in der Unähnlichkeit des Ebjonitismus und des christlichen Gnosticismus, der gewiß in dem alexandrinischen Therapeutenthum seine Wurzeln hat. Also halten wir es wegen der allegorischen Schriftauslegung bei den Essenern noch nicht für gerechtfertigt, ihnen pythagoreische Philosopheme zuzutrauen, wenn nicht dieselben ganz speciell nachgewiesen werden.

Hiefür kann nun zunächst nicht in Betracht kommen, daß die Essener an die göttliche Vorherbestimmung mit Ausschluß der menschlichen Freiheit glauben (Ios. Ant. 13, 5, 9), während die Sadducäer unbedingte Freiheit des Menschen anerkennen, und die Pharisäer beide Mächte als zusammenwirkend denken. Denn jene Ansicht, wenn sie wirklich als Grundsatz der Essener angesehen werden darf, ist religiöser Natur und hat zum philosophischen Dualismus kein specifisches Verhältniß. Es bleibt also zur Begründung des philosophischen Charakters der Essener nur übrig, was Josephus (B. I. 2, 8, 11) von ihrer Ansicht über das Verhältniß zwischen Seele und Leib berichtet. Wir wollen annehmen, daß die Mittheilung authentisch ist, obgleich der Berichterstatter in der angeknüpften Schilderung der essenischen Ansichten vom Paradiese und Scheol die fremden Farben griechischer Mythologie aufträgt. Aber die Vorstellung, daß „die unsterblichen Seelen aus dem feinsten Aether kommend, durch einen natürlichen Zauber herabgezogen von den Leibern wie von Gefängnissen umfaßt würden", ist, wenn auch bei Philo und den Neupythagoreern heimisch, doch an sich nichts weniger als eigentlich dualistisch. Sie kann also auch nicht dafür bürgen, daß die Essener ihre Weltansicht und Lebenspraxis auf den Dualismus zwischen Geist und Materie gegründet haben. Allerdings kann nun nicht geleugnet werden, daß diese Vorstellung der Essener griechisch-philosophischen Ursprungs ist. Aber sie ist die einzige Ansicht dieser Art bei jener Sekte, und beweist nur, daß dieselbe auch schon in ihrer palästinensischen Heimath für fremde Einflüsse zugänglich war. Aber die Ueberzeugung von dem ursprünglich jüdischen Grundcharakter der Sekte kann durch diesen einen Zug von Aneignung fremdartiger Ansicht nicht erschüttert werden. Denn wenn mehreres der Art bei den Essenern zu finden gewesen wäre, so hätten es die beiden philosophisch gesinnten Berichterstatter gewiß nicht verschwiegen.

Von großem Interesse wäre es, wenn wir eine Ahnung von dem Inhalte der Bücher hätten, deren Geheimhaltung der Kandidat der dritten Klasse beschwören mußte, und davon, in welchem Zusammenhange die Namen der Engel eine solche Wichtigkeit für die Sekte hatten, daß ihre Geheimhaltung durch den Eid gesichert wurde (B. I. 2, 8, 7). Ferner richtet sich die Aufmerksamkeit natürlich auf die Frage, wie die Essener sich zur jüdischen Messiaserwartung verhielten, und um so schärfer, als die Essener ihren jüdischen Patriotismus durch die äußerste Standhaftigkeit in den Verfolgungen der Römer bewahrt haben, was sie als gräcisirte Juden gewiß nicht gethan hätten. Die aus jenem Interesse hervorgegangene Vermuthung, daß das Buch Henoch dem essenischen Lehrkreise angehöre, ist jedoch abzuweisen [1]).

Unter verschiedenen Modifikationen ist die Annahme weit verbreitet, daß der Essenismus zum Christenthume in einem nähern Verhältnisse stehe, als der Pharisäismus und Sadducäismus. Nach unseren Ermittelungen ergiebt sich auch eine bestimmte Verwandtschaft bei der Idee des allgemeinen Priesterthums, auf welche ja auch die apostolische Gedankenbildung zurückgreift (1 Petr. 2, 5. 9; Apok. 1, 6). Aber die Art, in welcher diese Idee vollzogen wird, ist auf beiden Seiten grundverschieden, und bei der Beachtung der konkreten Gestalten des christlichen und des essenischen Priesterthumes kann die Vermuthung einer Verwandtschaft beider Religionsformen nur der Erkenntniß ihres bestimmten Gegensatzes weichen. Im Christenthume ist die Idee vom allgemeinen Priesterthume getragen durch die Idee des Reiches Gottes; d. h. nur auf Grund dieser Idee wird jene überhaupt in Erinnerung gebracht. Deßhalb geschieht aber auch im Christenthume dem vollen Sinne der alttestamentlichen Idee des königlichen Priesterthums Genüge; das Priesterthum der Christen, in welchem sie Gott nahen, Gott schauen, enthält die Gewißheit der vollen Freiheit in der Theilnahme an der Herrschaft Christi über die Welt (Apok. 6, 10; 1 Kor. 4, 8; 2 Tim. 2, 12). Dagegen das Priesterthum der Essener hat durchaus nicht königliche, sondern knechtische und schwächliche Gestalt. Es ist mit der Schranke behaftet, die es eigentlich umgehen will; denn es ist gebunden an die Bedingungen der rituellen Reinheit und Unreinheit. Indem die Essener sich über die Vermittelung des aaronitischen Priesterthums hinwegzusetzen suchen, finden sie doch keinen andern Stoff zur Ausprägung ihres priesterlichen Charakters, als die geschärften Bedingungen ritueller Reinigkeit. Nur in der ängstlichsten Enthaltung von aller Unreinheit versuchen sie es, Gott zu nahen. Das ist aber eben nur die Steigerung

1) Vgl. Dillmann, Das Buch Henoch S. LIII.

des knechtischen, unfreien Bewußtseins, welches in jedem Momente der Annäherung an Gott durch die Reflexion auf die unwillkürliche Unreinheit gehemmt wird. Erst das Christenthum stellt den Menschen in die freie und stetige Beziehung zu Gott (Eph. 3, 12); weil Jesus Christus der Mittler ist, der das Recht hat, für das Gottesreich die Rücksicht auf rituelle Unreinheit und das Bedürfniß levitischer Reinigungen auszuschließen (Mark. 7, 14—23; s. o. S. 30). Die Genossenschaft an dem neuen Bunde und das allgemeine Priesterrecht in demselben ist nur an die Erneuerung des Gewissens im Glauben an den Sohn Gottes gebunden; und gegen die ungehinderte Freiheit des Verkehres mit Gott verschwinden die Schatten, an welche mit allen Genossen des alten Bundes auch die priesterlichen Essener sich noch gebunden achten mußten. Es gilt gleich, ob wir den Gegensatz des essenischen und des christlichen Priesterthumes so bezeichnen, daß jenem die Begründung auf die Idee des göttlichen Reiches mangelt, oder so, daß dieses nur durch den Glauben an Christus Jesus den vollen Sinn des Zutrittes zu Gott enthält; denn Reich Gottes und Sohn des Menschen sind untrennbare Wechselbegriffe. Nur die Genossen des Reiches Gottes haben Zutritt zu Gott, und nur der Sohn des Menschen konnte die Gleichgültigkeit der Zustände ritueller Unreinheit mit Recht und mit Erfolg aussprechen.

Die Essener stehen also dem Christenthume nicht etwa näher, als die Pharisäer und die Sadducäer. Vielmehr scheinen sie in einer Beziehung demselben noch ferner zu stehen, als die Pharisäer. Das Werk Christi fußt auf Moses und den Propheten; die Ideenreihe von Gericht, Reich Gottes, Messias, die Jesus verwirklicht, stammt aus der göttlichen Offenbarung in den Propheten; der Pharisäismus aber nimmt im Gebiete der hebräischen Religion an dem prophetischen Ideenkreis Theil. Die Essener dagegen verrathen nichts von den religiösen Anschauungen der alttestamentlichen Propheten, sondern ihr Streben nach priesterlicher Heiligkeit behauptet den rituellen Boden des Mosaismus. Freilich das Vorbild zu ihrer Schätzung des Gebetes als Akt des Opfers findet sich im A. T. nur im Kreise der prophetischen Anschauung; das beweist aber nichts gegen unser Urtheil, da das Gebet bei den Essenern in den Dienst ihrer Opferhandlung und überhaupt ihrer rituellen Ordnung genommen, und nicht als freies Element der Erhebung zu Gott in einen relativen Gegensatz zu den statutarischen Reinigungs- und Opferhandlungen gesetzt ist. Das ganze Unternehmen der Essener vermögen wir im Umkreise des Judenthums auch nur dann zu begreifen, wenn wir sie außer dem Bereiche des Einflusses der prophetischen Literatur des A. T. denken. Demnach vermuthen wir auch, daß das prophetische Bild des Messias, welches in dem Glauben des Volkes lebte, und welches ebenso den freundlichen Verkehr mit Jesus vermittelte, wie den Widerstand gegen ihn veranlaßte, den Essenern fremd geblieben sein mag. Daraus erklären wir uns auch den Umstand, daß die evangelische Geschichte nichts von Berührungen zwischen Jesus und Essenern berichtet. Wenn sie einen Messias erwarteten, so fühlten sie in ihrer separatistischen Stille sich gewiß nicht von dem Messias angezogen, zu welchem die Volksmassen zusammenströmten, und welcher den allgemeinen politischen Erwartungen entsprechen zu wollen schien. Auch nach einer andern Seite hin darf man nicht auf eine specifische Anziehungskraft Jesu auf die Essener rechnen. Wenn die Schärfung des Sündenbewußtseins die reinste Empfänglichkeit für die Einwirkung Christi ist, so muß man sich wohl hüten, die gesteigerte Aufmerksamkeit der Essener auf Zustände der Unreinheit damit zu verwechseln. Vielmehr läßt gerade das sektirerische, separatistische Wesen, in welchem sich ihre Richtung ausprägen mußte, darauf schließen, daß sie eine zur Buße wenig disponirende Selbstgerechtigkeit in sich groß gezogen haben. Wenn nun auch die Essener in Palästina Christen geworden sind, so daß sie ihre Existenz vom zweiten Jahrhundert an nur noch als christliche Partei haben, so wird dadurch unser Urtheil nicht umgestoßen. Denn da sie durch Festhaltung ihres dem Christenthume widersprechenden Sektenprincipes doch nur aus einer jüdischen zu einer christlichen Häresie wurden, so scheinen nur äußerliche Gründe sie dem Glauben an Christus zugeführt zu haben. Und weil sie ihre Sektengestalt auch als

Christen nicht aufgeben wollten, darum haben sie an dem weltüberwindenden Fortschritte des priesterlichen Königreiches der Christen nicht theilnehmen können.

Wenn man überhaupt mit irgend einem Erfolg auf den menschlichen Bildungsgang Jesu im Einzelnen reflektiren kann, so ergiebt sich, daß er von den Essenern, wenn sie ihm bekannt wurden, nur negativ hätte lernen können. Kein einziger Zug seiner Verkündigung erlaubt eine Erklärung aus dem essenischen Wesen; hingegen die Worte Jesu gegen den Werth der rituellen Reinigkeit (Mark. 7, 14—23) stellen den umfassendsten Gegensatz gegen den Essenismus dar. Seine Grundanschauungen aber, daß er als der Sohn des Menschen das Gericht vollziehe und das Reich Gottes in die Welt einführe, auf welchen seine Verkündigungen und Lehren ruhen, hat er keinem Menschen, also auch nicht den Essenern abborgen können. Nur das unbedingte Verbot des Eides für die Genossen des Gottesreiches (Matth. 5, 33—37; vgl. Jak. 5, 12) wird an das gleiche Verbot der Essener erinnern. Es wäre jedoch widersinnig, in diesem Falle auf eine Entlehnung zu rathen, geschweige denn, an diesen einzelnen Fall von Uebereinstimmung die Vermuthung weiterer Abhängigkeit Christi vom Essenismus zu knüpfen. Das gleiche Verbot des Eides ist vielmehr nur aus dem oben bezeichneten Maaße der Analogie zwischen Essenismus und Christenthum zu erklären. Die Christen wie die Essener bedürfen keines Eides, keiner Anrufung Gottes zum Zeugen, weil die Einen als Genossen des göttlichen Reiches, die Anderen als Priester in der Nähe Gottes stehen; aber was bei den Christen als Folge ihrer innersten Gewissensfreiheit gilt, das wird bei den Essenern zu einer statutarischen Fessel durch die Rücksicht auf die ihr Gewissen schreckende Macht ihres Einweihungseides [1]).

---

1) S. o. S. 192. — Was die Deutung des Namens der Essener betrifft, so scheint die von Ewald Geschichte des Volkes Israel III, 2, S. 420 aufgestellte Erklärung aus dem rabbinischen חזן (Bewahrer, Wächter, Wärter) um so bemerkenswerther zu sein, als sie dem Namen θεραπευταί ebenso, wie unserer Analyse des Charakters der Sekte entspricht. In den clementinischen Homilieen 7, 4 sind, wie es scheint, die Essener als οἱ θεὸν σέβοντες Ἰουδαῖοι bezeichnet.

B. Die Ebjoniten des Epiphanius.

Die Fraktion des Judenchristenthums, welche Epiphanius unter dem Namen der Ebjoniten schildert, ist sowohl von den Nazaräern, als auch von den sonst als Ebjoniten bezeichneten pharisäischen Judenchristen deutlich unterschieden. Zwar führt Epiphanius dieselbe auf Ebjon zurück, als dessen Hauptirrthum er ebenso wie die anderen Väter die Vorstellung von der gewöhnlich menschlichen Herkunft Christi angiebt (haer. 30, 2. 3); er vermuthet ferner, daß andere christologische Ansichten der Ebjoniten von dem spätern Einflusse des Elxai abzuleiten seien; indessen begründet sein Bericht im Allgemeinen nicht die Ansicht, daß alle Merkmale, welche diese Ebjoniten vor den pharisäischen Judenchristen auszeichnen, von Elxai und nicht von Ebjon herrühren. Wie nun der Einfluß des sogenannten Elxai auf diese Ebjoniten eine ganz bestimmte Abgrenzung erfahren wird, und wie die Person des Ebjon auch bei Epiphanius nur eine mythische Abstraktion von der Partei ist, so haben wir überhaupt an keinen Stifter derselben zu denken. Daß nun aber der Berichterstatter, indem er seine Ebjoniten auf einen Ebjon zurückführt, diesen durch die Christologie charakterisirt, welcher die Christologie der von ihm abgeleiteten Partei gar nicht entspricht, dieser Umstand kann als eine Probe der bekannten Kritiklosigkeit des Epiphanius keine Schwierigkeit bereiten. Denn derselbe ist in diesem Punkte der über Ebjon allgemein geltenden Vorstellung gefolgt, welche jedoch von den pharisäischen Ebjoniten abstrahirt war.

Zur Kenntniß jener andern Klasse dient aber außer dem Berichte des Epiphanius als ältere Quelle die pseudoclementinische Literatur aus dem zweiten Jahrhundert. Die Herkunft der Recognitionen und Homilieen aus der Partei der Ebjoniten des Epiphanius erhellt nicht nur aus der Uebereinstimmung der in diesen Schriften enthaltenen Grundsätze mit den Charakterzügen jener Partei; sondern man hat in jenen Werken die Schriften direkt wiederzuerkennen, welche Epiphanius im Gebrauche der Ebjoniten gefunden hat. Ob die von Clemens geschriebenen Wanderungen des Petrus (*Περίοδοι Πέτρου διὰ Κλήμεντος γραφεῖσαι*, haer. 30, 15) den Recognitionen **oder** den Homilieen genau entsprechen, läßt sich freilich nicht entscheiden [1]), jedenfalls ist die Identität des hauptsächlichen Stoffes außer Zweifel. Die *ἀναβαθμοὶ Ἰακώβου* (haer. 30, 16), eine apokryphische Apostelgeschichte, sind, wenigstens ihrem Hauptinhalte nach, neuerdings in dem Abschnitte der Recognitionen I, 27—72 wiedererkannt worden [2]).

Die Partei dieser Ebjoniten hat nun die deutlichste **Uebereinstimmung mit den Essenern.** Abgesehen von dem allgemein jüdischen Charakter, den diese Ebjoniten durch Festhaltung der Beschneidung und der Sabbathsfeier darlegen (haer. 30, 2. 26. 33), stimmt ihre Sitte in folgenden Zügen mit den Essenern überein. Die Ebjoniten enthalten sich alles Fleischgenusses (haer. 30, 15) [3]). In diesem Sinne sagt der Petrus der Homilieen (12, 6), daß er nur von Brot und Oliven und wenigem Gemüse lebe; ebenso wird in derselben Schrift (15, 7) Brot und Wasser als die den Genossen des zukünftigen Reiches angemessene Nahrung bezeichnet. Der Genuß des Fleisches wird in den Homilieen (8, 15) als Erfindung der Dämonen gebrandmarkt, bei Epiphanius wegen der Entstehung des Thierlebens aus der geschlechtlichen Vermischung abgelehnt. Wenn man wegen solcher Motive den Zusammenhang der ebjonitischen Sitte mit der essenischen bezweifeln wollte, so würde man ihnen zu viel Gewicht beilegen. Denn für die Speisesitte bei den Ebjoniten ist ferner charakteristisch, daß die Nahrung des Petrus in den Homilieen regelmäßig aus Brot und **Salz** besteht (14, 1) und an der Mehrzahl der Stellen sogar nach dem letztern Stoffe blos als Genuß des Salzes bezeichnet wird (4, 6; 6, 26; 11, 34;

1) Vgl. **Uhlhorn**, Die Homilieen und Recognitionen des Clemens Romanus, S. 71 ff.

2) Von **Köstlin**, Hallische Literatur-Zeitung 1849, Nr. 76. S. 603. Vgl. **Uhlhorn** a. a. O. S. 365 ff.

3) Wie vorgeblich auch Christus nach ihrem Evangelium. Haer. 30, 22: *Ἐποίησαν τοὺς μαθητὰς μὲν λέγοντας· ποῦ θέλεις ἑτοιμάσομέν σοι τὸ πάσχα φαγεῖν; καὶ αὐτὸν δῆθεν λέγοντα· μὴ ἐπιθυμίᾳ ἐπεθύμησα κρέας τοῦτο τὸ πάσχα φαγεῖν μεθ' ὑμῶν;*

15, 11; vgl. Epist. Clem. ad Iac. 9). Da bei Erwähnung dieser Mahlzeiten des Petrus und seiner Genossen wiederholt von Segen und Dankgebet berichtet wird (Rec. I, 19; II, 72; VI, 15; Hom. 1, 22), da ferner in Beziehung hierauf der Ausdruck *εὐχαριστίαν κλάσας* (Hom. 11, 36; Rec. VI, 15) und *τὸν ἄρτον ἐπ' εὐχαριστίᾳ κλάσας* (Hom. 14, 1) vorkommt, so liegt der Gedanke nahe, daß jedesmal von dem Abendmahle Christi die Rede ist [1]), bei welchem nur der Wein aus asketischen Rücksichten durch das Salz ersetzt sei. Diese Erklärung ist aber nicht richtig, da in einer übereinstimmenden Stelle beider Schriften das bei der Mahlzeit gebrauchte Lob- und Dankgebet auf die hebräische Sitte zurückgeführt wird [2]). Vielmehr sind wir dadurch genöthigt, jene täglichen, aus Brot und Salz bestehenden, durch Gebet geweihten Mahle des ebjonitischen Petrus als Fortsetzung der essenischen täglichen Opfermahle anzusehen. Das Abendmahl Christi dagegen feierten die Ebjoniten nach der Angabe des Epiphanius mit ungesäuertem Brote und Wasser, und zwar jährlich nur einmal, wahrscheinlich am Jahrestage der Einsetzung [3]). Diese Praxis bezeugt indirekt, daß die Ebjoniten ebenso wie die Essener auch des Weines sich enthalten haben.

Die Identität jener Mahle des Petrus mit den essenischen wird ferner durch den Umstand bewiesen, daß er vor denselben eine vollständige Waschung in fließendem Wasser vorzunehmen pflegt (Rec. IV, 3; V, 36; Hom. 9, 23; 10, 26). Epiphanius erwähnt nicht nur, indem er auf dieses Beispiel des Petrus Rücksicht nimmt, daß die Ebjoniten täglich der religiösen Reinigung wegen sich in Wasser baden (haer. 30, 15. cf. Hom. 10, 1; 11, 1), sondern giebt auch an, daß sie dies häufig in Kleidern thun

---

1) Vgl. Hilgenfeld, Die clementin. Recognitionen und Homilieen S. 152. Uhlhorn a. a. O. S. 220.

2) Rec. V, 36: Cibo sumto, Hebraeorum ritu gratias agens deo etc. Hom. 10, 26: *Καὶ οὕτως τροφῆς μετελάβομεν· εὐλογήσας οὖν καὶ ἐπευχαριστήσας τῷ θεῷ ἐπὶ τῷ εὐφρανθῆναι κατὰ τὴν Ἑβραίων συνήθη πίστιν κτλ.*

3) Haer. 30, 16: *Μυστήρια δῆθεν τελοῦσι κατὰ μίμησιν τῶν ἁγίων ἐν τῇ ἐκκλησίᾳ ἀπὸ ἐνιαυτοῦ εἰς ἐνιαυτὸν διὰ ἀζύμων, καὶ τὸ ἄλλο μέρος τοῦ μυστηρίου δι' ὕδατος μόνου.*

(haer. 30, 2), was wiederum näher an die Essener erinnert (s. o. S. 180. 186). Dasselbe findet statt in dem durch das Beispiel und die Vorschrift des Petrus begründeten Gebrauche und Besitze nur eines Kleides (Hom. 12, 6; 15, 7; s. o. S. 191).

Eine bedeutende Abweichung der ebjonitischen Sitte von der essenischen scheint hingegen in der Beurtheilung der Ehe vorzuliegen, welche die Ebjoniten so entschieden hoch geschätzt zu haben scheinen, daß, wie Epiphanius von ihnen sagt, die Jungfräulichkeit und die Enthaltsamkeit (von der Ehe) bei ihnen untersagt war (30, 2. vgl. Ep. Clem. ad Iac. 7. Hom. 3, 68). Indessen er fügt sogleich hinzu, daß früher gerade umgekehrt die Jungfräulichkeit d. h. die Ehelosigkeit bei ihnen geachtet gewesen sei, wegen des Beispieles des Jakobus, des Bruders des Herrn, und damals wären ihre Schriften an die Aeltesten und an die Jungfräulichen überschrieben gewesen. Die ältere Sitte der Ebjoniten hat also vielmehr dem Grundsatz der strengeren Essener entsprochen, und die entgegenstehende spätere Praxis dürfte vielleicht als die Form aufgefaßt werden, in welcher die ursprüngliche Uneinigkeit der Essener über die Ehe sich ausglich. Wir haben dieselbe dahin gedeutet, daß die Einen den ehelichen Verkehr als verunreinigend für Priester, die Anderen dem Gesetze gemäß ihn überhaupt nicht für verunreinigend ansahen. In der spätern Praxis der Ebjoniten ist jener Grundsatz erhalten; denn Epiphanius berichtet, daß Lustrationen nach dem ehelichen Beischlafe geboten waren (haer. 30, 2. cf. Hom. 7, 8). Dagegen ist die mit der allgemein jüdischen Meinung übereinstimmende Sitte der Minorität der Essener durchgesetzt; die Bedingung aber entspricht nicht nur dem allgemeinen Charakter der essenischen Reinigkeitssitte, sondern auch der unter den Juden überhaupt üblich gewordenen Ansicht von der Unreinheit des geschlechtlichen Umgangs [1]).

Wenn bei den Essenern der Eid verboten war, so beweist zwar die Erwähnung des gleichen Verbotes in einer ebjonitischen

1) S. o. S. 186. Joseph. c. Apionem II, 24: *Μετὰ τὴν νόμιμον συνουσίαν ἀνδρὸς καὶ γυναικὸς ἀπολούσασθαι κελεύει ὁ νόμος, ψυχῆς τε γὰρ καὶ σώματος ἐγγίνεται μολυσμός.*

Schrift (Diamartyria Iacobi 1) nicht direkt die Verwandtschaft zwischen beiden Parteien, da ja auch Christus und der geschichtliche Jakobus darin übereinstimmen; indessen ist jenes Verbot in der angeführten Schrift mit einer andern Anordnung verbunden, welche nur um so deutlicher der essenischen Sitte entspricht. In dem vor den Homilieen stehenden Briefe, mit welchem Petrus dem Jakobus seine Kerygmen geschickt haben soll, verordnet er, daß dieselben nur einem solchen, welcher sich bewährt habe, und zwar nach der Weise mitgetheilt werden sollen, in welcher Moses sein Gesetz den siebzig Aeltesten übergeben habe. Darauf hin bestimmt der ebjonitische Jakobus, daß der Empfänger der Bücher zwar nicht einen Eid leisten solle, da dies nicht erlaubt sei; aber in derselben feierlichen Weise, wie es bei der Taufe geschehe, die Elemente als Zeugen anrufen solle, daß er die Bücher geheim halten und nur auf die gleiche Weise einem Andern mittheilen wolle, wie er selbst sie empfangen habe. Der weitere Verlauf des Gelübdes ist aber der Art, daß es als eigentlicher Eid erscheint [1]). Wenn nun dieser Ritus auf Moses zurückgeführt wird, und demnach seine Wurzel im Umkreise der jüdischen Sitte zu suchen ist, so kann nichts genauer verglichen werden, als der Eid, mit welchem die Essener, bei der Aufnahme in das volle Bürgerrecht ihrer Sekte, die Geheimhaltung der ihr angehörigen Bücher geloben. Der gleiche Fall liegt für das Buch vor, welches die Offenbarungen der Elxai enthielt. Denn die Anweisung, es nicht allen Menschen mitzutheilen, und seinen Inhalt sorgfältig zu bewahren (bei Ilippol. Resut. IX, 17), findet ihre Ergänzung in der Notiz, daß Elxai sein Buch *τινὶ λεγομένῳ Σωβιαΐ* hinterlassen habe (§. 13). Dies ist jedoch keine einzelne Person, sondern der Schwörende (שֹׁבֵעַ); und nur im griechischen Sprachgebrauch hat man das Wort als Personennamen mißverstehen können.

Ein hauptsächlicher Charakterzug dieser Ebjoniten ist ihre

1) Diamartyria 4: *Ἀλλ' εἰ καὶ εἰς ἑτέρου θεοῦ ὑπόνοιαν γένωμαι, κἀκεῖνον νῦν ὄμνυμι ὡς οὐκ ἄλλως ποιήσω, εἴτ' ἔστιν, εἴτ' οὐκ ἔστιν· πρὸς τούτοις δὲ ἅπασιν εἰ ψεύσομαι, κατάθεμα ἔσομαι ζῶν καὶ θανὼν, καὶ αἰωνίῳ κολασθήσομαι κολάσει.*

Verwerfung des mosaischen Opferinstitutes. In demjenigen Theile der Recognitionen, welcher die Anabathmen des Jakobus enthält, wird dasselbe nicht zu dem eigentlichen Bestande des Gesetzes gerechnet, das vielmehr nur auf den Dekalog beschränkt wird. Das Opferinstitut ist nur eine vorübergehende Maaßregel des Moses. Weil nämlich die Israeliten in ägyptischen Opferdienst zurückfielen, fand es Moses zweckmäßig, diese falsche Richtung vorläufig dadurch zu beschränken, daß er den Opferdienst auf den wahren Gott hinlenkte, indem er es einer spätern Zeit vorbehielt, denselben wiederum gänzlich aufzuheben. In diesem Sinne verordnete er, daß nur an einem Orte geopfert werden dürfe; und daß auch diese Einrichtung als transitorisch erkannt werde, dazu diente die wiederholte Verwüstung der heiligen Stätte. Deßhalb war es schon eine Abweichung von dem einfachen Sinne des Gesetzgebers, daß an dem Orte des gemeinsamen Gebetes ein Tempel errichtet wurde. Christus, der von Moses verheißene Prophet, war es nun, welcher die Opfer aufhob, indem er die Taufe als Mittel der Sündenvergebung einsetzte (Rec. I, 35—39). In demselben Sinne heißt es in den Homilieen, daß das Opferwesen dem Kreise des Irrthumes, nämlich der weiblichen Prophetie angehöre, daß aber Christus, der wahre Prophet, die Opfer hasse, und das Feuer der Altäre auslösche (3, 24. 26). Demgemäß enthielt das Evangelium der Ebjoniten als Ausspruch Christi den Satz: „Ich bin gekommen, die Opfer aufzuheben, und wenn ihr nicht aufhöret zu opfern, so wird der Zorn nicht von euch ablassen" (haer. 30, 16). Und in Uebereinstimmung mit der vollständigen Lehre in den Anabathmen berichtet Epiphanius aus dem Munde des Elrai den Ausspruch: „Kinder gehet nicht nach dem Scheine des Feuers, denn ihr werdet irregeführt; denn er ist Täuschung. Denn du siehst ihn ganz nahe, und er ist fern. Gehet nicht nach seinem Scheine, gehet aber lieber nach der Stimme des Wassers" (haer. 19, 3). Da diese starken Erklärungen gegen die Opfer einer Zeit angehören, in der der Opferdienst gar nicht mehr bestand, so müssen wir die Veranlassung zu jener Beurtheilung in der jüdischen Vergangenheit der Partei suchen. Unter allen Juden üben aber nur die

Essener eine Opposition gegen das Opferwesen in Jerusalem aus, die freilich ursprünglich nicht in solcher Schärfe gemeint gewesen ist, die wir aber nach Allem, was wir schon erkannt haben, als den Grund dieser Ansicht der Ebjoniten betrachten müssen. Es werden sich Umstände entdecken lassen, welche diese ebjonitische Steigerung der essenischen Ansicht erklären [1]).

Wenn nun auch freilich manche eigenthümliche Züge der essenischen Sitte, wie die Enthaltung vom Salböl, die Verwerfung der Sklaverei, die Klassenabtheilung und das Noviziat bei den Ebjoniten entweder nicht nachgewiesen werden können, oder sich wirklich verloren haben, so werden die von uns verglichenen Charakterzüge doch genügen, um die allgemein anerkannte Abstammung der Ebjoniten des Epiphanius von den Essenern zu bestätigen, welche nur von Schliemann in Zweifel gezogen ist. Auch die essenische Gütergemeinschaft läßt sich bei den Ebjoniten nicht nachweisen; jedoch ist es wohl als Nachwirkung derselben anzusehen, wenn die Ebjoniten ihren Namen, die Armen, von dem Verkaufe ihrer Güter und der Ueberweisung des Erlöses an die Apostel ableiten (Act. 2, 44; 4, 32; haer. 30, 17). Denn der wahre Grund ihrer Armuth kann dies darum nicht sein, weil die Essener damals noch nicht Christen gewesen sind, und an dieser Maaßregel der Urgemeinde nicht theilgenommen haben.

Schliemann (S. 529) gründet seinen Widerspruch gegen die von uns durchgeführte Hypothese hauptsächlich darauf, daß die eigenthümliche Lehre der Ebjoniten von Christus, und ihre Unterscheidung einer doppelten Prophetie, worauf die Verwerfung der alttestamentlichen Propheten begründet wird, auch nicht dem Keime nach im Essenismus nachgewiesen werden könnten. Gesetzt, daß er Recht darin hätte, so würden die gegebenen Be-

1) Schliemann (a. a. O. S. 528) hat gegen diese Kombination eingewandt, daß nach Josephus die Essener nicht die Opfer überhaupt verworfen hätten, da sie ja bei sich Opfer darbrächten. In welchem Sinne dies zu verstehen sei, haben wir oben S. 181 gezeigt; und ferner S. 206, daß auch diese essenischen Opfersurrogate bei den Ebjoniten fortgedauert haben, freilich ohne daß dieselben des Opfercharakters ihrer Mahlzeiten bewußt geblieben zu sein scheinen. Aber auch ihre Opposition gilt ebenso wie die der Essener nur den blutigen Opfern durch Feuer.

weise für unsere Ansicht genügen, da der jüdische Religionstypus sich immer in der Sitte ausprägt, und die Identität der Sitte bei Essenern und Ebjoniten vor Augen liegt. Indessen können wir mit ziemlicher Sicherheit auch den von ihm geforderten Beweis dafür antreten, daß die Keime jener Lehren schon bei den Essenern sich finden. Man muß nur dabei im Auge behalten, daß die Entwickelung jener Keime zu den uns vorliegenden ausgeprägten ebjonitischen Lehren noch besondere Bedingungen außerhalb des Essenismus gehabt haben wird.

Zunächst wird wohl die Vorstellung, daß Christus der oberste Erzengel sei, welche Epiphanius den Ebjoniten beilegt [1]), und welche auch in der Vision des Elxai zu Grunde liegt, da der ihm erschienene Sohn Gottes doch auch als Engel bezeichnet wird (Hippol. IX, 13), ohne alle Schwierigkeit auf das geheimnißvolle Interesse zurückzuführen sein, welches die Essener an den Engeln nahmen. Indeß man hat nicht Ursache, großes Gewicht darauf zu legen, da die Vorstellung von den Engeln das spätere Judenthum überhaupt sehr stark beschäftigte, und außerdem angelologische Vorstellungen von Christus auch bei Heidenchristen mannigfach vorkommen [2]). Viel genauere Rücksicht nimmt diejenige Christologie in Anspruch, welche sich nirgendwo als bei den essenischen Ebjoniten findet, nämlich die Ansicht, daß Christus mit Adam identisch sei.

Die Angabe des Epiphanius [3]), daß Manche der Ebjoniten,

---

1) Haer. 30. 16: *Οὐ φάσκουσιν ἐκ θεοῦ πατρὸς αὐτὸν γεγεννῆσθαι, ἀλλὰ ἐκτίσθαι ὡς ἕνα τῶν ἀρχαγγέλων, μείζονα δὲ αὐτῶν ὄντα, αὐτὸν δὲ κυριεύειν τῶν ἀγγέλων καὶ πάντων ὑπὸ τοῦ παντοκράτορος πεποιημένων.*

2) Vgl. Hellwag, Die Vorstellung von der Präexistenz Christi. Theol. Jahrb. 1848, S. 227 ff.

3) Haer. 30, 3: *Τινὲς ἐξ αὐτῶν καὶ Ἀδὰμ τὸν Χριστὸν εἶναι λέγουσι, τὸν πρῶτον πλασθέντα τε καὶ ἐμφυσηθέντα ἀπὸ τῆς τοῦ θεοῦ ἐπιπνοίας. [ἄλλοι δὲ ἐν αὐτοῖς λέγουσιν ἄνωθεν μὲν ὄντα, πρὸ πάντων δὲ κτισθέντα, πνεῦμα ὄντα καὶ ὑπὲρ ἀγγέλους ὄντα, πάντων τε κυριεύοντα, καὶ Χριστὸν λέγεσθαι, τὸν ἐκεῖσε δὲ αἰῶνα κεκληρῶσθαι.] ἔρχεσθαι δὲ ἐνταῦθα ὅτε βούλεται, ὡς καὶ ἐν τῷ Ἀδὰμ ἦλθε καὶ τοῖς πατριάρχαις ἐφαίνετο ἐνδυόμενος τὸ σῶμα. πρὸς Ἀβραὰμ τε ἐλθὼν καὶ Ἰσαὰκ καὶ Ἰακὼβ ὁ αὐτὸς ἐπ' ἐσχάτων τῶν ἡμερῶν ἦλθε καὶ αὐτὸ τὸ σῶμα τοῦ Ἀδὰμ ἐνεδύσατο καὶ ὤφθη ἀνθρώποις, καὶ ἐσταυρώθη, καὶ ἀνέστη, καὶ ἀνῆλθεν.* Die Vergleichung mit den Recognitionen lehrt, daß die

Adam und Christus für dieselbe Person erklären, welche in einen Leib gekleidet den Patriarchen erschienen, und in dem Leibe Adams zuletzt als Christus gekommen, gekreuzigt und auferstanden sei, berührt sich am allernächsten mit der Lehre der Recognitionen, in dem den Anabathmen entsprechenden Abschnitte, deren Inhalt folgender ist: Gott hat bei der Schöpfung allen einzelnen Klassen von Geschöpfen ein Haupt ihrer Art verliehen; für die Menschen ist dies Jesus Christus. Der Name Christus stammt daher, daß jener Mensch mit Oel gesalbt ist, welches von dem Baume des Lebens genommen ward (I, 45). Hierauf wirft Clemens ein, daß Petrus zwar gesagt habe, daß der erste Mensch Prophet gewesen, aber nicht, daß er gesalbt worden sei. Petrus erwidert nun, daß wenn der erste Mensch Adam von ihm als Prophet anerkannt sei, daraus folge, daß derselbe auch die Salbung empfangen habe, und zwar, mit jenem einfachen und ewigen Oele, welches von dem nachgeahmten zuerst durch Aaron gebrauchten Salböl wohl zu unterscheiden sein soll (I, 47). Hieraus ist also von dem Leser der Schluß zu ziehen, daß der Schreiber, wenn auch nur als Geheimlehre, den Satz vortragen wollte, daß Christus und Adam identisch seien [1]). Die ursprüngliche

eingeklammerten Worte, welche die angelologische Christologie aussprechen, den Zusammenhang der letzten Sätze mit dem ersten unterbrechen, und daß die letzten Sätze nicht als Fortsetzung des eingeklammerten anzusehen sind. Die Abweichungen dieser Darstellung von der der Recognitionen beschränken sich darauf, daß Christus den Patriarchen leiblich erschienen sei, und daß er bei seinem letzten Auftreten den Leib des Adam wieder angenommen habe; sind also durchaus nicht wesentlich.

1) Uhlhorn a. a. O. S. 241 sträubt sich, dies anzuerkennen, weil andere Stellen der Recognitionen eine andere Ansicht von Adam darbieten. Dies würde keinen Einwand begründen, da U. selbst die Selbständigkeit der im ersten Buche der Recognitionen aufgenommenen Schrift anerkennt. Ueberdies sind aber diejenigen Stellen, in welchen Adam und Christus unterschieden zu werden scheinen, anders zu beurtheilen als es von U. geschieht. Rec. IV, 9: Deus cum fecisset hominem ad imaginem et similitudinem suam, operi suo spiramen quoddam et odorem suae divinitatis inseruit, ut per hoc participes facti mortales unigeniti eius per ipsum etiam amici dei et filii adoptionis exsisterent, unde et qua via id possint adipisci, ipse eos ut propheta verus edocuit. Wenn es hier scheint, als ob der unigenitus als propheta verus dem nach Gottes Bilde geschaffenen Menschen entgegengesetzt werde, so zeigt sich der Text in der Uebersetzung verderbt und ist, wie schon Hilgenfeld (S. 156) bemerkte, nach Hom. 8, 10 zu verbessern, wo die Identität Adams als *πνέων θειότητος* mit dem wahren Propheten deutlich ausgesprochen ist. Daß das Wort unigenitus an dieser Stelle den Geist Gottes be-

Salbung ist offenbar Zeichen des vollen Besitzes des göttlichen Geistes und in Kraft desselben ist es zu erklären, daß der wahre Prophet (Adam-Christus) Alles weiß (I, 21). In diesem Charakter erschien er dem Abraham, und offenbarte ihm alle Grundsätze der wahren Religion (I, 33), ferner dem Moses (I, 34), und war im Geheimen stets den Frommen gegenwärtig (I, 52); bis er zuletzt durch Annahme eines jüdischen Leibes wieder unter den Menschen aufgetreten ist (I, 60). Der Hintergrund dieser Identifikation Adams und Christi ist aber die Unterscheidung der Idee dieses Einen Menschen von seiner körperlichen Wirklichkeit. Die interna species des Menschen ist älter, als das wirkliche Geschöpf Gottes (I, 28); und jene ist es offenbar, welche als filius dei et initium omnium homo factus est (I, 45), wo es sich um die Erschaffung des ersten Menschen handelt. Daß jene Vorstellung von Adam sich mit der Erzählung von seinem Sündenfall nicht reimt, ist einleuchtend, und wirklich wird in der uns leitenden Urkunde der Anfang der Sünde mit Anlehnung an Gen. 6 in die achte Generation nach Adam verlegt (I, 29).

Die Homilieen verschleiern diese Lehre nicht mehr, welche in den Anabathmen eine unzweifelhaft ursprünglichere Gestalt hat. Während dort Adam nur unter der Hand als Prophet bezeichnet wird (was freilich nicht so gemeint sein kann, daß er nicht der wahre Prophet gewesen sei), heißt es hier ganz offen der wahre Prophet, der alles weiß, aller Dinge Herr ist, nicht sündigen kann, deßhalb unsterblich ist, und der das ewige Gesetz gab, nach welchem die Menschen zum Wohlgefallen Gottes leben sollten (3, 17—21). Gestalt und Namen wechselnd geht er den Weltverlauf hindurch, als Offenbarer der stets gleichen Wahrheit, die er in Kraft des ihm von Natur einwohnenden Gottesgeistes besitzt. Er ist als Adam, Moses und Jesus erschienen, ohne daß damit ausgeschlossen ist, daß Jesus vor Adam, dieser vor Moses hervorragt[1]). An sich ist freilich der Sohn ἄσαρκος

zeichnen soll, wird noch klarer, wenn man Rec. VI, 8 mit Hom. 11, 24 vergleicht. Daß Christus Rec. III, 52 primogenitus genannt wird, hat auf jenen Sprachgebrauch keinen Einfluß. Dies gegen Uhlhorn S. 236.

1) Vgl. Uhlhorn a. a. O. S. 164 ff.

δύναμις (17, 16) im Unterschiede seines Wesens von seiner leiblichen Wirklichkeit; und in Anwendung auf den Menschen überhaupt ist zu beachten, daß wenn sein Leib die göttliche *εἰκών* oder *μορφή* trägt, von dieser die *εἰδέα* unterschieden wird (16, 19). Sündigt der Mensch, so entzieht sich ihm diese interna species, sein Leib löst sich auf, und in Folge dessen verschwindet auch an ihm die göttliche *μορφή*. Es liegt nicht im Gesichtskreise des Verfassers der Homilieen, das Wesen des Sohnes Gottes mit dieser Idee des Menschen zu identificiren, weil er in Beziehung auf jenen Begriff andere Einflüsse erfahren hat; es genügt für uns, festzustellen, daß auch in dieser Schrift, wie in der angeführten Stelle der Recognitionen, die Dignität Adams, um deren willen Christus mit ihm identificirt wird, darauf beruht, daß die göttliche Idee des Menschen vollkommen in ihm verwirklicht worden sein soll; und deßhalb wird die Annahme seines Sündenfalles als Schmähung des in ihm wirkenden Ebenbildes Gottes bezeichnet (3, 17).

Aehnlich lehrt nun der alexandrinische Essener Philo. Die doppelte Erzählung der Genesis ist für ihn der Grund, die Existenz eines doppelten Menschen anzunehmen, von denen der nach dem Bilde Gottes gewordene Idee, Gattung, leiblos, unvergänglich, der von den Händen Gottes gebildete materiell und sterblich war [1]. Der letztere ist freilich durch die Einhauchung des göttlichen Geistes selbst seinem Geiste nach unsterblich geworden. In der angeführten Schrift erklärt nun Philo nicht, daß damit auch das Urbild in den irdischen Menschen eingegangen sei, vielmehr folgt er der Geschichte insofern, als er den Uebergang des nach allen Seiten hin vollkommenen Adam zur Sünde anerkennt, wenn er auch deren Ursprung an die geschlechtliche Liebe anknüpft und die Schlange als Bild der schleichenden und verführerischen Lust umdeutet. Aber an anderen Stellen voll-

1) De opific. mundi 46 (Mang. I, 32): *Διαφορὰ παμμεγέθης ἐστὶ τοῦ τε νῦν πλασθέντος ἀνθρώπου καὶ τοῦ κατὰ τὴν εἰκόνα θεοῦ γεγονότος πρότερον. Ὁ μὲν γὰρ διαπλασθεὶς ἤδη αἰσθητὸς, μετέχων ποιότητος, ἐκ σώματος καὶ ψυχῆς συνεστὼς, ἀνὴρ ἢ γυνὴ, φύσει θνητὸς ὤν· ὁ δὲ κατὰ τὴν εἰκόνα ἰδέα τις ἢ γένος ἢ σφραγὶς, νοητὸς, ἀσώματος, οὔτ' ἄῤῥην οὔτε θῆλυς, ἄφθαρτος φύσει.*

zieht er auf doppelte Art die Identität des idealen Menschen mit dem irdischen Adam. Einmal in der Schrift de legis allegoriis behandelt er beide als Doppelgänger, indem er bei dem irdischen Adam die durch den göttlichen Geist in ihm begründete Vollkommenheit aus den Augen setzt. Beide sind von Gott in das Paradies eingeführt, um den Garten zu bearbeiten und zu bewachen. Aber der himmlische, ideale Adam ist der eigentliche Bearbeiter und Wächter der Tugendpflanzungen, der in seiner Vollkommenheit des Befehles dazu nicht bedarf, sondern seine Pflicht aus eigenem Antriebe erfüllt. Die Anweisung und Warnung empfängt nur der irdische Adam, der in seinem irdischen Sinn weder gut noch böse, doch im Begriff ist, die Tugend zu verlassen [1]. Anderwärts aber setzt Philo die Einhauchung des göttlichen Geistes in den irdischen Menschen der Einprägung des göttlichen Ebenbildes gleich, so daß der menschliche Geist als das göttliche Ebenbild nicht von dem zu unterscheiden ist, was er sonst nach Gen. 1, 27 den himmlischen Menschen, die Idee, genannt hat [2].

Die Ebjoniten und Philo stimmen also darin überein, daß sie die beiden Erzählungen der Genesis von der Erschaffung des Menschen auf verschiedene Stufen derselben beziehen; sie unterscheiden demnach den idealen Menschen von dem wirklichen, leiblichen. Ferner aber sind einige Aussagen Philo's ebenso wie die der Ebjoniten dahin gerichtet, daß der ideale Mensch in Adam erschienen sei; und auch zu dem Gedanken bietet Philo den Ansatz, daß der in das Paradies gesetzte Mensch seinem wahren Wesen nach nicht gesündigt habe und nicht vertrieben worden sei. Haben nun die Ebjoniten diese Vorstellungen von Philo entlehnt, oder haben ihre gemeinsamen Ansichten einen gemeinsamen Ursprung, der jenseits beider liegt? Der erstere Fall ist deßhalb überaus unwahrscheinlich, weil der Ebjonitismus keine Spuren

1) Leg. allegor. lib. I, 12. 16. 29. 30 (Mang. I, 49—63).

2) Quod deterius potiori insidiari soleat 23 (Mang. I, 207); de plantatione 5 (Mang. I, 332). Nebenbei identificirt er den idealen Menschen mit dem Baume des Lebens, weil sie beide unvergänglich seien (de plantat. 11. Mang. I, 336).

von der specifisch philosophischen Richtung Philo's an sich trägt. Der andere Fall hingegen wird dadurch empfohlen, daß ja Philo selbst nichts weniger als ein origineller Geist ist, sondern nur die Geistesrichtung der ägyptischen Therapeuten, welche seit manchen Generationen in allmählicher Verschmelzung jüdischen Glaubens und hellenischen Wissens sich gebildet hatte, in ihrer größten Reife darstellt. Die vorliegende Deutung der beiden Berichte von der Erschaffung des Menschen ist bei ihm allerdings mit philosophischen Ideen durchzogen; die Bezeichnungen des *ἄνθρωπος οὐράνιος* und *γήϊνος* sind aber von dem philosophischen Sprachgebrauch Philo's ganz unabhängig und lassen den rein jüdischen Ursprung jenes Theologumenon errathen. Derselbe kann aber nirgendwo als bei den Essenern gesucht werden, deren Stamme die ägyptischen Therapeuten angehören, und die selbst die Schrift allegorisch auslegten (s. o. S. 197). Auf den Kreis jener weist also die gleiche Ansicht der Ebjoniten um so sicherer zurück, als der Zusammenhang beider ohnedies feststeht. Wenn nun übrigens die Annahme der Idealität Adams und die Ignorirung seines Sündenfalles bei den Essenern auch noch kein festes Gepräge gewonnen haben sollte, wie es bei Philo wenigstens nicht der Fall ist, so erklärt sich die Festigkeit der Lehre in der ältesten uns vorliegenden Gestalt in den Anabathmen durch die Einwirkung des Glaubens an Jesus. Wenn die Essener durch ihre Ahnung von der Erhabenheit Adams als des idealen Menschen dazu bewogen wurden, in dem Menschensohne Jesus Christus, an den sie zu glauben begannen, jenen ihren Adam wiederzuerkennen, so ist es erklärlich, daß fortan alle Unsicherheit über dessen Sündlosigkeit ausgeschlossen wurde [1]).

1) Die ebjonitische Idee des Adam = Christus ist, in ihrer formellen Berührung mit der Christologie des Paulus, derselben geradezu entgegengesetzt. Obgleich Paulus ebenfalls Christus als Adam bezeichnet (Röm. 5, 14; 1 Kor. 15, 45. 47), und seine Ausdrücke, *ἐκ γῆς χοϊκός* und *ἄνθρωπος ἐξ οὐρανοῦ* den philonischen sehr nahe stehen, so identificirt er beide doch nicht wieder, sondern stellt den Anfänger der Sünde und den Anfänger der Gerechtigkeit und des Lebens in Gegensatz. Und nur die Ignorirung der Sünde macht jenes judenchristliche Theologumenon möglich, welches die beabsichtigte Identität des Judenthums und Christenthums charakteristisch bezeichnet. Ferner ist die paulinische Terminologie nicht abhängig von der essenischen Ausbeutung der Stellen in der Genesis, sondern von der Jesu selbst eigenthümlichen Bezeichnung des *υἱὸς τοῦ ἀνθρώπου ὁ ἐκ τοῦ οὐρανοῦ καταβάς*. S. o. S. 81.

Wenn es gelungen ist, durch die Vergleichung der ebjonitischen Christologie mit philonischen Lehren wahrscheinlich zu machen, daß jene ihren Grund in einem essenischen Theologumenon über Adam hat, so liegt vielleicht auch für die ebjonitische Unterscheidung einer doppelten Prophetie und für die Verwerfung der Propheten des A. T. die Veranlassung in dem religiösen Habitus der Essener. Es ist aber wohl zu beachten, ob jene Ansichten wirklich als allgemeiner Charakterzug der uns beschäftigenden Partei anzusehen sind, wie es Schliemann voraussetzt. Wenn Epiphanius (haer. 30, 15. 18) berichtet, daß die Ebjoniten den David und alle Propheten als Propheten des Verstandes dem wahren Propheten gegenüberstellen und verwerfen, und daneben auch alles für verfälscht erklären, was im Pentateuch ihren Grundsätzen widerspricht, so ist dies auch Lehre der Homilieen. Dem wahren Propheten Adam gegenüber gilt Eva als ein viel geringeres Wesen, das aber als Anführerin der weiblichen Prophetie und Herrin der gegenwärtigen Welt eine principmäßige Stellung einnimmt (3, 22). In ihr Gebiet gehört alle vergängliche Lust, Unzucht, Götzendienst, Opferwesen, Krieg (3, 23—26). Sie ist also Urheberin des Heidenthumes, aber sie hat auch den Kreis der wahren Prophetie, das Judenthum und dessen Urkunde, mit Fälschungen durchzogen. Zu diesen wird gerechnet, daß Adam gesündigt, daß die Patriarchen Vielweiberei getrieben haben, daß Noah trunken und Moses ein Todtschläger gewesen sei (2, 52); ferner die Einrichtung des mosaischen Opferinstituts (3, 45. 52) und alle Aussagen über Gottes unwürdige Affekte und Eigenschaften (3, 40—44). Die Möglichkeit dieser Verfälschungen wird dadurch bewiesen, daß Moses das Gesetz nicht aufgeschrieben, sondern es mündlich den 70 Aeltesten überliefert habe. Erst späterhin sei es aufgeschrieben worden, und zwar von einem nicht prophetisch begabten Manne, der also entweder selbst die Vermischung mit dem Falschen vorgenommen, oder die schon in der mündlichen Tradition stattgefundene Vermischung als solche nicht habe erkennen können. Diese Ansicht stützt sich auf die kritischen Beobachtungen, daß der Pentateuch den Bericht über Moses Tod umfaßt, und daß derselbe erst nach 500

Jahren im Tempel entdeckt, nach wiederum 500 Jahren unter Nebukadnezar untergegangen und dann erst wiederhergestellt sei (3, 47). Die Ableitung des Saitenspiels von der weiblichen Prophetie neben Krieg und Unzucht (3, 25) ist als Verwerfung Davids zu verstehen, der auch nicht als Ahnherr Christi gelten soll (18, 13). Die Propheten des A. T. werden mit einem Ausspruche Christi (Matth. 13, 17), und überdies dadurch als Vertreter des Irrthums charakterisirt, daß sie nur momentan und in der Ekstase, nicht in stetigem klaren Bewußtsein begeistert gewesen seien (3, 52. 53. 13); wie denn auch Visionen und Träume nicht Merkmale göttlicher Offenbarung, sondern Beweise göttlichen Zornes sein sollen (17, 14. 18).

Indessen hiemit stimmt die Lehre der Recognitionen weder in den späteren Büchern noch in dem den Anabathmen entsprechenden Abschnitte überein. Die Weissagungen der Propheten werden anerkannt (V, 11. 12; VIII, 53) und die Erscheinungen des wahren Propheten nicht blos auf Moses, sondern auch auf die anderen Propheten bezogen (II, 48). Die Wirklichkeit rechtfertigt die Weissagung des Heiles der Heiden durch die Propheten (I, 50), und alle ihre Aussagen sind aus dem Gesetze entnommen und stimmen mit demselben überein (I, 69). Hierin liegt indirekt die Anerkennung der vollen Wahrheit des Gesetzes; und daß dieselbe nicht direkt behauptet ist, beweist nur, daß dem Verfasser der Schrift Bedenken gegen die Glaubwürdigkeit einzelner Theile des Pentateuches völlig fern lagen. Bei dieser Lage der Sache gilt also die Aussage des Epiphanius über die Grundsätze der Ebjoniten nicht unbedingt, sondern nur für die Zeit, seit welcher sie der Einwirkung der Homilieen sich unterworfen hatten. Sofern die Recognitionen und namentlich die Anabathmen die älteren Ansichten der Partei repräsentiren, kann jene schroffe Kritik des A. T. mit ihrer Grundidee von der weiblichen Prophetie gar nicht darauf angesehen werden, ob sie in der essenischen Vergangenheit der Ebjoniten wurzele. Vielmehr scheint sie als individuelle Ansicht des Verfassers der Homilieen durch den Eindruck der von ihm bekämpften Gnosis Markions hervorgerufen zu sein. Denn seine Idee vom Gegensatze der weiblichen und der männlichen Prophetie, so wie deren kritische Anwendung auf das A. T., entspricht dem Gegensatze zwischen dem gerechten und dem guten Gotte Markions um so mehr, als mit jener Fassung der einander entgegengesetzten Mächte noch die Idee von dem Teufel als dem gerechten und dem Sohne Gottes als dem guten Weltherrscher sich deckt [1]).

Indessen ist doch zu beachten, daß auch die Recognitionen, obgleich sie die Propheten des A. T. anerkennen, keinen irgendwie bedeutenden Gebrauch derselben aufweisen. Und eine so grundsätzliche Verwerfung der Propheten, wie sie durch die Homilieen bei der Partei einheimisch wurde, ist doch kaum zu erklären, wenn die religiöse Ueberzeugung vorher eine wesentliche Beziehung zu den prophetischen Büchern gehabt hätte. Denn wenn auch zugestanden wird, daß die Propheten richtig auf Christum hingewiesen haben, so liegt eine eigenthümliche Beschränkung ihres Werthes in dem Satze, daß sie alle ihre Weissagung aus dem Gesetze geschöpft haben. Dieselbe will sagen, daß das Gesetz auch als Dokument der Weissagung eine so hervorragende Bedeutung für die Ebjoniten gehabt hat, daß dagegen das Interesse an den Propheten fast völlig in den Schatten getreten sein muß. Und so ist die einzige Weissagung auf Christus, welche in Betracht kommt, aber auch so stark, daß der stehende Titel für Christus danach gebildet ist, die des Moses von dem ihm gleichen Propheten nach ihm (Deut. 18, 18. Rec. I, 40. 41). Es gilt nun allerdings, zu erkennen, warum diese Judenchristen ursprünglich in einem so gleichgültigen Verhältnisse zu der Prophetie des A. T. gestanden haben, daß dasselbe später sogar in eine so scharfe Verwerfung übergehen konnte. Auf den Einfluß der christlichen Gemeinde ist diese Erscheinung so gewiß nicht zurückzuführen, als die Auktorität der Propheten nirgendwo höher gehalten wurde, als in der Urgemeinde. Also können sie die gleichgültige Stimmung gegen die Propheten nur aus ihrer jüdischen Vergangenheit in die christliche Gemeinschaft herübergenommen haben. Bekannt ist nun zwar, daß die Sadducäer

---

1) Vgl. Uhlhorn a. a. O. S. 403.

und die Samariter nur die Auktorität des Pentateuches anerkannten; daß dies auch bei den Essenern der Fall gewesen sei, ist nirgendwo direkt bezeugt. Indessen wir haben schon bemerkt (s. o. S. 202), daß der religiöse Charakter des Essenismus darauf rathen läßt, daß die Ideen des Prophetismus für die Sekte verloren gewesen seien; und fügen hinzu, daß auch Philo sich nicht mit den Propheten beschäftigt. Und wenn unser Beweis für die Abstammung der Ebjoniten von den Essenern wohl schon als vollständig anzusehen ist, so bietet die Gleichgültigkeit jener gegen die Prophetie im A. T. eine nachträgliche Bestätigung für die Richtigkeit der Beobachtung über die Essener.

Die Ebjoniten des Epiphanius und der Pseudoclementinen sind also christianisirte Essener. Die palästinensischen Essener selbst, welche Josephus nach dem jüdischen Kriege beschrieben hat, verschwinden seit der Zeit aus der Geschichte; denn daß sie zu Plinius Zeit noch bestanden haben, ist aus seiner flüchtigen Notiz (hist. nat. 5, 17) nicht zu schließen. Es ist also wahrscheinlich, daß sie gegen das Ende des ersten christlichen Jahrhunderts in Masse den christlichen Glauben angenommen haben. Aber es handelt sich darum, diese Vermuthung zu begründen und durch die vielleicht zu ermittelnden Umstände näher zu bestimmen.

Epiphanius (haer. 30, 2) giebt nun an, daß die ebjonitische Sekte ihren Anfang nach der Zerstörung Jerusalems genommen habe, als sämmtliche (jerusalemische) Christen nach Peräa und namentlich nach Pella sich zurückgezogen hatten, indem damals Ebjon Gelegenheit gehabt habe, seinen Irrthum zu verbreiten. Das würde heißen, daß die Essener, mit welchen die Urgemeinde in ihrem Exile in Berührung getreten war, damals zum Christenthume übergegangen wären, aber dabei nicht nur ihre Sitte beibehalten, sondern auch ihre Vorstellung von Christus und seinem Werke nach ihren speciellen Ideen und Tendenzen gestaltet hätten. So viel innere Wahrscheinlichkeit jener Bericht nach dieser Auffassung hat, dürfen wir doch nicht eine andere Aussage des Epiphanius übersehen, welche die Essener direkt angeht. Derselbe (haer. 19, 1) berichtet von der jüdischen Sekte der Osse-ner, mit welchen er nur die Essener meinen kann [1]), daß dieselbe zur Zeit Trajans einem falschen Propheten, Elxai, gefolgt sei, dessen religiöser Charakter neben manchem Eigenthümlichen doch die Anerkennung Jesu als Christus einschließt. Hierin liegt also eine zweite Version über den Ursprung des essenischen Christenthums vor, welche in der Bestimmung der Zeit und der Person von der vorher mitgetheilten abweicht. In diesem Falle erscheinen die von Epiphanius noch speciell berücksichtigten Sampsäer oder Elkesäer (haer. 53) als der eigentliche Stamm des essenischen Judenchristenthums, und der Name Elkesaiten wäre füglich dem der Ebjoniten zu substituiren [2]), welchen wir bisher nach Epiphanius gebraucht haben. Indessen unser Berichterstatter giebt ferner an, daß Elxai seine Grundsätze auch unter den Ebjoniten verbreitet habe. Da er nun unter Ebjoniten nicht pharisäische Judenchristen versteht, sondern dieselben von vornherein mit Attributen essenischer Sitte ausstattet, so durchkreuzt er die Vorstellung, als sei Elxai der Urheber des essenischen Christenthums, der christliche Bekehrer der Essener gewesen. Vielmehr unterscheidet er mit Bestimmtheit, was die Ebjoniten von Ebjon, und was sie später von Elxai angenommen hätten (haer. 30, 17). Auf jenen führt er ihre Anerkennung der Beschneidung, der Sabbathsfeier und „die Sitten" zurück, d. h. mindestens die Waschungen und die ursprüngliche Schätzung der Ehelosigkeit. Dagegen gehört dem Einfluß des Elxai der Gebrauch der Taufe zur Heilung und eine bestimmte visionäre Vorstellung von Christus. Freilich vermuthet Epiphanius, daß auch die Vorstellung vom Adam-Christus durch Elxai eingeführt sei (§. 3); diese Vermuthung aber — und als etwas Anderes giebt sie Epiphanius nicht — ist

1) Wenn Epiphanius die Essener (haer. 10) als Fraktion der Samariter, und eine von den christlichen Nazaräern (haer. 29) verschiedene jüdische Sekte der Nasaräer (haer. 18) anführt, so sind das Hallucinationen seiner von Ketzerhaß entzündeten Phantasie, welche auch noch in anderen Fällen häretische Doppelgänger sah.

2) So Gieseler K. G. I, 1, S. 132. 279. Uhlhorn a. a. O. S. 395.

nicht richtig, und bei dem Berichterstatter daraus zu erklären, daß er den Ebjon, den er übrigens mit essenischen Attributen ausstattet, nach der üblichen Ansicht der Väter doch als Träger der niedrigen Ansicht von Christus bezeichnet, die ihm aber nur als mythischem Stammvater der pharisäischen Ebjoniten zukommt. Elxai also bezeichnet eine Entwickelungsstufe der essenischen Judenchristen, nicht aber den Ursprung der Sekte. Deßhalb haben wir uns an die zuerst vorgeführte Angabe des Epiphanius zu halten, wonach der Anfang des essenischen Judenchristenthums in die nächste Zeit nach der Zerstörung Jerusalems und des Tempels fällt, und durch den Aufenthalt der Urgemeinde in Peräa veranlaßt ist. Dies wird durch eine Stelle in den Homilieen bestätigt, in welcher, freilich sehr gegen die in der Schrift herrschende Chronologie, die Wirksamkeit des essenischen Judenchristenthums, als des wahren Evangeliums in die Zeit seit der Zerstörung des Tempels gesetzt wird [1]).

Hinlänglich starke Gründe sprechen nun auch dafür, daß gerade die Zerstörung des Tempels, welche Christus vorhergesagt hatte, die Essener zum Glauben an ihn bestimmte. In dem Treiben derselben haben wir zwar keine grundsätzliche Feindschaft gegen den Tempelkultus und das levitische Priesterthum zu entdecken vermocht, vielmehr bewies die Sendung von Weihgeschenken und die Enthaltung von allen Thieropfern, daß sie das nationale Heiligthum und seine gesetzlichen Privilegien anerkannten oder gelten ließen. Sie wurden aber wegen ihrer besonderen Kultushandlungen von dem Besuche des Tempels ausgeschlossen, d. h. für Häretiker erklärt. Die Zerstörung des Tempels konnten sie deßhalb nicht für ein solches Uebel ansehen, wie die herrschenden Parteien der Priester und der Pharisäer; sondern eher für eine göttliche Bestätigung ihrer religiösen Sitte. Möglich ist es nun aber auch, daß ihre Ausschließung aus dem Tempel schon vorher ihre Gleichgültigkeit gegen denselben zu einer schärfern Stimmung der Opposition gesteigert hat; und in diesem Falle

1) Hom. 2, 17: Ὡς ἀληθὴς ἡμῖν προφήτης εἴρηκεν, πρῶτον ψευδὲς δεῖ ἐλθεῖν εὐαγγέλιον ὑπὸ πλάνου τινος, καὶ εἶθ' οὕτως μετὰ καθαίρεσιν τοῦ ἁγίου τόπου εὐαγγέλιον ἀληθὲς κρύφα διαπεμφθῆναι.

erschien ihnen der Untergang des Tempels als ein göttliches Strafgericht über die Darbringung blutiger Opfer. Mag nun das eine oder das andere wahrscheinlicher sein, so ist die Zerstörung des Tempels und die Aufhebung der blutigen Opfer der Anlaß des Ueberganges der Essener zum christlichen Glauben geworden. Denn daß Jesus der wahre Prophet sei, der alles Vergangene, Gegenwärtige, Zukünftige weiß, wird in den Pseudoclementinen darauf gegründet, daß alle seine Vorhersagungen eingetroffen seien (Rec. III, 26; IV, 4; VIII, 60; Hom. 3, 11 seq.); als Spitze dieses Beweises werden aber speciell die Weissagungen über den Fall des Tempels hervorgehoben, deren Eintreffen vor Augen liege (Hom. 3, 15). Hierin ist das Motiv des Glaubens der Ebjoniten an Jesus offenbar. Wenn ferner die eigentliche Bestimmung Jesu darein gesetzt wird, das Gesetz durch Abschaffung der Opfer in seiner Reinheit herzustellen, wie dies die oben (S. 209) mitgetheilte Stelle des ebjonitischen Evangeliums und die Darstellung in den Anabathmen beweist (Rec. I, 36. 37. 39), so konnten die Ebjoniten diese Ansicht nur gewinnen durch die Vergleichung der Zerstörung des Tempels mit den Weissagungen Jesu, und mit Aussprüchen wie das bei Matth. 9, 13; 12, 7 gebrauchte Wort des Hosea (Rec. I, 37). Demnach muß auch der Uebergang der Essener zum Glauben an Jesus in unmittelbarer Folge jenes großen Ereignisses stattgefunden haben. Insofern also wird die erste Angabe des Epiphanius über die Zeit, in welcher Ebjon auftrat, durch innere Gründe gerechtfertigt. Und wir dürfen auch wohl das andere in seinem Zeugnisse enthaltene Moment für wahr halten, daß die genauere Bekanntschaft der Essener mit Christus durch die Auswanderung der Urgemeinde nach Pella vermittelt war, da auch die Essener durch den Krieg veranlaßt werden konnten, sich aus den Städten Judäa's nach Peräa zurückzuziehen, wenn sie nicht überhaupt daselbst in größerer Anzahl ihre Wohnsitze hatten.

Daß nun die christianisirten Essener ihre eigenthümliche Sitte beibehielten, verstand sich unter jenen Umständen ihrer Bekehrung von selbst. Der Standpunkt der Urgemeinde wenigstens, dem gemäß sie der allgemein jüdischen Sitte treu blieb, war nur ein

Grund für die Ebjoniten, auch an ihrer Praxis festzuhalten. Aber der Sinn, in welchem dies geschah, zeigt sich als häretisch im eigentlichen Sinne. Indem die Ebjoniten das Werk Christi nur im Lichte ihres Sekteninteresses auffaßten, indem sie seine Person ohne Rücksicht auf sein eigenes und das apostolische Zeugniß mit ihrem Phantasma über Adam oder ihren angelologischen Spekulationen zusammenwarfen, machten sie Christus in vollkommen unhistorischer Weise zum Diener des Essenismus. Deßhalb konnten sie sich auch mit keinem der kanonischen Evangelien einlassen, sondern haben die Schrift des Matthäus mit apokryphischen Zusätzen für sich zurechtgemacht (haer. 30, 3).

Sie haben aber auch ferner die geschichtlichen Bilder derjenigen Apostel verfälscht, welche sie auf Veranlassung der Urgemeinde auch als ihre hauptsächlichen Auktoritäten annahmen. Und es ist auffallend, daß die heidenchristlichen Schriftsteller nur Sagen ebjonitischen Gepräges über die einzelnen Apostel mittheilen. Das was die Clementinen über die ebjonitische Lebensweise des Petrus angeben, haben wir schon dargelegt (S. 205). Ueber Matthäus berichtet Clemens von Alexandrien, daß er nur Vegetabilien, aber kein Fleisch genossen habe [1]), was ihn eben als Essener erscheinen läßt. Die Traditionen über Jakobus den Gerechten, den Bruder des Herrn, sind ebenfalls fast ausschließlich ebjonitischen Gepräges und insofern durchaus unhistorisch. Dahin gehört seine von Epiphanius (haer. 30, 2. 15; 78, 13) bezeugte Ehelosigkeit, welche die Ebjoniten ursprünglich durch Hochschätzung der Virginität geehrt haben sollen. Da aber schon die Essener, wenigstens der Mehrzahl nach, sich der Ehe entzogen, so haben die Ebjoniten vielmehr das Bild des Jakobus nach ihrer Sitte, und nicht ihre Sitte nach seinem Beispiel gemodelt, zumal da nach dem Zeugnisse des Paulus (1 Kor. 9, 5) Jakobus höchst wahrscheinlich in der Ehe lebte. Ebenso ist die bekannte Schilderung, welche Hegesipp [2]) von Jakobus entwirft,

---

1) Paedagog. II, 1: Ματθαῖος μὲν οὖν ὁ ἀπόστολος σπερμάτων καὶ ἀκροδρύων καὶ λαχάνων ἄνευ κρεῶν μετελάμβανεν.

2) Bei Euseb. H. E. II, 23: Οὗτος ἐκ κοιλίας τῆς μητρὸς αὐτοῦ ἅγιος ἦν· οἶνον καὶ σίκερα οὐκ ἔπιεν, οὐδὲ ἔμψυχον ἔφαγεν· ξυρὸν ἐπὶ

viel mehr essenisch und ebjonitisch, als gewöhnlich zugestanden wird. „Er war von Mutterleibe an heilig; Wein und starke Getränke trank er nicht, noch aß er Fleischspeisen. Ein Scheermesser kam nicht auf sein Haupt; mit Oel salbte er sich nicht, und vom Bad machte er keinen Gebrauch. Er allein durfte in das Heiligthum eintreten, denn er trug auch nicht ein Kleid von Wolle, sondern von Leinen. Allein ging er in den Tempel und man fand ihn auf den Knieen liegend und betend um Erlösung für das Volk.“ Diese Merkmale scheinen in drei Gruppen zu zerfallen. Die Heiligkeit von Mutterleibe an, die Enthaltung von Wein und starkem Getränke, und die Unbeschränktheit des Haarwuchses deuten auf ein Nasiräatsgelübde, wie schon Epiphanius (haer. 78, 7. 13) erkannt hat. Die Enthaltung vom Weine ist aber neben der Enthaltung von Fleischspeisen, vom Salböl, und neben dem Gebrauche eines leinenen Kleides Zeichen essenischer Sitte. Das letztere aber in Verbindung mit dem Vorrechte, das Heiligthum zu betreten, ist Merkmal priesterlichen Standes.

Beginnen wir mit der Beurtheilung des letztern Umstandes, so kann er nicht so gemeint sein, daß Jakobus jüdischer Priester im eigentlichen Sinne gewesen sei, denn weder war Jakobus Aaronit [1]), noch wird ihm hier die Darbringung von Opfern beigelegt. Da nun von Jakobus nur gesagt wird, daß er im Tempel gebetet habe; da ferner die Worte *εἰςιέναι εἰς τὰ ἅγια* nicht auf den Eintritt in das eigentliche Tempelgebäude bezogen werden können, in welches der Opferdienst die Priester führte; da

---

τὴν κεφαλὴν αὐτοῦ οὐκ ἀνέβη· ἔλαιον οὐκ ἠλείψατο καὶ βαλανείῳ οὐκ ἐχρήσατο· τούτῳ μόνῳ ἐξῆν εἰς τὰ ἅγια εἰςιέναι· οὐδὲ γὰρ ἐρεοῦν ἐφόρει ἀλλὰ σινδόνας· καὶ μόνος εἰςήρχετο εἰς τὸν ναὸν, ηὑρίσκετό τε κείμενος ἐπὶ τοῖς γόνασι, καὶ αἰτούμενος ὑπὲρ τοῦ λαοῦ ἄφεσιν.

1) Ein dogmatischer Mythus, dessen erste Spuren in den Testamenten der zwölf Patriarchen (Levi 2, Symeon 7) dahin lauten, daß Christus sowohl von Juda als von Levi abstamme, ist späterhin dahin ausgeprägt, daß Joachim der Vater der Maria Priester gewesen sei (Aug. c. Faust. XXIII. 4). Wenn nun auch Augustin diese Ansicht des Faustus als nicht kanonisch bezeichnet, so ist er doch (de div. quaest. 61) ebenso wie Epiphanius (haer. 78, 13) der Meinung, daß Maria wegen ihrer Verwandtschaft mit Elisabeth, sowohl levitischer wie davidischer Abstammung gewesen sei. Aber man muß Epiphanius sein, um deßhalb zu glauben, daß Jakobus als Hoherpriester in das Allerheiligste gegangen sei.

endlich nach der Apostelgeschichte die Apostel täglich ohne Hinderniß den Tempelhof und die umliegenden Räume besuchten, so sieht man nicht ein, welches Vorrecht vor den übrigen Aposteln Jakobus in Hinsicht des Tempels genossen haben kann. Dies erklärt sich aber vom Standpunkte der Essener aus. Die Schilderung soll hervorheben, daß Jakobus, obwohl er Essener war, und deren Anspruch durch das priesterliche leinene Kleid an den Tag legte, doch so hohes Ansehen genossen habe, daß ihm ausnahmsweise der Eintritt in den Tempel gestattet war. Demnach gehören die Merkmale der ebjonitischen Lebensweise und des Priesterstandes bei Jakobus eng zusammen, und die letzteren Züge weisen auf eine sehr frühe Konception der Sage hin, als die christianisirten Essener ihre Ausschließung von dem Tempel noch in guter Erinnerung hatten. In der Schilderung ist kaum einmal der Zug eigenthümlich christlich, daß Jakobus auf seinen Knieen ὑπὲρ τοῦ λαοῦ ἄφεσιν erfleht habe. Man versteht freilich gewöhnlich darunter die Vergebung für das Vergehen des Volkes gegen Christus; aber dem Wortlaute näher scheint die Deutung auf die politische Befreiung Israels zu liegen (Luk. 1, 77; 4, 19). An diesem Verständniß des Berichtes Hegesipps hat man den Maaßstab für die Ungeschichtlichkeit der zweiten Hälfte desselben; dagegen mag der Nasiräat des Jakobus, wenn auch nicht als lebenslängliche Sitte, auf richtiger Tradition beruhen, welche zur Anknüpfung der übrigen sagenhaften Charakterzüge einlud. Ferner verräth auch der weitere Verlauf des Berichtes Hegesipps, daß derselbe nicht von einem entschieden christlichen Standpunkt aus aufgefaßt ist, wenn es heißt, daß die Pharisäer dem Jakobus zugemuthet haben, das Volk davon zu überzeugen, daß Jesus nicht der Christus sei; mindestens ist die Sage so angelegt, daß Jakobus zuerst als Essener, und erst in zweiter Reihe als Christgläubiger erscheint [1]). Ueberdies berührt sich die äußere Situation bei dem von Hegesipp berichteten Märtyrertode des

1) Epiphanius weiß noch, daß Jakobus als Hoherpriester, πέταλον ἐπὶ κεφαλῆς φορέσας, einmal des Jahres εἰς τὰ ἅγια τῶν ἁγίων gegangen sei; daß er nur ein Kleid trug (wie die Essener und der ebjonitische Petrus), und daß auch die beiden Zebedaiden seine Lebensweise getheilt haben (haer. 78, 13. 14).

Jakobus mit den mehrfach erwähnten ebjonitischen Anabathmen. Wie in dieser Schrift Jakobus in Begleitung der Apostel die Stufen des Tempels ersteigt (Rec. I, 53. 66. 73), um Zeugniß für Jesus abzulegen, so thut er es auch von der Zinne des Tempels herab, wohin ihn die Pharisäer gestellt hatten, damit er gegen Jesus spreche [1]. Und wie in dem Berichte Hegesipps die Rede von der Bekehrung von Mitgliedern der sieben jüdischen Sekten ist, so führt jene ebjonitische Schrift Disputationen der Apostel mit Genossen einzelner jüdischer Sekten an (Rec. I, 54 seq.). Wenn nun auch Hegesipp die Essener unter den jüdischen Sekten nennt (Eus. H. E. IV, 22), welche begreiflicherweise in der ebjonitischen Schrift nicht neben den Sadducäern, Pharisäern, Samaritern aufgeführt werden, so folgt daraus nur, daß Hegesipp selbst nicht Ebjonit war, nicht aber, daß er nicht ebenso wie Clemens Alex. und Epiphanius ebjonitische Sagen sich angeeignet hat.

Während die essenischen Ebjoniten sich der Auktorität der Urapostel, namentlich des Jakobus des Gerechten, des Petrus und des Matthäus, in der Art unterwarfen, daß sie deren geschichtliche Gestalten mit ihrer Sitte und ihren Tendenzen bekleideten, haben sie den Apostel Paulus mit einer Virtuosität verläumdet, an der wir eine Vorstellung von dem gleichen Verfahren der pharisäischen Judenchristen gewinnen. Epiphanius (haer. 30, 16) hat in den Anabathmen gelesen, daß Paulus als Tarsenser heidnischer Abkunft gewesen, daß er um die Tochter des Hohenpriesters zu heirathen, Proselyt geworden sei, und sich habe beschneiden lassen, daß er aber dann, als sein Heirathsplan mißlang, aus Rache gegen Beschneidung, Sabbath und Gesetz geschrieben habe. Dies finden wir nicht in dem jener Schrift entsprechenden Abschnitte der Recognitionen. Hingegen ist daselbst (I, 70. 71) Paulus deutlich genug in dem feindseligen Manne zu erkennen, der, als es dem Jakobus gelungen war, das ganze Volk sammt dem Hohenpriester zum Empfange der Taufe zu bewegen, mit heftiger Rede und gewaltsamer That gegen Jakobus den Schritt verhindert, die Christengemeinde zur Flucht nach Jericho

1) Vgl. Uhlhorn a. a. O. S. 367.

zwingt, und dann mit Empfehlungsbriefen des Hohenpriesters nach Damaskus reist, um alle Gläubigen zu verfolgen. Diese Uebertreibung des Antheils, den Saulus an der Ermordung des Stephanus hatte, macht aber die Angabe des Epiphanius über die anderen Schmähungen gegen Paulus wahrscheinlich, da die Anabathmen in den Recognitionen gerade bei Kap. 71 abgebrochen sind. Auch der Brief des Petrus an Jakobus nimmt darauf Rücksicht, daß einzelne Heiden „die durch mich geschehene gesetzliche Verkündigung verworfen, und die gesetzlose und nichtswürdige Lehre des feindseligen Menschen angenommen haben. Und schon zu meinen Lebzeiten haben es Einige unternommen, durch künstliche Deutungen meine Lehrvorträge in die Aufhebung des Gesetzes umzugestalten, wie wenn ich selbst nicht so dächte, und nicht frei und aufrichtig lehrte." Noch schärfer gegen Paulus ist die Haltung der Homilieen, deren Verfasser (17, 19) auch den Paulus unter der Maske des Simon brandmarken will. Die Berufung des Paulus zum Apostolat wird in Abrede gestellt, weil sie in einer Vision stattgefunden habe, und weil er im Widerspruche mit den Uraposteln und Christus selbst die Aufhebung des Gesetzes lehre. Und mit Rücksicht auf den Galaterbrief hält der ebjonitische Petrus dem Simon-Paulus vor, daß er ein Widersacher sei, da er ihn einen Verurtheilten (Gal. 2, 11) genannt habe, und dadurch Gott anklage, der ihm Christus geoffenbart habe, und gegen den losfahre, der ihn wegen dieser Offenbarung selig gepriesen habe [1]). Und der Heidenmissionsberuf, den Pe-

1) Wenn die Homilieen den Paulus als Simon darstellen, so ist es eine nicht zu begründende Vermuthung von Baur (Christenth. der drei ersten Jahrh. S. 83) und Zeller (Apostelgesch. S. 171), daß die Gestalt des Simon auch schon in der Apostelgeschichte eine boshafte Travestie auf den Apostel Paulus sei. Die Kombination beider Personen in den Homilieen ist durchaus singulär. Denn, wie ich schon früher bemerkt habe, Beide werden in den Recognitionen (I, 70—72, den Anabathmen) unterschieden. Simon ist ein samaritischer Pseudomessias, nicht nur nach den übereinstimmenden Bezeichnungen der Pseudoclementinen (Rec. I, 72; II, 7; Hom. 2, 24), sondern auch im Sinne der Apostelgeschichte, sofern er sich für τις μέγας ausgab (8, 9), was nach Vergleichung von 5, 36 von der Messiaswürde verstanden werden muß. Der Glaube der Samariter, daß Simon die große Kraft Gottes sei, hat im Zusammenhang der Apostelgeschichte keine Beziehung auf die in den Clementinen geltende gnostische Deutung dieses Ausdrucks, und ist auch mit der Aussage des Simon über sich selbst nicht identisch. Darum halte ich auch meine Erklärung des Messiasprädikates ἑστώς troß der Un-

trus in den clementinischen Schriften hat, ist nach Hom. 2, 17 so zu verstehen, daß erst das falsche Evangelium durch einen Irrlehrer kommen, und erst nachher das wahre Evangelium d. h. durch Petrus verbreitet werden müsse.

Dieser Haß gegen Paulus weist darauf hin, daß die essenischen Christen nicht in die durch die Nazaräer vertretene Tradition der Urapostel, sondern in die Ansichten der pharisäischen Judenchristen über die B e d i n g u n g e n d e r H e i d e n b e k e h r u n g eingegangen sind. Epiphanius (haer. 30, 2) bezeugt, daß die Ebjoniten sich hüten, etwas zu berühren, was einem fremden Volksgenossen gehört, und nach Hippolytus (Refut. IX, 14) hat Alkibiades von Apamea, welcher im Anfange des dritten Jahrhunderts in Rom für die Grundsätze des Elxai werben wollte, die Beschneidung der Heidenchristen gefordert. Dies bezeichnet offenbar die Praxis der essenischen Judenchristen in ihren ursprünglichen Wohnsitzen. Jedoch die clementinischen Schriften stellen andere Grundsätze über die Gültigkeit des Heidenchristenthums auf. Sie muthen den Heiden, auf deren Bekehrung der ebjonitische Petrus ausgeht, die Beschneidung nicht zu; die Homilieen mit Stillschweigen, die Recognitionen mit ausdrücklicher Erklärung [1]. Den Heidenchristen werden die Enthaltungen der Proselyten auferlegt [2], deren vollen Sinn wir gerade durch Vergleichung dieser Bestimmungen in den Clementinen haben ermitteln können. Indessen beschränken diese Schriften die Forderungen an die Heiden nicht auf die Festsetzungen der Apostel; sondern verlangen, die Homilieen in gleicher Reihenfolge mit den

---

gunst, welche sie gefunden hat, aufrecht, daß es auf den Propheten geht, ὃν ἀναστήσει κύριος (Deut. 18, 15. 18). Denn an diesem messianischen Typus hängt auch das gleiche Prädikat des Samariters Dositheus, des Vorgängers Simons (Rec. I, 54. 57; II, 5—15; Hom. 2, 24).

1) Rec. V, 34: Nos illum dei dicimus esse cultorem, qui voluntatem dei facit et legis praecepta custodit. Apud deum enim non ille, qui apud homines Judaeus dicitur, Judaeus est, neque qui gentilis vocatur, ille gentilis est, sed qui deo credens legem impleverit ac voluntatem eius fecerit, etiamsi non sit circumcisus.

2) Rec. IV, 36: Quae animam simul et corpus polluunt, ista sunt, participare daemonum mensae, hoc est immolata degustare, vel sanguinem vel morticinium, quod est suffocatum et si quid aliud est, quod daemonibus oblatum est. VI, 10. Hom. 7, 4. 8.

Proselytenbedingungen, die Recognitionen im Tone des Rathschlages, daß die Heidenchristen sich den Waschungen unterziehen sollen, welche die Gott verehrenden Juden, d. h. die Essener ausüben [1]). Daß hiemit den Judenchristen die Beschneidung als Pflicht vorbehalten ist, versteht sich von selbst. Daß sie ferner als Beschnittene den eigentlichen Kern der Gemeinschaft bilden, und die Heidenchristen ihnen nicht völlig gleich gestellt werden, erkennt man daran, daß die Beschneidung als nothwendige Bedingung bei demjenigen gefordert wird, welchem die petrinischen Kerygmen anvertraut werden könnten (Diamartyria Iac. 1).

Da also die Clementinen weder den Standpunkt der pharisäischen Judenchristen, noch den der geschichtlichen Apostel und der Nazaräer in der Beurtheilung der Stellung der Heidenchristen einnehmen, so fragt es sich, wie wir ihre Satzungen zu verstehen haben. Indem von dem ebjonitischen Petrus der Grundsatz aufgestellt wird (Hom. 13, 4), daß man nicht mit den Heiden essen könne, weil sie unrein leben; indem aber andererseits die Erzählung wiederholt Fälle vorführt, in denen Petrus solche Heiden, welche unter seinen Bedingungen bekehrt sind, sogleich zur Speisegemeinschaft hinzuzieht, so ergiebt sich daraus, daß die zu den Proselytenbedingungen hinzugesetzten Waschungen denjenigen engern Verkehr zwischen Juden und Heiden vermitteln sollen, den das Aposteldekret nach seinem ursprünglichen und eigentlichen Sinne nicht anstrebte (s. o. S. 138). Dem Grundsatze nach wurden die anderen essenischen Satzungen, die Enthaltung vom Genusse des Fleisches und des Weines, den bekehrten Heiden nicht auferlegt, dem Erfolge nach mußte aber die Speisegemeinschaft derselben mit Ebjoniten auch diese Verzichtleistungen nach sich ziehen. In dieser Praxis nun haben die Ebjoniten, welche durch die Clementinen vertreten sind, nichts unbedingt Neues und Originelles erfunden. Sie haben nur den Grundsatz

1) Rec. VI, 11: Bonum est autem et puritati conveniens, etiam corpus aqua diluere. Hom. 7, 4: *Ἔστι τὰ ἀρέσκοντα τῷ θεῷ τὸ αὐτῷ προσεύχεσθαι· αὐτὸν αἰτεῖν ὡς πάντα νόμῳ κριτικῷ διδόντα· τραπέζης δαιμόνων ἀπέχεσθαι· νεκρᾶς μὴ γεύεσθαι σαρκός· μὴ ψαύειν αἵματος· ἐκ παντὸς ἀπολούεσθαι λύματος· τὰ δὲ λοιπὰ ἑνὶ λόγῳ, ὅσ' οἱ θεὸν σέβοντες ἤκουσαν Ἰουδαῖοι καὶ ὑμεῖς ἀκούσατε ἅπαντες.*

aufgegriffen, welchen Petrus in Antiochia geltend gemacht hat, nachdem ihn die Jakobiten von der Unstatthaftigkeit der Speisegemeinschaft überzeugt hatten, welche Paulus auf Kosten der jüdischen Reinigkeitssitte zwischen Juden und Heiden begründet hatte. Indem auch diese Ebjoniten den Heidenchristen außer den Proselytenbedingungen noch die regelmäßigen Waschungen aufnöthigen, um Speisegemeinschaft möglich zu machen, begehen sie dasselbe, was Paulus als einen Zwang zur jüdischen Sitte dem Petrus zum Vorwurf macht, und überschreiten damit die echten apostolischen Satzungen (s. o. S. 146). Es ist gezeigt worden, daß wenn die Beschneidung den Heidenchristen erspart wurde, eine engere Verbindung der beiden Nationalitäten in derselben Gemeinde vom Standpunkte der jüdischen Sitte als möglich nur gedacht werden konnte, wenn ein solcher Zusatz zum Aposteldekret gemacht wurde. Ferner aber konnte sich das Bedürfniß danach den Judenchristen nur auf dem Gebiete der Heidenmission aufdrängen; die uns vorliegenden Grundsätze der Clementinen weisen demnach darauf hin, daß sie von Ebjoniten ausgebildet sind, welche nicht in der syrischen Heimath der Sekte wohnten. Wir begegnen demnach hier einer Milderung der judenchristlichen Ansprüche bei den Ebjoniten, welche sich auf die Auktorität eines Apostels berufen konnte. Aber man hat sich zu hüten, in dem Verhalten des Petrus, nach dem jene sich richten, die normale Ansicht der Urapostel selbst zu erkennen. Wie Petrus überschreiten auch die Ebjoniten das Apostelдekret, und ihr Haß gegen Paulus beweist, daß sie derselben Beurtheilung unterliegen, welche Petrus bei demselben fand. In der Darstellung der Clementinen hängt es nun auf das Engste zusammen, daß die Forderungen an die Heidenchristen dem von Petrus in Antiochia eingenommenen Standpunkte entsprechen, und daß Petrus als der rechte und wahre Heidenapostel auftritt. Aber diese Verbindung bürgt auch um so bestimmter dafür, daß die Schilderung des Petrus unhistorisch ist. Es geschieht blos auf Anlaß seines geschichtlichen Auftretens in Antiochia, daß ihn die Clementinen von einer syrischen Stadt zur andern führen, um das wahre Evangelium gegen das falsche predigen zu lassen.

An den Beweis der Bekehrung der Essener zum Christenthum in Folge der Zerstörung des Tempels haben wir die Darstellung davon geknüpft, wie die Ebjoniten Christus und die Apostel sich vorgestellt, und wie sie in den Gegensatz des jüdischen und des Heidenchristenthums sich hineingestellt haben. Ehe wir die Entwickelung verfolgen, welche in der Mitte der Ebjoniten durch den Namen Elxai bezeichnet ist, werfen wir einen Blick auf die Spuren essenischen Christenthums vor dem Jahre 70. Man könnte versucht sein, schon in der jerusalemischen Urgemeinde Einwirkungen essenischer Sitte anzunehmen [1]). Die Unternehmung der Gütergemeinschaft (Act. 2, 45; 4,32 ff.) und die einigemale hervorgehobene Sitte der Brechung der Brote (2, 42. 46) könnten wohl darauf angesehen werden, ob nicht unter den ersten Mitgliedern der Gemeinde auch Essener gewesen seien. Indessen da keine anderen Anzeichen essenischer Sitte in der Urgemeinde uns entgegentreten, da ferner die Ebjoniten ihr Christenthum klar genug von dem Jahre 70 an rechnen, so könnte ein essenischer Einfluß auf jene Zustände nur dann angenommen werden, wenn es keine andere natürliche Erklärung gäbe. Dieselbe liegt aber für die Sitte des Brotbrechens, bei der wir wohl nicht an das Herrnmahl zu denken haben, in dem Beispiele Jesu (Mark. 6, 41; Luk. 24, 30); und für das doch nur partielle Unternehmen von Gütergemeinschaft (vgl. Act. 5, 4) mit großer Wahrscheinlichkeit in dem von Christus aufgestellten Vorbilde der Familienverbindung für die christliche Gemeinde. Demnach bedarf man auch nicht einmal der Annahme, daß das Beispiel der Verbindung der Essener für die Einrichtung der christlichen Gemeinde maaßgebend gewesen sein könnte.

Dagegen finden sich Züge essenischer Sitte vereinzelt in den Gemeinden zu Rom und zu Kolossä. Die römischen Christen, welche um der Reinigkeit willen sich des Genusses von Fleisch und Wein enthalten (Röm. 14, 21), sind gewiß nichts Anderes als frühere Essener, oder, wenn man den von Epiphanius gebrauch-

1) Wie in der von Schneckenburger hinterlassenen Abhandlung über die Apostelgeschichte geschieht; Stud. u. Krit. 1855, Heft 3.

ten Namen anwenden will, Ebjoniten; welche freilich nur in geringer Zahl vorhanden gewesen zu sein scheinen, und nicht als Vertreter der Sitte der jüdischen Christen überhaupt angesehen werden dürfen. Weil sie mit keinen anderen Ansprüchen hervorgetreten sind, als mit jener Askese, so hat Paulus nur die Schonung ihrer Vorurtheile angerathen. Unverkennbar ist auch der essenische Charakter der Irrlehrer in Kolossä; welche jedoch Paulus bekämpft, weil sie in Hinsicht ihrer kultischen Sitte gegen die Heidenchristen aggressiv verfuhren, und die Grundlehre des Christenthums verletzten. Daß sie das Vorrecht der Beschneidung geltend gemacht, und die Heidenchristen zu derselben zu bewegen gesucht haben, ergiebt sich indirekt aus der Behauptung des Paulus, daß die wahre Beschneidung in der Taufe an den Lesern vollzogen sei (2, 11). Direkt rügt er dann, daß die Gegner die Feier des Sabbaths und der Neumonde, daß sie Enthaltung von gewisser Speise und gewissem Getränk gebieten, und die Berührung gewisser Dinge verbieten (2, 16. 20. 21). Wenn nun solche Grundsätze auch als allgemein jüdische verstanden werden könnten, so deutet doch Paulus durch ihre Bezeichnung als menschliche Satzungen, als selbstgewählte Verehrung (2, 22. 23) an, daß dieselben außerhalb des Gesetzes stehen. Daß wir nun aber hiebei an essenische Grundsätze denken müssen, wird dadurch klar, daß Paulus den Gegnern auch Verehrung der Engel vorwirft (2, 18), unter die sie gewiß Christus gesetzt haben, da Paulus die Erhabenheit Christi als des Schöpfers und Erlösers über die Engel (1, 16. 20) nicht ohne polemischen Anlaß erörtert haben wird. Die Verbindung der Engelverehrung und der Auffassung von Christus als Engel, mit allgemein jüdischen, und speciell außergesetzlichen asketischen Satzungen trifft aber nur auf Essener zu.

Daß nun in Rom und in Kolossä Essener gewohnt haben sollen, ist zwar nicht daraus zu erklären, daß sie, wie andere Juden des Handels wegen, freiwillig dorthin gezogen wären; aber es ist ja bekannt, daß zahlreiche Juden als Kriegsgefangene und Sklaven durch Pompejus weit hin zerstreut wurden. Wer will leugnen, daß auf solchem Wege auch Essener verpflanzt wurden, da deren Charakter bei den Schwachen in Rom und bei den Irrlehrern in Kolossä nicht verkannt werden kann. Hiebei bleibt aber bestehen, daß die in Palästina einheimischen Essener, wie sie selbst nicht anders wußten, erst nach dem Jahre 70 Christen wurden; und daß sie jene Vorläufer für das Bestehen ihrer Richtung in früherer Zeit nicht in Anschlag brachten, ist leicht dadurch erklärt, daß sie von ihnen nichts wußten.

Der Name des Elxai[1]), welcher bei Epiphanius eine Entwickelung des essenischen Christenthums bezeichnet, ist in allen Berichten mit einem eine neue Offenbarung enthaltenden Buche verknüpft. Hippolytus berichtet, daß zur Zeit des römischen Bischofs Kallistus (219—224) ein gewisser Alkibiades aus Apamea in Syrien die Auktorität dieses Buches in Rom geltend gemacht, daß er selbst aber der Proselytenmacherei desselben wirksamen Widerstand geleistet habe (IX, 13). Die Homilie des Origenes ist gegen einen ähnlichen Sendboten gerichtet gewesen, welcher im J. 247 in Cäsarea Anhänger für jenes Offenbarungsbuch zu werben suchte[2]). Epiphanius hat das Wunderbuch als Auktorität der Ebjoniten gefunden, zu denen also auch die von ihm noch speciell aufgeführte Sekte der Elkesäer oder Sampsäer gehört haben muß; während wir die von ihm berichtete Einwirkung des Elxai auf die Ossener (Essener) nicht anders verstehen können, als daß dieselben dadurch mit den Ebjoniten verschmolzen sind. Jenes Buch soll nach Origenes und Theodoret (haer. fabb. II, 7) vom Himmel gefallen sein. Der wunderbare Ursprung desselben reducirt sich jedoch bei Epiphanius auf den Inhalt desselben, da es Elxai als (Pseudo-)Prophet geschrieben haben soll (κατὰ προφητείαν ἢ ὡς κατα ἔνθεον σοφίαν, haer. 19, 1). Endlich Hippolytus (IX, 13) specialisirt diese Vorstellung dahin, daß

---

1) Die Quellen über diese Person sind die 19. 30. 53. Häresie des Epiphanius, das Fragment einer Homilie des Origenes über den 82. Psalm bei Eusebius H. E. VI, 38, und Hippolytus Refutatio omnium haeresium IX, 13—17. — Zum Folgenden vgl. meine Abhandlung „über die Sekte der Elkesaiten“ in Niedners Zeitschr. für histor. Theol. 1853. IV, S. 573 ff.

2) Vgl. Redepenning, Origenes, 2. Th. S. 72.

der Inhalt des Buches von einem Engel offenbart sei. Und hier wird auch nicht Elrai als der direkte Empfänger dieser Offenbarung und Verfasser des Buches bezeichnet, sondern als der, welcher es von den Serern in Parthien empfangen habe. Der Engel aber, welcher jene neue Offenbarung in einer Vision gegeben hat, wird näher als Christus, der Sohn Gottes bezeichnet, welcher dem Empfänger als eine menschliche Figur erschienen ist, deren Höhe 24 σχοινία = 96 Meilen, und deren Breite 4 σχοινία = 24 Meilen betrug. Epiphanius und Hippolytus fügen noch hinzu, daß neben Christus in gleicher, aber weiblicher Gestalt der heilige Geist über einer Wolke zwischen zwei Bergen stehe. Dieses Phantasma hat Epiphanius dahin mißverstanden, daß er es für das Dogma der Anhänger des Elrai ausgiebt (haer. 19, 4; 30, 17; 53, 1). Da aber die Anhänger des Elrai ein anderes bestimmtes Dogma von Christus haben, so ist an dieser Anschauung nur so viel dogmatisch, daß Christus, wenn sein Wesen auch noch anders bestimmt wurde, doch als übermenschliche Macht unter die Engel gerechnet werden konnte.

Die dem Hippolytus und dem Origenes bekannt gewordenen Anhänger jener neuen Offenbarung zeigen alle Charakterzüge der essenischen Christen, und hiedurch wird die enge Verbindung bestätigt, in welche Epiphanius den Elrai zu Essenern und Ebjoniten setzt. Der große und höchste Gott, zu welchem sich Alkibiades bekennt (Hipp. IX, 15), ist der Gott des mosaischen Gesetzes. Jener Mann hat das Leben nach dem Gesetze, einschließlich der Beschneidung, geltend gemacht (IX, 14). Hierin war freilich die Opferpflicht nicht einbegriffen, welche Elrai nach Epiphanius (haer. 19, 3) verworfen hat. Daß Hippolytus dieselbe bei seiner Angabe nicht ausnimmt, erklärt sich einfach daraus, daß die Verwerfung der Opfer in jener Zeit von gar keiner praktischen Bedeutung war, da dieselben längst eingestellt waren. Aber wenn der dem Origenes bekannt gewordene Elkesait Einiges aus der Schrift verworfen hat (ἀθετεῖ τινὰ ἀπὸ πάσης γραφῆς), während er doch Aussprüche aus dem ganzen A. T. wie aus dem Evangelium gebrauchte, so hat er in der Weise des Verfassers der Homilieen eine Kritik am A. T.

geübt, welche einen grundsätzlichen Widerspruch gegen das mosaische Opferinstitut voraussetzt. Der ebjonitische Charakter desselben Mannes verräth sich ferner in der Verschmähung des *ἀπόστολος τέλειος*, wie Origenes sagt, des Paulus. Endlich hat Alkibiades unverkennbar das Dogma von der Identität zwischen Christus und Adam vorgetragen, dessen Ursprung nach der Vermuthung des Epiphanius auf Elxai zurückzuführen wäre. Die etwas unbestimmte Angabe des Hippolytus [1]) läßt sich ohne Schwierigkeit nach dem bekannten Typus ergänzen und berichtigen. Zu bemerken ist nur noch, daß Christus in dem Buche des Elxai den Titel *ὁ μέγας βασιλεύς* geführt hat (Hipp. IX, 15; Epiph. haer. 19, 3).

Dies nun sind die dogmatischen Voraussetzungen, auf deren Grund die neue in dem Buche enthaltene Offenbarung des Elxai sich geltend macht, und für welche sie indirekt Anerkennung fordert. Aber nur beiläufig können diese dogmatischen Sätze in dem Buche enthalten gewesen sein, wenn sie überhaupt darin enthalten waren. Denn das Offenbarungsbuch hat keinen dogmatischen, sondern einen praktischen Zweck. Es verheißt eine neue Sündenvergebung [2]), welche nach der Meinung des Buches durchaus nicht außerchristlich sein sollte, da sie ja von Christus selbst offenbart war. Dieselbe wurde aber, wie Hippolytus weiter auseinandersetzt, auf die Sünden bezogen, welche nach der Taufe begangen wären, und sollte in der je zu wiederholenden christlichen Taufe ertheilt werden [3]). Die Offenbarung mit diesem

---

1) Hippol. IX, 14: *Τὸν Χριστὸν λέγει ἄνθρωπον κοινῶς πᾶσι γεγονέναι· τοῦτον δὲ οὐ νῦν πρώτως ἐκ παρθένου γεγεννῆσθαι, ἀλλὰ καὶ πρότερον καὶ αὖθις πολλάκις γεννηθέντα καὶ γεννώμενον πεφηνέναι καὶ φύεσθαι ἀλλάσσοντα γενέσεις καὶ μετενσωματούμενον.*

2) Origenes führt als Haupt- und Grundsatz seines Gegners an: *Τὸν ἀκηκοότα ἐκείνης (τῆς βίβλου) καὶ πιστεύοντα ἄφεσιν λήψεσθαι τῶν ἁμαρτημάτων*, mit der eigenen Bemerkung: *ἄλλην ἄφεσιν παρ' ἣν Χριστὸς Ἰησοῦς ἀφῆκεν.* Vgl. Hippol. IX, 13: *Λέγει τοῦτον (τὸν ἄγγελον χρηματίσαντα) εὐαγγελίσασθαι τοῖς ἀνθρώποις καινὴν ἄφεσιν ἁμαρτιῶν.*

3) Hippol. IX, 13: *Βάπτισμα ὁρίζει, φάσκων τοὺς ἐν πάσῃ ἀσελγείᾳ καὶ μιασμῷ καὶ ἀνομήμασιν ἐμφυρέντας, εἰ καὶ πιστὸς εἴη, ἐπιστρέψαντας καὶ τῆς βίβλου κατακούσαντας καὶ πιστεύσαντας βαπτίσματι λαμβάνειν ἄφεσιν ἁμαρτιῶν.* 15. *Εἴ τις — ἐμοίχευσεν ἢ ἐπόρνευσεν καὶ θέλει ἄφεσιν λαβεῖν τῶν ἁμαρτιῶν, ἀφ' ἧς ἂν ἀκούσῃ τῆς βίβλου*

praktischen Inhalte hat ihre Analogieen an den Offenbarungen, welche Hermas von dem als Hirten erscheinenden Engel erhielt, und welche auch durchaus paränetischen und disciplinarischen Inhaltes sind.

Es kommt aber hinzu, daß die Taufe in dem Namen des großen und höchsten Gottes, in Begleitung eidlicher Entsagung von allen Arten der Sünde, nach Alkibiades als Heilmittel gegen Krankheiten, z. B. gegen den Biß eines tollen Hundes, gegen Schwindsucht und Besessenheit angewandt werden soll (Hippol. IX, 15. 16). Und Epiphanius (haer. 30, 17) bezeichnet als eine Sitte, welche die Ebjoniten erst von Elxai angenommen hätten, daß, wenn einer von einer Krankheit befallen, oder von einer Schlange gebissen ist, er in das Wasser hinabsteigt und die Namen im Elxai anruft. Beide Arten von Taufe sollen nämlich begleitet sein durch die Anrufung von sieben Zeugen, unter denen die Naturelemente hervorragen. Die kurze Angabe Theodorets, welche aus Hippolytus X, 29 entlehnt ist, daß sie Waschungen gebrauchen unter dem Bekenntnisse der Elemente, wird durch die weiteren Angaben von Epiphanius und Hippolytus erläutert. Nach Epiphanius werden die sieben Zeugen bei der Heilungstaufe angerufen in der Formel: Helfet mir und wendet von mir den Schmerz ab (*βοηθῆτέ μοι καὶ ἀπαλλάξατε ἀπ' ἐμοῦ τὸ ἄλγημα*). Genauer scheint die Angabe der Formel, welche bei beiden Arten der Taufe gebraucht wird, bei Hippolytus zu sein: Ich rufe diese sieben als Zeugen an, daß ich nicht mehr sündigen werde (*τούτους τοὺς ἑπτὰ μάρτυρας μαρτύρομαι, ὅτι οὐκέτι ἁμαρτήσω*). Diese sieben Zeugen werden von Epiphanius dreimal (haer. 19, 1; 30, 17) aber stets mit Abweichungen bezeichnet. Indessen sind sie durch Uebereinstimmung der zweimaligen Angabe des Hippolytus (IX, 15) mit der zweiten Aufzählung des Epiphanius (haer. 19, 1) als folgende festzustellen: *οὐρανός* —

ταύτης, βαπτισάσθω ἐκ δευτέρου ἐν ὀνόματι τοῦ μεγάλου καὶ ὑψίστου θεοῦ καὶ ἐν ὀνόματι υἱοῦ αὐτοῦ μεγάλου βασιλέως. — Πάλιν λέγω, ὦ μοιχοὶ καὶ μοιχαλίδες καὶ ψευδοπροφῆται, ἐὰν θέλετε ἐπιστρέψαι, ἵνα ἀφεθήσωνται ὑμῖν αἱ ἁμαρτίαι, καὶ ὑμῖν εἰρήνη καὶ μέρος ᾖ μετὰ τῶν δικαίων, ἀφ' οὗ ἂν ἀκούσητε τῆς βίβλου ταύτης, καὶ βαπτισθῆτε ἐκ δευτέρου σὺν τοῖς ἐνδύμασιν.

ὕδωρ — πνεύματα ἅγια — ἄγγελοι τῆς προσευχῆς — ἔλαιον — ἅλας — γῆ.

Die Wiederholung der Taufe auf den Namen des Vaters und des Sohnes zur Vergebung von Todsünden, und die Verwendung der Taufe auf den Namen des Vaters zur Heilung von Krankheiten ist speciell Inhalt der neuen an den Namen Elxai geknüpften Offenbarung im Kreise der Ebjoniten. Ehe die übrigen Punkte neuer Offenbarung bezeichnet werden, bedürfen wir jedoch der Vergleichung mit den sonst bezeugten Ansichten der Ebjoniten über die christliche Taufe, um das Maaß des Neuen zu erkennen, das den Namen Elxai so bedeutsam für diesen Kreis gemacht hat. Beide clementinischen Schriften fordern die auf den Namen Christi, oder auf die Dreieinigkeit zu vollziehende Taufe, welche sie von den täglichen Waschungen bestimmt unterscheiden, als unumgänglichen Einweihungsakt derer die an Christus glauben. Die christliche Taufe ist das von Gott gebotene Mittel der Sündenvergebung und Wiedergeburt im Gegensatz gegen die natürliche Geburt, befreit von den ewigen Strafen und verpflichtet zu guten Werken [1]). Diese Wirkung wird der Taufe zugeschrieben wegen der mit ihr verbundenen Kraft des heiligen Geistes, welcher von der Erschaffung der Welt her sein Organ an dem Wasser haben soll [2]). Trotz dieser Erklärung hat die Bedeutung der Taufe, wie schon wiederholt bemerkt worden ist [3]), in der Anschauungsweise der beiden Schriften keinen eigentlichen innern Grund. Es liegen in beiden Schriften Aussprüche vor, welche die Nothwendigkeit derselben durchkreuzen; z. B. wenn die Liebe zu Gott und die guten Werke als zur Seligkeit genügend bezeichnet werden (Hom. 3, 8); wenn wegen der Gleichheit der Lehre von Moses und Christus es gleich gelten soll, welchem von Beiden man sich im Glauben anschließt (Hom. 8, 6); wenn es wirklich sündlose Menschen giebt, wie das Volk der Serer (Rec. VIII, 48). Unter diesen Umständen wird die

1) Rec. III, 75; IV, 32; VI, 8. 9. Hom. 8, 22. 23; 11, 25 – 27; 13, 13. 20. 21.

2) Rec. VI, 8. 9. Hom. 11, 22. 24. 26.

3) Vgl. Schliemann a. a. O. S. 227. Uhlhorn a. a. O. S. 213. 251.

Nothwendigkeit der Taufe nur durch den abstrakten Willen Gottes begründet, und hinzugefügt, daß da das göttliche Gesetz das Maaß der Gerechtigkeit sei, eben auch das göttliche Gebot der Taufe seine Erfüllung fordere (Rec. VI, 8).

Nun findet sich freilich in den Anabathmen eine reellere Erklärung und Begründung der Taufe [1]). Dieselbe ist von Christus als Ersatz der Opfer eingesetzt worden. Es fragt sich, ob wir das Recht haben, diese Erklärung als allgemein gültige Sektenmeinung und demnach auch als Voraussetzung der Verfasser der beiden großen Schriften anzusehen, oder ob sie eine singuläre und willkürliche Meinung ist. In diesem Sinne sieht Uhlhorn (S. 260) die Sache an, indem er zugleich einen Widerspruch zwischen der vorliegenden Ansicht und dem sonst den Recognitionen eigenen Gedanken über die Bedeutung der Opfer nachweisen zu können meint. Während ja sonst die Opfer als eine verkehrte, Gottes Wesen und Willen nicht entsprechende Einrichtung dargestellt würden, wären sie hier als wirksames Mittel der Sündenvergebung erachtet. Aber von wem? Nicht von dem Redner und dem Verfasser der Schrift, sondern von den Juden, denen das Opfern gestattet war, und welche ohne Grund die Erwartung der göttlichen Vergebung daran knüpften. Der Ausspruch ist also nicht im Widerspruch mit dem Gedankengang jener alten Schrift, an welchen er angeschlossen ist. Warum aber finden wir in dem weitern Verlauf der Recognitionen und in den Homilieen keine andere Spur dieser Betrachtungsweise? Aus demselben Grunde, aus welchem nie direkt von der Beschneidung gesprochen wird; weil die Homilieen ganz und gar, und die Recognitionen größtentheils die Thätigkeit des Petrus als Heidenmissionar schildern. Die Heiden brauchten aber nicht zu erfahren, daß die Taufe den Juden als Ersatz für das

---

1) Rec. I, 39: Ut tempus adesse coepit, quo id, quod deesse Moysis institutis diximus, impleretur, et propheta, quem praecinuerat, appareret, qui eos primo per misericordiam dei moneret cessare a sacrificiis, et ne forte putarent, cessantibus hostiis remissionem sibi non fieri peccatorum, baptisma eis per aquam statuit, in quo ab omnibus peccatis invocato eius nomine solverentur, et de reliquo perfectam vitam sequentes, in immortalitate durarent. cf. Cap. 55.

Opferwesen diente; und weil die Heiden überhaupt nicht in Ebenbürtigkeit mit den beschnittenen Genossen der christlichen Gemeinde eintreten sollten, deßhalb durften sie Manches nicht erfahren, und mußten sich mit dem abstrakten Gebote begnügen. Es ist zunächst nur durch diesen Probabilitätsbeweis zu rechtfertigen, wenn wir die Ansicht über die Taufe in den Anabathmen als das eigentliche Dogma der Ebjoniten betrachten; aber vielleicht bestätigt sich die Richtigkeit dieser Annahme noch von einer andern Seite her.

Die einmalige christliche Taufe wurde von den Ebjoniten mit einer Anrufung der Elemente als Zeugen für den Vorsatz, nicht mehr zu sündigen, verbunden. Dies ergiebt sich aus der Anweisung, welche Jakobus für die feierliche Mittheilung der petrinischen Kerygmen giebt. Ebenso wie bei der Taufe der Täufling Himmel, Erde, Wasser, Luft als Zeugen anruft, nicht mehr sündigen zu wollen, so soll auch der Empfänger jener Bücher, an fließendem Wasser stehend, bei den Elementen versichern, die Ordnung in ihrer Bewahrung und weitern Mittheilung zu beobachten [1]). Wenn nun in den clementinischen Schriften bei den wiederholten Berichten von Taufen, die Petrus vollzog, nie dieser Zuthat zur Anrufung der Trinität Erwähnung geschieht, so dürfte wohl die Vermuthung aufgestellt werden, daß jene Anrufung der Elemente der ebjonitischen Arkandisciplin angehörte, von welcher in Schriften, die auch den Heidenchristen bestimmt waren, nichts verlauten sollte. Aber es ist auch möglich, daß die in dem heidenchristlichen Gebiete lebenden Verfasser beider Bücher jene Sitte ihrer Heimath aufgegeben haben.

Wenn nun aber die Ebjoniten die Taufe ursprünglich mit dieser Anrufung der Elemente verbanden, und dieselbe als eigentlichen Ersatz der Opfer ansahen, so ist danach einerseits die Einrichtung des Elxai überhaupt verständlich, und andererseits ist

1) Diamart. Jac. 1. 2: Er soll ἐπιμαρτύρασθαι, ὡς καὶ ἀναγεννώμενοι κελευσθέντες ἐποιήσαμεν τοῦ μὴ ἁμαρτεῖν χάριν· λεγέτω δὲ· μάρτυρα: ἔχοιμι οὐρανόν, γῆν, ὕδωρ, ἐν οἷς τὰ πάντα περιέχεται, πρὸς τούτοις δὲ ἅπασιν καὶ τὸν διὰ πάντων διήκοντα ἀέρα, οὗ ἄνευ οὐκ ἀναπνέω, ὡς ἀεὶ ὑπήκοος ἔσομαι κτλ.

es möglich, das Neue, was in ihr liegen soll, genau festzustellen. Das Neue ist die Annahme einer Wiederholung der Taufe zum Zwecke der wiederholt nothwendigen Sündenvergebung, und die Hinzunahme von Salz und Oel zu den Zeugen. Denn die Verwendung der Taufe zur Heilung von Krankheiten ist kein selbständiger Titel neben jenem Gebrauch; da auch bei der erstrebten Heilung die Entsagung von der Sünde ins Mittel trat, als deren Wirkung die Krankheit aufgefaßt wurde. Die Wiederholung der Taufe als Mittel der Sündenvergebung setzt aber die Auffassung der Taufe als Ersatz der Opfer voraus. Wäre sie von den Ebioniten ebenso wie in der heidenchristlichen Kirche als Ersatz der Beschneidung, oder wie von Paulus als die Gemeinschaft mit dem von der Macht der Sünde erlösenden Tode Christi, oder nach ihrem ursprünglichen Sinne als Akt der Buße, welche der Eintritt ins Gottesreich ist, angesehen worden, so wäre die Einrichtung des Elxai vollkommen sinnlos. Da aber solche religiöse Erscheinungen, wie die vorliegende, bei aller Seltsamkeit und Fremdartigkeit für uns, stets eine innere Folgerichtigkeit haben, so können wir nicht umhin, die Einrichtung des Elxai an die nachgewiesene ebjonitische Auffassung der Taufe anzuknüpfen, und deren allgemeinere Gültigkeit im Kreise der Ebjoniten durch diese neue Anwendung zu bestätigen. Wenn der ursprüngliche Gedanke festgehalten wurde, daß die Taufe die Opfer ersetzen sollte, so war darin der Antrieb begründet, die Taufe ebenso zu wiederholen, wie die Opfer wiederholt waren, sobald man die Erfahrung machte, daß der pflichtmäßige gerechte Wandel stets durch neue Sünde gehemmt wurde. Diese Veranlassung zu der neuen Satzung Elxai's war auch für die heidenchristliche Kirche des zweiten Jahrhunderts ein Problem von tiefgreifender Wichtigkeit. Daß jedoch in ihr nie der Gedanke an eine Wiederholung der Taufe auftauchte, weist darauf hin, daß die Lösung, welche Elxai darbot, in einer grundverschiedenen Ansicht von der Taufe wurzelte, und diese kann nur die nachgewiesene sein.

Die Zeugen, welche nach Elxai bei der Taufe angerufen werden sollen, unterscheiden sich von der Angabe in der Diamartyria einmal dadurch, daß die Luft, oder die Luft und der Aether mit den zwei Klassen der Engel bezeichnet sind, welche in diesen Elementen wohnend gedacht sind [1]; und dann dadurch, daß Oel und Salz hinzugesetzt werden. Die Zusammenstellung dieser Stoffe mit den Weltelementen ist sehr auffallend. Es ist aber wohl nicht zweifelhaft, daß das Salz hier in Betracht kommt als der charakteristische Stoff des heiligen Mahles, welches regelmäßig der (einmaligen) Taufe folgte (Hom. 14, 1), und auch dem in der Diamartyria angeordneten Ritus angeschlossen werden sollte. Dann kann die Anrufung des Oeles nur auf die der Taufe vorhergehende Salbung hinweisen, von der eine Spur in den Recognitionen vorliegt [2]. Die Zusammenstellung von Salz und Oel mit den übrigen Zeugen weist auf eine Theurgie hin, welche ins heidnische Wesen unzweifelhaft einlenkt; und dieses Gepräge der Offenbarung des Elxai giebt sich auch in der Beschäftigung mit Astrologie und Magie, speciell in der astrologischen Bestimmung der Tauftage kund, welche Hippolytus dem Alkibiades nachsagt.

Die Milderung der Disciplin, welche in der besprochenen Einrichtung des Elxai liegt, wird ferner in eigenthümlicher Weise durch die Nachsicht ergänzt, mit welcher auf Grund jener Offenbarung die Verleugnung Christi in Verfolgungen für erlaubt erklärt wird [3]. Hiedurch wurde eine Klasse von Todsünden, deren disciplinarische Behandlung der Kirche viel Mühe

---

1) Vgl. Uhlhorn a. a. O. S. 396.

2) Rec. III, 67: Baptizabitur unusquisque vestrum in aquis perennibus — perunctus primum oleo per orationem sanctificato, ut ita demum per haec consecratus possit percipere de sanctis. Diese Salbung bei der ebjonitischen Taufe ist im Vergleich mit der entgegengesetzten Praxis der Essener schwer zu erklären. In dieser Stelle ist die Theilnahme an dem heiligen Mahle von der Salbung abhängig gemacht. Wenn dieselbe den priesterlichen Charakter bezeichnen sollte, so hätten wir einen unvereinbaren Widerspruch mit der essenischen Ansicht. Oder steht der Ritus mit dem prophetischen Charakter Adams und Christi in Beziehung, und im Gegensatz gegen die dem A. T. eigenen Salbungen, welche mit Christus ein Ende nahmen? Vgl. Rec. I, 45—48.

3) Orig. ap. Euseb. VI, 38: *Φησί, ὅτι τὸ ἀρνήσασθαι ἀδιάφορόν ἐστι· καὶ ὁ μὲν νοήσας τῷ στόματι ἐν ἀνάγκαις ἀρνήσεται· τῇ δὲ καρδίᾳ οὐχί.* Epiph. haer. 19, 1: *Μὴ εἶναι ἁμαρτίαν, εἰ καὶ παρατύχοι εἴδωλα προσκυνῆσαι καιροῦ ἐνστάντος διωγμοῦ, ἐὰν μόνον ἐν τῇ συνειδήσει μὴ προσκυνήσῃ, καὶ εἴτι δ᾽ ἂν ὁμολογήσῃ ἐν στόματι, ἐν δὲ τῇ καρδίᾳ μή.*

machte, mit einem Male beseitigt, und kam für die zu wiederholende Sündenvergebung nicht in Betracht. Deßhalb ist es auch wahrscheinlich, daß Epiphanius in der Angabe genau ist, daß Elxai der Jungfräulichkeit feind sei, die Ehelosigkeit hasse und zur Ehe zwinge (haer. 19, 1). Wir haben uns die anderwärts (haer. 30, 2) bezeugte Thatsache, daß die Ebjoniten von der Hochschätzung der Ehelosigkeit zu der regelmäßigen Ausübung der Ehe fortschritten, aus der Ausgleichung der doppelten Praxis der Essener in dieser Beziehung zu erklären versucht (S. 207). Da Epiphanius diesen Fortschritt nicht wie anderes auf Elxai zurückführt, so werden wir auch die oben angegebene Aussage nicht so zu verstehen haben, daß erst Elxai, und er allein auf die Annahme der Ehe unter den Ebjoniten hingewirkt habe [1]. Aber das, was sich auch übrigens dem natürlichen Gange der Sache nach entwickelte, scheint in seiner Offenbarung in grundsätzlicher Schärfe betont worden zu sein, um der Unzucht zu steuern, in welche das mönchische Leben nach einigen Generationen umzuschlagen pflegt. Wenn er das ehelose Leben haßte, und zur Ehe zwang, so hat er es offenbar nur gethan, um die der Disciplin unterworfenen Sünden zu vermindern.

Die Offenbarung des Elxai hatte also eine Reform der Sitte und Disciplin unter den Ebjoniten zum Zweck, welche, wie wenigstens die Berichte des Epiphanius beweisen, durchgehende Anerkennung und Erfolg erreicht zu haben scheint. In formeller Beziehung verhält sich diese Offenbarung zu den ebjonitischen Auktoritäten ebenso, wie die dem Hermas zu Theil gewordenen Visionen und die Offenbarungen der Montanisten zu den katholischen Auktoritäten. Beide sind nicht dogmatischen, sondern nur sittlichen und disciplinaren Inhaltes. Der Inhalt beider neuen Offenbarungen ist aber gerade entgegengesetzt. Die Anhänger des Elxai halten eine Wiederholung der Vergebung für Todsünden nach der Taufe für möglich; die Anhänger des Montanus verwerfen dieselbe. Während Elxai zur Ehe zwingt, und die Verleugnung des Bekenntnisses in Verfolgungen gestat-

1) Vgl. auch Hom. 3, 68; Ep. Clem. ad Jac. 7.

tet, so verdammen die Montanisten die zweite Ehe, schätzen die Virginität hoch, und fordern Bekenntniß als Pflicht in der Verfolgung. Die Elkesaiten sind also in dieser Hinsicht Gegenfüßler der Montanisten, obgleich beide Entwickelungen, auf verschiedenem Boden vor sich gehend, sich in der Geschichte wohl nie berührt haben [1]).

Dagegen die dogmatische Auktorität der Ebjoniten kann Elxai nicht gewesen sein. Daß ihm die Lehre vom Adam-Christus ihren Ursprung verdanke, vermuthet Epiphanius blos deßwegen, weil er seinen Ebjon mit der Christologie der pharisäischen Judenchristen ausgestattet hat. Daß die Vorstellung vom Christus-Engel durch die Vision unterstützt worden sei, welche in dem Buche enthalten war, ist zuzugestehen; aber beide dogmatische Formen wurzeln in essenischen theologischen Traditionen. Ferner alles, was Epiphanius von der Wirksamkeit des Elxai unter den Ossenern und Nasaräern sagt, indem er ihm die ebjonitische Lehren von den Opfern, und von der Verfälschung des Pentateuchs beilegt (haer. 19, 3; 18, 1), beruht auf Mißverstand. Eine jüdische Sekte der Nasaräer hat es nicht gegeben; und von diesen Lehren ist die eine aus der Aufnahme des Christen-

1) Uhlhorn S. 394 stimmt dieser Deutung nicht bei; „daß die Elkesaiten Gegenfüßler der Montanisten seien, möchte doch eine zu künstliche Kombination sein", — „überhaupt wäre wohl von mir zu viel Gewicht auf den Disciplinargrundsatz gelegt worden, den die Philosophumena (Hippolytus) allerdings voranstellen, aber nur deßhalb weil er für das Auftreten der Sekte in Rom voranstand, ohne daß er das eigentlich Unterscheidende der Sekte zu sein brauchte." Ich bin durch diese Bemerkungen nicht bekehrt worden. Die Vergleichung der Elkesaiten mit den Montanisten meine ich nicht als Kombination des Ursprungs beider Richtungen. Die Verheißung der neuen Sündenvergebung hat aber nicht blos Alkibiades, sondern auch der dem Origenes bekannte Mann vorangestellt. U. hält mit Gieseler den Elxai und sein Buch für Urheber und Grundlage des essenischen Christenthums überhaupt. Dazu könnte das berechtigen, was Epiphanius über das Verhältniß des Elxai zu den Ossenern sagt. Aber vorsichtiger und darum zuverlässiger ist sein Bericht über E.'s Stellung zu den Ebjoniten, und mit demselben lassen sich Hippolytus und Origenes Angaben reimen, welche überhaupt als die ältesten vorzüglich in Betracht kommen. Endlich widerspricht die Nachweisung der Identität zwischen Ebjoniten und Essenern jeder Vermuthung, als ob die ebjonitischen Grundsätze überhaupt zuerst in Gestalt eines Mormonenbuches sich ihr Publikum gesucht hätten. Vielmehr haben alle ebjonitischen Charakterzüge, wenn wir von den disciplinaren Grundsätzen des Elxai absehen, ihren natürlichen Grund im Essenismus, und deßhalb können die Ebjoniten keinen Stifter gehabt haben,

thums durch die Essener von selbst hervorgegangen, die andere aus der Einwirkung Markions auf den Verfasser der Homilieen entstanden. Aber auch wenn man Grund hätte, einen eigentlichen Stifter der Ebjoniten anzunehmen, so kann es Elxai nicht gewesen sein.

Elxai soll zur Zeit des Trajan gelebt (Epiph. haer. 19, 1), und zwar, wie Hippolytus (IX, 13) angiebt, im dritten Jahre Trajans, also im J. 101 unserer Zeitrechnung, seine Verkündigung auf Grund des Wunderbuches begonnen haben. Das essenische Christenthum hat aber nach anderen bestimmten Erinnerungen, die durch innere Gründe bestätigt werden, unmittelbar nach der Zerstörung Jerusalems seinen Anfang genommen (s. o. S. 222). Zu dem Buche der neuen Offenbarung hat nun aber die Person des Elxai auch nur in einem sehr zufälligen Verhältniß gestanden. Er ist nach Hippolytus weder der Empfänger jener Vision, noch der Verfasser des Buches gewesen, sondern er hat es von den Serern in Parthien empfangen. Diese sind nun ein durchaus mythisches Volk, welche in den Recognitionen als das Ideal der ebjonitischen Frömmigkeit gerühmt werden, und deßhalb ohne Krankheiten und Uebel ein langes Leben führen sollen [1]. Aber nicht nur dieser Umstand macht das geschichtliche Gepräge der Aussagen über Elxai bedenklich. Es kommt hinzu, daß der Name einen tiefern Sinn hat, den schon Epiphanius erfahren hat. Er übersetzt ihn *δύναμις κεκαλυμμένη*, חֵיל כְּסֵי (haer. 19, 2), d. h. die verborgene Kraft. Obgleich nun er selbst dies Wort durchschnittlich als den Personennamen eines falschen Propheten behandelt, so verräth er doch an einer Stelle unwillkürlich, daß Elxai der Name des Buches ist [2]. Wenn man also unternimmt, die-

1) Rec. VIII, 48: Seres quia caste vivunt, — quia neque post conceptum adiri ultra apud eos feminam fas est, neque cum purgatur; carnibus ibi immundis nemo vescitur, sacrificia nemo novit, secundum iustitiam omnes sibi ipsis iudices fiunt. Idcirco igitur neque castigantur istis plagis, quas supra diximus, et plurimum temporis in vita durantes absque aegritudine finiunt vitam. — Unter den Serern sind die den Alten wenig bekannten Chinesen gemeint. Ueber die Serer und das Land Serika vgl. Forbiger, Handbuch der alten Geographie 2. Th. S. 472 ff.

2) Haer. 30. 17: *Καὶ ἐπικαλεῖται τὰς ἐπωνυμίας τὰς ἐν τῷ Ἠλξαΐ, τοῦ τε οὐρανοῦ καὶ τῆς γῆς κτλ.*

sen Namen danach zu erklären, was als Merkmale des Buchs bekannt ist, so versteht es sich von selbst, daß dies nicht mit unbedingter Gewißheit erreicht werden kann. Gieseler hat den Namen als Bezeichnung des heiligen Geistes mit Vergleichung des Ausdruckes δύναμις ἄσαρκος in den Homilieen (17, 16) gedeutet, was entweder auf die eigentliche Kraft im wahren Propheten zu beziehen wäre [1]), oder auf die in der Taufe wirksame Kraft [2]). Indeß da beide Parallelen nicht schlagend genug sind, so empfiehlt es sich mehr, den Namen des Buches von der Bezeichnung des Christus-Engels überhaupt zu verstehen, welcher die im Buche enthaltene Offenbarung mitgetheilt hat. Dies würde mit der Bezeichnung des „Hirten" für das Buch des Hermas analog sein, welche von der Erscheinung des offenbarenden Engels entlehnt ist.

Unter diesen Umständen wird man nun auch nicht auf der Geschichtlichkeit der Zeitangabe bestehen dürfen, welche auf das Auftreten des Elxai bezogen wird. Die Verflechtung eines Mißverständnisses mit einem mythischen Datum, welche uns vorliegt, macht auch den angegebenen Zeitpunkt verdächtig, dem die mythische Person angehören soll. Und gesetzt auch, daß die übereinstimmende Hinweisung von Hippolytus und Epiphanius auf die Zeit Trajans dem Buche selbst entlehnt wäre, so würde sie dadurch noch weniger gesichert. Denn in allen apokryphischen Offenbarungsbüchern des zweiten Jahrhunderts ist die Zeit gefälscht, entweder wie bei der Ascensio Iesaiae und bei den Testamenten der zwölf Patriarchen durch Unterschiebung an Personen des A. T., oder wie beim Hirten wenigstens durch Antedatirung in die Zeit des römischen Clemens. Der Inhalt jener Offenbarung des Elxai und die Vergleichung mit den anderen ebjonitischen Schriften befähigt uns nicht, die Zeit ihres Ursprungs genauer zu ermitteln. Die Analogie mit dem Montanismus berechtigt nicht zu dem Schluß, daß beide Formen neuer Offenbarung derselben Zeit angehören. Denn die Offenbarung

1) So Gieseler K. G. I, 1. S. 133.

2) Rec. VI, 9: Est in aquis istis misericordiae vis quaedam, quae ex initio ferebatur super eas. Cf. Hom. 11, 26.

des Elxai ist ihrem Inhalte nach parallel mit derjenigen Erschlaffung der Disciplin in der heidenchristlichen Kirche, welche schon in der ersten Hälfte des zweiten Jahrhunderts begann, und gegen welche vor den montanistischen Propheten schon das Buch des Hermas reagirte. Also wenn die Entwickelung der Sitte und Disciplin in der Kirche und in der ebjonitischen Sekte als gleichartig und gleichzeitig anzusehen wäre, so müßte die Offenbarung des Elxai älter sein, als die des Hirten und des Montanus. Aber da jene Voraussetzung freilich unsicher genug ist, da die Ebjoniten sich wahrscheinlich ganz unabhängig von der heidenchristlichen Kirche entwickelt haben, da ferner unter ihnen in umgekehrtem Verhältnisse wie in der Kirche die Schärfung der Disciplin der Milderung derselben voraufgegangen sein kann, so müssen wir darauf verzichten, die Zeit der Offenbarung des Elxai innerhalb des zweiten Jahrhunderts näher zu bestimmen. Die Angabe des Origenes (bei Eus. H. E. VI, 38), daß die Meinung der Elkesaiten erst neuerlich gegen die Kirche sich erhoben habe, wollen wir nicht als festen objektiven Haltpunkt betonen, obgleich sie mindestens ebenso glaubwürdig ist, wie die Verlegung ihres Ursprunges in die Zeit Trajans. Ein sicheres Anzeichen, daß die Offenbarung des Elxai erst der zweiten Hälfte des zweiten Jahrhunderts angehöre, könnte man in dem Umstande finden, daß die clementinischen Schriften keine Spur des jener eigenthümlichen Inhaltes darbieten. Indessen ließe sich doch auch denken, daß die römischen Ebjoniten, als aus ihrem Kreise diese Schriften hervorgingen, von der Entwickelung unter ihren Brüdern in Syrien unberührt geblieben waren. Wenn also unsere subjektive Vermuthung, wegen des Mangels aller sicheren Spuren von dem Vorhandensein der Offenbarung des Elxai vor dem Jahre 220, dahin geht, daß dieselbe erst dem letzten Drittel des zweiten Jahrhunderts angehört, so sprechen wir dieselbe hier nur mit dem Vorbehalt aus, daß weder Beweis noch Widerlegung derselben in objektiver Weise geführt werden kann [1]). Es kommt aber

1). Der Umstand, daß der dem Origenes bekannt gewordene Elkesait im Sinne der Homilieen das A. T. kritisirt hat (s. o. S. 235), und die Angabe des Epiphanius, daß Elxai die Verfälschung des Pentateuchs gelehrt habe (haer.

eben nur darauf an, daß die Unzuverlässigkeit der Hinweisungen auf Trajans Zeit anerkannt werde, damit der letzte Vorwand wegfalle, den Elrai irgendwie als Stifter des essenischen Christenthumes aufzustellen.

Die disciplinaren Grundsätze der Offenbarung des Elrai scheinen bei den essenischen Ebjoniten in ihren Wohnsitzen jenseits des todten Meeres, wo sie Epiphanius kennen lernte, völlig durchgedrungen zu sein. Wir haben also für jene Zeit zwischen essenischen Ebjoniten und Elkesaiten nicht zu unterscheiden. Indessen ergiebt sich aus unserer Darstellung, daß es unstatthaft wäre, diese Klasse der Judenchristen im Unterschiede von den pharisäischen überhaupt als Elkesaiten zu bezeichnen [1]).

IV. Das jüdische Christenthum und die Kirche.

Das jüdische Christenthum, dessen verschiedene Formen sich in dem Merkmale vereinigen, daß jüdische Sitte mit christlichem Glauben verbunden wurde, wird zuerst gegen das Ende des zweiten Jahrhunderts von Irenäus als *ebjonitische außerkirchliche Sekte* dargestellt [2]). Für die Geschichte jenes Jahrhunderts ist es eine der wichtigsten Fragen, wann und wie dies fortan sich gleich bleibende Urtheil der heidenchristlichen Kirche

---

19, 5; 18, 1), könnten es wahrscheinlich machen, daß das Buch Elrai jünger sei als die Homilieen, da jene Lehre erst dem Verfasser dieses Buches ihren Ursprung verdankt (s. o. S. 218). Indessen wir haben durch jene Notizen nicht die Gewißheit, daß der Grundsatz von der Verfälschung des Pentateuchs gerade in dem Buche Elrai enthalten war. Der Gegner des Origenes kann ihn aus den Homilieen geschöpft haben; wenn aber Epiphanius den Grundsatz auf Elrai zurückführt, so ist das eine falsche Kombination und kein geschichtliches Datum.

1) An folgendem Schema kann man sich die nachgewiesenen Verzweigungen des jüdischen Christenthums anschaulich machen:

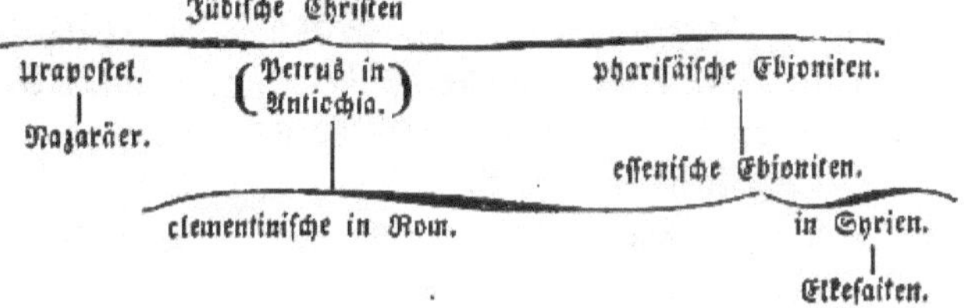

2) Adv. haer. I, 26, 2; III, 11, 7; IV, 33, 4; V, 1, 3.

sich gebildet hat. Denn dieselbe wird nicht beantwortet durch den Mythus, daß zuerst Ebjon nach der Zerstörung Jerusalems jüdische Sitte in die christliche Gemeinde eingeführt habe. Wir wissen vielmehr, daß die christliche Gemeinde zu Jerusalem unter der Leitung der Apostel von Anfang an die ihrer Abstammung entsprechende Sitte festgehalten hat. Im Verhältniß zu dieser Thatsache ist es nun um so weniger leicht zu begreifen, daß die Kirche das jüdische Christenthum zu einer Zeit von sich ausschloß, wo sie mit vollem Bewußtsein an dem Glauben und den Einrichtungen der Apostel festhalten will. Denn die Auffassung des jüdischen Christenthums als Häresie kann aus äußeren und inneren Gründen erst zu der Zeit klar und umfassend aufgetreten sein, als die Kirche in dem Kampfe mit dem Gnosticismus den Begriff der Häresie überhaupt für sich feststellte. Diese Stellung der Kirche zu dem jüdischen Christenthume ist wenigstens nicht schon durch die Zerstörung Jerusalems im J. 70 entschieden worden. Rothe[1]) hat bekanntlich die Vermuthung ausgesprochen, daß die jüdischen Christen unter dem Eindrucke jenes göttlichen Strafgerichtes über die jüdische Theokratie und den Opferdienst in ihrer Mehrzahl auch auf den Zusammenhang mit den noch fortbestehenden mosaischen Sitten verzichtet und die unbedingte Gemeinschaft mit den Heidenchristen gesucht haben würden. Die Bedeutung jenes Ereignisses für die Stellung der jüdischen zu den Heidenchristen darf nicht verkannt werden; aber der von Rothe vermuthete äußere Erfolg, daß unter dem Eindruck der Zerstörung des Tempels die Mehrzahl der jüdischen Christen mit den Heidenchristen sich zur katholischen Kirche vereinigt hätten, und daß demgemäß die zurückbleibenden Judenchristen als Häretiker wären angesehen worden, ist nicht nachzuweisen. Vielmehr haben wir erkannt, daß die Zerstörung des Tempels nicht nur die Nazaräer nicht in Verlegenheit setzte, sondern erst noch eine neue Species jüdischen Christenthumes, das essenische, hervorrief; und wir dürfen die Vermuthung wagen, daß wenn der Fall des Tempels manche strenge Judenchristen tief berührte,

1) Anfänge der christlichen Kirche 1. Th. S. 340 ff.

dieselben sich leichter zum Anschluß an die essenischen Judenchristen entschlossen, als zu der Aufgebung der nationalen Sitte überhaupt. Die Entschiedenheit des Urtheils der heidenchristlichen Kirche über das jüdische Christenthum ist erst im zweiten Jahrhundert unter dem Einflusse anderer Ereignisse ausgebildet worden, und trotz unserer lückenhaften Kenntniß dieses Vorganges läßt sich die Allmählichkeit in der Feststellung der öffentlichen Meinung deutlich wahrnehmen.

Es kommt aber bei der vorliegenden Untersuchung wesentlich darauf an, die Abstufung der von jüdischen Christen erhobenen Ansprüche an die geborenen Heiden im Auge zu behalten. Am weitesten geht die Forderung der pharisäischen und der essenischen Judenchristen, wie die letzteren in ihrer Heimath und ursprünglich sie geltend machen, daß die Heiden um der christlichen Gemeinschaft willen sowohl durch Beschneidung als durch Beobachtung des ganzen Gesetzes Proselyten der Gerechtigkeit werden sollen. Im Gegensatz hiezu begnügen sich die Apostel und die ihnen folgende Partei der Nazaräer mit der Forderung, daß die Heiden die Bedingungen des Proselytenthumes des Thores beobachten, ohne dadurch die Selbständigkeit ihrer christlichen Ueberzeugung oder ihrer Gemeinschaftsbildung gefährden zu wollen. Zwischen beiden Gegensätzen steht die durch die clementinischen Schriften vertretene Fraktion der essenischen Judenchristen, mit dem Ansinnen an die Heidenchristen, daß sie zwar nicht die Beschneidung, aber doch außer den Bedingungen des Aposteldekretes noch Reinigungen über sich nehmen sollten, welche theils im mosaischen Gesetze begründet, theils blos essenischen Ursprungs sind. Die Meinung der Urapostel hat die Selbständigkeit der heidenchristlichen Gemeinschaft zugestanden, ohne den Faden der geschichtlichen Bundesgemeinschaft und die Kontinuität mit der Stiftung des Gottesreiches unter den Israeliten abzureißen; und deßhalb hat auch der Gründer der heidenchristlichen Kirche die von Jakobus aufgestellten Bedingungen angenommen und vertreten. Dagegen die beiden anderen Ansichten laufen ebenso der Verordnung der Apostel, wie den Interessen der Heidenchristen zuwider. Wenn man also mit Recht erwarten wird, daß die Heidenchristen diesen Ansprüchen sich widersetzt haben, so ist doch auch daran zu erinnern, daß die von den Aposteln gemeinsam vertretenen Verfügungen an die Heidenchristen nicht ohne Schwierigkeit und Streit durchgeführt worden sind.

Die extreme Partei in Korinth, gegen welche Paulus das Verbot der Theilnahme an Götzenopfermahlen aussprechen mußte, die Nikolaiten in Ephesus und Pergamus, welche Johannes bekämpft, vertreten zwar die Freiheit der heidenchristlichen Sitte von allen Fesseln der jüdischen Satzungen, aber sie sind nicht als die richtigen Repräsentanten des Heidenchristenthums anzusehen. Sofern wir dessen Sitte nach dem Willen des Paulus zu messen verpflichtet sind, haben sie sich ebensowohl mit dem Heidenapostel wie mit dem jüdischen Christenthume in Widerspruch gesetzt. Sie sind ebenso wenig echte Pauliner, als Paulus in der Anerkennung des Aposteldekretes ein wenn auch isolirtes Element von Judenchristenthum sich hat gefallen lassen (s. o. S. 132). Wenn demnach die heidenchristliche Kirche die Satzungen des Aposteldekretes treu bewahrte [1]), auch als die Gemeinschaft mit den jüdischen Christen aufgehört hatte, so hat sie darin nichts weniger als ein Merkmal judenchristlicher Abstammung, sondern sie ist nur einer Verordnung socialer Art treu geblieben. Hingegen die Gnostiker, indem sie den Genuß von Götzenopferfleisch grundsätzlich für gleichgültig erklärten [2]), sind dadurch als Gegner nicht blos des Judenchristenthums, sondern auch des echten unter apostolischer Auktorität stehenden Christenthums bezeichnet. Die Rücksicht auf den vierten verbotenen Punkt scheint nun schon in den nächsten Jahrhunderten verloren gegangen zu sein. Als Grund können wir uns sehr wohl den-

---

1) Canon apost. 63: *Εἴ τις ἐπίσκοπος ἢ πρεσβύτερος ἢ διάκονος ἢ ὅλως τοῦ καταλόγου τοῦ ἱερατικοῦ φάγῃ κρέας ἐν αἵματι ψυχῆς αὐτοῦ, ἢ θηριάλωτον ἢ θνησιμαῖον, καθαιρείσθω· τοῦτο γὰρ καὶ ὁ νόμος ἀπεῖπεν· ἐὰν δὲ λαϊκὸς ᾖ, ἀφοριζέσθω.* Conc. Gangr. c. 2. Aurel. II. c. 20. Trull. c. 67. (Bingham Origg. VIII. p. 82.) Ueber das Verbot des Blutessens vgl. Eus. H. E. V, 1, 12; Clem. Paedag. III, 3, 25; Tertull. Apolog. 9; Minuc. Fel. Octav. 30.

2) Iren. adv. haer. I, 6, 3.

ken, daß die *πορνεία* im gewöhnlichen Sinne des Wortes ohnedies verboten war. Jedoch auch in dem von uns ermittelten speciellen Sinne dauert das Verbot der *πορνεία* in der heidenchristlichen Kirche fort, wie aus zwei Andeutungen in den apostolischen Constitutionen zu entnehmen ist [1]).

Wenn also die Heidenchristen wahrscheinlich auch im zweiten Jahrhundert das Aposteldekret beobachteten, und dessenungeachtet der Friede mit den jüdischen Christen nicht durchgehends erreicht wurde, so wird die Schuld bei den Judenchristen, und der Grund in deren von apostolischer Auktorität entblößten Ansprüchen an die Heidenchristen zu suchen sein. Und wenn endlich auch der Standpunkt, den die Urapostel eingenommen hatten, dem Makel der Häresie in den Augen der heidenchristlichen Kirche nicht entgehen konnte, so wird auch die Schuld hievon großentheils den strengen Judenchristen zur Last gelegt werden müssen.

Aus der Zeit vor Irenäus besitzen wir nur eine einzige Aussage von Justin dem Märtyrer, aus welcher wir Einsicht in das gegenseitige Verhältniß zwischen Heidenchristen und jüdischen Christen gewinnen [2]). Justin unterscheidet

1) In der Glaubensregel in den Const. Ap. VI, 11 heißt es: *Γάμον νόμιμον καὶ παίδων γένεσιν τίμιον καὶ ἀμόλυντον εἶναι πιστεύομεν..... πᾶσαν μίξιν παράνομον καὶ τὴν παρὰ φύσιν γινομένην ὑπό τινων βδελυσσόμεθα ὡς ἀθέμιτον καὶ ἀνοσίαν.* Speciell wird hieraus noch hervorgehoben VI, 28: *Φυσικῶν μὲν φαινομένων ταῖς γυναιξὶν οἱ ἄνδρες μὴ συνερχέσθωσαν προνοίας ἕνεκα τῶν γεννωμένων· ἀπεῖπε γὰρ ὁ νόμος· πρὸς γυναῖκα γάρ, φησίν, ἐν ἀφέδρῳ οὖσαν οὐ προσεγγιεῖς.*

2) Dial. c. Tryph. cap. 47: Auf die Frage Tryphons, ob ein Christ, der das mosaische Gesetz beobachte, selig würde, antwortet Justin: *Ὡς μὲν ἐμοὶ δοκεῖ, λέγω ὅτι σωθήσεται ὁ τοιοῦτος, ἐὰν μὴ τοὺς ἄλλους ἀνθρώπους, λέγω δὴ τοὺς ἀπὸ τῶν ἐθνῶν διὰ τοῦ Χριστοῦ ἀπὸ τῆς πλάνης περιτμηθέντας, ἐκ παντὸς πείθειν ἀγωνίζηται ταὐτὰ αὐτῷ φυλάσσειν, λέγων οὐ σωθήσεσθαι αὐτούς, ἐὰν μὴ ταῦτα φυλάξωσιν. — Κἀκεῖνος· διὰ τί οὖν εἶπας· ὡς μὲν ἐμοὶ δοκεῖ, σωθήσεται ὁ τοιοῦτος* (milder Judenchrist), *εἰ μή τι εἰσὶν οἱ λέγοντες, ὅτι οὐ σωθήσονται οἱ τοιοῦτοι. — Εἰσίν, ἀπεκρινάμην, καὶ μηδὲ κοινωνεῖν ὁμιλίας ἢ ἑστίας τοῖς τοιούτοις τολμῶντες* (die spätere kirchlich-allgemeine Ansicht), *οἷς ἐγὼ οὐ σύναινός εἰμι. Ἀλλ' ἐὰν αὐτοὶ διὰ τὸ ἀσθενὲς τῆς γνώμης καὶ τὰ ὅσα δύνανται νῦν ἐκ τῶν Μωσέως, ἃ διὰ τὸ σκληροκάρδιον τοῦ λαοῦ νοοῦμεν διατετάχθαι, μετὰ τοῦ ἐπὶ τοῦτον τὸν Χριστὸν ἐλπίζειν καὶ τὰς αἰωνίους καὶ φύσει δικαιοπραξίας καὶ εὐσεβείας φυλάσσειν βούλωνται καὶ αἱρῶνται συζῆν τοῖς Χριστιανοῖς καὶ πιστοῖς, μὴ πείθοντες αὐτοὺς μήτε περιτέμνεσθαι ὁμοίως αὐτοῖς, μήτε σαββατίζειν μήτε ἄλλα, ὅσα τοιαῦτά ἐστι, τηρεῖν, καὶ προςλαμβάνεσθαι καὶ κοινωνεῖν ἁπάντων, ὡς ὁμο-*

unter den jüdischen Christen zwei Klassen. Die Einen, welche allen Heidenchristen die Beschneidung und alle übrigen Gesetzespflichten aufnöthigen wollen, indem sie sonst jenen die Seligkeit absprechen, sind uns als die pharisäischen und essenischen Ebjoniten bekannt. Die anderen, welche für ihre Personen an die Beobachtung der jüdischen Sitte gebunden zu sein glauben, ohne jedoch von den geborenen Heiden die gleiche Lebensweise zu verlangen, — wobei vorauszusetzen ist, daß die Heidenchristen den Proselytengesetzen sich fügen, — entsprechen den nachher so genannten Nazaräern und der Ansicht der Urapostel. Den judenchristlichen Standpunkt der clementinischen Partei finden wir von Justin nicht berührt. Justin giebt ferner an, wie das Verhalten der Heidenchristen zu jenen jüdisch-christlichen Standpunkten sich gestaltet. Den strengen Judenchristen, welche die Heidenchristen um der Seligkeit willen zur Beobachtung des ganzen Gesetzes zwingen wollen, spricht er, offenbar im Namen des gesammten Heidenchristenthums, ebenfalls die Seligkeit ab. Das heißt, die pharisäischen Judenchristen und die essenischen in ihrer ursprünglichen Ansicht sind schon zu Justins Zeit von der Kirche als häretische Sekte angesehen worden. Dieses Urtheil der Kirche ist so sehr in der Sache selbst gegründet, daß es nicht als auffällig erscheinen kann. Die Heidenchristen konnten gar nicht anders, als jenen die Seligkeit absprechen, welche dieselbe ihnen absprachen; sie mußten sich ihrerseits gegen diejenigen grundsätzlich absperren, welche das Christenthum der Heiden nicht als zureichend zur Seligkeit ansahen, und deßhalb jede Art gemeinsamen Verkehres ausschlossen. Jener streng judenchristliche Standpunkt konnte ferner auch darum mit Recht als häretisch angesehen werden, weil ihm die apostolische Auktorität entgegenstand.

σπλάγχνοις καὶ ἀδελφοῖς, δεῖν ἀποφαίνομαι. — Ἐὰν δὲ οἱ ἀπὸ τοῦ γένους τοῦ ὑμετέρου πιστεύειν λέγοντες ἐπὶ τοῦτον τὸν Χριστὸν, ἐκ παντὸς κατὰ τὸν διὰ Μωσέως διαταχθέντα νόμον ἀναγκάζωσι ζῆν τοὺς ἐξ ἐθνῶν πιστεύοντας ἐπὶ τοῦτον τὸν Χριστὸν, ἢ μὴ κοινωνεῖν αὐτοῖς τῆς τοιαύτης συνδιαγωγῆς αἱρῶνται, ὁμοίως καὶ τούτους οὐκ ἀποδέχομαι. — Τοὺς δὲ πειθομένους αὐτοῖς ἐπὶ τὴν ἔννομον πολιτείαν μετὰ τοῦ φυλάσσειν τὴν εἰς τὸν Χριστὸν τοῦ θεοῦ ὁμολογίαν καὶ σωθήσεσθαι ἴσως ὑπολαμβάνω.

Und wenn auch die Urapostel in der jerusalemischen Gemeinde jene Meinung vielleicht hatten schonen müssen, so hatten sie doch die Stellung des Paulus anerkannt, in welcher derselbe die Zumuthungen der Partei an die Heidenchristen bekämpfte, wo sie ihm entgegentraten. Wenn demnach die heidenchristliche Kirche den strengen Judenchristen die Seligkeit absprach, so hielt sie sich an das Urtheil des Paulus über die falschen Brüder, die sich eingedrängt hatten, um der Freiheit jener nachzustellen.

In der Zeit zwischen dem Briefe des Paulus an die Galater und der Aeußerung Justins bezeugt der sogenannte Brief des Barnabas die Wiederholung der von Judenchristen ausgehenden Proselytenmachereien. Der Verfasser desselben warnt seine Gemeinde davor, sich als Proselyten dem Gesetze der Juden anzuschließen, und demnach sich in hochmüthiger Selbstgerechtigkeit von der Gemeinschaft zu trennen [1]). Zugleich aber drückt seine Bezeichnung der Verführer als der größten Sünder, als Organe des Teufels und als antichristlicher Vorboten der Wiederkunft Christi [2]) dasselbe aus, was der Begriff der Häresie enthält. Nebenbei wird die Zerstörung Jerusalems überhaupt darauf gedeutet, daß Gott das Volk der Juden verlassen habe. Daß die Prätensionen der strengen Judenchristen doch eine stärkere Anziehungskraft auf Heidenchristen ausgeübt haben, als man vermuthen möchte, läßt sich nicht nur aus der Art errathen, wie Hippolytus das Auftreten des Alkibiades in Rom bespricht, sondern auch aus der Aeußerung Justins (a. a. O.) schließen, er meine, daß die Heidenchristen, welche nachträglich auch noch auf das mosaische Gesetz sich verpflichten ließen,

1) Cap. 3: Ut non incurramus tanquam proselyti ad illorum legem. Cap. 4: Non separatim debetis seducere vos tanquam iustificati, sed in unum convenientes inquirite, quod communiter dilectis conveniat et prosit.

2) Cap. 4: Fugiamus ab omni opere iniquitatis, et odio habeamus errorem huius temporis, ut futuro diligamur. Non demus animae nostrae spatium, ut possit habere potestatem discurrendi cum nequissimis et peccatoribus, ne quando similemus illis. Consummata enim tentatio, sicut scriptum est, sicut Daniel dicit, appropinquavit. — Adhuc et rogo vos, ut attendatis vobis et non similetis eis, qui peccata sua congerunt et dicunt, quia testamentum illorum et nostrum est. — Attendamus novissimis diebus. Nihil enim proderit nobis omne tempus vitae nostrae et fidei, si non odio iniquum et futuras tentationes habeamus.

vielleicht selig würden. Es gab also Fälle genug, welche die Bildung eines solchen Urtheils bei den Heidenchristen nothwendig machten.

Anders steht es nun mit der Partei der milderen jüdischen Christen. Indem diese bei ihrer eigenen vollständigen Beobachtung des mosaischen Gesetzes doch die Heidenchristen als Brüder ansahen, und ihnen die Seligkeit auch bei ihrer von der jüdischen abweichenden Sitte nicht absprachen, so erklärt Justin, daß er seinerseits die Gemeinschaft mit ihnen anerkenne. Da nun derselbe ohne allen Zweifel eine bedeutende Richtung in der Kirche vertritt, so folgt aus seiner Aussage, daß die milderen jüdischen Christen zu seiner Zeit noch nicht als häretische Sekte der Kirche gegenübergestellt waren. Dies wird um so deutlicher durch die Rücksicht, welche Justin auf den schon zu seiner Zeit aufgetretenen, später allgemein gewordenen Grundsatz nimmt, daß auch diese Partei als häretisch zu behandeln, und weder Redeverkehr noch Gastfreundschaft mit ihren Genossen zu halten sei. Sofern Justin einfach ausspricht, daß er mit dieser Ansicht nicht übereinstimme, deutet er an, daß sie die öffentliche Meinung in der Kirche noch nicht beherrschte. Man darf sich jedoch das Maaß der Gemeinschaft, welche zwischen Heidenchristen und den milden jüdischen Christen damals noch stattfand, nicht zu groß vorstellen. Wenn die von Justin nicht getheilte Ansicht so ausgedrückt wird, daß der Heidenchrist jene jüdischen Brüder nicht einmal zur Gemeinschaft der Rede und der Gastfreundschaft zulasse, so ist damit das Geringste ausgedrückt, was überhaupt unter Christen gemeinsam sein konnte. Die mit Justin gleich gesinnten Heidenchristen werden also nicht nur diese Pflichten übernommen haben, sondern namentlich die Gemeinschaft des Kultus mit jenen milderen jüdischen Christen gepflogen haben. Aber weiter wird sich die Verbindung kaum erstreckt, namentlich wird die Rücksicht auf levitische Reinigkeit die jüdischen Christen verhindert haben, mit ihren heidenchristlichen Wirthen oder Gästen volle Speisegemeinschaft zu unterhalten, und danach ist zu vermuthen, daß auch eine Gemeinschaft beider Theile am Herrnmahl schwerlich stattfinden konnte.

Die kirchliche Einheit der Heidenchristen und der milderen jüdischen Christen um die Mitte des zweiten Jahrhunderts war also gemäß der Natur der Sache eine sehr bedingte. Zwar im Vergleich mit den sich mehrenden häretischen Sekten war die Aufrechthaltung des Verkehres in Rede, Gastfreundschaft, Kultusgemeinschaft zwischen beiden Theilen sehr bedeutungsvoll für die kirchliche Einheit derselben. Aber die Umstände dieses Verhältnisses machen es doch sehr begreiflich, daß schon seit Irenäus Zeit nicht mehr der Unterschied zwischen den Fraktionen der jüdischen Christen gemacht wurde, den noch Justin aufstellt, und daß Hieronymus, als er die milderen jüdischen Christen in den Nazaräern wieder entdeckte, sie vielmehr als eine jüdische denn als eine christliche Sekte anzusehen geneigt ist. Denn wenn wir das innere Verhältniß beider Theile betrachten, so ist es auch zu Justins Zeit nicht über die Linie der von Jakobus aufgestellten Neutralität hinausgekommen, und konnte auch keinen andern Standpunkt erreichen. Dagegen waren die äußeren Verhältnisse im zweiten Jahrhundert so verändert, daß dasjenige Maaß gegenseitiger Anerkennung, welches für's Erste dem Zwecke der Gemeinschaft genügen zu können schien, später nicht mehr im Stande war, das Gleichgewicht zu erhalten. Die späteren Generationen der Heidenchristen waren nicht in der Lage, die Pietät gegen das Volk des alten Bundes zu hegen, welche in dem Gemüthe des Paulus dem Eifer für die Freiheit der Heiden die Wage hielt, und deßhalb ging ihnen das Verständniß des Grundes des jüdisch-christlichen Standpunktes verloren. Andererseits ist nicht zu vergessen, daß auch die milderen jüdischen Christen durch ihre Sitte eine geschlossene Einheit gegen die heidenchristliche Kirche bildeten, und daß sie auch durch dieselbe mit den strengen Judenchristen mehr verbunden waren, als mit den Heidenchristen. Und wenn endlich darauf hingewiesen wird, daß die heidenchristliche Kirche durch ihre verschiedenen im zweiten Jahrhundert geführten Kämpfe zu dem Bedürfnisse einer Gleichartigkeit der kirchlichen Sitte hingedrängt wurde, so machen es schon diese Erwägungen begreiflich, daß die öffentliche Meinung in der Kirche alsbald nicht mehr den Unterschied zwischen den Fraktionen der jüdischen Christen beachtete, der in der apostolischen Zeit begründet, noch von Justin aufrecht erhalten worden war.

So ist es gekommen, daß die heidenchristliche Kirche, indem sie das jüdische Christenthum überhaupt von sich ausschloß, sich zugleich das Verständniß seiner Stellung in der apostolischen Zeit verschloß. Indem man einen Standpunkt als häretisch bezeichnete, welcher von den Uraposteln selbst eingenommen war, und indem man doch die apostolische Tradition als höchsten Maaßstab der katholischen Kirche anerkannte, genehmigte man die Sagenbildung über die Apostel und ihre Zeit, und machte um der Kirche willen die kritische Geschichtsforschung über die Stiftung der Kirche unmöglich. Allerdings tragen die nie ruhenden Zudringlichkeiten der strengen Judenchristen gegen die Heidenchristen einen großen Theil der Schuld an jenem Erfolge; derselbe wäre jedoch auch abgesehen davon eingetreten.

Die Wirksamkeit der inneren Motive, welche für die vollständige Auseinandersetzung der heidenchristlichen Kirche und des jüdischen Christenthums angeführt worden sind, wurde durch die Folgen verstärkt, welche der Aufstand des Barkochba nach sich zog. Einmal bewirkte dieser Mann durch seine systematische Verfolgung der Bekenner Jesu unter den Juden [1]) eine viel stärkere Trennung derselben von ihrem Volke, als die früheren wiederholten, aber vereinzelten Verfolgungen hervorbringen konnten. Barkochba trat mit dem Anspruche auf, der Messias zu sein (nach Num. 24, 17); je mehr also die Masse des jüdischen Volkes ihm anhing, um so mehr mußten die jüdischen Christen in Palästina aus religiösen Motiven ihrem Volke entfremdet werden. Wenn nun schon dieser Umstand zur Zersetzung und Schwächung der bezeichneten Partei beigetragen haben wird, so hat darauf unfehlbar noch mehr das von den Römern erlassene Verbot eingewirkt, daß kein Jude die an der Stelle Jerusalems angelegte Kolonie Aelia Capitolina betreten dürfe [2]). Durch diese Anordnung wurden

1) Iustini Apol. I, 31: *Καὶ γὰρ ἐν τῷ νῦν γεγενημένῳ Ἰουδαϊκῷ πολέμῳ Βαρχοχέβας, ὁ τῶν Ἰουδαίων ἀποστάσεως ἀρχηγέτης, Χριστιανοὺς μόνους εἰς τιμωρίας δεινὰς, εἰ μὴ ἀρνοῖντο Ἰησοῦν τὸν Χριστὸν καὶ βλασφημοῖεν, ἐκέλευεν ἀπάγεσθαι.*

2) Dial. c. Tryph. 16: *Ἡ κατὰ σάρκα περιτομὴ εἰς σημεῖον ἐδόθη,*

auch die jüdischen Christen, welche die Beschneidung hatten, von der Stadt ausgeschlossen; und daher kam es, daß während bis dahin die Gemeinde zu Jerusalem nur Bischöfe aus der Beschneidung gehabt hatte, seitdem in der neugegründeten Aelia ein Bischof heidnischer Abkunft der entweder ausschließlich oder überwiegend heidenchristlichen Gemeinde vorstand [1]). Hiemit hatte aber das jüdische Christenthum die centrale Stellung verloren, welche es seit der Apostelzeit besessen und den Heidenchristen gegenüber hatte geltend machen können. Wenn nun aber die jüdisch-christliche Partei aufhörte, Trägerin der lokalen Traditionen Jerusalems zu sein, so konnte sie weder den Heidenchristen noch imponiren, noch auf besondere Pietätsrücksichten derselben rechnen. Am fühlbarsten mußte diese gründliche Veränderung ihrer Stellung den jüdischen Christen in Palästina werden. Wenn wir auch nicht darauf rathen wollen, daß Viele derselben aus Spannung gegen die Juden ihre nationale Sitte aufgegeben, und sich unter die Masse der Heidenchristen verloren haben, so ist zu beachten, daß indem die Heidenchristen die Lokaltradition von Jerusalem in Besitz nahmen, die verdrängten jüdischen Christen in eine schärfere Spannung zu jenen treten mußten; und daß je mehr jene in dem neu gewonnenen Mittelpunkte der Kirche sich befestigten, sie das Recht der jüdischen Christen auf ihre Sitte zu verstehen verlernten. Wir dürfen z. B. annehmen, daß die von Justin ausgesprochene teleologische Beziehung der Beschneidung auf das den Juden gegebene Verbot, Jerusalem zu betreten, gerade den dort wohnenden Heidenchristen sehr nahe lag,

---

ἵνα ἦτε ἀπὸ τῶν ἄλλων ἐθνῶν καὶ ἡμῶν ἀφωρισμένοι, καὶ ἵνα μόνοι πάθητε ἃ νῦν ἐν δίκῃ πάσχετε, καὶ ἵνα — μηδεὶς ἐξ ὑμῶν ἐπιβαίνῃ εἰς τὴν Ἱερουσαλήμ. οὐ γὰρ ἐξ ἄλλου τινος γνωρίζεσθε παρὰ τοὺς ἄλλους ἀνθρώπους ἢ ἀπὸ τῆς ἐν σαρκὶ ὑμῶν περιτομῆς. Cf. Apol. I, 47. Vgl. Münter, Der jüdische Krieg unter Trajan und Hadrian, S. 96 f.

1) Euseb. H. E. IV, 5: *Τοσοῦτον ἐξ ἐγγράφων παρείληφα, ὡς μέχρι τῆς κατὰ Ἀδριανὸν Ἰουδαίων πολιορκίας πεντεκαίδεκα τὸν ἀριθμὸν αὐτόθι γεγόνασι ἐπισκόπων διαδοχαί, οὓς πάντας Ἑβραίους φασιν εἶναι ἀνέκαθεν, — συνεστάναι γὰρ αὐτοῖς τότε τὴν πᾶσαν ἐκκλησίαν* (die Gemeinde zu Jerusalem) *ἐξ Ἑβραίων πιστῶν.* Darauf erzählt Eusebius die Gründung der Stadt Aelia und schließt: *καὶ δὴ τῆς αὐτόθι ἐκκλησίας ἐξ ἐθνῶν συγκροτηθείσης, πρῶτος μετὰ τοὺς ἐκ περιτομῆς ἐπισκόπους τὴν τῶν ἐκεῖσε λειτουργίαν ἐγχειρίζεται Μάρκος* (Cap. 6).

und daß durch diese Ansicht auch die Entfremdung derselben gegen das jüdische Christenthum verstärkt werden konnte. Wenn nun dies die Lage der christlichen Parteien in Palästina seit 136 war, so hat dieselbe unzweifelhaft auch auf die Haltung der Heidenchristen zu ihren jüdischen Brüdern in der Richtung eingewirkt, deren Resultat die Verwerfung des Rechtes jüdischer Sitte in der Kirche überhaupt war. Also nicht die Aufhebung der Opfer und die Zerstörung des Tempels durch Titus hat den Sturz des jüdischen Christenthums entschieden, sondern die Anlegung von Aelia unter Hadrian und die Proskription der Beschneidung in dieser Stadt.

Einen Zwischenfall in den Berührungen von Heidenchristenthum und Judenchristenthum vor der endlichen Entscheidung ihrer gegenseitigen Stellung bezeichnet die Ansicht der clementinischen Schriften, daß die Heiden zwar nicht der Beschneidung, aber doch außer der Beobachtung der Proselytenbedingungen noch bestimmter Reinigungen bedürften, um in den vollständigen Verkehr mit den Judenchristen einzutreten. Diese nach dem Vorgange des Petrus in Antiochia gebildete Forderung können wir allerdings nicht umhin als eine vereinzelte Erscheinung zu betrachten, welche wie alle ähnlichen Vermittelungen erfolglos blieb, und deßhalb nur in jenen Schriften eine Spur hinterlassen hat. Aber für unsere Aufgabe ist es wichtig genug, die Stellung der entsprechenden Partei zu der heidenchristlichen Kirche zu analysiren, auch wenn den Clementinen nicht die ihnen vielfach beigelegte Bedeutung für die Geschichte des zweiten Jahrhunderts zukommt. Da die Recognitionen und die Homilieen den essenischen Judenchristen angehören, so kann man nicht daran denken, daß sie im Sinne der kirchlichen Majorität gehalten waren [1]. Da aber um die Mitte des zweiten Jahrhunderts die jüdischen Christen, welche den Heiden nicht die Beschneidung zumutheten, noch nicht entschieden als häretische Partei von der Kirche angesehen wurden, so können die um diese Zeit verfaßten Clementinen auch

1) Schwegler, Nachap. Zeitalter I. Th. S. 405.

nicht aus einer häretischen Gemeinschaft mit der Absicht hervorgegangen sein, die kirchlichen Verfassungsformen auf ebjonitischen Boden zu verpflanzen [1]). Die essenischen Christen, welche vermittelst der clementinischen Schriften Heidenchristen an sich zu ziehen suchten, fallen zwar, gerade dieses Zweckes wegen, nicht unter die Kategorie der jüdischen Christen, welchen Justin eben wegen ihrer anspruchslosen Neutralität den Verkehr zugesteht; aber es ist wahrscheinlich, daß sie sich den Schein dieser Haltung für ihre Ansichten zu Nutze machten. Man darf den Unterschied zwischen den Ebjoniten der Clementinen und den Nazaräern nicht übersehen. Diese konnten gar nicht daran denken, Heidenchristen an ihre Partei heranzuziehen, weil sie ihr Urtheil über dieselben nach den apostolischen Bedingungen der Neutralität zwischen beiden Volkstheilen einrichteten. Indem dagegen die clementinischen Ebjoniten die Heidenchristen in eine engere Verbindung mit sich zu setzen suchten, konnten sie dies nur durch Ausdehnung ihrer Forderungen an dieselben über die apostolische Norm. Dennoch kam ihnen wahrscheinlich der Umstand, daß sie den Heidenchristen die Beschneidung nicht auferlegten, in der Art zu Gute, daß sie überhaupt zum Verkehr zugelassen und dadurch die Möglichkeit der von ihnen beabsichtigten Einwirkung eröffnet wurde. Denn die Heimlichthuerei, welche die Schriften durchzieht, verräth sich auch in der Art, wie die besonderen ebjonitischen Anforderungen geltend gemacht werden, auf deren Durchsetzung es doch der Partei ankam. In den Recognitionen sind sie nur im Tone des Rathschlages berührt; in den Homilieen sind sie unter die Bedingungen des Aposteldekretes eingemischt; die Enthaltung vom Genusse des Fleisches und Weines wird gar nicht direkt gefordert, weil derselbe von selbst wegfiel, wenn Heidenchristen unter jenen anderen Bedingungen zu den ebjonitischen Mahlen zugelassen wurden (s. o. S. 230). Wir schließen daraus, daß die Partei ihre Absichten auf die Heidenchristen nur in verdeckter Weise verfolgt haben wird, indem ihre Mitglieder öffentlich die Linie der nazaräischen Ansicht von den Heidenchristen

1) Rothe Anfänge d. christl. Kirche 1. Th. S. 530 ff.

eingehalten, und dadurch sich überhaupt im Verkehr mit denselben behauptet haben werden.

Es geschieht ferner in der Zuversicht der noch nicht gestörten Einheit zwischen den milderen Judenchristen und den Heidenchristen, daß jene Ebioniten, wie es scheint, die Verfassungsformen der heidenchristlichen Kirche anerkennen, und daß sie einen unbeschnittenen Heiden, den römischen Clemens, als den Vertrauten und Nachfolger des nach ihrem Parteiinteresse geschilderten Petrus hinstellen. Die uns vorliegende Literatur erlaubt auch die Wahrnehmung, daß hierin ein gewisser Fortschritt gegen frühere Ansichten der Partei gemacht worden ist. Während der Brief des Petrus an Jakobus die Mittheilung der Geheimschriften nur an einen Beschnittenen gestattet, so kann diese Bedingung nicht mehr gemeint sein, wenn gemäß dem spätern Briefe des Clemens an Jakobus jener von Petrus als Bischof der römischen Gemeinde eingesetzt ist und den Auftrag empfangen hat, die gemeinsamen Erlebnisse für Jakobus aufzuschreiben. Indessen weist dies mehr auf eine äußerliche Nachgiebigkeit gegen das Heidenchristenthum hin, als auf eine Modifikation des judenchristlichen Grundsatzes oder einen Fortschritt des Judenchristenthums über sich selbst hinaus. Einerseits ist die in der Diamartyria des Jakobus gestellte Bedingung, nur einem Beschnittenen die Geheimschriften anzuvertrauen, dahin zu verstehen, daß die Fraktion der essenischen Ebjoniten, welcher die ganze Literatur angehört, im Unterschiede von ihren strengeren Sektengenossen, unbeschnittene Heidenchristen zu engerem Verkehre zuließ. Andererseits bürgt die Darstellung des Umganges zwischen Petrus und Clemens dafür, daß jener Verkehr von der Beobachtung essenischer Satzungen durch die Heidenchristen abhing. Die Praxis entsprach also nicht dem Grundsatze der Nazaräer, welcher die volle Selbständigkeit des Heidenchristenthums gewährleistete, sondern dem Verhalten des Petrus in Antiochia, welches dieselbe verletzte. Demnach ist also wohl eine Milderung der judenchristlichen Härte gegen die Heidenchristen bei den clementinischen Ebjoniten im Vergleich mit den anderen uns bekannten essenischen Judenchristen wahrzunehmen; nicht aber eine Milderung oder gar Ueberschreitung des judenchristlichen Grundsatzes im Vergleich der Briefe des Clemens und des Petrus unter einander. Daß der spätere Verfasser der Homilieen und des zu ihnen gehörenden Briefes des Clemens diesen unbeschnittenen Christen als den Mittelpunkt der römischen Gemeinde darstellt, und doch ebjonitische Zwecke verfolgt, beweist nichts mehr, als eine Anbequemung an die Geschichte der heidenchristlichen römischen Gemeinde zu dem Zwecke, dieselbe dem Ebjonitismus dienstbar zu machen. Akkommodation an die thatsächliche Macht des Heidenchristenthums, mit dem Zugeständniß der Unmöglichkeit, dasselbe der Beschneidung zu unterwerfen, ist aber überhaupt das Unternehmen der Fraktion, den antiochenischen Standpunkt des Petrus als Maaßstab für die Vereinigung geltend zu machen. Dies läßt sich an einer den Recognitionen und Homilieen gemeinsamen Erklärung über die religiöse Stellung der Juden und Heiden zum Christenthum (Rec. IV, 5; Hom. 8, 6. 7) deutlich beobachten. Es sieht zwar wie eine unbedingte Anerkennung des selbständigen Heidenchristenthums aus, wenn es heißt, daß da die Lehre des Moses und Christi identisch sei, es genüge, wenn man nur einen dieser Lehrer anerkenne und seine Gebote erfülle. Unter dieser Bedingung nehme Gott Jeden an, und die Heiden seien nicht verdammlich, wenn sie den Moses nicht kennten, gesetzt nur, daß sie ihn nicht haßten. Aber die Kehrseite dieses Zugeständnisses ist, daß auch die Juden wegen der Nichterkenntniß Jesu nicht verdammlich seien, wenn sie ihn nur nicht haßten, und daß Gott sie selig mache, wenn sie nur die Gebote des Moses erfüllen [1]). Jene Liberalität gegen die Heidenchristen ist nur scheinbar. Denn wenn die Ebjoniten hienach so angesehen werden sollten, als ob sie den Grundsatz des Paulus erreicht hätten: „in Christo gilt nicht Jude noch Heide", so wäre es doch

1) Diese Nachsicht gegen die nichtgläubigen Juden spricht sich schon in den Anabathmen (Rec. I, 50) aus: Erraverunt Iudaei de primo domini adventu; et inter nos atque ipsos de hoc solo est dissidium. Nam quod venturus sit Christus, norunt etiam ipsi et exspectant; quod autem iam venerit in humilitate hic qui dicitur Iesus, ignorant. Hierin wird gerade der specifische Punkt des Christenthums zur Nebensache herabgesetzt, und die Anlage der Partei zur Häresie verrathen.

nur der Fall mit der Ergänzung, daß außerdem auch noch der Jude Alles gelte durch seine Gesetzeserfüllung. Daß also jenes Zugeständniß für das Heidenchristenthum nur sehr oberflächlich gemeint ist, ergiebt sich nicht nur aus den uns bekannten Anforderungen der clementinischen Ebjoniten, welche die Selbständigkeit der Heidenchristen beeinträchtigen, sondern auch aus der Fortsetzung der angeführten Stelle. Es kommt nämlich darauf an, daß der an Moses glaubende Jude auch an Christus, und der an Christus glaubende Heide auch an Moses glaube, um dem Gleichniß von dem reichen Manne zu entsprechen, der aus seinem Schatze Altes und Neues hervorbringt (s. o. S. 106). Das ist aber gerade der charakteristische Ausdruck des Judenchristenthums, und indem die Schriften auf diesen Grundsatz zurückkommen, nehmen sie die blos theoretische Anerkennung des selbständigen Heidenchristenthums zurück. Hieran ist allerdings wiederum wahrzunehmen, daß die Tendenzen dieser Partei möglichst versteckt wurden hinter den Schein der Stellung, welche aufrichtig nur die Nazaräer einnahmen; aber es ist schon erklärt, daß nur unter dieser Bedingung eine erfolgreiche Wirksamkeit der Partei möglich war. So ist auch die Anerkennung des Heiden Clemens als Bischof der römischen Gemeinde nichts weniger als ein Zeichen der Verzichtleistung auf die Prärogative der Beschnittenen. Die unhistorische Unterordnung desselben unter den Jakobus behält jene ausdrücklich vor, und demnach ist die Erdichtung des Verhältnisses zwischen Clemens und Petrus nichts anderes, als ein Manöver zur Eroberung der heidenchristlichen römischen Gemeinde für das essenische Judenchristenthum.

Auf diesen lokalen Boden führen nämlich die beiden großen Werke, die Recognitionen und die Homilieen dadurch hin, daß der römische Clemens als ihr Verfasser dargestellt ist. Von den beiden neuesten Bearbeitern der clementinischen Literatur, so entgegengesetzte Resultate sie auch erreicht haben, ist gemeinsam anerkannt, daß die Figur des Clemens nicht schon den vorauszusetzenden Grundlagen jener Bücher angehört habe [1]). Zu diesen

1) Hilgenfeld, Clem. Recogn. und Hom. S. 102 ff. Uhlhorn, Die Homilieen und Recogn. des Clem. Rom. S. 353.

gehören die in das erste Buch der Recognitionen eingeschobenen Anabathmen des Jakobus, und eine dem Streit des Petrus mit Simon gewidmete Schrift, welcher der Brief des Petrus an Jakobus angehört, und welche mit Hilgenfeld als Predigt des Petrus (κήρυγμα Πέτρου) zu bezeichnen ist [1]). Daß diese Grundschriften in der syrischen Heimath der Partei entstanden sind, darf nicht bezweifelt werden. Die doppelte Ueberarbeitung derselben, welche an die Person des Clemens angeknüpft ist, läßt nun aber auf einen geistig nicht unbedeutenden Bestand essenischer Ebjoniten in Rom um die Mitte des zweiten Jahrhunderts schließen, deren Verkehr mit den Heidenchristen damals noch ungehindert sein konnte. Dieselben sind vielleicht vor den Verfolgungen des Barkochba nach Rom entwichen, und fanden muthmaßlich daselbst um so leichter Eingang, als sie von Hause aus gegen den Gnosticismus gestimmt und im Streite mit demselben geübt, zugleich aber dem Episkopate ergeben waren. Denn diese beiden zusammengehörigen Interessen, welche in den Clementinen so scharf hervortreten, bedingten damals die Entwickelung der römischen Gemeinde. Aber bei der Verflechtung des römischen Clemens in die Traditionen der essenischen Judenchristen hatten die Verfasser beider Schriften ohne Zweifel die Tendenz, die Tradition der römischen Gemeinde zu verfälschen, die Heidenchristen für die ebjonitische Sitte zu gewinnen, und Rom zu dem zu machen, was die Partei in Jerusalem eingebüßt hatte, zu der Centralstelle des Judenchristenthums. Dies ist nun frei-

1) Die Verhandlungen über diese Literatur sind durch Uhlhorns Versuch, die Priorität der Homilieen vor den Recognitionen gegen Hilgenfelds entgegenstehende Ansicht sicher zu stellen, so verwickelt geworden, daß ich den dieser Frage gewidmeten Theil dieses Buches in seiner ersten Gestalt ausgeschieden habe. Ich habe mich von der Richtigkeit der Hypothese Uhlhorns nicht zu überzeugen vermocht, muß es jedoch unterlassen, eine ausführliche Widerlegung derselben zu unternehmen, zumal da vor der Veröffentlichung des syrischen Textes der Recognitionen (oder Homilieen?) nichts Entscheidendes in der Streitfrage erreicht werden wird. Für die Charakteristik der essenischen Ebjoniten war es gleichgültig, jene Frage zu berühren, da Uhlhorn selbst die Alterthümlichkeit des Theiles der Recognitionen anerkennt, der ἀναβαθμοὶ Ἰακώβου, auf deren Standpunkt im Gegensatze gegen die Homilieen und das Buch Elxai es hauptsächlich angekommen ist. Vgl. übrigens zur Beurtheilung der Uhlhornschen Hypothese Hilgenfeld in den Theol. Jahrbüchern 1854, S. 483 ff.

lich nicht gelungen. Der römische Episkopat, welchen das Buch des Hermas noch in Frage stellt, wurde heidenchristlich-katholisch, und gerade die zweideutige Stellung zu den Heidenchristen, welche wir an beiden clementinischen Schriften nachgewiesen haben, mag in Rom das Urtheil über den häretischen Charakter des gesammten jüdischen Christenthums gezeitigt haben. Jedenfalls war die Partei gänzlich verschollen, als Alkibiades aus Apamea um das J. 220 ihre Grundsätze in Rom wieder einzuführen versuchte. Wir dürfen darüber uns nicht verwundern, denn nirgends ist das geschichtliche Gedächtniß kürzer, als unter der officiellen Herrschaft der Tradition. Und doch muß die Partei nicht nur in Rom, sondern überall noch nicht verdächtig gewesen sein, als die Recognitionen aus ihr hervorgingen; denn diese haben sich einer ausgedehnten Verbreitung und Benutzung in der katholischen Kirche zu erfreuen gehabt [1]). Hingegen die Homilieen, welche nie so hoch in der Kirche geachtet worden sind, verdanken dies wohl nicht blos der individuelleren Lehrbildung, die sie enthalten, sondern auch vielleicht dem Umstande, daß sie verfaßt wurden, als die Lage ihrer Partei schon ungünstig geworden war. Denn die Homilieen können nicht sehr lange vor Irenäus geschrieben sein. Sie machen den Anspruch, daß der kirchliche Verkehr zwischen den Judenchristen und den Heidenchristen noch bestehe; daß derselbe aber von den letzteren noch zugestanden worden sei, ist nicht zu verbürgen. Wir behaupten also nicht, daß die Homilieen sich selbst als eine häretische Schrift darstellen; daß sie aber jemals das Zutrauen der Heidenchristen erfahren haben, kann auch nicht mit Recht behauptet werden. Ihre Entstehung steht muthmaßlich der Zeit sehr nahe, in welcher sich die Ausschließung alles jüdischen Christenthums durch die heidenchristliche Kirche entschied, deren Verlauf näher zu bezeichnen wir durch Mangel an Quellen verhindert sind. Es ist aber hier wie bei allen geistigen Krisen darauf zu rechnen, daß die ihrem Falle entgegengehende Partei sich noch als berechtigt ansieht, während die entgegenstehende Majorität gleichzeitig viel-

1) Vgl. Schliemann a. a. O. S. 127.

leicht gerade durch ihr Schweigen, durch die Zurückhaltung ihres Urtheiles, den Anspruch jener nicht mehr zugesteht.

Unsere Ansicht von der Ausscheidung des jüdischen Christenthums aus der Kirche, von den äußeren Bedingungen und inneren Motiven dieses Ereignisses macht die Annahme unmöglich, daß das Judenchristenthum bis nach der Mitte des zweiten Jahrhunderts die herrschende Richtung in der Kirche gewesen sei. Der Beweis dagegen ist noch durch die Analyse der heidenchristlichen Literatur zu vervollständigen. Vorher aber ist unsere Darstellung gegen einen Hauptgrund der entgegenstehenden zu vertheidigen. Nämlich der Palästinenser **Hegesippus**, der mit größter Ausführlichkeit die ebjonitische Tradition über Jakobus den Gerechten mittheilt, der in seiner Angabe der jüdischen Sekten den Stamm Juda mit dem Christenthume identificirt, der einen Ausspruch des Paulus nichtig und lügenhaft und mit den Worten des Herrn widersprechend nennt, der also alle Merkmale judenchristlicher Richtung an sich zu tragen scheint, behauptet, daß in allen christlichen Gemeinden, welche er zwischen den Jahren 150 und 160 besuchte, unter denen er die korinthische und die römische namhaft macht, Alles so gefunden habe, wie es das Gesetz, die Propheten und der Herr vorschrieben, und soll dadurch beweisen, daß eben das Judenchristenthum, und nicht der Paulinismus die herrschende Richtung in der Kirche gewesen sei [1]). Allein weder dieser Schluß, noch jene Prämissen sind so sicher, als wofür sie ausgegeben werden. Ich will kein Gewicht darauf legen, daß Eusebius, dem die Annalen des Hegesipp vorlagen, aus denselben den ihm doch gewiß anstößigen Eindruck ebjonitischer Denkweise nicht empfangen hat, da er den Verfasser derselben als Gewährsmann der unwandelbaren apostolischen Ueberlieferung im katholischen Sinne anführt [2]), denn Eusebius kann sich getäuscht haben. Da wir aber demnach mit den Angaben des Kirchenhistorikers vorsichtig umzugehen Ursache

1) **Schwegler** a. a. O. 1. Th. S. 342—359. **Baur** a. a. O. S. 77.

2) H. E. IV, 8: *Ἐν πέντε συγγράμμασιν τὴν ἀπλανῆ παράδοσιν τοῦ ἀποστολικοῦ κηρύγματος ἁπλουστάτῃ συντάξει γραφῆς ὑπεμνηματίσατο.*

haben, so weit sie als beurtheilende Angaben aus anderen Schriften sich darstellen, so unterliegt es keinem Zweifel, daß er den Hegesipp als Schriftsteller mit Unrecht zur ersten Generation nach den Aposteln rechnet [1]). Nicht sicherer wird es mit der hebräischen Abstammung des Hegesipp sich verhalten, auf welche Schwegler großes Gewicht legt; denn die Art, wie Eusebius dieselbe erwähnt, läßt die Angabe vielmehr nur als eine Folgerung aus einzelnen Notizen des Annalisten, und nicht als eine ausdrückliche Erklärung in dessen Schriften erscheinen [2]). Wenn also die hebräische Abstammung des Hegesipp nur ein Schluß des Eusebius ist aus einigen hebräischen und syrischen Phrasen, die gelegentlich eingestreut waren, und einigen Notizen, welche dem Berichterstatter aus der jüdischen mündlichen Tradition geschöpft zu sein schienen, so ist dieser Schluß aus den Prämissen ein höchst unsicherer. Ebensowenig ist nun die Richtung des Hegesipp verantwortlich zu machen für die von ihm aus anderen Quellen entlehnte ebjonitische Schilderung des Jakobus. Nicht minder ist die seltsame, aber vielleicht dem Text nach verderbte Aeußerung über die jüdischen Sekten [3]) aus einer judenchristlichen, wahrscheinlich mit Recogn. I, 54 verwandten Quelle entlehnt. Auch die Polemik gegen Paulus liegt nicht so klar am Tage, als Schwegler und Baur angeben. Allerdings hat Hegesipp die Worte: „Was den Gerechten bereitet ist, hat kein Auge gesehen, kein Ohr gehört, und ist in keines Menschen Herz gekommen", welche Paulus (1 Kor. 2, 9) als Schriftwort citirt, für irrig und im Widerspruch mit Christi Worten (Matth. 13, 29) erklärt [4]). Aber daß er dies Citat als Worte des Paulus ange-

---

1) H. E. II, 23: *Ὁ Ἡγήσιππος ἐπὶ τῆς πρώτης τῶν ἀποστόλων γενόμενος διαδοχῆς.*

2) H. E. IV, 22: *Ἔκ τοῦ καθ' Ἑβραίους εὐαγγελίου καὶ τοῦ Συριακοῦ καὶ ἰδίως ἐκ τῆς Ἑβραΐδος διαλέκτου τινὰ τίθησιν, ἐμφαίνων ἐξ Ἑβραίων αὐτὸν πεπιστευκέναι καὶ ἄλλα δὲ ὡς ἂν ἐξ Ἰουδαϊκῆς ἀγράφου παραδόσεως μνημονεύει.*

3) H. E. IV, 22: *Ἦσαν γνῶμαι διάφοροι ἐν τῇ περιτομῇ ἐν υἱοῖς Ἰσραὴλ τῶν κατὰ τῆς φυλῆς Ἰούδα καὶ τοῦ Χριστοῦ.*

4) Steph. Gobarus bei Photius Bibl. Cod. 232: *Ἡ. οὐκ οἶδ' ὅ, τι καὶ παθών, μάτην μὲν εἰρῆσθαι ταῦτα λέγει καὶ καταψεύδεσθαι τοὺς ταῦτα*

griffen hat, darüber steht nichts geschrieben. Vielmehr hat er offenbar Gnostiker gemeint, bei denen jener Ausspruch gangbar war [1]), ohne daß er der Aneignung durch Paulus sich erinnert haben wird. Mag nun aber die persönliche Ansicht des Hegesipp viel deutlicher den Stempel des Judenchristenthums tragen, als wir anerkennen können, so ist jedenfalls die Formel, in welcher er den allgemeinen Zustand der Kirche seiner Zeit beschreibt, nichts weniger als judenchristlich [2]). Das Gesetz und die Propheten und der Herr sind die Auktoritäten der katholischen Kirche, mit denen dieselbe gerade in der Zeit des Hegesipp sich gegen die Gnosis richtete [3]), und sind weit davon entfernt, die Merkmale der judenchristlichen Richtung im Unterschiede von der paulinischen zu sein, welche es damals entweder gar nicht, oder in Gestalt der katholischen Anschauung gab. Wenn Hegesipp neben der Auktorität des Herrn die der Apostel noch nicht nannte, so geht daraus hervor, daß die Kanonisirung der apostolischen Schriften damals noch nicht festgestellt war, was auch aus allen anderen Umständen folgt. Wenn also Hegesipp auf seinen Rundreisen zwischen 150—160 in allen Gemeinden jene drei Auktoritäten herrschend fand, so ist er nicht ein Zeuge für das Vorherrschen des Judenchristenthums, sondern für die schon entschiedene Herrschaft des katholischen Christenthumes, welches nicht mehr lange zögerte, den jüdischen Christen die Gemeinschaft aufzukündigen.

φαμένους τῶν τε θείων γραφῶν καὶ τοῦ κυρίου λέγοντος· μακάριοι οἱ ὀφθαλμοὶ ὑμῶν καὶ τὰ ὦτα ὑμῶν τὰ ἀκούοντα.

1) Hippol. Refut. V, 24. 26. 27. VII, 24. Vgl. Hilgenfeld, Apost. Väter S. 102.

2) Eus. H. E. IV, 22: *Ἐν ἑκάστῃ διαδοχῇ καὶ ἐν ἑκάστῃ πόλει οὕτως ἔχει, ὡς ὁ νόμος κηρύττει, καὶ οἱ προφῆται καὶ ὁ κύριος.*

3) Const. Ap. II, 39: *Οἱ κατηχούμενοι μὴ κοινωνείτωσαν ἐν τῇ προσευχῇ, ἀλλ' ἐξερχέσθωσαν μετὰ τὴν ἀνάγνωσιν τοῦ νόμου καὶ τῶν προφητῶν καὶ τοῦ εὐαγγελίου.* Tertullian. de praescript. haer. 36: Ecclesia legem et prophetas cum evangelicis et apostolicis scriptis miscet. Iren. adv. haer. II, 35, 4: Dictis nostris consonat praedicatio apostolorum, et domini magisterium et prophetarum annuntiatio et apostolorum ministratio et legislationis dictatio. Ep. ad Diogn 11: *Εἶτα φόβος νόμου ᾄδεται, καὶ προφητῶν χάρις γινώσκεται, καὶ εὐαγγελίων πίστις ἵδρυται καὶ ἀποστόλων παράδοσις φυλάσσεται.*

In die Geschichte der Ausscheidung des jüdischen Christenthums durch die heidenchristlich-katholische Kirche gehört nicht der **Passahstreit**, welcher im zweiten Jahrhundert zwischen Rom und Kleinasien in verschiedenen Akten sich bewegte. Die kleinasiatische Observanz, welche durch Polykarp von Smyrna, Melito von Sardes und Polykrates von Ephesus vertreten wird, richtete sich allerdings nach der jüdischen Berechnung des Passahfestes. Am 14. Nisan beschloß man in den kleinasiatischen Gemeinden durch feierliche Eucharistie das vorhergegangene Fasten. Dagegen in Rom feierte man den auf den 14. Nisan folgenden Sonntag zur Erinnerung an die Auferstehung durch den Beschluß der Fastenzeit. Diese Sitte ist freilich unabhängig von der jüdischen Festberechnung. Aber auch die Feier der Kleinasiaten ist nichts weniger als judenchristlich. Denn wenn auch **Baur** und **Hilgenfeld** darin Recht hätten, daß die am 14. Nisan gefeierte Eucharistie an die Einsetzung derselben durch Jesus am Abend vor seinem Todestage erinnern sollte (s. o. S. 123), so ist doch zugestanden, daß dies eine rein christliche Feier ist [1]). Hingegen ist der Beschluß der Fasten, der Trauerzeit, am 14. Nisan, dem Todestage Jesu nur zu verstehen, wenn der Tod des wahren Passahlammes als der Akt der Erlösung aufgefaßt wurde, welcher den Umschwung von der Trauer zur Freude motivirte [2]). Allerdings tritt nun gegen Ende des zweiten Jahrhunderts eine andere Klasse von Quartodecimanern in Laodicea auf, welche die Feier des 14. Nisan durch die Eucharistie mit der Nothwendigkeit, der Chronologie des Matthäus zu folgen, motiviren; welche also nicht die Auferstehung oder den Tod Christi, sondern nur die Einsetzung des Abendmahls feiern. Gegen diese Partei machen Apollinaris von Hierapolis, Clemens von Alexandria

---

1) **Baur**, Christenthum der drei ersten Jahrhunderte S. 143: „Man könnte denken, die kleinasiatische Partei habe, als eine streng judaisirende, das Passah ganz nur in jüdischer Weise gefeiert; allein dies war nicht der Fall, und es weist auch in der Polemik der Gegner, welche dies nicht hätten verschweigen können, nichts darauf hin."

2) Vgl. **Weitzel**, Die christliche Passafeier der drei ersten Jahrhunderte; **Steitz**, Die Differenz der Occidentalen und der Kleinasiaten in der Paschafeier, in den Theol. Stud. und Krit. 1856; 4. Heft.

und der römische Hippolytus geltend, daß Christus als das wahre Passahlamm an demselben Tage gestorben sei, an dessen Abend er nach der Ansicht der Gegner das Abendmahl eingesetzt haben solle. Aber auch diese von der kleinasiatischen Gesammtkirche isolirte Partei scheint nicht mit dem Judenchristenthum zusammengehangen zu haben. Allerdings wird in Beziehung auf die essenischen Ebjoniten angegeben, daß sie das Abendmahl in ihrer Weise jährlich einmal, also wahrscheinlich am Jahrestage seiner Einsetzung, gefeiert haben (s. o. S. 206); allein diese Analogie mit der laodicenischen Partei läßt die letztere beim Mangel aller anderen Indicien noch nicht als judenchristlich erscheinen; es ist daher unmöglich, die Herkunft dieser abweichenden Ansicht mit irgend welcher Sicherheit zu errathen.

Abgesehen von dieser singulären Erscheinung ist der Streit zwischen Rom und Kleinasien nicht so zu deuten, als ob die zwischen Aniket von Rom und Polykarp von Smyrna verabredete gegenseitige Duldung auf die noch bestehende Harmonie zwischen Juden- und Heidenchristenthum, und als ob das spätere herrische Verfahren Viktors von Rom gegen die kleinasiatische Kirche auf den Sieg dieser Richtung über jene hinwiese. Beide Formen der Sitte gehören der heidenchristlich-katholischen Kirche an; und wenn späterhin die eine unter die Anklage des Judaisirens gestellt wurde, so ist darin nicht die Veranlassung des Streites im zweiten Jahrhundert zu erkennen. Das Motiv der Verwerfung der kleinasiatischen Observanz war überhaupt der Trieb nach Uniformität des Kultus und der kirchlichen Sitte. Daß nun in jenem Falle der Vorwurf der Abhängigkeit vom Judenthum erhoben wurde, ist nur ein polemisches Mittel, gegen welches es auffallend absticht, daß die heidenchristlich-katholische Kirche seit dem dritten Jahrhundert beginnt, allerlei Elemente des mosaischen Gesetzes zum Aufbau ihrer politischen und socialen Gestaltung zu verwenden.

Vierter Abschnitt.

Das Heidenchristenthum bis in die Mitte des zweiten Jahrhunderts.

Das Gegentheil des jüdischen Christenthums in der Epoche von der Apostelzeit bis zur Ausschließung der jüdischen Christen aus der Kirche ist das Heidenchristenthum, und nicht der Paulinismus. Einer Lebensgestalt, wie das jüdische Christenthum ist, steht in jener Zeit nicht blos eine Doktrin, sondern eine andere Lebensgestalt gegenüber. Die Verhandlungen über diese Periode der christlichen Kirche haben deßhalb noch nicht eine Verständigung herbeigeführt, und die Frage nach der Abstammung der altkatholischen Kirche ist deßhalb noch nicht erledigt, weil die entgegengesetzten Ansichten sich um das in sich verkehrte Problem drehten, ob die katholische Kirche auf der Grundlage des Judenchristenthums oder auf der des Paulinismus sich entwickelt habe. Allerdings ist Paulus, obgleich weder der erste, noch der einzige Heidenmissionar, doch der Gründer des Christenthums der Heiden. Aber dadurch ist es nicht verbürgt, daß seine specifische Lehrart die religiöse Ueberzeugung der Heidenchristen im Allgemeinen je beherrscht hat [1]). Wir müssen es vielmehr in Frage stellen, ob die in den Briefen an die Galater und an die Römer dargelegte Gedankenreihe auch von den treuen und ergebenen Anhängern des Paulus vollständig und richtig angeeignet worden ist.

1) Vgl. Köstlin, Zur Geschichte des Urchristenthums. Theol. Jahrb. 1850. S. 35 ff.

Denn die Auffassung der Gerechtigkeit aus dem Glauben steht in einem so persönlichen Gegensatze zu der frühern pharisäischen Richtung des Paulus, daß den Heidenchristen kaum zugetraut werden kann, daß sie jenen Hauptgedanken des Apostels in seinem ganzen Umfange zu lebendigem Besitze gebracht haben. Die Heidenchristen bedurften überhaupt erst der Belehrung über die Einheit Gottes und die Geschichte seiner Bundesoffenbarung, über sittliche Gerechtigkeit und Gericht, über Sünde und Erlösung, über Gottesreich und Sohn Gottes, ehe sie auf die dialektischen Beziehungen zwischen Sünde und Gesetz, Gnade und Rechtfertigung, Glaube und Gerechtigkeit lebendig einzugehen vermochten. Und man darf auch durch die eigentlichen Lehrbriefe an die Galater und die Römer, an die Kolosser und die Epheser die Aufmerksamkeit nicht so von den anderen Briefen des Paulus ablenken lassen, daß man übersieht, daß Paulus den Umständen gemäß Gedankenreihen zu entwickeln verstand, bei denen seine Hauptlehre nur leise durchklingt. Also in derjenigen Zuspitzung, in welcher die Reformation uns gelehrt hat, die paulinische Lehre zu verstehen und anzueignen, ist sie niemals symbolische Ueberzeugung der Heidenchristen des ersten und zweiten Jahrhunderts gewesen. Aus diesem Grunde schon kann das Heidenchristenthum und der Paulinismus nicht gleich gesetzt werden.

Dazu kommt, daß die Missionsthätigkeit des Paulus, wenn sie auch noch so weit reichte, doch nur einen beschränkten Kreis des Heidengebietes berührt hat. Nach Aegypten und nach dem hintern Syrien und Mesopotamien, wo das Christenthum früh auftritt, ist er überhaupt nicht gekommen. Die Missionare für jene Länder, welche die Sage nennt, gehören auch nicht zu Paulus, sondern zu der Urgemeinde in Jerusalem, und doch sind deren Pflanzungen von Anfang an heidenchristlich, wie es den durch das jerusalemische Dekret bewährten Grundsätzen der Urapostel entspricht. Ferner ist zu beachten, daß in manchen Gegenden die grundlegende Wirksamkeit des Paulus durch später eingetretene dauernde Einwirkung anderer Apostel zurückgedrängt worden ist, wie in Kleinasien und Vordersyrien. Dessen ungeachtet blieben die Gemeinden dieser Länder, indem sie Johannes und

Petrus als ihre Auktoritäten ansahen, in der Selbständigkeit der heidnischen Sitte, welche ursprünglich Paulus ihnen eingepflanzt hatte. Auch aus diesem Grunde ist es unrichtig, den Paulinismus und das Heidenchristenthum zu identificiren, und wo keine besondere Anhänglichkeit an Paulus sich geltend macht, sogleich judenchristlichen Widerstand gegen denselben vorauszusetzen [1]).

Aber überhaupt ist es eine verfehlte Annahme, daß diese eigenthümlichen Lebensgestalten, das jüdische Christenthum wie das Heidenchristenthum, nur auf Grund bestimmter systematischer Lehrbegriffe hätten bestehen können. Das jüdische Christenthum in seinen verschiedenen Gruppen ruht auf dem mit der nationalen Abstammung untrennbar zusammenhängenden Gefühle, daß die messianische Gemeinde nur in dem alten Bundesvolke gegründet sein könne. Nur bei den essenischen Christen ist diese unmittelbare Selbstgewißheit des Judenchristenthums zu einer historisch-dogmatischen Theorie entwickelt worden. Wenn also zunächst bei den Heidenchristen weder der paulinische Lehrbegriff, noch eine andere abschließend ausgeprägte Doktrin über den Inhalt und den Grund ihrer religiösen Ueberzeugung zu finden ist, sondern wenn gerade

---

1) In dieser Beziehung ist sehr lehrreich die Διδαχὴ Ἀδδαίου, ein in die Kategorie der apostolischen Constitutionen gehörendes Dokument der syrischen Kirche, welches neuerdings durch de Lagarde syrisch und griechisch veröffentlicht ist (Reliquiae iuris ecclesiastici antiquissimae syr. et gr. 1856; im griechischen Text S. 89—95). Der vorgebliche Verfasser ist der aus Eusebius (H. E. I, 13, 5) bekannte, in der Tradition der syrischen Kirche als ihr Apostel geltende Thaddäus (Wichelhaus, De N. T. versione syriaca S. 53). Die Schrift, welche aus manchen Gründen frühestens dem Ende des dritten Jahrhunderts angehört, ist so gewiß heidenchristlich, wie die syrische Kirche in jener Zeit. Die Apostelgeschichte wird als kirchliches Lesebuch bezeichnet, und ihrem Berichte gemäß werden Paulus und Timotheus erwähnt und anerkannt. Aber nur als Kommissar zur Einführung des jerusalemischen Dekretes wird Paulus anerkannt; nicht als selbständiger Apostel. Vielmehr fehlt sein Name in einem der Schrift angehängten Verzeichniß der christianisirten Länder und ihrer Bekehrer durchaus. Diese Würdigung des Paulus ist weder nazaräisch, noch ebjonitisch. Es mag sein, daß ebjonitische Einflüsse der vollkommenen Ignorirung des Apostolates des Paulus zu Grunde liegen, da einige Umstände in der Doctrina Addaei an die Anabathmen des Jakobus erinnern (vgl. S. 93 mit Rec. I, 65. 66); aber, wie wir dergleichen Einflüsse schon beobachtet haben (s. o. S. 224), so wird dadurch die Thatsache nicht verändert, daß es eine heidenchristliche Provincialkirche gegeben hat, welche nicht nur für sich kein Verhältniß zu dem Heidenapostel hatte, sondern in welcher sogar dessen Wirksamkeit officiell ignorirt werden konnte.

die der vorliegenden Epoche angehörenden Schriften die Doktrin des Heidenchristenthums noch verschiedenartig, fließend und unfertig erscheinen lassen, so folgt daraus nicht, daß die Heidenchristen auch in ihren praktischen Interessen, in Beziehung auf ihre Sitte und Lebensanschauung unbestimmt geblieben seien. Die Heidenchristen jener Epoche haben das gemeinsame äußere Merkmal, daß sie sich von der jüdischen Sitte fern halten, und haben die principielle Ueberzeugung, daß sie an der Stelle der Juden in die Bundesgemeinschaft mit Gott eingetreten sind (s. o. S. 172). Dies sind auch die Kriterien, nach welchen in diesem Abschnitte eine Reihe von Schriften zusammengestellt wird, welche die Ausbildung einer bestimmten historisch-dogmatischen Doktrin vergegenwärtigen, durch welche das Heidenchristenthum sowohl dem Judenchristenthum mit positivem Selbstbewußtsein sich gegenüberstellt, als auch seine Abweichung von den Ansichten Christi und der Apostel ausprägt.

I. Das christliche Gesetzthum der apostolischen Väter.

Unter den heidenchristlichen Schriften der nachapostolischen Zeit ragt an Alter und Bedeutung der Brief der römischen Gemeinde an die korinthische hervor, welcher nach dem Zeugnisse des korinthischen Bischofs Dionysius von dem römischen Bischof (oder Presbyter) Clemens verfaßt ist [1]. Die Uebereinstimmung der patristischen Zeugnisse mit den eigenen Andeutungen des Briefes macht es wahrscheinlich, daß derselbe zur Zeit Domitians unter den wiederholten von demselben gegen die römische Gemeinde verhängten Quälereien, also zwischen den Jahren 92 und 96 geschrieben ist. Der Brief ist demnach nicht nur das älteste christliche Schriftstück nach der Literatur des N. T., sondern er erlaubt ferner fast allein einen Blick in die heidenchristliche Gedankenbewegung, im Vergleiche mit den apostolischen

---

1) Ueber die äußeren Verhältnisse des Briefes sowie über den Standpunkt des Verfassers vgl. Lipsius, De Clementis Romani epistola ad Corinthios priore. Zu dem ganzen Kapitel vgl. Hilgenfeld, Die apostolischen Väter.

Normen und mit dem in der katholischen Grundformel erreichten Ziele.

Die nächste und wichtigste Aufgabe in der Beurtheilung der christlichen Grundsätze des Clemens ist die Ermittelung seines Verhältnisses zu den Grundanschauungen des Apostels Paulus. Denn da derselbe der eigentliche Gründer des abendländischen Heidenchristenthums ist, so erwarten wir in einer diesem Gebiete angehörigen Schrift in besonderem Maaße das Gepräge paulinischer Ideen wiederzufinden. Freilich wäre es unstatthaft, von Clemens zu verlangen, daß er, wenn er Pauliner war, die in den Briefen an die Römer und Galater entwickelten Gedanken in aller Genauigkeit habe wiedergeben müssen. Vielmehr ist dies durchaus nicht zu erwarten, da die Kontroverse über die Freiheit des Christenthums und die Ansprüche der Judenchristen nicht mehr den Gegenstand seines Schreibens bildet. Die Unordnungen in der korinthischen Gemeinde, welche Clemens durch seine Belehrungen beizulegen unternimmt, sind völlig unabhängig von dem Streite der Nationalitäten, der den Apostel beschäftigte; und die Ermahnungen des Clemens werden die Grundanschauungen einfach voraussetzen, deren Begründung lebendig zu erhalten, für uns Evangelische im Gegensatz gegen den mittelalterlichen und tridentinischen Katholicismus Bedürfniß ist. Der Paulinismus des Clemens ist also von vorn herein nicht an dem paulinischen Charakter des evangelisch-kirchlichen Bekenntnisses zu messen. Paulinisch ist aber zunächst der formelle Ausdruck des heidenchristlichen Bewußtseins des Clemens. Wenn derselbe für seine eigene Person und für die Gemeinde, in deren Namen er schreibt, an die römische, heidnische Abstammung erinnert (cap. 55), und daneben an die Abstammung der Schreiber wie der Leser von Jakob und Abraham appellirt (cap. 4. 31), so ist dies nicht in dem gewöhnlichen, sondern in dem nur von Paulus aufgestellten übertragenen Sinne gemeint (Röm. 4, 11—16; Gal. 3, 7; Phil. 3, 3). Auf dieser Gedankenreihe des Paulus ruht die Uebertragung der Namen des Gottesvolkes auf die durch Christus aus der Mitte der Völker berufenen Genossen der heidenchristlichen Gemeinde (cap. 29. 58). Paulinisch im eigentlichsten Sinne ist ferner der Grundsatz von der göttlichen Rechtfertigung durch den Glauben, zu welchem sich Clemens bekennt[1]). Endlich durchaus nicht unpaulinisch ist die Art, in welcher der sittliche Wandel begründet, begrenzt und auf das zukünftige Heil bezogen wird. Als Motiv der guten Werke gilt neben der Liebe zu Gott (cap. 49—51) die Furcht vor demselben (cap. 2. 3. 23. 28. 45), und beide werden gelegentlich nebeneinandergestellt (cap. 21. 51). Das Beispiel Christi im Allgemeinen (cap. 16), und speciell in Beziehung auf seinen Tod (cap. 2. 7) wird zur Begründung der Haupttugend der Demuth (ταπεινοφροσύνη) verwendet. Wie nun hierin keine Abweichung von der paulinischen Paränese wahrzunehmen ist, so entfernt sich Clemens auch darin nicht von dem Standpunkte des Paulus, daß er auf den Willen Gottes als die allgemeine Norm des sittlichen Wandels verweist. Die Gebote und Satzungen Gottes, auf welche die Ermahnung den ganzen Brief hindurch sich bezieht, sind durchschnittlich als eine den Lesern bekannte Norm behandelt, ohne daß irgend ein Anzeichen vorliegt, daß Clemens bei jenem Ausdrucke auch nur vorzugsweise an das mosaische Gesetz gedacht hätte. Als besondere Formen und Quellen des sittlichen Gesetzes berührt der Schreiber des Briefes die in der Natur von Gott ausgeprägte Ordnung (cap. 19. 20), in welcher Gott selbst den Menschen ein Beispiel giebt (cap. 33); Gottes Wort in der prophetischen Schrift des A. T. (cap. 13); die Verkündigung Christi, namentlich aus der Bergpredigt (cap. 49. 13); endlich die apostolischen Vorschriften in dem Briefe des Paulus an die Korinther (cap. 47). Unter die Verordnungen Christi rechnet Clemens auch manche Psalmensprüche (cap. 16. 22), indem er offenbar ebenso wie Petrus im ersten Brief (1, 11) den heiligen Geist in den Propheten des A. T. als den Geist Christi auffaßte, und deßhalb Christus als das eigentliche Subjekt der prophetischen Rede anerkannte.

Daß Clemens das Gesetz des christlichen Wandels in völli-

1) Cap. 32: *Οὐ δι' ἑαυτῶν δικαιούμεθα, οὐδὲ διὰ τῆς ἡμετέρας σοφίας, ἢ συνέσεως, ἢ εὐσεβείας, ἢ ἔργων, ὧν κατειργασάμεθα ἐν ὁσιότητι καρδίας, ἀλλὰ διὰ τῆς πίστεως, δι' ἧς πάντας τοὺς ἀπ' αἰῶνος ὁ παντοκράτωρ θεὸς ἐδικαίωσεν.*

ger Unabhängigkeit von dem mosaischen Gesetze wußte, wird aber nicht nur durch diese Umstände bewiesen, sondern ist auch an der Art zu erproben, wie er in Einem Punkte wenigstens auf eine mosaische Satzung zurückgreift. Die von Gott durch Moses verfügte Unterscheidung zwischen dem Hohenpriester, den Priestern und den Leviten, und die Ordnung der ihnen zugewiesenen Geschäfte soll ihre Gültigkeit auch für die christliche Gemeinschaft haben; aber nicht unmittelbar, so daß die Heidenchristen der jüdischen Kultusanstalt unterworfen würden, sondern nur im übertragenen, typischen Sinne, gemäß der durch Christus vermittelten Erkenntniß (γνῶσις, cap. 36. 40. 41. 45). Die mosaische Satzung ist nur soweit verbindlich für die Christen, als sie nach der Regel der Analogie die Nothwendigkeit einer Sonderung von Ständen in der christlichen Gemeinde, und einer Vertheilung der gottesdienstlichen Geschäfte einschärft. Die Behandlung der Gnosis in dem Briefe legt es freilich nahe, daß die allegorische und typologische Benutzung mosaischer Satzungen in den heidenchristlichen Gemeinden in umfassenderer Weise getrieben wurde. Dieser Gebrauch entbehrt aber nicht des Vorganges des Paulus (1 Kor. 9, 9. 10), und steht in reinem Gegensatz gegen die judenchristliche Praxis. Es entsprach einem unumgänglichen Bedürfnisse der heidenchristlichen Gemeinden, wenn sie, wie das Verfahren des Clemens beweist, über die unmittelbaren Normen des christlichen Wandels sich klar zu werden und solcher sich zu versichern suchten. Und wenn die evangelische Tradition diesem Bedürfnisse nicht genügen zu können schien, so ist es gerade aus dem Vorgange des Paulus zu erklären, daß daneben sowohl die prophetische Paränese des A. T. als auch mosaische Satzungen in typischer und allegorischer Auslegung benutzt wurden (s. o. S. 102). Die Aufnahme dieser Elemente von Gesetzlichkeit verstößt ferner auch nicht gegen den Grundsatz des Paulus von der Unmöglichkeit der Erfüllung eines Gesetzes. Denn dieser gilt blos für die Sünder, nicht aber für die durch Christus von der Macht der Sünde Erlösten. Indem Clemens den Gedanken hegt, daß die Gebote und Satzungen des Herrn auf die Tafeln der Herzen geschrieben seien (cap. 2), erkennt er dieselbe innere Nothwendigkeit der Gesetzerfüllung bei den Gläubigen an, welche auch Paulus bezeugt (Gal. 5, 6; Röm. 13, 9. 10; s. o. S. 101). Endlich steht es durchaus nicht im Widerspruche mit der von Paulus entlehnten Grundformel, sondern im Einklang mit Aussprüchen desselben (s. o. S. 98), daß Clemens die Erfüllung der Verheißungen für die Gläubigen von dem Gott wohlgefälligen Wandel im Einzelnen abhängig macht [1]).

Indem nun Clemens sich deutlich und absichtlich als Pauliner kundgiebt, so schließt er dadurch die Auktorität anderer Apostel nicht aus. In dieser Hinsicht ist die Erwähnung des Märtyrertodes des Petrus und des Paulus von Wichtigkeit (cap. 5); und bedeutsam ist es gewiß, daß nur Petrus neben Paulus, und daß er vor demselben erwähnt wird, wenn auch der Heidenapostel ein höheres Lob davonträgt. Wenn man diese Zusammenstellung Beider mit dem Streite in Antiochia vergleicht, so kann man sich des Eindruckes nicht erwehren, daß die heidenchristliche Gemeinde ein bedeutendes Interesse dabei hatte, der Einigkeit beider Apostel gewiß zu sein. Denn, mag man auch darüber unsicher bleiben, ob Rom selbst der Schauplatz jener Einigkeit gewesen ist [2]), so bezeichnet die mit jener Anspielung beginnende, in der heidenchristlichen Kirche üblich werdende Berufung auf die Auktorität dieser beiden Apostel gerade die katholische Tendenz des Heidenchristenthums. Da nun die Anerkennung des Paulus durch die Nazaräer dafür bürgt, daß die Zusammenstellung desselben mit Petrus auch in der Erinnerung der Heidenchristen dem wirklichen Sachverhalt ihrer Versöhnung und Uebereinstimmung entspricht, so bedeutet die mit Clemens begin-

1) Cap. 35: *Πῶς ἔσται τοῦτο (τὸ μεταλαβεῖν τῶν ἐπηγγελμένων δωρεῶν) ἀγαπητοί; ἐὰν ἐστηριγμένη ᾖ ἡ διάνοια ἡμῶν διὰ πίστεως πρὸς τὸν θεόν, ἐὰν ἐκζητῶμεν τὰ εὐάρεστα καὶ εὐπρόσδεκτα αὐτῷ, ἐὰν ἐπιτελέσωμεν τὰ ἀνήκοντα τῇ ἀμώμῳ βουλήσει αὐτοῦ καὶ ἀκολουθήσωμεν τῇ ὁδῷ τῆς ἀληθείας, ἀποῤῥίψαντες ἀφ' ἑαυτῶν πᾶσαν ἀδικίαν καὶ ἀνομίαν.*

2) Obgleich außer den jüngeren direkten Zeugnissen auch noch die Art dafür spricht, wie Ignatius in dem echten Briefe an die Römer Kap. 4. bei dem Ausdruck seiner Sehnsucht, in Rom als Märtyrer zu sterben, seine Auktorität über die römische Gemeinde mit der des Petrus und Paulus vergleicht. Dies ist doch wohl nur verständlich, wenn beide Apostel gerade in Rom in derselben Lage waren, welcher Ignatius ebendaselbst entgegenging.

nende Anrufung der Auktorität beider Apostel nichts weniger als eine durch gegenseitige Koncessionen zu bewerkstelligende Einigung der pharisäischen und essenischen Judenchristen mit den Heidenchristen, sondern die Gewißheit der letzteren, sich nicht blos auf die angefochtene Auktorität des Paulus, sondern auch auf die des gesammten Apostelkreises zu stützen, der durch sein Haupt Petrus vertreten wird. Hiemit hängt es zusammen, daß die heidenchristliche Literatur nicht nur dem Einflusse der Briefe des Paulus und der Evangelien sich unterwirft, sondern daß sie auch nach den anderen Schriften sich richtet, welche allmählich zu dem Kanon des N. T. mit jenen zusammengefaßt wurden. Daß Clemens von den Briefen des Jakobus und des Petrus Gebrauch gemacht habe, ist freilich nicht klar und sicher, da die Berührungen seines Briefes mit Stellen jener Briefe, auf welche man hinweist, nicht außer Zweifel zu setzen sind. Aber derselbe zeigt die deutlichste und absichtlichste Benutzung des Hebräerbriefes, und durch diese Schrift hängt die Anschauung des Clemens auch mit dem Bildungskreise der Urapostel zusammen.

Die Zusammenfassung der verschiedenen apostolischen Vorbilder zur Begründung der christlichen Lehre wird es nun aber verhindern, daß die heidenchristliche Grundanschauung das individuelle Gepräge irgend einer apostolischen Gedankenform bewahrt. Wie der Gedanke einer Gesammtauktorität der Apostel in dogmatischer Hinsicht nur möglich ist, wenn die feinen Unterschiede ihrer Lehrbildung übersehen und ihre Lehren mit einer gewissen Oberflächlichkeit angeeignet werden, so ist zu erwarten, daß die der katholischen Tendenz folgende heidenchristliche Doktrin nur irgend einen mittlern Durchschnitt apostolischer Lehre erreichen wird, welcher eben deßwegen keiner einzelnen apostolischen Denkform wirklich und zuverlässig entspricht. Diese Oberflächlichkeit fällt schon bei der Benutzung des Hebräerbriefes durch Clemens in das Auge. Indem er Christus als Hohenpriester bezeichnet (cap. 36. 58), denkt er nur an die Vermittelung, welche derselbe den Gebetsopfern der Christen leistet (Hebr. 13, 15), und an die Fürbitte für ihre Schwachheit; er hat aber nicht mit Einem Worte das hohepriesterliche Geschäft

Christi mit seinem Tode in Verbindung gesetzt. Allein nicht nur in der bezeichneten Weise vollzieht sich die Abweichung der heidenchristlichen Doktrin sowohl von Paulus als von jedem apostolischen Vorbild, sondern es läßt sich noch ein anderes Motiv der Veränderung, ja der Degeneration der Lehre erkennen.

Es ist darauf hingewiesen worden, daß, wenn eine Schrift, wie der Brief des Clemens ist, eine überwiegende Rücksicht auf den Anbau des christlichen Gesetzes nimmt, die dogmatischen Grundanschauungen der Apostel ohne specielle Durcharbeitung vorausgesetzt werden konnten. In diesem Sinne muß man, wie es scheint, das Bekenntniß von der Erlösung durch das Blut Christi verstehen, welches neben der Benutzung des Todes Christi als Muster der Demuth nicht fehlt[1]). Allein eine genauere Betrachtung anderer Aussagen über den Tod Christi lehrt, daß jener Satz eine unverstandene Formel ist, und daß der Heide Clemens gar nicht mehr im Stande ist, die auf dem Typus des Opfers des A. T. ruhende Deutung des Todes Christi durch die Apostel zu verstehen und zu reproduciren. Da es aber unmöglich ist, ein Bekenntniß ohne Verständniß seiner innern Begründung richtig festzuhalten, und da sich die Gedanken durch eine in dieser Weise todte Formel nun einmal nicht binden lassen, so drängt sich auch bei Clemens eine Deutung des Todes Christi hervor, welche so gewiß unapostolisch ist, als sie von jeder Ahnung des ursprünglichen Sinnes verlassen ist, in welchem die Apostel ihn als die hauptsächliche Heilsthatsache auffaßten. Zunächst ist wahrzunehmen, daß die von den Aposteln aufgefaßte Reciprocität des Todes und der Auferstehung Christi zur Begründung eines specifisch neuen Verhältnisses der Gläubigen zu Gott dem Clemens völlig fremd ist. Der Auferstehung Christi erwähnt er nur zweimal, als des ersten Falles von Auferstehung (cap. 24), und als des Mittels, durch welches die Apostel überzeugt wurden, daß das Reich Gottes kommen werde (cap. 42). Namentlich mangelt dem Clemens die Einsicht, daß der Gläubige

1) Cap. 12: *Διὰ τοῦ αἵματος τοῦ κυρίου λύτρωσις ἔστι πᾶσι τοῖς πιστεύουσιν καὶ ἐλπίζουσιν ἐπὶ τὸν θεόν.*

nur auf Grund der Auferstehung Christi ein neues Lebensprincip in sich trägt, aus welchem sich die Nothwendigkeit des sittlichen Wandels ergiebt. Denn nachdem er sich zu der Rechtfertigung durch den Glauben bekannt hat (cap. 32), leitet er die Aufgabe, gute Werke zu thun, nur aus dem Willen und dem Beispiele Gottes ab [1]), ohne ein Verhältniß zwischen dem Glauben, der die Rechtfertigung empfangen hat, und der sittlichen Thatkraft aufzustellen. Ueber die Heilsbedeutung des Todes Christi spricht nun aber Clemens seine eigenste Meinung in dem Satze aus, daß das zu dem Heile der Gläubigen vergossene Blut der ganzen Welt die Gnadengabe der Sinnesänderung gebracht habe [2]). Die folgenden Sätze vergleichen diesen Sinn des Todes Christi mit den Bußpredigten des Noah und des Jonas, wobei freilich der Unterschied hervortritt, daß die in dem Tode Christi liegende Anregung zur Buße der ganzen Welt gegolten hat. Nun ergiebt sich aber aus Vergleichung anderer Aussagen (cap. 16. 49) als Meinung des Clemens, daß Christi Tod nur als Beispiel der Demuth, und als Beweis der göttlichen Liebe die Sinnesänderung angeregt, und dadurch also nicht, wie die Apostel denken, ein neues **Verhältniß** der Menschen zu Gott **begründet**, sondern ein neues **Verhalten** der Menschen zu Gott **veranlaßt** habe. Anstatt des apostolischen Gedankens von der Versühnung der Sünden durch Christi Tod spricht er im Verlauf

---

1) Cap. 33: *Τί οὖν ποιήσωμεν, ἀδελφοί; ἀργήσωμεν ἀπὸ τῆς ἀγαθοποιΐας καὶ ἐγκαταλείπωμεν τὴν ἀγάπην; μηδαμῶς τοῦτο ἐάσαι ὁ δεσπότης ἐφ' ἡμῖν γενηθῆναι; ἀλλὰ σπεύσωμεν μετὰ ἐκτενείας καὶ προθυμίας πᾶν ἔργον ἀγαθὸν ἐπιτελεῖν.* (cf. Rom. 6, 1: *Τί οὖν ἐροῦμεν; ἐπιμενοῦμεν τῇ ἁμαρτίᾳ, ἵνα ἡ χάρις πλεονάσῃ; μὴ γένοιτο*). *Αὐτὸς γὰρ ὁ δημιουργὸς καὶ δεσπότης τῶν ἁπάντων ἐπὶ τοῖς ἔργοις αὐτοῦ ἀγαλλιᾶται.* — Cap. 34: *Προτρέπεται οὖν ἡμᾶς ἐξ ὅλης τῆς καρδίας ἐπ' αὐτῷ, μὴ ἀργοὺς μήτε παρειμένους εἶναι ἐπὶ πᾶν ἔργον ἀγαθόν. — Ὑποτασσώμεθα τῷ θελήματι αὐτοῦ, κατανοήσωμεν τὸ πᾶν πλῆθος τῶν ἀγγέλων αὐτοῦ, πῶς τῷ θελήματι αὐτοῦ λειτουργοῦσιν παρεστῶτες.*

2) Cap. 7: *Ἀτενίσωμεν εἰς τὸ αἷμα τοῦ Χριστοῦ, ὅτι διὰ τὴν ἡμετέραν σωτηρίαν ἐκχυθὲν παντὶ τῷ κόσμῳ μετανοίας χάριν ὑπήνεγκεν. Καταμάθωμεν ὅτι ἐν γενεᾷ καὶ γενεᾷ μετανοίας τόπον ἔδωκεν ὁ θεὸς τοῖς βουλομένοις ἐπιστραφῆναι ἐπ' αὐτόν. Νῶε ἐκήρυξεν μετάνοιαν καὶ οἱ ὑπακούσαντες ἐσώθησαν. Ἰωνᾶς Νινευΐταις καταστροφὴν ἐκήρυξεν· οἱ δὲ μετανοήσαντες ἐπὶ τοῖς ἁμαρτήμασιν αὐτῶν ἐξιλάσαντο τὸν θεὸν ἱκετεύσαντες.*

jener auf die Buße bezüglichen Stelle in ganz unbiblischer Weise von einer Versöhnung Gottes durch das aus bußfertiger Gesinnung hervorgehende Bitten, und zwar der Art, daß er den Satz auch auf die Christen angewendet wissen will. Obgleich nun Clemens dem Worte nach die apostolische Grundanschauung festhält, daß durch den Tod Christi die Erlösung der Gläubigen von der Sünde gestiftet ist, daß also Gott durch Christus ein specifisches Verhältniß der Gläubigen zu sich gesetzt hat, so hat er doch den Sinn und die Bedeutung dieses Gedankens nicht mehr begriffen, sondern begründet in Wahrheit das Verhältniß der Gläubigen zu Gott auf ihr bußfertiges Verhalten, das durch den Tod Christi veranlaßt ist. Der Grund dieser Erscheinung ist nicht die überwiegende Aufmerksamkeit auf die Regelung und Ordnung des sittlichen Verhaltens im Einzelnen, welche nur als mitwirkende Bedingung anzusehen ist; sondern die Unfähigkeit des Heiden, der richtigen alttestamentlichen Voraussetzungen der apostolischen Grundideen sich zu bemächtigen. Obgleich ihm das Bedürfniß zugetraut werden darf, die Auffassung des von Gott durch Christus gesetzten Verhältnisses der Gläubigen von dem aktiven Verhalten der letzteren zu unterscheiden, so hat er doch beide Seiten der religiösen Vorstellung in einander übergehen lassen, so daß ihre Grenzen verwischt und ihre Ordnung verkehrt worden ist.

Dies zeigt sich an den übrigen Aussagen über Glauben und Gerechtigkeit im Vergleich mit der oben angeführten paulinischen Formel. Clemens kennt den Glauben nur in Beziehung auf Gott (cap. 12. 35), speciell auf dessen Allmacht (cap. 27. 11). Der paulinische Gedanke des Glaubens an Christus fehlt, weil auch Gott als Gegenstand des Glaubens nicht specifisch als derjenige aufgefaßt ist, welcher Christus als den Sühnmittler aufgestellt und ihn von den Todten erweckt hat. Daher kommt es, daß Clemens die Rechtfertigung durch den Glauben auf Alle von Anfang der Welt an bezieht, welche der allmächtige Gott gerechtgesprochen hat (cap. 32). Diese Anschauung, welche er auch an einer Reihe von Personen des A. T. erprobt (cap. 9—12), scheint Clemens dem Hebräerbriefe entlehnt zu haben, in dessen elftem

Kapitel dieselben Glaubensvorbilder dargestellt werden, auf welche jener sich bezieht. Die Erwartung, daß er deßhalb auch den Begriff des Glaubens überwiegend nach dem Hebräerbrief gebildet haben möchte, bestätigt sich indessen nicht. Die Gewißheit der göttlichen Verheißungen (πεποίθησις) ist allerdings als Element des Glaubens gesetzt, allein wo Clemens die Gerechtigkeit auf den Glauben bezieht, tritt nicht, wie im Hebräerbrief, die der Verheißung Gottes zugekehrte Seite des Glaubens hervor, sondern der Gehorsam [1]). Dies würde an den paulinischen Sinn jenes Begriffes erinnern, wenn nicht durch die Aufstellung eines andern Objektes des Glaubens der Gehorsam einen verschiedenen Charakter erhielte. Der Gedanke des Paulus ist, daß der Glaube der Gehorsam, die Unterwerfung unter den in Christus offenbar gewordenen Willen Gottes sei, und in diesem specifischen Gegenstand desselben ist das göttliche Urtheil der Rechtfertigung enthalten und begründet (s. o. S. 91). Der Glaube des Clemens gilt dem gebietenden Willen Gottes überhaupt, und sofern der Glaube christlich ist (πίστις ἐν Χριστῷ) ist er Gehorsam gegen die Gebote Christi, auch gegen solche, welche in der alttestamentlichen Prophetie enthalten sind (cap. 22). Deßhalb ist aber Clemens auch nicht im Stande, wie Paulus, den Glaubensgehorsam und den Gehorsam in den einzelnen Werken von einander zu unterscheiden. Sondern der Glaube, der dem Abraham zur Gerechtigkeit gerechnet sein soll, wird von ihm als der thätige Gehorsam gegen die einzelnen göttlichen Gebote beschrieben (cap. 10), und die Gerechtigkeit wird nicht als Erfolg des göttlichen Urtheils über den Glauben gewürdigt, sondern namentlich auch mit Rücksicht auf Abraham als Resultat seines gläubigen d. h. gehorsamen Thuns dargestellt [2]). Hiemit ist in materieller und formeller Hinsicht das Gegentheil von der paulinischen Formel ausgesprochen; und dasselbe erhellt aus der Art, wie die

1) Cap. 9: Ἐνὼχ ἐν ὑπακοῇ δίκαιος εὑρεθείς. Cap. 10: Ἀβραὰμ πιστὸς εὑρέθη ἐν τῷ αὐτὸν ὑπήκοον γενέσθαι τοῖς ῥήμασιν τοῦ θεοῦ.

2) Cap. 31: Ἀβραὰμ δικαιοσύνην καὶ ἀλήθειαν διὰ πίστεως ποιήσας. Cap. 33. 48.

Sündenvergebung von der Erfüllung der göttlichen Gebote abhängig gemacht wird [1]).

Die Anschauung des Paulus von der Gerechtigkeit durch den Glauben beruht auf der gedankenmäßigen Unterscheidung (nicht thatsächlichen Trennung) der religiösen Centralfunktion von der sittlichen Funktion im Einzelnen. Die aus ihrem Grunde erklärte Abweichung des Clemens von Paulus hat ihn dahin geführt, daß er den Glaubensgehorsam und den Werkgehorsam nicht zu unterscheiden vermag; und deßhalb der imputirten Gerechtigkeit, welche er eigentlich meint, die durch Werke hervorgebrachte unterschiebt. In dem Maaße, als er sich von Paulus entfernt, nähert er sich hiemit dem Lehrtypus des Jakobus, obschon er dessen Präcision nicht erreicht. Daß dieses Schwanken zwischen Beiden nichts weniger als die Absicht der Vermittelung und Versöhnung derselben verräth, ist nach der bisherigen Erörterung über den Standpunkt des Clemens klar; abgesehen davon, daß die Benutzung des Jakobusbriefs durch Clemens mehr als zweifelhaft ist. Aber auch wenn die Vermittelung zwischen Jakobus und Paulus in dem Instinkt des Clemens gelegen hätte, so dürfte dies nicht als Moment einer Kapitulation zwischen der paulinischen und der judenchristlichen Partei gedeutet werden [2]), da der Brief des Jakobus diese Partei nicht repräsentirt (s. o. S. 115).

Aehnliche Erscheinungen wie der Brief des Clemens bietet der **Brief des Polykarp** dar [3]). Die Paränese, welche auf Anlaß einer durch den Presbyter Valens begangenen Veruntreuung der Gemeinde zu Philippi gewidmet ist, und sich über alle Verhältnisse des Gemeindelebens und des christlichen Wandels erstreckt, führt die Leser auf den Willen und die Gebote Gottes zurück, deren Erfüllung die Bedingung der Auferweckung

1) Cap. 50: *Μακάριοί ἐσμεν, εἰ τὰ προστάγματα τοῦ Θεοῦ ἐποιοῦμεν ἐν ὁμονοίᾳ ἀγάπης εἰς τὸ ἀφεθῆναι ἡμῖν δι' ἀγάπης τὰς ἁμαρτίας ἡμῶν.*

2) **Schwegler** Nachapost. Zeitalter 2. Th. S. 128. 157.

3) Ueber die partielle Unechtheit dieses Briefes so wie über die Zeit der Abfassung des echten Grundstockes vgl. den **Anhang**.

von den Todten sei [1]), und bezieht sich dabei auf Worte aus der Bergpredigt. Die Pflicht der Geduld und Unterwerfung unter Leiden wird durch das Beispiel des Todes Christi begründet [2]). Aber dieser Dienst Gottes in Furcht und Wahrheit (cap. 2), dieser Gebrauch der Waffen der Gerechtigkeit (cap. 4), in welchem man Gott wohlgefallen soll, um die zukünftige Welt zu gewinnen (cap. 5), ist von Polykarp auf das paulinische Bekenntniß gegründet, daß wir aus Gnade gerettet sind, nicht aus Werken, sondern aus dem Willen Gottes durch Jesus Christus [3]); und Christus bezeichnet er als den Gegenstand unserer Hoffnung und als das Pfand unserer Gerechtigkeit, in dem strengsten Sinne der paulinischen Lehre (cap. 8).

Allein so bestimmt diese Züge der Anschauung Polykarps auf die Lehre des Paulus zurückgehen, und so genau er den Maaßstab desselben auch in dem befolgt, was er von der Erfüllung der göttlichen Gebote sagt, so müssen wir die sehr stark hervortretende Benutzung des ersten Briefes des Petrus als Merkmal der katholischen Stellung Polykarps betrachten. Im Vergleich mit dem ähnlichen Verhalten des Clemens und mit der solennen Verbindung der beiden Apostelnamen im Gebrauche der folgenden Zeit ergiebt sich, daß die heidenchristliche Anschauung, wenn sie auch noch so deutlich in der Lehre des Paulus wurzelt, nicht von einem paulinischen Parteibewußtsein, sondern, so weit wir sie verfolgen können, von der apostolisch-katholischen Tendenz begleitet ist. Dies ist ein höchst bedeutsames Anzeichen dafür, daß die katholische Kirche nur dem heidenchristlichen Gebiete angehört. Daß die Judenchristen zu jener Gestaltung der Kirche nichts beigetragen haben, ist an ihrer be-

1) Cap. 2: Ὁ δὲ ἐγείρας αὐτὸν ἐκ νεκρῶν καὶ ἡμᾶς ἐγερεῖ, ἐὰν ποιῶμεν αὐτοῦ τὸ θέλημα καὶ πορευώμεθα ἐν ταῖς ἐντολαῖς αὐτοῦ, καὶ ἀγαπῶμεν ἃ ἠγάπησεν, ἀπεχόμενοι πάσης ἀδικίας.

2) Cap. 8: Δι' ἡμᾶς, ἵνα ζήσωμεν ἐν αὐτῷ, πάντα ὑπέμεινε. μιμηταὶ οὖν γενώμεθα τῆς ὑπομονῆς αὐτοῦ, καὶ ἐὰν πάσχωμεν διὰ τὸ ὄνομα αὐτοῦ, δοξάζωμεν αὐτόν. Τοῦτον γὰρ ἡμῖν τὸν ὑπογραμμὸν ἔθηκε δι' ἑαυτοῦ.

3) Cap. 1: Χάριτί ἐστε σεσωσμένοι, οὐκ ἐξ ἔργων, ἀλλὰ θελήματι θεοῦ, διὰ Ἰησοῦ Χριστοῦ.

harrlichen Verwerfung des Paulus und der heidenchristlichen Kirche zu erkennen. Aber auch die Nazaräer gehören nicht zu der mit „Petrus und Paulus" bezeichneten Fahne. Denn sie konnten den großen Apostel zwar als Auktorität der Heiden ehren, jedoch nicht unter ihre Führer rechnen, da sie als geborene Juden den Boden des zwischen den Aposteln geschlossenen Vertrages über die Trennung der Missionsgebiete festhielten.

Der Brief des Polykarp liefert die Probe davon, daß mit der katholischen Tendenz auf Zusammenfassung der apostolischen Auktoritäten, und mit der vorherrschenden Richtung auf den Anbau des christlichen Sittengesetzes die Reinheit der dogmatischen Grundformel bestehen kann, welche bei Clemens schon zu vermissen war. Freilich steht Polykarp in dieser Beziehung durchaus allein; denn die anderen Dokumente des katholisch werdenden Heidenchristenthums verrathen kaum einmal diejenigen Spuren von Einwirkung des Paulus, die in dem Briefe des Clemens vorliegen.

In dieser Beziehung bildet mit dem Briefe des Polykarp einen rechten Kontrast der sogenannte zweite Brief des römischen Clemens. Dieses zuerst von Eusebius (H. E. III, 38) erwähnte Fragment muß der Periode des Gnosticismus angehören, weil es (cap. 9) gegen Leugner der Auferstehung des Fleisches kämpft; und wird dem römischen Clemens fälschlich beigelegt. Eine nähere Angabe der Zeit und des Ortes seines Ursprungs ist nicht möglich, wenn man nicht annehmen will, daß es wegen des Gebrauches des Aegypterevangeliums und wegen des unentwickelten Standes der Christologie (cap. 12. 9) älter ist, als die großen Kirchenlehrer gegen Ende des zweiten Jahrhunderts. Die kleine Schrift ist von einem geborenen Heiden an Heidenchristen gerichtet, und die Juden werden als solche bezeichnet, welche blos glauben, Gott zu haben (cap. 1. 2. 3). Das Thema der Schrift ist die Empfehlung, die Gebote Christi zu erfüllen; und dasselbe wird von drei Seiten behandelt, nämlich, daß darin das wahre der Größe der Erlösung entsprechende Bekenntniß Jesu bestehe, daß darin der Gegensatz gegen die Welt ausgedrückt werde, und daß dafür der Lohn der Auferstehung und des künftigen Lebens festgesetzt sei. Der Anbau des christlichen Gesetzes auf Grund der Gebote Christi und mit Hülfe der evangelischen Ueberlieferung charakterisirt den Verfasser dieser Schrift als Nachfolger des Clemens und des Polykarp. Der Grundsatz, daß man nur durch Erfüllung der Gebote Christi und Reinerhaltung des Fleisches das ewige Leben erreichen werde (cap. 8), entspricht der allgemeinen apostolischen Tradition, und ist nicht etwa im Widerspruch mit Paulus. Eine äußerliche Legalität kann der Verfasser nicht meinen, da er die Erfüllung des Willens Christi von ganzem Herzen und ganzer Gesinnung empfiehlt (cap. 3). Indessen die dogmatischen Grundanschauungen der Apostel hat er nicht etwa in richtigen, wenn auch unverstandenen Formeln vorausgesetzt, sondern an ihrer Stelle spricht er, ähnlich wie der echte Clemens, solche Vorstellungen aus, bei denen das Uebergewicht auf das selbständige sittliche Verhalten der Menschen fällt. Die Gerechtigkeit macht er abhängig von dem aufrichtigen Werkdienste gegen Gott; diesen motivirt er durch den Glauben an die göttliche Verheißung [1]). Dies hat an der Begriffsbildung des Petrus und des Hebräerbriefes sein Vorbild. Allein dabei mangelt durchaus die apostolische Vorstellung von dem Heilswerke Christi, da der Verfasser nur von der Belehrung und von der Berufung der Gläubigen durch Christus etwas weiß (cap. 1. 2. 9). Wenn aber die Berufung das Heilswerk Christi erschöpft, so wird das faktische Heilsverhältniß des Einzelnen ausschließlich auf sein eigenes Verhalten reducirt.

Der Widerspruch dieser Ansicht nicht nur mit Paulus, sondern mit den Aposteln überhaupt liegt auf der Hand, und doch wird der Verfasser in voller Unbefangenheit Anspruch auf die apostolische Begründung seiner Ansicht, und zwar nicht blos im Gegensatze gegen die Gnostiker, erheben. Da das Heidenchristenthum, trotz des begründenden Einflusses des Paulus, sich nie als

1) Cap. 11: Ἡμεῖς οὖν ἐν καθαρᾷ καρδίᾳ δουλεύσωμεν τῷ θεῷ, καὶ ἐσόμεθα δίκαιοι· ἐὰν δὲ μὴ δουλεύσωμεν διὰ τοῦ μὴ πιστεύειν ἡμᾶς τῇ ἐπαγγελίᾳ τοῦ θεοῦ ταλαιπωροὶ ἐσόμεθα. — Ἐὰν οὖν ποιήσωμεν τὴν δικαιοσύνην ἐναντίον τοῦ θεοῦ εἰςήξομεν εἰς τὴν βασιλείαν αὐτοῦ καὶ ληψόμεθα τὰς ἐπαγγελίας.

paulinische Partei dargestellt hat, so ist es unrichtig, oder mindestens paradox, wenn die Schrift der „paulinischen Richtung" zugewiesen wird [1]). Aber eine wenig geringere Paradoxie liegt doch in der unumgänglichen Voraussetzung, daß der heidenchristliche Verfasser dieser Schrift seine Vorstellung für ebenso apostolisch wie kirchlich angesehen haben wird, obgleich die charakteristische Lehre der Apostel von der Neuschöpfung der Gläubigen durch Christi Auferstehung gänzlich außer seinem Gesichtskreise liegt. Diese Degeneration der heidenchristlichen Anschauung erscheint um so stärker, als die Idee der Wiedergeburt sowohl durch Petrus als durch Paulus vertreten wird. Wenn also mit der Aufstellung dieser Auktorität eine Indifferenzirung, ja vielleicht eine Ueberschreitung der apostolischen Lehrformen selbst zusammenhängt, so erscheint doch das Verschwinden gerade jener Centralanschauung von der christlichen Frömmigkeit außerordentlich befremdend.

Diese Bemerkungen finden fast durchaus auch auf den Hirten des Hermas Anwendung. Diese apokalyptische Schrift aus der römischen Gemeinde will zwar der Zeit des Clemens angehören (Vis. 2, 4), und der Name des Hermas scheint sogar auf den von Paulus (Röm. 16, 14) erwähnten Genossen der römischen Gemeinde zurückzuführen; indessen ist es anerkannt, daß sie erst dem zweiten Jahrhundert angehört. Dies wird außer anderen Anzeichen jener Zeit [2]) durch die unzweifelhafte Beziehung auf den Gnosticismus sicher gestellt (Vis. 3, 7; Sim. 8, 6). Daß die Schrift dem christlichen Gesetze gewidmet ist, und daß die Erfüllung der göttlichen Verheißungen an die Beobachtung der Gebote gebunden wird [3]), ist im Vergleich mit der apostolischen Ansicht durchaus unverfänglich. Die Idealität dieses Stand-

1) Vgl. darüber Hilgenfeld a. a. O. S. 119.

2) Vgl. Hilgenfeld a. a. O. S. 159. Ueber die Ueberlieferung, daß Hermas Bruder des Bischofs Pius um die Mitte des zweiten Jahrhunderts gewesen sei, vgl. a. a. O. S. 180.

3) Lib. II. Prooem: Ἔγραψα τὰς ἐντολὰς καὶ τὰς παραβολάς καθὼς ἐνετείλατό μοι· ἐὰν οὖν ἀκούσαντές μου φυλάξητε καὶ ἐν αὐταῖς πορευθῆτε, καὶ ἐργάσησθε αὐτὰς ἐν καθαρᾷ καρδίᾳ, ἀπολήψεσθε ἀπὸ τοῦ κυρίου ὅσα ἐπηγγείλατο ὑμῖν.

punktes wird durch die Voraussetzung gesichert, daß diejenigen, welche Gott im Herzen haben, die Gebote leicht erfüllen werden [1]). Es wird angenommen, daß die Gebote Gottes im Glauben empfangen sind (Vis. 1, 3). Der Glaube an den Einen wahren Gott ist freilich im Gegensatz zum Gnosticismus als Inhalt eines Gebotes formulirt (Mand. 1); jedoch sein innerer Charakter erscheint als zweifellose Zuversicht auf Gott (Vis. 4, 1. Mand. 5, 2; 10, 1. 2), und als die Grundtugend, aus welcher die übrigen hervorgehen (Vis. 3, 8; Sim. 9, 15). Die Fassung dieses Begriffes entspricht im Wesentlichen dem im Hebräerbriefe enthaltenen Gepräge. Jedoch wird schon die Möglichkeit angenommen, daß mit dem richtigen Glauben lasterhaftes Leben verbunden sei (Sim. 8, 9; Vis. 3, 6); und neben dieser bedenklichen Ansicht bietet die Schrift eine unzweifelhafte Zersetzung der Anschauung von Christus dar. Es erscheint freilich als eine, wenn auch nicht explicirte aber richtige Bezeichnung des Werkes Christi, daß er die Sünden seines Volkes vernichtet, und demselben das göttliche Gesetz gegeben habe [2]). Aber das Gleichniß, welchem dieser Satz angehört, stellt das Leiden des Sohnes Gottes, durch welches er die Sünden des Volkes Gottes ausgerottet habe, als ein nicht gebotenes, überschüssiges Verdienst dar, und benutzt diese Deutung zur Empfehlung übergesetzlicher Werke von Seiten der Gläubigen [3]). Das ist aber eine unzweifelhafte Verletzung der religiösen wie der sittlichen Grundanschauung der Apostel. Allerdings wird ferner der Sohn Gottes als der Fels vorgestellt, auf dem die Kirche erbaut wird, und als die Pforte zum Himmelreiche; der Eingang in dasselbe wird von der Annahme seines Namens

1) Mand. XII, 4: *Πασῶν τῶν ἐντολῶν τούτων κατακυριεύσει ὁ ἄνθρωπος, ὁ ἔχων τὸν κύριον ἐν τῇ καρδίᾳ αὐτοῦ. Οἱ δὲ ἐπὶ τὰ χείλη ἔχοντες τὸν κύριον, τὴν δὲ καρδίαν πεπωρωμένην, καὶ μακρὰν ὄντες ἀπὸ τοῦ κυρίου, ἐκείνοις αἱ ἐντολαὶ αὗται σκληραί εἰσιν καὶ δυσκατόρθωτοι.*

2) Sim. V, 6: *Καὶ αὐτὸς (ὁ υἱὸς τοῦ θεοῦ) τὰς ἁμαρτίας ἡμῶν ἐκαθάρισε πολλὰ κοπιάσας καὶ πολλοὺς κόπους ἠντληκώς. — Αὐτὸς οὖν καθαρίσας τὰς ἁμαρτίας τοῦ λαοῦ ἔδειξεν αὐτοῖς τὰς τρίβους τῆς ζωῆς, δοὺς αὐτοῖς τὸν νόμον ὃν ἔλαβε παρὰ τοῦ πατρὸς αὐτοῦ.*

3) Sim. V, 3: *Ἐὰν γέ τι ἀγαθὸν ποιήσῃς ἐκτὸς τῆς ἐντολῆς τοῦ θεοῦ, σεαυτῷ περιποιήσῃ δόξαν περισσοτέραν καὶ ἔσῃ ἐνδοξότερος παρὰ τῷ θεῷ οὗ ἔμελλες εἶναι.* Cf. Mand. IV, 4.

in der Taufe abhängig gemacht (Sim. 9, 12—17). Allein diese Mittlerstellung Christi wird nicht als der Grund des Glaubensverhältnisses erkannt, weil überhaupt der Glaube nicht auf dieselbe bezogen wird, sondern sie gilt nur als Bedingung der auf das Gesetz gerichteten Tugendkraft; und hinter deren Bedeutung für die Erreichung des Zieles ist das richtige Verständniß der mittlerischen Werke Christi verschwunden.

Der Voraussetzung, daß der Hirt eine heidenchristliche Schrift sei, steht das weit verbreitete Vorurtheil gegenüber, daß der Standpunkt des Hermas judaistisch oder judenchristlich sei. Neuerdings hat Hilgenfeld [1]) diese Meinung ausführlicher zu rechtfertigen unternommen. Ihr steht zuvörderst das Bedenken entgegen, daß das Buch nicht nur der römischen Gemeinde, sondern auch den „anderen Gemeinden" gewidmet ist (Vis. 2, 4), die man doch sämmtlich als heidenchristliche anzusehen hat; und daß keine Spur der bekannten judenchristlichen Forderungen geltend gemacht wird. Der Einwand, daß dies ebensowenig wie in den Testamenten der zwölf Patriarchen nöthig gewesen wäre, weil die römische Gemeinde gegen die Mitte des zweiten Jahrhunderts selbst judenchristlich gewesen sei, würde sich auf eine falsche Voraussetzung stützen. Denn wenn auch der Brief des Paulus an diese Gemeinde darauf hindeutet, daß ihre ersten Mitglieder Juden waren, welche in ihrer Abhängigkeit von dem Grundsatze der Urapostel (s. o. S. 141) sich in den Fortschritt der Heidenmission nicht recht finden konnten, so tritt die Gemeinde in dem Briefe des Clemens als heidenchristliche auf, und die Abfassung der Pseudoclementinen in Rom (s. o. S. 263) ist nicht gegen die Annahme einzuwenden, daß die dortige Gemeinde den heidenchristlichen Charakter durch das zweite Jahrhundert hindurch bewahrt haben wird, welchen sie in der zweiten Hälfte desselben unzweifelhaft an sich trägt. Also ist das Vorurtheil vielmehr für den heidenchristlichen Charakter des Hirten. Daß ihm ein judaistisches Gepräge einwohnen soll, ist nun eine Aussage so unbestimmter Art, daß wir auf ihre Beurtheilung ver-

1) A. a. O. S. 166 ff.

zichten (s. o. S. 107). Jedoch bringt Hilgenfeld zwei Gründe für den judenchristlichen Standpunkt des Hirten bei, welche eine faßliche Bestimmtheit an sich tragen. Zuerst beruft er sich dafür auf den in dem ersten Mandat enthaltenen Grundsatz des Glaubens an Einen Gott, den Weltschöpfer, indem er behauptet, daß der Verfasser diesen notorischen Grundsatz der ganzen spätern jüdischen Dogmatik nur als Judenchrist habe aufstellen können. Hiebei ist aber nicht nur übersehen, daß Paulus (1 Kor. 8, 6) dem Heidenthum gegenüber sich ebenso erklärt, sondern auch, daß die hier dem gnostischen Polytheismus entgegengesetzte Wahrheit eine allgemein christliche, und kein Parteizeichen ist. Daß auch die Clementinen jene Grundwahrheit hervorheben, findet ebenfalls nicht wegen ihres Judenchristenthumes Statt, sondern nur im Gegensatze gegen den Gnosticismus. Daß aber das zweite Jahrhundert sich um diesen Gegensatz bewegt, und nicht den das apostolische Zeitalter beschäftigenden Streit zwischen Judenchristen und Paulus fortsetzt, hat Hilgenfeld selbst (a. a. O. S. 119) geltend gemacht. Der zweite Grund, welchen Hilgenfeld für seine Behauptung beibringt, ist, daß Hermas das Erlösungswerk zunächst nur auf das alte Bundesvolk beziehe, daß er die Heiden nur zum Ersatz in das alte Bundesvolk eintreten lasse, und daß er die Eintheilung in die zwölf Stämme auch für das christliche Volk beibehalte. Diese Ansichten würden allerdings den jüdisch-christlichen Standpunkt des Buches beweisen, wenn nur Hermas sie wirklich hegte. Aber dies ist in Abrede zu stellen. Wenn der dem Sohne Gottes zur Bearbeitung übergebene Weinberg als das Volk gedeutet wird, welches er erlöst (Sim. 5, 5), so liegt hierin keine Hinweisung auf den nationalen Ursprung der Erlösten. Der Ausdruck entscheidet durchaus nicht darüber, ob an das Volk des alten Bundes, oder ob an ein neues aus den Heiden gesammeltes Volk gedacht ist. Daß aber nur das letztere der Fall ist, beweist Sim. 9, 17. Die zwölf Berge nämlich, aus denen die zum Bau des Thurmes (der Kirche) brauchbaren Steine gebrochen werden, bedeuten die zwölf Völker, welche den Erdkreis bewohnen, und welche der Predigt des Evangeliums Gehör gegeben haben. Hiemit ist gerade das Gegentheil davon ausgesagt, daß die einzelnen Heidenchristen den zwölf Stämmen Israels eingereiht werden sollen; und die Fixirung der Zwölfzahl der Nationen ist nicht anders zu verstehen, als daß sie an die Stelle der israelitischen Stämme getreten, diese also von dem göttlichen Reiche ausgeschlossen seien. Die von Hilgenfeld angeführten Stellen (Vis. 3, 5; Sim. 9, 30. 31) endlich drücken auch nichts weniger aus, als die Ersetzung der einzelnen verstockten Juden durch einzelne Heiden.

Der heidenchristliche Ursprung und Standpunkt des Hermas ist demnach als gesichert zu betrachten. Wenn es aber dennoch bedenklich erscheinen sollte, daß eine Schrift wie diese demjenigen christlichen Gebiete zugesprochen wird, dessen Gründer und dessen bleibende Auktorität Paulus war; wenn die gründliche Abweichung des Heidenchristenthums von seinem Lehrtypus, die wir in den beiden letzten Schriften beobachtet haben, auf eine absichtliche Verwerfung des Heidenapostels schließen zu lassen scheint, so bieten die Akten des Paulus und der Thekla[1]) den Maaßstab dar, wie das Heidenchristenthum des zweiten Jahrhunderts den Paulus verstand. Diese ziemlich werthlose Legende erfreute sich eines gewissen Ansehens auch in späteren Jahrhunderten, obgleich schon Tertullian die apokryphische Herkunft derselben aufgedeckt hatte[2]). Paulus wird in dieser Schrift als Lehrer der Moral und Enthaltsamkeit dargestellt[3]), und seine Lehre zusammengefaßt als die Predigt von der Enthaltsamkeit und Auferstehung, als die Lehre von der Liebe, dem christlichen Glauben und dem Gebete, oder als der Grundsatz von der Furcht

1) Bei Grabe, Spicilegium Patrum, Vol. I. pag. 95—119.

2) De baptismo 17: Quod si, qui Pauli perperam scripta legunt, exemplum Theclae ad licentiam mulierum docendi tingendique defendunt, sciant, in Asia presbyterum, qui eam scripturam construxit, quasi titulo Pauli de suo cumulans, convictum et confessum, id se amore Pauli fecisse, loco decessisse. Ueber die späteren Schicksale des Buches s. Grabe S. 88.

3) Pag. 96: *Μακάριοι οἱ καθαροὶ τῇ καρδίᾳ, ὅτι αὐτοὶ τὸν θεὸν ὄψονται. μακάριοι οἱ ἁγνὴν τὴν σάρκα τηρήσαντες, ὅτι αὐτοὶ ναοὶ θεοῦ γενήσονται. μακάριοι οἱ ἐγκρατεῖς, — μακάριοι οἱ ἀποταξάμενοι τῷ κόσμῳ τούτῳ, — μακάριοι οἱ ἔχοντες γυναῖκας ὡς μὴ ἔχοντες, — μακάριοι οἱ τρέμοντες τὰ λόγια τοῦ θεοῦ, μακάριοι οἱ τὸ βάπτισμα καθαρὸν τηρήσαντες, — μακάριοι οἱ σοφίαν λαβόντες Ἰησοῦ, — — μακάρια τὰ σώματα τῶν παρθένων καὶ τὰ πνεύματα.*

des Einen und einzigen Gottes und vom keuschen Leben. Die Hervorhebung des Monotheismus und der Auferstehung findet ihre Erklärung darin, daß als Gegner und Verläumder des Paulus Gnostiker auftreten, welche lehren, daß die Auferstehung, die Paulus meine, schon stattgefunden habe sowohl in den Kindern, die man erzeugt habe, als auch in der gewonnenen Erkenntniß Gottes. In den angeführten Formeln [1]) liegt gar nichts Unpaulinisches, allein der volle Umfang der Lehre des Paulus ist darin nicht ausgedrückt, und namentlich die eigentliche Hauptlehre des Paulus ganz übergangen. Dies erklärt sich aber daraus, daß nicht mehr der Gegensatz gegen das Judenchristenthum, sondern der gegen den Gnosticismus die Zeit beherrschte und ihre Erinnerung an Paulus leitete. Die Entscheidung gegen das pharisäische Wesen, welche die Gedankenbildung des Paulus bedingt, weil er in dem Kontraste dagegen den Glauben an Christus empfangen hatte, wurde von den Heidenchristen im zweiten Jahrhundert überhaupt nicht mehr verstanden; und alle dahin gehörigen Begriffe des Paulus sind deßhalb in dieser apokryphen Darstellung seines Wirkens übergangen. Dagegen erschien seine Auktorität werthvoll zur Begründung christlicher Sitte und Askese im Gegensatz gegen den gnostischen Libertinismus. Mit Unrecht ist also die Darstellung des Paulus in diesen Akten für ebjonitisch erklärt worden [2]). Wenn die Einwirkung der Auktorität des Paulus nur da anerkannt werden dürfte, wo sich das Verständniß und die genaue Formulirung des Begriffes der Glaubensgerechtigkeit erhalten hätten, dann würde man freilich im zweiten Jahrhundert nach einer dem Paulus irgendwie folgenden Richtung vergeblich suchen. Aber dann ist es auch unmöglich zu behaupten, daß gegen das Ende des zweiten Jahrhunderts ein

---

1) Dazu kommt noch p. 102: Θεὸς ἔπεμψέ με ὅπως ἀπὸ τῆς φθορᾶς καὶ τῆς ἀκαθαρσίας ἀποσπάσω αὐτοὺς καὶ πάσης ἡδονῆς τε καὶ θανάτου, ὅπως μηκέτι ἁμαρτάνωσιν. διὸ ἔπεμψεν ὁ θεὸς τὸν ἑαυτοῦ παῖδα Ἰ. Χρ. ὃν ἐγὼ εὐαγγελίζομαι, καὶ διδάσκω ἐν ἐκείνῳ ἔχειν τὴν ἐλπίδα τοὺς ἀνθρώπους, ὃς μόνος συνεπάθησε πλανωμένῳ κόσμῳ, ἵνα μηκέτι ὑπὸ κρίσιν ὦσιν οἱ ἄνθρωποι, ἀλλὰ πίστιν ἔχωσιν καὶ φόβον θεοῦ καὶ γνῶσιν σεμνότητος καὶ ἀγάπην ἀληθείας.

2) Schwegler, Montanismus S. 263.

Umschwung der Kirche im paulinischen Sinne stattgefunden habe. Denn die Grundsätze, welche in jener Zeit geltend gemacht werden, entsprechen eben so wenig den ursprünglichen Gedanken des Paulus, wie die Anschauung, die im zweiten Brief des Clemens und im Hirten des Hermas herrscht. Wenn also der Verfasser der Akten des Paulus und der Thekla, nach Tertullians Zeugnisse, seine Unterschiebung damit entschuldigt hat, daß er aus Liebe zu Paulus geschrieben habe, so ist dies einfach dahin zu deuten, daß jener Mann den Paulus geschildert hat, wie er ihn dachte und wie er ihn richtig zu verstehen glaubte; nicht aber, daß er gegen sein richtiges Verständniß das Bild des Paulus ebjonitisch verfälscht habe, um ihn bei der judenchristlichen Majorität der Kirche zu Ehren zu bringen.

Die bisher analysirten Dokumente des Heidenchristenthums haben indirekt angedeutet, daß ein Bund Gottes nur mit den durch Christus berufenen Heiden, jedoch nicht mit dem Volke der Juden bestehe. Dieselben haben aber keinen Einblick in das Urtheil der Heidenchristen über den Bestand des alten Bundes und über das Judenchristenthum gewährt. Hierüber giebt nun der sogenannte **Brief des Barnabas** Auskunft. Wir setzen voraus, daß der sich nicht nennende Verfasser nicht Barnabas ist, daß aber die von den Alexandrinern Clemens und Origenes hochgeachtete Schrift, deren Ursprung in den Anfang des zweiten Jahrhunderts zu fallen scheint, vielleicht selbst von einem Alexandriner herrührt [1]). Dieser Brief beschäftigt sich noch mit der Streitfrage der apostolischen Epoche, indem der heidenchristliche Verfasser seine heidenchristlichen Leser (cap. 14. 16) vor der Versuchung zur Annahme des mosaischen Gesetzes (ut non incurramus tanquam proselyti ad illorum legem, cap. 3.) zu warnen hat. Er erfüllt diese Aufgabe durch einen Beweis aus dem A. T. selbst, daß die jüdischen Ceremonieen aufgehoben, und sowohl der Tod Christi als auch der Inhalt des christlichen Lebens geweissagt sei. Die Benutzung des A. T. im Interesse des Christenthums,

1) Vgl. **Hefele**, Das Sendschreiben des Apostels Barnabas. **Hilgenfeld** a. a. O. S. 43. 44.

welche der Verfasser ebenso wie Clemens von Rom *γνῶσις* nennt, ist nach den von Paulus und im Hebräerbriefe gegebenen Vorbildern zu einer bestimmten Methode ausgebildet. In ihren Umkreis werden die Erklärungen von Propheten gegen die Opfer, den Tempel, und das Fasten hineingezogen (cap. 3. 4. 16), welche den Mangel dieser Begehungen bei den Christen gegen die jüdische Sitte rechtfertigen. Ueberwiegend jedoch ist der Verfasser in seiner Tendenz auf Gnosis damit beschäftigt, theils die Typen des A. T. auf den Tod Christi und dessen einzelne Umstände nachzuweisen, theils die Institutionen der Beschneidung, der Speiseverbote, des Sabbaths allegorisch so zu deuten, daß ihre Verbindlichkeit im wörtlichen Sinne für die Christen wegfiel.

In der Fassung der christlichen Grundideen ist kein ausschließender Einfluß eines Apostels wahrzunehmen, und die Anschauung des Verfassers trägt überhaupt alle die von uns ermittelten Merkmale des katholisch werdenden Heidenchristenthums an sich. Die Beobachtung der göttlichen Gebote als Bedingung der Seligkeit, und als Mittel der Sicherung des Glaubens wird von dem Verfasser zwar nicht anders als von den Aposteln empfohlen [1]), aber die fortschreitende Entwickelung im Anbau dieser Seite des Christenthums erkennt man an der Ausprägung des Begriffes von dem „neuen Gesetze Jesu Christi" (cap. 2). Wie in den oben erörterten Schriften ist aber diese christliche Gesetzlichkeit als eine durch die Liebe innerlich begründete, zwanglose bezeichnet [2]), und diese Aufstellung durch den Gedanken gerechtfertigt daß die Christen durch die Sündenvergebung und durch die Hoffnung auf den Herrn neu geworden seien (cap. 16). Der Glaube ist ähnlich wie im Hebräerbrief auf die Verheißung bezogen (cap. 6), und deßhalb von der Hoffnung (cap. 4. 8. 11. 16)

1) Cap. 4: *Ἐφ' ὅσον ἐστὶν ἐφ' ἡμῖν, μελετῶμεν τὸν φόβον τοῦ θεοῦ καὶ φυλάσσειν ἀγωνιζώμεθα τὰς ἐντολὰς αὐτοῦ.* Dominus non accepta persona iudicat mundum, unusquisque secundum facit, accipiet. Si fuerit bonus, bonitas eum antecedit; si nequam, merces nequitiae eum sequitur. — Cap. 2: *Τῆς μὲν οὖν πίστεως ἡμῶν εἰσὶν οἱ συλλήπτορες φόβος καὶ ὑπομονή· τὰ δὲ συμμαχοῦντα ἡμῖν μακροθυμία καὶ ἐγκράτεια.*

2) Cap. 2: Nova lex domini nostri Iesu Christi, quae sine iugo necessitatis est. Cap. 4: — ut dilectio Iesu consignetur in praecordiis vestris in spem fidei illius.

fast nicht zu unterscheiden. Die Vergebung der Sünden ist an den Tod Christi geknüpft (cap. 5. 7), dessen Opfercharakter dem Schreiber klar zu sein scheint (cap. 7. 8); und wenn der Tod Christi als Mittel der Belebung bezeichnet wird (cap. 7), so ist dies daraus verständlich, daß ja die Sündenvergebung ein Mittel der Neuschöpfung ist. So sehr diese Formeln der apostolischen Vorstellung im Allgemeinen entsprechen, so fehlt es jedoch auch nicht an Spuren davon, daß der Heidenchrist das eigentliche Verständniß des ursprünglichen apostolischen Standpunktes schwerlich behauptet hat. Dies zeigt sich in der Meinung, daß Christus gestorben sei, um auferstehen zu können, und hiedurch die Gewißheit der allgemeinen Auferstehung und der Erfüllung der den Alten gegebenen Verheißung vom Himmelreiche zu geben (cap. 5). Dies entspricht direkt der Ansicht, die Clemens von der Auferstehung Christi hegt (s. o. S. 280), reicht aber nicht an die Aussagen der Apostel über jene Thatsache hinan. Ein Widerspruch gegen dieselbe ist es nicht; aber ein solcher liegt unzweifelhaft in der Meinung, daß der Sohn Gottes im menschlichen Fleische gekommen sei, nicht um Gott zu offenbaren, sondern um seine Herrlichkeit zu verhüllen, welche die Menschen ohne die Bekleidung mit dem menschlichen Leibe nicht zu ertragen vermocht hätten, und nebenbei es möglich zu machen, daß die Juden die größte Sünde begingen (cap. 5). Dies ist eine für das katholisch werdende Heidenchristenthum bedeutsame Abweichung von der einfachsten Voraussetzung des Glaubens der Apostel.

Indem nun der sogenannte Barnabas das christliche Leben von allen Ceremonieen des A. T., einschließlich der Beschneidung, frei weiß, so leugnet er ferner, daß überhaupt ein Bundesverhältniß zwischen Gott und den Israeliten bestanden, und daß das sittliche Gesetz des Dekalogs unter denselben in Wirksamkeit getreten sei. Mit auffallender Willkür in Behandlung der Geschichte deutet er die Zerschmetterung der Gesetzestafeln durch Moses so, daß der von Gott beabsichtigte Bund mit den Israeliten wegen ihres götzendienerischen Hanges nicht in Wirksamkeit getreten, und der in dem Dekaloge bestehende Bund erst durch Christus an dem aus Heiden berufenen Volke vollzogen sei [1]). Anstatt des sittlichen Gesetzes soll den Israeliten nur das Ceremonialgesetz auferlegt gewesen sein. Dessen Inhalt ist, seinem wahren geistigen Sinne nach, nicht verschieden von dem Sittengesetze; aber derselbe ist von den Israeliten wegen ihrer Sündhaftigkeit nicht verstanden worden [2]), und daß sie die von den Propheten ausgehende Enthüllung des tiefern Sinnes der Ceremonieen sich nicht zu Nutze machten, wird auf Täuschung durch den Teufel zurückgeführt [3]). Die Ansicht des Verfassers, daß das Bundesverhältniß Gottes mit den Israeliten überhaupt nicht bestanden habe, steht ganz isolirt. Die gewaltsame Verkürzung der Geschichte, zu welcher ein geborener Jude gar nicht fähig gewesen wäre, war eine zu bedenkliche Waffe gegen das Judenchristenthum, als daß sie allgemeinere Anerkennung auch unter den Heidenchristen hätte finden können. Wer zu diesem Verfahren sich entschloß, konnte ebenso leicht sich davon überzeugen, daß der Gott der Juden nicht der Eine wahre Gott gewesen sei, und hiemit auf den Weg der häretischen Gnosis einlenken. Auf dem Gebiete des Heidenchristenthums wurde vielmehr eine andere Methode üblich, den Gegensatz zwischen dem alten und dem neuen Bund zu bestimmen, und die Unabhängigkeit dieses von jenem zu rechtfertigen.

---

1) Cap. 4: Ne similetis eis, qui dicunt: quia testamentum illorum et nostrum est. Nostrum autem, quia illi in perpetuum perdiderunt illud, quod Moyses accepit. — Wegen des Götzendienstes der Israeliten am Sinai proiecit Moyses tabulas lapideas de manibus suis, et confractum est testamentum eorum, ut dilectio Iesu consignetur in praecordiis vestris in spem fidei illius. Cap. 14: *Μωσῆς μὲν γὰρ ἔλαβεν τὴν διαθήκην, αὐτοὶ δὲ οὐκ ἐγένοντο ἄξιοι. Πῶς ἡμεῖς ἐλάβομεν, μάθετε. Μωσῆς θεράπων ὢν ἔλαβεν, αὐτὸς δὲ ὁ κύριος ἡμῖν ἔδωκεν εἶναι εἰς λαὸν κληρονομίας, δι' ἡμᾶς ὑπομείνας. Ἐφανερώθη δὲ ἵνα κἀκεῖνοι τελειωθῶσι τοῖς ἁμαρτήμασι καὶ ἡμεῖς δι' αὐτοῦ κληρονομοῦντες διαθήκην κυρίου Ἰησοῦ λάβωμεν.*

2) Cap. 10: *Ἆρα οὐκ ἔστιν ἐντολὴ θεοῦ τὸ μὴ τρώγειν; Μωσῆς δὲ ἐν πνεύματι ἐλάλησεν. — Περὶ τῶν βρωμάτων μὲν οὖν Μωσῆς τρία δόγματα ἐν πνεύματι ἐλάλησεν· οἱ δὲ κατ' ἐπιθυμίαν τῆς σαρκὸς ὡς περὶ βρωμάτων προσεδέξαντο.*

3) Cap. 9: Nach Anführung prophetischer Aussprüche über die Beschneidung des Herzens heißt es: *Περιτομὴν γὰρ εἴρηκεν οὐ σαρκὸς γενηθῆναι. ἀλλὰ παρέβησαν, ὅτι ἄγγελος πονηρὸς ἐσόφισεν αὐτούς.*

II. Justin der Märtyrer.

Justin, dessen heidenchristlicher Standpunkt an seiner Beurtheilung der verschiedenen Klassen jüdischer Christen deutlich zu erkennen ist (s. o. S. 252), ist für uns als der älteste theologische Vertreter des nachapostolischen Heidenchristenthums von hoher Wichtigkeit. Indem seine religiösen Grundanschauungen dem herabgekommenen Paulinismus des römischen Clemens am nächsten stehen, hat er in Verfolgung der Aufgabe des sogenannten Barnabas das Verhältniß des Christenthums zum mosaischen Gesetze vorläufig abschließend auf den Ausdruck gebracht, welcher für die katholische Kirche der normale wurde und blieb. Den Anlaß zu der Darstellung dieser Theorie im Dialoge mit dem Tryphon giebt die Aufforderung des Juden, daß Justin, wenn er selig werden wolle, sich zur Beobachtung des mosaischen Gesetzes bekehren müsse (cap. 8); denn der Vorzug vor Gott beruhe darauf, daß man ein vor den anderen Menschen durch die Beschneidung, sowie durch Sabbaths- und Festfeier ausgezeichnetes Leben führe (cap. 10). Hierauf nun erklärt Justin, daß die Christen sich zu demselben Gott bekennten, der die Israeliten aus Aegypten geführt habe; daß sie aber dem Gesetze des Moses nicht Folge zu leisten brauchten, da sie ein neues Gesetz hätten, welches nicht blos für Ein Volk, sondern für das ganze Menschengeschlecht bestimmt sei, und als das ewige und endgültige Gesetz das frühere außer Geltung gesetzt habe [1]). Zum Beweise dessen beruft sich Justin auf die durch

---

1) Dial. cap. 11: *Ἠλπίκαμεν οὐ διὰ Μωσέως, οὐδὲ διὰ τοῦ νόμου· ἢ γὰρ ἂν τὸ αὐτὸ ὑμῖν ἐποιοῦμεν. Νυνὶ δὲ ἀνέγνων γὰρ, ὅτι ἔσοιτο καὶ τελευταῖος νόμος καὶ διαθήκη κυριωτάτη πασῶν, ἣν νῦν δέον φυλάσσειν πάντας ἀνθρώπους, ὅσοι τῆς τοῦ θεοῦ κληρονομίας ἀντιποιοῦνται. Ὁ γὰρ ἐν Χωρὴβ παλαιὸς ἤδη νόμος καὶ ὑμῶν μόνον, ὁ δὲ πάντων ἁπλῶς· νόμος δὲ κατὰ νόμου τεθεὶς τὸν πρὸ αὐτοῦ ἔπαυσε καὶ διαθήκη μετέπειτα γενομένη τὴν προτέραν ὁμοίως ἔστησεν. Αἰώνιός τε ἡμῖν νόμος καὶ τελευταῖος ὁ Χριστὸς ἐδόθη καὶ διαθήκη πιστὴ, μεθ' ἣν οὐ νόμος, οὐ πρόσταγμα, οὐκ ἐντολή.* — Cap. 12: *Ὁ καινὸς νόμος.* — Cap. 24: *Ἄλλος ἐξῆλθεν ἐκ Σιὼν νόμος.* — Cap. 67: *Ἑτέραν διαθήκην ἔσεσθαι ὁ θεὸς ὑπέσχετο, οὐχ ὡς ἐκείνη διετάγη, καὶ ἄνευ φόβου καὶ τρόμου καὶ ἀστραπῶν διαταγῆναι αὐτοῖς ἔφη καὶ δεικνύουσαν τί μὲν ὡς αἰώνιον καὶ παντὶ γένει ἁρμόζον καὶ ἔνταλμα καὶ ἔργον ὁ θεὸς ἐπίσταται.*

Jesaias (51, 4) und Jeremias (31, 31) verkündete Verheißung des neuen Bundes, und tadelt die Juden, daß sie diese und ähnliche Weissagungen fälschlich auf das mosaische Gesetz bezögen (cap. 34). Als Zeugniß Christi dafür bringt er den Ausspruch bei Matth. 11, 13 bei, indem er denselben nach Luk. 16, 16 modificirt und zu seinem Zwecke brauchbar macht [1]). Wenn nun in dieser Stelle, sowie in mehreren anderen Christus selbst als der neue Bund oder das neue Gesetz bezeichnet wird (cap. 43. 118. 122), so darf man hinter diesen Ausdrücken den erhabenen Gedanken nicht suchen, der darin zu liegen scheint; denn Justin versteht unter dem neuen Gesetze doch nur einen Komplex von Geboten, wie das mosaische ist, und Christus selbst wird demnach einfach als Gesetzgeber dem Moses gegenübergestellt (cap. 12. 14. 18).

Die Aufhebung des mosaischen Gesetzes durch den neuen Bund bezieht sich nur auf diejenigen Theile desselben, welche ceremoniellen Inhaltes, und von Gott überhaupt nur aus äußeren Rücksichten verordnet sind, theils um der Sündhaftigkeit und Verstocktheit des Volkes als fortwährende Zeichen der Erinnerung an Gott das Gegengewicht zu halten, theils um den götzendienerischen Hang des Volkes auf den wahren Gott hinzulenken (cap. 23. 27. 46. 92). Im Besondern gilt dies von der Beschneidung, welche, wie Justin im Hinblick auf das Schicksal der Juden nach dem Aufstande des Barkochba urtheilt, von Gott zu dem Zwecke eingeführt sein soll, um die Strafe und die Verfolgung der Römer auf das von jeher gottlose Volk hinzulenken (cap. 16. 18). Ferner gilt es von der Sabbaths- und Festfeier (cap. 18. 21), von den verbotenen Speisen (cap. 20), von den Opfern und dem Tempeldienst (cap. 22), endlich vom Passahfest (cap. 40). Alle diese Einrichtungen sind in der Zeit der Patriarchen nicht in Ausübung gewesen, und dennoch haben dieselben das göttliche Wohlgefallen erfahren (cap. 19. 20). Hieraus folgt also

1) Cap. 51: *Εἰρήκει περὶ τοῦ μηκέτι γενήσεσθαι ἐν τῷ γένει ὑμῶν προφήτην, καὶ περὶ τοῦ ἐπιγνῶναι, ὅτι ἡ πάλαι κηρυσσομένη ὑπὸ τοῦ θεοῦ καινὴ διαθήκη διαταχθήσεσθαι ἤδη τότε παρῆν, τουτέστιν αὐτὸς ὢν ὁ Χριστὸς, οὕτως· ὁ νόμος καὶ οἱ προφῆται μέχρι Ἰωάννου τοῦ βαπτιστοῦ· ἐξότου ἡ βασιλεία τῶν οὐρανῶν βιάζεται καὶ βιασταὶ ἁρπάζουσιν αὐτήν.*

entweder, daß Gott zur Zeit des Moses nicht mehr derselbe war, als zur Zeit Henochs, oder daß er zu verschiedenen Zeiten nicht gleiche Ansprüche an die menschliche Gerechtigkeit mache (cap. 23), was beides doch nicht zugestanden werden kann; oder — daß die Ceremonialgesetze nur eine zeitweilige Geltung behalten sollten, und mit Recht von Christus abgeschafft sind.

Während sie aber dieses Schicksal gehabt haben, ist der tiefere Sinn, welcher allen jenen Geboten zu Grunde lag, im christlichen Glauben und Leben offenbar und wirksam geworden. Während die Reinigungen des mosaischen Gesetzes nur dem Leibe zu Gute kommen, ist die wahre Reinigung von den Sünden in der christlichen Taufe gegeben. Dieser Erfolg ist auch in der Wegschaffung des Sauerteigs am Passah vorgebildet (cap. 14). Ebenso ist im Christenthum das wahre Fasten enthalten, nämlich die Enthaltung vom Bösen und die Wohlthätigkeit, nach Jesaia 58, 1—11 (cap. 15). Auch die Beschneidung ist im Christenthum bewahrt, als Beschneidung des Herzens, als Ausrottung der Sünde und des Irrthums durch die Worte Christi (cap. 15. 24. 28. 113); im speciellen Sinne aber gilt die Taufe als die geistige wahre Beschneidung (cap. 43). Auch das Opfer wird im christlichen Leben nachgewiesen, als das Gott wohlgefällige Bitt- und Dankgebet (cap. 117). Da nun Gott nur von Priestern Opfer annimmt, so sind die Christen jener Opfer wegen das wahrhaft hohepriesterliche Geschlecht, in welchem der vergängliche Unterschied von Priestern und Laien aufgehoben ist (cap. 116). Und weil nun alle Merkmale des von Gott erwählten Israel im höhern Sinne auf die Christen zutreffen, so sind diese überhaupt das wahre israelitische Volk (cap. 135). Die allegorische und typologische Auslegung des A. T., welche zur Rechtfertigung des Christenthums gegen den wörtlichen Sinn der mosaischen Ritualgebote dient, und auch auf die Rechtfertigung der Person und der Schicksale Jesu angewendet wird (cap. 42. 44), heißt bei Justin ebenso wie bei Clemens Romanus und Barnabas Gnosis (cap. 112). Vielfache Berührungen zwischen Justin und diesen älteren Schriftstellern im Einzelnen weisen auf eine sich befestigende Ausprägung der typologischen Regeln und ihrer Anwendung unter den Heidenchristen hin. Dies war unzweifelhaftes Bedürfniß, wenn bei der vorausgesetzten Auktorität des A. T. die Selbständigkeit der heidenchristlichen Sitte in ihrem Gegensatz gegen die jüdische geschützt werden sollte.

Aber in dem Urtheil über die jüdische Religion und das Recht des Aufhörens der jüdischen Sitte weichen Justin und mit ihm alle Folgenden von dem sogenannten Barnabas ab. Er enthält sich der Gewaltthat, das Bestehen des göttlichen Bundes mit Israel zu leugnen, und das in diesem Volke promulgirte göttliche Gesetz auf die Ceremonialbestimmungen zu beschränken; er erkennt ausdrücklich an, daß die Israeliten den Dekalog besessen haben (cap. 45). Um nun aber den Unterschied der blos auf zeitliche Dauer berechneten Ceremonialgebote von den ewigen sittlichen Gesetzen festzuhalten, und um dadurch zu rechtfertigen, daß jene abgeschafft werden können, behauptet er, daß sie ursprünglich nur wegen der Herzenshärte des Volkes zur Ableitung seines götzendienerischen Triebes aufgestellt seien [1]). Hierin ist der von Christus (Mark. 10, 5) angegebene Grund der Gestattung der Ehescheidung mit dem Gesichtspunkte verbunden, aus welchem die essenischen Ebjoniten ursprünglich die Einführung des ihnen so widerwärtigen levitischen Opferkultus erklärten (s. o. S. 209). Die unleugbare Verwandtschaft zwischen Justin und den essenischen Ebjoniten [2]) in dieser Idee beeinträchtigt jedoch nicht die heidenchristliche Stellung Justins. Wir wollen es gelten lassen, daß er die bezeichnete Ansicht von den Ebjoniten entlehnt habe; obgleich es nicht zu beweisen ist, und obgleich die Ansicht von einer nachträglichen durch

1) Dial. cap. 23: *Δι' αἰτίαν τὴν τῶν ἁμαρτωλῶν ἀνθρώπων τὸν αὐτὸν ὄντα ἀεὶ (θεὸν) ταῦτα καὶ τοιαῦτα ἐντετάλθαι ὁμολογῶ.* Cap. 27: *Ἃ διὰ Μωσέως ἐκέλευσε, διὰ τὸ σκληροκάρδιον ὑμῶν καὶ ἀχάριστον εἰς αὐτὸν ἀεὶ τὰ αὐτὰ βοᾷ, ἵνα κἂν οὕτως ποτὲ μετανοήσαντες εὐαρεστῆτε αὐτῷ.* Cap. 46: *Διὰ τὸ σκληροκάρδιον τοῦ λαοῦ ὑμῶν πάντα τὰ τοιαῦτα ἐντάλματα νοεῖτε τὸν θεὸν διὰ Μωσέως ἐντειλάμενον ὑμῖν, ἵνα διὰ πολλῶν τούτων ἐν πάσῃ πράξει πρὸ ὀφθαλμῶν ἀεὶ ἔχητε τὸν θεὸν καὶ μήτε ἀδικεῖν μήτε ἀσεβεῖν ἄρχησθε.* Cap. 92: *Τὸ δὲ σαββατίζειν καὶ τὰς προσφορὰς φέρειν κελευσθῆναι ὑμᾶς, καὶ τύπον εἰς ὄνομα τοῦ θεοῦ ἐπικληθῆναι ἀνασχέσθαι τὸν κύριον, ἵνα μὴ εἰδωλολατροῦντες καὶ ἀμνημονοῦντες τοῦ θεοῦ ἀσεβεῖς καὶ ἄθεοι γένησθε.*

2) Vgl. Hilgenfeld, Die clem. Recogn. und Hom. S. 60.

die Hartnäckigkeit der Israeliten hervorgerufenen Ceremonialgesetzgebung sich in umfassenderer Weise bei Pseudobarnabas findet. Aber gerade in dieser Uebereinstimmung wird der Gegensatz Justins gegen die Ebjoniten dadurch bezeichnet, daß diese nur die Opfer, jener außerdem die Sabbaths- und Festfeier, die Speiseverbote, die Reinigungen, namentlich aber auch die Beschneidung als vergängliche Institute ansieht, die ursprünglich keine heilsmäßige Bedeutung für die Israeliten gehabt hätten. Diese Einrichtungen aber rechneten die Ebjoniten zur Substanz des Gesetzes und achteten sie als die unveräußerlichen Merkmale ihres Volksthums auch für die christliche Epoche. Und wenn auch die Clementinen den geborenen Heiden die Beschneidung nicht zumutheten, so kam es dabei gerade darauf an, dieselben in das Netz der anderen Beobachtungen zu verflechten. Es bezeichnet den heidenchristlichen Standpunkt Justins, daß er alles, was ceremonielle Satzung im A. T. ist, als durch Christus beseitigt betrachtet. Und gerade den sich steigernden Ansprüchen des Heidenchristenthums entspricht es, wenn er die Beschneidung nur deßhalb noch als das Zeichen des Bundesvolkes ansieht, damit es wegen seiner Gottlosigkeit zur Strafe gezogen werden könne. Christus selbst, indem er als Gesandter Gottes an Israel auftrat, hatte die Beschneidung nicht als eine gleichgültige Handlung wie die anderen Ritualien behandelt; sondern hatte durch die Unterscheidung derselben von jenen die Möglichkeit aufrecht erhalten, daß Israel auch in der Epoche des göttlichen Reiches als Volk den Vortritt vor den anderen Völkern behaupte (s. o. S. 34). In dem abweichenden Urtheile Justins erscheint das Vorspiel für die Erfüllung der Weissagung Christi bei Matth. 8, 11. 12, welche die heidenchristliche Kirche zur Besiegelung ihrer Katholicität zwar noch nicht zu Justins Zeit, aber nicht lange danach dadurch vollendete, daß sie Nazaräer wie Ebjoniten unter das gleiche Verdammungsurtheil befaßte (s. o. S. 256). Die Grundlage für die Gleichstellung der Beschneidung mit den übrigen Ceremonieen, wenn auch nicht den zureichenden Grund für die eben dargestellte heidenchristliche Folgerung, bietet nun aber nur Paulus. Er hat durch die Lehre, daß für den Gläubigen das Gesetz nicht mehr gilt, die Beschneidung in die Reihe der übrigen Ceremonieen gestellt, und ihre Gleichgültigkeit auch für den geborenen Juden, sofern er Gläubiger ist, erklärt (Röm. 2, 28. 29). Freilich fast unwillkürlich gesteht er den Werth der Beschneidung für das Volk des göttlichen Bundes zu (3, 2), und er hält daran fest, daß Gott dasselbe nicht verstoßen haben könne (11, 2). Aber er neutralisirt doch den an der Beschneidung haftenden Anspruch durch den zuerst bei Justin (cap. 43) wiederkehrenden Gedanken, daß die christliche Taufe die wahre Beschneidung sei (Kol. 2, 11), und bewährt dadurch die ebenfalls von Justin aufgenommene Grundanschauung, daß die an Christus Glaubenden die wahren Söhne Abrahams, das wahre israelitische Geschlecht seien (cap. 135).

Diese Ansicht von der Aufhebung des mosaischen Gesetzes durch Christus und von dem Eintreten der heidenchristlichen Gemeinde in die Stelle des israelitischen Volkes setzt nicht nur indirekt die **grundlegende Einwirkung des Paulus auf die heidenchristliche Anschauungsweise** voraus, sondern stützt sich direkt auf paulinische und nur auf paulinische Gedanken. Das letztere ist unleugbar der Fall, ungeachtet Justin den Apostel Paulus weder nennt, noch Aussprüche desselben ausdrücklich citirt. Denn außer den oben bezeichneten Formeln begründet Justin die Unabhängigkeit des Heidenchristenthums von der jüdischen Sitte auf den Glauben Abrahams, der ihm zur Gerechtigkeit gerechnet wurde, ehe er beschnitten war [1]. So wenig es zweifelhaft ist, daß diese Ansicht nur aus dem vierten Kapitel des Römerbriefs entlehnt ist, so klar ist es, daß Justin ebenso wie Clemens durch die Hervorhebung der Glaubensgerechtigkeit sich überhaupt als Pauliner darstellen will [2]. Aber frei-

1) Dial. 92: *Οὐδὲ γὰρ Ἀβραὰμ διὰ τὴν περιτομὴν δίκαιος εἶναι ὑπὸ τοῦ θεοῦ ἐμαρτυρήθη, ἀλλὰ διὰ τὴν πίστιν. πρὸ τοῦ γὰρ περιτμηθῆναι αὐτὸν εἴρηται περὶ αὐτοῦ οὕτως· ἐπίστευσε τῷ θεῷ Ἀβραὰμ καὶ ἐλογίσθη αὐτῷ εἰς δικαιοσύνην. Καὶ ἡμεῖς οὖν ἐν ἀκροβυστίᾳ τῆς σαρκὸς ἡμῶν πιστεύοντες τῷ θεῷ διὰ τοῦ Χριστοῦ καὶ περιτομὴν ἔχοντες τὴν ὠφελοῦσαν ἡμᾶς τοὺς κεκτημένους, τουτέστιν τῆς καρδίας, δίκαιοι καὶ εὐάρεστοι τῷ θεῷ ἐλπίζομεν φανῆναι.* Cf. cap. 23. 44. 46. 119.

2) Vgl. außer den angeführten Stellen des Dial. cap. 52: *Οἱ ἀπὸ*

lich ist er zur echten Reproduktion der paulinischen Gedanken ebenso unfähig wie jener Vorgänger.

In Anlehnung an die gemeinsame apostolische Vorstellung bekennt sich Justin zu der Rettung, Erlösung, Reinigung, welche die sündigen Menschen durch den Tod Christi erfahren haben [1]; und er vergißt auch nicht die Bedingung, daß diese von Christus bewirkte Reinigung denen gilt, welche ihm glauben (*δι' αἵματος καθαίρων τοὺς πιστεύοντας αὐτῷ*. Apol. I, 32). Aber dieser Glaube ist nicht als der Glaube an Christus gedacht; und anstatt in ihm die centrale Willensfunktion zu meinen, welche sich der Person Christi unterwirft, löst er ihn auf in die Buße und den Werkgehorsam, und beschränkt die Wirkung des Opfers Christi auf die Bedingung dieses empirischen Verhaltens [2]. Diese Auslegung erinnert an die Aussage des Clemens, daß Christi Blut der Welt die Gnadengabe der Buße gebracht habe (s. o. S. 281). Sie drückt wie diese die Unfähigkeit aus, das von Gott gesetzte Verhältniß von dem auf Gott bezogenen Verhalten zu unterscheiden; und diese Erscheinung hängt davon ab, daß das echte aus dem richtig gedeuteten A. T. zu schöpfende Verständniß der apostolischen Hauptideen dem Heidenchristen mangelte (s. o. S. 282). Die Heilswirkung des Todes Christi wird so wenig verstanden, daß Justin die Sündenvergebung von dem thatsächlich sündlosen Leben der Getauften bedingt sein läßt [3];

τῶν ἐθνῶν ἁπάντων διὰ τῆς πίστεως τῆς τοῦ Χριστοῦ θεοσεβεῖς καὶ δίκαιοι γενόμενοι.

1) Dial. 41: *Ἔπαθεν ὑπὲρ τῶν καθαιρομένων τὰς ψυχὰς ἀπὸ πάσης πονηρίας ἀνθρώπων.* Cap. 111: *Προεκήρυσσε τὴν μέλλουσαν δι' αἵματος τοῦ Χριστοῦ γενήσεσθαι σωτηρίαν τῷ γένει τῶν ἀνθρώπων.* Cap. 86: *Ἡμᾶς βεβαπτισμένους ταῖς βαρυτάταις ἁμαρτίαις ἃς ἐπράξαμεν διὰ τοῦ σταυρωθῆναι ἐπὶ τοῦ ξύλου, καὶ δι' ὕδατος ἁγνίσαι ὁ Χριστὸς ἡμῶν ἐλυτρώσατο.* Cap. 43: *Τούτου ἀποθνήσκειν μέλλοντος, ἵνα τῷ μώλωπι αὐτοῦ ἰαθῶμεν οἱ ἁμαρτωλοὶ ἄνθρωποι.*

2) Dial. 40: *Προσφορὰ ἦν ὑπὲρ πάντων τῶν μετανοεῖν βουλομένων ἁμαρτωλῶν καὶ νηστευόντων ἣν καταλέγει Ἡσαΐας νηστείαν.* (Das ist die Ausübung guter Werke nach Jes. 58, 5—7. vgl. Dial. 15).

3) Dial. 44: *Δι' ἧς ὁδοῦ ἄφεσις ὑμῖν τῶν ἁμαρτιῶν γενήσεται καὶ ἐλπὶς τῆς κληρονομίας τῶν κατηγγελμένων ἀγαθῶν· ἔστι δὲ οὐκ ἄλλη ἢ αὕτη, ἵνα τοῦτον τὸν Χριστὸν ἐπιγνόντες καὶ λουσάμενοι τὸ ὑπὲρ ἀφέσεως ἁμαρτιῶν διὰ Ἡσαΐου κηρυχθὲν λουτρὸν ἀναμαρτήτως τὸ λοιπὸν ζήσητε.*

und daß er in einer charakteristischen Hauptstelle dieselbe nicht als den Grund des Heilsverhältnisses bezeichnet, sondern nur als Gegenstand des Bekenntnisses in die Heilsordnung einzureihen vermag [1]).

Wenn aber die Offenbarung objektiv nicht in der Selbstdarstellung Christi, namentlich in seinem Tode und in seiner Auferstehung aufgefaßt wird; wenn aus diesem Grunde die Grenzen des religiösen Verhältnisses und des sittlichen Verhaltens verwischt werden, so ist es natürlich, daß die objektive Offenbarung wesentlich als die neue Gesetzgebung angeschaut wird. Die konkrete Ausfüllung dieser schon bei Barnabas aufgetretenen Hauptkategorie des nachapostolischen Heidenchristenthums gewinnt Justin, indem er auf die evangelische Tradition zurückgreift. Christus hat mit Recht, sagt er, die zwei Gebote als den Inhalt der Gerechtigkeit und der Frömmigkeit bezeichnet, die Liebe gegen Gott und gegen den Nächsten. Denn wer Gott liebt, der wird sowohl ihn, als seinen Gesandten, Christus, ehren; und wer den Nächsten liebt, erweist demselben das, was er sich erwiesen wissen will, nämlich nur das Gute; der Nächste ist aber dem Menschen jeder Mensch (cap. 93). Ebenso führt Justin in der ersten Apologie vom fünfzehnten Kapitel an eine Reihe von Aussprüchen Christi aus den Evangelien auf, als Probe der Gebote, durch deren Beobachtung die Hoffnung auf die Seligkeit begründet werde (cap. 14). Der Inhalt der Gebote Christi ist aber zugleich als das an sich Gute und Gerechte zu erkennen. Der Gegensatz dieses neuen Gesetzes gegen die rituellen Ordnungen des alten Gesetzes leuchtet ein. Allein da Justin das mosaische Gesetz nicht, wie Barnabas thut, auf die rituellen Satzungen beschränkt, sondern die Gültigkeit des Dekalogs unter den Israeliten anerkannte, so ist es ihm nicht gelungen, den umfassenden Gegensatz zwischen der christlichen und der hebräischen Religion

1) Dial. 95: *Εἰ μὲν οὖν μετανοοῦντες ἐπὶ τοῖς ἡμαρτημένοις καὶ ἐπιγνόντες τοῦτον εἶναι τὸν Χριστὸν καὶ φυλάσσοντες αὐτοῦ τὰς ἐντολὰς ταῦτα φήσετε* (sc. *ὅτι ὁ πατὴρ αὐτὸν ἠθέλησε ταῦτα παθεῖν, ἵνα τῷ μώλωπι αὐτοῦ ἴασις γένηται τῷ γένει τῶν ἀνθρώπων*) *ἄφεσις ὑμῖν τῶν ἁμαρτιῶν ἔσται.*

auszudrücken, welcher dem Sinne des N. T. gemäß ist, und welchen doch auch Barnabas, obwohl in einem nicht zureichenden Gepräge und mit einer Gewaltthat gegen die Geschichte, noch erreicht hat. Denn die Gebote der allgemeinen, natürlichen, ewigen Gerechtigkeit, welche die Substanz des Christenthumes bilden, erkennt Justin auch schon in dem Dekaloge an [1]; und er stellt hiedurch das alte und das neue Gesetz nicht, wie es sein sollte, in positiven Gegensatz zu einander, sondern begründet nur den relativen Unterschied, daß *das Christenthum das von dem rituellen Stoffe gereinigte mosaische Gesetz sei.* Es bedarf keiner Nachweisung, wie sehr diese Meinung von dem durch Paulus erläuterten Gegensatz von Gesetz und Evangelium abweicht. Allein dieser Mangel der heidenchristlichen Anschauung, welcher, wie gezeigt werden soll, noch zu weiteren Verkürzungen des eigenthümlich christlichen Lebensstoffes in der katholischen Kirche geführt hat, hat wenigstens das religiöse Selbstgefühl der Heidenchristen gegenüber den Juden und Judenchristen nicht zu beeinträchtigen vermocht, weil man nach einer andern Richtung hin den Ausdruck des bestimmten Gegensatzes gegen beide Mächte fand.

Die Unterwerfung unter das Gesetz Christi setzt nämlich die Erkenntniß Christi (*ἐπιγνῶναι τὸν Χριστόν*, cap. 95) voraus. Das ist nicht die geschichtliche Kenntniß seiner Person, sondern die beurtheilende Deutung derselben im theologischen Sinne. Die *theologische Erkenntniß von Christus* erscheint nun aber als eine Aufgabe des Heidenchristenthums, welche durch innere wie äußere Gründe demselben aufgelegt worden ist. Einerseits galt Christus den Heidenchristen nicht als der jüdische Messias, dessen Bild in einem sich von selbst verstehenden Verhältniß zu der jüdischen Erwartung gestanden hatte; sondern es ergab sich die Aufgabe, die Vorstellung von ihm nach seiner Beziehung auf

---

1) Dial. 45: *Καὶ γὰρ ἐν τῷ Μωσέως νόμῳ τὰ φύσει καλὰ καὶ εὐσεβῆ καὶ δίκαια νενομοθέτηται πράττειν τοὺς πειθομένους αὐτοῖς. — Ἐπεὶ οἳ τὰ καθόλου καὶ φύσει καὶ αἰώνια καλὰ ἐποίουν, εὐάρεστοί εἰσι τῷ θεῷ καὶ διὰ τοῦ Χριστοῦ τούτου ἐν τῇ ἀναστάσει ὁμοίως τοῖς προγενομένοις αὐτῶν δικαίοις, Νῶε καὶ Ἐνὼχ καὶ Ἰακὼβ καὶ εἴ τινες ἄλλοι γεγόνασι, σωθήσονται σὺν τοῖς ἐπιγνοῦσι τὸν Χριστὸν τοῦτον τοῦ θεοῦ υἱόν.*

das ganze Menschengeschlecht zu bestimmen. Andererseits war das Material, mit welchem diese Aufgabe zu lösen war, das alte Testament. Die Auktorität des A. T. wurde nun einmal so mit dem Glauben an Christus vermittelt, daß man, wie schon Barnabas zeigt, alle möglichen Vorbilder für die einzelnen Merkmale und Schicksale Christi nachwies [1]; ferner aber so, daß man in Verfolgung der von Petrus (1. Br. 1, 11) zuerst aufgestellten Idee die ganze Prophetie des A. T. auf Christus als Subjekt zurückführte [2]). Dies Verfahren der Christianisirung des A. T., welches das gerade Gegentheil von der Judaisirung des Christenthums ist, war das Mittel, durch welches die nazaräische und die ebjonitische Ansicht von Christus überschritten, und die katholisch-orthodoxe Christologie begründet wurde, deren erste deutlich ausgeprägte Gestalt bei Justin erscheint. Daß Christus im Grunde der alle göttliche Offenbarung vermittelnde Logos, und als solcher Gott sei, widerspricht der jüdischen und der jüdisch-christlichen Ansicht, und bildet einen durch nichts zu verwischenden Gegensatz gegen die alte Religion. Durch diese theologische Ausprägung der Vorstellung von Christus ist wirklich der universelle und absolute Charakter des Christenthums bezeichnet, welchen der Begriff des neuen Gesetzes nicht erreicht. Wenn auch die Logoslehre nicht in die im zweiten Jahrhundert sich bildende Glaubensregel aufgenommen wurde, so hat sie kraft des ihr einwohnenden Interesses, das wir bezeichnet haben, allmählich alle anderen christologischen Vorstellungen auch auf dem Gebiete des Heidenchristenthums verdrängt. Und indem die Kategorie des neuen Gesetzes es nicht hinderte, daß man wieder ceremonielle und sociale Ordnungen mosaischen Ursprungs in das heidenchristliche Leben einführte, die ja doch Chri-

1) Vgl. Semisch, Justin der Märtyrer 2. Th. S. 209 ff.

2) Clem. ad Corinth. 22: *Ταῦτα πάντα βεβαιοῖ ἡ ἐν Χριστῷ πίστις, καὶ γὰρ αὐτὸς διὰ τοῦ πνεύματος τοῦ ἁγίου οὕτω προσκαλεῖται ἡμᾶς·* (und nun folgen mehrere Psalmstellen). Barn. cap. 5: Prophetae ab ipso habentes donum in illum prophetaverunt. Pseudo-Ign. ad Magn. 9: *Οὗ καὶ οἱ προφῆται μαθηταὶ ὄντες ὡς διδάσκαλον αὐτὸν προσεδόκουν.* — Iustini Apol. I, 33: *Οὐδενὶ ἄλλῳ θεοφοροῦνται οἱ προφητεύοντες εἰ μὴ λόγῳ θείῳ.* 36: *Αἱ λέξεις τῶν προφητῶν λεγόμεναι — ἀπὸ τοῦ κινοῦντος αὐτοὺς θείου λόγου.* Der Logos aber ist Christus (Cap. 46).

stus aufgehoben haben sollte, so ist es der nothwendige Ausdruck des christlichen Selbstgefühles der heidenchristlich-katholischen Kirche, daß sie die jüdischen Christen wegen ihrer niedrigen Vorstellung von Christus verachtete und von sich fernhielt.

Justin nimmt in der Entwickelung des Heidenchristenthums eine entscheidende Uebergangsstellung ein. Einerseits vollendet er den Gedanken vom Christenthum als neuem Gesetze, und stellt ihn in der Form fest, welche seitdem in der katholischen Kirche festgehalten worden ist. Andererseits hat er gemäß einem unzweifelhaften Bedürfniß des Heidenchristenthums die Arbeit an dem christologischen Dogma begonnen, und die ersten Elemente derjenigen Ansicht ausgebildet, welche in der nicänischen Lehre von der Homousie des Logos zum Abschlusse kam. Aus dieser epochemachenden Bedeutung Justins erklärt es sich, daß während bei den späteren Kirchenlehrern die Anklänge an paulinische Ideen immer schwächer und seltener werden, dieselben von Justin noch mit unleugbarer Absicht befolgt werden. Obgleich das Heidenchristenthum nicht als die paulinische Richtung zu charakterisiren ist, so ist ein vorwiegender Einfluß von paulinischen Gedanken, wenn auch in gebrochener Gestalt gerade noch bei Justin deßhalb wahrzunehmen, weil erst dieser Lehrer den Gedanken vom neuen Gesetze zum Abschlusse bringt. Die Nachfolger Justins hingegen werden um so weniger maaßgebenden Einfluß des Paulus verrathen, als ihnen jene Ansicht von der Substanz des Christenthums in festem Gepräge überliefert war.

Diese Darstellung ist der Meinung geradezu entgegengesetzt, welche in verschiedenen Abschattungen aufgetreten ist, daß Justin ein näheres Verhältniß zum Ebjonitismus gehabt habe. Credner [1]) war zwar nicht der Meinung, den Lehrbegriff, der aus Justins Schriften zu entwickeln ist, für judenchristlich zu erklären; allein er glaubte annehmen zu dürfen, daß Justin ursprünglich innerhalb des judenchristlichen Kreises gestanden habe, welcher bereits zu seiner Zeit als irrgläubig und ketzerisch gegolten habe. Wenn er nun auch diesen früher eingenommenen Stand-

1) Beiträge zur Einleitung ins N. T. 1. Th. S. 96 ff.

punkt aus Rücksicht auf seine Rechtgläubigkeit geheim halte, so werde doch derselbe durch allerlei Elemente in seinen Schriften verrathen, welche auf das Judenchristenthum zurückzuführen seien. Schwegler[1]) dagegen hat behauptet, daß „der Lehrbegriff und der dogmatische Standpunkt Justins wesentlich als eine eigenthümliche Entwickelungsphase des Ebjonitismus aufgefaßt werden müsse". Diese Forderung erscheint freilich ziemlich unbegründet, da sie lediglich auf dieselben zerstreuten Elemente sich stützt, welche Credner nur als judenchristliche Reminiscenzen in der sonst nicht judenchristlichen Anschauung Justins betrachten zu dürfen glaubt. Wenn also nicht einmal diese Auffassung sich wird rechtfertigen lassen, so werden die von Schwegler nur wiederholten Indicien um so weniger hinreichen, um Justins Lehrbegriff als direkt ebjonitisch erscheinen zu lassen.

Credner will eine Hinneigung zu den Judenchristen aus Justins mildem Urtheile über sie, und daraus schließen, daß er mit ihnen Verkehr unterhielt, während es die Meisten in der Kirche nicht thaten. Hiebei wird vorausgesetzt, daß das jüdische Christenthum zu jener Zeit schon durchgängig als Sekte gegolten habe. Diese Annahme ist aber auf die Nazaräer nicht anzuwenden; und aus Justins Worten geht hervor, daß nicht die Meisten, sondern nur die Wenigsten in der heidenchristlichen Kirche schon damals den Verkehr mit Jenen verwarfen (s. o. S. 255). Und bei dem bekannten Verhältnisse zwischen Nazaräern und Heidenchristen hat das Urtheil Justins über jene Partei nicht nur nichts Verfängliches für seinen heidenchristlichen Charakter, sondern ist nur eben ganz natürlich. Für eine nähere Angehörigkeit Justins zu den Judenchristen soll ferner sein Stillschweigen über Paulus und seine heftige Abneigung gegen den Genuß des Götzenopferfleisches sprechen. Aber wie es unrichtig ist, wenn behauptet wird, daß Justins Lehre nichts specifisch Paulinisches an sich habe[2]), so hat Semisch[3]) den Grund, warum er den

1) Nachapostolisches Zeitalter, 2. Th. S. 359 ff.

2) Schwegler a. a. O. Baur, Christenthum der drei ersten Jahrhunderte, S. 126.

3) A. a. O. 2. Th. S. 339.

Heidenapostel in den uns erhaltenen Schriften nie nennt, richtig bezeichnet, daß nämlich im Dialoge die Rücksicht auf die Juden es widerrieth, da Paulus ihnen noch verhaßter war als Jesus; und daß in den Apologieen die persönliche Repräsentation der christlichen Sache ausschließlich an die Person Christi geknüpft war. Das Urtheil Justins über den Genuß des Götzenopferfleisches ist aber weder gegen Paulus, noch gegen eine Partei des Paulus gerichtet, denn Paulus verwirft jene Licenz ebenfalls (s. o. S. 137); und die Gnostiker, welche gemeint sind, haben in der apostolischen Zeit ihr Vorbild nicht an Paulus, sondern an den extremen, dem Paulus und den Aposteln überhaupt unbotmäßigen Heidenchristen, die wir aus dem ersten Briefe an die Korinther und aus der Apokalypse kennen. Die Dämonologie und der Chiliasmus, welche Credner und Schwegler weiterhin für ihre Ansicht in Anschlag bringen, bezeichnen in der alten Kirche keinen Parteigegensatz, sondern sind gemeinsame und neutrale Elemente aller Richtungen (s. o. S. 53. 60). Daß endlich die Hochschätzung des A. T. und das darauf gegründete Beweisverfahren Justins nicht im Sinne des Judenchristenthums ist, leuchtet ein, da der Standpunkt der Gnosis, dem Justin folgt, dem Ausdrucke der judenchristlichen Identifikation des A. und des N. T. geradezu entgegengesetzt ist. Wenn auch in etwas anderen Formen als Paulus verfolgt diese heidenchristliche Benutzung des A. T. doch nur die von diesem Apostel eingeschlagene Richtung, den Gegensatz des Evangeliums gegen das Gesetz aus dem prophetischen Elemente des A. T. selbst zu rechtfertigen[1]). Das Judenchristenthum hingegen gewährt der Prophetie überhaupt keine Gegenwirkung gegen das mosaische Gesetz, geschweige denn eine korrigirende Einwirkung auf sich, sondern ignorirt ihre Abweichung von dem durch das Gesetz bezeichneten Gesichtskreise. Also weder ist Justin den Ebjoniten beizuzählen, noch kann seine Stellung überhaupt nicht fixirt werden, wie Baur will, noch ist Credners Ansicht zu billigen, daß er zwischen den Judenchristen seiner Zeit und den Anhängern der freiern paulinischen Lehre in

1) Gegen Baur a. a. O. S. 123.

der Mitte gestanden habe. Denn dem Judenchristenthum steht er principiell entgegen, zu den jüdischen Christen gehört er nicht, und eine „freiere paulinische Partei" hat es damals unter den Heidenchristen überhaupt nicht gegeben. Denn wenn Baur[1]) nicht umhin kann anzuerkennen, daß der Paulinismus durch Markion in Verbindung mit der häretischen Gnosis gekommen ist, so nimmt er dadurch das von ihm vorher ausgesprochene Urtheil zurück, daß jener im zweiten Jahrhundert der am meisten charakteristische Träger und Vertreter des reinen paulinischen Princips gewesen sei. Wenn es nicht richtig ist, das katholisch werdende Heidenchristenthum als die paulinische Richtung im zweiten Jahrhundert zu bezeichnen, weil es den Gegensatz zwischen Gesetz und Evangelium verwischt, so ist es noch viel weniger richtig anzunehmen, daß der Paulinismus überhaupt sich zum Markionitismus entwickelt, und daß diese häretische Richtung den reinen Grundgedanken des Paulus erhalten habe. Denn der Monotheismus und die auf den Gedanken der Verheißung gegründete Anerkennung der Einheit des alten und des neuen Testaments sind so unveräußerliche Bedingungen der reinen Anschauung des Paulus, daß die Uebereinstimmung Markions mit Paulus, wenn auch von jenem beabsichtigt, sich doch in Wahrheit nur als äußerlich und scheinbar ausweist.

---

1) A. a. O. S. 72—74.

Fünfter Abschnitt.

Der Katholicismus der großen antignostischen Kirchenlehrer.

Es ist allgemein zugestanden, daß Irenäus, Tertullian, und die Alexandriner Clemens und Origenes Repräsentanten der altkatholischen Kirche sind. Man ist aber gewohnt, als Merkmale ihrer Richtung nur das Bekenntniß zu der apostolischen Glaubensregel, d. h. ihren Gegensatz gegen die häretische Gnosis, und die Anerkennung der bischöflichen Verfassung hervorzuheben. Höchstens wird darauf aufmerksam gemacht, daß ein unapostolisches Streben nach Werkheiligkeit bei diesen Kirchenlehrern sich geltend mache; jedoch ohne daß der Zusammenhang dieses Elementes ihrer Anschauung näher erklärt würde. Allerdings ist nun die Glaubensregel ein wesentliches Glied des katholisch-kirchlichen Standpunktes jener Kirchenlehrer. Das andere ist aber eben die gesetzliche Auffassung des religiösen Verhältnisses des Christen zu Gott. Und wie die Glaubensregel den Gegensatz gegen die häretische Gnosis ausdrückt, so bezeichnet die Auffassung des Christenthumes unter dem Haupttitel des neuen Gesetzes zugleich den Gegensatz gegen das Judenchristenthum und die Abweichung von den apostolischen Anschauungsformen. In dieser Hinsicht ist die Aufgabe, die im vorigen Abschnitte gemachten Beobachtungen zu erproben und abschließend festzustellen.

I. Das Christenthum als neues Gesetz.

Die im vierten Buche seines Werkes adversus haereses zerstreuten Grundsätze des Irenäus weisen ganz bestimmt auf die paulinische Wurzel der heidenchristlichen Grundanschauungen zurück. Das Bekenntniß der Rechtfertigung durch den Glauben (5, 5; 9, 1; 16, 2; 21, 1), und die Auffassung der beiden Testamente unter dem Gegensatze von Freiheit und Knechtschaft [1]) sind unzweifelhafte Merkmale der bezeichneten Thatsache. Aber die Auslegung dieser Grundsätze im Einzelnen entfernt sich von dem eigentlichen Sinne des Paulus. Unter dem Eindrucke der evangelischen Tradition wird der neue Bund in formeller Gleichheit mit dem alten als Gesetzgebung vorgestellt [2]); ferner wird die Uebereinstimmung des Gesetzes und des Evangeliums in der Aufstellung des ersten und höchsten Gebotes der Liebe [3]) in der Art hervorgehoben, daß der Gegensatz zwischen dem durch das Gesetz und dem durch das Evangelium begründeten religiösen Verhältniß gar nicht zu dem nothwendigen Rechte kommt. Derselbe ist durch die Entgegensetzung von Knechtschaft und Freiheit, auf welche Irenäus den Gegensatz der beiden Bundesstufen zurückführt, nichts weniger als gesichert. Freilich wird als Merkmal der durch Christus vollzogenen Befreiung angegeben, daß die Gläubigen mit geneigtem Gemüthe und von ganzem Herzen ihm dienen (11, 4); aber dieser Zug des christlichen Lebens im Gegensatz gegen das knechtische im A. T. ist eine dogmatisch durch nichts gesicherte Behauptung. Vielmehr beförderte es die polemische Rücksicht auf die Gnostiker, daß Irenäus, wie Justin, den gewollten Gegensatz zwischen Evangelium und Gesetz nur als einen

1) IV, 9, 1: Dominus — servis quidem et adhuc indisciplinatis condignam tradens legem, liberis autem et fide iustificatis congruentia dans praecepta. — 18, 2: Sacrificia in populo, sacrificia in ecclesia; sed species immutata est tantum, quippe quum iam non a servis, sed a liberis offeratur. Cf. 9, 2; 13, 2; 16, 5; 34, 1.

2) IV, 9, 2: Plus est, inquit, templo hic (Matth. 12, 6). Plus autem et minus non in his dicitur, quae inter se communionem non habent et sunt contrariae naturae et pugnant adversum se, sed in his, quae eiusdem sunt substantiae et communicant secum, solum autem multitudine et magnitudine differunt. — Maior est igitur legisdatio quae in libertatem, quam quae data est in servitutem, et ideo non in unam gentem sed in totum mundum diffusa est.

3) IV, 12, 3: In lege et in evangelio est primum et maximum praeceptum, diligere dominum deum ex toto corde, dehinc simile illi, diligere proximum sicut seipsum. — Consummatae vitae praecepta in utroque testamento sunt eadem.

relativen Unterschied darzustellen vermochte. Denn in beiden Testamenten ist der Hauptstoff der Gebote derselbe. Die Liebe gegen Gott und den Nächsten ist auf beiden Seiten das höchste Gebot (12, 3); beide Testamente enthalten ferner die natürlichen Gebote, welche ursprünglich den Menschen eingeprägt sind, und nach welchen die Patriarchen vor der Gesetzgebung gerecht wurden; welche aber wegen der eingerissenen Sünde in der Gestalt des Dekaloges positiv aufgestellt sind [1]). Wenn deßhalb dieses durch Christus erneuerte Gesetz als lebendigmachend und mit Jakobus (1, 25) als das Gesetz der Freiheit bezeichnet wird (34, 4), so ist andererseits der Charakter der Knechtschaft nur den nachträglichen, ceremoniellen Satzungen des mosaischen Gesetzes aufgeprägt, welche ihrem tiefern Sinne nach auf die Gesetzgebung Christi hinweisen, welche aber dem Wortlaute gemäß zur Ableitung vom Götzendienste dienen sollten und in ihrem unmittelbaren Sinne von Christus ungültig gemacht sind [2]). Auf der objektiven Seite also ergiebt sich der Unterschied zwischen den beiden Gesetzgebungen, daß die neue auf einen Theil der alten verzichtet. Deßhalb ist auch auf der subjektiven Seite der Gegensatz zwischen Freiheit und Knechtschaft nicht rein erhalten. Die

---

1) IV, 13, 4: Quia naturalia omnia praecepta communia sunt nobis et illis, in illis quidem initium et ortum habuerunt, in nobis autem augmentum et adimpletionem perceperunt. — 15, 1: Deus primo quidem per naturalia praecepta, quae ab initio infixa dedit hominibus, admonens eos, id est per decalogum, nihil plus ab eis exquisivit.

2) IV, 15, 1: At ubi conversi sunt in vituli factionem, servi pro liberis concupiscentes esse, aptam concupiscentiae suae acceperunt reliquam servitutem. — 16, 5: Haec quae in servitutem et in signum data sunt illis, deus circumscripsit (sc. abolevit) novo libertatis testamento. Quae autem naturalia et liberalia et communia omnium, auxit et dilatavit. — 13, 2: Lex, quippe servis posita, per ea quae foris erant corporalia animam erudiebat, velut per vinculum attrahens eam ad obedientiam praeceptorum, ut disceret homo servire deo. Verbum autem liberans animam, et per ipsam corpus voluntarie emundari docuit. Quo facto necesse fuit auferri quidem vincula servitutis, quibus iam homo assueverat, et sine vinculo sequi deum; supertexendi vero decreta libertatis et augeri subiectionem, quae est ad regem, ut non retrorsus quis revertens, indignus appareat ei, qui se liberavit: eam vero pietatem et obedientiam, quae est erga patrem familias esse quidem eandem et servis et liberis, maiorem autem fiduciam habere liberos, quoniam sit maior et gloriosior operatio libertatis, quam ea quae est in servitute obsequentia.

Furcht vor Gott ist auch nach Paulus (s. o. S. 101) ein nothwendiges Moment des christlichen Wandels; aber wenn Irenäus in quantitativer Vergleichung der beiden Testamente sagt, daß Christus auch die Furcht vermehrt habe, da die Söhne mehr Furcht und mehr Liebe gegen den Vater haben müßten als die Knechte [1], so hat er eben den Gegensatz zwischen Furcht und Liebe in einen Unterschied des Maaßes umgesetzt, bei welchem die richtige Stellung der religiösen Verhältnisse unter dem Gesetz und unter dem Evangelium nicht gewahrt ist. Und deßhalb darf es nicht auffallen, daß auch das gesetzliche Verhalten des Gläubigen als Knechtschaft gegen Gott bezeichnet wird [2].

Freilich beschränkt Irenäus den Unterschied des neuen von dem alten Gesetze nicht blos auf die Abschaffung der Ceremonieen, vielmehr giebt er ferner an, daß die Christen nicht blos an den Vater, sondern auch an den Sohn glauben, der den Menschen in die Gemeinschaft mit Gott einführt; daß sie nicht blos sagen sondern auch thun; daß sie nicht nur von bösen Werken sondern auch von böser Begierde sich enthalten [3]. Er hat ja auch die Idee der Erlösung und der Herstellung des Menschengeschlechtes durch Christus anzueignen versucht; allein er ist nicht im Stande gewesen, jene Gedankenreihe mit der gesetzlichen Anschauung vom Christenthume in die richtige Verbindung und in das nothwendige Gleichgewicht zu setzen. Es fehlt ihm, wie allen heidenchristlich-katholischen Lehrern, mit Ausnahme des sogenannten Barnabas, die energische Auffassung des Gedankens der Wiedergeburt, welcher allein zwischen der auf das ganze Geschlecht berechneten Idee der Erlösung und dem richtig zu stellenden sittlichen Verhalten des Einzelnen vermitteln kann. Er kennt zwar den heiligen Geist als die Macht, welche den Willen des

1) IV, 16, 5: Auxit etiam timorem; filios enim plus timere oportet, quam servos, et maiorem dilectionem habere in patrem.

2) IV, 14, 1: Exquisivit deus ab hominibus servitutem, ut quoniam est bonus et misericors, benefaciat eis, qui perseverant in servitute eius.

3) IV, 13, 1: Quid autem erat plus? Primo quidem non tantum in patrem sed et in filium eius iam manifestatum credere. — Post deinde non solum dicere sed et facere, — et non tantum abstinere a malis operibus sed etiam a concupiscentiis eorum.

Vaters in den Gläubigen vollzieht und sie erneuert, welche die Einigung des Menschen mit Gott vollzieht, und welche den Glauben bestätigt [1]). Aber die Forderung der Beobachtung des Gesetzes Christi ist nicht in diese Anschauung eingegliedert. Es ist aller apostolischen Ueberlieferung zuwider zu behaupten, daß man außer der Berufung sich durch Werke der Gerechtigkeit schmücken müsse, damit der Geist Gottes auf uns ruhe [2]). Denn hierin wird das Grundverhältniß der Einigung mit Gott auf das eigene Verhalten des Menschen zurückgeführt. Wie kann außerdem die Idee der Wiedergeburt durch den heiligen Geist die Anschauung der gesetzlichen Praxis beherrschen, wenn die Wahlfreiheit als Grundsatz auch für das sittliche Verhalten der Gläubigen geltend gemacht wird (4, 3; 37, 2)?

Die Abweichung des Irenäus von Paulus zeigt sich speciell darin, daß er dessen Begriff vom rechtfertigenden Glauben gar nicht versteht. Nicht nur bezeichnet er mit fast allen Vorgängern den Glauben im Sinne des Petrus und des Hebräerbriefes als die Gemüthsrichtung auf das zukünftige Erbe [3]); sondern er entfernt sich im Dienste der werkthätigen Lebensrichtung so weit von aller Analogie mit der apostolischen Denkweise, daß er den Glauben an Gott als die Erfüllung seines Willens deutet [4]). Denn sofern dies im Widerspruch mit Paulus ist, ist es auch nicht etwa eine Annäherung an Jakobus. Irenäus ist der erste heidenchristliche Kirchenlehrer, der von dem Briefe des Bruders des Herrn dogmatischen Gebrauch macht. Aber wenn auch die Formel des „Gesetzes der Freiheit“ (34, 4)

1) III, 17, 1: (Spiritus sanctus) voluntatem patris operans in ipsis et renovans eos a vetustate in novitatem Christi. — V, 1, 1: (Christus) effundens spiritum patris in adunitionem et communionem dei et hominis. — III, 24, 1: Spiritus sanctus confirmatio fidei nostrae et scala ascensionis ad deum.

2) IV, 36, 6: Manifestavit oportere nos cum vocatione et iustitiae operibus adornari, ut requiescat super nos spiritus dei.

3) IV, 21, 1: Una et eadem illius (Abrahami) et nostra est fides; illo quidem credente futuris quasi iam factis propter repromissionem dei, nobis quoque similiter per fidem speculantibus eam quae est in regno haereditatem.

4) IV, 6, 5: Credere deo est facere eius voluntatem.

geschickt war zur Zusammenfassung des gesetzlichen Interesses mit der paulinischen Reminiscenz an die christliche Freiheit, so ist damit weder bewiesen, daß der Brief des Jakobus ein ursprünglicher Faktor zur gesetzlichen Entwickelung des Heidenchristenthums war, noch hat Irenäus die Ansicht des Jakobus ungetrübter in sich aufgenommen, als die des Paulus. Denn das vollendete Gesetz Christi gilt dem Haupte der Urgemeinde nur deßwegen als das Gesetz der Freiheit, weil er in ihm die neuschaffende, wiedergebärende, lebendigmachende Kraft des Herrn selbst erfahren hatte (s. o. S. 110). Anstatt dieser kraftvollen und fruchtbaren Kombination bietet Irenäus eine zu keiner Bestimmtheit entwickelte Anschauung von der Wirksamkeit des heiligen Geistes im Menschen einerseits und von der Wirksamkeit des Menschen in Gesetzesbeobachtung andererseits.

Wenn es also auch dem Irenäus nicht gelungen ist, in der Verfolgung der gesetzlichen Anschauung vom Christenthum den richtigen Gegensatz desselben gegen das Judenthum festzustellen, so scheint er doch denselben auf einem andern Punkte sichergestellt zu haben, nämlich in dem Satze, daß die Christen nicht blos an den Vater, sondern auch an den Sohn glauben (IV, 13, 1; s. o. S. 315). Der Ausdruck ist zwar schief genug, denn wenn die Juden nicht an den Sohn glauben, so glauben sie auch an Gott nicht als Vater; allein es ist durch diesen Gedanken wenigstens vorbehalten, was wir in der bisherigen Betrachtung vermissen mußten, daß das Christenthum ein anders vermitteltes religiöses Verhältniß des Menschen zu Gott in sich schließt, als die Gesetzesreligion des alten Bundes. Und zwar ist der absolute Charakter dieses Verhältnisses bei Irenäus wie bei Justin (s. o. S. 307) durch die Logoslehre gesichert. Wenn Christus als die vollendete Erscheinung des Logos gedacht und geglaubt wird, der von Natur Gott, der der Mittler der Weltschöpfung und aller Heilsoffenbarung ist, und wenn diese allumfassende Bedeutung des Logos erst den Christen offenbar geworden ist, so ist in ihrem die ganze Geschichte der Welt durchschauenden Glauben der bestimmteste Gegensatz gegen die alte Religion und gegen alle Formen des Judenchristenthums enthalten. Und doch hat gerade diese Theorie eine schwache Seite, welche es erklärt, daß die von uns als unsicher erkannte Abgrenzung des neuen Gesetzes gegen das alte alsbald durchbrochen, und eine partielle Judaisirung des heidenchristlichen Lebens begonnen wurde.

Es ist bemerkt worden, daß die früheren heidenchristlichen Schriftsteller nur die Reden der Propheten des A. T. auf den Geist Christi oder auf den Logos zurückführten (s. o. S. 307). Das Motiv dieser Vorstellung war die Wahrnehmung, daß die Propheten in vielen Punkten den Gegensatz Christi gegen das mosaische Ceremonialgesetz theilten. Indem nun aber der Logos, welcher in Jesus Mensch wurde, als das allgemeine Organ der göttlichen Offenbarung gedacht wurde, kam man zu der Folgerung, daß der Logos auch der Mittler der mosaischen Gesetzgebung gewesen sei. Justin hat diese Folgerung noch nicht gezogen, sondern sich darauf beschränkt zu behaupten, daß die Herrlichkeit des Logos den Berg Sinai umgeben habe (Dial. c. Tryph. 127). Irenäus und Clemens, dann Origenes sind die Ersten, welche es aussprechen, daß der Logos, oder Christus, auch das alte Gesetz ertheilt habe [1]). Das ist freilich im vollkommensten Widerspruche mit der von Paulus und dem Verfasser des Hebräerbriefs gehegten und sehr absichtlich formulirten Ansicht, daß das mosaische Gesetz nur durch die Vermittlung der Engel gegeben sei, daß aber der Mittler des neuen Bundes der über die Engel erhabene Sohn Gottes gewesen sei (Gal. 3, 19; Hebr. 2, 2; vgl. Act. 7, 53). Daß diese apostolische Ansicht nicht fortgepflanzt, sondern in der katholischen Kirche durch die Logoslehre verdrängt wird, ist nebenbei durch die bedenkliche Folgerung der Gnostiker zu erklären, daß die von den Engeln herrührende Gesetzgebung

1) Iren. adv. haer. IV, 9, 1: Utraque testamenta unus et idem paterfamilias produxit, verbum dei, dominus noster Iesus Christus, qui et Abrahae et Moysi collocutus est. 12, 4: Quomodo finis legis Christus si non et initium eius esset? qui enim finem intulit, hic et initium operatus est. — Clem. Paedagog. III, 12, 94: *Ἄμφω τὼ νόμω διηκόνουν τῷ λόγῳ εἰς παιδαγωγίαν τῆς ἀνθρωπότητος, ὁ μὲν διὰ Μωϋσέως, ὁ δὲ δι' ἀποστόλων.* — Orig. de Princip. I, praef. 1: Christus, dei verbum in Moyse atque prophetis erat. — Non esset difficile ex divinis scripturis ostendere, quomodo vel Moyses vel prophetae spiritu Christi repleti vel locuti sunt, vel gesserunt omnia quae gesserunt.

eben nicht ein Werk des höchsten Gottes sei. Nichts desto weniger liegt in der bezeichneten patristischen Ansicht eine Gefahr anderer Art. An sich ist, wie schon gesagt wurde, die Subsumtion der ganzen alttestamentlichen Offenbarung unter das Heilswerk des Logos-Christus nichts weniger als judenchristlich; vielmehr bezeichnet sie die entgegengesetzte Richtung einer Christianisirung des A. T. Allein gerade hiedurch wurde manchen Elementen des mosaischen Gesetzes die Aufnahme in das heidenchristliche Leben möglich gemacht, welche nach den ursprünglich angelegten Maaßstäben keine Gültigkeit mehr haben sollten, und welche von Anfang an den Heidenchristen fremd gewesen waren. Wenn Christus ebenso als der Träger des alten wie des neuen Bundes angesehen wurde, so verlor man das Kriterium für die Unterscheidung der bleibenden und der abzuschaffenden Elemente des Gesetzes, und konnte sich nicht mehr davor schützen, daß ceremonielle Satzungen auch in ihrem unmittelbaren Wortsinne auf das christliche Leben angewandt wurden.

Noch bei Irenäus hatte die Anschauung von dem Gegensatze beider Testamente vorgeherrscht; bei **Clemens von Alexandria** dagegen macht sich die Anschauung von der Identität beider vorwiegend geltend, vielleicht auch deßhalb, weil er in keiner polemischen Beziehung zu Judenchristen zu stehen brauchte. Die Mittheilung der vielen Schätze im Gesetz, den Propheten, den Reden des Herrn und den christlichen Propheten geht auf den Einen Urheber, den Herrn, den *λόγος παιδαγωγός* zurück [1]). Allerdings findet unter den Stufen der Erziehung ein Unterschied statt; es sind **zwei Gesetze**, welche durch Moses und durch die Apostel verkündet werden [2]). Aber der Unterschied liegt nicht

---

1) Paedag. III, 12, 87: *Θησαυροὶ ὑφ' ἑνὸς πολλοὶ χορηγούμενοι θεοῦ, οἱ μὲν διὰ τοῦ νόμου, οἱ δὲ διὰ τῶν προφητῶν ἀποκαλύπτονται, οἱ δὲ τῷ θείῳ στόματι, ἄλλος δὲ τοῦ πνεύματος τῇ ἑπτάδι ἐπᾴδων, εἷς δὲ ὢν ὁ κύριος διὰ πάντων τούτων ὁ αὐτός ἐστι παιδαγωγός.* — I, 7, 53: *Παιδαγωγὸς ὁ λόγος. — Παιδαγωγία δὲ ἡ θεοσέβεια, μάθησις οὖσα θεοῦ θεραπείας καὶ παίδευσις εἰς ἐπίγνωσιν ἀληθείας, ἀγωγή τε ὀρθὴ, ἀνάγουσα εἰς οὐρανόν.*

2) III, 12, 94: *Τοιοίδε μὲν οἱ λογικοὶ νόμοι, οἱ παρακλητικοὶ λόγοι οὐκ ἐν πλαξὶ λιθίναις δακτύλῳ γεγραμμέναις κυρίου, ἀλλ' ἐν καρ-*

im Inhalte, sondern in der Form, sofern sie auf den Fortschritt des Alters berechnet sind [1]); sofern die Einwirkung des Logos beim neuen Gesetze eine unmittelbare menschlich-persönliche, beim alten Gesetze eine engelhafte und durch Moses vermittelte war; ferner sofern dem einen Gesetze Furcht, dem andern Liebe entspricht [2]). Aber auch dies letztere Merkmal des Unterschiedes führt den Clemens nicht etwa auf den paulinischen Gegensatz von Gesetz und Gnade, sondern er stellt die beiden Gesetze auch unter dem Begriffe der Gnade zusammen, als die alte und als die ewige Gnade [3]). Und demnach geht ihm auch der Unterschied von Furcht und Liebe verloren, und er behauptet den gleichen Werth beider im Verhältniß zu dem Glauben an Gott [4]). Aus dem Grunde der Identität des Urhebers leugnet er nicht nur, daß die beiden Gesetze sich widersprechen könnten [5]), sondern er stellt es in Abrede, daß Christus dem Gesetze als einem mangelhaften etwas habe hinzufügen können, da er nur den tiefern Sinn des Ceremonialgesetzes enthüllt habe [6]).

δίαις ἐναπογεγραμμένοι τοῖς μόνον φθορὰν οὐκ ἐπιδεχομέναις. διὰ τοῦτό τοι κατεάγασιν αἱ πλάκες τῶν σκληροκαρδίων, ἵν' αἱ πίστεις τῶν νηπίων ἐν μαλθακαῖς τυπωθῶσι διανοίαις. Cf. Ep. Barn. cap. 4.

1) Strom. II, 6, 29: *Δύο αὗται (διαθῆκαι) ὀνόματι καὶ χρόνῳ καθ' ἡλικίαν καὶ προκοπὴν οἰκονομικῶς δεδομέναι δυνάμει μία οὖσαι, ἡ μὲν παλαιὰ ἡ δὲ καινὴ διὰ υἱοῦ παρ' ἑνὸς θεοῦ χορηγοῦνται.* — VI, 13, 106: *Μία τῷ ὄντι διαθήκη ἡ σωτήριος ἀπὸ καταβολῆς κόσμου εἰς ἡμᾶς διήκουσα κατὰ διαφόρους γενεάς τε καὶ χρόνους διάφορος εἶναι τὴν δόσιν ὑποληφθεῖσα.*

2) Paedag. I, 7, 58: *Καὶ γὰρ ἦν ὡς ἀληθῶς διὰ μὲν Μωϋσέως παιδαγωγὸς ὁ κύριος τοῦ λαοῦ τοῦ παλαιοῦ, δι' αὐτοῦ δὲ τοῦ νέου καθηγεμὼν λαοῦ, πρόςωπον πρὸς πρόςωπον.* 59: *Τὸ μὲν οὖν πρότερον τῷ πρεσβυτέρῳ λαῷ πρεσβυτέρα διαθήκη ἦν καὶ νόμος ἐπαιδαγώγει τὸν λαὸν μετὰ φόβου καὶ λόγος ἄγγελος ἦν, καινῷ δὲ καὶ νέῳ λαῷ καινὴ καὶ νέα διαθήκη δεδώρηται, καὶ ὁ λόγος γεγέννηται καὶ ὁ φόβος εἰς ἀγάπην μετατέτραπται καὶ ὁ μυστικὸς ἐκεῖνος ἄγγελος Ἰησοῦς τίκτεται.* — I, 6, 31: *Οὐκ ἀκούετε ὅτι ὑπ' ἐκεῖνον τὸν νόμον οὐκέτι ἐσμὲν, ὃς ἦν μετὰ φόβου, ὑπὸ δὲ τὸν λόγον τῆς προαιρέσεως τὸν παιδαγωγόν;* — cf. Strom. I, 26, 167. 174.

3) Paedagogos I, 7, 60: *Ὁ νόμος χάρις ἐστὶ παλαιὰ διὰ Μωϋσέως ὑπὸ τοῦ λόγου δοθεῖσα, — ἡ δὲ ἀΐδιος χάρις καὶ ἀλήθεια διὰ Ἰησοῦ Χριστοῦ ἐγένετο.*

4) Strom. III, 6, 30: *Φημὶ τοίνυν τὴν πίστιν, εἴτε ὑπὸ ἀγάπης θεμελιωθῇ, εἴτε καὶ ὑπὸ φόβου θεῖόν τι εἶναι.* — II, 12, 53: *Μακάριος ὃς πιστὸς γίνεται ἀγάπῃ καὶ φόβῳ κεκραμένος.*

5) Strom. II, 23, 146: *Οὐ δὴ μάχεται τῷ εὐαγγελίῳ ὁ νόμος, συνᾴδει δὲ αὐτῷ· πῶς γὰρ οὐχὶ, ἑνὸς ὄντος ἀμφοῖν χορηγοῦ τοῦ κυρίου;*

6) Strom. III, 6, 46: *Ὁ κύριος οὐ καταλύειν τὸν νόμον ἀφικνεῖ-*

Den Glauben bezeichnet Clemens zwar als die Kraft zur Rettung und zum ewigen Leben [1]), aber weil er diesen Gedanken nicht in der Weise des Paulus ausführt, bildet derselbe kein Gegengewicht gegen die gesetzliche Ansicht vom Christenthum. Der Glaube ist im Allgemeinen auf das Unsichtbare gerichtet [2]); im Besondern ist er die unmittelbare Gewißheit von Gott und seinen Verheißungen [3]). Sofern jedoch der Glaube sich auf Christus bezieht, gilt derselbe nur als der Lehrer [4]), und sein Tod als Muster göttlicher Tugend [5]). Im Verhältniß zum Erkennen erscheint der Glaube bei Clemens als das Verhalten, welches die nicht zu demonstrirenden Principien ergreift, deßhalb das Kriterium der Erkenntniß ist, und demnach selbst als kompendiarische Erkenntniß gilt [6]). Aber diese principielle Stellung des Glaubens wird im Vergleich mit den Werken nicht durchgeführt. In merkwürdiger Verdrehung des ursprünglichen Sinnes sagt er über

ται ἀλλὰ πληρῶσαι, πληρῶσαι δὲ οὐχ ὡς ἐνδεεῖ ἀλλὰ τῷ τὰς κατὰ νόμον προφητείας ἐπιτελεῖς γενέσθαι κατὰ τὴν αὐτοῦ παρουσίαν. — 12, 83: Εἰ ὁ αὐτὸς νομοθέτης ἅμα καὶ εὐαγγελιστής, οὐ μάχεταί ποτε ἑαυτῷ· ζῇ γὰρ ὁ νόμος πνευματικὸς ὢν καὶ γνωστικῶς νοούμενος.

1) Strom. II, 12, 53: *Πίστις ἰσχὺς εἰς σωτηρίαν καὶ δύναμις εἰς ζωὴν αἰώνιον.*

2) Strom. II, 2, 9: *Ἄλλοι δ' ἀφανοῦς πράγματος ἑνωτικὴν συγκατάθεσιν ἀπέδωκαν εἶναι τὴν πίστιν.*

3) Strom. II, 4, 13: *Ἡ πίστις διὰ τῶν αἰσθητῶν ὁδεύσασα ἀπολείπει τὴν ὑπόληψιν, πρὸς δὲ τὰ ἀψευδῆ σπεύδει καὶ εἰς τὴν ἀλήθειαν καταμένει.* 14: *Ἡ πίστις δὲ χάρις ἐξ ἀναποδείκτων εἰς τὸ καθόλου ἀναβιβάζουσα, τὸ ἁπλοῦν.* — IV, 22, 145: *Τὴν πίστιν ἐτυμολογητέον τὴν περὶ τὸ ὂν στάσιν τῆς ψυχῆς ἡμῶν.* — II, 6, 28: *Πιστεύομεν ᾧ ἂν πεποιθότες ὦμεν εἰς δόξαν θείαν καὶ σωτηρίαν, πεποίθαμεν δὲ τῷ μόνῳ θεῷ, ὃν γινώσκομεν ὅτι οὐ παραβήσεται τὰ καλῶς ἡμῖν ἐπηγγελμένα.*

4) Strom. II. 6, 25: *Ἀνάγει (ὁ ἀπόστολος* Rom. 10, 17) *τὴν πίστιν δι' ἀκοῆς καὶ τῆς τῶν ἀποστόλων κηρύξεως ἐπὶ τὸ ῥῆμα κυρίου καὶ τὸν υἱὸν τοῦ θεοῦ. — Ἡ πίστις τῶν ἀκροωμένων τέχνη τις — πρὸς μάθησιν συλλαμβάνει.*

5) Strom. II, 4, 19: *Τοιοῦτος ὁ πληρῶν μὲν τὸν νόμον, ποιῶν δὲ τὸ θέλημα τοῦ πατρός· ἀναγεγραμμένος δὲ ἀντικρὺς ἐπὶ ξύλου τινὸς ὑψηλοῦ παράδειγμα θείας ἀρετῆς τοῖς διορᾶν δυναμένοις ἐκκείμενος.*

6) Strom. II, 4, 13: *Αἱ ἀρχαὶ ἀναπόδεικτοι, οὔτε γὰρ τέχνῃ οὔτε φρονήσει γνωσταί.* 15: *Κυριώτερον τῆς ἐπιστήμης ἡ πίστις καὶ ἔστιν αὐτῆς κριτήριον.* — VII, 10, 57: *Ἡ μὲν πίστις σύντομός ἐστιν ὡς εἰπεῖν τῶν κατεπειγόντων γνῶσις, ἡ γνῶσις δὲ ἀπόδειξις τῶν διὰ πίστεως παρειλημμένων ἰσχυρὰ καὶ βέβαιος.* Ueber die weitere Ausführung des Begriffs der Gnosis durch Clemens vgl. Redepenning Origenes 1. Th. S. 168 ff.

das Wort des Herrn „dein Glaube hat dich gerettet" (Mark. 5, 34): daß hiemit nicht den irgendwie Glaubenden Rettung verheißen werde, wenn nicht die Werke nachfolgten; sondern daß dies nur den Juden gesagt sei, welche gesetzlich untadelhaft lebten, und denen nur der Glaube an den Herrn mangelte [1]). Und auch bei Clemens begegnet uns die schon bei Irenäus vorgekommene Definition, daß der Glaube der Gehorsam gegen die Gebote sei [2]); wodurch das Gegengewicht des principiellen religiösen Verhaltens gegen das empirische sittliche Verhalten zerstört und der Werkgerechtigkeit die Thür geöffnet ist. Demgemäß werden auch die Sündenvergebung und das Heil an die Sinnesänderung und die Beobachtung der Gebote geknüpft, in einer Form, welche der apostolischen Voraussetzung der Sündenvergebung geradezu widerspricht [3]). Die Probe dafür liegt endlich auch in der Anerkennung der menschlichen Willensfreiheit (VII, 7, 42; II, 4, 12), welche nur da möglich ist, wo die Anschauung von der sittlichen Thätigkeit die Begründung auf den Begriff der Wiedergeburt verloren hat.

Es wird nur geringerer Ausführlichkeit bedürfen, um die Uebereinstimmung von Tertullian und Origenes mit Irenäus und Clemens zu beweisen. Tertullian hat in die Glaubensregel den Satz aufgenommen: Iesum Christum praedicasse *novam legem* et novam promissionem regni coelorum (de praescr. haer. 13).

1) Strom. VI, 14, 108: *Ἡ πίστις σου σέσωκέ σε, οὐχ ἁπλῶς τοὺς ὁπωσοῦν πιστεύσαντας σωθήσεσθαι λέγειν αὐτὸν ἐκδεχόμεθα, ἐὰν μὴ καὶ τὰ ἔργα ἐπακολουθήσῃ. αὐτίκα Ἰουδαίοις μόνοις ταύτην ἔλεγε τὴν φωνὴν τοῖς νομικοῖς καὶ ἀνεπιλήπτως βεβιωκόσιν, οἷς μόνον ἡ εἰς τὸν κύριον ὑπελείπετο πίστις.*

2) Paedagog. I, 13, 101: *Ἡ τοῦ λόγου ὑπακοή, ἣν δὴ πίστιν φαμέν.* 102: *Ὁ βίος ὁ χριστιανῶν σύστημά τί ἐστι λογικῶν πράξεων, τουτέστι τῶν ὑπὸ τοῦ λόγου διδασκομένων ἀδιάπτωτος ἐνεργεία, ἣν δὴ πίστιν κεκλήκαμεν· τὸ δὲ σύστημα ἐντολαὶ κυριακαί.* — Strom. II, 11, 48; *Μάθησις γοῦν καὶ τὸ πείθεσθαι ταῖς ἐντολαῖς, ὅ ἐστι πιστεύειν τῷ θεῷ.*

3) Strom. II, 3, 11: *Ἡ τοῦ ἀπίστου μετάνοια, δι' ἣν ἄφεσις ἁμαρτιῶν.* — 6, 27: *Πίστεως καὶ ἡ μετάνοια κατόρθωμα,* — *ἐὰν μὴ πιστεύσῃ κόλασιν μὲν ἐπηρτῆσθαι τῷ πλημμελοῦντι, σωτηρίαν δὲ τῷ κατὰ τὰς ἐντολὰς βιοῦντι.* — 16, 73: *Βούλημά ἐστι τοῦ θεοῦ σώζεσθαι τὸν ταῖς ἐντολαῖς πειθήνιον, τόν τε ἐκ τῶν ἁμαρτημάτων μετανοοῦντα.* — V, 1, 7: *Χάριτι σωζόμεθα, οὐκ ἄνευ μέντοι τῶν καλῶν ἔργων.*

Es ist charakteristisch, daß in dieser Formel die Verheißung von der Gesetzgebung abhängig gemacht wird; während nach dem richtigen Verständnisse des Werkes Christi die neue Gesetzgebung, oder die Vollendung des Gesetzes, der Vollziehung der Verheißung, d. h. der Begründung des Gottesreiches durch Weckung des Glaubens an den Sohn des Menschen, untergeordnet ist. Hieran giebt sich derselbe Widerspruch des katholischen Christenthums gegen den Gedanken Christi und der Apostel kund, den wir anderwärts so ausgedrückt fanden, daß das Verhältniß des Menschen zu Gott auf das Verhalten des Erstern gegründet wird (s. o. S. 287). Durch das neue Gesetz Christi ist das alte des Moses ungültig gemacht [1]). Oder vielmehr das Ceremonialgesetz nach seinem buchstäblichen Sinne ist abgeschafft [2]), dagegen das Sittengesetz ist erhalten worden [3]), weil es das natürliche und ursprüngliche Gesetz ist, welches Adam empfangen hat, und durch welches die Patriarchen gerecht geworden sind [4]). Aber auch das Ceremonialgesetz ist seinem tiefern Sinne nach den

1) Adv. Marcionem III, 21: Ex Sion exibit lex et sermo dei ex Ierusalem; haec erit via novae legis, evangelium, et novi sermonis in Christo, iam non in Moyse. — Cf. Adv. Praxeam 31.

2) Adv. Marc. I, 20: Reprehendit Paulus illos circumcisionem vindicantes et observantes tempora et dies et menses et annos Iudaicarum ceremoniarum, quas iam exclusas agnovisse debuerant secundum innovatam dispositionem creatoris. — IV, 1: Compendiatum est novum testamentum et a legis laciniosis oneribus expeditum.

3) De pudic. 6: Vetera transierunt secundum Iesaiam et novata est iam novatio secundum Ieremiam, et obliti posteriorum in priora porrigimur secundum apostolum, et lex et prophetae usque ad Ioannem secundum dominum. Nam etsi cum maxime a lege coepimus demonstrando moechiam, merito ab eo statu legis, quem Christus non dissolvit sed implevit. Onera enim legis usque ad Ioannem, non remedia; operum iuga reiecta sunt, non disciplinarum; libertas in Christo non fecit innocentiae iniuriam. Manet lex tota pietatis, sanctitatis, humanitatis, veritatis, castitatis, iustitiae, misericordiae, benevolentiae, pudicitiae. — Sic et apostolus: Itaque lex quidem sancta est et praeceptum sanctum et optimum. Sed et supra: Legem ergo evacuamus per fidem? absit, sed legem sistimus, scilicet in his, quae et nunc novo testamento interdicta etiam cumulatiore praecepto prohibentur.

4) Adv. Iudaeos 2: Primordialis lex est data Adae et Evae in paradiso, quasi matrix omnium praeceptorum dei. — Igitur in hac generali et primordiali dei lege, quam in arboris fructu observari deus sanxerat, omnia praecepta legis posterioris specialiter indita fuisse cognoscimus, quae suis temporibus edita germinaverunt. — Unde Noe iustus inventus, si non illum naturalis legis iustitia praecedebat?

Christen erhalten geblieben (de orat. 1. adv. Iud. 3—6). Demnach beruht der wesentliche Unterschied des neuen erweiterten Gesetzes vom alten darin, daß außer der That auch noch die Gesinnung in Betracht gezogen wird[1]), und daß an die Stelle der Strenge und Peinlichkeit der Vergeltung die Milde getreten ist[2]). Jedoch diese beiden Merkmale begründen wirklich nicht mehr als einen relativen Unterschied des Christenthums vom mosaischen Gesetze. Denn die Strenge der Vergeltung wird nicht etwa aufgehoben, sondern nur bis zur Zeit des Weltgerichtes vertagt; und mit der Gleichstellung der Affektsünden und der Thatsünden macht Tertullian eigentlich gar nicht Ernst, da er die ersteren als solche als remissibilia bezeichnet, während er eine Anzahl von Thatsünden für irremissibilia erklärt (de pudic. 2. 19). Ferner setzt Tertullian die zuerst bei Hermas aufgetretene Vorstellung von den überschüssigen Verdiensten fort, in der Gestalt, daß er dem Fasten ein Verdienst zur Erwerbung der Sündenvergebung beilegt (de ieiun. 7), und die Bluttaufe des Märtyrerthums der christlichen Wassertaufe in Hinsicht ihrer Wirkung gleichstellt (Apolog. 48. Scorp. 6. de patient. 13. de pudic. 22). Dies sowie die Anerkennung der menschlichen Wahlfreiheit (de monogam. 14; de exhort. cast. 2; de anima 20), und die Darstellung des Paulus als Vertreters des neuen Gesetzes und der Glaubensregel (adv. Marc. IV, 2; V, 2) verbürgt es, daß man nach dem richtigen Verständniß des Begriffs der Gnade bei Tertullian vergebens sucht.

Auch Origenes erkennt die Gesetzgebung als das wesentliche Geschäft Christi an (c. Cels. IV, 22; de princ. IV, 24). Die darin enthaltene Aufhebung des mosaischen Gesetzes gilt dem Ceremonialgesetze (in Gen. hom. VI, 3), aber nur dem Wortsinne

---

1) De orat. 17: Nostra lex ampliata atque suppleta. — De poenit. 3: Dominus quemadmodum se adiectionem legi superstruere demonstrat, nisi et voluntatis interdicendo delicta? — De orat. 10: Aperte dominus amplians legem iram in fratrem homicidio superponit. — De cultu fem. II, 2: Concupiscentiam dominus amplians legem a facto stupri non discernit in poena.

2) Adv. Iudaeos 3: Vetus lex ultione gladii se vindicabat, et oculum pro oculo eruebat, et vindictam iniuriae retribuebat, nova autem clementiam designabat, et pristinam ferocitatem gladiorum ad tranquillitatem convertebat. Cf. de patientia 6.

nach; denn der tiefere Sinn desselben ist gerade durch Christus eröffnet (c. Cels. V, 20), und in fortdauernder Gültigkeit (comm. in ep. ad Rom. II, 12; in Gen. hom. II, 4; in Lev. hom. IX, 9). Die größere Vollkommenheit des Christenthums liegt gerade darin, daß in ihm das geistige Verständniß des A. T. Gemeingut geworden ist, während es früher nur Wenigen zugänglich war (de princ. III, 3, 1; 6, 8; II, 7, 2). Denn was nun das Sittengesetz betrifft, so ist dasselbe als das Naturgesetz sowohl von Moses als von Christus gleichmäßig vertreten, und ist von dem letztern nicht aufgehoben sondern erhalten (c. Cels. V, 37; comm. in ep. ad Rom. II, 9). Der gesetzlichen Anschauung entspricht die Vorstellung von der Wahlfreiheit (de princ. III, 1); und der mangelhafte Begriff vom Glauben, welcher die mechanische Ergänzung durch die Werke fordert, findet sich auch bei Origenes. Derselbe ist nicht im Stande, die Lehre des Paulus zu verstehen, daß der Mensch gerecht werde durch den Glauben ohne die Werke des Gesetzes (in ep. ad Rom. III, 9); da er, ebenso wie das Christenthum als Gesetz bestimmt ist, auch auf das Leben unter dem alten Gesetze den Begriff des Glaubens anwendet (l. c. I, 13. 15). Und deßhalb entspricht die Formel des Jakobus, daß der Glaube ohne Werke todt sei (l. c. II, 12), viel genauer dem katholischen Standpunkte des Origenes, als die damit nun einmal unvereinbaren Grundsätze des Paulus.

Die Doktrin vom Christenthum als neuen Gesetze im Vergleich mit dem mosaischen wird endlich auch in den apostolischen Constitutionen vorgetragen, deren erste sechs Bücher den Stand der Kirche im dritten Jahrhundert nach allen Seiten hin repräsentiren. Nachdem im sechsten Buche (cap. 19) an das Wort Christi erinnert worden ist, daß er das Gesetz nicht aufheben sondern vollenden wolle, wird zu der nähern Bestimmung dessen fortgeschritten, was als Inhalt des mosaischen Gesetzes anzusehen sei. Dies ist nämlich nur der Dekalog, welchen die Israeliten vor ihrem Rückfall in den Götzendienst empfangen haben, welcher das natürliche Gesetz enthält und den Opferkultus nicht gebietet, sondern ihn dem freien Willen anheimstellt [1]). Erst

1) Const. Ap. VI, 20: *Νόμος δέ ἐστιν ἡ δεκάλογος, ἣν πρὸ τοῦ*

wegen der Hartnäckigkeit, die das Volk im Götzendienste bewies, wurde es an die Pflichten des Opferdienstes, der Sabbathsfeier, der Reinigungen und der Speiseenthaltung gebunden, um dadurch in fortdauernder Erinnerung an Gott erhalten zu werden[1]). Christus hat nun einerseits den Dekalog, das Sittengesetz bestätigt, und durch das Verbot der sündlichen Neigungen erweitert, andererseits die nachträglichen Gebote, das Ceremonialgesetz, aufgehoben und außer Geltung gesetzt[2]). Dazu kommt, daß die ceremoniellen Gebote im Christenthume in höherer Gestalt festgehalten sind. Anstatt der Sabbathsfeier durch Unthätigkeit ist das Gebot des täglichen Dankes gegen Gott ergangen; die Beschneidung ist aufgehoben, weil Christus sie an den Heiden durch ihren Glauben an ihn vollzieht, an die Stelle der Waschungen ist die Taufe, an die des Opfers das Gebet und das Abendmahl getreten[3]).

Wegen dieser Auffassung des mosaischen Gesetzes, welche in einem Punkte sich mit den Recognitionen berührt, ist von mehre-

---

τὸν λαὸν μοσχοποιῆσαι τὸν παρ' Αἰγυπτίοις Ἄπιν θεὸς αὐτοῖς ἐνομοθέτησεν ἀκουστῇ φωνῇ· οὗτος δὲ δίκαιός ἐστι, διὸ καὶ νόμος λέγεται διὰ τὸ φύσει δικαίως τὰς κρίσεις ποιεῖσθαι. — οὗτος ὁ νόμος ἀγαθὸς, ὅσιος, ἀκατανάγκαστος· φησὶ γὰρ, ἐὰν δὲ ποιήσῃς μοι θυσιαστήριον, ἐκ γῆς ποιήσεις μοι αὐτὸ (Exod. 20, 24). *οὐκ εἶπε, ποίησον, ἀλλ' ἐὰν ποιήσῃς, οὐκ ἀνάγκην περιέθηκεν, ἀλλὰ τῇ ἐξουσίᾳ ἐπέτρεψεν ἅτε ἐλευθέρᾳ· οὐ γὰρ θυσιῶν δέεται θεὸς, ἀνενδεὴς ὑπάρχων τῇ φύσει.*

1) Ibid.: *Διὰ τὴν σκληροκαρδίαν αὐτῶν ἐπέδησεν αὐτοὺς, ἵνα διὰ τοῦ θύειν καὶ ἀργεῖν καὶ ἁγνίζεσθαι καὶ τὰ τοιάδε παρατηρεῖσθαι εἰς ἔννοιαν ἔλθωσι τοῦ θεοῦ, τοῦ ταῦτα διαταξαμένου αὐτοῖς.*

2) VI, 22: *Χριστὸς παραγενόμενος τὸν νόμον κυρώσας ἐπλήρωσε. τὰ ἐπείσακτα περιεῖλεν, εἰ καὶ μὴ πάντα, ἀλλάγε τὰ βαρύτερα, τὸν μὲν βεβαιώσας, τὰ δὲ παύσας. — Ἐγένετο ὁ νομοθέτης αὐτὸς πλήρωμα τοῦ νόμου, οὐκ ἀνελὼν τὸν φυσικὸν νόμον, ἀλλὰ παύσας τὰ διὰ τῆς δευτερώσεως ἐπείσακτα, εἰ καὶ μὴ πάντα.* (Z. B. wird das mosaische Zehntengesetz als gültig betrachtet, und auf die christlichen Gemeindeverhältnisse angewandt, II, 25). VI, 23: *Τόν τε γὰρ φυσικὸν νόμον οὐκ ἀνεῖλεν, ἀλλ' ἐβεβαίωσεν. — Οὔτε δὲ τὰ φυσικὰ πάθη ἐκκόπτειν ἐνομοθέτησεν, ἀλλὰ τὴν τούτων ἀμετρίαν.*

3) VI, 23: *Ὁ σαββατίζειν δι' ἀργίας νομοθετήσας, νῦν καθήμερον ἐκέλευσεν ἡμᾶς εὐχαριστεῖν θεῷ· τὴν περιτομὴν ἔπαυσεν εἰς ἑαυτὸν πληρώσας· αὐτὸς γὰρ ἦν, ᾧ ἀπέκειτο, ἡ προσδοκία τῶν ἐθνῶν. τὸ βάπτισμα, τὴν θυσίαν, — ἑτέρως μετεποίησεν ἀντὶ μὲν καθημερινοῦ ἓν μόνον δοὺς βάπτισμα, — ἀντὶ θυσίας τῆς δι' αἱμάτων λογικὴν καὶ ἀναίμακτον, καὶ τὴν μυστικὴν, ἥτις εἰς τὸν θάνατον τοῦ κυρίου συμβόλων χάριν ἐπιτελεῖται.*

ren Seiten behauptet worden, daß die Constitutionen, wenn auch nicht in der gegenwärtigen Gestalt, aber ursprünglich eine judenchristliche Schrift gewesen seien [1]). Sollte sich dies bestätigen, so muß jedoch in Abrede gestellt werden, daß die dargestellte Lehre vom Gesetze zu den Merkmalen der ursprünglichen Grundlage der Schrift gehöre. Denn sie stimmt viel genauer mit der Lehre Justins und der katholischen Kirchenlehrer überein, als mit den Recognitionen. Diese lassen durch Christus blos das Opferinstitut aufheben, jene außerdem die Beschneidung, die Waschungen, die Feste und die Speisegesetze, also den ganzen Inhalt der nationalen Sitte, in deren möglichster Festhaltung und Ausdehnung auf die Heidenchristen ja der eigentliche Zweck des Judenchristenthumes besteht (s. o. S. 127). Also die Lehre vom mosaischen Gesetze in den Constitutionen ist katholisch und nicht judenchristlich. Aber auch die anderen von Rothe nachgewiesenen Merkmale einer judenchristlichen Grundlage der sechs ersten Bücher können nicht für schlagend gehalten werden, auch wenn zuzugeben ist, daß die Schrift uns nicht mehr in ursprünglicher Gestalt vorliegt. Das Hauptargument für jene Ansicht ist die Ueberschrift des ganzen Werkes: *Οἱ ἀπόστολοι καὶ οἱ πρεσβύτεροι πᾶσι τοῖς ἐξ ἐθνῶν πιστεύσασιν εἰς τὸν κύριον Ἰησοῦν Χριστόν.* Hieraus schließen Rothe und Schwegler, daß der Theil der Christen, welcher die Verordnungen an die Heiden ergehen läßt, nur der judenchristliche Theil sein könne, also die Schrift überhaupt auf judenchristliche Grundsätze müsse gebaut gewesen sein. Allein aus der Schrift selbst ergiebt sich eine andere Deutung dieses Einganges. Es gilt nämlich in den Constitutionen gar nicht die Ansicht, daß in der christlichen Kirche die Juden mit Heiden vereinigt seien, sondern es wird angenommen, daß die göttliche Offenbarung die Juden ganz verlassen, und zu den Heiden übergegangen sei [2]). Daraus erklärt es sich,

---

1) Rothe, Anfänge S. 541 ff. Baur, Urspr. des Episkopats S. 131 ff. Schwegler, Nachapost. Zeitalter 1. Th. S. 406 ff. Hilgenfeld, Clem. Recogn. und Homilieen S. 59.

2) Const. Apost. VI, 5: *Ἀποβληθείσης τῆς συναγωγῆς τῆς πονηρᾶς ὑπὸ κυρίου τοῦ θεοῦ, καὶ τοῦ οἴκου ἀποῤῥιφθέντος ὑπ' αὐτοῦ;* —

daß die Apostel ihre Verordnungen nur an die Heiden erlassen; daraus erklärt es sich ferner, daß nicht nur die Existenz des jüdischen Christenthumes innerhalb der Kirche ignorirt, sondern sogar der Ebjonitismus nicht als eine christliche, sondern nur als eine jüdische Häresie bezeichnet wird[1]), ein Umstand, den man sonst auch vom Standpunkt eines katholischen Verfassers aus schwerlich erklären möchte. Ferner gründen Rothe und Schwegler ihre Vermuthung darauf, daß als die heiligen und der Erbauung förderlichen Bücher die des alten Testamentes, und nur nebenbei das Evangelium, und zwar blos als *συμπλήρωμα* jener genannt sei[2]). Diese Deutung ist aber nicht die richtige. Das Evangelium wird gegen die alttestamentlichen Bücher nicht herabgesetzt dadurch, daß es als deren Erfüllung bezeichnet wird. Dann aber hat, wie wir schon einmal anzudeuten Gelegenheit hatten (s. o. S. 268), die Auktorität der alttestamentlichen Schriften vor dem Evangelium gar nicht blos bei den Judenchristen gegolten, sondern sie bildet auch bei den heidenchristlichen Katholikern die Hauptinstanz. Justin begründet die Glaubwürdigkeit des Evangeliums auf dessen Uebereinstimmung mit dem A. T., und Tertullian stellt das A. T. der Auktorität des Herrn und der Apostel gleich. Daß aber in jener Stelle der Constitutionen die apostolischen Schriften nicht erwähnt sind, spricht höchstens für das bedeutende Alter jener Regel, aber nicht für eine absichtliche Verleugnung namentlich der paulinischen Briefe. Denn auch Justin, obgleich wir in ihm einen Pauliner erkennen mußten, stellt von

---

ἐγκαταλιπὼν οὖν τὸν λαὸν, — περιελὼν δὲ ἀπ' αὐτῶν καὶ τὸ πνεῦμα τὸ ἅγιον καὶ τὸν προφητικὸν ὑετὸν, ἐπλήρωσε τὴν αὐτοῦ ἐκκλησίαν πνευματικῆς χάριτος. — — Ἐπεὶ οὖν καὶ τὸν λαὸν ἐγκατέλιπεν καὶ τὸν ναὸν ἀφῆκεν ἔρημον, σχίσας τὸ καταπέτασμα τοῦ ναοῦ, καὶ λαβὼν ἀπ' αὐτῶν τὸ πνεῦμα τὸ ἅγιον, πᾶσαν δύναμιν λόγου καὶ ἐνέργειαν καὶ τὴν ποίαν δὲ ἐπισκοπὴν ἀπάρας ὁ θεὸς ἐκ τοῦ λαοῦ εἰς ὑμᾶς τοὺς ἐξ ἐθνῶν ἔθετο.

1) VI, 6: Unter den jüdischen Häresieen *καὶ οἱ ἐφ' ἡμῶν νῦν φανέντες Ἐβιωναῖοι, τὸν υἱὸν τοῦ θεοῦ ψιλὸν ἄνθρωπον εἶναι βουλόμενοι ἐξ ἡδονῆς ἀνδρὸς καὶ συμπλοκῆς Ἰωσὴφ καὶ Μαρίας αὐτὸν γεννῶντες. — ταῦτα μὲν οὖν ἐν τῷ προτέρῳ λαῷ.*

2) I, 5: *Ἀναγίνωσκε τὸν νόμον, τὰς βασιλείους, τοὺς προφήτας. ψάλλε τοὺς ὕμνους Δαβίδ· διέρχου ἐπιμελῶς τὸ εὐαγγέλιον τὸ τούτων συμπλήρωμα.*

den apostolischen Schriften nur die Apokalypse wegen ihres prophetischen Charakters dem A. T. und dem Evangelium an die Seite; und Hegesipp erwähnt ebenfalls nicht die Auktorität der apostolischen Schriften. Wenn nun aber auch die Constitutionen keinesweges in der Zeit Justins und Hegesipps entstanden sind, so ist offenbar die Einkleidung dieser Schrift Veranlassung, daß keine apostolische Schrift als kanonisch erwähnt wird [1]). Ein ferneres Merkmal judenchristlicher Richtung soll in dem Gebote der Sabbathsfeier vorliegen. Allerdings wird eine Feier des Sabbaths geboten, weil der Dekalog auch für die Christen als Grundgesetz festgehalten wird, aber die Feier ist keinesweges im jüdischen Sinne gemeint, vielmehr wird der jüdischen Unthätigkeit am Sabbath die gebotene gottesdienstliche Feier entgegengesetzt [2]), welche ganz christlich ist. Das letzte Argument für die judenchristliche Basis unserer Schrift ist folgendes. Epiphanius erzählt, daß die Sekte der sogenannten Audianer das Osterfest an dem Termin des jüdischen Passahfestes gefeiert, und diese Sitte auf eine Schrift unter dem Namen *διάταξις τῶν ἀποστόλων* begründet habe [3]). Da nun dies der Titel der apostolischen Con-

---

1) Die einzige Erwähnung der paulinischen Briefe (II, 57) ist offenbar interpolirt, vielleicht auch die Stelle VI. 8, in welcher die Person des Paulus berührt wird. Dagegen liegt kein Grund vor, zu bezweifeln, daß IV, 14, wo alle Apostel nebst Jakobus und Paulus als die Urheber der Constitutionen genannt werden, die Erwähnung des letztern ursprünglich sei. Daß derselbe außerdem nicht besonders hervorgehoben wird, kann nicht als absichtliche Vernachlässigung ausgelegt werden, da auch die anderen Apostel nicht einzeln erwähnt werden. Der Fall, in welchem Matthäus und Johannes (II, 57) genannt sind, ist eben ein ganz besonderer. Dies Alles gilt übrigens nur von den ersten 6 Büchern der Constitutionen.

2) II, 36: *Σαββατιεῖς διὰ τὸν παυσάμενον μὲν τοῦ ποιεῖν, οὐ παυσάμενον δὲ τοῦ προνοεῖν, σαββατισμὸν μελέτης νόμων, οὐ χειρῶν ἀργίαν.* — 59: *Ἑκάστης ἡμέρας συναθροίζεσθε ὄρθρου καὶ ἑσπέρας ψάλλοντες καὶ προσευχόμενοι ἐν τοῖς κυριακοῖς· μάλιστα δὲ ἐν τῇ ἡμέρᾳ τοῦ σαββάτου καὶ ἐν τῇ τοῦ κυρίου ἀναστασίμῳ τῇ κυριακῇ σπουδαιτέρως ἀπαντᾶτε.* Zugleich wird V, 15. 20 der Sabbath in der Passahwoche als Fasttag bezeichnet. Hienach ist ein Schwanken über die Sabbathsfeier zwischen der jüdischen und christlichen Ansicht, welches Baur (a. a. O. S. 136) findet, in den Constitutionen gar nicht zu bemerken, und die darauf von ihm gegründeten Kombinationen über Zeit und Ort des Ursprungs dieser Schrift fallen ganz weg.

3) Epiph. haer. 70, 9: *Μετὰ Ἰουδαίων βούλονται τὸ πάσχα ἐπιτελεῖν· τουτέστιν ᾧ καιρῷ οἱ Ἰουδαῖοι ποιοῦσι τὰ παρ' αὐτοῖς ἄζυμα,*

stitutionen ist, obgleich der griechische Text derselben gerade über diesen Punkt die entgegengesetzte Anordnung enthält (V, 17), so wird die Voraussetzung gemacht, daß die von den Audianern gebrauchte Schrift die ursprüngliche, judenchristliche Recension gewesen sei. Allein wir wissen, daß die christliche Passahfeier darum, daß sie sich nach der Zeit der jüdischen richtete, durchaus nicht judenchristlich war (s. o. S. 269). Es ist also auch nicht zu erwarten, daß die von den Audianern anerkannten Constitutionen deßhalb, weil sie die Festsitte der kleinasiatischen Kirche vorschrieben, Merkmale des Judenchristenthums an sich getragen haben müßten. Nun findet sich der audianische Kanon in dem syrischen Texte der Constitutionen; aber gerade in so unzweifelhaft heidenchristlichem Zusammenhange, daß dadurch jeder Schein zerstört wird, als habe die kleinasiatische Festberechnung einen specielleren Bezug auf das Judenchristenthum.

Das katholische Christenthum ist also eine bestimmte Stufe der religiösen Vorstellung innerhalb des heidenchristlichen Gebietes.

Dasselbe ist deßwegen unabhängig von den Bedingungen des jüdisch-christlichen Lebens, und im Gegensatze gegen den Grundsatz des Judenchristenthums.

Dasselbe ist jedoch nicht blos abhängig von der Auktorität des Paulus, sondern stützt sich, außer auf das A. T. und die Reden Christi, auf die Auktorität aller Apostel, welche durch Petrus und Paulus repräsentirt wird.

Die Zusammenfassung dieser Auktoritäten bedingt es, daß das katholische Christenthum weder der Verkündigung Christi, noch dem individuellen Lehrtypus irgend eines Apostels direkt entspricht, sondern daß es sich als eine besondere Form der religiösen Vorstellung von jedem neutestamentlichen Vorbilde unterscheidet.

Die Abweichung des katholischen Christenthums von den apostolischen Vorbildern, namentlich von der paulinischen Lehr-

---

τότε αὐτοὶ φιλονεικοῦσι τὸ πάσχα ἄγειν. — 10: *Εἰς τοῦτο δὲ οἱ αὐτοὶ Αὐδιανοὶ παραφέρουσι τὴν τῶν ἀποστόλων διάταξιν, οὖσαν μὲν τοῖς πολλοῖς ἐν ἀμφιλέκτῳ ἀλλ' οὐκ ἀδόκιμον.*

weise, erscheint darin, daß die Aufmerksamkeit auf das sittliche Verhalten des Menschen zu Gott die auf das von Gott gesetzte religiöse Verhältniß des Menschen überwiegt, und daß das richtige Gleichgewicht zwischen diesen beiden Seiten der religiösen Vorstellung mangelt; indem nämlich die Pflicht der Gesetzerfüllung nicht mehr durch die Idee der Wiedergeburt beherrscht, geschweige denn diese auf die Idee der Rechtfertigung durch den Glauben begründet wird.

Der letzte Grund dieser Abweichung des katholischen Christenthums von den neutestamentlichen Mustern liegt darin, daß die Heidenchristen unfähig waren, die nur aus dem A. T. verständlichen Grundvorstellungen der Apostel von der göttlichen durch Christus vermittelten Begründung des religiösen Verhältnisses richtig und lebendig zu reproduciren.

Das katholische Christenthum, obgleich es also namentlich der Anschauung des Paulus direkt widerspricht, und nichts weniger als die paulinische Richtung unmittelbar darstellt, ist jedoch in seinem formellen Gegensatz gegen Judenthum und Judenchristenthum wesentlich durch die Lehre des Paulus bedingt, und ursprünglich von der Absicht geleitet, die paulinischen Formeln festzuhalten.

Der Widerspruch der katholischen Grundanschauung mit der paulinischen Lehre und mit den inneren Verhältnissen der Verkündigung Christi ist der Grund aller Mißbildungen innerhalb der katholischen Kirche, welchen erst die Reformation sich mit dem Grundsatz entgegenstellte, daß kein menschliches Verhalten vor Gott gelte, welches nicht in dem von Gott gesetzten, durch Christus vermittelten Verhältnisse wurzele.

Eine schon für die altkatholische Kirche charakteristische Probe einer selbst dem Gedanken des neuen Gesetzes zuwiderlaufenden Mißbildung ist die W i e d e r a u f n a h m e e i n z e l n e r m o s a i s c h e r C e r e m o n i a l g e b o t e zur Regelung der politischen und socialen Seite des religiösen Lebens. Die vorbehaltene Anerkennung des Ceremonialgesetzes in seinem geistigen Sinne hatte ursprünglich nicht die Bedeutung, daß den einzelnen jüdischen Ceremonieen einzelne christliche entsprechen sollten; sondern dieselben sollten ihre Erfüllung in dem sittlichen Charakter des ganzen christlichen Lebens finden. Die Beschneidung und das Fasten sollten erfüllt werden in der Reinigung des Herzens und in der Enthaltung vom Bösen, die Opfer in der Hingabe an Gott und im Gebet; das Passahopfer hatte seine Wahrheit im Tode Christi gefunden; das Gebot der Sabbathsfeier deutete der sogenannte Barnabas auf die Erwartung des tausendjährigen Reiches, Origenes auf die Enthaltung von weltlichen Geschäften und auf gottesdienstliche Beschäftigung (in Num. hom. XXIII, 4). Die Auffassung des Christenthums als neuen Gesetzes schließt also an sich keinen Ansatz zu einem neuen Ceremonialgesetze in sich; und die fortdauernde Anerkennung des mosaischen Ceremonialgesetzes in seinem tiefern Sinne ist an sich kein direkter Grund zu einer Reproduktion mosaischer Ceremonieen in der Kirche geworden. Freilich brachte nicht nur der geordnete Kultus in der christlichen Kirche es mit sich, daß bestimmte Ceremonieen gesetzmäßig wurden, sondern in der Einsetzung der Taufe und des Abendmahles hatte Christus selbst den alten Ceremonieen neue Handlungen als allgemeingültig gegenübergestellt. Daß also in der Kirche ein Kultusgesetz sich entwickelte, war nur normal, und Tertullian (de ieiun. 14) sagt ganz mit Recht: Quodsi nova conditio in Christo, nova et sollemnia esse debebunt. Auch das ist noch nicht verfänglich, daß man die Taufe als Analogie mit der Beschneidung, und die dem Abendmahle vorhergehende Gebetshandlung über Brod und Wein als Gegenbild der mosaischen Opfer anzusehen sich gewöhnte; denn diese Akte waren materiell und formell neutestamentlicher Herkunft, und nur die allgemeine Auktorität des A. T. führte jene Betrachtungsweise mit sich.

Allein davon unterscheidet es sich, daß im dritten Jahrhundert mosaische Ceremonialgebote ihrem Wortsinne nach in der heidenchristlichen Kirche Geltung gewinnen. Origenes und die apostolischen Constitutionen erklären nämlich übereinstimmend das mosaische Gesetz über die Entrichtung des Zehnten an die Priester für gültig auch in der christlichen Gemeinde; obgleich das gesammte Opferinstitut aufgehoben, und nur im allegorischen Sinne für das christliche Leben nutzbar sein sollte, und obgleich die Vorstellung von dem christlichen Priesterthum und Opfer materiell gar nicht dem mosaischen Gesetze entsprach [1]). Auch die mosaischen Verordnungen über kultische Reinheit und Unreinheit begannen in der heidenchristlichen Kirche aufzutauchen. Dionysius, Bischof von Alexandria (248—264) spricht in der epistola canonica ad Basilidem als etwas sich von selbst verstehendes aus, daß die menstruirenden Weiber weder an der Abendmahlsfeier theilnehmen, noch die Kirche betreten dürften [2]). Zwar stützt er diese Verordnung nicht auf das mosaische Gesetz (Lev. 15, 19—24); daß aber nur dies die Quelle jener Verfügung ist, kann keinem Zweifel unterliegen. Zwar kann diese Anordnung im dritten Jahrhundert noch keine allgemeine Verbreitung gefunden haben, denn die apostolischen Constitutionen, indem sie das Vorkommen derartiger Aengstlichkeit erwähnen, mißbilligen dieselbe [3]); in der Folgezeit aber hat sich diese jüdische Sitte in der Kirche vollständig eingebürgert [4]). Die Aufnahme jüdischer Sitte in

---

1) Orig. Hom. in Num. XI, 1: Primitias omnium frugum, omniumque pecudum sacerdotibus lex mandat offerri. — Hanc ergo legem observari etiam secundum literam, sicut et alia nonnulla necessarium puto. Sunt enim aliquanta legis mandata, quae etiam novi testamenti discipuli necessaria observatione custodiunt. — Constit. Ap. II, 25: *Τὰ διδόμενα κατ' ἐντολὴν θεοῦ τῶν δεκατῶν καὶ τῶν ἀπαρχῶν ὡς θεοῦ ἄνθρωπος ἀναλισκέτω (ὁ ἐπίσκοπος).* Gegen den Schluß dieses Kapitels, welcher aber wahrscheinlich interpolirt ist, tritt die allegorische Interpretation der Zehnten und Erstlinge ein: *Αἱ τότε ἀπαρχαὶ καὶ δεκάται καὶ ἀφαιρέματα καὶ δῶρα νῦν προσφοραί, αἱ διὰ τῶν ὁσίων ἐπισκόπων προσφερόμεναι κυρίῳ τῷ θεῷ διὰ Ἰησοῦ Χριστοῦ τοῦ ὑπὲρ αὐτῶν ἀποθανόντος.*

2) Bei Routh, Reliq. sacr. II, p. 392: *Περὶ δὲ τῶν ἐν ἀφέδρῳ γυναικῶν, εἰ προσῆκεν αὐτὰς οὕτω διακειμένας εἰς τὸν οἶκον εἰσιέναι θεοῦ, περιττὸν καὶ τὸ πυνθάνεσθαι νομίζω. οὐδὲ γὰρ αὐτὰς οἶμαι πιστὰς οὔσας καὶ εὐλαβεῖς τολμήσειν οὕτω διακειμένας ἢ τῇ τραπέζῃ τῇ ἁγίᾳ προσελθεῖν ἢ τοῦ σώματος καὶ τοῦ αἵματος τοῦ Χριστοῦ προσάψασθαι. οὐδὲ γὰρ ἡ τὴν δωδεκαετῆ ῥύσιν ἔχουσα πρὸς τὴν ἴασιν σπεύδουσα ἔθιγεν αὐτοῦ, ἀλλὰ μόνου τοῦ κρασπέδου. προσεύχεσθαι μὲν γὰρ ὅπως ἂν ἔχῃ τις, καὶ ὡς ἂν διάκειται, μεμνῆσθαι τοῦ δεσπότου καὶ δεῖσθαι βοηθείας τυχεῖν, ἀνεπίφθονον, εἰς δὲ τὰ ἅγια καὶ τὰ ἅγια τῶν ἁγίων ὁ μὴ πάντη καθαρὸς καὶ ψυχῇ καὶ σώματι, προσιέναι κωλυθήσεται.*

3) Constit. Ap. VI, 27: *Εἴ τινες παρατηρούμεναι φυλάσσουσιν ἔθιμα ἰουδαϊκά, γονοῤῥύας, ὀνειρώξεις, πλησιασμοὺς τοὺς κατὰ νόμον, λεγέτωσαν ἡμῖν, εἰ ἐν αἷς ὥραις καὶ ἡμέραις ἕν τι τούτων ὑπομένουσι, παρατηροῦνται προσεύξασθαι ἢ βιβλίου θίγειν ἢ εὐχαριστίας μεταλαβεῖν, καὶ ἐὰν συνθῶνται, δῆλον ὡς τοῦ ἁγίου πνεύματος κενοὶ τυγχάνουσι, τοῦ ἀεὶ παραμένοντος τοῖς πιστοῖς.* Cf. cap. 28.

4) Vgl. Routh a. a. O. S. 421.

diesen und ähnlichen Fällen ist eine unzweifelhafte Abirrung von den gewollten Grundsätzen der katholischen Kirche selbst. Daß jedoch solche Fälschungen der christlichen Sitte nicht verhindert, oder nicht wieder ausgeschieden werden konnten, vermögen wir nur daraus zu erklären, daß der Begriff des neuen Gesetzes und das Princip der Allegorie keine genügenden Kriterien gegenüber der mechanisch gefaßten Auktorität des A. T. waren, deren Anwendung vielmehr durch das ideale Selbstgefühl des christlichen Glaubens beherrscht werden muß, das nur in der Rechtfertigung durch Christus wurzelt.

Vor einem völligen Rückfalle auf die Stufe der alttestamentlichen Religion war nun freilich das katholische Christenthum durch andere ihm wesentliche und unveräußerliche Elemente geschützt, durch das Sakrament und die Glaubensregel.

In dem Sakramente, zunächst der Taufe, dann der Buße (Sündenvergebung) ist die Idee der Gnade, als der göttlichen That, welche das religiöse Verhältniß des Menschen setzt und begründet, erhalten. Freilich ist das ausschließlich sakramentale Gepräge dieser Idee mangelhaft und nicht im Einklange mit dem N. T. Denn den Ausdruck des organischen Zusammenhanges zwischen der Gnade Gottes und dem sittlichen Verhalten des Menschen hat die katholische Sakramentslehre nie erreicht. Allein die Idee der Gnade ist nun doch in dieser Gestalt ein nothwendiger und nie verleugneter Faktor des katholischen Christenthums. Darum entfernte sich Pelagius von dem Boden der katholischen Kirche und wurde Häretiker, als er im Interesse der Gerechtigkeit durch die Gesetzeswerke die Kraft des menschlichen Willens bis zur Aufhebung des Sakramentsbegriffs, zunächst in Anwendung auf die Kindertaufe, steigerte. Und die Lehre von der Sünde, welche Augustin demselben entgegensetzte, wurde lediglich durch die Rücksicht beherrscht, den sakramentalen Charakter der Kindertaufe zu sichern. Freilich war Augustin nicht im Stande, die Idee der Gnade in dem konkreten Sinne des Paulus zu reproduciren; und deßhalb hat sein Lehrbegriff innerhalb der katholischen Kirche keine wirklich dogmatische Erneuerung zu bewirken vermocht. Er hat vielmehr wieder der Gegenwirkung der gesetzlichen Anschauung vom Christenthume weichen müssen, auf welche die katholische Kirche ebensowenig verzichtet, wie auf den Sakramentsbegriff. Zwischen diesen beiden Polen bewegen sich das Leben und das Dogma der katholischen Kirche; und die Schwankungen, welche sie erfahren haben, sind dadurch bedingt, daß das eine von beiden Elementen das andere sich unterzuordnen strebt. Denn das Verhältniß, in welches beide zu einander gesetzt werden, ist nur das des äußerlichen Gleichgewichtes; und ein Versuch, des organischen Zusammenhanges zwischen göttlicher Gnade und menschlicher Sittlichkeit gewiß zu werden, kann nur von dem Gebiete des katholischen Dogma abführen.

Indem wir uns auf diese Andeutungen beschränken, fügen wir nur noch eine Bemerkung über eine unserer Aufgabe näher liegende Seite der ältesten Kirchengeschichte hinzu. Nämlich auch die kirchlichen Spaltungen der ersten Jahrhunderte, die montanistische, novatianische, donatistische haben ihr letztes Motiv in dem Verhältnisse zwischen der sakramentalen und der gesetzlichen Seite des katholischen Christenthums. Die Differenz der genannten schismatischen Parteien von der katholischen Kirche liegt nicht in der Frage, ob die Heiligkeit der Kirche ihrer Einheit, oder ihre Einheit der Heiligkeit untergeordnet sei, sondern in der Frage, ob die Heiligkeit der Kirche vorherrschend auf der gesetzlichen, oder auf der sakramentalen Seite des christlichen Lebens beruhe. Daß beides nothwendig zusammengehöre, darüber wurde nicht gestritten, sondern nur über das gegenseitige Maaß und Verhältniß beider Seiten. Von Seiten der Montanisten und Novatianer wurde das Maaß des Sakramentalen auf die Taufe beschränkt; und demnach die Heiligkeit der Kirche vorwiegend auf die Gesetzesbeobachtung und thatsächliche Sündlosigkeit der einzelnen Mitglieder zurückgeführt. Im Gegensatze dazu behauptete die katholische Kirche das Recht wiederholter Vergebung für Todsünden nach der Taufe; dehnte also das sakramentale Netz über das ganze Leben des Menschen aus, und machte die Heiligkeit der Kirche überwiegend von den sakramentalen Funktionen und Wirkungen abhängig. Da nun aber die Kontinuität der sakramentalen Heiligkeit der Kirche an den priesterlichen Stand der Kleriker geknüpft wurde, so erhob sich der zur donatistischen Spaltung führende Streit, ob der sakramentale Akt eines Priesters wirksam sei, welcher eine Todsünde begangen habe. In dieser von den Donatisten verneinten Frage kehrt die Rücksicht auf die beiden Grundelemente des katholischen Christenthums wieder. Es handelt sich allerdings in diesem Streite nicht mehr um das Maaß des Sakramentalen und des Gesetzlichen im Allgemeinen; aber doch darum, ob die sakramentale Vollmacht von der gesetzlichen Reinheit und Heiligkeit ihres Verwalters abhängig sei. Erst nachdem die katholische Kirche sich dagegen entschieden hatte, war die Unabhängigkeit des Sakraments gegenüber der Gesetzlichkeit gesichert, und das Gleichgewicht beider Seiten hergestellt. Diese schismatischen Bewegungen erfüllen gerade die Periode der altkatholischen Kirche, und die eben gegebene Deutung derselben ist als Probe unserer Darstellung der katholischen Grundanschauung vom Christenthume anzusehen.

II. Die Glaubensregel.

Die andere unübersteigliche Schranke, welche zwischen dem katholischen Christenthume und der Religion des A. T. aufgerichtet ist, ist das specifisch christliche Bekenntniß, die Glaubensregel (regula fidei). Denn die in derselben enthaltenen einfachen Thatsachen bezeichnen die idealen und geschichtlichen Gründe, Bedingungen und Ziele des neuen Bundes. Und mag auch der Glaube, an welchen sich die Glaubensregel wendet, nämlich das Fürwahrhalten ihres Inhalts, bei dem einzelnen Subjekt uns als religiös ungenügend erscheinen, so ist die Glaubensregel im Verhältniß zur ganzen Kirche Merkmal und Motiv eines specifisch innerlichen Processes, den keine der vorchristlichen Religionen aufweist, nämlich der theologisch-dogmatischen Erkenntniß. Die Religion des A. T. hat kein Dogma von theologischer Natur, denn der Glaube an den Einen Gott ist durchaus unreflektirt; er fällt mit dem Bewußtsein der Nationalität zusammen, weil der Eine wahre Gott der Gott Israels ist. Das Christenthum dagegen ist als die allgemeine und unbedingt geistige Religion zur Theologie, d. h. zur Vermittelung der religiösen Gewißheit mit dem Denken beschäftigt; und ist von Anfang an durch äußere Umstände zur theologischen Thätigkeit angetrieben worden. Denn die Ansprüche der verschiedenen Nationalitäten und Bildungskreise, die im Schooße der christlichen Kirche sich begegneten, konnten nur durch die theologische Reflexion auf die obersten Principien geordnet und ausgeglichen werden. Dies ist schon der Fall in der Frage nach dem Verhältniß des Christenthums zum mosaischen Gesetze, welche das apostolische Zeitalter beschäftigte. Wenn darauf der Gnosticismus die Kontroverse über die Einheit Gottes herbeiführte, so erkennt man hieran, daß der auf dem Boden des A. T. naturgemäße Grundsatz den heidnischen und gnostischen Ansprüchen gegenüber theologisch sicher gestellt werden mußte. Nach Maaßgabe dieses Beispiels ist die ganze christliche Theologie die Probe dafür, daß der Glaube der Kirche die theologische Reflexion als Mittel in sich schließt, deren der Einzelne freilich entbehren kann. Durch diesen Charakter des kirchlichen Glaubens unterscheidet sich also das Christenthum specifisch von den vorchristlichen Religionen; von der griechischen, deren Wahrheitsgehalt durch die Philosophie aufgelöst, und nicht wieder hergestellt worden ist, und von der jüdischen, welche eine halbtheologische Gestalt bei Philo und bei den Kabbalisten nur auf Kosten ihrer eigentlichsten Grundgedanken gewinnen konnte. Die Glaubensregel ist das erste Resultat zwar nicht eines dogmatischen Processes, aber doch einer theoretischen Kontroverse; die einfachen Thatsachen, die sie ausspricht, sind in der Reflexion auf widerchristliche Grundsätze und Behauptungen zusammengefaßt. Sie steht bei den Kirchenvätern gegen das Ende des zweiten Jahrhunderts im Wesentlichen fest, wenn auch die Gestalt des apostolischen Symbolums, in der sie gangbar ist, einer spätern Zeit angehört[1]).

Der Form nach stellt sich die Glaubensregel als Tradition der Apostel dar. In unseren Quellen findet sich die erste Andeutung davon bei Polykarp, welcher die Gemeinde zu Philippi

1) Vgl. Hahn, Bibliothek der Symbole und Glaubensregeln der apostolisch-katholischen Kirche S. 10.

ermahnt, zu dem von Anfang uns überlieferten Worte zurückzukehren (cap. 7. ἐπὶ τὸν ἐξ ἀρχῆς ἡμῖν παραδοθέντα λόγον). Nach Irenäus hat die Kirche den allein wahren und belebenden Glauben, den sie fortpflanzt, von den Aposteln empfangen, und in jeder Gemeinde wird die Ueberlieferung der Apostel bewahrt [1]). Hiemit stimmt Tertullian vollständig überein, und zugleich gewährt er eine klare Anschauung, wie der wahre Glaube durch die Apostel den von ihnen gestifteten Gemeinden mitgetheilt, und von diesen den später entstandenen überliefert worden sein soll [2]). Ebenso kehrt dieser Grundsatz bei Clemens von Alexandria und bei Origenes wieder [3]); und daß er von da an ununterbrochen in der katholischen Kirche geherrscht hat, wird keines Beweises bedürfen.

Die Instanz der apostolischen Tradition ist jedoch nicht ein unterscheidendes Merkmal des katholischen Christenthums, sondern wird auch von Gnostikern und Judenchristen angerufen, gegen welche doch die katholische Kirche in unmittelbarem Gegensatze steht. Der Gnosticismus verhält sich in dieser Hinsicht ganz anders, als die modernen Formen

1) Adv. haer. III, praef.: Sola vera ac vivifica fides, quam ab apostolis ecclesia percepit et distribuit filiis suis. Cap. 3, 1: Traditionem apostolorum, in toto mundo manifestatam, in omni ecclesia adest respicere omnibus, qui vera velint videre.

2) De praescr. haer. 6: Apostolos domini habemus auctores, qui nec ipsi quidquam ex suo arbitrio, quod inducerent, elegerunt, sed acceptam a Christo disciplinam fideliter nationibus adsignaverunt. 20: Apostoli consecuti promissam vim spiritus sancti ad virtutes et eloquium primo per Iudaeam contestata in Iesum Christum fide ecclesiis institutis, dehinc in orbem profecti eandem doctrinam eiusdem fidei nationibus promulgaverunt. Et proinde ecclesias apud unamquamque civitatem condiderunt, a quibus traducem fidei et semina doctrinae ceterae exinde ecclesiae mutuatae sunt, et quotidie mutuantur, ut ecclesiae fiant. Ac per hoc et ipsae apostolicae deputabuntur ut soboles apostolicarum ecclesiarum. 21: Si haec ita sunt, constat proinde omnem doctrinam, quae cum illis ecclesiis apostolicis, matricibus et originalibus fidei, conspiret, veritati deputandam, id sine dubio tenentem, quod ecclesiae ab apostolis, apostoli a Christo, Christus a deo accepit.

3) Clem. Strom. VII, 17, 108: *Μία ἡ πάντων γέγονε τῶν ἀποστόλων ὥσπερ διδασκαλία, οὕτω δὲ καὶ παράδοσις.* Orig. de Princ. prooem. 2: Servetur ecclesiastica predicatio per successionis ordinem ab apostolis tradita et usque ad praesens in ecclesiis permanens; illa sola credenda est veritas, quae in nullo ab ecclesiastica et apostolica discordat tramite.

der Heterodoxie, welche mit der Ueberlieferung absichtlich brechen. Und zwar sind die Gnostiker die Ersten, welche das Princip der Tradition für die von ihnen prätendirte Erkenntniß geltend machen, obgleich sie dadurch verrathen, daß sie wirklich nicht einen Boden echter Ueberlieferung einnehmen. Von den Anhängern des Karpokrates erzählt Irenäus (I, 25, 5), sie behaupten, daß Jesus ihre Lehre im Geheimen und geheimnißvollerweise seinen Jüngern und Aposteln mitgetheilt und sie aufgefordert habe, dieselbe den Würdigen und Gläubigen zu überliefern. Die Ophiten gaben nach Irenäus (I, 30, 14) vor, daß Christus in den achtzehn Monaten zwischen seiner Auferstehung und seiner Himmelfahrt, ihre Weisheit Wenigen seiner Jünger, welche er so großer Geheimnisse fähig wußte, gelehrt habe; nach Hippolytus (V, 7), daß Jakobus der Bruder des Herrn ihre Hauptlehren der Maria eröffnet habe. Nach dem Zeugnisse des Clemens (Strom. VII, 17, 106) führte Basilides seine Lehre auf Glaukias, einen Hermeneuten des Petrus, Valentin die seinige auf Theudas, einen Genossen des Paulus, zurück; und in beiden Schulen galten die „Ueberlieferungen des Matthias" (VII, 13, 82; 17, 108), aus denen wahrscheinlich Hippolytus seine Darstellung des Systems des Basilides geschöpft hat (VII, 20). Endlich beruft sich auch der Valentinianer Ptolemäus in seinem Briefe an die Flora auf „die apostolische Ueberlieferung, welche gemäß der persönlichen Nachfolge auch wir empfangen haben"[1]).

Denselben Anspruch an apostolische Tradition erheben die essenischen Ebjoniten. Das Verständniß des Gesetzes bedarf einer Leitung durch Tradition, wegen der Sünde des Lesenden, und wegen der Schwierigkeit und Mehrdeutigkeit der Schrift (Rec. I, 21; II, 55; III, 30; X, 42; Ep. Petri ad Iac. 1). Die Tradition nun, in deren Besitz der ebjonitische Petrus sich zeigt, die als solche apostolisch sein will, ist nicht nur die Tradition des wahren Propheten, Christus (Rec. I, 21; II, 33), sondern auch die des Gesetzgebers Moses (Rec. I, 21; III, 30; Hom. 3, 19. 47). Und der Brief des Petrus an Jakobus, welcher die vorgeblichen

---

1) Bei Grabe, Spicilegium II, p. 80.

Kerygmen des erstern begleitet, verordnet ebenso, wie es bei Gnostikern vorkommt (Hipp. V, 27), die Fortpflanzung der wahren Ueberlieferung unter der Bedingung eidlichen Gelöbnisses (s. o. S. 208).

Es kann nun wohl keinem Zweifel unterliegen, daß sowohl die Gnostiker, als auch die essenischen Ebjoniten die apostolische Ueberlieferung für ihre Lehren mit Unrecht in Anspruch nehmen. Bei den Ebjoniten war jenes Vorgeben nur die Form, in welcher sie das Christenthum mit den essenischen Ansichten und Sitten verschmolzen, welche gerade in Kraft der Ueberlieferung (wahrscheinlich von Moses her) galten. Nachdem die Ebjoniten die Apostel mit ihrer essenischen Ueberlieferung konformirt hatten (s. o. S. 224 f.), erschien ihnen dasjenige, was nur essenisch war, als apostolisch. Und da die allegorische Schriftauslegung bei ihnen heimisch war (s. o. S. 197), so werden sie das Princip der Tradition als Maaß der Schriftauslegung auch schon in das Christenthum mitgebracht haben. Wir vermuthen, daß der gleiche Standpunkt der Gnostiker ebenfalls im Essenismus wurzelt; falls es nämlich richtig ist anzunehmen, daß das Therapeutenthum in Aegypten der Schooß ist, aus welchem die gnostischen Systeme hervorgegangen sind. Jedenfalls läßt sich die gnostische Behandlung des Traditionsbegriffs aus den Verhältnissen der christlichen Gemeinde nicht ableiten.

Denn so gewiß der Inhalt der Glaubensregel als Ueberlieferung der Apostel anzusehen ist, weil er, wie Irenäus zeigt, mit ihren Schriften übereinstimmt, so unrichtig ist die Voraussetzung, daß die Apostel selbst diese Ueberlieferung fixirt, einen Gegensatz zwischen mündlicher und schriftlicher Mittheilung gedacht, die Auslegung ihrer Schriften nach dieser ihrer mündlichen Ueberlieferung verordnet, und so das Princip der Tradition selbst aufgestellt hätten. Die Ueberlieferung ist das unwillkürliche Mittel der Fortpflanzung jeder Gemeinschaft; ein principielles Bewußtsein von ihrem Werthe ergiebt sich aber immer erst, wenn ein Bruch mit derselben zu Tage tritt; und der Inhalt dessen, was principiell als Ueberlieferung geltend gemacht wird, ist der Maaßstab für die Veranlassung eines solchen Fortschrittes.

Nun behauptet die katholische Kirche indirekt, indem sie den Episkopat für eine Stiftung der Apostel ausgiebt, daß dieselben auch die Glaubensregel als kurzen Ausdruck ihrer Ueberlieferung zusammengestellt haben; denn diese Ueberlieferung ist wesentlich der Inhalt des vorgeblich von den Aposteln eingesetzten bischöflichen Amtes. Direkt berichtet hat dies erst Rufinus [1], gegen das Ende des vierten Jahrhunderts; die Anerkennung jedoch, welche diese Sage bis ins 15. Jahrhundert gefunden hat [2], beweist ihre Kongruenz mit den katholischen Voraussetzungen. Freilich ist aus der Sage selbst zu erkennen, daß sie erdichtet ist. Nach der Angabe des Rufinus war die wörtliche Zusammenstellung des Symbols von Seiten der Apostel durch das Auftreten der judenchristlichen Irrlehrer veranlaßt; und der Zweck dabei war, ein Merkmal festzustellen, an welchem die Irrlehrer als solche erkannt werden könnten. In dieser Darstellung hat den Rufinus die Rücksicht geleitet, daß die einzige Glaubensdifferenz in der Zeit der Apostel, welche bekannt ist, die über das Recht des mosaischen Gesetzes in der Gemeinde, oder über das Verhältniß der Heidenchristen zum mosaischen Gesetze war. Seine Kombination zwischen der Entstehung der Glaubensregel und jenem bekannten Streit ist aber notorisch falsch. Denn mit dem apostolischen Symbolum konnte deßhalb kein Gegensatz gegen die Judenchristen beabsichtigt sein, weil dieselben in allen festgesetzten Punkten mit dem Glauben der Apostel übereinstimmten. Außerdem aber war ja das Apostеldekret dazu bestimmt, und verhältnißmäßig geeignet, jenen Streit über das Gesetz zu entscheiden.

Der Inhalt der Glaubensregel verräth es aber auch, daß dieselbe ihren ursprünglichen Gegensatz in der häretischen Gnosis findet. Und namentlich ist der erste Artikel gegen die polytheistische Seite jener Irrlehren gerichtet; der zweite gegen den Doketismus in der Auffassung der Person Christi. Nun wird allerdings von Vielen die Vermuthung gehegt, daß schon zur Zeit der Apostel Gnostiker derselben Art aufgetreten seien;

1) In der Expositio in Symbolum apostolicum (in der Baluzischen Ausgabe der Werke Cyprians).

2) Vgl. Köllner, Symbolik 1. Th. S. 7 ff.

und im Gegensatz gegen solche könnte die Glaubensregel von den Aposteln verfaßt worden sein. Indessen der Gnosticismus des apostolischen Zeitalters ist eine Hypothese, welche allen geschichtlichen Angaben zuwiderläuft [1]). Wenn man diese Hypothese zur Erklärung der Pastoralbriefe aufgestellt hat, so ist zu beachten, daß dadurch die Anerkennung ihrer Echtheit gefährdet worden ist; und daß, was zu deren Erklärung versucht worden ist, nicht auf jene Briefe selbst gestützt werden kann [2]). Daß aber die Apostel, indem sie das Auftreten der Gnostiker vorausgesehen hätten, das apostolische Symbol zu deren Abwehr verfaßt haben, ist eine so unbegründete, und allen geschichtlichen Analogieen so zuwiderlaufende Ansicht, daß sie gar nicht im Ernste in Betracht kommen kann.

Wenn die Glaubensregel in ihrer diskreten Gestalt notorisch im Gegensatz gegen die häretische Gnosis in ihrer explicirten systematischen Form steht, so folgt, daß die Glaubensregel ein Erzeugniß des zweiten Jahrhunderts ist. Wir hoffen in dieser Behauptung nicht mißverstanden zu werden. Da der Stoff der Glaubensregel unzweifelhaft dem Glauben der Apostel und der von ihnen ausgehenden unreflektirten Ueberlieferung angehört, so bezeichnen wir die Glaubensregel als Erzeugniß des zweiten Jahrhunderts nur in Hinsicht auf die absichtliche Formirung dieses Stoffes, welche durch die Reflexion auf bestimmte Gegner geleitet war.

1) Clemens (Strom. VII, 17, 106) setzt das Auftreten der Gnostiker in die Zeit Hadrians. Firmilian von Cäsarea (Cypr. Epp. 75, 5) setzt dieselbe Thatsache lange Zeit nach den Aposteln. Hegesipp (bei Eus. H. E. III, 32; IV, 22) rückt das Zeitalter der Gnostiker in die Zeit Trajans hinauf, indem er die im Geheimen wirkenden Keime der Irrlehre, die sich also noch nicht als explicirte Systeme dargestellt haben, nur bis zum Tode des Jakobus des Gerechten hinauf verfolgt. Vgl. Baur, Ueber den Urspr. des Episkopats S. 11 ff.

2) Da die Untersuchung über die Pastoralbriefe noch keinen befriedigenden Abschluß gewonnen, sondern erst neuerdings wieder aufgenommen ist, so kann ich hier nur erwähnen, daß ich selbst die Gegner des Paulus in Kreta als Therapeuten zu charakterisiren versucht habe (Ueber die Essener. Theol. Jahrb. 1855. S. 354 ff.). Ich bin in dieser Meinung durch Mangold (Die Irrlehrer der Pastoralbriefe) befestigt worden. Denn wenn derselbe die Data des Briefs an Titus und des ersten an Timotheus auf Essener deutet, die Essener aber, wie ich meine, unrichtiger Weise auf das alexandrinische Therapeutenthum reducirt, so bestätigt er eben meine Vermuthung. Es wird aber noch weiterer Arbeit auf diesem Felde bedürfen.

Dies wird dadurch bestätigt, daß uns in Schriften, welche älter sind als Irenäus, Ansätze zur Glaubensregel entgegentreten. Es ist unleugbar der Stoff der drei Artikel des Symbols, welchen Justin in der ersten Apologie als Inhalt des christlichen Bekenntnisses bezeichnet [1]. Daß aber die fertige und abgeschlossene Gestalt der Glaubensregel, welche bei Irenäus zuerst erscheint, von ihm vorausgesetzt wäre, muß deßhalb in Abrede gestellt werden, weil er zwischen den Sohn und den Geist das Heer der anderen jenem folgenden und gleichgestellten Engel einschiebt, und weil er Gott den Vater ganz abweichend, und namentlich nicht als den Weltschöpfer prädicirt; was sich von selbst verstand, wenn Justin durch die Erinnerung an die Glaubensregel geleitet wurde. Ferner ist im Hirten des Hermas, der ältesten katholischen Schrift, in welcher der Glaube als Glaubensregel gefaßt wird, dieselbe auf den ersten Artikel beschränkt [2]. Wäre die Glaubensregel in ihrer vollständigen Gestalt von Anfang an überliefert gewesen, so wäre diese Erscheinung unerklärlich. Sie läßt uns aber darauf schließen, daß in den verschiedenen Stadien des Streites der Kirche mit der Gnosis die Glaubensregel selbst angewachsen ist. Dieser Vermuthung kommt der Umstand entgegen, daß in zweien der pseudoignatianischen Briefe [3]) der Inhalt des zweiten Artikels selbständig auftritt, gegenüber dem nackten Doketismus.

1) Apol. I, 6: *Ὁμολογοῦμεν τῶν τοιούτων νομιζομένων θεῶν ἄθεοι εἶναι, ἀλλ' οὐχὶ τοῦ ἀληθεστάτου καὶ πατρὸς δικαιοσύνης καὶ σωφροσύνης καὶ τῶν ἄλλων ἀρετῶν, ἀνεπιμίκτου τε κακίας θεοῦ. ἀλλ' ἐκεῖνόν τε καὶ τὸν παρ' αὐτοῦ υἱὸν ἐλθόντα καὶ διδάσκοντα ἡμᾶς ταῦτα, καὶ τὸν τῶν ἄλλων ἑπομένων καὶ ἐξομοιουμένων ἀγγέλων στρατὸν, πνεῦμά τε τὸ προφητικὸν σεβόμεθα καὶ προσκυνοῦμεν.*

2) Mand. 1: *Πρῶτον πάντων πίστευσον, ὅτι εἷς ἐστὶ θεὸς, ὁ τὰ πάντα κτίσας καὶ καταρτίσας καὶ ποίησας ἐκ τοῦ μὴ ὄντος εἰς τὸ εἶναι τὰ πάντα, καὶ πάντα χωρῶν, μόνος δὲ ἀχώρητος ὤν, καὶ φοβήθητι αὐτόν.*

3) Ad Trallianos 9. 10: *Κωφώθητε οὖν, ὅταν ὑμῖν χωρὶς Ἰησοῦ Χριστοῦ λαλῇ τις, τοῦ ἐκ γένους Δαβίδ, τοῦ ἐκ Μαρίας, ὃς ἀληθῶς ἐγεννήθη, ἔφαγέν τε καὶ ἔπιεν, ἀληθῶς ἐδιώχθη ἐπὶ Ποντίου Πιλάτου, ἀληθῶς ἐσταυρώθη καὶ ἀπέθανεν, βλεπόντων τῶν ἐπουρανίων καὶ ἐπιγείων καὶ ὑποχθονίων, ὡς καὶ ἀληθῶς ἠγέρθη ἀπὸ νεκρῶν, ἐγείραντος αὐτὸν τοῦ πατρὸς αὐτοῦ, ὡς καὶ κατὰ τὸ ὁμοίωμα ἡμᾶς, τοὺς πιστεύοντας αὐτῷ, οὕτως ἐγερεῖ ὁ πατὴρ αὐτοῦ ἐν Ἰ. Χρ. οὗ χωρὶς τὸ ἀληθινὸν ζῆν οὐκ ἔχομεν. Εἰ δὲ, ὥσπερ τινὲς, ἄθεοι ὄντες, τουτέστιν ἄπιστοι, λέγουσιν, τὸ δοκεῖν πεπονθέναι αὐτὸν, αὐτοὶ ὄντες τὸ δοκεῖν, ἐγὼ τί δέδεμαι; Cf. ad Smyrnaeos 2.*

Diese Thatsache, daß der Artikel von Gott früher allein als Glaubensregel auftrat, und erst später die Bestimmungen über die Person Christi hinzukamen, ist nicht schwer zu erklären. Denn der Doketismus, gegen welchen dieselben gerichtet sind, ist erst den späteren Systemen des Valentin und Markion, ja eigentlich nur dem letztern eigenthümlich. Die älteren gnostischen Systeme erkennen die Menschheit Jesu im vollen Sinne an, und unterscheiden sich von der populär-christlichen Vorstellung äußerlich nur dadurch, daß sie die Verbindung der göttlichen Potenz mit dem Menschen Jesus als lose und vorübergehend bezeichnen[1]). Diese Abweichung aber war einerseits gewiß schwer für die Orthodoxen zu erkennen, und andererseits wurde sie auch wohl von den Gnostikern möglichst verhüllt. Daß die Kontroverse über diesen Punkt später begonnen hat, als die über die Einheit Gottes, erkennt man auch an den Pseudoclementinen, welche allein den gnostischen Polytheismus bekämpfen. Also auch nach dieser Seite hin finden wir es bestätigt, daß die katholische Glaubensregel in ihrer diskreten Gestalt nicht von den Aposteln gebildet, sondern daß sie aus dem übrigens richtigen Gemeingefühle der Gemeinden im zweiten Jahrhundert hervorgegangen ist.

Hiemit haben wir jedoch die Darstellung der wesentlichen Momente der altkatholischen Kirche nicht erschöpft. Vielmehr da die Ueberlieferung der Glaubensregel an ein bestimmtes Amt, das bischöfliche, geknüpft sein soll, so bleibt zur Vollziehung unserer Aufgabe noch übrig, die Entstehung des Episkopates und seiner Attribute zu verfolgen.

1) So stellen es dar Karpokrates (Iren. I, 25, 1), die Ophiten (Iren. I, 30, 12; Hippol. V, 6), Justinus (Hippol. V, 26), Basilides (Clem. Strom. I, 21, 146; IV, 12, 85; Hippol. VII, 26). Da Irenäus dem Basilides fälschlich die Vorstellung von einem Scheinleibe Christi beilegt (I, 24, 4), so erheben wir auch gegen seine gleiche Angabe in Hinsicht Saturnins (I, 24, 2) Zweifel; da dieser als der älteste Gnostiker schwerlich schon das letzte Stadium der gnostischen Christologie vorweggenommen haben wird.

Zweites Buch.

Die Entwickelung der christlichen Gemeinde- und Kirchen-Verfassung.

Erster Abschnitt.

Die Verfassung vor dem Montanismus.

I. Die Apostel und das Gemeindeamt.

Der römische Clemens berichtet, daß die Apostel, indem sie in allen Ländern und Städten predigten, ihre Erstbekehrten als Vorsteher und Beamte derjenigen einsetzten, welche glauben würden [1]). Diese Notiz wird direkt bestätigt, indem die Apostelgeschichte berichtet, daß Paulus und Barnabas auf ihrer ersten Missionsreise in den neugestifteten Gemeinden zu Lystra, Ikonium und Antiochia Presbytern eingesetzt haben (Act. 14, 23). Vorsteher waren auch in der Gemeinde zu Thessalonich, als Paulus nach kurzem Bestehen derselben an sie den ersten Brief schrieb (5, 12—15); und bei dem Zustande der Auflösung, in welchen die Gemeinde kurz nach der Abreise des Paulus verfallen war, erscheint die Annahme als unumgänglich, daß die Vorsteher von dem Apostel selbst bestellt waren. In Kreta hatte Paulus den Titus zurückgelassen, um in jeder Gemeinde Presbytern einzusetzen (Tit. 1, 5), als er zu früh veranlaßt war, das Land zu verlassen.

---

1) Ep. ad Cor. 42: *Κατὰ χώρας καὶ πόλεις κηρύσσοντες οἱ ἀπόστολοι καθίσταινον τὰς ἀπαρχὰς αὐτῶν, δοκιμάσαντες τῷ πνεύματι, εἰς ἐπισκόπους καὶ διακόνους τῶν μελλόντων πιστεύειν. Καὶ τοῦτο οὐ καινῶς, ἐκ γὰρ δὴ πολλῶν χρόνων ἐγέγραπτο περὶ ἐπισκόπων καὶ διακόνων. Οὕτως γάρ που λέγει ἡ γραφή· καταστήσω τοὺς ἐπισκόπους αὐτῶν ἐν δικαιοσύνῃ καὶ τοὺς διακόνους αὐτῶν ἐν πίστει.* Dies ist ein zurechtgemachtes Citat, dessen Ort der Schreiber nicht mit Unrecht als *που* bezeichnet. Jes. 60, 17 heißt es: *Δώσω τοὺς ἄρχοντάς σου ἐν εἰρήνῃ καὶ τοὺς ἐπισκόπους σου ἐν δικαιοσύνῃ.*

Die so bezeugte Thatsache entspricht auch durchaus dem Zwecke der Verkündigung des Christenthums. Die Wirksamkeit desselben war wesentlich dadurch bedingt, daß die Gläubigen überall zu geordneten Gemeinden vereinigt wurden. Die Bildung einer Gemeinde erfordert aber die Einsetzung von Beamten; und zwar bedingt sich beides gegenseitig so nahe, daß auch schon dann die Einsetzung von Beamten nothwendig ist, wenn die vorhandene Gemeinde nach dem Maaßstabe eines entwickelten Zustandes kaum diesen Namen verdienen würde. Die entgegengesetzte Vorstellung, daß erst bei einer zahlreicheren Gemeinde eine Auswahl von Beamten nothwendig wäre, widerspricht aller Erfahrung, und ist auch darum nicht als Regel zu brauchen, weil das quantitative Verhältniß, auf welchem sie beruht, seiner Natur nach ein maaßloses ist.

Diese der Regel des Clemens entgegengesetzte Vorstellung könnte der erste Brief des Paulus an die Korinther zu begründen scheinen. Einmal erwähnt der Apostel (16, 15. 16), daß die Familie des erstbekehrten Stephanas sich selbst in den Dienst der Gemeinde gestellt habe, weßwegen deren Mitglieder zum Gehorsam gegen jene Personen ermahnt werden. Andererseits stellt Paulus (12, 28) die Dienste der Leitung und Hülfeleistung nicht als stehende Aemter, sondern als i n d i v i d u e l l e G n a d e n g a b e n dar. Jedoch diese Betrachtungsweise, welche Paulus auch sonst befolgt (Röm. 12, 5—8; Eph. 4, 11), schließt nicht den Gedanken in sich, daß es zweifelhaft sei, welchen Personen die Leitung der Gemeinde (*κυβέρνησις*) zukäme, welchen also die Gemeinde Folgsamkeit schuldig sei. Diese Aussprüche des Paulus begründen nur die Vorstellung, daß der letzte Grund aller nur denkbaren Dienste gegen die Gemeinde die durch Gottes Gnade gegebene individuelle Fähigkeit sei. Wie nun bestimmte Personen die Gaben der Prophetie, der Lehre, der Heilkraft empfangen haben, und von der Gemeinde Anerkennung derselben verlangen dürfen, so schließt es die Gabe der Gemeindeleitung ihrer Natur nach in sich, daß die Anerkennung derselben zum stetigen Gehorsam gegen die bestimmte Person, und daß das Charisma Amt wird. Denn dem Begriffe des Amtes entspricht der stetige Gehorsam; indem aber die Gabe der Gemeindeleitung an sich denselben fordert, so tritt sie nothwendig mit dem Anspruche amtlicher Befugniß auf. Dasselbe folgt auch aus dem Verhältniß des Inhaltes dieser Gabe zu der Form des Charisma. Denn wenn der Dienst der Gemeindeleitung in den Personen seiner Träger von Anfang an nicht als willkürliches persönliches Attribut, sondern als göttliche Gabe anerkannt wurde, so sind dieselben der Gemeinde in dem festen Unterschiede gegenübergestellt, der zu dem Begriffe des Amts gehört. Auf die Betrachtungsweise des Paulus findet das Dilemma noch keine Anwendung, ob man dem Amtsträger wegen seines Amtes, oder dem Amte wegen der Person seines Trägers Folge leistet. Denn der göttliche Ursprung der Gabe der Gemeindeleitung begründet eben die untrennbare Wechselbeziehung zwischen der Person und ihrer Leistung. Also, obgleich Paulus die Gemeindeleitung ebenso wie die Heilthätigkeit und das Zungenreden als Charisma betrachtet, kann er nicht ausschließen, daß jener Dienst der Gemeinde gegenüber durch bestimmte Personen vertreten und als Amt fixirt war; während manche der anderen Charismen ihrem Wesen nach nicht zu Aemtern werden konnten. Wenn nun die Apostel die Erstbekehrten als Leiter der Christengemeinden einsetzten, nachdem sie dieselben durch den Geist erprobt hatten, wie Clemens sagt, so ist klar, daß das Charisma erst durch diese Einsetzung formell Amt wird; ebenso klar aber auch, daß nicht die Berufung durch die Apostel den göttlichen Ursprung des Amtes darstellt. Derselbe liegt in dem persönlichen Charisma und nicht in irgend einer Form, durch welche die Anerkennung desselben vermittelt würde. Das Amt hat göttlichen Ursprung, auch wenn es nicht von einem Apostel, sondern von der Gemeinde übertragen wird, weil es gleichgültig ist, welche menschliche Auktorität sich von dem Vorhandensein des Charisma in einer Person überzeugt, und die allgemeine Anerkennung desselben vermittelt. In diesem Sinne ist die Fortsetzung des Gemeindeamtes von der Auktorität der Apostel mit Recht unabhängig geworden; und aus der entsprechenden Ansicht heraus hat Paulus auch die freiwillige Uebernahme amtlicher Gemeindedienste durch die Familie des Stephanas statthaft gefunden. Denn wenn auch der specielle Inhalt dieser Dienste nicht zu erkennen ist, so bürgt die Aufforderung des Paulus, daß die Gemeinde Jenen gehorchen solle, dafür, daß sie irgend Etwas zur Leitung der Gemeinde gehörendes in die Hand genommen haben.

Die Träger des ursprünglichen Gemeindeamtes führen verschiedene gleichbedeutende Namen. Sie heißen *προϊστάμενοι* (1 Thess. 5, 12; Röm. 12, 8), *πρεσβύτεροι* (Act. 11, 30; 14, 23; 15, 2 ff.; 20, 17. 18; Jak. 5, 14; 1 Petr. 5, 1; Tit. 1, 5; 1 Tim. 5, 17. 19), *ἐπίσκοποι* (Phil. 1, 1), *ποιμένες* (Eph. 4, 11), *ἡγούμενοι* (Hebr. 13, 7. 17. 24). Die Identität der Namen des Aeltesten und des Vorstehers ergiebt sich aus 1 Tim. 5, 17; der Aelteste und der Aufseher (Bischof) sind Tit. 1, 5—7; 1 Tim. 9, 1. 2; 5, 17 untereinander, und beide mit dem Hirten Act. 20, 17. 18. 28; 1 Petr. 5, 1. 2 gleichgesetzt. Alle diese Namen weisen darauf hin, daß das Gemeindeamt seiner ursprünglichen Bedeutung nach einen im weitesten Sinne politisch zu nennenden Charakter an sich trug. Es wird sich also von dem Amt der Apostel ursprünglich nicht so unterschieden haben, daß die Presbytern dieselbe Aufgabe an den einzelnen Orten zu vollziehen hatten, welche den Aposteln an allen Orten zustand, sondern es wird einen anders gerichteten Zweck gehabt haben, als das apostolische.

Dies ist zunächst daran zu erkennen, daß mit dem Gemeindeamt ursprünglich nicht die Verkündigung des Evangeliums und die Lehre verbunden war, welche den eigentlichen Beruf der Apostel bildete (Act. 5, 32; 6, 4). Diese Funktion steht vielmehr ursprünglich außer den Aposteln jedem Gläubigen frei, der dazu befähigt ist (Act. 8, 4; 11, 19—21; 13, 1). Paulus setzt die Freiheit in der Ausübung der Lehrgabe bei der korinthischen Gemeinde als von selbst sich verstehend voraus (1 Kor. 14, 26), und verbietet nur das öffentliche Reden der Weiber; denn er erkennt die Lehrgabe als ein von jedem Amte unabhängiges Charisma an (12, 28). Auch die Warnung des Jakobus, daß seine Leser nicht so zahlreich Lehrer werden sollen (3, 1), setzt voraus, daß das Recht dazu durch das Vorrecht eines Lehramtes nicht beschränkt war. Spuren dieser Freiheit finden sich noch in späteren Zeiten. Zunächst hält Hermas im Hirten das Lehrgeschäft und das Gemeindeamt noch gänzlich auseinander. Die Lehrer erwähnt er wiederholt neben den Aposteln (Sim. 9, 15. 16. 25); und in der Schilderung des die Kirche bedeutenden Thurmbaus, zu welchem die Steine aus verschiedenen Bergen gebrochen werden, theilt Hermas die Episkopen (Sim. 9, 27) einem andern Berge zu, als die Apostel und die Lehrer, welche das Wort des Herrn ehrbar und rein verkündigt haben (cap. 25). Deßhalb ist es unmöglich, eine andere Stelle, welche Apostel, Episkopen und Lehrer neben einander nennt, so zu verstehen, daß die beiden letzteren Aemter in denselben Personen vereinigt zu denken seien[1]). Auch noch in späteren Zeiten, unter ganz veränderten Verhältnissen, erhält sich in verschiedenem Maaße die Anerkennung der nicht amtlich zu beschränkenden Lehrfreiheit. Tertullian kennt den frater doctor, gratia scientiae donatus (de praescr. haer. 14). Im achten Buche der apostolischen Constitutionen wird die Lehrbefugniß jedem dazu befähigten Laien zugestanden[2]). Ferner als Origenes vor seiner Aufnahme in den Klerus zu Cäsarea predigte, und der Bischof Demetrius von Alexandria Einspruch dagegen erhob, fand jener Unterstützung bei den Bischöfen von Jerusalem und von Cäsarea, welche den Grundsatz, daß Laien in Gegenwart des Bischofs predigen dürfen, als althergebracht vertheidigten und mit Beispielen belegten (Eus. H. E. VI, 19, 7). Wenn in diesen Fällen die Gegenwart, d. h. die Erlaubniß und Gewährleistung des Bischofs als Bedingung der Ausübung jenes Rechtes der Laien erscheint[3]), so folgt dies nur aus der Stellung der Bischöfe als Leiter und Ordner der Gemeinde und ihrer

1) Vis. 3, 5: *Οἱ λίθοι οἱ τετράγωνοι — εἰσὶν οἱ ἀπόστολοι καὶ ἐπίσκοποι καὶ διδάσκαλοι, οἱ πορευθέντες κατὰ τὴν σεμνὴν διδασκαλίαν τοῦ θεοῦ καὶ ἐπισκοπήσαντες καὶ διδάξαντες καὶ διακονήσαντες ἁγνῶς καὶ σεμνῶς τοῖς δούλοις τοῦ θεοῦ τὸν λόγον.*

2) Const. Ap. VIII, 33: *Ὁ διδάσκων εἰ καὶ λαϊκὸς ᾖ, ἔμπειρος δὲ τοῦ λόγου καὶ τὸν τρόπον σεμνὸς, διδασκέτω· ἔσονται γὰρ πάντες διδακτοὶ θεοῦ.*

3) Vgl. auch Conc. Carthag. IV. (vom Jahre 398) can. 98: Laicus praesentibus clericis nisi ipsis iubentibus docere non audeat.

gottesdienstlichen Zusammenkünfte, welche der bis in die apostolische Zeit zurückreichende Grundcharakter des bischöflichen Amtes ist.

Indessen schon in den späteren apostolischen Briefen tritt eine Kombination der Lehrthätigkeit mit dem Gemeindeamte hervor. Dies ist der Fall Eph. 4, 11; Hebr. 13, 7. Die Lehrfähigkeit wenigstens wird auch Tit. 1, 9; 1 Tim. 3, 2 bei den Presbytern gewünscht; aber 1 Tim. 5, 17 deutet an, daß die Lehrthätigkeit nicht regelmäßig und nothwendig mit dem Gemeindeamt vereinigt war. Den in den Briefen an die Epheser und an die Hebräer bezeugten Zustand setzt Justin (Apol. I, 67) ohne Weiteres voraus, indem er den Vorsteher der Gemeinde (*προεστώς*) als denjenigen bezeichnet, der in den gottesdienstlichen Versammlungen die Lehre versieht. Daß dies durchgreifende Observanz in jener Zeit, vor der Mitte des zweiten Jahrhunderts, gewesen sei, paßt jedoch nicht zu den Andeutungen der etwa gleichzeitigen Schrift des Hermas. Allein noch aus viel jüngeren Zeugnissen ergiebt sich, daß das Lehramt nicht in dem Gemeindeamt eingeschlossen gedacht wurde. Denn nur wenn das Lehrgeschäft in zufälliger Verbindung mit dem Presbyteramte stand, und wenn es deßhalb nicht bei allen Presbytern vorausgesetzt wird, erklärt es sich, daß in den Akten der Perpetua und Felicitas Kap. 13 von einem Presbyter Doctor Aspasius die Rede ist (bei Münter, Primord. eccl. afric. p. 242); daß Cyprian die presbyteri doctores zur Prüfung der anzustellenden Lektoren hinzuzieht (ep. 29); daß Dionysius von Alexandria, in dem Verfahren gegen den Chiliasten Nepos, in der Provinz Arsenoitis die Aeltesten und Lehrer aus den Dörfern zusammenruft (*συγκαλέσας τοὺς πρεσβυτέρους καὶ διδασκάλους τῶν ἐν ταῖς κώμαις ἀδελφῶν*, Eus. H E. VII, 24), während umgekehrt Hippolytus (Refut. omn. haer. I. prooem.) als Nachfolger der Apostel die *χάρις τῆς διδασκαλίας* sich beilegt, daneben aber sich noch als *φρουρὸς τῆς ἐκκλησίας* bezeichnet. Die Unterscheidung des Lehramtes vom Vorsteheramt bei denselben Personen weist aber auf die ursprüngliche Abgrenzung des Gemeindeamtes hin, in welchem das Lehramt nicht mitgesetzt ist [1]).

1) Dieser Unterschied entspricht nicht dem bei den Reformirten verfas-

Denn es läßt sich auch nicht beweisen, daß in dem Hirtenamt das Lehrgeschäft eingeschlossen gedacht sei, in dem Sinne, daß der Hirt nicht blos die Heerde zu leiten, sondern sie auch mit der Nahrung zu versorgen habe, welcher in der Uebertragung die Lehre entsprechen soll [1]). Dagegen ist schon der Umstand, daß in der einzigen Stelle des N. T., wo die Aeltesten Hirten genannt werden (Eph. 4, 11), ihre Qualität als Lehrer daneben gestellt wird. Aber auch wo im N. T. Christus selbst sich Hirt nennt (Mark. 14, 27; Joh. 10, 11 ff.) oder Hirt genannt wird (1 Petr. 2, 25; 5, 4; Hebr. 13, 20), wird nicht auf die Funktion des Lehrens, sondern nur auf die des Herrschens und Leitens Bezug genommen. Dasselbe ist ferner der Fall in der Anweisung, welche dem Petrus zu Theil wird (Joh. 21, 15). Endlich wird auch durch die Vergleichung des Bildes vom Hirten und der Heerde, wie es im A. T. auf Gott als den Bundesgenossen Israels (Ps. 23; Jes. 40, 11), und auf die von ihm bestellten Führer des Volkes angewendet wird (z. B. Jes. 63, 11; Jer. 3, 15; 23, 1—4; 25, 34; Ezech. 34; Sacharja 10, 3; 13, 7), nur bestätigt, daß die sorgsame Leitung der Gemeinde allein mit jenem Titel gemeint ist, dessen ursprünglicher Sinn ja auch nichts weniger in sich schließt, als das Geschäft der Fütterung der Heerde.

Die gewöhnliche Vorstellung ist, daß das Amt der Vorsteher und Aeltesten zeitlich nicht zuerst ins Leben trat, sondern daß die Einsetzung der Gemeindediener oder Diakonen der Bildung

sungsmäßigen Unterschiede von Dienern am Worte und Laienältesten. Denn in der alten Kirche wird der Unterschied zwischen Klerus und Gemeinde anders begründet, als bei den Reformirten. Bei diesen begründet das Lehramt den Gegensatz eines Standes gegen die Laien; in der alten Kirche ist der Klerus auf das politische Amt gegründet, und das Lehren ist an sich nicht wesentliches Attribut der Kleriker. Die Vorstellung von Laienältesten ist in der alten Kirche unmöglich. Der Aelteste ist als solcher den Laien entgegengesetzt, und gehört zum Klerus; dagegen ist ein διάκονος λόγου, minister verbi in der alten Kirche denkbar, der nicht zum Klerus gehört. Die Ansicht Calvins (Inst. IV, 3, 8), der die moderne Verfassungsform in die alte Kirche hineindeutete, ist als unrichtig erwiesen durch Vitringa De synagoga vetere p. 474—512; Böhmer, Dissert. iur. eccl. ant. (ed. 2) p. 398 sq. Rothe, Anfänge der christl. Kirche S. 221—239.

1) So behauptet z. B. Münchmeyer, Das Amt des Neuen Testaments (1853) S. 33 f.

eines Gemeindevorstandes wenigstens in Jerusalem voraufging. Schon seit Cyprian [1]) herrscht die Meinung, daß die Siebenmänner in Jerusalem (Act. 6, 1—6) nichts anderes gewesen seien, als diejenigen Gemeindediener, von deren Geschäften zuerst Justin (Apol. I, 65) eine Anschauung gewährt. Daß dieselben den Gemeindegliedern die Eucharistie reichen, und den Abwesenden sie ins Haus tragen, daß sie überhaupt bei dem Opfer Handreichung leisten, und die Ordnung in der Gemeinde beim Gottesdienste aufrecht erhalten, bezeichnet den Dienst der Diakonen als ein so untergeordnetes und so wenig selbständiges Amt, daß seine Auktorität überall nur von der des Bischofs abhing. In den apostolischen Constitutionen (II, 30—32; III, 19) wird deßhalb verordnet, daß der Diakon nichts ohne den Bischof, d. h. ohne sein Geheiß und seine Erlaubniß thun, namentlich in der Vertheilung der Almosen sich nur nach der Anordnung des Bischofs richten solle. Die Beschäftigung der Diakonen bei der Unterstützung der Wittwen und bei der Pflege der Gefangenen, welche auch sonst bezeugt ist [2]), berührt sich nun allerdings mit der Aufgabe, die den Siebenmännern in Jerusalem zugewiesen war. Allein dadurch wird die von Cyprian bezeichnete Identität ihres Amtes nicht bewiesen. Denn es waltet der wichtige Unterschied ob, daß die Diakonen die Armenpflege nur als Organe des Bischofs ohne eigene Verantwortlichkeit betrieben; daß hingegen die Siebenmänner dieselbe völlig selbständig verwalteten. Es ist eine falsche Beobachtung von Cyprian, daß die Siebenmänner ebenso als Diener der Apostel eingesetzt worden seien, wie die Diakonen Diener der Bischöfe waren; sondern indem die Apostel die Siebenmänner mit der Sorge für die Wittwen betrauen ließen, zogen sie sich von der Betheiligung an der Oekonomie der Gemeinde, die sie früher neben ihrem Lehramt geführt hatten, gänzlich zurück. Daß das Amt der Siebenmän-

1) Cypr. ep. 3, 3: Meminisse diaconi debent, quoniam apostolos id est episcopos et praepositos dominus elegit, diaconos autem post ascensum domini in coelos apostoli sibi constituerunt episcopatus sui et ecclesiae ministros.

2) Cypr. ep. 52, 1; Dionys. Alex. ap. Eus. H. E. VII, 11, 9.

ner einen andern Inhalt hatte, als das Amt der Diakonen, wird endlich durch der Unterschied des Namens angedeutet. Da der Begriff von διάκονος und διακονία nicht nur im N. T., sondern auch im kirchlichen Sprachgebrauch in dem allgemeinen Sinne von „Dienst" feststeht, so ist auch bei dem Amte der Diakonen ursprünglich eine Bezeichnung des Objektes ihres Dienstes vorausgesetzt. In diesem Sinne heißen die Diakonen Diener der Gemeinde (Cypr. ep. 3. vgl. Röm. 16, 1), oder Jesu Christi (Polycarp. ad Philipp. 5. Pseudoignat. ad Magn. 6), oder des Gottesdienstes (τῶν μυστηρίων, Pseudoignat. ad Trall. 2; Concil. Trull. can. 16). Dagegen das Amt der Siebenmänner ist als διακονία τῶν τραπεζῶν bezeichnet, im Gegensatz gegen die apostolische διακονία τοῦ λόγου; und nie heißen sie selbst einfach διάκονοι (vgl. Act. 21, 8).

Dieser unleugbare Thatbestand ist schon in der alten Kirche wahrgenommen worden [1]). Unter den protestantischen Geschichtsforschern hat ihn zuerst Vitringa ausführlich erörtert. Das positive Resultat seiner Untersuchung ist nun die Annahme, daß das Amt der sieben Almosenpfleger ein außerordentliches gewesen sei, und sich auch nur auf den hellenischen Theil der Gemeinde in Jerusalem bezogen habe [2]). Die letztere Beobachtung ist unrichtig; aber auch die eigentliche Entscheidung des Problems ist nicht befriedigend. Denn die selbständige Verwaltung des zur Unterstützung der Armen bestimmten Gemeindevermögens, welche den Siebenmännern übertragen war, ist nach Act. 11, 29. 30 in den Händen der Presbytern. Da nun in dieser Stelle zuerst Presbytern auftreten, ohne daß deren Einsetzung erzählt ist, da andererseits die Siebenmänner als solche nicht mehr in der Geschichte erwähnt werden, so ist dies die Handhabe für J. H. Böhmer [3]) geworden, wahrscheinlich zu machen, daß die Siebenmänner und die Presbytern der Gemeinde zu

---

1) Chrysostomus, hom. XIV. in Acta § 3. Tom. IX ed. Montfauc. p. 115. Concil. Trull. (a. 692) can. 16.

2) De synagoga vetere p. 928.

3) Diss. iur. eccl. antiq. (ed. 2.) p. 373 sq.

Jerusalem *ihrem Amte nach identisch* gewesen seien. Allerdings kann man diese Vermuthung durch die Erwägung nur schlecht begründen, daß wenn die Presbytern von den Siebenmännern verschieden gewesen wären, Lukas ihre Einsetzung hätte erzählen müssen. Indessen wenn auch Lukas Manches nicht erzählt hat, was zu wissen wichtig war, so kann doch nur das Vorurtheil, daß er ein schlechter Schriftsteller sei, sich dabei beruhigen, daß zuerst die Einsetzung der Siebenmänner zur Verwaltung der Armenpflege ausführlich erzählt, und nicht lange danach ein ganz anderes Amt als Träger jener Befugniß stillschweigend eingeführt wird. Wenn man dem Schriftsteller folgt, ohne sich durch die Tradition über die urchristliche Verfassung und durch die zu vollkommener Rathlosigkeit vorgeschrittene kritische Behandlung des Buches beirren zu lassen, so hat der Eindruck von der Identität jener beiden Aemter mehr Bedeutung, als die Annahme, daß die Funktionen der Siebenmänner, welche auf der freiwilligen Vermögensausgleichung ruhten, wegfielen, als die anfängliche, wenn auch nur sehr relative Gemeinschaft des Vermögens in der jerusalemischen Gemeinde sich verlor [1]). Denn alles Almosen ist freiwillige Ausgleichung des Vermögens, und da das religiöse Leben der christlichen Gemeinden nicht nur in Jerusalem, sondern überall fortfuhr, sich in Almosengeben zu bethätigen, so behielt auch das Bedürfniß nach dem Amte der Siebenmänner Bestand. Die Vermuthung nun, daß dasselbe in Jerusalem in dem Amte der Presbytern fortbestand, oder durch Annahme anderer Funktionen sich zu dem Amte der Presbytern entwickelte, kann nur insofern zur Wahrscheinlichkeit erhoben werden, als man darauf rechnen darf, daß die Verfassungsverhältnisse in der alten Kirche in einer gewissen Regelmäßigkeit sich entwickelt haben. Unter dieser Voraussetzung nun ist es von Wichtigkeit, daß die Verwaltung des Gemeindevermögens zur Unterstützung der Wittwen und Waisen, der Kranken, der Gefangenen, der Fremden und der Bedürftigen überhaupt dem Bischofe [2]),

---

1) Rothe, Anfänge der christl. Kirche 1. Th. S. 169.

2) Iustin. Apol. I, 67: Οἱ εὐποροῦντες καὶ βουλόμενοι κατὰ προ-

und ehe dieses Amt im monarchischen Sinne erscheint, den Episkopen oder Presbytern [1]) beigelegt wird. Weil nun die Ausübung dieser Wohlthätigkeit als Gottesdienst im eigentlichen Sinne (Jak. 1, 27), als eigentliches Opfer (Hebr. 13, 16; Phil. 4, 18) von Anfang an aufgefaßt wird; weil ferner seit dem römischen Clemens die Darbringung der Gaben der Gemeindeglieder als Opferakt in den regelmäßigen durch den Vorsteher geleiteten Gottesdienst eingereiht war [2]), so kann die Annahme und Verwaltung der Almosen nicht als ein Accidens des Vorsteheramtes gerechnet werden, sondern muß zu dessen Substanz gehören. Und wenn zugestanden werden darf, daß die Funktionen, welche in dem Presbyteramte vereinigt sind, erst nach einander ins Leben traten, so macht die nachgewiesene Analogie zwischen dem Inhalte des Amtes der Siebenmänner und jenem Hauptattribute des Presbyteramtes sehr wahrscheinlich, daß die Befugniß der Siebenmänner die erste Gestalt des nachher in Jerusalem auftretenden Presbyteramtes war [3]).

Denn allerdings die beiden anderen Attribute des Vorsteheramtes, welche nach den frühesten Zeugnissen wahrgenommen werden, die Aufsicht über das Leben der Gemeindeglieder nebst dem Rechte der disciplinarischen Ermahnung (1 Thess. 5, 12—15)

αἵρεσιν ἕκαστος τὴν ἑαυτοῦ ὃ βούλεται δίδωσι, καὶ τὸ συλλεγόμενον παρὰ τῷ προεστῶτι ἀποτίθεται, καὶ αὐτὸς ἐπικουρεῖ ὀρφανοῖς τε καὶ χήραις, καὶ τοῖς διὰ νόσον ἢ δι' ἄλλην αἰτίαν λειπομένοις, καὶ τοῖς ἐν δεσμοῖς οὖσι, καὶ τοῖς παρεπιδήμοις οὖσι ξένοις καὶ ἁπλῶς πᾶσι τοῖς ἐν χρείᾳ οὖσι κηδεμὼν γίνεται. — Ignat. ad Polycarp. 4: *Χῆραι μὴ ἀμελείσθωσαν· μετὰ τὸν κύριον σὺ αὐτῶν φροντιστὴς ἔσο.* Andere Zeugnisse bei Bingham, Origg. eccl. I. p. 108.

1) Polyc. ad Philipp. 6: *Οἱ πρεσβύτεροι — ἐπισκεπτόμενοι πάντας ἀσθενεῖς, μὴ ἀμελοῦντες χήρας ἢ ὀρφανοῦ ἢ πένητος.* Herm. Pastor Sim. IX, 27: *Οἱ ἐπίσκοποι πάντοτε τοὺς ὑστερημένους καὶ τὰς χήρας τῇ διακονίᾳ ἑαυτῶν ἀδιαλείπτως ἐσκέπασαν.*

2) Vgl. Höfling, Die Lehre der ältesten Kirche vom Opfer S. 51 ff.

3) Wem diese Hypothese zu gewagt erscheint, der möge sich daran erinnern, daß die traditionelle Identificirung des Amtes der Siebenmänner mit dem Diakonat auch nur eine Hypothese ist, und zwar eine solche, die schlechter als jene begründet ist. Auch Vitringa's Meinung, daß jenes Amt ein außerordentliches gewesen sei, ist nur hypothetisch. Ohne Hypothesen aber ist auf die Frage, wo das Amt der Siebenmänner geblieben sei, nur mit non liquet zu antworten.

und die Leitung des regelmäßigen Gottesdienstes (Clem. Rom. ad Corinth. 41. 44) werden den Sieben nicht übertragen; vielmehr scheint Beides, jedenfalls das Letztere den Aposteln vorbehalten zu sein, wenn dieselben erklären, sie wollten anhalten am Gebete und am Dienste des Wortes (Act. 6, 4). Ob, wann und unter welchen Umständen die jerusalemischen Presbytern auch diese Befugnisse übernommen haben, läßt sich nicht nachweisen; da uns gänzlich unbekannt ist, ob in der Zeit, welche die Apostelgeschichte umfaßt, die Apostel regelmäßig nicht in Jerusalem anwesend waren. Aber die Umstände bringen es mit sich, daß das in den heidenchristlichen Gemeinden eingeführte Vorsteheramt von Anfang an alle diese Geschäfte umfaßte.

Das Amt der Gemeindevorsteher war also *ursprünglich nicht berechnet auf eine Abzweigung speciell apostolischer Befugnisse*, sondern erscheint auf ein Bedürfniß der christlichen Gemeinde gegründet, welches einem von der Bestimmung der Apostel ganz verschiedenen Gebiete angehört. So gewiß die Annahme der Gaben der Gemeindeglieder nicht in dem Berufe der Apostel, Zeugen der Auferstehung Jesu zu sein, gelegen hat, so ist das auf die Verwaltung der Gemeindegüter bezogene Gemeindeamt nicht als Lehen das Apostolates zu betrachten, sondern es steht in einem polaren Gegensatze gegen den Apostolat. Auch die Befugnisse der Disciplin und der Leitung des Kultus, welche wenigstens in den heidenchristlichen Gemeinden den Presbytern von Anfang an übertragen worden sein müssen, sind nicht als specifische Attribute des Apostelamtes anzusehen. Das eigentlich apostolische Geschäft des Lehrens ist nun freilich schon gegen das Ende des apostolischen Zeitalters, wie es scheint, regelmäßig mit dem Vorsteheramte in den Gemeinden kombinirt worden; allein mit dem nicht zu verkennenden Vorbehalte, daß es nicht wesentlich in jenem Amte liege. Es hat erst einer weitern Entwickelung bedurft, bis das Amt des obersten Gemeindevorstehers, des Bischofs im katholischen Wortsinne, als das apostolische Lehramt selbst sich darstellte und geltend machte. Demnach können wir nicht zustimmen, wenn behauptet wird, daß die einzelnen Aemter im Apostolat ihre gemeinsame Wurzel haben, und durch Vermittelung desselben an seinem göttlichen Ursprunge theilnehmen [1]). Wie dieses Vorgeben in Hinsicht des Vorsteheramtes sich als unrichtig ergeben hat, so kann es noch viel weniger an dem Diakonate bewährt werden. Denn da man schwerlich umhin kann, in den Stellen Röm. 12, 7; Phil. 1, 1; 1 Tim. 4, 8—13 Hindeutungen auf den durch Justin zuerst näher beschriebenen, vor ihm aber schon durch Clemens (ad Corinth. 42) und Ignatius (ad Polyc. 6) bezeugten Dienst anzuerkennen, so ist nach unserer Erörterung über das Amt der Siebenmänner kein Schein eines Grundes dafür übrig, daß die Apostel selbst jemals die den Diakonen zukommenden Dienste verrichtet hätten. Vielmehr kann nicht gezweifelt werden, daß in dem Dienste der Diakonen diejenigen Verrichtungen fixirt wurden, welche im Anfang von den jüngeren Mitgliedern der Gemeinde zu Jerusalem freiwillig geübt wurden (Act. 5, 6). Es läßt sich nun freilich nicht nachweisen, daß die Apostel die amtliche Fixirung dieses Dienstes zuerst veranlaßt oder angeordnet haben; aber wenn man die Worte des Clemens, von welchen unsere Betrachtung ausgegangen ist, nicht zu sehr pressen will, so ist es wohl als eine geschichtliche Thatsache anzuerkennen, daß das Bestehen der Episkopen und der Diakonen in den ältesten Gemeinden auf die Apostel zurückzuführen ist.

Aber Clemens erzählt ferner, daß die Apostel in Voraussicht des Streites über das Amt nicht nur die ersten Amtsträger eingesetzt, sondern auch nachher die **nachträgliche Verfügung** getroffen haben, daß wenn jene ersten gestorben sein würden, andere erprobte Männer ihr Amt übernehmen sollten [2]). Das heißt, die Apostel haben verordnet, daß das Gemeindeamt nicht mit seinen ersten Trägern erlöschen, sondern nach deren

---

1) So z. B. **Schaff**, Geschichte der apostol. Kirche, 2. Ausg. S. 499.

2) Ep. ad Corinth. 44: *Οἱ ἀπόστολοι ἡμῶν ἔγνωσαν διὰ τοῦ κυρίου ἡμῶν Ἰ. Χ. ὅτι ἔρις ἔσται ἐπὶ τοῦ ὀνόματος τῆς ἐπισκοπῆς. διὰ ταύτην οὖν τὴν αἰτίαν πρόγνωσιν εἰληφότες τελείαν κατέστησαν τοὺς προειρημένους (ἐπισκόπους καὶ διακόνους*, cap. 42), *καὶ μεταξὺ ἐπινομὴν δεδώκασιν, ὅπως ἐὰν κοιμηθῶσιν, διαδέξωνται ἕτεροι δεδοκιμασμένοι ἄνδρες τὴν λειτουργίαν αὐτῶν.* Ueber die Bedeutung von *ἐπινομή* vgl. **Lipsius**, De Clemente Rom. S. 20. 21.

Tode durch andere Personen fortgesetzt werden solle. Diese Verordnung tritt der Meinung entgegen, daß das Gemeindeamt etwas überflüssiges, höchstens etwas provisorisches sei, welches vor der gleichen Berechtigung aller Gläubigen verschwinden müsse. Ein solcher Freiheitsschwindel, welcher im Gefolge jeder geistigen Krisis zu sein pflegt, konnte sich in den christlichen Gemeinden um so eher entwickeln, als die Erwartung der Wiederkunft des Herrn und des Weltendes den Untergang aller menschlichen Ordnungen in Aussicht stellte. Es ist deßhalb nicht in Zweifel zu ziehen, daß die Apostel eine solche Verordnung getroffen haben; wenn gleich die dogmatische Motivirung, welche Clemens vorausschickt, uns den Mangel der Kenntniß der speciellen Veranlassung nicht ersetzt. Indessen ist es ein wichtiger Charakterzug des Gemeindeamtes, daß es durch Succession seiner Träger fortgepflanzt werden sollte, und zwar auch ohne Mitwirkung der Apostel.

II. Das Gemeindeamt und die Gemeinde.

Der Gehorsam der Gemeinde gegen ihre Vorsteher war das Verhältniß, welches der römische Clemens in dem Brief an die Korinther auf das dringendste empfahl, weil dasselbe durch die Anmaßung von Gemeindegenossen gestört war, welche ihre Gaben der tiefern Erkenntniß und der Askese (Ehelosigkeit) der Auktorität der Presbytern entgegensetzten [1]), und Anhang in der Gemeinde gefunden hatten. Dieser Konflikt ist dem Streite zwischen den Charismen parallel, über welchen Paulus dieselbe korinthische Gemeinde zurechtsetzen mußte. Allein dieser spätere Gegensatz ist für den Bestand der Gemeinde um so bedenklicher, als die in dem Amte fixirte Gabe der Gemeindeleitung ihrer Natur nach eine Ordnung in der Gemeinde begründet, welche durch die Gabe der Enthaltsamkeit und der in typologischer und allegorischer Schriftauslegung sich ergehenden Erkenntniß nicht gewährleistet wird. Deßhalb bemüht sich Clemens, mit allen Mitteln die Nothwendigkeit der Unterordnung unter

---

1) Clem. ad Rom. 13. 38. 48. Vgl. Lipsius a. a. O. S. 110 ff.

die Vorsteher einzuschärfen (cap. 1. 21. 47. 54. 57). Die Höhe seines Beweises bildet nun aber die Berufung auf eine alttestamentliche Anordnung, deren typische Anwendung auf die christliche Gemeinde in dieselbe Methode der Gnosis gehört (s. o. S. 277), durch welche sich die Gegner des Gemeindeamtes auszuzeichnen vorgaben. „Da wir uns gebeugt haben in die Tiefen der göttlichen Erkenntniß, so müssen wir in Ordnung Alles vollbringen, was der Herr für bestimmte Zeiten geboten hat. Und die Verrichtung von Opfern und Diensten hat er nicht als zufällig oder ordnungslos geboten, sondern für bestimmte Zeiten und Stunden. Wo und durch wen er sie verrichtet wissen will, hat er durch seinen erhabenen Willen festgesetzt, damit Alles nach seinem Wohlgefallen geschehe und seinem Willen angenehm sei. Diejenigen also, welche zu den gebotenen Zeiten Opfer bringen, sind Gott angenehm und selig; denn indem sie den Geboten des Herrn folgen, enthalten sie sich der Sünde. Dem Hohenpriester nämlich sind eigene Verrichtungen gegeben, den Priestern ist ihr eigenes Amt angewiesen, den Leviten liegen eigene Dienstleistungen ob, und der Laie ist an die ihm geltenden Anordnungen gebunden. Jeder von Euch, ihr Brüder, soll in der ihm zukommenden Stellung Gott seinen Dank darbringen, in gutem Gewissen, indem er die festgesetzte Regel seiner gottesdienstlichen Funktion nicht überschreitet. Nicht überall, ihr Brüder, werden Opfer dargebracht, tägliche, und Dank- und Sühn- und Sündopfer, sondern nur in Jerusalem; und auch dort wird nicht an jedem Orte geopfert, sondern vor dem Tempel auf dem Altare, nachdem das Opfer durch den Hohenpriester und die vorher genannten Personen geprüft ist. Die also, welche gegen seinen Willen etwas thun, werden den Tod zum Lohne haben. Sehet, Brüder, je tieferer Erkenntniß wir gewürdigt sind, um so größerer Gefahr sind wir ausgesetzt" (cap. 40. 41).

Diese Belehrung hat nur den Zweck, die Ordnung in der Verrichtung des christlichen Gottesdienstes, welche namentlich auf den Unterschied der Gemeindebeamten von den übrigen Gemeindegliedern gegründet ist, als von Gott gewollt und geboten darzustellen. Dagegen wird Clemens falsch verstanden, wenn man annimmt, er wolle den Unterschied von Hohenpriestern, Priestern, Leviten und Laien auf entsprechende Stände in der christlichen Gemeinde unmittelbar übertragen. Wichtig genug ist der richtige Sinn, daß Gott den Gegensatz zwischen Vorstehern und Gemeinde gewollt und sowohl direkt durch den Propheten (cap. 42; s. o. S. 347) als indirekt durch die mosaische Gesetzgebung verkündigt habe. Durch jenen Beweis aber wird weder die göttliche Begründung des Gemeindeamtes erschöpfend dargestellt, noch demselben ein specifischer Charakter der Gemeinde gegenüber gewährleistet. Denn die übernatürliche Begründung findet das Amt nur in dem Charisma; während die Vergleichung der Standesunterschiede in der christlichen Gemeinde mit dem alttestamentlichen Unterschied zwischen Priestern und Laien nur etwas Naturgemäßes ausdrückt, was Clemens ebenso treffend durch die Ordnung begründet, welche in einem Heere, und welche im menschlichen Leibe herrscht (cap. 37). Deßhalb meint er auch die Unterordnung unter die Presbytern nur in dem allgemein sittlichen Sinne, in welchem es nothwendig ist, daß in der Gemeinde jeder seinem Nächsten sich unterordne (cap. 38), und ist weit davon entfernt, in den Presbytern nothwendige religiöse Mittler zu sehen. Seine theologische Begründung des Unterschiedes zwischen Vorstehern und Gemeinde durch den alttestamentlichen Typus giebt nicht einmal den vollen Maaßstab für die specifisch göttliche Begründung des Gemeindeamtes, sondern läßt die Beziehung desselben auf das Charisma unberührt. Also übersteigt die von ihm aufgewiesene göttliche Gewährleistung des Amtes das Maaß des sittlich Naturgemäßen nicht [1]).

Der übernatürliche, ideelle Grund des Amtes, welcher im Charisma liegt, kann durch nichts Anderes ersetzt werden. Wenn Clemens die Apostel als Stifter des Gemeindeamtes bezeichnet, so hat er die göttliche Garantie desselben nicht an den Amtscharakter der Apostel geknüpft. Die Apostel sind

1) In demselben Sinne ist es zu verstehen, wenn Polykarp (ep. ad Philipp. 5) ermahnt, den Presbytern und Diakonen zu gehorchen, ὡς θεῷ καὶ Χριστῷ.

nicht die Quelle des Amtes, sondern die Organe für dessen Einsetzung; in ihnen liegt nicht das Princip des Amtes, sondern sie begründen nur den Anfang desselben. Wäre dem nicht so, so hätte das durch Gott privilegirte Gemeindeamt entweder nach dem Ableben der Apostel eingehen müssen, oder hätte zu seiner Fortpflanzung einer Fortsetzung des Apostelamtes bedurft. Da beides nicht eingetreten, sondern das Gemeindeamt durch eine andere Vermittelung, als die der Apostel, nämlich durch die Wahl der Gemeinde, fortgepflanzt worden ist, so ergiebt sich, daß die Apostel nicht in einer von ihrem Amte untrennbaren Befugniß, sondern wegen der zufälligen Umstände jeder Gründung einer Gemeinde das Gemeindeamt ins Leben gerufen haben. Und in Jerusalem war nicht einmal dies der Fall. Denn da zuerst die Apostel die Funktionen der Gemeindeleitung daselbst ausübten, und eine Gemeinde gebildet hatten, so war diese im Stande, selbst das Gemeindeamt durch ihre Wahl zu stiften, als die Apostel es wünschenswerth fanden, die Verwaltung der Almosen aus der Hand zu geben. Daß nun die Gemeinde selbst in diesem ersten Fall den Unterschied zwischen sich und den Gemeindebeamten gründete, hat wiederum nicht die Bedeutung, daß das Amt seinen zureichenden Grund an der Gemeinde hat. Vielmehr weist die Erzählung deutlich darauf hin, daß die Fülle des heiligen Geistes und der Weisheit (Act. 6, 3), nach welcher sich die Wahl richten sollte, als der göttliche Grund des Amtes und seiner Auktorität vorausgesetzt wird. Die Wahl ist nur die Form der Anerkennung des Charisma und der Unterwerfung unter dasselbe; nicht der Grund des Amtes, sondern nur das Mittel, durch welches die göttliche Gabe zum Gemeindeamt wird. Hiemit steht eine bekannte Aeußerung Tertullians nicht nothwendig im Widerspruch: „Den Unterschied zwischen den Beamten und der Gemeinde hat der Beschluß der Gemeinde festgestellt; und die amtliche Würde ist durch das Zusammensitzen des Beamtenkollegiums geheiligt. Deßhalb wo kein Beamtenkollegium vorhanden ist, da opferst und taufst du selbst, und bist dir selbst Priester. Aber wo drei sind, ist Gemeinde, wenn sie auch Laien sind“ [1]. Der

1) De exhort. cast. 7: Differentiam inter ordinem et plebem con-

Zusammenhang dieser Worte zeigt, daß Tertullian den göttlichen Grund der Unterscheidung zwischen ordo und plebs nicht ausschließen will, indem er den menschlichen Anfang derselben bemerklich macht. Denn er setzt dem menschlichen Ursprung des Gemeindeamtes das göttliche Recht des Priesterthums jedes Gläubigen nur insoweit entgegen, als bei dem Mangel einer Organisation der Gemeinde jede gottesdienstliche Funktion jedem Gläubigen zusteht. Indem er aber durchaus nicht beabsichtigt, daß durch beliebige Ausübung dieses gottgemäßen Grundrechtes die menschliche Ordnung der Gemeinde gestört werde, gesteht er indirekt zu, daß die letztere in ihrer Art dem göttlichen Willen entspricht [1]).

Die Wahl durch die Gemeinde, welche in Hinsicht der Siebenmänner ganz frei war, erscheint übrigens in dem ersten hieher gehörigen Zeugniß aus der nachapostolischen Zeit schon bedingt durch das Vorwiegen einer Aristokratie in der Gemeinde. Nach Clemens von Rom (cap. 44) sind die nach den Aposteln eingesetzten Presbytern von „anderen hervorragenden Männern unter Zustimmung der ganzen Gemeinde" (ὑφ' ἑτέρων ἐλλογίμων ἀνδρῶν συνευδοκησάσης τῆς ἐκκλησίας πάσης) erwählt. Die Stelle der Notabeln wird späterhin vom Klerus eingenommen. Daß aber die Betheiligung der Laien bei der Wahl der Bischöfe, Presbytern und Diakonen den sehr positiven Sinn des selbständigen Urtheils, und nicht blos eine untergeordnete und beiläufige Bedeutung hatte, ist aus Erklärungen Cyprians deutlich zu ent-

stituit ecclesiae auctoritas, et honor per ordinis consessum sanctificatus. Adeo ubi ecclesiastici ordinis non est consessus, et offers et tinguis et sacerdos es tibi solus. Sed ubi tres, ecclesia est, licet laici. — Vgl. Böhmer a. a. O. Diss. VII. de differentia inter ordinem ecclesiasticum et plebem; p. 340—409.

1) Damit ist zu vergleichen, was Tertullian über die Disciplin der Gnostiker mittheilt, de praescr. haer. 41: Ordinationes eorum temerariae, leves, inconstantes. — Itaque alius hodie episcopus, cras alius, hodie diaconus, qui cras lector, hodie presbyter, qui cras laicus; nam et laicis sacerdotalia munera iniungunt. Von dieser Praxis unterscheidet sich sein Standpunkt insofern, als er die Ausübung des christlichen Priesterrechtes nur als Ausnahme da gestattet, wo keine geordnete Gemeinde ist; während die Gnostiker jede Gemeindeordnung durch die willkürliche Ausübung des bei Allen gleichen Rechtes aufheben.

nehmen. Die Gegenwart und Zustimmung der Gemeinde bei der Wahl der Kleriker, unter denen der Bischof durch die benachbarten Bischöfe, die Presbytern und Diakonen durch den übrigen Klerus präsentirt wurden, erklärt er als potestas vel eligendi dignos sacerdotes, vel indignos recusandi [1]). Mit diesen Angaben darf nicht, wie von Rothe geschehen ist [2]), die Theilnahme der Gemeinde zu Jerusalem an der Wahl des Apostels Matthias zusammengestellt werden. Denn dem Nachfolger des Judas sollte kein Gemeindeamt übertragen werden, und deßhalb wurde auch die Wahl nicht der Gemeinde, sondern durch das Loos Gott anheimgestellt; die Gemeinde, natürlich mit Einschluß der Elf, übte nur das Präsentationsrecht aus.

Durch das göttliche Recht, welches den Vorstehern die Aufsicht über die Sitten der Gemeinde und die Leitung der gottesdienstlichen Funktionen in derselben verleiht, sind dieselben aber nicht als Heilsmittler charakterisirt. Es versteht sich von selbst, daß der regelmäßige Gottesdienst nur dadurch der ganzen Gemeinde angehört, daß er von dem Vorsteher geleitet wird. Indem nun Justin berichtet, daß der Vorsteher (προεστώς) den sonntäglichen Dienst leitet, und die Darbringung von Brot und Wein, so wie die Weihe desselben zum Abendmahl durch Gebet vollzieht, so fügt er ausdrücklich hinzu, daß die Gemeinde (ὁ λαός) das Gebet des Vorstehers durch das Amen zu dem ihrigen macht (Apol. I, 65. 67). Die Bedeutung dieser Sitte wird aber dadurch erläutert, daß die an Christus Glaubenden das wahre hoheprie-

1) Ep. 67, 3 (ed. Goldhorn); cf. cap. 4: Quod et ipsum videmus de divina auctoritate descendere, ut sacerdos plebe praesente sub omnium oculis deligatur, et dignus atque idoneus publico iudicio ac testimonio comprobetur. — Coram omni synagoga iubet deus constitui sacerdotem, i. e. instruit et ostendit, ordinationes sacerdotales non nisi sub populi assistentis conscientia fieri oportere, ut plebe praesente et delegantur malorum crimina vel bonorum merita detegantur et sit ordinatio iusta et legitima, quae omnium suffragio et iudicio fuerit examinata. — Nec hoc in episcoporum tantum, sed et in diaconorum ordinationibus observasse apostolos animadvertimus. — Ep. 55, 7: Factus est Cornelius episcopus de dei et Christi eius iudicio, de clericorum paene omnium testimonio, de plebis, quae tunc adfuit, suffragio et de sacerdotum antiquorum et bonorum virorum collegio. — Vgl. Bingham, Origg. II. p. 96 sq.

2) A. a. O. S. 149.

sterliche Geschlecht und deßhalb auch das eigentliche Subjekt der von Christus angeordneten Opfer, d. h. der durch Dankgebet zu vollziehenden Darbringung von Brot und Wein sind (Dial. 116. 117). Also die von Anfang an vorauszusetzende Leitung des Gottesdienstes durch den Vorsteher hat nicht den Sinn, daß dieser zu etwas befähigt ist, was an sich nur ihm und nicht der Gemeinde zukommt, sondern, daß sein Geschäft gerade als das der Gemeinde erscheine. Es liegt schon ein anderer Gesichtspunkt mit zu Grunde, indem in den pseudoignatianischen Briefen die Unterwerfung unter den Bischof gefordert, und nur die von ihm geleitete Eucharistie anerkannt wird [1]). Allein die Art, wie in einer interpolirten Stelle des Epheserbriefes die Nothwendigkeit der bischöflichen Eucharistie begründet wird, weist auf die ursprüngliche Grundanschauung zurück, daß Brot und Wein als Leib und Blut Christi durch das Gebet des Bischofs und der ganzen Gemeinde dargestellt werden [2]). Wenn das Gebet von Einem oder zweien eine solche Kraft hat, daß Jesus unter ihnen ist, so ist um so gewisser, daß das Brot die Gegenwart Christi in sich faßt, wenn das Gebet des Bischofs, welches als das der ganzen Gemeinde gilt, die Weihe vollzieht. Dieser Schluß a minori ad maius hätte gar keinen Sinn, wenn nicht die höchste gottesdienstliche Funktion des Bischofs nur in der Vertretung der

---

1) Ad Smyrn. 8: *Μηδεὶς χωρὶς τοῦ ἐπισκόπου τι πρασσέτω τῶν ἀνηκόντων εἰς τὴν ἐκκλησίαν. ἐκείνη βεβαία εὐχαριστία ἡγείσθω ἡ ὑπὸ τὸν ἐπισκόπον οὖσα, ἢ ᾧ ἂν αὐτὸς ἐπιτρέψῃ.* Ad Trallenses 7.

2) Ad Ephes. 5: *Ἐὰν μή τις ᾖ ἐντὸς τοῦ θυσιαστηρίου, ὑστερεῖται τοῦ ἄρτου τοῦ θεοῦ. εἰ γὰρ ἑνὸς καὶ δευτέρου προσευχὴ τοσαύτην ἰσχὺν ἔχει, πόσῳ μᾶλλον ἥ τε τοῦ ἐπισκόπου καὶ πάσης τῆς ἐκκλησίας.* Cf. ad Philadelph. 4: *Ἓν θυσιαστήριον ὡς εἷς ἐπίσκοπος.* — Zur Erläuterung des Verhältnisses, in welches das Gebet des Bischofs und der Gemeinde zu dem Abendmahl gesetzt wird, so wie zur Bestätigung dessen, was oben über Justins Auffassung des Gemeindegottesdienstes in aller Kürze gesagt ist, ist folgende Stelle des Irenäus, wenn sie auch nicht echt sein sollte, geeignet (aus dem zweiten Pfaffschen Fragment, bei Stieren I. p. 854): *Προσφέρομεν τῷ θεῷ τὸν ἄρτον καὶ τὸ ποτήριον τῆς εὐλογίας, εὐχαριστοῦντες αὐτῷ, ὅτι τῇ γῇ ἐκέλευσε ἐκφῦσαι τοὺς καρποὺς τούτους εἰς τροφὴν ἡμετέραν· καὶ ἐνταῦθα τὴν προσφορὰν τελέσαντες ἐκκαλοῦμεν τὸ πνεῦμα τὸ ἅγιον, ὅπως ἀποφήνῃ τὴν θυσίαν ταύτην καὶ τὸν ἄρτον σῶμα τοῦ Χριστοῦ καὶ τὸ ποτήριον τὸ αἷμα τοῦ Χριστοῦ, ἵνα οἱ μεταλαβόντες τούτων τῶν ἀντιτύπων τῆς ἀφέσεως τῶν ἁμαρτιῶν καὶ τῆς ζωῆς αἰωνίου τύχωσιν.*

ganzen Gemeinde und in der vollen Gemeinschaft mit derselben gedacht wäre. Es liegt im Wesen des Abendmahles, daß es nur von der ganzen Gemeinde gefeiert wird; und da eine Gemeinde nur durch die Unterscheidung der Vorsteher von dem Volke organisirt ist, so kann man nicht erwarten, Zeugnisse dafür zu finden, daß das Abendmahl rechtmäßig in der Absonderung Einzelner von der Gemeinde gefeiert worden ist. Wenn deßhalb Tertullian in der schon oben (S. 363) erörterten Stelle de exhortatione castitatis 7 den Laien das Recht des Abendmahlsopfers zugesteht, wo kein Kollegium von Gemeindevorstehern vorhanden ist, so ist diese hypothetische Erklärung in Hinsicht der faktischen Verhältnisse in den Gemeinden durchaus unverfänglich. Die Aeußerung steht in keinem Zusammenhang mit dem Montanismus [1]), der gar kein specifisches Interesse am Laienpriesterthume hat; sie durchkreuzt aber allerdings den nachher ausgebildeten katholischen Grundsatz von dem specifischen Charakter des klerikalen Priesterthums, welches allein zum Opfer befähigt sein soll. Denn die Erinnerung daran, daß das Priesterthum jedes Gläubigen auch dem Laien gestattet, im Nothfall das Abendmahl zu verwalten, entspricht nur der von Justin vertretenen Anschauung des Gemeindegottesdienstes, während Tertullian übrigens schon im Begriffe ist, dieser ursprünglichen Ansicht vom Verhältniß des Kultus zur Gemeinde den Rücken zu kehren. Daneben aber beweisen alle Liturgieen, einschließlich des römischen Meßkanon, im Widerspruch mit dem tridentinischen Dogma, daß der Bischof oder Presbyter das Dankopfer von Brot und Wein nur im Namen der Gemeinde darbringt. In der Epoche der altkatholischen Kirche also, auf welche diese liturgische Tradition zurückweist, ist der Unterschied des Gemeindevorstehers von der Gemeinde nicht so verstanden worden, daß jenem ein gottesdienstlicher Charakter zukomme, an welchem die Gemeinde nicht theilnehme.

---

1) Wie Döllinger, Hippolytus und Kallistus S. 347, ohne Grund annimmt; indem er zugleich seine früher (Gesch. der christl. K. I, 1, S. 320) geäußerte Ansicht zurückzieht, daß offerre in der vorliegenden Stelle Tertullians nicht die Darbringung des eucharistischen Opfers, sondern nur die Austheilung der in der Kirche geweihten und zu Hause aufbewahrten Eucharistie bedeute.

Die naturgemäße aber darum nichts weniger als blos menschliche Ordnung in der Gemeinde fordert ferner, daß auch die Taufe nur von den Vorstehern vollzogen werde. In der Zeit, wo der Episkopat sich vom Presbyteramte abgelöst hatte, tritt sogar die leicht erklärliche Observanz ein, daß nur dem Bischofe, und den übrigen Klerikern nur auf seine Verfügung die Vollziehung der Taufe zustehe [1]). Allein der specifische Begriff des Priesters ist bei Tertullian noch nicht soweit entwickelt, daß er nicht zugleich das Recht jedes Gemeindegliedes an die Vollziehung einer Taufe anerkennt, wenn er auch der Ordnung wegen nur in Nothfällen die Ausübung dieses Rechtes gestattet [2]). In den apostolischen Constitutionen freilich wird das Taufen als ein priesterliches Geschäft den Laien ebenso verboten, wie die Vollziehung des Opfers und der Handauflegung (III, 10). Und alle späteren Zeugnisse für die Nothtaufe durch Laien [3]) sind verbunden mit der Voraussetzung, daß nur die Kleriker (Bischöfe und Presbytern) als Nachfolger der Apostel und specifisch begabte Personen den jenen ertheilten Befehl zum Taufen ausführen dürften. Wenn nun doch eine nothwendig gewordene Taufe durch einen Laien anerkannt wurde, so hat das nur einen Sinn, indem der von Tertullian ausgesprochene Grundsatz in Geltung bleibt, daß die Taufe von jedem selbst getauften Christen vollzogen werden kann [4]), und nicht von einem specifischen Priesterthum

---

1) Tertull. de baptismo 17: Dandi quidem baptismi habet ius summus sacerdos, qui est episcopus, dehinc presbyteri et diaconi, non tamen sine episcopi auctoritate propter ecclesiae honorem, quo salvo salva pax est.

2) L. c. Alioquin etiam laicis ius est (quod enim ex aequo accipitur, ex aequo dari potest), nisi episcopi iam aut presbyteri aut diaconi vocantur discentes. Domini sermo non decet abscondi ab ullo. Proinde et baptismus aeque dei census ab omnibus exerceri potest. Sed quanto magis laicis disciplina verecundiae et modestiae incumbit, quum ea maioribus competat, ne sibi adsumant dicatum episcopis officium. Aemulatio schismatum maior est. Omnia licere dixit sanctissimus apostolus, sed non omnia expedire. Sufficiat scilicet, in necessitatibus utaris, sicubi aut loci aut temporis aut personae conditio compellit.

3) Concil. Illiberit. can. 38. Augustin. ep. ad Fortunatum ap. Gratianum de consecratione IV, 21; contra epist. Parmeniani II, 13. Hieron. dial. contra Luciferianos 4. Gelasius ep. 9, 9. Isidorus de offic. ecclesiasticis II, 24.

4) Hieron. l. c. (Ius baptizandi) frequenter, si tamen necessitas

der Kleriker abhängt. Da nun diese Prätension überhaupt nicht vor Tertullian sich bemerklich macht, so ist zu folgern, daß wenn es vor jener Zeit in der Ordnung war, daß die Gemeindevorsteher selbst tauften, dies nicht auf Grund eines besondern gottesdienstlichen Charakters derselben geschah. Indem Justin in seiner Beschreibung des Taufritus den Täufer nicht näher bezeichnet hat, als mit den Worten ὁ τὸν λουσόμενον ἄγων ἐπὶ τὸ λουτρόν (Apol. I, 61), läßt er möglicherweise den Gedanken zu, daß dies nicht nothwendig der Vorsteher der Gemeinde sei. Denn bei der Schilderung des Gottesdienstes bemerkt er ja ausdrücklich, daß derselbe von dem Vorsteher abgehalten werde (Apol. I, 65. 67). Dagegen ist aus der Angabe des Paulus, daß er in Korinth nur wenige Personen getauft habe (1 Kor. 1, 14—16), nicht zu schließen, daß er dies Geschäft als ein untergeordnetes Jedem überlassen habe; sondern es ist vielmehr anzunehmen, daß die von ihm getauften Männer, Krispus, Gajus, Stephanas, von denen nach anderen Erwähnungen (Act. 18, 8; Röm. 16, 23; 1 Kor. 16, 15. 16) wahrscheinlich ist, daß sie Vorsteher der korinthischen Gemeinde wurden, als solche die Taufe an Anderen verrichteten. Hieraus würde also vielmehr zu entnehmen sein, daß unbeschadet des Grundsatzes, den Tertullian ausspricht, die von ihm geforderte Ordnung, daß die Vorsteher der Gemeinde zu taufen hätten, schon unter dem Einflusse der Apostel sich gebildet hat.

Die Aufsicht über die Sitten der Gemeindegenossen, insbesondere das Recht, die Unordentlichen zu ermahnen, welches den Vorstehern beigelegt ist (1 Thess. 5, 14), bildet die Grundlage der Disciplin in der Gemeinde. Diese öffentliche Disciplin bezieht sich nicht auf alle Vergehungen, sondern nur auf solche, welche zugleich eine Verletzung Gottes und der Gemeinde in sich schließen. Die Sünden, welche dieses Charakters entbehren, sollten gemäß den Anweisungen zweier Apostel (Jak. 5,

---

cogit, scimus etiam licere laicis. Quod enim accipit quis, ita et dare potest. Aug. contra Parm: Si laicus aliquis pereunti dederit necessitate compulsus, quod quum ipse acceperit, dandum esse addidicit, nescio an pie quisquam dixerit esse repetendum.

16; 1 Joh. 5, 16; vgl. Gal. 6, 1) einem Bruder bekannt, und durch dessen Gebet sollte göttliche Vergebung für dieselben nachgesucht werden. Es scheint in diesem Sinne gemeint zu sein, daß der römische Clemens (ad Corinth. 2) die korinthischen Christen rühmt, daß sie über die Vergehen ihrer Nächsten Leid getragen, und deren Mängel als die eigenen angesehen haben. Noch Origenes bezeugt dies Verfahren (in Psalm. XXXVII. hom. II, 6), obgleich schon zu seiner Zeit üblich geworden war, Sündenbekenntnisse dieser Art an Kleriker oder speciell an den Bischof zu richten, um durch sie Sündenvergebung zu erlangen (in Levit. hom. II, 4; V, 4. Tertull. de pudic. 18. Cypr. de lapsis 28).

Dagegen findet die öffentliche Disciplin Anwendung auf die sogenannten **Todsünden**, Mord, Götzendienst, Gotteslästerung, Ehebruch, Unzucht, Betrug, falsches Zeugniß[1]. Solche Handlungen zogen die Ausschließung aus der Gemeinde nach sich, und galten principiell als Vergehen, welche durch keine Intercession eines Menschen und einer Gemeinde gesühnt werden könn-

1) Tertull. de pudic. 19: Sunt quaedam delicta quotidianae incursionis, quibus omnes sumus obiecti. Cui enim non accidit, aut irasci inique, et ultra solis occasum, aut et manum immittere, aut temere iurare, aut fidem pacti destruere, aut verecundia aut necessitate mentiri? in negotiis, in officiis, in quaestu, in victu, in visu, in auditu quanta tentamur, ut *si nulla sit venia istorum, nemini salus competat.* Horum ergo erit venia per exoratorem patris Christum. Sunt autem et contraria istis, ut graviora et exitiosa, quae veniam non capiant, homicidium, idololatria, fraus, negatio, blasphemia utique et moechia et fornicatio, et si qua alia violatio templi dei. Horum ultra exorator non erit Christus. — Adv. Marc. IV, 9. Die einzige Abweichung ist, daß in der letztern Stelle anstatt negatio, falsum testimonium steht. Negatio ist nach de monog. 15, de pud. 22 Verleugnung des Christennamens. — Recogn. IV, 53: Gratiam baptismi qui fuerit consecutus tanquam vestimentum mundum, cum quo ei ingrediendum est ad coenam regis, observare debet, ne peccato aliqua ex parte maculetur et ob hoc tanquam indignus et reprobus abiiciatur. 36: Causae autem, quibus maculetur istud indumentum, hae sunt, si quis recedat a patre et conditore omnium deo, alium recipiens doctorem praeter Christum, — et si quis de substantia divinitatis, quae cuncta praecellit, aliter, quam dignum est, sentiat, haec sunt, quae usque ad mortem baptismi polluunt indumentum. Quae vero in actibus polluunt ista sunt, homicidia, adulteria, odia, avaritia, cupiditas mala. Quae autem animam simul et corpus polluunt, ista sunt, participare daemonum mensae, hoc est immolata degustare, vel sanguinem, vel morticinium, quod est suffocatum, et si quid aliud est, quod daemonibus oblatum est. — Es sind ziemlich dieselben Vergehen, wegen deren Paulus die Ausschließung aus der Gemeinde verfügt und den Verlust der Seligkeit behauptet (1 Kor. 5, 11; 6, 9. 10).

ten; deren Vergebung ausschließlich dem göttlichen Willen vorbehalten wurde, so daß auch durch die erwiesene Reue die Wiederaufnahme in die Gemeinde nicht erreicht würde. Indem Paulus der Ansicht ist, den Blutschänder in der korinthischen Gemeinde dem Satan zur Vernichtung des Fleisches zu übergeben, behält er die Rettung seines Geistes, d. h. die Vergebung seiner Sünde, nur dem Gerichte des Herrn Jesus vor (1 Kor. 5, 5). Wenn Johannes verbietet, Fürbitte für eine Todsünde zu leisten (1 Joh. 5, 16), so schließt das in sich, daß eine menschliche Vermittelung der Sündenvergebung in diesem Falle nicht stattfinden soll. Die Todsünden sind in dieser Hinsicht irremissibiles, obwohl auch sie an sich von Gott vergeben werden können (Tertull. de pudic. 2. 18. 19). Aber indem ihre Vergebung allein Gott vorbehalten und menschliche Fürbitte untersagt wird, so ist dadurch die Wiederaufnahme eines solchen Sünders in die Gemeinde ausgeschlossen.

Jedoch trat schon in der ersten Epoche ein Nachlaß der Strenge in Beziehung auf die Todsünden ein; indem sich die Regel bildete, daß wer nach der Taufe eine Todsünde beging, einmal, aber nicht wieder, nach bewiesener Reue und abgelegtem Bekenntnisse, Vergebung der Sünde und Aufnahme in die Gemeinde finden könne. Der älteste Zeuge dafür ist Hermas (Mand. 4, 1), auf welchen sich auch Clemens von Alexandria (Strom. II, 13, 56) bezieht, indem er jener Sitte erwähnt. Diese einmalige Gestattung einer Buße für Todsünden, welche, im Verhältniß zu der mit der Taufe verbundenen, die zweite Buße genannt wird, bezeugt am umfassendsten Tertullian (de poenit. 7). Da die Getauften aus der Gewalt des Teufels befreit sind, „deßhalb beobachtet, bekämpft, belagert er sie, ob er entweder die Augen durch irgend eine fleischliche Begierde treffen, oder die Seele durch weltliche Lockungen verstricken, oder den Glauben durch Furcht vor irdischer Gewalt zerstören, oder ihn durch verkehrte Ueberlieferungen vom rechten Wege abwendig machen könne; er läßt es an Fallstricken und Versuchungen nicht fehlen. Indem also Gott dieses Gift vorhersah, so hat er, obgleich die Pforte der Verzeihung geschlossen, und das Thürschloß zur Taufe verstopft ist, noch einen Ausweg gestattet. Er hat in den Vorhof die zweite Buße gestellt, damit sie den Anklopfenden öffne; aber nur einmal, weil es schon zum zweitenmal der Fall ist; und nie wieder, weil das nächstemal vergebens." Dieser Disciplinargrundsatz, den demnächst auch Origenes bezeugt (in Levit. hom. XV, 2), hat sich bis ins fünfte Jahrhundert in partieller Wirksamkeit erhalten [1]).

Das Recht der Ausübung der Disciplin soll nach der gewöhnlichen katholischen Ansicht von den Aposteln, denen es Christus übertragen hätte (Matth. 16, 19; Joh. 20, 23), auf die Bischöfe übergegangen sein. Diese Ansicht wird durch die Geschichte widerlegt, und die ihr zu Grunde liegende Deutung der Aussprüche Christi ist unrichtig. Wenn Petrus die Schlüssel zum Himmelreich empfängt, und wenn den Aposteln die Gewalt der Sündenvergebung übertragen wird, so kann dies seinem einfachen Sinne nach nur auf den Beruf der Apostel sich beziehen. Dieser aber war die Stiftung der christlichen Kirche durch ihre Verkündigung des auf die Sündenvergebung gegründeten neuen Bundes, nicht die Leitung und Disciplin der einzelnen dadurch gestifteten Gemeinden. Mit der Vollmacht, Sünden zu vergeben oder zu behalten, darf ferner die Gewalt zu lösen und zu binden nicht verwechselt werden. Denn dies ist das Recht, Dinge zu gestatten oder zu verbieten, welche in der socialen Sphäre des christlichen Gemeindelebens liegen [2]), und ist übrigens nicht blos dem Petrus, sondern der Gemeinde überhaupt beigelegt (Matth. 16, 19; 18, 18). Die apostolische Vollmacht, Sünden zu behalten und zu vergeben, ist auch niemals in unbedingter Weise auf die Disciplin der Gemeinde angewendet worden. Denn in dem einzigen uns bekannten Falle, der für alle bürgen muß, verfährt Paulus nicht nach der bei den Aposteln vorausgesetzten Regel. Als die korinthische Gemeinde es unterlassen hatte, den Blutschänder zu exkommuniciren, und der Apostel sich gedrun-

1) Vgl. Bingham, Origg. VIII, p. 156 sq.

2) Vgl. Lightfoot, Horae hebr. in ev. Matth. 16, 19; Vitringa, De synagoga vetere p. 754; Boehmer, Diss. iur. eccl. p. 83.

gen fühlte, zur Aufrechthaltung der Disciplin einzuschreiten, ist er weit davon entfernt, die Sentenz aus seiner Auktorität zu fällen, sondern er erklärt: „Ich habe beschlossen, den der dieses verübt hat, im Namen Christi, indem ihr und ich mit der Kraft Christi in Gemeinschaft getreten seid, dem Satan zu übergeben" (1 Kor. 5, 3—5). Das bedeutet aber nichts anderes, als daß Paulus der Gemeinde das Recht der Disciplin zuerkannte, und seinen Beschluß nur in der Voraussetzung geltend machte, daß die Gemeinde mit ihm übereinstimmen würde. Er spricht sich nicht so aus, als wenn durch die Nachlässigkeit der Gemeinde sein Urtheil als die höhere Disciplinarinstanz in Geltung träte, sondern er sucht durch Darlegung seines persönlichen Urtheils die Gemeinde als die allein berechtigte Instanz zur Fällung des ihm nothwendig erscheinenden Urtheils anzuregen. Und nur unter dieser Voraussetzung entgeht Paulus dem Verdachte der Dissimulation, indem er in die von der Gemeinde über jenen Mann verhängte, weit geringere Strafe sich zu fügen erklärt (2 Kor. 2, 6—10).

Aber auch, wenn es wahr wäre, daß die Apostel die ihnen übertragene Vollmacht, Sünden zu vergeben und zu behalten, in dem Sinne verstanden hätten, daß sie die Disciplin in den christlichen Gemeinden unbeschränkt handhaben dürften, so ist es doch nicht wahr, daß sie dieses Vorrecht in dem bezeichneten Sinne auf die Bischöfe übertragen hätten. Denn wir finden, daß die Exkommunikation und die Wiederaufnahme von Exkommunicirten im zweiten Jahrhundert und bis ins dritte hinein den Bischöfen nur in Gemeinschaft mit dem Klerus und der Gemeinde zustand[1]). Auf diesen Stand der Dinge weist zuerst der Brief hin, in welchem sich Polykarp bei der Gemeinde zu Philippi für den Presbyter Valens und dessen Frau verwendet. Derselbe hatte sich Habsucht, welche dem Götzendienst gleichgestellt wird (Eph. 5, 5), d. h. wohl eine Veruntreuung von Gemeindevermögen zu Schulden kommen lassen, und war deßhalb

1) Vgl. Boehmer, Diss. iur. eccl. Diss. III. de confoederata Christianorum disciplina, besonders p. 149 sq.

exkommunicirt worden. Die von Polykarp unter Voraussetzung der wahren Reue jener Beiden eingelegte Fürbitte, dieselben nicht für Feinde zu achten, sondern sie als leidende und irrende Glieder zurückzurufen, ist nun an die Gemeinde im Allgemeinen gerichtet, weist also darauf hin, daß die Restitution eine Angelegenheit der ganzen Gemeinde war. In der Schilderung, welche Tertullian im Apologeticus von der Sitte der Christen entwirft, erwähnt er auch des Gerichtes, falls ein Mitglied der Gemeinde sich so vergangen hat, daß es von dem Gebet und dem Verkehr der Gemeinde überhaupt ausgeschlossen werden müsse. Indem er bei dieser Gelegenheit von dem Vorsitze der Aeltesten spricht, deutet er an, daß die Gemeinde selbst das Gericht abhält [1]). Derselbe Tertullian, welcher, ehe er Montanist wurde, die zweite Buße anerkannte, hebt unter den Merkmalen der Buße, welche ein Exkommunicirter zum Behufe seiner Wiederaufnahme beweisen soll, hervor, daß man sich auf der Erde zu den Aeltesten hinwälzen, die Kniee der Gottgeliebten umfassen und allen Brüdern Abbitte leisten solle (de poenit. 9). In welchem Sinne dies gemeint ist, ergiebt sich aus einer diesen Anweisungen Tertullians vollkommen entsprechenden Erzählung (bei Eus. H. E. V, 28). Unter der Amtsführung des römischen Bischofs Zephyrinus ließ sich ein Bekenner Natalis dazu herbei, Bischof der Sekte der Theodotianer für ein monatliches Gehalt von 150 Denaren zu werden. Durch Traumgesichte und endlich durch Schläge, welche er eine ganze Nacht hindurch von heiligen Engeln empfing, von seinem Unrecht überzeugt, „stürzte er sich beim Anbruch des Morgens in Sack und Asche mit vielem Eifer und Thränen zu den Füßen des Zephyrinus, wälzte sich zu den Füßen nicht nur der Kleriker, sondern auch der Laien, und bewegte durch seine Thränen die mitleidige Gemeinde des barmherzigen Christus; und durch vieles Bitten, indem er die ihm geschlagenen Wunden zeigte, erreichte er endlich, wenn auch schwer, die Aufnahme in die Gemeinde.“

1) Apologeticus 39: Iudicatur magno cum pondere, ut apud certos de dei conspectu, summumque futuri iudicii praeiudicium est, si quis ita deliquerit, ut a communicatione orationis et conventus et omnis sancti commercii relegetur. Praesident probati quique seniores.

Daß die Gemeinde Ausschließung und Aufnahme verfügte, geht ferner aus einer Aeußerung des Apollonius (bei Eus. H. E. V, 18) hervor, daß den Montanisten Alexander seine eigene Heimathsgemeinde nicht aufnahm, weil er ein Räuber war.

Wenn diese Fälle das Recht der Gemeinde noch nicht klar genug machen sollten, so bietet die Korrespondenz Cyprians die vollgültigsten Beläge dafür, daß das Urtheil der ganzen Gemeinde über Exkommunikation und Reception eines lapsus entschied. In solchen Angelegenheiten hat Cyprian „seit dem Beginn seiner Amtsführung beschlossen, nichts ohne den Rath der Presbytern und Diakonen und ohne die Zustimmung des Volkes nach seiner eigenen Privatmeinung auszuführen“ [1]. Diesem Grundsatz gemäß erkennen auch die im Gefängniß befindlichen Konfessoren der karthagischen Gemeinde an, daß ein grobes Vergehen nur vorsichtig und gemäßigt behandelt werden dürfe, indem alle Episkopen, Presbytern, Diakonen, Bekenner und gläubigen Laien zu Rath gezogen wären (ep. 31, 6). Dasselbe wird auch von dem römischen Klerus (ep. 30, 6) und dem römischen Bischof Kornelius (ep. 49, 2) ausgesprochen. Insbesondere tadelt es Cyprian, daß ein Presbyter Therapius einen exkommunicirten ehemaligen Presbyter Viktor nicht nur vor dem Ablauf einer genügenden Bußzeit, sondern auch sine petitu et conscientia plebis aufgenommen habe (ep. 64, 1). Daß dies nicht blos eine Formsache war, zeigt endlich Cyprians Schilderung, wie schwer die Laien in die Wiederaufnahme der Gefallenen zu willigen pflegten, und wie viele Mühe es ihn koste, sie zur Aussöhnung mit Gefallenen zu bestimmen (ep. 59, 22). Deßhalb ist nicht auf eine abweichende Observanz zu schließen, wenn einigemal die Exkommunikation dem Klerus beigelegt wird, ohne daß das Volk erwähnt wird (ep. 52, 3; 59, 1),

1) Ep. 14, 4: A primordio episcopatus mei statui, nihil sine consilio vestro et sine consensu plebis mea privatim sententia gerere. Ep. 19, 2: Hoc et verecundiae et disciplinae et vitae ipsi omnium nostrum convenit, ut praepositi cum clero convenientes, praesente etiam stantium plebe, quibus et ipsis pro fide et timore suo honor habendus est, disponere omnia consilii communis religione possimus. Ep. 34, 4: Haec singulorum tractanda et limanda plenius ratio non tantum cum collegis meis, sed et cum plebe ipsa universa.

sondern der unter dem Vorsitz des Klerus gefaßte und vom Bischof verkündigte Beschluß setzt die Zustimmung der Gemeinde voraus. Dies Verhältniß der Gemeinde zu den einheimischen Disciplinarsachen gilt vielmehr auch als Maaßstab für die kirchliche Gemeinschaft mit anderen Gemeinden. Denn der Brief, welchen Polykrates von Ephesus (bei Eus. H. E. V, 24) über den Zwiespalt in der Passahfeier und die drohende Gefahr der Aufhebung der Gemeinschaft zwischen Rom und Kleinasien erließ, ist nicht an den römischen Bischof Viktor, sondern wie aus der Anrede in einem der erhaltenen Fragmente hervorgeht, an die römische Gemeinde gerichtet. Und in derselben hierin angedeuteten Voraussetzung geschah es, daß die Gesandten des schismatischen Novatian zur Erzielung der Anerkennung desselben in Karthago darauf drangen, daß dessen Sache öffentlich von dem Klerus und der Gemeinde untersucht und beurtheilt werde (Cypr. ep. 44).

Also wie die religiöse Privatdisciplin nicht nothwendig mit dem Vorsteheramte verknüpft war, so war für die öffentliche Disciplin demselben die Mitwirkung und Zustimmung der ganzen Gemeinde nothwendig. Indessen während in diesen Beziehungen die Voraussetzung eines specifisch religiösen Amtscharakters bei den Gemeindevorstehern widerlegt ist, erhebt sich wiederum ein Schein der Triftigkeit dieser Annahme aus der Sitte, daß die Gefallenen und Exkommunicirten durch die Handauflegung des Bischofs und des Klerus Sündenvergebung erhielten und in die Gemeinde wieder aufgenommen wurden (Cypr. ep. 15, 1; 16, 2; 17, 2). Diese Sitte erklärt die katholische Ansicht aus der Uebertragung des apostolischen Vorrechtes auf die Bischöfe und Priester, und deutet sie als eine Darstellung des specifischen Mittleramtes, in welchem der Priester kraft der ihm persönlich übertragenen göttlichen Vollmacht handelt. Diese Ansicht paßt aber nicht zu den ältesten Dokumenten.

Zunächst ist zu bemerken, daß die Vollmacht, Sünden zu vergeben, allein Gott vorbehalten, und daß keine Uebertragung derselben an einen Menschen zugelassen wird. Das behauptet nicht etwa blos der Montanist Tertullian aus seiner, wie man annimmt, häretischen Opposition gegen das kirchliche Priesterthum [1]), sondern auch der alexandrinische Clemens [2]), Origenes [3]), ja sogar Cyprian [4]). Wenn nun aber doch durch die Handauflegung des Klerus nicht blos die politische Gemeinschaft hergestellt, sondern die religiöse Gemeinschaft durch Mittheilung göttlicher Vergebung erneuert wurde, welche Vermittelung wurde dabei gedacht? Nichts anderes als die Fürbitte der ganzen Gemeinde im Verein mit dem reuigen Gebet des Sünders selbst. Tertullian sagt, um die falsche Scham zu bekämpfen, welche dem öffentlichen Bekenntniß ausweichen möchte: „Warum fliehst du die Theilnehmer deines Falles, als wenn sie sich darüber freuten? Der Körper kann nicht über eines Gliedes Schaden froh sein; der ganze Körper muß mitleiden und zur Heilung mitwirken. In Einem und dem Andern ist die Kirche, die Kirche aber ist Christus. Daher wenn du den Brüdern zu Füßen fällst, so ergreifst du Christus und flehest zu ihm. Ebenso wenn jene über dich weinen, so leidet Christus, und Christus leistet beim Vater Fürbitte. Leicht wird immer erlangt, was der Sohn fordert" (de poenit. 10). In demselben Sinne redet Cyprian die Gefallenen an: „Ich bitte euch, Brüder, befleißiget euch der heilsamen Mittel, gehorchet den besseren Rathschlägen, mit unseren Thränen verbindet die euren, mit unserem Seufzen verschmelzet das eure. Wir bitten euch, daß wir für euch zu Gott beten können; die Gebete selbst, mit welchen wir Gott um Barmherzigkeit für euch bitten, richten wir zuerst an euch. Verrichtet eine vollkommene Buße, und beweiset die Trauer des schmerzvollen und klagereichen Gemüthes." „Wenn Einer von ganzem Herzen

---

1) De pudic. 21 fin.: Domini enim non famuli est ius et arbitrium (delicta donandi); dei ipsius non sacerdotis.

2) Paedag. I, 8, 67: *Ἡσαΐας λέγει· κύριος παρέδωκεν αὐτὸν ταῖς ἁμαρτίαις ἡμῶν* (53, 6), *διορθωτὴν δηλονότι καὶ κατευθυντῆρα τῶν ἁμαρτιῶν· διὰ τοῦτο μόνος οὗτος οἷός τε ἀφιέναι τὰ πλημμελήματα.*

3) De oratione 28: *Τῷ μόνῳ ἐξουσίαν ἔχοντι ἀφιέναι θεῷ.*

4) De lapsis 17: Solus dominus misereri potest; veniam peccatis, quae in ipsum commissa sunt, solus potest ille largiri, qui peccata nostra portavit, qui pro nobis doluit, quem deus tradidit pro peccatis nostris. Homo deo esse non potest maior, nec remittere aut donare indulgentia sua servus potest, quod in dominum delicto graviore commissum est.

betet, wenn er unter den wahren Klagen und Thränen der Buße seufzt, wenn er Gott durch gerechte und anhaltende Werke zur Vergebung seines Vergehens geneigt macht, so kann sich Gott solcher erbarmen" (de lapsis 32. 36). Freilich hebt nun Cyprian noch eine Bedingung des Erfolges dieses Gebetes hervor. Im Gegensatz gegen die anmaßende Intercession der Märtyrer für die Gefallenen weist er auf Beispiele erfolglosen Gebetes hin, „da nicht alles was erbeten wird, dem Vorurtheil des Bittenden, sondern dem Willen des Gebenden gemäß geschehe" (cap. 19). Es kommt demnach darauf an, daß die Zeit der Buße der kirchlichen Ordnung gemäß ausgehalten ist, daß die Proben der bußfertigen Gesinnung sich als genügend erwiesen haben, und daß das Urtheil der ganzen Gemeinde die Aufnahme genehmigt hat (cap. 18).

Aber auch unter diesen Voraussetzungen wird die mit der Handauflegung verbundene Sündenvergebung immer nur als eine erbetene dargestellt. Die deklaratorische Formel der Absolution ist bekanntlich erst ein Erzeugniß des Mittelalters [1]). Die alte deprekatorische Formel aber, welche die Unübertragbarkeit der göttlichen Vollmacht auf einen Menschen ausdrückt, widerspricht zugleich der Voraussetzung, als ob der Kleriker, welcher die Hand auflegt, einen besondern gottesdienstlichen mittlerischen Charakter vor der Gemeinde voraushabe. Origenes, indem er die Ueberhebung mancher Bischöfe tadelt, welche nach ihrer Verfügung Todsünden zu vergeben sich anmaßen, nennt doch das Gebet als das von Jenen angewandte Mittel, neben welchem nicht einmal die Handauflegung erwähnt wird [2]). Ein priesterliches Vorrecht ist jedenfalls ursprünglich in derselben nicht ausgeprägt gewesen, da Cyprian im Nothfall einen Diakonus für fähig achtet, durch Auflegung seiner Hand einem Gefallenen den Frieden wiederzugeben (ep. 18, 1). Die Handauf-

---

1) Bingham, Origines VIII, p. 214.

2) De orat. 28: *Οὐκ οἶδ' ὅπως τινὲς ἑαυτοῖς ἐπιτρέψαντες τα ὑπὲρ τὴν ἱερατικὴν τάξιν, τάχα μηδὲ ἀκριβοῦντες τὴν ἱερατικὴν ἐπιστήμην αὐχοῦσιν ὡς δυνάμενοι καὶ εἰδωλολατρείας συγχωρεῖν μοιχείας τε καὶ πορνείας ἀφιέναι ὡς διὰ τῆς εὐχῆς αὐτῶν περὶ τῶν ταῦτα τετολμηκότων λυομένης καὶ τῆς πρὸς θάνατον ἁμαρτίας.*

legung ist nämlich nicht das Organ einer dem Priester persönlich anhaftenden Kraft des heiligen Geistes, nach Analogie der magnetischen Kraft; sondern sie ist eine symbolische Handlung zur Begleitung des speciellen Fürbittegebetes (Act. 6, 6; 13, 3). Den Streit über die Gültigkeit der Ketzertaufe bezeichnet demnach Eusebius so, ob die von jeder Häresie Zurücktretenden durch die Taufe gereinigt werden müßten, oder nicht, da in Rom die alte Sitte herrsche, bei solchen nur das durch Handauflegung zu vollziehende Gebet anzuwenden (*ἐπὶ τῶν τοιούτων μόνῃ χρῆσθαι τῇ διὰ χειρῶν ἐπιθέσεως εὐχῇ*. H. E. VII, 2). Deßhalb heißen gewisse Gebetsformeln in dem achten Buche der apostolischen Constitutionen (cap. 37. 38) einfach *χειροθεσία*. Endlich hat es Augustin (de bapt. c. Donat. III, 16) ohne Umschweife gesagt: Quid est aliud manuum impositio, quam oratio super hominem? [1]) Das Gebet aber, welches in seiner Verbindung mit der Handauflegung des Bischofs und der Kleriker die göttliche Sündenvergebung für den Recipienden vermittelte, gilt, wenn auch nur vom Bischof gesprochen, als das Gebet der ganzen Gemeinde. Dies wird nicht nur aus der Analogie mit den gottesdienstlichen Gebeten überhaupt wahrscheinlich, sondern es wird auch bewiesen durch ausdrückliche Andeutung in den apostolischen Constitutionen [2]). Da nämlich in diesem Werke die Vollmacht des Bischofs zur Sündenvergebung auf seinen hohenpriesterlichen Charakter begründet wird, so ist die Gebetstheilnahme der Gemeinde bei der Absolution aus der in ihm vertretenen Auffassung der episkopalen Würde nicht erklärlich; sie wäre auch nicht zu erklären, wenn jene Vorstellung in der Kirche ursprünglich heimisch wäre; sie wird aber dadurch erklärt, daß das gemeinsame

---

1) Bingham, Origines VIII, p. 208.

2) Const. Apost. II, 41: *Ὦ ἐπίσκοπε, ὥσπερ τὸν ἐθνικὸν λούσας εἰςδέχῃ μετὰ τὴν διδασκαλίαν, οὕτω καὶ τὸν μετανοοῦντα χειροτεθήσας ὡς ἂν μετανοίᾳ κεκαθαρισμένον, πάντων ὑπὲρ αὐτοῦ προςευχομένων ἀποκαταστήσεις αὐτὸν εἰς τὴν ἀρχαίαν αὐτοῦ νομὴν, καὶ ἔσται αὐτῷ ἀντὶ τοῦ λούματος ἡ χειροθεσία· καὶ γὰρ διὰ τῆς ἐπιθέσεως τῶν χειρῶν τῶν ἡμετέρων (τῶν ἀποστόλων) ἐδίδοτο πνεῦμα ἅγιον τοῖς πιστεύουσιν.* Cap. 18: *Τὸν προςκλαύσαντα εἰςδέχου, πάσης τῆς ἐκκλησίας ὑπὲρ αὐτοῦ δεομένης, καὶ χειροθετήσας αὐτὸν ἔα λοιπὸν εἶναι ἐν τῷ ποιμνίῳ.*

Gebet des Klerus und der Gemeinde das Substrat der klerikalen Handauflegung war. Damit die ganze Gemeinde als Vermittlerin der Sündenvergebung erscheine, erfolgt die Handauflegung durch das ganze Vorsteherkollegium, welches die Gemeinde vertritt. Diese Sitte wäre völlig unerklärlich, wenn die Vollmacht der Sündenvergebung ursprünglich nur dem Bischofe als Nachfolger der Apostel angehört hätte.

Das Gebet im Namen Christi bildet also das Band, welches in dem Akte der Absolution den Klerus, die Gemeinde und den wieder aufzunehmenden Gefallenen umschlingt, welches auf Seiten dieses die Empfänglichkeit für die göttliche Gnade darstellt und beweist, und auf Seiten jener die göttliche Gnade dem Sünder wieder zuwendet. Derselbe Tertullian jedoch, der in jener christlichen Sitte die praktische Auslegung wichtiger Aussprüche Christi (Joh. 14, 13. 14; 15, 16; 16, 23) nachweist, hegt schon solche Vorstellungen, welche den Verfall und die Zersetzung jener Einheit der Gemeinde andeuten. Er stellt die äußeren Zeichen der bußfertigen Gesinnung, das Weinen, Fasten, sich schlecht kleiden, mit welchem das Bekenntniß begleitet und wodurch seine Aufrichtigkeit vor den Menschen dargestellt werden soll, unter den Gesichtspunkt einer Gott zu leistenden Genugthuung [1]). Daneben traut er dem Fasten die Kraft zu, den zornigen Gott zu versöhnen und die Tilgung der Vergehen von Gott zu verdienen (de ieiun. 7). Diesen Widerspruch mit der richtigen Schätzung des trauervollen Bekenntnisses und der reuevollen Gebetsstimmung finden wir in noch auffallenderer Weise bei Cyprian. Dieser Kirchenlehrer, welcher unter dem Einfluß alttestamentlicher und apokryphisch-jüdischer Grundsätze die Almosen für ein solches überschüssiges Verdienst erklärt, welches zur Sühnung der von Christen begangenen Sünden, oder zur Besänftigung des über dieselben erzürnten Gottes ge-

1) De poenit. 8: Confessio satisfactionis consilium est, dissimulatio contumaciae. 9: Exomologesis est, qua delictum domino nostrum confitemur, non quidem ut ignaro, sed quatenus satisfactio confessione disponitur, confessione poenitentia nascitur, poenitentia deus mitigatur. 10: Intolerandum pudori, domino offenso satisfacere.

reicht [1]), macht davon auch Anwendung auf die officielle Gemeindedisciplin. Ueberhaupt stellt er den Grundsatz auf, daß das Gebet nur in Begleitung verdienstlicher Werke bei Gott wirksam sei [2]); und denselben wendet er auch auf das Gebet um Vergebung an, das mit dem öffentlichen Bekenntniß des Exkommunicirten verbunden werden mußte. Sofern Cyprian für diesen Zweck nie Werke ohne Gebet verlangt [3]), erkennt man, daß seine Annahme von überschüssigen Verdiensten zur Versöhnung Gottes eine neue Erfindung ist; aber diese satisfaktorischen Werke konnten um so leichter in die Disciplin eingeschmuggelt werden, als auch das Gebet von Cyprian unter den Titel der Satisfaktion gestellt wurde [4]).

Es giebt keine gröbere Verfälschung des religiösen Verhältnisses, als diese Darstellung des Gebetes, und die daran geknüpfte Gleichstellung desselben mit Almosen und asketischen Uebungen unter dem Begriffe der Gott zu leistenden Satisfaktion. Aber der brennende Widerspruch, in welchen die Ansicht Tertullians und Cyprians sich bei der Frage nach den Bedingungen der Sündenvergebung verwickelt, widerlegt das Vorgeben, als ob die Leistungen des Büßenden und die Mitwirkung der Gemeinde zu der Vergebung nach ursprünglichem Rechte unter den Gesichtspunkt der Satisfaktion gestellt worden seien. Entweder ist die Sündenvergebung freie Gabe Gottes; dann kann das Gebet nur

---

1) De opere et eleemosynis 2: Sicut lavacro aquae salutaris gehennae ignis exstinguitur, ita eleemosynis atque operationibus iustis delictorum flamma sopitur.

2) De orat. dom. 32: Orantes autem non infructuosis nec nudis precibus ad deum veniant. Inefficax petitio est, cum precatur deum sterilis oratio. 33: Cito orationes ad deum adscendunt, quas ad deum merita operis nostri imponunt.

3) Ep. 16, 2: Possunt agentes poenitentiam veram deo patri et misericordi precibus et operibus suis satisfacere. De lapsis 35: Orare oportet impensius et rogare, diem luctu transigere, vigiliis noctes ac fletibus ducere, tempus omne lacrymosis lamentationibus occupare, stratos solo adhaerere cineri, in ciliciis et sordibus volutari, post indumentum Christi perditum nullum iam velle vestitum, post diaboli cibum malle ieiunium, iustis operibus incumbere, quibus peccata purgantur, eleemosynis frequenter insistere, quibus a morte animae liberantur.

4) De lapsis 17: Dominus orandus est, dominus nostra satisfactione placandus est. Ep. 43, 2: Preces et orationes, quibus dominus longa et continua satisfactione placandus est. 5: Preces vestrae, quas nobiscum diebus ac noctibus deo funditis, ut eum iusta satisfactione placetis.

die Empfänglichkeit für die göttliche Gnade, die Fürbitte nur ein durch das Recht nicht zu messendes Mittel der Versöhnung zwischen Gott und dem Sünder bezeichnen; von gerechten Werken jedoch kann nicht die Rede sein bei Einem, der Gott als ungerecht gegenübersteht. Oder das Gebet, Fasten, Almosen des Büßenden, wie der ihn ergänzenden Gemeinde, sind Werke von selbständigem, rechtlichen Werthe vor Gott, fähig die Sünde zu tilgen, und in dem Charakter des Verdienstes; dann ist die That des Menschen der Grund der Sündenvergebung. Dann aber werden nicht nur Tertullian und Cyprian, sondern auch Christus und die Apostel Lügen gestraft. Also kann jene Verderbung der Disciplin zur Zeit Cyprians nur als eine Neuerung, in Folge des gesetzlich katholischen Standpunktes betrachtet werden.

Auch das **Recht der Bekenner und Märtyrer**, durch ihre Fürbitte für die Gefallenen deren Aufnahme in die Gemeinde zu befördern [1]), ist nicht ein Zeugniß für den Werth menschlicher Satisfaktionen zu Gunsten der Büßenden, sondern es beruht auf einem Grundsatze, welcher die richtige Anordnung der Disciplin nicht durchkreuzt. Einmal ist ursprünglich auch bei den Konfessoren das Gebet das Organ der von ihnen ertheilten, oder vielmehr durch sie vermittelten Sündenvergebung [2]). Daß nun aber das Gebet der Märtyrer für wirksamer als das der übrigen Christen gehalten wurde, beruht auf einer eigenthümlichen Wendung der im N. T. (1 Petr. 4, 13; 2 Kor. 1, 5; Kol. 1, 24) ausgesprochenen Idee, daß die um Christi willen erduldeten Leiden die Fortsetzung des Leidens Christi selbst seien.

---

1) Tertull. ad martyres 1: Pacem quidem in ecclesia non habentes a martyribus in carcere exorare consueverunt. Et ideo eam etiam propterea in vobis habere et fovere et custodire debetis, ut si forte et aliis praestare possitis. De pudic. 22: Ut quisque ex confessione vincula induit adhuc mollia in novo custodiae nomine, statim ambiunt moechi, statim adeunt fornicatores, iam preces circumsonant, iam lacrimae circumstagnant maculati cuiusque nec ulli magis aditum carceris redimunt, quam qui ecclesiam perdiderunt.

2) Ap. Euseb. H. E. V, 2: Die Märtyrer *ἔλυον μὲν ἅπαντας, ἐδέσμευον δὲ οὐδένα. — Οὐ γὰρ ἔλαβον καύχημα κατὰ τῶν πεπτωκότων, ἀλλ' ἐν οἷς ἐπλεόναζον αὐτοί, τοῦτο τοῖς ἐνδεεστέροις ἐπήρκουν, — καὶ πολλὰ περὶ αὐτῶν ἐκχέοντες δάκρυα πρὸς τὸν πατέρα, ζωὴν ᾐτήσαντο καὶ ἔδωκεν αὐτοῖς, ἣν καὶ συνεμερίσαντο τοῖς πλησίον.* Cf. Cypr. ep. 21, 3; 37, 4; 76, 7.

In einer entwickelteren und nicht unbedenklichen Fassung der Identität zwischen den Leiden der Christen und denen des Erlösers selbst werden nämlich die Märtyrer als solche angesehen, in denen Christus selbst wiederholt leidet [1]. Demnach gilt also auch ihr Gebet in noch engerem Sinne für das Christi, als Tertullian in Hinsicht der Fürbitte der ganzen Gemeinde behaupten durfte (de poenit. 10; s. o. S. 377); und hiernach ist die Vermittelung der Sündenvergebung nicht sowohl auf ein menschliches Verdienst der Märtyrer begründet, als vielmehr durch ihre menschliche Leistung auf die Eine sühnende That Christi zurückbezogen [2]. Daß die Märtyrer zu Cyprians Zeit das ihnen zugestandene Vorrecht leichtfertig und im Widerspruch mit den geltenden Regeln der Disciplin ausübten (Cypr. ep. 15. 23. 26. 27; Dionys. Alex. ap. Eus. H. E. VI, 42), weist darauf hin, daß sie selbst jenes Recht nach Maaßgabe eines vorgeblichen eigenen Verdienstes verstanden haben, und nicht mehr in dem nachgewiesenen ursprünglichen Sinne, welcher zu der demüthigsten Vorsicht in der Ausübung desselben mahnen mußte. In jenem Falle war aber auch dieses Vorrecht mit der Ordnung in der Gemeinde unverträglich, und fand mit dem vollsten Rechte Widerstand bei den Bischöfen.

In der ältesten Gestalt der Gemeindedisciplin, und in ihrer ursprünglichen Auffassung liegt also nichts vor, was auf die Anerkennung eines specifischen gottesdienstlichen oder priesterlichen Charakters der Gemeindebeamten im Unterschiede von der Gemeinde

---

1) In dem Briefe der Gemeinden zu Lugdunum und Vienna (Eus. H. E. V, 1, 10) heißt es von einem Märtyrer ἐν ᾧ πάσχων ὁ Χριστός. Tertullian indem er das Recht der Märtyrer bekämpft, und jene Voraussetzung widerlegen will, fragt de pudic. 22: Si propterea Christus in martyre est, ut moechos et fornicatores martyr absolvat, occulta cordis edicat, ut ita delicta concedat, et Christus est. Cypr. ep. 10, 3: Quam libens (Christus) in talibus servis suis et pugnavit et vicit. 5: Ipse luctatur in nobis, ipse congreditur, ipse in certamine agonis nostri et coronat pariter et coronatur. Acta Perpetuae et Felicitatis 15 (ap. Muenter, Primord. eccl. afric. p. 244): Alius erit in me, qui patietur pro me, quia et ego pro illo passura sum.

2) Dies ist auch noch gemeint, indem Origenes dem Tode der Märtyrer nicht blos für sie selbst, sondern auch für Andere sühnende Kraft beilegt. (In Num. hom. XXIV, 1; de exhort. ad mart. 30. 50). Vgl. Höfling, Die Lehre der ältesten Kirche vom Opfer S. 134 f.

hinwiese. Vielmehr erstrecken sich die Merkmale der ältesten Observanz noch in die Zeiten hinein, wo jene Ansicht vom Priesterthum der christlichen Gemeindebeamten schon Platz ergriffen und ihre Folgerungen zu entwickeln begonnen hatte. Diese jüngere Ansicht ist bei ihrem ersten Auftreten in die bestehenden Einrichtungen hineingedeutet worden; wie z. B. die Handauflegung überhaupt von Firmilian von Cäsarea (Cypr. ep. 75) dahin erklärt wurde, daß in ihr die Bischöfe den ihnen anhaftenden heiligen Geist nach dem Rechte ihres Amtes mittheilten. Was nun aber als der ursprüngliche Sinn der Handauflegung bei der Absolution der Gefallenen sich ergeben hat, das ist auch bei den anderen Riten, in denen die Handauflegung angewendet wird, wahrzunehmen.

Die Handauflegung, welche mit der Taufe verbunden wurde (vgl. Hebr. 6, 2; Act. 8, 17; 9, 16), erscheint in der Apostelgeschichte als das Mittel zur Erweckung der Gaben des heiligen Geistes. In der kirchlichen Tradition, welche die negative Beziehung der Taufe auf die Vergebung der Sünden streng festhält, wird nun die nachfolgende Handauflegung als Mittel des Empfangs des heiligen Geistes überhaupt dargestellt. Aber die ältesten Zeugen bezeichnen ausdrücklich nicht jenen Ritus, sondern das Gebet, welches durch denselben nur begleitet wird, als das Mittel der Aneignung des heiligen Geistes für den Getauften. Nach der Taufe und der Salbung [1]) „wird die Hand aufgelegt, indem sie den heiligen Geist anruft und einladet" (Tert. de bapt. 8). Ebenso erklärt Cyprian (ep. 73, 9), indem er den Bericht der Apostelgeschichte (8, 17) ergänzt: Den Gläubigen in Samarien wurde durch Petrus und Johannes zu Theil, was ihnen fehlte, indem „durch Gebet für sie und Auflegung der Hand der heilige Geist angerufen und über sie ausgegossen wurde. Dies geschieht jetzt auch bei uns, indem die,

1) Welche als ein die Taufe begleitender Akt zuerst von Tertullian (de bapt. 7) und Origenes (in Lev. hom. IX, 9) erwähnt und deren Ursprung dunkel ist. Sie ist nicht mit der bei den essenischen Ebjoniten üblichen Salbung vor der Taufe (Rec. III, 67, s. o. S. 242; Const. Ap. VII, 42) identisch. Vgl. Bingham, Origg. IV. p. 303 sq.

welche in der Gemeinde getauft werden, den Vorstehern vorgestellt werden, und durch deren Gebet und Handauflegung den heiligen Geist empfangen und durch das Siegel des Herrn vollendet werden." Ferner heißt es in dem siebenten Buch der apostolischen Constitutionen in einem Taufformular: „Die Kraft der Handauflegung über jeden ist diese; denn wenn nicht auf jeden eine solche Anrufung von dem Priester erfolgt, so steigt der Täufling nur ins Wasser wie die Juden, und legt blos den Schmutz des Leibes ab und nicht den der Seele" [1]. Endlich, um andere gleichlautende Zeugnisse zu übergehen, sagt Augustin (de trin. XV, 26): „Keiner der Jünger hat den heiligen Geist gegeben. Sie baten nämlich, daß er auf die komme, denen sie die Hände auflegten; sie selbst gaben ihn nicht. Und diese Sitte beobachtet auch jetzt noch die Kirche in ihren Vorstehern." Da also das Gebet der eigentliche Inhalt der konfirmatorischen Handauflegung ist, das Gebet aber die allen Christen gemeinsame Funktion des Gottesdienstes ist, so hat der Vorsteher an der ihm vorbehaltenen Handauflegung kein Merkmal eines besondern, ihn von der Gemeinde unterscheidenden, gottesdienstlichen Charakters. Vielmehr da die Taufe nicht als Privatsache, sondern auch als Angelegenheit der Gemeinde betrachtet wurde [2], so kann das Taufgebet des Vorstehers, welches von der Handauflegung desselben begleitet wurde, auch nur als das Gebet der ganzen Gemeinde vorgestellt werden. Und zwar erschien das Gebet als das der ganzen Gemeinde, gerade sofern es der sie vertretende Vorsteher abhielt.

Nach dem, was wir über die Handauflegung bei der Absolution und bei der Taufe ermittelt haben, können wir nicht erwarten, daß die Handauflegung in der Ordination

---

1) Const. Ap. VII, 44: Ἑκάστου ἡ δύναμις τῆς χειροθεσίας ἐστὶν αὕτη, ἐὰν γὰρ μὴ εἰς ἕκαστον τούτων ἐπίκλησις γένηται παρὰ τοῦ εὐσεβοῦς ἱερέως τοιαύτη τις, εἰς ὕδωρ μόνον καταβαίνει ὁ βαπτιζόμενος, ὡς Ἰουδαῖοι, καὶ ἀποτίθεται μόνον τὸν ῥύπον τοῦ σώματος, οὐ τὸν ῥύπον τῆς ψυχῆς.

2) Justin (Apol. I, 61) erzählt, daß die Katechumenen vor der Taufe εὔχεσθαί τε καὶ αἰτεῖν νηστεύοντες παρὰ τοῦ θεοῦ τῶν προημαρτημένων ἄφεσιν διδάσκονται, ἡμῶν συνευχομένων καὶ συννηστευόντων αὐτοῖς. ἔπειτα ἄγονται ὑφ' ἡμῶν, ἔνθα ὕδωρ ἐστὶ κτλ.

ursprünglich die Mittheilung des göttlichen Geistes von Person zu Person bedeutet habe. Wenn nämlich die älteste christliche Anschauung mit der ordnungsmäßigen Vollziehung der Taufe und der Absolution durch die Kleriker keine Anerkennung eines specifisch priesterlichen Charakters verband, so läßt die Handauflegung auch bei der Ordination nicht auf die Voraussetzung einer mittlerischen Stellung der Kleriker schließen, weder als Qualität des Verleihenden, noch als Gegenstand der Verleihung an den Ordinanden. Freilich ist in Hinsicht der Ordination der schärfste Unterschied nicht nur zwischen dem Kleriker und dem Laien, sondern unter den Stufen des Klerus selbst festgestellt. Die Ordination gilt als ausschließliches Vorrecht des Bischofs [1]). Wenn dies nun nicht erst in der Zeit des Hieronymus, sondern gewiß schon in der Zeit Cyprians als Ausdruck der mittlerischen Stellung gemeint war, welche im eigentlichen Sinne dem Bischof, und den übrigen Klerikern nur durch ihn zukommen sollte, so ist es zunächst eine seltsame Ausnahme, daß bei der Ordination eines Presbyters sämmtliche Presbytern mit dem Bischof die Hände auflegen sollten [2]). Ferner aber wird die Annahme, daß der Bischof in der Ordination gemäß seinem persönlichen Besitz des heiligen Geistes auf den Ordinanden wirke, dadurch widerlegt, daß auch bei der ordinatorischen Handauflegung das Gebet ins Mittel tritt, und nach der bekannten Regel Augustins als das eigentliche Vehikel der in der Ordination auszuübenden Wirkung erscheint. Dies ist der Fall Act. 6, 6; 13, 3; und wenn 14, 23 die Einsetzung von Presbytern unter Gebet erfolgt, ohne daß die Handauflegung erwähnt wird, so werden dadurch diejenigen Stellen des N. T. aufgewogen, in denen bei einer so zu nennenden Ordination die Handauflegung ohne Gebet erwähnt wird (2 Tim. 1, 6; 1 Tim. 4, 14). Uebrigens fehlt es auch nicht

---

1) Hieronym. ep. 85: Quid enim facit excepta ordinatione episcopus, quod presbyter non faciat?

2) Concil. Carthag. IV (a. 419) c. 3: Presbyter cum ordinatur, episcopo eum benedicente et manum super caput eius tenente, etiam omnes presbyteri, qui praesentes sunt, manus suas iuxta manum episcopi super caput illius teneant.

an späteren Zeugnissen dafür, daß das Gebet bei der Ordination der eigentliche Inhalt der Handauflegung war [1]). Endlich aber giebt die älteste Darstellung der Ordination (Act. 6) den ursprünglichen Maaßstab für die Beziehung der Ordination auf die Amtsgabe an die Hand. Denn nicht wird der apostolischen Handauflegung die Mittheilung des heiligen Geistes zugeschrieben, so daß das übernatürliche göttliche Recht des Amtes und des Amtsträgers auf die Ordination gegründet wäre; vielmehr fordern die Apostel, daß sich die Wahl auf solche Männer richte, welche voll heiligen Geistes und Weisheit seien. Die Amtsgabe ist also in dem zu Ordinirenden vorausgesetzt. Wenn ferner Barnabas und Paulus durch Gebet und Handauflegung der Propheten und Lehrer in Antiochia zu ihrer Missionsreise ausgerüstet wurden, so ist doch die Annahme unmöglich, daß dieselben, welche schon im Missionslehrgeschäft sich bewährt hatten, und als Apostel anerkannt waren, erst durch diese Ordination die zum Missionsberuf nothwendige Gabe des heiligen Geistes empfangen hätten. Wenn nun aber gemäß dieser ursprünglichen Deutung der ordinatorischen Handauflegung die göttliche Befähigung als Grund des Amtes vorausgesetzt war, und nicht mitgetheilt werden sollte, so begründet die Ordination der Gemeindebeamten ursprünglich auch nicht den Unterschied eines besondern gottesdienstlichen oder priesterlichen Standes von der übrigen Gemeinde.

Allerdings ist nicht zu verkennen, daß ein *Standesunterschied zwischen Beamten und Gemeinde* mit dem ersten Auftreten des Gemeindeamtes gegeben war. Die Erörterungen des römischen Clemens gehen unzweifelhaft darauf aus, den Standesunterschied der Beamten gegenüber der Gemeinde zu sichern. Denn wenn es gegen das zugleich göttliche und naturgemäße

---

1) Recogn. Clem. III, 66: Petrus, manibus superpositis Zacchaeo, oravit, ut inculpabiliter episcopatus sui servaret officium. In der Parallelstelle der clem. Homilieen III, 72 ist das Ordinationsgebet des Petrus in dem angegebenen Sinne ausführlich mitgetheilt. Das achte Buch der apostolischen Constitutionen enthält Ordinationsgebete für alle klerikalen Grade, Kap. 5. 16. 18. 20. 21. 22.

Recht ist, daß ein Gemeindeglied die den Beamten vorbehaltenen gottesdienstlichen Funktionen ausübt, und wenn die Beamten lebenslänglich bestellt sind, so ist durch diese beiden Merkmale des Amtes die Anerkennung eines Beamtenstandes ausgedrückt. Zugleich ist nicht zu leugnen, daß der einzelne Beamte durch die Ordination in die Rechte eingeführt wurde, welche nach göttlicher (aber naturgemäßer) Ordnung den Unterschied der Beamten gegen die Gemeinde begründen. Allein darin liegt nicht, daß der Beamtenstand eine übernatürliche gottesdienstliche Qualität vor der Gemeinde voraus habe, welche ihn als unumgänglichen Heilsmittler erscheinen ließe.

Es tritt nun aber die Frage uns entgegen, wann, wie, wodurch es gekommen ist, daß dem Stande der christlichen Beamten der specifische Vorzug vor den Gemeinden beigelegt wurde, welchen die katholische Ansicht demselben als ursprüngliches und wesentliches Attribut zuschreibt? Die Beantwortung der Frage hat ihre ganz besonderen Schwierigkeiten, und es liegen mehrere Vorschläge zu ihrer Lösung vor. Der erste Vorschlag ist der, daß sich die Entwickelung der Anschauung vom Beamtenstande an die Anwendung der Namen Κλῆρος und Ordo knüpft, und daß an ihnen das Motiv jener Veränderung der Ansicht zu erkennen sei. Der ursprüngliche Sinn dieser Namen ist aber streitig, so daß eine genauere Untersuchung derselben nothwendig wird. In Hinsicht auf die Bezeichnung ordo hat sich als vorherrschende Ansicht, nach dem Vorgang von Salmasius und Böhmer[1]), festgestellt, daß sie aus der römischen Municipalverfassung entlehnt sei; und im Falle dies richtig wäre, würde einleuchten, daß jener Name nicht über den politischen Charakter der Gemeindebeamten hinauswiese, den wir als ursprünglich anerkannt haben[2]). Dagegen hat Augusti die Ableitung aus dem

1) Walo Messalinus De episcopis et presbyteris, Lugd. Bat. 1641 p. 382. Boehmer, Dissert. iuris ecclesiastici antiqui p. 341.

2) Vgl. Rothe a. a. O. S. 155.

alttestamentlichen Sprachgebrauch vorgezogen, und das Wort auf τάξις ἱερατική zurückgeführt [1]), freilich ohne diesen Ausdruck in dem alttestamentlichen Sprachgebrauch genügend nachzuweisen, und die Möglichkeit seines Ueberganges ins christliche Gebiet zu rechtfertigen. Noch unklarer ist der Sinn des Wortes κλῆρος in seiner ausschließlichen Anwendung auf die christlichen Beamten und jedenfalls, wie es scheint, von beiden Erklärungen des Wortes Ordo gleich abweichend, obgleich sie in der Praxis mit einander abwechseln. Die Deutung, welche Augustin auf die Wahl des Apostels Matthias durch das Loos gründet [2]), ist unzweifelhaft als verunglückt zu betrachten, da jenes Beispiel ganz allein steht, und bei der Wahl von Gemeindebeamten sich nicht wiederholt. Ebensowenig passen die von Hieronymus [3]) vorgeschlagenen Erklärungen. Die erste ist völlig unverständlich, die zweite beruht auf einer Uebertragung, die grammatisch und logisch unmöglich ist. Denn wenn dieselbe sich an Deuteronomium 10, 9; 18, 2 anlehnt, wo es vom Stamm Levi, der keinen besondern Landbesitz (κλῆρος) bekommen soll, heißt: κύριος αὐτὸς κλῆρος αὐτοῦ, so ist ja nicht umgekehrt Levi selbst wiederum κλῆρος θεοῦ; und ebensowenig kann auf diesem Wege das Prädikat des in der christlichen Kirche den Leviten entsprechenden Standes sich gebildet haben. Um so weniger ist dies möglich, da nach alttestamentlicher Anschauung das ganze Volk Israel und nicht blos ein Stamm desselben als κλῆρος Jehova's galt (Deut. 4, 20; 9, 29), und hievon in der Art auf das christliche Volk Anwendung gemacht wurde, daß κληροῦσθαι, d. h. zum κλῆρος werden, so viel bedeutet, als sich zum Christenthum bekehren (Act. 17, 4; Eph. 1, 11; Ep. ad Diogn. 5: κατοικοῦντες πόλεις ἑλληνίδας τε καὶ βαρβάρους ὡς ἕκαστος ἐκληρώθη). Wenn nun aber das Wort κληροῦσθαι ursprünglich keineswegs die Ordination bedeutet, also

1) Handbuch der christlichen Archäologie 1. Band, S. 167 f.

2) Expositio in Psalmum 67, 19: Et Cleros et Clericos hinc appellatos puto, qui sunt in ecclesiastici ministerii gradibus ordinati, quia Matthias sorte electus est, quem primum per apostolos legimus ordinatum.

3) Ep. 52 ad Nepotianum: Clerici vocantur, vel quia de sorte sunt domini, vel quia ipse dominus sors i. e. pars Clericorum est.

auch κλῆρος keinen Stand der Gemeinde ausschließlich kann bezeichnet haben, so suchen wir vergeblich einen Weg, auf welchem das Wort in dem erwähnten alttestamentlichen Sinne zu jener Beschränkung gelangt sei. Deßhalb versuchen wir eine von den Deutungen der Kirchenväter unabhängige Erklärung, und glauben um so mehr Recht dazu zu haben, als jenen Männern lexikalische Forschung nicht wird zuzutrauen sein.

Κλῆρος bedeutet Reihe, Rang. In diesem Sinne wird das Wort erstens auf die verschiedenen Stufen der Zeitfolge angewendet. Sibyll. VII, 138: *ἐν δὲ τρίτῳ κλήρῳ περιτελλομένων ἐνιαυτῶν ὀγδόατος πρώτης ἄλλος πάλι κόσμος ὁρᾶται.* Den römischen Bischof Hyginus bezeichnet Irenäus (adv. haer. I, 27, 1) als *ἔνατον κλῆρον τῆς ἐπισκοπικῆς διαδοχῆς ἀπὸ τῶν ἀποστόλων ἔχων.* Ebenso sagt Eusebius (H. E. IV, 5): *τῆς Ἀλεξανδρέων παροικίας τὴν προστασίαν Εὐμενὴς ἕκτῳ κλήρῳ διαδέχεται*[1]). Zweitens wird das Wort auf die Unterschiede räumlicher Ordnung angewendet. Clemens Alex. (Strom. V, 1, 10) spricht von *ἄγγελοι τὸν ἄνω κλῆρον εἰληχότες* im Gegensatz zu *ἄλλοι ἄγγελοι.* Pseudoignatius (ad Ephes. 11) bezeichnet den Vorrang der ephesischen Gemeinde vor anderen durch den Wunsch, *ἵνα ἐν κλήρῳ Ἐφεσίων εὑρεθῶ τῶν χριστιανῶν, οἳ καὶ τοῖς ἀποστόλοις πάντοτε συνῄνεσαν.* Die Anschauung von einer Reihenfolge höherer oder niederer Stufen liegt zu Grunde, indem das Wort auf Aemter angewendet wird. Und zwar erscheint dasselbe Wort nicht in ausschließlicher Uebertragung auf die Aemter in der christlichen Kirche. Eusebius (de vita Const. I, 21) bedient sich des Ausdruckes *κλῆρος τῆς βασιλείας.* In

1) Aehnlich scheint der Gebrauch des Wortes in einer interpolirten (s. o. S. 173) Stelle der Test. der 12 Patr. zu sein, Test. Levi 8: *Λευϊ, εἰς τρεῖς ἀρχὰς διαιρεθήσεται τὸ σπέρμα σου, εἰς σημεῖον δόξης κυρίου ἐπερχομένου· καὶ ὁ πιστεύσας πρῶτος κλῆρος ἔσται καὶ μέγας ὑπὲρ αὐτὸν οὐ γενήσεται· ὁ δεύτερος ἔσται ἐν ἱερωσύνῃ, ὁ τρίτος ἐπικληθήσεται αὐτῷ ὄνομα καινόν, ὅτι βασιλεὺς ἐκ τοῦ Ἰούδα ἀναστήσεται καὶ ποιήσει ἱερατείαν νέαν κατὰ τὸν τύπον τῶν ἐθνῶν εἰς πάντα τὰ ἔθνη.* Indessen ist zu vermuthen, daß gerade der für uns wichtige Satz eine andere Lesart verlangt. Die drei Personen, welche gemeint sind, sind Moses, Aaron, Christus. Dagegen ist die Beziehung der Stelle auf die drei Klassen der christlichen Kleriker (Nitzsch, de test. XII. patr. p. 19) nicht möglich.

dem specifisch-kirchlichen Gebrauche des Wortes begegnen wir zunächst dem Pluralis desselben, welcher die patristischen Erklärungen völlig durchkreuzt. Hippolytus (Refut. IX, 12) sagt von dem römischen Bischof Kallistus: ἐπὶ τούτου ἤρξαντο ἐπίσκοποι καὶ πρεσβύτεροι καὶ διάκονοι δίγαμοι καὶ τρίγαμοι καθίστασθαι εἰς κλήρους. In einem Ordinationsformular in den Constit. Apost. VIII, 5 wird dem Bischof die Vollmacht verliehen, διδόναι κλήρους. Das Wort bedeutet hienach sowohl Amt in abstracto, als auch Amtsklasse, die Gesammtheit derer, welche die bestimmte Stufe des Amtes einnehmen. In jenem Sinne bedarf das Wort eigentlich einer speciellen Bezeichnung des Amtes im Unterschiede von den anderen. Wenn also Eusebius (H. E. VII, 2) sagt, daß der römische Bischof Lucius Στεφάνῳ τελευτῶν μεταδίδωσι τὸν κλῆρον, so erscheint der Ausdruck nur als abgekürzt im Vergleich mit den Worten des Irenäus (adv. haer. III, 3, 3): νῦν δωδεκάτῳ τόπῳ τὸν τῆς ἐπισκοπῆς ἀπὸ τῶν ἀποστόλων κατέχει κλῆρον Ἐλεύθερος. Demnach ist auch die Bezeichnung des Apostelamtes als ὁ κλῆρος τῆς διακονίας ταύτης (Act. 1, 17. 25) auf den vorliegenden Sprachgebrauch zurückzuführen. Der Gebrauch des abstrakten Wortes für Amt zur Bezeichnung der durch das Amt ausgezeichneten Standespersonen ist in Uebereinstimmung mit der Anwendung der Begriffe τὰ τέλη und magistratus. Vermittelst dieser Vertauschung gewinnt das Wort die gangbare Bedeutung der Gesammtheit derer, welche mit einem Amte bekleidet sind, welche durch einen besondern Standesunterschied der Gemeinde gegenüberstehen. Aber vor dem absoluten Gebrauch des Wortes Klerus für den Beamtenstand in concreto findet sich der Ausdruck auch zur Bezeichnung einer andern Klasse von ausgezeichneten Personen, der Märtyrer. In dem Schreiben der Gemeinden zu Lugdunum und Vienna (Eus. H. E. V, 1, 4. 20) wird zweimal der κλῆρος τῶν μαρτύρων erwähnt, der Stand der Märtyrer, zur Bezeichnung ihrer Gesammtheit. Wenn also das Wort in dem Sinne von Stand auf eine bestimmte Art von Mitgliedern der christlichen Gemeinde angewendet wird, wenn ferner in diesem Sinne der Plural κλῆροι möglich ist, so erklärt sich hienach der Gebrauch dieses

Ausdrucks in dem Ausspruch des Petrus: *μηδ' ὡς κατακυριεύοντες τῶν κλήρων, ἀλλὰ τύποι γινόμενοι τοῦ ποιμνίου* (1 Petr. 5, 3). Der Wechsel der beiden Ausdrücke in dem Satz läßt sie beide als sachlich gleich erscheinen. Die Stände aber bilden die Gemeinde; die Heerde zerfällt in Stände. Daß Petrus dies Verhältniß im Auge hat, ergiebt sich auch daraus, daß er von der Verpflichtung der Vorsteher gegen die Stände in der Gemeinde auf den Gehorsam der Jüngeren gegen die Aelteren, also auf die Pflicht des einen Standes gegen den andern übergeht. Das erste Beispiel [1]) des absoluten Gebrauchs des Wortes findet sich in der Schrift des alexandrinischen Clemens, *τίς ὁ σωζόμενος πλούσιος* cap. 42. Er erzählt, der Apostel Johannes habe von Ephesus aus die Umgegend bereist, *ὅπου μὲν ἐπισκόπους καταστήσων, ὅπου δὲ ὅλας ἐκκλησίας ἁρμόσων, ὅπου δὲ κλήρῳ ἕνα γέ τινα κληρώσων τῶν ὑπὸ τοῦ πνεύματος σημαινομένων*. In dieser Stelle weist übrigens das Zeitwort *κληροῦν* deutlich auf die von uns als Grundlage nachgewiesene Bedeutung von *κλῆρος* als Reihe zurück. Da für eine Wahl der Gemeindebeamten durch das Loos alle sonstigen Beweise fehlen, und da in dem vorliegenden Satze die Einsetzung einer Mehrzahl von *ἐπίσκοποι* durch den Apostel ohne jene Methode erwähnt wird, so fällt jeder Grund hinweg, daß bei der Wahl einzelner Beamten das Mittel des Loosens angewandt sein sollte, zumal bei dieser Deutung ein Pleonasmus vorausgesetzt würde. Es ist vielmehr zu erklären, daß Johannes an einzelnen Orten mehrere Beamte zugleich eingesetzt, an anderen Orten, wo schon ein Kollegium bestand, dem Beamtenstande je ein Mitglied eingereiht habe.

Innerhalb des lateinischen Sprachgebietes ist demnach ordo nur für Uebersetzung von *κλῆρος* zu halten. Deßhalb fehlt bei Tertullian eine nähere Bestimmung des Wortes nicht, sondern meistens ist ordo ecclesiae oder ecclesiasticus (de monog. 11, de exhort. cast. 7. de idololatria 7), oder sacerdotalis (de exh. cast. 7) gesagt; nur in dem Falle ist das Wort ordo ohne nähere

1) Die nächsten Zeugen sind Tertullian, Hippolytus und Cyprian.

Bezeichnung der plebs entgegengesetzt, wenn dieselbe unmittelbar vorhergegangen war (de exh. cast. 7). Darum schon ist die Herleitung des Begriffes aus der römischen Stadtverfassung unwahrscheinlich, noch mehr darum, weil Tertullian von ordines ecclesiastici spricht (de monog. 12), unter denen der ordo viduarum nicht zu vergessen ist [1]). Diese ordines sind allerdings bei Tertullian der plebs entgegengesetzt, ebenso wie κλῆρος dem λαός, jedoch nur dem konventionellen Sprachgebrauch nach. Denn ebenso, wie im ersten Petrusbriefe die κλῆροι das ποίμνιον ausmachen, kehrt der ursprüngliche lateinische Sprachgebrauch bei Hieronymus wieder, indem er quinque ecclesiae ordines, episcopos, presbyteros, diaconos, fideles, catechumenos aufzählt [2]). Wenn in späterer Zeit der ursprüngliche Sinn von κλῆρος sich auf diese Weise nicht mehr geltend macht, so geschieht es, weil gleichbedeutende Worte τάξις, τάγμα, vorhanden waren, deren Anwendung darum ausschließlich stattfand, weil das Verständniß des technisch gewordenen Wortes κλῆρος verloren gegangen war [3]). Auf dem lateinischen Sprachgebiet, welches keine Auswahl gleichbedeutender Wörter darbot, mußte ordo zur Bezeichnung sowohl der hervortretenden höheren Rangklassen, als auch aller Klassen in der Gemeinde ausreichen. Aus dieser Betrachtung ist das Resultat zu ziehen, daß die Entgegensetzung zwischen κλῆρος, ordo und λαός, plebs, zwischen dem Beamtenstande und der Gemeinde an sich nicht über diejenige Verfassung der Gemeinde hinausgreift, welche als die ursprüngliche nachgewiesen ist. Daß die Vertreter der Gemeinde, welche mit deren Leitung beauftragt sind, als „Stand", oder als „Stände" der Gemeinde entgegengesetzt werden, und daß die Grenze der Befugnisse Beider feststeht, deutet auf keine besondere gottesdienstliche Qualität der Standes-

---

1) Ad uxorem I, 7; cf. Recogn. Clem. VI, 15. Wie mag der entsprechende griechische Ausdruck des Originals gelautet haben? In der Parallelstelle der clem. Hom. 11, 36 steht τὰ χηρικά.

2) In Iesaiam l. V, cap. 19, 18.

3) Euseb. demonstr. evang. VII, 2 zählt τρία καθ' ἑκάστην ἐκκλησίαν τάγματα, Vorsteher, Gläubige, Katechumenen. Vgl. in demselben Sinne Clem. Rom. ad Cor. 41: ἕκαστος ἐν τῷ ἰδίῳ τάγματι εὐχαριστείτω θεῷ.

personen hin. Es ist hiemit ebenso bestellt, wie mit den politischen Standes- und Amtsunterschieden. Denn auch das christliche Gemeindeamt, welches sich als Stand gestalten mußte, ist ursprünglich nicht aus einem gottesdienstlichen, sondern aus einem socialpolitischen Bedürfnisse der Gemeinde hervorgegangen (s. o. S. 358). Obgleich also im spätern Sprachgebrauche κλῆρος und ordo die Beamten gerade in Beziehung auf ihren specifisch priesterlichen Charakter bezeichnen, so ist der Fortschritt dazu weder durch jene Namen ursprünglich ausgedrückt, noch von denselben schon von Anfang an vorausgesetzt.

Der andere Vorschlag begründet die Veränderung in der Ansicht von dem Gemeindeamt auf den Eintritt des Priestertitels für die Kleriker. Den im zweiten Jahrhundert vorgehenden Rückschlag des Christenthums auf den Standpunkt des A. T., das heißt die Feststellung des katholischen Christenthums leitet Neander sogar von der Anerkennung des Priesterthums, der nothwendigen äußerlichen Vermittelung zwischen den Menschen und Gott durch die Kleriker ab; und erklärt die Aufnahme dieses Elementes namentlich in judaistischen Kreisen für leicht verständlich [1]). Wir haben den Rückschlag des Christenthums in die Gesetzlichkeit nicht aus der Priesteridee, sondern aus der mangelhaften Disposition des Heidenchristenthums zum Verständniß der christlichen Grundideen begriffen (s. o. S. 282), und haben auch die Vermuthung Neanders in Betreff des Auftretens des speciellen Priestertitels für den Klerus nicht bestätigt gefunden. Denn die Testamente der zwölf Patriarchen, auf welche sich Neander beruft, beschränken das neue Priesterthum ebenso wie der Hebräerbrief auf die Person Christi (s. o. S. 176); und die essenischen Ebjoniten haben, indem sie die Taufe als Gegenbild der Opfer des A. T. betrachteten, jeden Ansatz zur Erneuerung des Gedankens von Opfer und Priesterthum unter den Christen abgeschnitten [2]).

---

1) Allg. Gesch. der christl. Rel. und Kirche (2. Ausg.) I. S. 332.

2) Nur ein einziges Mal, in den Anabathmen (Rec. I, 48), wird Christus als Hoherpriester bezeichnet: Post Aaron, qui pontifex fuit, alius ex aquis adsumitur, non Moysen dico, sed illum, qui in aquis baptismi filius

Allerdings erscheint in der specifischen Bezeichnung der Kleriker als Priester eine Veränderung des Verhältnisses zwischen Klerus und Gemeinde im Vergleich mit der ursprünglichen Fassung desselben. Aber das erste Auftreten dieses Sprachgebrauchs bezeichnet nicht einen in sich vollendeten plötzlichen Umschwung jenes Verhältnisses. Tertullian ist der erste Zeuge für jenen Sprachgebrauch. Ihm gilt der Bischof als sacerdos (de pudic. 21); da aber auch die Presbytern an jenem Titel theilnehmen (ordo sacerdotalis, de exh. cast. 7), so heißt der Bischof summus sacerdos (de bapt. 7), pontifex maximus (de pudic. 1). Hippolytus, der Bischof eines schismatischen Theiles der römischen Gemeinde, bezeichnet sein apostolisches Amt als das der ἀρχιερατεία τε καὶ διδασκαλία (Refut. omn. haer. I. prooem.). Cyprian enthält sich dieser Steigerung des Titels; sacerdos ist bei ihm die übliche Bezeichnung des Bischofs, und seine Amtsgenossen nennt er consacerdotes; aber er umfaßt auch die Presbytern mit demselben Ausdruck (cum episcopo sacerdotali honore coniuncti; ep. 61, 2). In den sechs ersten Büchern der apostolischen Constitutionen ist der Bischof überwiegend als ἱερεύς (II, 34. 35. 36; III, 9; VI, 15. 18), einigemale als ἀρχιερεύς (II, 27. 57) bezeichnet. Wenn nun seit der Zeit, welcher diese Schriften angehören, der Titel stehendes Prädikat der Bischöfe und Presbytern wird, so ist zur Beurtheilung seiner Bedeutung bei den genannten Kirchenlehrern Folgendes zu beachten. Die nächste Voraussetzung zur Bezeichnung der christlichen Kleriker als Priester hat schon der römische Clemens ausgesprochen, indem er den Unterschied zwischen den Presbytern, die den Gottesdienst leiten, und der Gemeinde dem alttestamentlichen Unterschied zwischen Priestern und Volk gleichstellte. Und doch ist ein Jahrhundert verflossen, ehe die verglichenen Aemter identificirt worden sind. In der Zwischenzeit hat Justin (Dial. 116), in der Gegenüberstellung der christlichen und der jüdischen Opfer, nur die Christen überhaupt als die wahren Priester bezeichnet, welche überall gottgefällige und reine

a deo appellatus est. Dies ist offenbar eine Reminiscenz aus dem Hebräerbriefe (5, 5. 6; 1, 5), welche aber auch nichts weniger als eine Fortsetzung des Priesterthums Christi begründet.

Opfer darbringen. Auch die Aussagen des Irenäus über die christlichen Opfer stellen indirekt immer die ganze Gemeinde, nie einen besondern Stand derselben als Subjekt der Darbringung dar, und außerdem bekennt er sich zu dem Grundsatze, daß alle Gerechte priesterlichen Rang haben (adv. haer. IV, 8, 3). Der falsche Ignatius, der den Klerus möglichst hoch stellt, und der den Abendmahlstisch als Opferaltar kennt, weiß nichts vom specifischen Priesterthum der Kleriker. Origenes dagegen bezeugt wieder das allgemeine Priesterthum der Christen als Korrelat der christlichen Opfer (in Levit. hom. IX, 1). Und wenn derselbe einigemale unter der Gemeinde Personen heraushebt, denen er in einem speciellern Sinne priesterlichen Charakter zuschreibt, so meint er damit nicht Inhaber eines öffentlichen Amtes, sondern Inhaber solcher Gaben des heiligen Geistes, durch welche ihnen eine besondere religiöse Aktivität, auch in der geistlichen Einwirkung auf Andere verliehen ist [1]). Endlich aber Tertullian selbst vertritt in verschiedenen Fällen das Recht und die Pflicht des allgemeinen Priesterthums mit aller Entschiedenheit (de orat. 28; de bapt. 17; de monogam. 7. 12; de exhort. cast. 7).

Als das Opfer, welches diesem allgemeinen Priesterthum entspricht, betrachtet das christliche Alterthum übereinstimmend in sich und mit der Ansicht der Apostel das Lob- und Dankgebet zu Gott und die um Gottes willen ausgeübte Wohlthätigkeit gegen die Brüder [2]). Es ist schon berührt worden, daß auch die regelmäßigen gottesdienstlichen Zusammenkünfte der christlichen Gemeinden durch die Verbindung jener beiden Elemente sich zu Opferhandlungen gestalteten, indem die zum Unterhalt der Vorsteher, der Wittwen und der Armen dargebrachten Gaben vermittelst des Dankgebetes Gott überreicht wurden. Wie nun überhaupt jeder Speisegenuß durch Dankgebet gegen Gott geheiligt werden sollte (Röm. 14, 6; 1 Tim.

---

1) In Ies. Nav. hom. X, 1. 3; II, 1; in Ioann. tom. I, 3; de orat. 28. Vgl. Höfling a. a. O. S. 156 ff.

2) 1 Petr. 2, 5; Jak. 1, 27; Phil. 4, 18; Hebr. 13, 15. 16. — Die vollständigen Nachweisungen der patristischen Ansichten siehe bei Höfling, Die Lehre der ältesten Kirche vom Opfer im Leben und Kultus der Christen.

4, 3—5), so treten auch das Brot und der Wein, die zum Herrnmahle verwendet werden, durch die darüber ausgesprochene Danksagung unter die Kategorie eines Opfers. Sofern aber jene Gegenstände durch das über ihnen gesprochene Gebet um die Herabkunft des heiligen Geistes als Leib und Blut Christi dargestellt und zum Genusse dargeboten werden, wird auf sie auch von Tertullian noch nicht der Begriff des Opfers angewendet. Als Brot und Wein sind die Gegenstände geopfert, als Leib und Blut Christi sind sie nicht geopfert, sondern werden sie genossen. Also wenn man vermuthen sollte, daß Tertullian deßhalb den Priestertitel auf die Gemeindevorsteher übertragen habe, weil er einen neuen Begriff vom Abendmahlsopfer gebildet hätte, so findet man sich getäuscht. Tertullian hat freilich nach einer andern Seite hin den Opferbegriff entwickelt, indem er die Askese, namentlich das Fasten, die freiwillige Ehelosigkeit und die Verzichtleistung auf die zweite Ehe als Opferdienst darstellt [1]). Jedoch der statutarische Charakter, welchen Tertullian der Askese verleiht, die im richtigen sittlichen Sinne eingeschlossen ist, wenn Paulus die Darbringung der Leiber als Opfer verlangt (Röm. 12, 1), erklärt durchaus nicht die Fixirung des Priestertitels für die Gemeindevorsteher [2]). Denn weder wird diese asketische Lebensweise gerade bei den Klerikern vorausgesetzt, noch ausschließlich von ihnen gefordert. Mit keinem Worte wird angedeutet, daß die Kleriker deßhalb Priester sind, weil sie etwa nach der Vorschrift des Paulus regelmäßig nicht eine zweite Ehe eingehen durften; sondern umgekehrt muthet Tertullian der Montanist allen Laien nach vorgeblich mosaischem Rechte [3]) die Monogamie zu, weil sie Priester seien und das mosaische Priestergesetz auf sie Anwendung finde. Die asketische Gesetzlichkeit, welche Tertullian auch in seiner vormontanistischen Zeit vertritt, ist nicht der Grund für die bei ihm wahrnehmbare Verschiebung der Idee des christlichen

1) De resurr. carn. 8; de ieiun. 16; de cultu fem. II, 9; ad uxor I, 7; de virgin. vel. 13.

2) Worauf Harnack (Der christl. Gemeindegottesdienst im apostol. und altkathol. Zeitalter S. 343 f.) in unklarer Weise hinzudeuten scheint.

3) De exhort. cast. 7: Cautum est in Levitico: Sacerdotes mei non plus nubent. S. die folgende Anmerkung.

Priesterthums, sondern auch nur eine Folge und ein Merkmal von einer tiefer liegenden Veränderung.

Die Abweichung Tertullians von den Früheren in Hinsicht der Priesteridee besteht nicht darin, daß er den Gemeindevorstehern, die er Priester nennt, deutlich schon den specifischen gottesdienstlichen und mittlerischen Charakter beilegt, dem gemäß später die Vollmacht, an Stelle Gottes Sünden zu vergeben, gerade als ein Hauptattribut des bischöflichen Priesterthumes galt. Nach diesem Maaßstabe dürfte sein Sprachgebrauch vielleicht nur als eine Spielerei mit alttestamentlichen Analogieen erscheinen. Allein diese Benennung ist darum nicht zufällig, und darum nicht bedeutungslos, weil dem Tertullian der richtige Sinn und das ursprüngliche Verständniß des allgemeinen christlichen Priesterthums fehlen. Die Lebendigkeit dieser Idee ist bedingt durch die Lebendigkeit und Klarheit der Idee der Wiedergeburt. Wir wissen aber, daß weil das richtige Verständniß der Idee der Rechtfertigung durch den Glauben verloren gegangen war, das christliche Leben nach katholischer Auffassung seinen Schwerpunkt auch nicht mehr in der Gewißheit der Wiedergeburt fand, sondern zwischen den Normen des neuen Gesetzes und den Kräften der sakramentalen Verrichtungen sich bewegte (s. o. S. 335). Deßhalb war aber auch das Priesterthum als Attribut des Wiedergeborenen nicht mehr sicher gestellt. Und gerade bei Tertullian nehmen wir die Merkmale der Verknöcherung dieser Idee wahr. Sie ist ihrem ursprünglichen Sinne nach der Ausdruck der tiefsten und im lebendigsten Selbstgefühle sich darstellenden religiösen Freiheit. Indem aber Tertullian einerseits die Taufe als den statutarischen Akt der christlichen Priesterweihe bezeichnet und andererseits unter Anwendung des mosaischen Gesetzes den Christen als Priestern die Pflicht der Monogamie auferlegt [1]), so giebt er jene Idee dem Schema des Gegensatzes von

1) De monog. 7: Prohibet lex sacerdotes denuo nubere. — Nos autem Iesus summus sacerdos et magnus patris de suo vestiens, quia qui in Christo tinguntur, Christum induerunt, sacerdotes deo patri suo fecit, secundum Ioannem. — Certe sacerdotes sumus a Christo vocati, monogamiae debitores, ex pristina dei lege, quae nos tunc in suis sacerdotibus prophetavit.

Gesetz und Sakrament Preis, in welchem sie zersetzt und ihrer eigentlichen Bedeutung beraubt wird. Also weil die Idee vom allgemeinen Priesterthum verblaßte und ihren Werth verlor, deßhalb ergab sich das Bedürfniß nach einem Priesterthume der Kleriker; aber weil Tertullian doch noch überhaupt an dem Priesterthum der Laien ein Interesse hatte, deßhalb ist bei ihm der specifische Charakter des klerikalen Priesterthums noch nicht entwickelt. Dieses erst in Folge des Montanismus erreichte Ziel ist demnach nicht aus dem gesetzlichen Geist der katholisch werdenden heidenchristlichen Kirche zu erklären [1]; sondern die gesetzliche Auffassung des Christenthums ist ebenso wie der Trieb nach einem specifischen Priesterthum Folge davon, daß die durch keinen richtigen Begriff der Rechtfertigung sichergestellte Idee der Wiedergeburt abhanden gekommen war.

Die Veränderung in der Stellung zwischen Klerus und Gemeinde, deren Beginn bei Tertullian wahrgenommen worden ist, hat zu ihrer Vollendung verschiedener mitwirkender Bedingungen außer dem oben erörterten Grunde bedurft. Dazu gehören, außer dem Streit zwischen der Kirche und den Montanisten, die Auseinandersetzung der Aemter des Bischofs und des Presbyters und die Erhebung des erstern Amtes zum Kirchenamt.

III. Bischof und Presbyter.

Es kann keinem Zweifel unterworfen sein, daß innerhalb des neuen Testamentes ἐπίσκοπος und πρεσβύτερος Titel desselben Amtes sind, und daß deßhalb in der ersten Zeit mehrere ἐπίσκοποι Einer Gemeinde angehört haben (s. o. S. 350). Diese Thatsache ist nicht nur von Exegeten der alten Kirche, sondern auch von manchen katholischen Auktoritäten das Mittelalter hindurch anerkannt worden [2]. Den Grund der Einrichtung dieses kollegialischen Vorstandes braucht man nur in der Rücksicht auf die Autonomie der Gemeinde und in dem Vorbilde der Sy-

---

1) Wie Harnack will a. a. O. S. 345.

2) Bei Rothe a. a. O. S. 206—217; Gieseler, Kirchengeschichte I, 1, S. 115 f.

nagogenverfassung zu suchen. Denn die Hypothese hat sich nicht bewährt, daß die Mehrheit der Vorsteher ursprünglich der in größeren Städten bestehenden Mehrheit der Hausgemeinden entspreche, daß das Amt der Vorsteher demnach ursprünglich monarchischen Charakter getragen habe, und daß derselbe dem kollegialischen Charakter erst gewichen sei, als die Stadtgemeinden aus den Hausgemeinden zusammenwuchsen[1]).

Diese ursprüngliche Verfassung der Gemeinde unter einer Mehrzahl von Episkopen oder Presbytern hat sowohl innerhalb der apostolischen Zeit Bestand behalten, als auch noch längere Zeit danach fortgedauert. Für die Zeit der Wirksamkeit des Apostels Johannes in Kleinasien bezeugt es Clemens von Alexandria, indem er (Quis div. salv. 42; s. o. S. 392) angiebt, der Apostel habe die Umgegend von Ephesus besucht, „um hier Episkopen einzusetzen, dort ganze Gemeinden einzurichten, dort dem Klerus je einen der vom Geiste Bezeichneten hinzuzufügen.“ In dem Verhältniß dieser verschiedenen Geschäfte zu einander liegt die Gewähr, daß in dem ersten Gliede nur die Anstellung einer Mehrheit von Episkopen in Einer Gemeinde ausgesagt ist. Und in der an jene Notiz angeknüpften Geschichte von dem Jüngling, den Johannes einem Gemeindevorsteher besonders empfohlen hatte, der aber Räuber geworden war, und den der Apostel persönlich wiedergewann, wechseln die beiden Amtstitel so, daß der, den Johannes als ἐπίσκοπος anredet, von dem Erzähler als πρεσβύτερος eingeführt wird.

Dieselbe Form der Verfassung setzt nun ferner in der nachapostolischen Zeit der römische Clemens voraus. Er bedient sich zunächst zur Bezeichnung der Vorsteher des aus dem Hebräerbrief entlehnten Prädikates ἡγούμενοι[2]). Die in den angeführten Stellen daneben erwähnten πρεσβύτεροι bedeuten nun nicht

---

1) Vgl. Kist, Ueber den Ursprung der bischöflichen Gewalt in der christlichen Kirche, in Verbindung mit der Bildung und dem Zustande der frühesten Christengemeinden (aus dem Holländischen), in Illgens Zeitschrift für die historische Theologie II, 2 (1832). Dagegen vgl. Rothe a. a. O. S. 193—206.

2) Cap. 1: Ὑποτασσόμενοι τοῖς ἡγουμένοις ὑμῶν, καὶ τιμὴν τὴν καθήκουσαν ἀπονέμοντες τοῖς παρ' ὑμῖν πρεσβυτέροις. Cap. 21: Τοὺς προηγουμένους ἡμῶν αἰδεσθῶμεν, τοὺς πρεσβυτέρους ἡμῶν τιμήσωμεν.

etwa eine zweite Amtsklasse, so daß unter den Führern die specifischen Bischöfe zu verstehen wären. Denn der specifische Bischof ist immer in der Einheit; und die von Clemens erwähnten Aeltesten sind wegen der an beiden Stellen folgenden, auf die jüngeren Gemeindeglieder bezogenen Aeußerungen deutlich genug als die bejahrten Personen in der Gemeinde von den Beamten unterschieden. Ferner nennt nun Clemens als Beamte ausdrücklich nur *ἐπίσκοποι καὶ διάκονοι* (cap. 42; s. o. S. 347); kann also nicht als Zeuge für das Bestehen Eines Bischofs neben einer Mehrheit von Presbytern angesehen werden. Vielmehr da er an einem andern Ort Presbytern als die Darbringer der Gaben, d. h. als die Verwalter des im Gebet und Almosenopfer bestehenden Gottesdienstes nennt [1]), so können dieselben mit den obengenannten Episkopen nur für identisch gehalten werden. Und die Presbytern erweisen sich als identisch mit den *ἡγούμενοι*, weil an anderen Stellen (cap. 47. 54. 57) der pflichtmäßige Gehorsam auf die Presbytern gedeutet wird, welcher in den oben mitgetheilten Stellen auf die *ἡγούμενοι* bezogen war. Der Sprachgebrauch des Clemens ist durchaus identisch mit dem neutestamentlichen; die Thatsache, welche verhandelt wird, ist deutlich als Auflehnung gegen die Presbytern bezeichnet; Clemens ist also Zeuge für das Fortbestehen der in der apostolischen Zeit geltenden Gemeindeverfassung. Denn daß schon eine Veränderung eingetreten, und schon ein einheitlicher Episkopat zu Recht bestehend gewesen sei, wird von Rothe mit den Andeutungen des Briefes nur durch die Unterstellung in Einklang gebracht, daß der Bischof von Korinth gerade gestorben, und daß durch seinen Tod die Unordnung in der Gemeinde hervorgerufen sei.

1) Cap. 44: *Καὶ οἱ ἀπόστολοι ἡμῶν ἔγνωσαν διὰ τοῦ κυρίου ἡμῶν Ἰ. Χρ., ὅτι ἔρις ἔσται ἐπὶ τοῦ ὀνόματος τῆς ἐπισκοπῆς. Διὰ ταύτην οὖν τὴν αἰτίαν πρόγνωσιν εἰληφότες τελείαν κατέστησαν τοὺς προειρημένους* (cap. 42: *ἐπισκόπους καὶ διακόνους*) .... *Ἁμαρτία οὐ μικρὰ ἡμῖν ἔσται, ἐὰν τοὺς ἀμέμπτως καὶ ὁσίως προςενεγκόντας τὰ δῶρα τῆς ἐπισκοπῆς ἀποβάλωμεν. Μακάριοι οἱ προοδοιπορήσαντες πρεσβύτεροι κτλ.* — Der Ausdruck *ἐπισκοπή* bedeutet hier nicht blos das Amt der Presbytern, sondern nach alttestamentlichem Sprachgebrauche (Num. 4, 16; 2 Chron. 23, 18; Ps. 109, 8; Act. 1, 20) Amt überhaupt. Vgl. Rothe a. a. O. S. 400 f.

Die Fortdauer der ursprünglichen Gemeindeverfassung in Rom bezeugt für die erste Hälfte des zweiten Jahrhunderts der Hirt des Hermas. Es sind immer nur πρεσβύτεροι (Vis. 2, 4), ἐπίσκοποι (Vis. 3, 5. Sim. 9, 27), προηγούμενοι (Vis. 2, 2), προηγούμενοι καὶ πρωτοκαθεδρῖται (Vis. 3, 9), welche als Häupter der Gemeinde, als Inhaber der Disciplin (Vis. 3, 9), und als Versorger der Wittwen, Waisen und Fremden (Sim. 9, 27) genannt werden. Allerdings erweckte die Stelle Vis. 3, 5 in der lateinischen Uebersetzung den Schein, als ob darin der Episkopat von dem Presbyterat unterschieden, und mit dem Apostolate zusammengefaßt würde [1]. Indessen wir haben gezeigt (S. 351), daß der Titel doctor bei Hermas nichts weniger als ein Vorsteheramt bezeichnet, die Relativsätze sind nicht auf die Apostel zu beziehen, und endlich ergiebt der griechische Text (s. a. a. O.), daß in der Stelle auch nicht das Amt der Diakonen berührt ist, sondern daß neben den Aposteln nur die Episkopen als Gemeindebeamte, und die nicht als Beamten zu betrachtenden Lehrer aufgezählt werden, welche gemäß ihrer der apostolischen gleichstehenden Funktion als Diener des Worts (Act. 6, 4) bezeichnet sind.

Während also der Hirt noch keine Veränderung der apostolischen Gemeindeverfassung darstellt, so gewährt der Brief des Polykarp an die Philipper den Eindruck, daß um die Mitte des zweiten Jahrhunderts, wohin der Brief nach Abzug von Interpolationen zu setzen ist, in der einen Gemeinde die Aemter des Bischofs und der Presbytern auseinandergesetzt waren, während es in der andern noch nicht der Fall war. Polykarp, indem er sich in der Ueberschrift des Briefes bestimmt von den Presbytern unterscheidet (Πολύκαρπος καὶ οἱ σὺν αὐτῷ πρεσβύτεροι), erwähnt keines von den Presbytern verschiedenen Bischofs in der philippischen Gemeinde. Man könnte daran denken, daß Valens, welcher wegen Veruntreuung exkommunicirt worden war, den Charakter eines Bischofs im engern Sinn getragen

1) Vgl. Rothe a. a. O. S. 408. — Vis. 3, 5: Lapides illi quadrati et albi — sunt apostoli et episcopi et doctores et ministri, qui ingressi sunt in clementia dei et episcopatum gesserunt et docuerunt et ministraverunt sancte et modeste electis dei.

habe. Allein wenn auch der Titel eines Presbyters, der ihm gegeben wird, nicht dagegen ist, so deutet Polykarp weder an, daß ein Anderer Bischof sei, noch weist er auf die Nothwendigkeit hin, daß ein Bischof gewählt werden müsse, wenn die Stelle desselben unbesetzt war. Vielmehr hat sich schon früher ergeben (S. 357), daß die Presbytern in Philippi als Fürsorger der Wittwen und Armen vorausgesetzt werden, also in einer Funktion stehen, welche nach späterem Rechte dem Bischof allein zukam. Es zeigt sich daher, daß der Fortschritt, welcher in der Verfassung der Gemeinde zu Smyrna schon vollzogen war, gleichzeitig in Philippi noch nicht stattgefunden hatte. Um diese Ungleichmäßigkeit in den Verfassungszuständen jener Zeit richtig zu verstehen, ist es sehr wichtig zu beachten, daß Hermas, indem er die Verfassung der römischen Gemeinde unter einer Mehrheit von Presbytern oder Episkopen voraussetzt, Spaltungen (*διχοστασίαι*) unter den Vorstehern rügt, und zum Frieden ermahnt (Vis. 3, 9. Sim. 8, 7). Die Streitigkeiten haben sich gemäß der letztern Stelle auf den Vorrang bezogen, und in der erstern werden die Vorsteher in ironischer Weise *πρωτοκαθεδρῖται* genannt. Nun schildert ferner Hermas (Mand. 11) in ganz individueller Polemik einen Theil der römischen Gemeinde, welcher sich einem Manne angeschlossen hat, den er unter Anderem damit charakterisirt, daß er sich erhebe und den Vorsitz haben wolle (*ὑψοῖ ἑαυτὸν καὶ θέλει πρωτοκαθεδρίαν ἔχειν*). Durch die gegenseitige Beziehung dieser Stellen auf einander wird der Schluß nahegelegt, daß die Gemeinde in Rom zur Zeit des Hermas eben im Begriffe war, die Entwickelung der Verfassung zur monarchischen Form zu erleben, und daß dieser Fortschritt bei einer Partei, welche Hermas repräsentirt, welche aber schwerlich als die Majorität anzusehen sein wird, Widerspruch fand.

Dieselbe Form der Gemeindeverfassung, welche der Brief des Polykarp für die Gemeinde von Smyrna um die Mitte des zweiten Jahrhunderts gewährleistet, wird vor dieser Zeit schon bezeugt durch die echten Briefe des Ignatius von Antiochia[1]),

---

1) Diese erkenne ich in den von Cureton (Corpus Ignatianum 1849)

welche dem Anfange des zweiten Jahrhunderts angehören. Im Briefe an die Römer (cap. 2) bezeichnet Ignatius sich selbst als Bischof; ebenso nennt er im Briefe an die Epheser (cap. 1) den Onesimus als deren Bischof; im Briefe an Polykarp, „den Bischof der Gemeinde der Smyrnäer", unterscheidet er denselben bestimmt von den Presbytern und Diakonen (cap. 6). Nach diesem letztern Brief, welcher eine Art von Instruktion für den jüngern Amtsgenossen enthält, stellt Ignatius den Bischof als den Vertreter der Einheit und der Ordnung in der Gemeinde dar [1]), welchem namentlich die Sorge für die Wittwen, für häufigere Gemeindeversammlungen und für die Gemeindekasse anempfohlen wird. Die Anweisungen für die Seelsorge beziehen sich auf die Gemeindeglieder, welche Sklaven sind, und auf die, welche im Ehestande leben. Während also die Geschäfte des Bischofs auf das Gebiet der Disciplin bezogen sind, wird nicht mit Einem Worte darauf hingedeutet, daß der Bischof vorzugsweise das Lehrgeschäft auszuüben habe, oder gar, daß er der Vertreter einer bestimmten und geregelten Lehrweise sei. Hierauf ist um so mehr zu achten, als Ignatius auf Verbreiter abweichender Lehre hinweist. Aber diesen gegenüber deutet er durchaus nicht auf die Vertheidigung einer feststehenden Glaubensregel hin, sondern ermahnt den Polykarp nur zur Geduld und Standhaftigkeit [2]). Der Gegensatz, mit welchem der Episkopat nach den Andeutungen des Briefes vorzugsweise zu kämpfen hatte, besteht auch nicht in einer theoretischen Irrlehre, sondern derselbe berührt die Geltung des Gemeindeamtes überhaupt. Es handelt

---

veröffentlichten syrischen Briefen an Polykarp, an die Epheser, an die Römer. Vgl. Bunsen, Ignatius von Antiochia, 2 Theile, 1847; Weiß, in Reuters Repertorium 1852, Septemberheft, und Lipsius, Ueber die Aechtheit der syrischen Recension der ignatianischen Briefe; in Niedners Zeitschr. für die histor. Theol. 1856, 1. Heft.

1) Ep. ad Polycarp. cap. 1: *Τῆς ἑνώσεως φρόντιζε, ἧς οὐδὲν ἄμεινον.* Cap. 4: *Μηδὲν ἄνευ γνώμης σου γινέσθω, μηδὲ σὺ ἄνευ θεοῦ γνώμης τι πρᾶσσε.*

2) Cap. 3: *Οἱ δοκοῦντές τι εἶναι καὶ ἑτεροδιδασκαλοῦντες μή σε καταπλησσέτωσαν· στῆθι δὲ ἑδραῖος ὡς ἀθλητὴς τυπτάμενος· μεγάλου ἐστὶν ἀθλητοῦ τὸ δέρεσθαι καὶ νικᾶν. Μάλιστα δὲ ἕνεκεν θεοῦ πάντα ὑπομένειν ἡμᾶς δεῖ, ἵνα καὶ αὐτὸς ἡμᾶς ὑπομείνῃ.*

sich darum, daß das Ansehen des Bischofs als Vorstehers der Gemeinde durch die Verehrung eines Asketen beeinträchtigt, und durch Schließung von Ehen ohne seine Zustimmung verletzt wurde[1]), und hiegegen will Ignatius das Recht des Bischofs gewahrt wissen. Der Fall, daß die asketische ehelose Lebensweise eine Auktorität in der Gemeinde erwarb, welche die der Beamten beeinträchtigte, wird auch in dem Brief des römischen Clemens an die Korinther angedeutet. Denn auch die Opposition gegen die Presbytern in jener Gemeinde ging von solchen Asketen aus, welche deßhalb vor Anmaßung gewarnt, und daran erinnert werden mußten, daß Gott ihnen die Enthaltsamkeit schenke[2]). Und zu vergleichen ist auch die Notiz des Epiphanius (haer. 30, 2; s. o. S. 207), daß die Ehelosigkeit bei den essenischen Ebjoniten ursprünglich so hoch geschätzt worden sei, daß ihre Schriften an die Aeltesten und an die Jungfräulichen (*πρεσβύτεροι καὶ παρθένοι*) überschrieben worden seien.

Im Gegensatze zu den bezeichneten Fällen, in denen die Auktorität des Bischofs beeinträchtigt und umgangen wird, stellt Ignatius die Amtswürde des Bischofs unter den Schutz göttlicher Ordnung. Dem oberflächlichen Anblick erscheint die Behauptung, daß nur die mit Erlaubniß des Bischofs geschlossene Ehe Gott gemäß (*κατὰ θεόν*) sei, in dem Sinne, als ob damit der Bischof als specifischer Stellvertreter Gottes, als Inhaber des göttlichen Geistes und Träger des göttlichen Willens dargestellt würde. Und in diesem Falle würde ein Unterschied zwischen den beiden streitigen Recensionen in den Ansichten über den Episkopat nicht vorliegen; da der angegebene Begriff in den Partieen der sieben Briefe, welche durch den syrischen Text ausgeschlossen sind, deutlich vorherrscht[3]). Daß jedoch die angeführte Formel nicht in

1) Cap. 5: *Εἴ τις δύναται ἐν ἁγνείᾳ μένειν εἰς τιμὴν τῆς σαρκὸς τοῦ κυρίου, ἐν ἀκαυχησίᾳ μενέτω. Ἐὰν καυχήσηται, ἀπώλετο· καὶ ἐὰν γνωσθῇ πλὴν τοῦ ἐπισκόπου, ἔφθαρται. Πρέπει δὲ τοῖς γαμοῦσι καὶ ταῖς γαμουμέναις μετὰ γνώμης τοῦ ἐπισκόπου τὴν ἕνωσιν ποιεῖσθαι, ἵνα ὁ γάμος ῇ κατὰ θεὸν καὶ μὴ κατ᾽ ἐπιθυμίαν. Πάντα δὲ εἰς τιμὴν θεοῦ γινέσθω.*

2) Clem. ad Corinth. 38: *Ὁ ἁγνὸς ἐν τῇ σαρκὶ μὴ ἀλαζονευέσθω, γινώσκων ὅτι ἕτερός ἐστιν ὁ ἐπιχορηγῶν αὐτῷ τὴν ἐγκράτειαν.*

3) Ad Polyc. 8: *Γράψεις ταῖς ἔμπροσθεν ἐκκλησίαις, ὡς γνώμην*

diesem Sinne zu verstehen ist, beweist der erläuternde Zusatz, daß Alles zur Ehre Gottes geschehen solle. Denn hienach ist die durch den Bischof geschlossene Ehe Gott gemäß, weil die Ehre Gottes die Erhaltung der Ordnung in der Gemeinde durch den Bischof verlangt; nicht aber, weil Gott durch den Bischof eine besondere sakramentale Einwirkung auf die Eheleute ausübt. Auch die anderen ähnlichen Aeußerungen in dem Briefe enthalten nichts mehr, als daß der Bischof Vertreter und Erhalter der Einheit und Ordnung in der Gemeinde, und daß dieselbe von Gott gewollt und gegründet sei. In diesem Sinne wird die Gemeinde zu Smyrna ermahnt, sich an den Bischof anzuschließen, damit auch Gott sich zu ihnen halte; Ignatius will seine Seele für diejenigen einsetzen, welche dem Bischof, den Presbytern, den Diakonen gehorsam sind, und möchte mit ihnen seinen Lohn bei Gott finden [1]. Dieser Satz stellt nicht, wie Aeußerungen in der längern Recension [2], den dem Bischof geleisteten Gehorsam als einen solchen dar, der in der Beziehung auf die Person des Bischofs eigentlich Gott und Christus gelte, sondern als eine sittliche Pflicht, deren Erfüllung von Gott belohnt würde. Demnach wird freilich Polykarp darauf angeredet, daß in der Gemeinde nichts ohne seinen Willen geschehen soll (*μηδὲν ἄνευ γνώμης σου γινέσθω*, cap. 4); als Grund dafür wird aber kein den unten angeführten Stellen entsprechender Satz von der durch den Bi-

---

θεοῦ κεκτημένος. Ad Eph. 3. 4: *Ὅπως συντρέχητε τῇ γνώμῃ τοῦ θεοῦ. καὶ γὰρ Ἰησοῦς Χριστὸς τοῦ πατρὸς ἡ γνώμη, ὡς καὶ οἱ ἐπίσκοποι Ἰησοῦ Χριστοῦ γνώμη εἰσίν. ὅθεν πρέπει ὑμῖν συντρέχειν τῇ τοῦ ἐπισκόπου γνώμῃ.* Ibid. 6: *Πάντα, ὃν πέμπει ὁ οἰκοδεσπότης εἰς ἰδίαν οἰκονομίαν, οὕτως δεῖ ἡμᾶς αὐτὸν δέχεσθαι, ὡς αὐτὸν τὸν πέμψαντα. τὸν ουν ἐπίσκοπον δῆλον, ὅτι ὡς αὐτὸν τὸν κύριον δεῖ προσβλέπειν.* Ad Magnes. 6: *Προκαθημένου τοῦ ἐπισκόπου εἰς τόπον θεοῦ.*

1) Ad Polycarp. 6: *Τῷ ἐπισκόπῳ προσέχετε, ἵνα καὶ ὁ θεὸς ὑμῖν. ἀντίψυχον ἐγὼ τῶν ὑποτασσομένων τῷ ἐπισκόπῳ, πρεσβυτέροις, διακόνοις, καὶ μετ' αὐτῶν μοι τὸ μέρος γένοιτο σχεῖν ἐν θεῷ.*

2) Ad Magnes. 3: Die sich dem Bischof unterwerfen, unterwerfen sich *οὐκ αὐτῷ, ἀλλὰ τῷ πατρὶ Ἰησοῦ Χριστοῦ, τῷ πάντων ἐπισκόπῳ· εἰς τιμὴν οὖν ἐκείνου τοῦ θελήσαντος (? καλέσαντος) ἡμᾶς πρέπον ἐστὶν ἐπακούειν κατὰ μηδεμίαν ὑπόκρισιν· ἐπεὶ οὐχ ὅτι τὸν ἐπίσκοπον τοῦτον τὸν βλεπόμενον πλανᾷ τις, ἀλλὰ τὸν ἀόρατον παραλογίζεται. Τῷ δὲ τοιούτῳ οὐ πρὸς σάρκα ὁ λόγος, ἀλλὰ πρὸς θεὸν, τὸν τὰ κρύφια εἰδότα.* Ad Trallian. 2: *Ὅταν τῷ ἐπισκόπῳ ὑποτάσσησθε ὡς Ἰησοῦ Χριστῷ.*

schof vermittelten Wirksamkeit Gottes angeführt, sondern nur die Bedingung, daß auch der Bischof nichts ohne den Willen Gottes thue (*μηδὲ σὺ ἄνευ θεοῦ γνώμης τι πρᾶσσε*). Der echte Brief des Ignatius an Polykarp bietet also nichts weniger dar, als die dogmatische Fassung des Begriffs vom Episkopat, auf dessen Einschärfung es in der Ueberarbeitung und Erweiterung der ignatianischen Briefe ankommt. Vielmehr ist der Grundgedanke jenes Briefes dem des Briefes des Clemens vollkommen gleich. Denn wenn wir davon absehen, daß Clemens noch keinen eigentlichen Bischof kennt, so vertritt auch er die göttliche Ordnung in dem Unterschiede zwischen Gemeindeamt und Gemeinde (s. o. S. 361). Wir haben aber erkannt, daß Clemens diese göttliche Ordnung nur als die naturgemäße versteht, welche in allen sittlichen Gemeinschaften herrschen soll. In diesem Sinne stellt auch Ignatius die Unterordnung der Gemeinde als eine sittliche Nothwendigkeit dar; während in den Briefen des falschen Ignatius der Unterschied zwischen dem Klerus und der Gemeinde auf ein anderes Verhältniß zurückgeführt wird, als welches in jeder andern Gemeinschaft obwaltet. Deßhalb aber wird dort der Gehorsam der Gemeinde gegen den Klerus nicht als sittliche, sondern als direkt religiöse Pflicht dargestellt.

Auch noch in einer andern Hinsicht entspricht der von Ignatius vertretene Begriff des Episkopats der Ansicht nicht, welche als die katholische zu bezeichnen ist. Ignatius kennt den Episkopat nur als Gemeindeamt, nicht als Kirchenamt. Bei der Erwähnung von Lehrgegensätzen wird nicht auf die Glaubensregel verwiesen, welche der Bischof zu schützen hätte; es fehlt jede Anspielung darauf, daß der Episkopat die Fortsetzung des Apostolates sei; vielmehr beweist eine Aeußerung im Römerbrief, in welcher sich Ignatius mit den Aposteln Petrus und Paulus vergleicht [1]), daß er sich nicht als Inhaber apostolischer Machtvollkommenheit angesehen haben kann.

---

1) Ad Romanos 4: *Λιτανεύσατε τὸν κύριον ὑπὲρ ἐμοῦ, ἵνα διὰ τῶν ὀργάνων τούτων* (die wilden Thiere) *θεοῦ θυσία εὑρεθῶ. Οὐχ ὡς Πέτρος καὶ Παῦλος διατάσσομαι ὑμῖν· ἐκεῖνοι ἀπόστολοι, ἐγὼ κατάκριτος· ἐκεῖνοι ἐλεύθεροι, ἐγὼ δὲ μέχρι νῦν δοῦλος. Ἀλλ' ἐὰν πάθω, ἀπελεύθερος Ἰησοῦ, καὶ ἀναστήσομαι ἐν αὐτῷ ἐλεύθερος.*

Der monarchische Episkopat bestand also im Anfange des zweiten Jahrhunderts in den Gemeinden zu Antiochia, zu Ephesus und zu Smyrna zu Rechte, unter Attributen, welche ihn lediglich als Gemeindeamt erscheinen lassen, und in einem Verhältnisse zur Gemeinde selbst, welches dem vom römischen Clemens aufgestellten noch durchaus gleich ist. Es kommt demnächst darauf an, zu prüfen, ob noch ältere Spuren der rechtmäßigen Geltung des monarchischen Episkopates zu ermitteln sind.

Eine solche Spur findet Rothe (a. a. O. S. 426) in dem dritten Briefe des Johannes. Der darin erwähnte Diotrephes, welcher reisenden Missionaren die Gastfreundschaft versagt und auch seine Gemeinde daran verhindert, dieselbe zu üben, welcher ferner als ein solcher bezeichnet wird, der nach der ersten Stelle strebt (φιλοπρωτεύων), soll augenscheinlich in dem Verhältniß eines wirklichen über den Presbytern erhabenen Bischofs stehen. Ebenso klar jedoch ist, daß diese Gewalt als eine ordnungswidrige, usurpirte und nicht rechtlich gesicherte dargestellt wird. Dieser Ausnahmefall bürgt also gar nicht dafür, daß in der Zeit, welcher der seinem Ursprunge nach räthselhafte Brief angehört, eine ähnliche Einzelgewalt in irgend einer Gemeinde rechtmäßig bestanden habe.

Eine noch ältere Hinweisung auf monarchische Gemeindeleitung, also auf das Bestehen des besondern Episkopates, wird in verschiedener Abstufung in den Engeln der sieben Gemeinden erkannt, an welche die Sendschreiben in der Apokalypse gerichtet werden. Bunsen[1]) macht dafür geltend, daß die an die Engel gerichteten Briefe sich auf die Gemeinden selbst bezögen, und doch die Engel durch das Symbol der Sterne von den durch das Symbol der Leuchter repräsentirten Gemeinden unterschieden würden. Rothe (a. a. O. S. 423) ist nicht so weit gegangen, sondern will in dem Engel nur den Ausdruck der Idee des monarchischen Episkopates erkennen, ohne daß dies Amt faktisch schon bestanden hätte. Daß der Engel selbst nur als sym-

1) Ignatius von Antiochien und seine Zeit S. 85.

bolische Darstellung der Gemeinde nach Analogie der Schutzengel (Matth. 18, 10; Act. 12, 14. 15) gedacht sei, empfiehlt sich nicht, obgleich das Verhältniß der Ueberschriften und Unterschriften der Briefe diese Annahme nahe legt. Denn sowohl die Gemeinden als die Engel haben ihre Symbole, den Stern und den Leuchter; und dadurch wird es verboten, die Engel selbst als Symbole der Gemeinden zu deuten. Vielmehr müssen die Engel als menschliche Personen gedacht sein, welche von den Gemeinden unterschieden waren, und ihnen wie Boten Gottes gegenüberstehen, und welche doch wieder die Gemeinden in der Art repräsentiren, daß dasjenige, was von den Gemeinden zu sagen war, ihnen persönlich zuzulegen war. Die Briefe meinen also unter den Engeln der Gemeinden die Vorsteher derselben, weil diese, wie wir wissen, sowohl den göttlichen Willen, die sittliche Ordnung, als auch die menschliche Gemeinde repräsentiren. Aber gerade hiedurch ist der Gedanke nahe gelegt, daß die Vorsteher als Kollegien, und nicht als einzelne Bischöfe gedacht sind. Denn es ist naturgemäß, daß der Zustand einer Gemeinde und die Richtung eines sie vertretenden Beamtenkollegiums sich decken; dagegen zwischen dem einzelnen Bischof und der Gemeinde ist eine solche Reciprocität nicht von selbst vorauszusetzen. Jedenfalls ist die Bezeichnung des Engels doch insofern symbolisch, daß die Einheit, in welcher die Vorstellung von demselben aufgefaßt ist, nicht als historisches Zeugniß für das Bestehen eines monarchischen Episkopates, oder für den apostolischen Gedanken an die Gründung eines solchen angezogen werden darf.

Ignatius ist also am Anfange des zweiten Jahrhunderts der erste Zeuge für das Bestehen der Unterscheidung zwischen Einem Bischof und einer Mehrheit von Presbytern. Aber sein Zeugniß gilt erstens nur für die kleinasiatischen und syrischen Gemeinden. Denn es hat sich ergeben, daß mehrere Jahrzehnde später weder in Philippi noch in Rom die Auktorität eines monarchischen Bischofs feststand. Zweitens aber bezeugt Ignatius den vom Presbyteramte zu unterscheidenden Episkopat nur in Beziehung auf das Gemeindeleben, nicht aber in der kirchlichen Bedeutung, daß die Bischöfe Nachfolger der Apostel in der Lehrauktorität seien. Aus Beidem ist zu schließen, daß die Entstehung des Episkopats in diesem kirchlichen Sinne nicht jenseits der Zeit des Ignatius liegen kann. Und damit ist auch ausgeschlossen, daß der Episkopat in jenem Sinne von den Aposteln gegründet und eingesetzt sei. Die schon seit der Mitte des zweiten Jahrhunderts beginnenden Aussagen dieses Inhaltes können nicht als historische Zeugnisse angesehen werden. Denn sie werden nicht nur durch die gleichzeitigen Notizen im Hirten des Hermas und im Briefe des Polykarp widerlegt, sondern auch durch die älteren Andeutungen in den Briefen des Ignatius und des römischen Clemens.

Aber auch die Beweise, durch welche Rothe (a. a. O. S. 354—392) die Annahme begründen will, daß die Apostel am Schlusse ihrer Thätigkeit den Episkopat im kirchlichen Sinne gestiftet haben, reichen zu diesem Zwecke nicht aus[1]). Das erste Argument ist eine Stelle der Schrift de rebaptismate, welche man zu den Werken Cyprians gezählt hat, welche jedoch nicht ihm, sondern wahrscheinlich einem nordafrikanischen Mönch Ursicinus angehört[2]). In dieser Stelle wird auf eine apokryphische „Predigt des Paulus" Bezug genommen, welche berichtet, daß Petrus und Paulus am Schlusse ihres Lebens in Rom sich kennen gelernt haben. Diese an sich verdächtige Notiz soll nach Rothe's Ansicht die Frage über die Gründung des Episkopates indirekt berühren, indem sie auf die jenen Schritt vorbereitende Einigung der Parteiführer Petrus und Paulus hindeuten soll. Man kann sich jedoch leicht davon überzeugen, daß die vorliegende Stelle nichts davon enthält, daß „Paulus zu Rom kurz vor seinem Tode

1) Vgl. Baur, Ursprung des Episkopats, S. 41—61.

2) Est autem adulterini huius, imo internecini baptismatis, si quis alius auctor, tum etiam quidam ab eisdem ipsis haereticis, propter hunc eundem errorem confictus liber, qui inscribitur *Pauli praedicatio*. In quo libro contra omnes scripturas et de peccato proprio confitentem invenies Christum, qui solus omnino nihil deliquit, et ad accipiendum Iohannis baptisma paene invitum a matre sua Maria esse compulsum, item cum baptizaretur ignem super aquam esse visum, quod in evangelio nullo est scriptum, et *post tanta tempora Petrum et Paulum* post collationem evangelii in Ierusalem et mutuam altercationem et rerum agendarum dispositionem, *postremo in urbe*, quasi tunc primum, *invicem sibi esse cognitos*. In Cypriani Opp. ed. Baluz. p. 365.

bei jenem Zusammentreffen mit Petrus diesem seine Lehre zur Prüfung vorgelegt und eine Erklärung seiner Billigung erlangt habe." Die Predigt des Paulus hat nur dies erzählt, daß Petrus und Paulus sich erst in Rom kennen gelernt haben, und indem der Berichterstatter dies angiebt, schiebt er zugleich die jene Notiz widerlegende Erwähnung des Zusammentreffens Beider in Jerusalem ein, um die Unglaubwürdigkeit jener Schrift ins Licht zu setzen. Wenn man nun auch annimmt, daß die beiden Apostel gegen das Ende ihres Lebens in Rom wieder zusammengetroffen seien (s. o. S. 278), so ist es doch nichts mehr als eine unsichere Vermuthung, wenn Rothe so schließt, „daß doch einerseits eine Reise des Petrus unter den damaligen Verhältnissen nur dann begreiflich erscheint, wenn sie durch einen ganz bestimmten Zweck motivirt wurde, andererseits aber die damaligen Verhältnisse der Christenheit ihre besonders einflußreichen Führer sehr natürlich zu einem Zusammenwirken nach einem bestimmt verabredeten Plane und Grundsatze auffordern mußten." Ueberdies kennen wir die Verhältnisse der christlichen Kirche in jener Zeit und den Stand der verschiedenen Richtungen zu wenig, um irgend etwas errathen zu können. Nur so viel hat sich uns früher ergeben, daß die katholische Kirche nicht aus irgend einer Verschmelzung von einander widersprechenden Parteien verschiedener Apostel hervorgegangen ist.

Das zweite Argument findet Rothe in der Erzählung des Eusebius [1]), daß nach dem Tode des Jakobus und der Einnahme Jerusalems die noch am Leben befindlichen Apostel und Jünger des Herrn zusammen mit den Verwandten desselben an die Stelle des Jakobus den Symeon, den Sohn des Klopas, einen

---

1) Eus. H. E. III, 11: *Μετὰ τὴν Ἰακώβου μαρτυρίαν καὶ τὴν αὐτίκα γενομένην ἅλωσιν τῆς Ἱερουσαλὴμ, λόγος κατέχει, τῶν ἀποστόλων καὶ τῶν τοῦ κυρίου μαθητῶν τοὺς εἰςέτι τῷ βίῳ λειπομένους ἐπὶ ταὐτὸ πανταχόθεν συνελθεῖν ἅμα τοῖς πρὸς γένους κατὰ σάρκα τοῦ κυρίου· πλείους γὰρ καὶ τούτων περιῆσαν εἰςέτι τότε τῷ βίῳ· βουλήν τε ὁμοῦ τοὺς πάντας περὶ τοῦ τίνα χρὴ τῆς Ἰακώβου διαδοχῆς ἐπικρῖναι ἄξιον ποιήσασθαι· καὶ δὴ ἀπὸ μιᾶς γνώμης τοὺς πάντας Συμεῶνα τὸν τοῦ Κλωπᾶ, οὗ καὶ ἡ τοῦ εὐαγγελίου μνημονεύει γραφὴ, τοῦ τῆς αὐτόθι παροικίας θρόνου ἄξιον εἶναι δοκιμάσαι, ἀνεψιὸν, ὥςγε φασὶ, γεγονότα τοῦ σωτῆρος. Τὸν γὰρ Κλωπᾶν ἀδελφὸν τοῦ Ἰωσὴφ ὑπάρχειν, Ἡγήσιππος ἱστορεῖ,*

Vetter Jesu gewählt haben. Man wird es mit Rothe wahrscheinlich finden, daß Eusebius diese Erzählung dem Hegesippus verdankt, dessen Fragment bei Eusebius IV, 22 dieselbe Thatsache in kürzeren Worten enthält. Sofern nun jene Sage auf das Vorhandensein des Episkopates zu Jerusalem in der Zeit der Apostel hinweist, wird sie ihres Orts von uns berücksichtigt werden. Rothe ist jedoch der Meinung, „es liege gewiß sehr nahe, einem solchen Konvent der Apostel und apostolischen Männer einen noch weitern Zweck neben dem von Eusebius angegebenen zuzuschreiben. Dann sei aber die natürlichste Annahme, der eigentliche Zweck der Versammlung sei gewesen, in Beziehung auf die durch äußere Umstände unaufschiebbares Bedürfniß gewordene Gründung einer Kirche und Einführung einer Kirchenverfassung, Maaßregeln zu berathen und Veranstaltungen zu treffen. Dies sei um so wahrscheinlicher, weil dieser Konvent auch einen Bischof bestellt haben soll, den man mit Grund für den ersten eigentlichen Bischof von Jerusalem zu halten habe.“ Der Augenschein lehrt, daß gerade alles dies nicht von Eusebius erzählt ist. Vielmehr setzt die Darstellung des Eusebius, noch deutlicher die des Hegesippus, voraus, daß schon Jakobus Bischof gewesen sei. Der Ursprung des Episkopates würde also nach diesem Zeugnisse noch höher hinauf zu setzen sein, als Rothe will. Jedenfalls aber bedeutet die von Eusebius berichtete Einsetzung Symeons als Bischof an der Stelle des Jakobus durchaus nicht die Einsetzung des Episkopates überhaupt durch die Apostel. Und die Angaben über den in Jerusalem auftretenden Episkopat, deren Beurtheilung wir uns vorbehalten, sind so eigenthümlich und zugleich so sagenhaft, daß wir uns berechtigt achten, sie bei der Untersuchung der auf heidenchristlichem Gebiete auftretenden Verfassung zunächst nicht einzumischen.

Als drittes Argument dient Rothe eins der von Pfaff herausgegebenen Bruchstücke des Irenäus, welches spätere Anordnungen der Apostel erwähnt, denen gemäß der Herr ein neues Opfer eingesetzt habe [1]). Indem Rothe annimmt, daß der

1) Οἱ ταῖς δευτέραις τῶν ἀποστόλων διατάξεσι παρη-

Schreiber dieser Worte sich des Grundes der Unterscheidung zwischen diesen späteren und früheren apostolischen Satzungen vollkommen bewußt sei, so folgert er aus denselben die Unterscheidung von zwei scharf getrennten Epochen der apostolischen Wirksamkeit. „Fragt man nun, wo diese die apostolische Zeit in zwei eigenthümlich verschiedene Perioden abscheidende Grenzlinie laufe, so giebt es ja innerhalb jenes ganzen Zeitabschnittes nur Eine wirklich Epoche machende Begebenheit, die Stiftung der eigentlich so zu nennenden christlichen Kirche. Und im unmittelbaren Gefolge derselben mußten zahlreiche neue apostolische Verordnungen ins Leben treten.“ Diese Deutung aber setzt das zu Beweisende schon als sicher voraus. Wenn es nicht ganz feststeht, daß die *πρῶται* und die *δεύτεραι διατάξεις* gerade nach dem Zeitunterschiede auseinandergetreten sind, so ist ja die Thatsache, daß innerhalb des apostolischen Zeitalters die Einsetzung des Episkopates Epoche mache, zunächst nur eine Vermuthung, eine zu Gunsten der Echtheit der sieben ignatianischen Briefe gestellte Forderung; und dieselbe ist auch durch die beiden ersten Beweise gar nicht festgestellt. Die Einsetzung eines neuen Opfers durch Christus kann nicht unmittelbar Gegenstand jener apostolischen Satzungen gewesen sein, sondern nur indirekt mit denselben in Beziehung gestanden haben. Welches diese Beziehung gewesen sei, läßt sich jedoch ebenso wenig errathen, wie der Inhalt jener Satzungen, und der Unterscheidungsgrund der zweiten von der ersten.

Das vierte Argument entnimmt Rothe dem Briefe des römischen Clemens [1]). Den Sinn des ausgehobenen Satzes bezeichnet er so, daß „nachmals die Apostel die testamentarische Verfügung getroffen haben, daß wenn sie (die Apostel) gestorben wären, andere bewährte Männer in ihrem (der Apostel) Amte

κολουθηκότες ἴσασι, τὸν κύριον νέαν προσφορὰν ἐν τῇ καινῇ διαθήκῃ καθεστηκέναι κατὰ τὸ Μαλαχίου τοῦ προφήτου κ. τ. λ. In Irenaei Opp. ed. Stieren I. p. 854.

1) Cap. 44: *Οἱ ἀπόστολοι ἔγνωσαν διὰ τοῦ κυρίου ἡμῶν Ἰησοῦ Χριστοῦ, ὅτι ἔρις ἔσται ἐπὶ τοῦ ὀνόματος τῆς ἐπισκοπῆς. Διὰ ταύτην οὖν τὴν αἰτίαν πρόγνωσιν εἰληφότες τελείαν κατέστησαν τοὺς προειρημένους* (Presbytern und Diakonen) *καὶ μεταξὺ ἐπινομὴν δεδώκασιν, ὅπως ἐὰν κοιμηθῶσιν διαδέξωνται ἕτεροι δεδοκιμασμένοι ἄνδρες τὴν λειτουργίαν αὐτῶν.* Vgl. oben S. 359.

succediren sollten.“ Diese wären nun die Bischöfe, als Träger des apostolischen Amtes. Wenn diese Auslegung dem Zusammenhang des Textes entspräche, so näherte sich die Stelle dem von Rothe angestrebten Resultat, obgleich sie dasselbe nicht vollständig begründet. Denn als Inhalt des Dienstes der Apostel und Bischöfe wäre in dieser Stelle nur das Recht ausgedrückt, Presbytern einzusetzen; die Uebertragung der einheitlichen Lehr- und Disciplinargewalt von den Aposteln an die Bischöfe, also die Hauptsache, auf deren Feststellung es ankommt, müßte dennoch nur aus Analogie errathen werden. Bei der Prüfung jener Auslegung ist es von geringer Bedeutung, ob dem ziemlich schwierigen Worte ἐπινομή wirklich die Bedeutung der testamentarischen Verfügung zukommt. Die Entscheidung beruht vielmehr darauf, ob in dem Worte κοιμηθῶσιν die προειρημένοι, d. h. die von den Aposteln eingesetzten Gemeindebeamten oder die Apostel selbst als das grammatische Subjekt zu ergänzen sind. Rothe lehnt die erstere Möglichkeit mit dem Bemerken ab, es verstehe sich von selbst, daß die Nachfolger der ersten Gemeindebeamten wieder bewährte Männer sein sollten. Er entscheidet sich dafür, daß es sich um Nachfolger der Apostel handle, da im folgenden Satze solche Presbytern unterschieden würden, welche von den Aposteln, und solche, die von „anderen hervorragenden Männern“ eingesetzt seien. Allein die Nachfolge im Gemeindeamt verstand sich gar nicht von selbst; vielmehr geht aus dem Anfang des Kapitels hervor, daß die Anordnungen, deren Inhalt streitig ist, von den Aposteln in der Voraussicht getroffen sind, daß es Streit über das Amt geben werde. Wenn also das Gemeindeamt in Frage gestellt war, so müssen die Anordnungen dieses Amt, und nicht das der Apostel betroffen haben. Und zwar müssen dieselben die Frage berührt oder entschieden haben, wie es nach dem Aussterben der ersten von den Aposteln eingesetzten und deßhalb nicht angetasteten Generation von Beamten mit dem Amte selbst gehalten werden sollte. Die Entscheidung muß also in erster Reihe die Fortdauer des Amts nach dem Abgange der ersten Generation seiner Träger, in zweiter Reihe erst die Frage betroffen haben, wer der zweiten Generation das Amt verleihen solle. Das Letztere hält Rothe nicht mit Recht für den einzigen Gegenstand des Streites und der apostolischen Verfügung. Aber wenn es auch durch die Gegenüberstellung der Apostel und der „anderen hervorragenden Männer" den Anschein gewinnt, als könnten unter den letzteren nur eigentliche Nachfolger der Apostel verstanden werden, und als müßte von deren Einsetzung vorher die Rede gewesen sein, so zeigt einerseits die gebotene Zustimmung zu der von den hervorragenden Männern zu treffenden Wahl, daß dieselben den Aposteln gar nicht gleichgestellt werden, andererseits zwingt der Anfang des Kapitels, die Streitfrage, deren Entscheidung von den Aposteln ausgegangen sein soll, auf dem Gebiete des Gemeindeamtes und nicht auf dem des Apostolates zu suchen.

Es ist also durch diese Argumente nicht bewiesen, daß die Apostel den Episkopat in den christlichen Gemeinden absichtlich gestiftet haben. Die Briefe des Ignatius am Anfange des zweiten Jahrhunderts sind die ersten Dokumente, welche in asiatischen Gemeinden die Unterscheidung des Bischofs von den Presbytern voraussetzen. Wir können daraus nicht schließen, daß diese Verfassungsform damals in allen Gemeinden schon bestanden habe; denn noch in späterer Zeit ist sie in Philippi noch nicht durchgeführt, und in Rom noch nicht allseitig anerkannt. Ein bestimmter Schluß ist jedoch daraus noch nicht zu ziehen, da das Bestehen des Episkopates an einem andern Ort über die Zeit des Ignatius hinaufzureichen scheint.

Mit den Verhältnissen in der heidenchristlichen Kirche bilden die Nachrichten über die Verfassung der jüdisch-christlichen Gemeinde zu Jerusalem einen eigenthümlichen Kontrast. Das gilt nicht von der Nachricht, daß Jakobus der Gerechte von Christus, oder von den Aposteln als Lokalbischof von Jerusalem eingesetzt sei, welche alle Berichterstatter vom alexandrinischen Clemens an mittheilen[1]). Denn in dem-

1) Vgl. die Stellen bei Rothe S. 264 ff.

selben Sinne kennt die Tradition seit dem dritten Drittheil des zweiten Jahrhunderts von den Aposteln eingesetzte Bischöfe in jeder Gemeinde. Vielmehr meinen wir hier die Notizen, welche Eusebius aus Hegesipps Schriften aufbewahrt hat, und diejenigen, welche in den pseudoclementinischen Schriften zerstreut sind. Diese ziehen unsere Aufmerksamkeit darum auf sich, weil sie den Episkopat des Jakobus in einem Sinne bezeichnen, welcher auf keinen Bischof einer heidenchristlichen Gemeinde angewendet wird. Und indem gerade die Abweichung dieser ältesten Nachrichten über den Episkopat des Jakobus von den späteren ihre Glaubwürdigkeit empfiehlt, scheint zugestanden werden zu müssen, daß in dem jüdischen Kreise der christlichen Kirche der Episkopat festgestanden hat, während er in dem heidnischen Gebiet noch nicht zur Entwickelung gekommen war. Hegesippus berichtet, daß Jakobus mit den Aposteln die Gemeinde übernommen habe[1]), d. h. daß er an der Stelle Jesu die Leitung der G e s a m m t g e m e i n d e oder der Kirche empfangen habe, welche freilich in dem Zeitmoment, auf den sich die Notiz bezieht, auf Jerusalem räumlich beschränkt war. In den pseudoclementinischen Schriften tritt derselbe Gesichtspunkt hervor, daß Jakobus der Herr und Bischof aller Gemeinden, und der Oberbischof aller Bischöfe sei[2]). Ferner soll diese Würde nicht auf die Person des Jakobus beschränkt geblieben, sondern auf seinen und des Herrn Vetter, Symeon, den Sohn des Klopas, übergegangen sein, wie ebenfalls Hegesipp erzählt[3]). Und endlich scheint durch diese Angabe nicht nur die Zuverlässigkeit des von Eusebius (H. E. IV, 5) mitgetheilten

1) Eus. H. E. II, 23: *Διαδέχεται τὴν ἐκκλησίαν μετὰ τῶν ἀποστόλων ὁ ἀδελφὸς τοῦ κυρίου Ἰάκωβος.*

2) Ep. Petri ad Iac. *Πέτρος Ἰακώβῳ, τῷ κυρίῳ καὶ ἐπισκόπῳ τῆς ἁγίας ἐκκλησίας.* — Rec. I, 23: Ecclesia domini in Ierusalem constituta — crescebat per Iacobum, qui a domino ordinatus est in ea episcopus, rectissimis dispensationibus gubernata, 68: Iacobum episcoporum principem sacerdotum princeps orabat. 73. Iacobus archiepiscopus. — Ep. Clem. ad Iac. *Κλήμης Ἰακώβῳ τῷ κυρίῳ καὶ ἐπισκόπων ἐπισκόπῳ, διέποντι δὲ τὴν ἐν Ἱερουσαλὴμ ἁγίαν Ἑβραίων ἐκκλησίαν καὶ τοὺς πανταχῆ θεοῦ προνοίᾳ ἱδρυθείσας καλῶς.* Cf. Hom. 11, 35.

3) Eus. H. E. IV, 22: *Μετὰ τὸ μαρτυρῆσαι Ἰάκωβον τὸν δίκαιον πάλιν ὁ ἐκ θείου αὐτοῦ Συμεὼν ὁ τοῦ Κλωπᾶ καθίσταται ἐπίσκοπος· ὃν προέθεντο πάντες, ὄντα ἀνεψιὸν τοῦ κυρίου, δεύτερον.*

Kataloges der jüdisch-christlichen Bischöfe in Jerusalem bis zur hadrianischen Zerstörung der Stadt, sondern auch das gesichert zu sein, daß sie ihren Amtscharakter in dem bezeichneten umfassenden Sinne betrachtet haben.

Dieser Amtscharakter ist aber von demjenigen wesentlich zu unterscheiden, welchen die Bischöfe der heidenchristlichen Gemeinden in dem spätern Stadium der Verfassungsentwickelung in Anspruch nahmen. Jakobus und seine Nachfolger sind nicht als Nachfolger der Apostel, sondern als Nachfolger des Herrn dargestellt. Darum wird Jakobus selbst als „Herr" angeredet. Darum ist auch die Herrschaft, die Leitung, die Disciplin, nicht aber die Lehre das wesentliche Attribut seines Amtes. Darum kann auch die Vererbung desselben auf leibliche Verwandte Jesu nur so verstanden werden, daß die Leitung der Gemeinde die interimistische Fortsetzung der Herrschaft über das Gottesreich bedeutet, welche dem Könige Christus zukommt, und welche derselbe bei seiner herrlichen Erscheinung persönlich wieder in die Hand nehmen wird.

Die Darstellung vom Episkopate des Jakobus ist jedoch nicht unbedingt historisch. Die Notizen des N. T. über ihn bestätigen es nicht, daß ihm Christus die Nachfolge in der Leitung der Gesammtgemeinde übertragen habe. Nach den Andeutungen des Paulus (Gal. 1, 19; 2, 9; 1 Kor. 9, 5) hat Jakobus allerdings eine Stellung in der Gemeinde zu Jerusalem eingenommen, welche der der Apostel gleichkam, wenn nicht sogar dieselbe überragte. Ebenso tritt Jakobus in der Apostelgeschichte einerseits sehr bestimmt als Mittelpunkt der jerusalemischen Gemeinde auf (12, 17; 21, 18); aber andererseits findet man ihn nicht erwähnt, wo man es erwarten sollte, wenn er Stellvertreter Christi und oberster Leiter der Gemeinde war. Obgleich er nämlich in der Verhandlung über das Verhältniß zwischen den jüdischen und den Heidenchristen das entscheidende Wort spricht, so tritt er in der an die Heidenchristen erlassenen Verfügung (15, 22. 23) nicht hervor, während dies doch eine Gelegenheit war, bei welcher er zeigen konnte, daß er der Herr und Aufseher über alle Gemeinden war. Wenngleich also das persönliche

Ansehen des Jakobus in der Gemeinde zu Jerusalem und bei den jüdischen Christen überhaupt sehr groß war, so schließen es die Notizen des N. T. aus, daß dasselbe auf einer bestimmten amtlichen Stellung beruhte, und in dem oben bezeichneten Sinne formulirt war. Diese Auffassung kann sich erst später gebildet haben; und da sie in der Apostelgeschichte fehlt, so kann sie auch in der Gemeinde zu Jerusalem in der Zeit nach der Zerstörung der Stadt durch Titus, also zur Zeit des Symeon noch nicht geherrscht haben. Ueberdies ist die allgemeine Geltung dieser Auffassung bei den jüdischen Christen gar nicht sicher gestellt. Daß sie bei den essenischen Ebjoniten vorkommt, macht sie überhaupt verdächtig (s. o. S. 224 f.); und dieses Bedenken wird durch Hegesipps Zeugniß nicht aufgewogen, da dessen Bericht über Jakobus auf ebjonitische Tradition gegründet ist.

Aber es ist doch ein Umstand unter den Angaben Hegesipps, dessen Geschichtlichkeit schwerlich in Zweifel gezogen werden kann, die Nachricht von der Erwählung Symeons zum zweiten Bischof der Kirche, und zwar wegen seiner Verwandtschaft mit dem Herrn. Da es feststeht, daß Jakobus, der Bruder Jesu, den hervorragenden Einfluß in der jüdisch-christlichen Gemeinde besaß, da ferner angenommen werden darf, daß er, nachdem die Hauptapostel Jerusalem verlassen hatten, die erste Stelle in der Gemeinde einnahm, so mag sich schon bei seinem Leben die Vorstellung angesetzt haben, daß man eines Verwandten des Herrn zur Leitung der Gemeinde bedürfe. Da wir nicht zweifeln, daß Symeon wirklich an die Spitze derselben trat, so war dadurch ein Zustand der Verfassung faktisch eingetreten, der durch die sich entwickelnde Vorstellung als Episkopat befestigt wurde. Wir erkennen demnach an, daß die direkten Wurzeln des Episkopats in der jüdisch-christlichen Gemeinde bis in den Anfang derselben hinaufreichen. Aber dabei ist dreierlei festzuhalten. Erstens ist der Episkopat des Jakobus nicht von Christus begründet. Zweitens sind die Wurzeln des jüdisch-christlichen Episkopates nicht die des gleichnamigen Amtes in den heidenchristlichen Gemeinden. Drittens findet der Episkopat des Jakobus nicht seine Fortsetzung in dem heidenchristlichen Episkopat, welcher die Nachfolge der

Apostel enthalten soll, sondern derselbe hat sein Ende mit dem Aufhören der jüdischen Christengemeinde zu Jerusalem unter Hadrian gefunden (s. o. S. 258).

In den heidenchristlichen Gemeinden ist der monarchische Episkopat zunächst nur als Gemeindeamt aus dem Amte der Presbytern oder Episkopen hervorgegangen. Dies müssen wir erstens daraus schließen, daß der Bischof bei Ignatius keine anderen Attribute hat, als welche den Presbytern vom römischen Clemens beigelegt werden. Zweitens ergiebt sich jene Annahme daraus, daß der Titel des Presbyters auch auf die Bischöfe noch angewendet wird, als die Unterscheidung beider Aemter schon feststand, und als der Episkopat im engern Sinn schon ein neues Merkmal angenommen hatte, welches dem Presbyterat in der gewöhnlichen Bedeutung des Wortes nicht zukommt. Dieser Sprachgebrauch findet sich in charakteristischer Weise bei Irenäus.

Während derselbe den Unterschied beider Aemter sehr wohl kennt (adv. haer. III, 14, 2), und außerdem die Entwickelungsstufe der Verfassung repräsentirt, auf welcher dem einen Bischof jeder Gemeinde im Gegensatz gegen die Mehrzahl der Presbytern eine specifische Würde beigelegt wird, so nennt er die Inhaber derselben doch bald Bischöfe bald Presbytern [1]). Dem entspricht

---

1) Adv. haer. III, 2, 2: Cum ad eam iterum traditionem, quae est ab apostolis, quae per successiones *presbyterorum* in ecclesiis custoditur, provocamus eos, adversantur traditioni, dicentes se non solum *presbyteris*, sed etiam apostolis exsistentes sapientiores sinceram invenisse veritatem. Cap. 3, 1: Traditionem itaque apostolorum in toto mundo manifestatam in omni ecclesia adest respicere omnibus, qui vera velint videre, et habemus annumerare eos, qui ab apostolis instituti sunt *episcopi* in ecclesiis, et successores eorum usque ad nos, qui nihil tale docuerunt neque cognoverunt, quale ab his deliratur. Cap. 3, 2: Sed quoniam valde longum est, in hoc tali volumine omnium ecclesiarum enumerare successiones, maximae et antiquissimae et omnibus cognitae a gloriosissimis duobus apostolis Petro et Paulo Romae fundatae et constitutae ecclesiae eam quam habet ab apostolis traditionem et annunciatam hominibus fidem per successiones *episcoporum* pervenientem usque ad nos indicantes, confundimus omnes. Während nun in den folgenden Sätzen die Reihe der einzelnen römischen Bischöfe vorgetragen wird, werden dieselben in dem Schreiben des Irenäus an Viktor (bei

es, daß das Amt der Presbytern als episcopatus, und wiederum das Amt der Nachfolger der Apostel als presbyterium bezeichnet wird [1]). Aus diesen Erscheinungen des Sprachgebrauchs des Irenäus ist zu folgern, daß der Episkopat nicht neben dem Presbyterat gestiftet worden ist, sondern daß er sich aus jenem Amte, mit dem er noch identificirt werden konnte, entwickelt hat.

Dieser Folgerung sucht Rothe (a. a. O. S. 417 ff.) dadurch zu entgehen, daß er für das Wort presbyteri einen ungewöhnlichen Sinn in Anspruch nimmt. Wie nämlich dieser Name ursprünglich ein dem höhern Lebensalter gewidmeter Ehrenname gewesen sei, so werde er dann auf diejenigen übertragen, welche in nächster Berührung mit der Geburtszeit des Christenthums gestanden, und darum bei den folgenden Geschlechtern eine besondere Aufmerksamkeit gefunden hätten, ohne daß jener Ehrenname einen amtlichen Vorzug bezeichnet hätte. Rothe beruft sich dafür besonders auf zwei Stellen des Irenäus, welche jenen Sinn unzweideutig enthalten sollen [2]), und bezieht sich außerdem auf die Bezeugung jenes Sprachgebrauchs durch Papias [3]). In-

---

Euseb. V, 24) als *πρεσβύτεροι* eingeführt: *καὶ οἱ πρὸ Σωτῆρος πρεσβύτεροι, οἱ προστάντες τῆς ἐκκλησίας ἧς νῦν ἀφηγῇ, Ἀνίκητον λέγομεν καὶ Πίον, Ὑγῖνόν τε καὶ Τελέσφορον καὶ Ξύστον οὔτε αὐτοὶ ἐτήρησαν κ. τ. λ.* So wird auch Polykarp von Smyrna einmal als *ἐπίσκοπος* (adv. haer. III, 3, 4), ein anderesmal als *πρεσβύτερος* bezeichnet (Ep. ad Florin. bei Eus. V, 20).

1) Adv. haer. IV, 26, 2: Eis, qui in ecclesiis sunt, *presbyteris* obaudire oportet, his, qui successionem habent ab apostolis, qui cum *episcopatus* successione charisma veritatis certum secundum placitum patris acceperunt. §. 4: Adhaerere (oportet) his, qui et apostolorum — doctrinam custodiunt et cum *presbyterii ordine* sermonem sanum et conversationem sine offensa praestant ad confirmationem et correptionem ceterorum. §. 5: *Τοιούτους πρεσβυτέρους ἀνατρέφει ἡ ἐκκλησία, περὶ ὧν καὶ ὁ προφήτης φησίν· δώσω τοὺς ἄρχοντάς σου ἐν εἰρήνῃ καὶ τοὺς ἐπισκόπους ἐν δικαιοσύνῃ.*

2) Adv. haer. II, 22, 5: *Πάντες οἱ πρεσβύτεροι μαρτυροῦσιν, οἱ κατὰ τὴν Ἀσίαν Ἰωάννῃ τῷ τοῦ κυρίου μαθητῇ συμβεβληκότες, παραδεδωκέναι ταῦτα τὸν Ἰωάννην* (nämlich, daß Jesus 50 Jahre alt geworden sei). — Epist. ad Florinum bei Eus. V, 20: *Ταῦτα τὰ δόγματα οὐκ ἔστιν ὑγιοῦς γνώμης· ταῦτα τὰ δόγματα ἀσύμφωνά ἐστι τῇ ἐκκλησίᾳ, — ταῦτα τὰ δόγματα οὐδὲ οἱ ἔξω τῆς ἐκκλησίας αἱρετικοὶ ἐτόλμησαν ἀποφήνασθαί ποτε· ταῦτα τὰ δόγματα οἱ πρὸ ἡμῶν πρεσβύτεροι οἱ καὶ τοῖς ἀποστόλοις συμφοιτήσαντες οὐ παρέδωκάν σοι.*

3) Bei Euseb. III, 39: *Οὐκ ὀκνήσω δέ σοι καὶ ὅσα ποτὲ παρὰ τῶν πρεσβυτέρων καλῶς ἔμαθον καὶ καλῶς ἐμνημόνευσα συγκαταιάξαι*

dessen wenn jene beiden Stellen des Irenäus einen besondern Eindruck machen, so erscheint es doch keineswegs nothwendig, den Titel der *πρεσβύτεροι* in ihnen anders auszulegen als in den oben angeführten Stellen. Beidemale ist von Ueberlieferungen die Rede, welche im Gegensatz zu häretischen Behauptungen stehen. Dieselben haben aber für Irenäus ihre Zuverlässigkeit nur durch den amtlichen Charakter ihrer Träger, also muß man die sie verbürgenden Presbytern als Amtsträger verstehen. Der Sprachgebrauch des Papias kann nicht die Grundlage für das Verständniß der klar vorliegenden Anschauung des Irenäus bilden. Freilich will auch Döllinger[1]) von da aus glaublich machen, daß der Titel Presbyteros auch bei Irenäus die den Aposteln gleiche Lehrauktorität „abgesehen von der sonstigen kirchlichen Stellung und Würde" bedeute. Aber der Sprachgebrauch des Papias ist aus den wenigen Resten seiner Schriften nicht klar, oder es ist so viel wahrscheinlich, daß er nach 1 Petr. 5, 1 die Apostel Presbytern nennt. Und was Irenäus betrifft, so beweist seine oben mitgetheilte Aeußerung adv. haer. IV, 26, 4, daß er unter den Presbytern Amtspersonen versteht.

Drittens ist auf die Entstehung des bischöflichen Amtes aus dem der Presbyter-Episkopen zu schließen, wenn man wahrnimmt, daß beide Aemter, als sie schon gesondert bestanden, ausdrücklich auf Einen Amtscharakter reducirt werden. Dies ist der Fall, wenn Clemens von Alexandria neben der Unterscheidung der drei Aemter des Bischofs, des Presbyter und des Diakonus (Paedag. III, 12, 97; Strom. VI, 13, 107) doch nur einen zwiefachen Amtscharakter anerkennt[2]). Wenn aber der Bischof

---

ταῖς ἑρμηνείαις, διαβεβαιούμενος ὑπὲρ αὐτῶν ἀλήθειαν. — Εἰ δέ που καὶ παρηκολουθηκώς τις τοῖς πρεσβυτέροις ἔλθοι, τοὺς τῶν πρεσβυτέρων ἀνέκρινον λόγους· τί Ἀνδρέας, ἢ τί Πέτρος εἶπεν, ἢ τί Φίλιππος, ἢ τί Θωμᾶς, ἢ Ἰάκωβος, ἢ τί Ἰωάννης, ἢ Ματθαῖος· ἢ τις ἕτερος τῶν τοῦ κυρίου μαθητῶν, ἅτε Ἀριστίων καὶ ὁ πρεσβύτερος Ἰωάννης οἱ τοῦ κυρίου μαθηταὶ λέγουσιν.

1) Hippolytus und Kallistus S. 339.

2) Strom. VII, 1, 3: *Κατὰ τὴν ἐκκλησίαν τὴν μὲν βελτιωτικὴν οἱ πρεσβύτεροι σώζουσιν εἰκόνα, τὴν δὲ ὑπηρετικὴν οἱ διάκονοι.* Unter der „bessernden" Thätigkeit wird offenbar Disciplin und Lehre zusammengefaßt.

unter der „bessernden“ Thätigkeit der Presbytern mit verstanden werden konnte, so kann sein Amt nicht neben das der Presbytern gestellt worden sein, sondern kann nur aus demselben sich entwickelt haben, so daß es seine Wurzeln in dem ursprünglichen Gemeindeamte behielt. In derselben Anschauung stehen auch noch die späteren Exegeten, welche, indem sie die Identität von Bischof und Presbyter im Sprachgebrauche des N. T. anerkennen, nur darum die Entwickelung des Episkopates aus dem Presbyteramte wahrscheinlich finden können, weil noch zu ihrer Zeit die wesentliche Einheit ihres Amtscharakters anerkannt wurde. Hieronymus gesteht es ausdrücklich zu, daß die Erhebung der Bischöfe über die Presbytern vielmehr der Gewohnheit, als einer Einrichtung des Herrn ihren Ursprung verdanke [1]), und der römische Diakonus Hilarius spricht es aus: hic enim episcopus est, qui inter presbyteros primus est [2]). Auf Anlaß der gleichen exegetischen Aufgabe bemerkt Chrysostomus, daß nicht viel Unterschied zwischen Bischöfen und Presbytern sei, da beide das Geschäft der Lehre und der Vorsteherschaft in der Gemeinde hätten [3]).

Allerdings hebt nun Chrysostomus sogleich das Merkmal hervor, wodurch trotz der substantiellen Gleichheit beider Aemter doch der unübertragbare Vorrang des Episkopates gesichert sein soll. Die ausschließliche **Berechtigung zur Ordination** wird auch noch sonst dem Bischof als specifisches Merkmal seines

---

1) Hieron. comm. in ep. ad Tit. 1, 7: Haec propterea, ut ostenderemus, apud veteres eosdem fuisse presbyteros quos et episcopos; paullatim vero, ut dissensionum plantaria evellerentur, ad unum omnem sollicitudinem esse delatam. Sicut ergo presbyteri sciunt, se ex ecclesiae consuetudine ei, qui sibi praepositus fuerit, esse subiectos, ita episcopi noverint, se magis consuetudine quam dispositionis dominicae veritate presbyteris esse maiores et in commune debere ecclesiam regere.

2) Comm. in ep. I. ad Timoth. 3, 10 (in Ambros. opp. Tom. III, p. 272). Quaestiones vet. et nov. Test. qu. 101 (in Augustini opp. Venet. Tom. XVI. p. 456).

3) Chrysostomi Hom. XI. in ep. I. ad Tim. 3, 8: *Οὐ πολὺ μέσον αὐτῶν (τῶν πρεσβυτέρων) καὶ τῶν ἐπισκόπων· καὶ γὰρ καὶ αὐτοὶ διδασκαλίαν εἰσὶν ἀναδεδεγμένοι καὶ προστασίαν τῆς ἐκκλησίας· καὶ ἃ περὶ ἐπισκόπων εἶπε, ταῦτα καὶ πρεσβυτέροις ἁρμόττει· τῇ γὰρ χειροτονίᾳ μόνῃ ὑπερβεβήκασι καὶ τούτῳ μόνον δοκοῦσι πλεονεκτεῖν τοὺς πρεσβυτέρους.*

Amtes beigelegt [1]). Wenn nun dieser Vorzug zu der ursprünglichen Ausstattung des vom Presbyteramt unterschiedenen Bischofsamtes gehört hätte, so dürfte man in einer Zeit, wo jene Unterscheidung allgemein feststand, keine Abweichung von jener Regel erwarten. Wenn aber dergleichen vorkamen, so ist daraus zu schließen, daß der ursprüngliche Unterschied der beiden Aemter nur ein relativer und fließender gewesen ist, und der specifische und absolute Unterschied erst später sich festgesetzt haben kann. In dieser Beziehung gewährt der 13te Kanon des Koncils zu Ancyra in Galatien (314) zwei sich gegenseitig ergänzende Anschauungen, welche der angeführten Regel widersprechen. Er lautet: *Χωρεπισκόποις μὴ ἐξεῖναι πρεσβυτέρους ἢ διακόνους χειροτονεῖν, ἀλλὰ μηδὲ πρεσβυτέροις πόλεως χωρὶς τοῦ ἐπιτραπῆναι ὑπὸ τοῦ ἐπισκόπου μετὰ γραμμάτων ἐν ἑκάστῃ παροικίᾳ* [2]). Die hier genannten *χωρεπίσκοποι*, welche hinter den städtischen Presbytern zurückgestellt werden, behaupten doch im wesentlichen den Rang eines Presbyters. Da ihr Name mit den Bezeichnungen *ἐπιχώριοι πρεσβύτεροι, πρεσβύτεροι οἱ ἐν χώραις* [3]) wechselt, so weist die Entstehung dieses Amtes in die Zeit zurück, wo *ἐπίσκοπος* und *πρεσβύτερος* gleichbedeutend waren. Ihre spätere Unterordnung unter den Stadtbischof geht ohne Zweifel daraus hervor, daß die auf Dörfern zerstreuten Christen einen Gemeindeverband mit den zahlreicheren Christen der je benachbarten Städte eingingen; womit es dann zusammenhing, daß die einzelnen Presbytern, welche dem Bedürfniß der ländlichen Filialgemeinden entsprachen, zu dem Kollegium der Presbytern der benachbarten Stadtgemeinde hinzutraten. Unter diesen Verhältnissen ist es begreiflich, daß ungeachtet der rechtlich gleichen Stellung die vereinzelten Landpresbytern in eine faktische Abhängigkeit von dem Kollegium der Stadtpresbytern kamen, welches seinen Ausdruck in dem ange-

---

1) Canones apost. 1: *Ὁ ἐπίσκοπος χειροθετεῖ, χειροτονεῖ, ὁ πρεσβύτερος χειροθετεῖ, οὐ χειροτονεῖ.* Hieron. ep. 85 ad Evangelum: Quid facit excepta ordinatione episcopus, quod presbyter non faciat?

2) In Bruns, Canones apostolorum et conciliorum sec. IV—VII. Tom. I. p. 68. Auch in Routh, Rel. sacr. III. p. 411.

3) Concil. Neocaesar. can. 13. Antiochen. can. 8.

führten Kanon in der Art findet, daß eine Vergünstigung, welche den städtischen Presbytern unter Bedingungen gewährt wird, den Landpresbytern unbedingt abgesprochen wird. Der Kanon gehört nun einer Zeit an, in welcher ein Bischof sich gleichmäßig über den städtischen, wie über den mit ihnen kollegialisch verbundenen ländlichen Presbytern erhoben hatte. Nichtsdestoweniger müssen beide Klassen von Presbytern das Privilegium des Bischofs, die Ordination ausgeübt haben, da ein dagegen gerichtetes Verbot anders nicht zu begreifen ist. Es fragt sich nur, ob jene Anmaßung bischöflicher Vorrechte als rein willkürliche Unterbrechung eines fest geordneten Zustandes, oder als Beweis davon anzusehen ist, daß in den Gegenden Kleinasiens, auf deren kirchliche Verhältnisse sich das Koncil bezieht, bis zu demselben hin noch keine Privilegien das bischöfliche Amt von dem der Presbytern unbedingt getrennt haben? Die letztere Annahme empfiehlt sich darum, weil, so lange der Episkopat noch nicht vom Presbyterat unterschieden wurde, die Ordination entweder von dem ganzen Kollegium, oder von jedem einzelnen Mitgliede desselben vollzogen werden mußte. Während dieser Periode waren aber ohne Zweifel gerade die einzelnen χωρεπίσκοποι vielfach in dem Falle, ohne Mitwirkung des Kollegiums solche Akte vorzunehmen, da die Entfernung den regelmäßigen Verkehr zwischen Stadtgemeinden und ländlichen Filialgemeinden wohl nicht immer begünstigte. Wenn wir nun also auch zugeben wollen, daß zugleich mit dem Auftreten des Bischofs über Stadt- und Landpresbytern eine genaue und allgemein anerkannte Grenze zwischen den beiderseitigen Befugnissen festgestellt wurde, so mußten gerade die örtlichen Hindernisse die Fortsetzung der althergebrachten Funktionen bei den χωρεπίσκοποι befördern, ohne daß darum der Vorwurf der Willkür gegen dieselben erhoben werden dürfte. Nun widerlegt aber gerade der Kanon die Voraussetzung, welche jener Annahme hinderlich zu sein und den Vorwurf der Willkür zu begründen scheint, nämlich daß durch den Vorbehalt der Ordination für den Bischof dessen Amt von dem des Presbyters bestimmt unterschieden wurde. Während allerdings den Landbischöfen die Ausübung der Ordination verboten wird, wird sie ja den Stadtpresbytern, wenn auch nur unter einer Bedingung, gestattet. Wenn die Vollziehung der Ordination auch nur auf einen Presbyter übertragen werden kann, so ist ein specifischer Unterschied zwischen beiden Aemtern nicht anerkannt; und daraus muß man schließen, daß, wenn in dem vorliegenden Kanon die Handhabung des Ordinationsrechtes durch andere Personen als durch den Bischof beschränkt werden soll, dasselbe in dem kirchlichen Kreise, den dieser Kanon angeht, bisher nicht als specifisches Vorrecht des Bischofs gegolten haben kann. Der Fall ist ganz gleichartig mit der Bestimmung Tertullians über die Taufe: Dandi quidem baptismi habet ius summus sacerdos, qui est episcopus, dehinc presbyteri et diaconi, *non tamen sine episcopi auctoritate* (de bapt. 17). Wenn es feststeht, daß die Vollziehung der Taufe keinen specifischen Unterschied der Aemter des Bischofs und des Presbyters begründet, und doch der Presbyter nur mit Genehmigung und unter Gewährleistung des Bischofs taufen darf, so bildet die Ordination, welche der Presbyter, wenn auch nur mit Genehmigung des Bischofs, ausüben darf, keine unüberschreitbare Grenze zwischen beiden Aemtern, d. h. ihr Unterschied ist ursprünglich nur ein relativer und konventioneller. Diese eben besprochenen Bestimmungen über den Episkopat halten sich also eben so fern von der dogmatischen Fixirung dieses Amtes, als sie sich eng an die von Ignatius im Briefe an Polykarp entworfenen Grundzüge anschließen. Wenn in der Gemeinde nichts ohne den Willen des Bischofs geschehen soll, so darf keine Taufe, keine Ordination ohne seine Genehmigung vollzogen werden; aber sehr wohl sind zur Vollziehung beider Akte auch die Presbytern befähigt, da deren Amt Nichts vom Bischofthum wesentlich Verschiedenes enthält. Dieser Beurtheilung des ancyranischen Kanons kann man nicht entgegensetzen, daß durch das den Landpresbytern ertheilte Verbot zu ordiniren, eine scharfe Grenze zwischen ihnen und den Stadtpresbytern gezogen sei. Dies ist zu bestreiten, wenn man diese Grenze für eine grundsätzliche, den ganzen Amtscharakter betreffende ausgiebt. Es ist nur eine Maaßregel der Zweckmäßigkeit, wenn den gewiß oft weit von der Stadt entfernt wohnenden Landpresbytern die eigenmächtige Ausübung der Ordination im Interesse der Einheit verwehrt und die Stellvertretung des Bischofs in dieser Beziehung auf die städtischen Presbytern beschränkt wird. Allerdings gehört der Kanon in einer andern Beziehung der spätern Epoche an, nämlich sofern die Ordination des Bischofs stillschweigend Anderen, als den Presbytern, vorbehalten wird, allein dies hindert die eben dargelegte Ansicht keineswegs. Auf ähnliche Weise klingt die ursprüngliche Gleichheit der Bischöfe und der Presbytern bei der Ertheilung der Presbyterordination in einer Bestimmung des vierten Koncils von Karthago (398) nach, welche dahin lautet, daß bei der Ordination eines Presbyters sämmtliche Presbytern mit dem Bischofe zugleich die Hände auf das Haupt des Ordinanden legen sollen (s. o. S. 386). Da dies eine alte Sitte war, so weist ihre Entstehung in die Zeit zurück, in welcher der Bischof nur als der Erste unter den Presbytern galt.

Wenn die eben besprochenen Kanones nicht auch soweit das ursprüngliche Verhältniß zwischen dem Bischof und den Presbytern darstellen, daß die thätige Mitwirkung der Presbytern auch bei der Ordination des Bischofs ausgesprochen ist, so liegt dies daran, daß der Uebergang des Episkopates vom Gemeindeamt zum Kirchenamt, und die hiemit zusammenhängenden Befugnisse die Mitwirkung der blos als Gemeindebeamten geltenden Presbytern bei der Ordination des Bischofs nicht länger dulden konnten. In den Gemeinden, in welchen die Vorstellung vom Bischofe als Nachfolger der Apostel, und Inhaber ihrer richtigen Lehrtradition Platz ergriff, mußte die Ordination des Bischofs durch die Presbytern, welche der echten ignatianischen Schilderung jenes Amtes entsprochen haben wird, der Ordination durch andere Bischöfe weichen, und wenn dieser Umschwung, wie wir später zeigen werden, in den meisten Gemeinden bis gegen das Ende des zweiten Jahrhunderts sich vollendete, so dürfen wir in Denkmalen des vierten Jahrhunderts schwerlich eine Spur von dem frühern Sachverhalt erwarten. Nur von einer Gemeinde wird die Ausnahme mitgetheilt, daß in ihr bis in die Mitte des dritten Jahrhunderts die Ordination des Bischofs von den Presbytern vorgenommen worden sei, von der Gemeinde in Alexandria.

Hieronymus erzählt nämlich in dem Briefe, in welchem er das Verhältniß der Bischöfe und Presbytern in der Weise bespricht, daß er die ursprüngliche Identität beider Amtsnamen anerkennt, und die Erhebung des Bischofs über die Presbytern von der Nothwendigkeit der Abwehr schismatischer Richtungen ableitet, zum Beweis des Letztern: Alexandriae a Marco evangelista usque ad Heraclam et Dionysium episcopos presbyteri semper unum ex se electum in excelsiori gradu collocatum episcopum nominabant, quomodo si exercitus imperatorem faciat aut diaconi eligant de se, quem industrium noverint et archidiaconum vocent [1]. Bei der Auslegung dieser Stelle ist zunächst festzuhalten, daß die Presbytern nicht als die Wähler des Bischofs erwähnt werden, sondern daß sie bei der Wahl des Bischofs nur den Vorzug haben, die einzigen Kandidaten zu jenem Amte zu sein. Da nun nicht erwähnt wird, von wem die Wahl des Bischofs vorgenommen zu werden pflegte, so muß man zugeben, daß Hieronymus die Ausübung des Wahlrechtes durch die Gemeinde stillschweigend einschließt, deren Gewicht gerade in Alexandria sehr anerkannt war [2]. Es fragt sich also, welchen Antheil die Presbytern an der Einsetzung des Bischofs genommen haben können? Wenn es heißt, sie hätten den aus ihrer Mitte gewählten, und über ihren Kreis erhöhten Mann Bischof g e n a n n t, so kann das Nennen nicht im gewöhnlichen Sinne verstanden werden, da ja nicht die Presbytern allein, sondern die ganze Gemeinde verpflichtet war, dem Gewählten jenen Namen zu geben. Dazu kommt, daß die angehängten Vergleiche, so wenig genau sie passen, auf einen besondern Sinn des nominare hinweisen. Das nominare episcopum, welches also allein von den Presbytern ausgesagt wird, und da-

1) Ep. ad Evangelum; Opp. ed. Martianay Tom. IV. p. 802.

2) Von der Wahl des Athanasius durch die Akklamation des Volkes sagt Gregorius Naz. Orat. 21: *Οὕτω μὲν οὖν καὶ διὰ ταῦτα ψήφῳ τοῦ λαοῦ παντὸς, οὐ κατὰ τὸν ὕστερον νικήσαντα πονηρὸν τύπον, οὐδὲ φονικῶς τε καὶ τυραννικῶς, ἀλλ' ἀποστολικῶς καὶ πνευματικῶς ἐπὶ τὸν Μάρκου θρόνον ἀνάγεται.* Die Bedeutung der Volksstimme bei den alexandr. Bischofswahlen bezeugt Epiphanius, Haer. 69: *Ἔθος δὲ ἐν Ἀλεξανδρείᾳ μὴ χρονίζειν μετὰ τελευτὴν ἐπισκόπου τοὺς καθισταμένους, ἀλλ' ἅμα γίνεσθαι εἰρήνης ἕνεκα τοῦ μὴ παρατριβὰς γίνεσθαι ἐν τοῖς λαοῖς, τῶν μὲν τόνδε θελόντων, τῶν δὲ τόνδε.*

rum als ein besonderer, feierlicher Akt verstanden werden muß, muß aber die Ordination entweder einschließen, oder ausschließen. Im erstern Falle ist ausgesagt, daß die Presbytern die Ordination des Bischofs zu vollziehen pflegten. Im andern Falle heißt es, daß der zum Bischof erhobene Presbyter gar keiner ordinatorischen Handauflegung bedurfte, sondern, daß allein die feierliche Ertheilung des Namens durch die Presbytern ihn von denselben unterschied. In beiden Fällen ist aber die Anerkennung der wesentlichen Gleichheit beider Aemter ausgesprochen, im letztern direkt, sofern nur eine neue Ordination den besessenen Amtscharakter verändern würde; im erstern Falle indirekt, sofern die Ertheilung des höhern Amtscharakters durch Inhaber des niedern einen specifischen Unterschied beider ausschließt. In diesem bei beiden Deutungen stattfindenden Sinne hat auch Hieronymus den Fall der alexandrinischen Sitte als Beispiel der ursprünglichen Identität von Bischof und Presbyter und der späterhin eingetretenen konventionellen Erhebung eines Bischofs über das Presbyterkollegium angeführt.

Die Angabe über diese Sitte findet nun ihre Bestätigung und Ergänzung an folgender Stelle aus den Annalen des Patriarchen von Alexandria, Eutychius, aus dem zehnten Jahrhundert[1]: „Der Evangelist Markus setzte zugleich mit dem Patriar-

---

1) Eutychii Patriarchae Alexandrini Annales interpr. Pocockio. Oxon. 1658, I. p. 331: Constituit evangelista Marcus una cum Hakania patriarcha duodecim presbyteros, qui nempe cum patriarcha manerent, adeo ut cum vacaret patriarchatus unum e duodecim presbyteris eligerent, cuius capiti reliqui undecim manus imponentes ipsi benedicerent et patriarcham crearent, deinde virum aliquem insignem eligerent, quem secum presbyterum constituerent loco eius, qui factus est patriarcha, ut ita semper exstarent duodecim. Neque desiit Alexandriae institutum hoc de presbyteris, ut scilicet patriarchas crearent ex presbyteris duodecim, usque ad tempora Alexandri patriarchae Alexandriae. Is autem vetuit, ne deinceps patriarcham presbyteri crearent. Et decrevit, ut mortuo patriarcha convenirent episcopi, qui patriarcham ordinarent. Decrevit item, ut vacante patriarchatu eligerent ex quacunque tandem regione sive ex duodecim illis presbyteris, sive aliis virum aliquem eximium perspectae probitatis, eumque patriarcham crearent. Atque ita evanuit institutum illud antiquius, quo creari solitus a presbyteris patriarcha, et successit in locum eius decretum de patriarcha ab episcopis creando. Quod autem quaerunt, quare patriarcha Alexandrinus vocetur papa, cuius nominis significatus est avus, sciendum est, ab Hakania, quem constituit Marcus evangelista patriarcham Alexandriae, usque in tempora De-

chen Hakanias zwölf Presbytern ein, welche mit dem Patriarchen zusammen bleiben sollten; in der Art, daß sie, wenn das Patriarchenamt unbesetzt wäre, einen von den zwölf Presbytern wählen sollten, dessen Haupt die übrigen Elf die Hände auflegen, ihn segnen und zum Patriarchen machen sollten; darauf einen angesehenen Mann wählen sollten, den sie als Presbyter mit sich einsetzten an die Stelle dessen, der Patriarch geworden; so daß immer Zwölf da wären." Diese Nachricht, in welcher freilich die Behauptung der Wahl des Bischofs durch die Presbytern Bedenken erregt, ist ohne allen Zweifel unabhängig von Hieronymus, von dessen Angabe der weitere Verlauf des Berichtes des Eutychius in anderer Hinsicht sogar sehr bedeutend abweicht. Eutychius entscheidet also zunächst das von uns nach der Deutung der Aeußerung des Hieronymus übrig gelassene Dilemma dahin, daß die Ordination des Bischofs durch die Presbytern vorgenommen worden sei. Ueber die Dauer dieser Gewohnheit gehen aber beide Berichterstatter anscheinend weit auseinander, zumal Eutychius in diesem Zusammenhang noch andere Punkte der ältesten Kirchenverfassung in Aegypten berührt. Er erzählt, daß erst der Patriarch von Alexandria Alexander die Bestimmung erlassen habe, daß der Patriarch nicht von den alexandrinischen Presbytern ordinirt werden solle, sondern daß die Bischöfe der ägyptischen Städte den aus der Mitte der alexandrinischen Presbytern oder sonst erwählten Bischof ordiniren sollten. Zur Erklärung des Umstandes, daß erst so spät, im Anfange des vierten Jahrhunderts, die Mitwirkung der benachbarten Bischöfe bei Besetzung des alexandrinischen Stuhles gesetzlich festgestellt ist, dient die weitere sehr wichtige Mittheilung, daß bis zu den Zeiten des Patriarchen Demetrius (190—232) außer dem alexandrinischen Bi-

---

metrii patriarchae ibidem — is patriarcha fuit Alexandrinus undecimus — nullum fuisse in provinciis Aegypti episcopum, nec patriarchae ante eum crearunt episcopos. Et primus fuit hic patriarcha Alexandrinus, qui episcopos fecit tres. Mortuo Demetrio suffectus est Heraclas, patriarcha Alexandrinus, qui episcopos constituit viginti. Ex his unus erat Ammonius dictus, religionis desertor. De quo simulac ad Heraclam delata est fama, congregavit is synodum episcoporum et in urbem Ammonii perrexit, ubi re satis cognita et perspecta eum ad veritatem reduxit.

schof keine Bischöfe in Aegypten gewesen seien, sondern daß erst jener drei Bischöfe, sein Nachfolger Heraklas (233—248) deren zwanzig eingesetzt habe, unter denen der abtrünnige Ammonius gewesen sei. Zur Erläuterung dieser Angaben wird wohl zunächst zugestanden werden, daß der Titel des Patriarchen auf unhistorische Weise bis zum Nachfolger des Markus zurückdatirt ist, und wir, der Klarheit wegen, anstatt dessen den Titel des Bischofs von Alexandria unterschieben dürfen. Ferner liegt das Hauptgewicht der Einrichtung des Alexander nicht darin, daß die benachbarten Bischöfe den zu Alexandria wählen, sondern darin, daß sie ihn ordiniren sollen. Wenn es schon ungenau war, zu sagen, daß von Anfang an die Presbytern den Bischof erwählt hätten, da die Betheiligung des Volkes bei der Bischofswahl aus anderen Gründen feststeht, so ist hienach auch die analoge Angabe, daß durch Alexander die Bischöfe zur Vornahme der Wahl berechtigt worden seien, zu ergänzen. Die ausdrückliche Bestimmung aber, daß die Bischöfe den Gewählten ordiniren sollten, ist gegen die früher übliche Ordination des alexandrinischen Bischofs durch die Presbytern gerichtet. So sehr nun die Ausübung dieses Privilegiums bis in die Mitte des dritten Jahrhunderts auffällt, so gewährt doch gerade Eutychius die einfachste Erklärung dieser Sitte. Ihm zufolge gab es ja bis auf Demetrius in ganz Aegypten nur den einzigen Bischof in Alexandria. Wenn also die Selbständigkeit der Provincialkirche aufrecht erhalten werden sollte, so mußte die Ordination des Bischofs von den Presbytern vollzogen werden. Im Lichte des spätern Rechtes erscheint dies allerdings als eine Abweichung, welche kaum durch den angegebenen Grund entschuldigt werden möchte. Allein es kommt dazu, daß in der alexandrinischen Gemeinde der specifische Unterschied des Episkopates vom Presbyteramte nicht anerkannt wurde. Dies beweist nicht nur die Klassificirung der Gemeindeämter durch Clemens (s. o. S. 421), sondern auch der erst später zu berührende Umstand, daß derselbe Lehrer der alexandrinischen Kirche den specifischen Charakter der apostolischen Succession und der Bewahrung der apostolischen Lehre den Bischöfen gar nicht zuerkennt zu einer Zeit, als die übrigen Provincialkirchen in diesem Punkte völlig übereinstimmten. Wenn nun ferner bis in die Zeiten des Demetrius außer Alexandria kein Bischofssitz in Aegypten war, und trotz der Einsetzung anderer Bischöfe in den ägyptischen Städten durch den alexandrinischen dieselben dem letztern keinesweges gleichgestellt wurden, sondern von Anfang ihres Auftretens an demselben als ihrem Metropoliten unterworfen waren[1]), so müssen von Anfang an die christlichen Gemeinden in Aegypten in einem Filialverhältnisse zu der alexandrinischen, und die Presbytern jener zu den zwölf alexandrinischen in dem subordinirten Verhältnisse der Landpresbytern zu den Stadtpresbytern gestanden haben. Dies spricht sich in dem Privilegium aus, daß allein die zwölf alexandrinischen Presbytern den aus ihnen hervorgehenden Bischof der ganzen alexandrinischen Gemeinde zu ordiniren hatten. Der Vorrang der alexandrinischen Gemeinde und die in jenem Privilegium der alexandrinischen Presbytern ausgesprochene wesentliche Gleichheit des Bischofs- und Presbyteramtes ließ es natürlich nicht zu, daß die neu kreirten Bischöfe in den ägyptischen Städten von den alexandrinischen Presbytern als ihnen gleich, geschweige höher stehend anerkannt, und darum zur aktiven oder passiven Theilnahme an der Wahl eines alexandrinischen Bischofs herbeigezogen wurden. Von diesem Punkt aus ist der Widerspruch der Zeitbestimmungen des Hieronymus und des Eutychius zu lösen. Wenn auch Demetrius (190—232) drei Bischöfe, und Heraklas (233—248) zwanzig in den ägyptischen Städten einsetzten, und dieselben ihrerseits mit der Fülle der Ansprüche ihres Amtes den einfachen Presbytern entgegentraten, so ist es unter den in Alexandria traditionell feststehenden Verhältnissen vollkommen begreiflich, daß die dortigen Presbytern, nach Hieronymus Zeugniß, ihr altes Recht bei der Wahl des Heraklas gegen die drei, und bei der Wahl des Dionysius gegen die dreiundzwanzig aufrecht erhielten. Hieronymus läßt schließen, daß bei der Wahl des Dionysius (264) die alexandrinischen Presbytern der inzwischen gewachsenen Macht der Bischöfe haben wei-

1) Canon Nicaenus 6: *Τὰ ἀρχαῖα ἔθη κρατείτω, τὰ ἐν Αἰγύπτῳ καὶ Λιβύῃ καὶ Πενταπόλει, ὥστε τὸν Ἀλεξανδρείας ἐπίσκοπον πάντων τούτων ἔχειν τὴν ἐξουσίαν.*

chen müssen, und auch nachher ihr Privilegium nicht mehr haben ausüben können. Hiemit stimmt nun zwar Eutychius nicht überein, indem er die Fortdauer der ursprünglichen Sitte bis auf Alexander behauptet. Die Sache selbst leitet uns aber an, dem Hieronymus gegen Eutychius Recht zu geben. Bei der Voraussetzung der Angabe des Hieronymus müssen wir nämlich annehmen, daß die Presbytern zu Alexandria auch nach dem ersten Bruch ihrer Rechte bei der Wahl des Nachfolgers des Dionysius ihre Ansprüche fortwährend geltend gemacht, und um so länger bei ihnen beharrt haben werden, als jene Zeit in der Bewahrung alter Traditionen sorgfältig war. Eben deßhalb ist es durchaus nicht unwahrscheinlich, daß, wie Eutychius erzählt, noch der Bischof Alexander, ein Glied der nicänischen Synode, Ursache hatte, die Ansprüche der alexandrinischen Presbytern auf die Ordination des Bischofs zurückzuweisen, und die Behauptung der ausschließlichen Wählbarkeit ihnen zu beschränken. Viel weniger wahrscheinlich dagegen ist, daß, nachdem die alte Observanz über drei Jahrhunderte ausgeübt worden war, dieselbe durch ein einfaches Edikt umgeworfen worden sei, wie Eutychius andeutet. Observanzen der Art, wie die uns vorliegende, werden nur durch das allmähliche Aufkommen entgegenstehender Observanzen überwunden, und dieselben beginnen nicht damit den Angriff, daß sie sich rechtliche Form geben, sondern diese ist immer nur der Ausdruck des Sieges nach längerem Kampfe.

Wir müssen also eben dieser rechtlichen Festsetzung wegen annehmen, daß in dem dritten Jahrhundert die ägyptische Kirche der Schauplatz für den Kampf des alexandrinischen Presbyterats mit dem ägyptischen Episkopat um die Wahl des Metropoliten gewesen ist, in welchem Anfangs das Recht der Presbytern, später jedoch die Ansprüche der Bischöfe überwogen, bis die letzteren in dem Edikte des Alexander das erstere besiegten. Und in Rücksicht hierauf empfiehlt sich eben die Angabe des Hieronymus, daß das alte Privilegium der Presbytern bis auf Heraklas und Dionysius hin ausgeübt worden sei, als die den Umständen angemessene und wahrscheinlichste [1]).

1) Unter den Gründen, mit welchen Pearson, Vindiciae Ignatianae

Der ursprüngliche Bestand der Verfassung der Gemeinde zu Alexandria widerspricht der katholischen Theorie vom Episkopate. Aber der Streit, welcher während des dritten Jahrhunderts geführt wurde, gilt nicht der Frage, ob die Gemeindeleitung durch ein Kollegium von Presbytern oder durch einen über denselben stehenden Bischof versehen werden solle. Das von uns ermittelte Resultat dient also nicht zur Bestätigung des Satzes, daß das Bischofsamt aus dem der Presbytern hervorgewachsen sei. Denn wenn auch die wesentliche Gleichheit zwischen Bischof und Presbytern in der Ordnung der Ordination ausgeprägt ist, so setzen die Zeugnisse des Hieronymus und des Eutychius die statutarische Unterscheidung zwischen dem Bischof und den Presbytern als ursprünglich voraus. Und das richtige Verständniß des Thatbestandes kann von dieser Seite der Berichte nicht abstrahiren. Wir finden also in Alexandria einen Episkopat als ursprüngliche Form der Gemeindeverfassung. Das Verhältniß desselben zu dem Presbyteramte entspricht aber nicht der katholischen Form der

I, 11 (bei Cotelier, Patr. apost. tom. II, pag. 323 sq.) sich der Angaben des Hieronymus und Eutychius zu entledigen sucht, ist nichts, was zu einer ausführlichen Beurtheilung derselben herausfordert. Neben dem Versuch, unvereinbaren Widerspruch zwischen beiden Berichterstattern nachzuweisen, den wir zugeben, aber zu Gunsten des Hieronymus entscheiden, ist der scheinbarste Gegengrund gegen Eutychius die Nachweisung der Erwähnungen von ägyptischen Bischöfen im zweiten und dritten Jahrhundert. Allein was davon dem zweiten Jahrhundert angehört, ist nach der Identität des Bischofs mit dem Presbyter zu beurtheilen. Aus dem dritten Jahrh. ist nur das von Wichtigkeit und Interesse, was den Demetrius betrifft, der ja zuerst drei Bischöfe in Aegypten eingesetzt haben soll. Er war der Hauptgegner des Origenes, und verfolgte ihn mit Synoden. Hierüber enthält nun ein Fragment der Apologie des Eusebius bei Photius Bibl. Cod. 118 folgendes: *σύνοδος ἀθροίζεται ἐπισκόπων καὶ τινων πρεσβυτέρων κατ' Ὠριγένους*. Von einer zweiten Versammlung heißt es ebendaselbst: *ἀλλ' ὅγε Δημήτριος ἅμα τισὶν ἐπισκόποις Αἰγυπτίοις καὶ τῆς ἱερωσύνης ἀπεκήρυξεν*. Hiemit operirt nun Pearson gegen Eutychius so, daß er, wenn damals wirklich nur drei neu ernannte Bischöfe in Aegypten gewesen wären, sowohl von Origenes als von Eusebius die genaue Erwähnung des Thatbestandes verlangt, welcher die Vertheidigung so erleichtert hätte. Da dies aber nicht geschehe, so müsse man aus einer Aeußerung des Origenes selbst, daß D. alle Winde Aegyptens auf ihn gehetzt habe, schließen, daß dies sehr viele Bischöfe gewesen seien. Ich wage die Frage nicht zu entscheiden, welche Zahl unter den *τινὲς ἐπίσκοποι* im eusebianischen Fragment verstanden werden, und wie genau die Apologeten im Bericht über die einzelnen Umstände gewesen sein müssen; dem Wortlaute nach widerspricht aber die Erwähnung der *τινὲς ἐπίσκοποι*, welche mit Demetrius gegen Origenes auftraten, nicht der Angabe des Eutychius, daß vor dem Tode des D. nur drei Bischöfe außer dem alexandrinischen in Aegypten waren.

Kirchenverfassung. Ferner unterscheidet sich die Verfassung der Gemeinde von Alexandria dadurch von den in dem heidenchristlichen Gebiete üblichen Formen, daß die Beamten der Gemeinde der Hauptstadt zugleich die berechtigten Vorsteher der Provincialgemeinde sind. Erst im dritten Jahrhunderte dringt die sonst übliche heidenchristliche Verfassungsform durch die Einsetzung von Lokalbischöfen in Aegypten ein. Und demnach ist der seit dieser Thatsache entbrennende Streit zwischen den alexandrinischen Presbytern und den ägyptischen Lokalbischöfen um die Ordination des Patriarchen ein Kampf zwischen zwei verschiedenen Episkopalsystemen in ihrer Anwendung auf die einzelne Gemeinde und auf den Verband der Provincialgemeinde. Das System, welches durch Demetrius und Heraklas eingeführt, durch Alexander siegreich wurde, ist das heidenchristlich-katholische, welches in der einzelnen Gemeinde zwischen Bischof und Presbytern specifisch unterscheidet, und die Repräsentation der Provincialgemeinde auf die Gesammtheit der Lokalbischöfe gründet. Dagegen in der ursprünglichen Verfassung ist kein specifischer Unterschied zwischen Bischof und Presbytern gesetzt, und die Vertretung der Provincialgemeinde dem Klerus der Hauptstadt anvertraut. D. h. die Provincialgemeinde ist insofern auf die Gemeinde der Hauptstadt reducirt, als die außerhalb Alexandria wohnenden ägyptischen Christen nur zu Filialgemeinden und nicht zu solchen Gemeinden vereinigt waren, welche der der Hauptstadt verfassungsmäßig gleichgestellt gewesen wären.

Die Frage nach der Herkunft dieses ältern Episkopalsystems wird durch die Hinweisung auf Jerusalem beantwortet. Wie überhaupt das Christenthum in Alexandria nicht durch Paulus oder einen seiner nächsten Genossen begründet ist; sondern wie die Sage von der Wirksamkeit des Markus darauf hinweist, daß die ägyptische Mission von der jerusalemischen Gemeinde ausgegangen ist, so erinnert auch die in Alexandria geltende Verfassung an das jüdisch-christliche Vorbild. Denn die Einsetzung von Einem Bischof und zwölf Presbytern, welche auch der ebjonitische Petrus in Cäsarea und Tripolis vollzogen haben soll (Rec. III, 66; VI, 15; Hom. 11, 36), hat ihre Analogie an dem Verhältniß des Herrn und der Apostel. Dies aber ist ja auf die Verfassung der jerusalemischen Gemeinde nachträglich in der Angabe des Hegesippus angewendet worden, daß Jakobus (als Stellvertreter des Herrn) mit den Aposteln die Leitung der Gemeinde übernommen habe. Auch die Stellung der Filialgemeinden in Aegypten zu der Gemeinde der Hauptstadt entspricht der in Jerusalem nachweisbaren Anschauung. Denn Jakobus und die Apostel gelten nicht als Vorsteher der Lokalgemeinde zu Jerusalem, sondern als Vorsteher der jüdisch-christlichen Gesammtgemeinde. Deßhalb finden sich keine Spuren von selbständigen Gemeinden in Palästina neben der von Jerusalem in der Epoche des jüdisch-christlichen Episkopates. Daß nun in Alexandria die Presbytern die Ordination des Bischofs vollzogen, ist nicht nur aus der Rücksicht auf die Selbständigkeit der Provincialgemeinde, sondern auch aus der jene Ordnung begründenden Analogie erklärlich. Wenn der Bischof den Verwandten des Herrn, und die Presbytern den Aposteln entsprechen, so ist eine specifische Unterscheidung zwischen den beiden Amtscharakteren ausgeschlossen.

Wir haben also ermittelt, daß die persönliche Bedeutung des Jakobus und seine Eigenschaft als Verwandter des Herrn eine Form des Episkopates schon innerhalb des ersten Jahrhunderts entstehen ließ, welche von Jerusalem aus auch nach Alexandria übertragen wurde. Dieses bischöfliche Amt jüdisch-christlichen Ursprungs war als Träger der Disciplin noch nicht durch einen specifischen Gegensatz von dem Amte der Presbytern getrennt; und ist ausdrücklich nicht ein Amt der Lokalgemeinde. Auf dem heidenchristlichen Gebiete hat sich der Episkopat aus dem Amte der Presbytern entwickelt, zunächst auch nur im Sinne der Koncentration der Disciplinargewalt, ohne specifischen Unterschied vom Presbyteramt, aber als Amt der Lokalgemeinde. Diese Stufe der Gemeindeverfassung ist im Anfange des zweiten Jahrhunderts in asiatischen Gemeinden erreicht; dagegen in dem Occident noch nicht. Man darf diese Abweichung vielleicht daraus erklären, daß das Beispiel der Verfassung in Jerusalem die monarchische Entwickelung in dem benachbarten heidenchristlichen Gebiete befördert hat, jedoch ohne daß eine eigentliche Uebertragung der jüdisch-christlichen Verfassung auf heidenchristliche Gemeinden stattgefunden hat. Der jüdisch-christliche Episkopat hat sein Ende in Jerusalem mit der Sprengung der Urgemeinde durch das Verbot Hadrians gefunden; in Alexandria nach langem Kampfe durch den Sieg des heidenchristlichen Episkopalsystems im Anfang des vierten Jahrhunderts.

IV. Der heidenchristliche Episkopat als Kirchenamt.

Die zwei Fälle, in denen der Herr das Wort ἐκκλησία gebraucht (Matth. 16, 18; 18, 18), bieten den Unterschied des Sinnes dar, welcher uns in den Begriffen „Kirche" und „Gemeinde" geläufig ist. Die Gemeinde, welche auf Petrus erbaut werden soll, ist die Gesammtheit aller Gläubigen an allen Orten; die Gemeinde, vor welche der Sünder gestellt werden soll (welche nicht die jüdische Synagogengemeinde ist), kann nur als Ortsgemeinde gedacht sein. Aber wie das Wort ἐκκλησία an sich gegen jenen uns geläufigen Unterschied gleichgültig ist, so scheint der Gedanke von demselben auch in der jüdisch-christlichen Urgemeinde noch nicht aufgefaßt worden zu sein. Nicht nur deckte sich im Anfange die Gesammtheit der Gläubigen und die Gemeinde zu Jerusalem, sondern auch späterhin scheint in diesem Kreise der Unterschied zwischen Kirche und Gemeinde, und das Problem, wie sich die Gemeinden zur Kirche verhalten, nicht scharf ins Auge gefaßt worden zu sein. Dies erscheint zunächst in der Art, wie die Christen zu Antiochia unter die Leitung eines Delegaten, des Barnabas gestellt, und nicht zur Bildung einer selbständigen Gemeinde unter eigenen Beamten angehalten werden. Ferner stellen die in Jerusalem heimischen Ueberlieferungen den Jakobus nicht als Vorsteher der Ortsgemeinde, sondern als Leiter und Herrn der ganzen Kirche dar. Und die von Jerusalem nach Alexandria übertragene Verfassungsform stellt die Spitzen der Gemeinde der Hauptstadt als Vorsteher der ganzen Provincialkirche hin.

Während also in dem Kreise des jüdischen Christenthums zwischen Kirche und Gemeinde nicht unterschieden wurde, und die Verfassung der Gemeinde zu Jerusalem sich als den Organismus der Kirche selbst darstellte, zeigt sich in dem Wirkungskreise des

Paulus das umgekehrte Verhältniß. Paulus machte jede Ortsgemeinde durch ihre eigenen Beamten selbständig gegen die anderen. Ein rechtliches, verfassungsmäßiges Band schlang er nicht um dieselben; und man kann nicht einmal mit Recht voraussetzen, daß er die kirchliche Einheit der von ihm gegründeten Gemeinden durch seine persönliche Auktorität über dieselben zu repräsentiren meinte. Denn wenn er auch fortfuhr, die von ihm gegründeten Gemeinden mit seinem Rathe und seiner Ermahnung zu leiten, so war sein Einfluß gerade nicht durch irgend eine rechtliche Form begründet; und weder sah er selbst sich als die höhere Disciplinarinstanz an, noch wurde er von den Gemeinden als solche anerkannt. Die kirchliche Einheit der heidenchristlichen Gemeinden im Gebiete des Paulus erschien nicht in irgend einer rechtlichen Ordnung, sondern in der Gleichheit des Glaubens und der Gaben, in der Gastfreundschaft und der gegenseitigen Unterstützung. Das war ein Maaß von Gemeinschaft der Gläubigen, also von wirklicher kirchlicher Einheit. Denn Kirchengemeinschaft kann sich vollziehen, auch wo keine gemeinschaftliche Kirchenverfassung herrscht. In dem Begriffe von der Kirche, welchen Paulus entwirft (s. o. S. 98), ist auch das Verhältniß der einzelnen Ortsgemeinden zu der Gesammtgemeinde gar nicht in Betracht gezogen. Daran haben wir den Maaßstab, daß Paulus auch nichts zu der Herstellung eines Rechtsverbandes der einzelnen Gemeinden gethan haben wird. Aber so, wie Paulus die Kirche gedacht hat, als den Leib Christi, in welchem die durch das Eine Princip geleiteten Glieder sich gegenseitig unterstützen, existirte die Kirche wirklich; und wir können R o t h e (a. a. O. S. 297) in dem Urtheile nicht beistimmen, daß der durch Paulus aufgestellten Vorstellung von der Kirche unmittelbar keine Wirklichkeit entsprochen habe. Denn verwirklicht war freilich keine rechtliche Verfassung der Gemeinden zur Einheit der Kirche; aber auch der Begriff des Paulus setzt nicht die einzelnen Gemeinden, sondern nur die verschiedenen individuellen Gaben der Gläubigen zur Einheit der Kirche in Beziehung.

Im Zeitalter der Apostel bestand also keine einheitliche Verfassung der Kirche. Es ist eine falsche Voraussetzung, als ob in jener Epoche das Apostelkollegium selbst die die ganze Kirche umfassende Behörde gewesen sei. Dagegen ist zuerst die Trennung der Wirkungskreise der Urapostel und des Paulus (Gal. 2, 7—10), ferner der schon bezeichnete Umstand, daß Paulus keine Jurisdiktion in seinen Gemeinden in Anspruch nahm, endlich aber die Thatsache, daß wenn Jakobus eine oberbischöfliche Stellung unter den jüdischen Christen eingenommen haben mag, die Urapostel ihrer eigenen Erklärung gemäß (Act. 6, 4) auf kirchenpolitische Attribute verzichtet haben. Vielmehr finden wir auf dem Missionsgebiete des Paulus einzelne regelmäßig verfaßte Gemeinden, aber keine formelle Einheit derselben in einer Kirchenverfassung; auf dem Gebiete des jüdischen Christenthums ergiebt sich, daß die Verfassung der Stammgemeinde als die rechtliche Form der Gesammtgemeinde angesehen wird, obgleich eine Unterordnung der Heidengemeinden unter den jerusalemischen Episkopat nie stattgefunden hat. Demnach ist die Ansicht nicht richtig, daß die Gründung einer Kirchenverfassung einem Mangel habe abhelfen sollen, der seit dem Abtreten der Apostel sich eingestellt hätte. Die jüdischen Christen empfanden einen solchen Mangel nicht, da sie an dem Episkopat diejenige Form der kirchlichen Einheit hatten, welche durch die Person des Jakobus schon zur Zeit der Apostel vertreten war. Deßhalb fehlen auch alle Spuren von Verfassungsbestrebungen in diesem Kreise, dessen kirchliche Existenz übrigens unter Hadrian ein Ende nahm. Dagegen waren allerdings die heidenchristlichen Gemeinden darauf angewiesen, eine Verfassungsform auszubilden, in welcher sie ihre Gemeinschaft als Kirche darstellen konnten. Der Mangel daran schreibt sich jedoch nicht erst von dem Schlusse der Apostelzeit her, sondern von der Zeit der Gründung heidenchristlicher Gemeinden überhaupt.

Der Episkopat in diesen Gemeinden hat seinem ursprünglichen Sinne nach diesem Bedürfnisse nicht entsprochen. Denn in der Darstellung desselben durch Ignatius haben wir nichts gefunden, was über den Charakter des Gemeindeamtes hinausreichte. Die erste Form, in welcher sich die Gewißheit kirchlicher Einheit darstellte, war überhaupt keine amtlich geordnete, sondern war die Korrespondenz zwischen den Gemeinden oder ihren Vorstehern. In dem frühesten Beispiel, welches wir anzuführen haben, dem Briefe des römischen Clemens an die Korinther, ist es die römische Gemeinde selbst, welche sich an die zu Korinth wendet. Wir erkennen daraus, daß Clemens, wenn er als Bischof von Rom den Brief verfaßte, seine Auktorität der Lehre und Ermahnung an eine andere Gemeinde nur im Namen seiner eigenen auszuüben berechtigt war, daß also sein Amt, sei es als Bischof oder als Presbyter, nicht als solches eine über die eigene Gemeinde hinausgreifende Berechtigung enthalten haben kann. Andere Beispiele dieser Sitte der kirchlichen Korrespondenz sind die Briefe des Ignatius an Polykarp, an die Epheser und an die Römer, der des Polykarp an die Philipper, die Briefe des Dionysius von Korinth (Euseb. IV, 13), der des Bischofs Polykrates von Ephesus an Viktor und an die Gemeinde zu Rom (V, 24), der Brief der gallischen Märtyrer an Eleutherus von Rom (V, 4), die Briefe der Gemeinden in Lugdunum und Vienna an die in Asien und Phrygien (V, 1) und der Gemeinde zu Smyrna an die zu Philomelium und an die ganze katholische Kirche (IV, 15). Unter diesen Briefen gehören einige, namentlich die des Polykarp und des Dionysius in die Epoche, in welcher die kirchliche Auktorität des Bischofs abgesehen von der Gemeinde sich festgestellt hatte; die unleugbar jüngeren Briefe der Gemeinden in Gallien und in Smyrna beweisen aber im Vergleich mit dem Brief der römischen an die korinthische Gemeinde, daß die kirchliche Korrespondenz in der Art das Organ der kirchlichen Einheit wurde, daß die einzelnen Gemeinden als solche Träger derselben waren, und ihre Vorsteher nur im Namen und Auftrage der Gemeinden den Verkehr mit den anderen Gemeinden vermittelten.

In dieser Hinsicht ist eine Stelle im Hirten des Hermas außerordentlich lehrreich. Die dem Hermas in Gestalt einer alten Frau erscheinende Kirche hatte ihm geboten, ihre Offenbarungen niederzuschreiben; diese Anweisung wird nachher dahin erläutert, daß er zwei Exemplare schreiben solle, eins für Clemens, das andere für Grapte; Clemens werde es in die auswärtigen Städte schicken, Grapte aber aus dem andern Buche die Wittwen und

Waisen belehren; Hermas selbst werde den Presbytern der Gemeinde die Offenbarungen mittheilen [1]. Rothe ist freilich der Meinung, daß Clemens auch in der vorliegenden Stelle als Bischof bezeichnet werde, derselbe rechtfertigt aber diese Auslegung nur durch den Versuch der Nachweisung, daß im Hirten auch sonst der Bischof von den Presbytern unterschieden werde, deren Unrichtigkeit jedoch oben dargethan ist [2]. Wenn in den angeführten Worten Jemand als Bischof bezeichnet würde, so wäre vielmehr Hermas in dem Falle, sofern ihm die Belehrung der Presbytern anvertraut wird. So wenig nun aber Grapte, welche die Wittwen und Waisen belehren soll, darum einen von den ersteren unterschiedenen Amtscharakter gehabt haben kann, so wenig braucht dies bei Hermas, wenn er wirklich als Bischof angesehen werden müßte, der Fall zu sein. Allein sein Vorrang vor den Presbytern beruht ohne Zweifel nicht auf einem Amtscharakter, sondern auf seinem prophetischen Charakter, sofern neue göttliche Offenbarungen vermittelst der empfangenen Visionen bei ihm niedergelegt sind. Wenn nun Hermas, wie gezeigt worden ist, überhaupt nur zwei Aemter in der Gemeinde kennt, so kann auch Clemens nicht als Bischof bezeichnet sein, sondern das ihm übertragene Geschäft, den Verkehr mit den auswärtigen Gemeinden zu vermitteln, erscheint neben seinem Amt als Vorsteher oder Presbyter, dessen Anerkennung durch Hermas wir wohl voraussetzen dürfen, als eine außerordentliche Zugabe. Die Stelle führt uns demnach denjenigen Punkt der Entwickelung vor Augen, auf welchem einem unter den Presbytern grundsätzlich der kirchliche Verkehr mit den übrigen Gemeinden übertragen war. Dies geht weiter als der Thatbestand, welcher durch den Brief des römischen Clemens hindurchscheint; denn in diesem ist der wahrscheinlich erste Vorsteher der Gemeinde nur befugt, im Namen

---

1) Vis. 2, 4: *Γράψεις οὖν δύο βιβλιδάρια καὶ πέμψεις ἓν Κλήμεντι καὶ ἓν Γραπτῇ. Πέμψει οὖν Κλήμης εἰς τὰς ἔξω πόλεις· ἐκείνῳ γὰρ ἐπιγέγραπται (ἐπιτέτραπται). Γραπτὴ δὲ νουθετήσει τὰς χήρας καὶ τοὺς ὀρφανούς. σὺ δὲ ἀναγνώσεις εἰς αὐτὴν τὴν πόλιν μετὰ τῶν πρεσβυτέρων τῶν προϊσταμένων τῆς ἐκκλησίας.*

2) Rothe, a. a. O. S. 407. S. o. S. 402.

derselben zu schreiben, während derselbe im Hirten schon als ständiger Leiter des Verkehrs mit anderen Gemeinden erscheint, also eine größere Selbständigkeit gegen die seinige erhalten haben muß. Ebenso bestimmt unterscheidet sich dies aber von der weitern Stufe, auf welcher die kirchliche Stellung des Bischofs, abgesehen von dem zufälligen Verkehr nach Außen, dogmatisch formulirt und mit einem bestimmten Inhalt versehen wird.

Die älteste heidenchristliche Darstellung des Episkopates als Kirchenamt ist erst bei Irenäus in der Schrift adversus haereses in folgenden Grundsätzen zu finden. Der wahre Sinn der Schrift kann nicht ohne Vermittlung der Tradition erkannt werden [1]; die richtige Tradition aber ist nur im Besitze der Apostel zu suchen, welche durch den heiligen Geist zur wahren und vollkommenen Erkenntniß geführt worden sind [2]. Die Apostel sind selbst die Kirche [3], und indem aus derselben die einzelnen Gemeinden hervorgehen, erhalten sich dieselben durch die Fortpflanzung der apostolischen Tradition in dem ursprünglichen Kirchenverband, und eben dadurch im Besitz der Wahrheit. Der vollständige Ausdruck und die konkrete Bestimmung der wesentlichen Merkmale der Kirche ist in folgender Stelle (IV, 33, 8) enthalten: *Γνῶσις ἀληθὴς ἡ τῶν ἀποστόλων διδαχὴ καὶ τὸ ἀρχαῖον τῆς ἐκκλησίας σύστημα κατὰ παντὸς τοῦ κόσμου* et character corporis Christi secundum successiones episcoporum, quibus illi eam, quae in unoquoque loco est, ec-

1) Den Grundsatz: non potest inveniri veritas ab his, qui nesciunt traditionem, welchen Iren. III, 2, 1 aus dem Munde von Gnostikern anführt, adoptirt er mit der nähern Bedingung, daß es die Tradition der Apostel sei; cum autem ad eam iterum traditionem, quae est ab apostolis — provocamus eos, adversantur traditioni (§. 2).

2) III, 1, 1: Apostoli postquam induti sunt supervenientis spiritus sancti virtutem ex alto, de omnibus adimpleti sunt et habuerunt perfectam agnitionem.

3) In Beziehung auf Act. 4, 21—30 heißt es III, 12, 5: Cum remisissent summi sacerdotes Petrum et Iohannem et reversi essent ad reliquos coapostolos et discipulos domini id est in *ecclesiam*. Ferner über das nun folgende Dankgebet V. 24—30: *Αὗται φωναὶ τῆς ἐκκλησίας, ἐξ ἧς πᾶσα ἔσχηκεν ἐκκλησία τὴν ἀρχήν, αὗται φωναὶ τῆς μητροπόλεως τῶν τῆς καινῆς διαθήκης πολιτῶν, αὗται φωναὶ τῶν ἀποστόλων, αὗται φωναὶ τῶν μαθητῶν τοῦ κυρίου, τῶν ἀληθῶς τελείων, μετὰ τὴν ἀνάληψιν τοῦ κυρίου διὰ πνεύματος τελειωθέντων.*

clesiam tradiderunt. Zur Analyse dieses Satzes können wir nicht passendere Worte finden, als die folgenden Rothe's [1]): „Als Elemente der wahren Gnosis werden hier zwei angegeben: die apostolische Lehre und die apostolische Kirchenverfassung. Die letztere wird näher beschrieben, zuerst im Allgemeinen als ein sich über die ganze Welt ausbreitendes Kirchensystem, und sodann näher als der Leib Christi. Hiernächst wird nun aber noch der konkrete Sitz dieser charakteristischen Bestimmtheit, dieses Charakters und jenes systematischen Zusammenhanges bezeichnet, nämlich als der von den Aposteln herstammende und sich stetig fortsetzende Episkopat. Was die Christenheit zu einem einheitlich gegliederten System, und somit zum wirklichen Leibe des Herrn macht, ist also dem Irenäus der Episkopat." Das Bischofsamt gilt wegen der Uebertragung der richtigen Lehre dem Irenäus als die von den Aposteln selbst angeordnete Fortsetzung ihres Amtes [2]), und deßhalb besteht die Kirche in der Gesammtheit der mit der apostolischen Lehre übereinstimmenden Bischöfe der einzelnen Gemeinden [3]). Da nun diese dogmatische Ansicht von den Bischöfen unmittelbar als historische auftritt, so wäre freilich ein Induktionsbeweis nothwendig dafür, daß in den von den Aposteln gegründeten Gemeinden wirklich von Anfang an die Eine bestimmte Lehre geherrscht habe, und von den Bischöfen mit dem Bewußtsein vertreten worden sei, daß sie die Nachfolger der Apostel seien, und daß die jüngeren Gemeinden sich unter denselben Bedingungen an die älteren angeschlossen hätten. Der Mühe dieser Aufgabe glaubt nun Irenäus sich dadurch überheben zu können, daß er nur die Reihe der römischen Bischöfe bis zu den Gründern der Gemeinde

1) A. a. O. S. 486.

2) III, 3, 1: Traditionem apostolorum in toto mundo manifestatam in omni ecclesia adest respicere omnibus, qui vera velint videre: et habemus annumerare eos, qui ab apostolis instituti sunt episcopi in ecclesiis et successores eorum usque ad nos, qui nihil tale docuerunt neque cognoverunt, quale ab his (den Gnostikern) deliratur. — Valde enim perfectos et irreprehensibiles in omnibus eos volebant esse, quos et successores relinquebant, suum ipsorum locum magisterii tradentes.

3) III, 4, 1: Non oportet adhuc quaerere apud alios veritatem, quam facile est ab ecclesia sumere, cum apostoli quasi in depositorium dives plenissime in eam contulerint omnia, quae sint veritatis.

Petrus und Paulus hinaufverfolgt, da die römische Gemeinde als ein Muster daſtände, welchem alle übrigen Gemeinden sich anzuschließen hätten[1]). Es entspricht aber seinem Zweck sehr wenig, daß er nur die Namen der Bischöfe anführt, ohne von einem andern, als dem Clemens, ein Beispiel der Lehrweise vorzulegen, so daß man schon deßhalb wohl Ursache hat, an dem historischen Werthe dieser Theorie zu zweifeln. Der kirchliche Charakter des Episkopates, der Punkt der Uebereinstimmung desselben mit dem Apostolat, wird übrigens von Irenäus nur in die äußere Mittheilung der wahren Lehre, nicht aber in die Uebertragung sämmtlicher Vollkommenheiten gesetzt, welche bei den Aposteln anerkannt werden[2]). Ob mit dem charisma veritatis in dem angeführten Satze eine innere Qualität, und nicht das äußere Objekt der Glaubensregel gemeint ist, ist schwer zu entscheiden. Wenn man aber auch das erstere annimmt, so lehrt der ganze Zusammenhang der Theorie des Irenäus, daß damit nur etwas dem Umfang der äußern apostolischen Lehre entsprechendes, und nicht eine Ausrüstung mit allen Kräften des göttlichen Geistes gemeint sein kann.

Dieselbe Richtung verfolgt ferner **Tertullian**. Wir erinnern an seine schon früher berührte Vorstellung von der apostolischen Tradition und deren Verbreitung von den apostolischen Gemeinden auf alle übrigen (s. o. S. 338). In den Gemeinden sind nun aber die Bischöfe diejenigen, welche in ununterbrochener Reihe als Nachfolger der Apostel die überlieferte Lehre

---

1) III, 3, 2: Quoniam valde longum est, in hoc tali volumine omnium ecclesiarum enumerare successiones, maximae et antiquissimae et omnibus cognitae, a gloriosissimis duobus apostolis Petro et Paulo Romae fundatae et constitutae ecclesiae eam, quam habet ab apostolis traditionem et annunciatam hominibus fidem per successiones episcoporum pervenientem usque ad nos indicamus. — Ad hanc enim ecclesiam propter potentiorem principalitatem necesse est omnem convenire ecclesiam, hoc est eos, qui sunt undique fideles, in qua semper ab his, qui sunt undique, conservata est ea, quae est ab apostolis traditio.

2) III, 2, 2: Traditio quae est ab apostolis per successiones presbyterorum in ecclesiis custoditur. IV, 26, 2: Eis qui in ecclesia sunt presbyteris obaudire oportet, his qui successionem habent ab apostolis, qui cum episcopatus successione *charisma veritatis* certum acceperunt secundum placitum patris.

in ihrer Reinheit bewahren, also dadurch die Einheit der Kirche vertreten [1]). Auf diesem Standpunkte ist kein Bedürfniß, eine Gemeinde als Centralgemeinde anzuerkennen, sondern, wenn auch die römische, als Mutter der afrikanischen Gemeinde, und geschmückt mit dem Märtyrerthume der Apostel in Tertullians Gesichtskreise sich besonders erhebt, so erkennt er jede apostolische Gemeinde als Auktorität für die benachbarten Gemeinden an [2]).

Die eben dargestellte Theorie vom Episkopate ist zugleich eine dogmatische und historische. In jener Beziehung ist sie ein wesentliches Moment des katholischen Christenthums, in dieser die Hauptinstanz der Geschichtsanschauung in der katholischen Kirche. Wir würden auf die ganze bisher dargestellte Entwickelung verzichten, wenn wir dieses Vorgeben anerkännten, oder auch nur noch etwas zur Widerlegung dieser historischen Theorie hinzufügten. Es ist durch ältere oder gleichzeitige Quellen festgestellt, daß die von Irenäus und Tertullian vorgetragene Theorie vom Episkopat nicht von Anfang an gegolten haben kann, vielmehr beweist der Inhalt der als apostolisch geltenden regula fidei, welcher lediglich in antithetischer Beziehung auf die häretische Gnosis des zweiten Jahrhunderts steht (s. o. S. 341), daß die Idee vom Episkopat, welche mit demselben auf das Engste

---

1) De praescr. haer. 32: (Haeretici) edant origines ecclesiarum suarum, evolvant ordinem episcoporum suorum, ita per successiones ab initio decurrentem, ut primus ille episcopus aliquem ex apostolis vel apostolicis viris, qui tamen cum apostolis perseveraverit, habuerit auctorem et antecessorem. Hoc enim modo ecclesiae apostolicae census suos deferunt, sicut Smyrnaeorum ecclesia Polycarpum ab Ioanne collocatum refert, sicut Romanorum Clementem a Petro ordinatum. Ibidem proinde utique et ceterae exhibent, quos ab apostolis in episcopatum constitutos apostolici seminis traduces habeant.

2) Cap. 36: Percurre ecclesias apostolicas, apud quas ipsae adhuc cathedrae apostolorum suis locis praesidentur. — Proxima est tibi Achaia, habes Corinthum. Si non longe es a Macedonia, habes Philippos, habes Thessalonicenses. Si potes in Asiam tendere, habes Ephesum. Si autem Italiae adiaces, habes Romam, unde nobis quoque auctoritas praesto est. Ista quam felix ecclesia, ubi totam doctrinam apostoli cum sanguine suo profuderunt, ubi Petrus passioni dominicae adaequatur, ubi Paulus Ioannis exitu coronatur, ubi apostolus Ioannes, posteaquam in oleum igneum demersus nihil passus est, in insulam relegatur. Videamus quid didicerit, quid docuerit, quid cum Africanis quoque ecclesiis contesserarit.

zusammengehört, ebenfalls nur als Reaktion gegen die Gnosis sich kann verbreitet und festgestellt haben.

Zur Bestätigung dieser Ansicht dient der Umstand, daß die Anerkennung der apostolischen Succession und der dadurch bedingten kirchlichen Auktorität der Bischöfe am Schlusse des zweiten Jahrhunderts keineswegs so allgemein anerkannt war, als es Irenäus und Tertullian darstellen, und als man erwarten müßte, wenn wirklich die Apostel den Episkopat mit den angegebenen Attributen versehen hätten. Nämlich die alexandrinische Kirche am Schluß des zweiten Jahrhunderts, als deren glaubhaften Repräsentanten wir doch den ihr angehörigen Clemens anzusehen haben, hat in ihrem Bischof keineswegs einen Nachfolger der Apostel und Träger der wahren Lehrauktorität anerkannt. Clemens sieht, wie Irenäus, in den Aposteln, den ursprünglichen Trägern der Kirche, Menschen, welche nicht einzelne Geistesgaben, sondern die Fülle derselben empfangen haben [1]), deren Leben und Wissen also zur Vollendung gekommen ist [2]), und da in dem Gnostiker diese Merkmale zusammentreffen sollen, erklärt er sie für die wahren Gnostiker [3]). Ihre Erkenntniß und Lehre ist die allein wahre, und ist durch ununterbrochene Ueberlieferung ohne Schrift in den Besitz Weniger gekommen [4]). Bei der Trennung von dieser Tradition ist das Verständniß der heiligen Schriften nicht mehr möglich, und in diesem Falle sind die falschen häretischen Gnostiker [5]). Bis hieher geht Clemens mit den

1) Strom. IV, 21, 135: *Ἕκαστος ἴδιον ἔχει χάρισμα ἀπὸ θεοῦ, ὁ μὲν οὕτως, ὁ δὲ οὕτως οἱ ἀπόστολοι δὲ ἐν πᾶσι πεπληρωμένοι.*

2) Strom. V, 6, 39: *Προφήτας ἅμα καὶ δικαίους εἶναι τοὺς ἀποστόλους λέγοντες εὖ ἂν εἴποιμεν, ἑνὸς καὶ τοῦ αὐτοῦ ἐνεργοῦντος διὰ πάντων ἁγίου πνεύματος.*

3) Strom. IV, 10, 77: *Οἱ ἀπόστολοι, ὡς ἂν τῷ ὄντι γνωστικοὶ καὶ τέλειοι, ὑπὲρ τῶν ἐκκλησιῶν, ἃς ἔπηξαν, ἔπαθον.*

4) Strom. VII, 17, 108: *Μία ἡ πάντων γέγονε τῶν ἀποστόλων ὥσπερ διδασκαλία, οὕτω δὲ καὶ παράδοσις.* VI, 7, 61: *Ἡ γνῶσις δὲ αὐτὴ ἡ κατὰ διαδοχὰς εἰς ὀλίγους ἐκ τῶν ἀποστόλων ἀγράφως παραδοθεῖσα κατελήλυθεν.* IV, 15, 99: *Οἴδαμεν, ὅτι πάντες γνῶσιν ἔχομεν* (1. Cor. 8), *τὴν κοινὴν ἐν τοῖς κοινοῖς, καὶ τὴν ὅτι εἷς θεὸς, πρὸς πιστοὺς γὰρ ἐπέστειλεν, ἀλλ' οὐκ ἐν πᾶσιν ἡ γνῶσις, ἐν ὀλίγοις παραδιδομένη.*

5) Strom. VII, 16, 94.

übrigen Vorkämpfern des Katholicismus zusammen. Als Inhaber jener apostolischen Ueberlieferung und als Nachfolger der Apostel erklärt er aber nicht die Bischöfe, die Beamten, sondern die durch Tiefe der Erkenntniß und Reinheit des Lebens ausgezeichneten Gnostiker [1]. Indem Clemens allerdings dem Klerus eine dem Hirtenverhältnisse des Heilandes nachgebildete Fürsorge und Disciplinargewalt zuerkennt [2], ist er nicht nur weit davon entfernt, ihn mit den Gnostikern gleichzustellen, sondern ordnet ihn denselben entschieden unter. Nicht nur sind die Attribute, welche innerhalb des Klerus an verschiedene Klassen, an Presbytern und Diakonen vertheilt sind, nach Clemens in jedem Gnostiker vereinigt [3], sondern während die Stufen des Klerus der himmlischen Hierarchie nur nachgebildet sind, sind die Gnostiker dazu bestimmt, nach diesem Leben in jene selbst einzutreten [4]. Der Unterschied dieser Ansicht von der gewöhnlich als allgemein geltenden katholischen des Irenäus und Tertullian prägt sich namentlich auch in der entsprechenden Würdigung der Apostel aus. Während nach der Ansicht der Anderen der Charakter des Bischofsamtes, welches in der Gegenwart als Organ der kirch-

1) Strom. IV, 10, 77: *Οἱ κατ' ἴχνος τὸ ἀποστολικὸν πορευόμενοι γνωστικοί.* VII, 16, 104: *Ὁ γνωστικὸς ἡμῖν μόνος ἐν αὐταῖς καταγηράσας ταῖς γραφαῖς τὴν ἀποστολικὴν καὶ ἐκκλησιαστικὴν σώζων ὀρθοτομίαν τῶν δογμάτων κατὰ τὸ εὐαγγέλιον ὀρθότατα βιοῖ, τὰς ἀποδείξεις, ὡς ἂν ἐπιζητήσῃ, ἀνευρίσκειν ἀναπεμπόμενος ὑπὸ τοῦ κυρίου ἀπό τε νόμου καὶ προφητῶν. Ὁ βίος γὰρ οἶμαι τοῦ γνωστικοῦ οὐδὲν ἄλλο ἐστὶν ἢ ἔργα καὶ λόγοι τῇ τοῦ κυρίου ἀκόλουθοι παραδόσει.*

2) Paedag. I, 6, 37: *Ποιμένες ἐσμὲν οἱ τῶν ἐκκλησιῶν προηγούμενοι κατ' εἰκόνα τοῦ ἀγαθοῦ ποιμένος.*

3) Strom. VII, 1, 3: *Κατὰ τὴν ἐκκλησίαν τὴν μὲν βελτιωτικὴν οἱ πρεσβύτεροι σώζουσιν εἰκόνα, τὴν ὑπηρετικὴν δὲ οἱ διάκονοι. Ταύτας ἄμφω τὰς διακονίας ἄγγελοί τε ὑπηρετοῦνται τῷ θεῷ κατὰ τὴν τῶν περιγείων οἰκονομίαν καὶ αὐτὸς ὁ γνωστικὸς θεῷ μὲν διακονούμενος, ἀνθρώποις δὲ τὴν βελτιωτικὴν ἐνδεικνύμενος θεωρίαν, ὅπως ἂν καὶ παιδεύειν ᾖ τεταγμένος εἰς τὴν τῶν ἀνθρώπων ἐπανόρθωσιν.*

4) Strom. VI, 13, 107: *Καὶ αἱ ἐνταῦθα κατὰ τὴν ἐκκλησίαν προκοπαὶ ἐπισκόπων, πρεσβυτέρων, διακόνων μιμήματα ἀγγελικῆς δόξης κἀκείνης τῆς οἰκονομίας τυγχάνουσιν, ἣν ἀναμένειν φασὶν αἱ γραφαὶ τοὺς κατ' ἴχνος τῶν ἀποστόλων ἐν τελειώσει δικαιοσύνης κατὰ τὸ εὐαγγέλιον βεβιωκότας. Ἐν νεφέλαις τούτους ἀρθέντας, γράφει ὁ ἀπόστολος, διακονήσειν μὲν τὰ πρῶτα, ἔπειτα ἐγκαταταγῆναι τῷ πρεσβυτερίῳ κατὰ προκοπὴν δόξης, δόξα γὰρ δόξης διαφέρει, ἄχρις ἂν εἰς τέλειον ἄνδρα αὐξήσωσιν.*

lichen Einheit sich darstellte, in die Stellung der Apostel zurückdatirt, und deren persönliche Ausrüstung mit dem Geiste von ihrer amtlichen Stellung abhängig gemacht wurde, so stellt Clemens die Behauptung auf, daß das persönliche Verdienst den apostolischen Charakter bedinge[1]). Diese Ansicht steht zwar nicht in direktem Gegensatz gegen die des Irenäus; aber in einer daraus gezogenen Folgerung auf den Charakter der als Nachfolger der Apostel geltenden Gnostiker tritt der Gegensatz gegen die Schätzung des kirchlichen Amtes auf das entschiedenste hervor. Weil nämlich nur das persönliche Verdienst den Werth giebt, so ist der christliche Gnostiker würdig, in den Kreis der Apostel einzutreten, er ist in Wahrheit Presbyter und Diakonus, indem er nicht durch Menschen dazu eingesetzt, und wegen seines Amtes für gerecht gehalten wird, sondern weil er durch seine Gerechtigkeit befähigt wird, in das himmlische Presbyterium aufgenommen zu werden[2]). In diesen Sätzen wird die Ansicht bekämpft, daß der amtliche Charakter die Auktorität gewähre und einen persönlichen Vorzug begründe; diese Ansicht ist aber die des Irenäus und Tertullian. Und wenn nun geltend gemacht wird, daß die Gnostiker, welche dem apostolischen Charakter nachfolgen, die wahren Presbytern und Diakonen sind, so ist dies der Ansicht entgegengesetzt, daß eben die Presbytern, von denen Clemens nicht immer den Bischof trennt, und die Diakonen die Nachfolger der Apostel seien und dies ist eben auch die An-

---

1) Strom. VI, 13, 105: *Οἱ ἀπόστολοι οὐχ ὅτι ἦσαν ἐκλεκτοὶ γενόμενοι ἀπόστολοι κατά τι φύσεως ἐξαίρετον ἰδίωμα, ἐπεὶ καὶ ὁ Ἰούδας ἐξελέγη σὺν αὐτοῖς, ἀλλ' οἷοί τε ἦσαν ἀπόστολοι γενέσθαι ἐκλεγέντες πρὸς τοῦ καὶ τὰ τέλη προορωμένου. Ὁ γοῦν μὴ σὺν αὐτοῖς ἐκλεγεὶς Ματθίας ἄξιον ἑαυτὸν παρασχόμενος τοῦ γενέσθαι ἀπόστολον ἀντικατατάσσεται Ἰούδα.*

2) §. 106 (Fortsetzung): *Ἔξεστιν οὖν καὶ νῦν ταῖς κυριακαῖς ἐνασκήσαντας ἐντολαῖς κατὰ τὸ εὐαγγέλιον τελείως βιώσαντας καὶ γνωστικῶς εἰς τὴν ἐκλογὴν τῶν ἀποστόλων ἐγγραφῆναι. Οὗτος πρεσβύτερός ἐστι τῷ ὄντι τῆς ἐκκλησίας καὶ διάκονος ἀληθὴς τῆς τοῦ θεοῦ βουλήσεως, ἐὰν ποιῇ καὶ διδάσκῃ τὰ τοῦ κυρίου, οὐχ ὑπ' ἀνθρώπων χειροτονούμενος, οὐδ' ὅτι πρεσβύτερος δίκαιος νομιζόμενος, ἀλλ' ὅτι δίκαιος ἐν πρεσβυτερίῳ καταλεγόμενος, κἂν ἐνταῦθα ἐπὶ γῆς πρωτοκαθεδρίᾳ μὴ τιμηθῇ, ἐν τοῖς εἴκοσι καὶ τέτταρσι καθεδεῖται θρόνοις τὸν λαὸν κρίνων, ὥς φησιν ἐν τῇ ἀποκαλύψει Ἰωάννης.*

sicht des Irenäus. Wenn endlich dieser wahre Amtscharakter als ein nicht von Menschen übertragener bezeichnet wird, so kann Clemens die Ansicht nicht getheilt haben, welche mit der Theorie des Irenäus sich gleichmäßig muß entwickelt haben, daß in der Ordination durch den Bischof eine specifische göttliche Kraft übertragen wird. Allerdings kann diese Ansicht bei Irenäus und Tertullian nicht bestimmt nachgewiesen werden, man müßte denn an das durch die Succession der Bischöfe fortgepflanzte charisma veritatis (Iren. IV, 26, 2) denken; unleugbar tritt aber jene Ansicht von der Ordination später als nothwendige Folge der von jenen zuerst vertretenen Idee vom Episkopat auf, und aus der Antithese des Clemens werden wir deßhalb entweder schließen dürfen, daß ihm dergleichen Ansichten schon entgegentraten, oder daß er von seinem Standpunkt aus die verhüllte Konsequenz des entgegengesetzten ahnte, und ihr deßhalb vorbeugte. Uebrigens steht die besprochene Stelle mit der oben aus Strom. VI, 13, 107 angeführten, in welcher auf die himmlischen Vorbilder der kirchlichen Hierarchie verwiesen wird, in unmittelbarer Verbindung, dem Grundsatze entsprechend: *Εἰκὼν τῆς οὐρανίου ἐκκλησίας ἡ ἐπίγειος* (Strom. IV, 8, 68).

Die eben dargestellte Theorie des Clemens widerlegt nicht nur thatsächlich die allgemeine Anerkennung der kirchlichen oder apostolischen Auktorität der Bischöfe gegen das Ende des zweiten Jahrhunderts, sondern beweist auch, daß die Stellung derselben nicht in jenem Sinne von den Aposteln gegründet, sondern erst seit dem Auftreten der Gnosis erstrebt und erreicht worden sein kann. Denn auch die von Clemens vorgeschobene Auktorität der wahren kirchlichen Gnostiker trägt zu deutlich das Gepräge der Antithese gegen die häretischen Gnostiker an sich, als daß sie vor dem Auftreten derselben sich gebildet haben könnte. Wir sehen also, daß, während die Kirche in der Feststellung der Glaubensregel gegen die häretischen Gnostiker überall sich unwillkürlich einigte, in der Bestimmung der Organe der kirchlichen Einheit zuvörderst die einzelnen Provincialkirchen nicht dasselbe trafen; daß, während in allen übrigen Gegenden die Bischöfe die Anerkennung als Organe der kirchlichen Einheit fanden, in der alexandrinischen Kirche Privatpersonen, welche durch Sitte und Erkenntniß sich auszeichneten, in den Besitz jener Stellung kamen. Diesen Umstand wird man nothwendig mit dem von dem Missionsgebiete des Paulus abweichenden Charakter der Verfassung der Gemeinde zu Alexandria in Verbindung bringen. Die Angaben des Hieronymus und Eutychius und die von Clemens vorgetragene Theorie über die apostolische Nachfolge der Gnostiker beleuchten sich gegenseitig. Die Ordination des Bischofs durch die Presbytern von Alexandria schließt es aus, daß dem Bischof ein kirchenamtlicher, und den Presbytern nur ein gemeindeamtlicher Charakter beigelegt wurde. Die Nachweisung des kirchlichen Lehrcharakters bei den christlichen Gnostikern macht jene Notizen über die Stellung zwischen dem Bischof und den Presbytern noch glaublicher. Die Verfassung in Alexandria wies auf das Vorbild der jüdisch-christlichen Verfassung in Jerusalem zurück; dadurch wird es erklärlich, daß die Reaktion des kirchlichen Bewußtseins gegen die gnostischen Häresieen in Alexandria sich andere Stützen suchte, als in den übrigen heidenchristlichen Gemeinden. Wenn in Alexandria damals die Ansicht des Irenäus und Tertullian über den kirchlichen Lehrcharakter des Bischofs gegolten hätte, so wäre die Ordination desselben durch die Presbytern ganz undenkbar. Dagegen, wenn man in Alexandria die apostolische Lehrauktorität bestimmten Privatpersonen zuerkannte, so konnte der ursprüngliche Stand der Verfassung fortdauern. Jedoch werden wir allerdings annehmen dürfen, daß die Unsicherheit der durch Clemens verbürgten Auktorität der christlichen Gnostiker, neben der Einwirkung des Beispieles der anderen heidenchristlichen Provincialkirchen, die Bischöfe von Alexandria auf den Weg der allgemein gewordenen Ideen heidenchristlicher Kirchenverfassung gedrängt hat, vor deren Verwirklichung die alte Form der Verfassung allmählich weichen mußte.

Die jüdisch-christliche Idee vom Episkopat ist es, welcher die pseudoclementinischen Schriften im Occident den

Eingang zu verschaffen suchten. Auch die essenischen Judenchristen erklären den Bischof für den, welcher auf Christi Stuhle sitzt (Ep. Clem. ad Iac. 17; Hom. 3, 60. 70), welcher Christi Stelle einnimmt (Rec. III, 66; Hom. 3, 66). Demnach deutet die Zwölfzahl der Presbytern, welche an mehreren Orten neben dem Bischof erwähnt wird (Rec. III, 66; VI, 15; Hom. 11, 36), auf das Vorbild des Apostelkollegiums. Aber das Verhältniß Christi und der Apostel wird in dem des Bischofs und der Presbytern nicht rein abgebildet. Dem Bischof wird freilich vorzugsweise die Herrschaft über die ihm zum Gehorsam verpflichtete Gemeinde beigelegt (Hom. 3, 61—67), und die disciplinarische Verwaltung derselben ist als seine Hauptaufgabe bezeichnet (Ep. Clem. 5). Auf die Presbytern fällt nun aber nicht das apostolische Lehrgeschäft, sondern sie werden nur als die Gehülfen des Bischofs in der Erhaltung der sittlichen Ordnung der Gemeinde dargestellt (Rec. III, 66; Ep. Clem. 7; Hom. 3, 67), denn die eigentlich apostolischen Attribute werden ebenfalls dem Bischof beigelegt. Die Recognitionen (III, 66) und der Brief des Clemens (cap. 2. 5) weichen freilich darin von den Homilieen ab, daß sie dem Bischof das Geschäft der Glaubenslehre zuweisen; aber auch die Homilieen (3, 66) und der Brief des Clemens (cap. 2), wie die Recognitionen begründen die Christus gleiche Herrschaft des Bischofs durch die Anwendung des den Aposteln geltenden Wortes, daß, was ihnen an Ehre oder Unehre geschehe, Christus selbst treffe (Luk. 10, 16; Joh. 13, 20). Ferner aber wird dem Bischof die dem Petrus übertragene Gewalt zu binden und zu lösen mitgetheilt (Ep. Clem. 2. 6; Hom. 3, 72). Dieselbe ist an diesen Stellen ihrem richtigen Sinne nach als das Recht verstanden, zu verbieten und zu erlauben, was in den Bereich des socialen Gemeindeverkehrs gehört [1]); nicht aber als das Recht, eigenmächtig wegen begangener Todsünden zu exkommuniciren und Exkommu-

1) Ep. Clem. ad Iac. 2: *Αὐτῷ μεταδίδωμι τὴν ἐξουσίαν τοῦ δεσμεύειν καὶ λύειν, ἵνα περὶ παντὸς οὗ ἂν χειροτονήσῃ ἐπὶ γῆς ἔσται δεδογματισμένον ἐν οὐρανοῖς. δήσει γὰρ ὃ δεῖ δεθῆναι καὶ λύσει ὃ δεῖ λυθῆναι ὡς τὸν τῆς ἐκκλησίας εἰδὼς κανόνα. αὐτοῦ οὖν ἀκούσατε.*

nicirte wieder aufzunehmen; wie das Heidenchristenthum den Ausspruch Jesu sich zurechtlegte[1]). Und demnach wird auch der Bischof, nicht nur in Rom, sondern auch in Cäsarea als der Nachfolger des Petrus bezeichnet (Ep. Clem. 2; Hom. 3, 60).

Diese Verfassungsprojekte der essenischen Ebjoniten haben nicht den Zweck, die häretische Sekte in Nachahmung der heidenchristlichen Kirche zu organisiren[2]). Denn jene Partei der pseudoclementinischen Schriften wollte das gesammte Heidenchristenthum sich unterwerfen (s. o. S. 263). Die Verfassungsformen sind auch nicht von den heidenchristlich-katholischen Zuständen entlehnt. Denn die Wurzel der Episkopatsidee entspricht deutlich der Ansicht von dem universalen Episkopate des Jakobus, und ist demnach jüdisch-christlich; aber eben christlich und nicht essenisch. Jedoch hat die ebjonitische Idee vom Episkopate sich der heidenchristlichen Verfassung insofern anbequemt, als sie jeder Stadt einen Bischof zutheilt, und neben dem Vorbilde Christi das Vorbild des Heidenapostels Petrus auf denselben anwendet. Dies konnte im Zusammenhange der ebjonitischen Sage von der Heidenmission nicht umgangen werden, und deßhalb erscheint Jakobus nicht mehr als der einzige Bischof,

---

1) Mit Rücksicht hierauf ist zu bemerken, daß in dem Briefe des Clemens und den Homilieen nicht ein Fortschritt der Episkopatsidee gegen die Recognitionen vorliegt, wie ich früher annahm. Aber ich kann mich auch nicht zu Uhlhorns (S. 88. 106) Ansicht bekennen, daß die Homilieen eine frühere und die Recognitionen und der Brief eine spätere Stufe der Verfassung bezeichnen. Denn die verschiedenen Merkmale vertheilen sich bald auf das eine, bald auf das andere Paar unter den drei. Außer dem, was oben angeführt ist, mache ich darauf aufmerksam, daß das bischöfl. Amt nach den Recogn. und Homilieen durch Gebet übertragen wird, nach dem Brief des Clemens durch die Wahl und den Willen des Petrus. Sofern aber die Handauflegung (cap. 19) erwähnt wird, ist das Gebet von selbst eingeschlossen. Recogn. und Brief stellen den Bischof als Glaubenslehrer; Homilieen und Brief als Träger der Binde- und Lösegewalt dar. Daß in den Homilieen (3, 71) die Gemeinde zum Unterhalte des Bischofs verpflichtet wird, weist nicht auf eine frühere Zeit, als die anderen Schriften, in welchen jene Aufforderung fehlt. Denn diese Pflicht der Gemeinden ist nicht erst in der zweiten Hälfte des zweiten Jahrhunderts aufgestellt worden, sondern sie ist in jener Zeit von den Strengeren in Frage gestellt, und die Annahme des Unterhaltes von der Gemeinde dem Klerus zum Vorwurf gemacht worden (Herm. Mand. 11). Wir haben deßhalb uns für berechtigt gehalten, die Beziehungen der drei Schriften auf den Episkopat zusammenzufassen.

2) Wie die Meinung Rothe's ist a. a. O. S. 540 ff.

sondern als der Bischof der Bischöfe, der allein jeden Apostel und jeden Lehrer zu prüfen und zu bevollmächtigen hat, und an welchen Apostel wie Bischöfe Bericht zu erstatten haben (Rec. IV, 35; Hom. 11, 35). Die ebjonitische Sage ist mit diesen Unterstellungen der Entwickelung der Verfassung weit vorausgeeilt. Die heidenchristliche Episkopalverfassung hat abgesehen von den ebjonitischen Voraussetzungen ein Stück der ebjonitischen Attribute des Bischofs und des Oberbischofs nach dem andern an sich gezogen. Aber im zweiten Jahrhundert war der kirchliche Charakter des katholischen Episkopats lediglich auf die Vertretung der apostolischen Tradition beschränkt, unter welcher man nicht mehr verstand, als die einfache Glaubensregel, die jedem orthodoxen Christen bekannt war, und die bekanntlich nichts enthält, was nicht in der heiligen Schrift geschrieben ist. Denn apostolische Traditionen gleichen Werthes, wie die Glaubensregel zu besitzen, welche nicht in der Schrift enthalten, sondern nur im Geheimen fortgepflanzt wären, nahm der altkatholische Episkopat nicht in Anspruch.

Die Anklänge an die Prädikate des heidenchristlichen Episkopats, welche die clementinischen Schriften enthalten, und welche auch dort schon längere Zeit vor Irenäus im Gegensatz zu der häretischen Gnosis stehen, weisen darauf hin, daß die Entwickelung des heidenchristlichen Episkopates zum Kirchenamt überhaupt mit dem Kampfe gegen den Gnosticismus um die Mitte des zweiten Jahrhunderts begann; und wir dürfen vielleicht vermuthen, daß, wo die Unterscheidung des Bischofs von den Presbytern noch nicht gesichert war, dieselbe durch das neue kirchenamtliche Attribut desselben schnell befestigt wurde. Wie alles Werdende können wir auch diesen Proceß nicht im Einzelnen verfolgen; wir erinnern nur daran, daß wenn auch die Schätzung des Bischofs als Nachfolgers der Apostel in dem Gebiete um das mittelländische Meer, das wir übersehen können, seit dem letzten Drittel des zweiten Jahrhunderts entschieden gewesen zu sein scheint, doch die Ausnahme in Aegypten dafür bürgt, daß jenes Resultat der Verfassung ein neu gewonnenes gewesen ist.

Eine Ausnahmestellung in dieser Entwickelung nehmen auch die Briefe des falschen Ignatius ein. Der Mann, welcher die drei echten Briefe des Ignatius interpolirt und denselben vier andere beigefügt hat, bezweckt unstreitig die Hebung des von dem Presbyteramte völlig gesonderten Episkopats. Aber die Prädikate, mit denen er den Episkopat ausstattet, sind nicht so fest und klar, daß man den geschichtlichen Standpunkt des Interpolators mit Leichtigkeit zu ermitteln vermag. Weil seine Zeichnung des Episkopats in mannigfachen Farben schillert, und einige Farben, die man erwarten sollte, fehlen, so ist die Vergleichung mit den bekannten Maaßstäben für den Begriff des Episkopats, durch welche man den geschichtlichen Ort der Briefe annähernd zu bestimmen suchen muß, erschwert. Diese Aufgabe ist auch durch die Beachtung der Irrlehren nicht gefördert worden, welche in den neu verfertigten Briefen bekämpft werden. Die Trallenser und die Smyrnäer werden vor gnostischem Doketismus gewarnt; die Magnesier und die Philadelphener vor judenchristlicher Proselytenmacherei. Wenn man nun scheint annehmen zu müssen, daß der Verfasser hiemit zwei verschiedene Parteien kennzeichnet, welche an den verschiedenen Orten ihre Wirksamkeit entfalten, so verschwindet bei näherer Betrachtung das geschichtliche Gepräge derselben. Denn in dem Briefe an die Magnesier wird an die Warnung vor dem Judenchristenthum eine Hervorhebung der wirklichen Menschheit Jesu in der Art angeknüpft, daß man die Merkmale des Judaismus und des extremsten Doketismus auf eine und dieselbe Partei scheint beziehen zu müssen. Aber diese Merkmale sind völlig disparat, und die entsprechende Partei ist in der Geschichte nicht auszumitteln [1]). Ferner ergiebt sich der unge-

---

1) Uhlhorn (Ueber die ignatian. Briefe. Zeitschr. für histor. Theol. 1851. 2. Heft, S. 291 ff.) hat auf diese Züge des Briefs die Hypothese von judaisirendem Gnosticismus gegründet, und Lipsius (a. a. O. S. 31) ist ihm darin beigetreten. Daß U. diese Hypothese durch die Christuspartei in Korinth belegt, ist soviel als die Beleuchtung der Dunkelheit durch die Finsterniß; und die Vergleichung der Gegner der Presbytern in Korinth, nach dem Brief des Clemens, ist unrichtig. Endlich auch Kerinth widerlegt nicht die nicht mit Unrecht geltende Meinung, daß der ausgebildete Gnosticismus, mit den Merkmalen

schichtliche, in der Luft schwebende Charakter dieser Briefe daraus, daß ihr Verfasser regelmäßig erklärt, daß die Gemeinden von den beschriebenen Irrlehren frei seien (Eph. 8. Trall. 8. Smyrn. 4. Philadelph. 3. Magn. 11). Wenn es nun schon deßhalb als willkürlich und zufällig erscheint, daß die eine Gemeinde vor Judaismus, die andere vor Doketismus gewarnt wird, so wird das geschichtliche Verständniß der Briefe um so schwieriger bei der Annahme, daß der Verfasser jene beiden meistentheils getrennt behandelten Merkmale als Charakterzüge Einer Partei vorgestellt haben soll. Die Hypothese, daß der Verfasser mit judaistischer Gnosis zu thun habe, ist somit eine bedeutende Instanz gegen die Echtheit dieser Briefe. Aber auch bei deren Leugnung wird dem Verfasser durch jene Deutung der ihn beschäftigenden Irrlehren eine größere Gedankenlosigkeit beigemessen, als wenn man ihm zutraut, daß er blos bei der Anfertigung des Briefes an die Magnesier aus Nachlässigkeit von der Beschreibung des Judenchristenthums zur Antithese gegen den Doketismus abgeschweift ist, und daß er absichtlich zwei Häresieen im Auge hat. Aber nun gehören die beiden von ihm beschriebenen Irrlehren geschichtlich nicht Einer Epoche an. Wenigstens war das Judenchristenthum nicht mehr gefährlich, als der Doketismus in der extremen Gestalt, wie er geschildert wird, und wie er nur bei Markion vorkommt (s. o. S. 344),

---

der Trennung zwischen dem höchsten Gott und dem Weltschöpfer und des vollendeten Doketismus in der Christologie, und der Judaismus, die Beobachtung des mosaischen Ceremonialgesetzes, sich gegenseitig ausschließen. Kerinth nämlich, der am mosaischen Gesetze festhielt, sah in Jesus wesentlich den Menschen, mit dem sich in der Taufe ein höheres Wesen verband. Nun berichtet zwar Irenäus (1, 26, 1), daß er ebenso wie die eigentlichen Gnostiker den Weltschöpfer dem höchsten Gott entgegengesetzt habe. Aber diese Angabe ziehe ich in Zweifel. Denn Epiphanius (haer. 28) giebt an, daß K. die Weltschöpfung, die Gesetzgebung und die prophetische Offenbarung Engeln beigelegt habe. Hierin ist die auch aus dem N. T. bekannte Ansicht von der Gesetzgebung (s. o. S. 53) weiter entwickelt; aber jedenfalls noch nicht bis zu der eigentlich gnostischen Entgegensetzung jener Engel gegen den höchsten Gott, — denn in dem Falle wäre dem K. die Gesetzbeobachtung unmöglich geworden. Daß der Gnosticismus im Judenthum Wurzeln hat, erkennen wir an, daraus folgt aber nicht die Möglichkeit „judaistischer Gnosis"; und jedenfalls verlange ich bündigere Beweise derselben aus der Geschichte, als wofür die unklaren Redensarten eines Fälschers gelten können.

die Kirche bedrohte. Also ermangeln die Briefe gerade in dieser Beziehung des individuellen Gepräges, auf welchem die geschichtliche Erforschung ihres Ursprungs fußen könnte. Nur so viel ergiebt sich, daß der Verfasser der Zeit des Doketismus angehört, und daß die Anspielungen auf das Judenchristenthum zu seiner Maske gehören.

Die Polemik gegen die Irrlehren, von welchen die angeredeten Gemeinden selbst nicht inficirt sein sollen, ist nun regelmäßig mit der Aufforderung verbunden, sich an den Bischof anzuschließen. Jedoch geht der Verfasser nicht darauf ein, das bischöfliche Amt als den Träger der rechten Lehre darzustellen. Das erste wesentliche Merkmal des katholisch-kirchlichen Episkopats, nämlich die apostolische Succession wird von dem falschen Ignatius nicht mit einem Worte erwähnt. Er rechnet gelegentlich darauf, daß die Gemeinden den Verordnungen der Apostel treu sind (Magn. 13. Trall. 7); aber dieselben betreffen die Gemeindeordnung und nicht die Reinheit der Lehre. Die Begründung und Sicherung dieser erscheint also nicht wie bei Irenäus und Tertullian als das Hauptmotiv der Erhebung des Episkopats. Indem der Anschluß an den Episkopat regelmäßig den häretischen Abirrungen entgegengesetzt wird, handelt es sich für den Verfasser um ein Gegengewicht gegen die schismatische Erscheinung des häretischen Irrthums. Freilich sieht es im Briefe an die Smyrnäer so aus, als ob Häretiker und Schismatiker als zwei verschiedene Gefahren gedeutet werden müßten. Daselbst (Smyrn. 7. 8) werden erst solche erwähnt, welche wegen ihrer doketischen Christologie nicht anerkennen, daß die Eucharistie das Fleisch Christi sei, und welche sich vom öffentlichen Gottesdienste zurückziehen; vor der Gemeinschaft mit diesen wird die Gemeinde gewarnt. Dann aber werden Absonderungen von Gruppen aus der Gemeinde verboten, in welchen Taufe und Abendmahl separatistisch verwaltet würden; und dagegen der gemeinsame Anschluß an den Bischof empfohlen. Die Darstellung erweckt auf den ersten Blick den Schein, daß die Häretiker wegen der doketischen Ansicht die Abendmahlsfeier überhaupt unterlassen; andere dagegen das Abendmahl unabhängig vom Bischof verwalten. Allein in den anderen parallelen Briefen sind die Warnungen vor den Häretikern und die vor Trennungen von dem Bischof, zugleich die Erklärungen über die alleinige Gültigkeit der von ihm vollzogenen heiligen Handlungen so ineinander verschränkt (Magn. 7. 8; Trall. 6, 7. 9; Philad. 6) [1]), daß man auch die Stelle des Smyrnäerbriefs dahin verstehen muß, daß der Schreiber das separatistische Element im Auge hat, welches mit einer erklärten Irrlehre verbunden ist. Indem er nun hiegegen stets den Anschluß an den Bischof empfiehlt, scheint er von dem Gedanken geleitet zu sein, daß das Separationsgelüste, die Insubordination, die Wurzel der Irrthümer sei (Smyrn. 7: *τοὺς μερισμοὺς φεύγετε ὡς ἀρχὴν κακῶν*). Dieser sittlichen Beurtheilung der Häresie entspricht es also, daß die Unterordnung unter den Bischof als ein Schutzmittel auch gegen den theoretischen Irrthum empfohlen wird.

Dies ist der innere Grund neben dem äußern, der in der Form der Briefe liegt, weßwegen sich die Belehrungen des falschen Ignatius nur auf das Verhältniß der einzelnen Gemeinde zu dem einzelnen Bischof, nicht aber auf das zwischen Gemeinde und Kirche beziehen. Die Gemeinde soll dem Bischof gehorchen und unterwürfig sein (Magn. 13; Trall. 2. 13); wo der Hirt ist, dahin sollen die Gemeindeglieder wie Schafe folgen (Philad. 2); alle sollen dem Bischof folgen, wie Jesus Christus dem Vater (Smyrn. 8). In dem Anschlusse der Gemeinde an den Willen des Bischofs soll dieselbe zu einem Chore werden, welcher in seiner gleichen Gesinnung und einheitlichen Liebe Christus preist (Eph. 4). Die gehorsame Gemeinde aber verschmilzt so sehr (Eph. 5) mit ihrem Bischofe, daß sie in ihm als ihrem Vertreter vollkommen erkannt wird (Magn. 2; Trall. 1). Die Unterordnung unter den Bischof soll sich darin darstellen, daß die Gemeinde ohne ihn nichts von gottesdienstlichen Geschäften verrichtet, daß Taufe und Abendmahl nur von ihm oder von demjenigen, der seinen Auftrag dazu hat, verwaltet wird (Smyrn. 8. cf. Magn. 4. Trall. 2. 7. Philad. 4).

---

1) Vgl. Uhlhorn a. a. O. S. 287 ff.

In diesen Verfügungen ist sachlich nichts enthalten, was nicht den ursprünglichen Grundsätzen der Gemeindeordnung entspricht. Und wenn es einerseits heißt, daß, was der Bischof verordnet, Gott wohlgefällig sei (Smyrn. 8), andererseits der Bischof von Philadelphia gelobt wird (Philad. 1), daß er mit den (göttlichen) Geboten übereinstimme, so scheint damit der Gesichtspunkt des echten Ignatius festgehalten zu sein, daß der Wille des Bischofs gelten solle, sofern derselbe auch nichts ohne den göttlichen Willen thue (Polyc. 4). Allein dieser Gedanke steht bei dem Fälscher wie verloren. Er beschränkt vielmehr den Gehorsam der Gemeinde gegen den Bischof durch keine diesem erst zu stellende sittliche Bedingung; sondern er begründet seine Haupttendenz auf dogmatische Attribute des Espikopats. Unter diese ist nicht die Aussage zu rechnen, daß der Bischof sein Amt nicht durch Menschen empfange (Philad. 1), denn dies Urtheil ergiebt sich schon aus der Betrachtung der Ordnung der Gemeinde als Produkt des göttlichen Willens. Aber darüber hinaus geht die Ansicht, welche bei dem falschen Ignatius vorherrscht, daß der Bischof der Stellvertreter Gottes in der Gemeinde ist[1]). Und zwar ist dies nicht in einer unbestimmten Weise vorgestellt, sondern in dem Sinne derjenigen Identität des Willens, welche den Gedanken an eine Abweichung des Bischofs von Gott ausschließt. Den Polykarp bezeichnet der falsche Ignatius (Polyc. 8) als einen, der Gottes Willen besitzt; und im Briefe an die Epheser wendet er die im Urtexte gefundene Anweisung, daß die Leser mit dem Willen Gottes einig zusammengehen sollen, in folgender Weise auf den Gehorsam gegen die Bischöfe. Christus, heißt es, ist der Wille des Vaters, die Bischöfe sind überall der Wille Christi, deßhalb ist es nöthig, sich nach dem Willen des Bischofs zu richten[2]). Das

1) Eph. 5, 6: *Σπουδάσωμεν μὴ ἀντιτάσσεσθαι τῷ ἐπισκόπῳ ἵνα ὦμεν θεῷ ὑποτασσόμενοι. — Πάντα ὃν πέμπει ὁ οἰκοδεσπότης εἰς τὴν ἰδίαν οἰκονομίαν οὕτως δεῖ ἡμᾶς αὐτὸν δέχεσθαι ὡς αὐτὸν τὸν πέμψαντα. τὸν οὖν ἐπίσκοπον δῆλον, ὅτι ὡς αὐτὸν τὸν κύριον δεῖ προςβλέπειν.* Magn. 6: *προκαθημένου τοῦ ἐπισκόπου εἰς τόπον θεοῦ.* Cf. Magn. 3. 13. Philad. 3. Smyrn. 8.

2) Eph. 3: *Ἰησοῦς Χριστὸς τὸ ἀδιάκριτον ἡμῶν ζῆν, τοῦ πατρὸς*

Verhältniß zu Christus vermittelt also die behauptete Identität des Willens des Bischofs mit dem Gottes. Ein solches Verhältniß ist nun in dem Briefe an die Trallenser (cap. 2. 3) in der Vergleichung des Bischofs mit Christus ausgesprochen. Die Analogie des Bischofs mit Christus erklärt aber noch nicht jene Behauptung, daß die Bischöfe der Wille Christi sind; wenn also überhaupt von dem falschen Ignatius eine zusammenhängende Begründung der von ihm behaupteten Würde des Bischofs zu erwarten ist, so muß noch ein vermittelnder Gedanke aufgefunden werden.

Indessen hängt mit jener Analogie des Bischofs zu Christus im Briefe an die Trallenser die auch noch sonst (Magn. 6. Smyrn. 8) vorkommende Aussage zusammen, daß die Presbytern der einzelnen Gemeinde den Aposteln gleichstehen; und hierin finden wir den ersten geschichtlichen Anknüpfungspunkt für das Verständniß der Verfassungsprojekte des falschen Ignatius. Denn diese beiden Analogieen sind das Muster der jüdisch-christlichen Verfassung. Indem der falsche Ignatius dies Muster befolgt, berührt er sich so nahe mit den Grundsätzen der pseudoclementinischen Schriften. Auf diesem Grunde ruht die von ihm den Bischöfen vindicirte Herrschaft über die ihnen zum Gehorsam verpflichteten Gemeinden. Nach diesem Maaßstabe hebt er an den Häresieen die ungehorsame Trennung von der Einheit der Gemeinde und nicht, wie Irenäus und Tertullian, die Abirrung von der richtigen Ueberlieferung der Lehre hervor. Indem nun der Schreiber dieser Briefe wegen dieser praktischen Beurtheilung der Häresie und wegen der von ihm gewählten Darstellungsform den Bischof als den leitenden Mittelpunkt jeder Gemeinde bezeichnet, und den Episkopat als Gemeindeamt charakterisirt, so geschieht dies nur so, daß er zugleich die Bischöfe als Organe der Einheit der Kirche voraussetzt. Er reflektirt nur an Einer Stelle (Eph. 3) auf die

---

ἡ γνώμη, ὡς καὶ οἱ ἐπίσκοποι, οἱ κατὰ τὰ πέρατα ὁρισθέντες Ἰησοῦ Χριστοῦ γνώμη εἰσίν. ὅθεν πρέπει ὑμῖν συντρέχειν τῇ τοῦ ἐπισκόπου γνώμῃ.

Mehrheit der Bischöfe, welche überall der Wille Christi sind. Hierin ist auch nichts über Repräsentation der Kirche ausgesagt, sondern nur die Gleichheit aller Bischöfe in dem Verhältniß zu Christus, welches ihre Auktorität in jeder Gemeinde begründet. Aber dazu kommt eine andere Stelle, welche bezeugt, daß der Verfasser seinen Blick nicht blos auf die vielen einzelnen gleich organisirten Gemeinden gerichtet hat, sondern auch auf die allgemeine Kirche. „Wo der Bischof erscheint, da soll auch die Gemeinde sein; ebenso wie die katholische Kirche dort ist, wo Jesus Christus ist“ [1]). Diese Vergleichung enthält die allgemeine Regel, nach welcher der falsche Ignatius in jeder einzelnen Gemeinde eines Bischofs bedarf, dem dieselbe wie dem Herrn Christus und als seinem Stellvertreter zu gehorchen hat. Die Vergleichung muß aber zugleich als eine Begründung des ersten Satzes durch den zweiten verstanden werden. Denn sonst ist weder die Vergleichung des Bischofs mit Christus, geschweige denn die behauptete Identität des Bischofs und des Willens Christi, noch die davon abzuleitende Vertretung Gottes durch ihn vernünftig begründet. Da der Verfasser die Vorstellung von der allgemeinen Kirche hat, so muß er außer deren Verhältniß zu Christus, auch ein Verhältniß der einzelnen Gemeinden zu derselben gedacht haben. Das ist in jener Vergleichung allerdings nicht ausgedrückt. Da er aber jede einzelne Gemeinde, welche er zur allgemeinen Kirche rechnen muß, nur bestehend denkt in ihrer Unterordnung unter den Bischof, welcher den Willen Christi wirklich darstellt, so setzt er voraus, daß der Bischof die Angehörigkeit der einzelnen Gemeinde zur allgemeinen Kirche vermittelt, welche in der Abhängigkeit von Christus ihren Bestand hat. Also die Verpflichtung der einzelnen Gemeinde zum Gehorsam gegen den Bischof beruht auf der in ihm gegebenen Repräsentation Christi; dieser Charakter aber ist darauf berechnet, daß das Verhältniß der Gemeinde zur allgemeinen Kirche vollzogen werde, welche nicht besteht, außer in

---

1) Smyrn. 8: Ὅπου ἂν φανῇ ὁ ἐπίσκοπος, ἐκεῖ τὸ πλῆθος ἔστω ὥσπερ ὅπου ἂν ᾖ Χριστὸς Ἰησοῦς, ἐκεῖ ἡ καθολικὴ ἐκκλησία.

der Abhängigkeit von Christus. Wir behaupten demnach, daß die Auffassung des Episkopats als Organ der kirchlichen Einheit nicht etwa jenseits des Gesichtskreises unseres Schriftstellers liegt [1]), sondern daß jener Gedanke die Voraussetzung ist, unter welcher derselbe die unbestimmte Vergleichung jedes Bischofs mit Christus, die er vorfand, zur Behauptung der Identität ihres Willens und der Stellvertretung Gottes entwickeln konnte.

Die Ansicht des falschen Ignatius unterscheidet sich von den pseudoclementinischen Ideen, mit denen er in der Grundanschauung übereinstimmt, dadurch, daß er erstens den Episkopat von allen apostolischen Attributen frei hält, und dann, daß er keinen Archiepiskopat zur Sicherung der kirchlichen Einheit fingirt. Aber einen kirchlichen Episkopat will der falsche Ignatius ebenso gut wie Irenäus und Tertullian, und die Veranlassung zu dessen Aufstellung ist die gnostische Häresie. Daß die Briefe zeitlich nicht weit vor Irenäus zu setzen sind, ist wegen der Rücksicht auf den gnostischen Doketismus zu vermuthen. Welchem Gebiete der Kirche sie ihren Ursprung verdanken, ist schwerlich mit Bestimmtheit festzustellen. Wir können nicht umhin, die syrische Kirche für ihre Heimath zu halten, in welcher der Name des Ignatius in Ansehen stand, und in welcher das Vorbild der jerusalemischen Gemeinde ebenso einen lebendigen Eindruck hinterlassen haben konnte, wie dort eine Menge Traditionen jerusalemischer Herkunft sich noch lange nachher erhalten haben.

Allerdings stellt nun die Anschauung des falschen Ignatius einen sehr specifischen Unterschied des Bischofs von der Gemeinde dar; und es könnte scheinen, als wenn mit seiner Theorie der Punkt erreicht wäre, auf welchem dieses Merkmal des katholischen Christenthums ausgebildet vorläge. Die Idee des Stellvertreters Gottes in der Gemeinde stellt dem Bischofe die Aufgabe eines specifischen auf die Gemeinde nicht übertragbaren Dienstes gegen Gott. Wenn auch die clementinischen Schriften

1) Wie Uhlhorn a.a.O. S. 320 meint, damit er die Briefe für echt halten könne.

denselben Gedanken verfolgt haben, so ist doch der falsche Ignatius der erste Vertreter desselben in der heidenchristlichen Kirche. Indessen können wir das Ziel unserer Untersuchung hiemit nicht als erreicht ansehen. Der Schriftsteller, der uns beschäftigt, nimmt in der Zeit, welcher er wahrscheinlich angehört, eine isolirte Stellung ein, und seine Grundsätze sind schwerlich als Gemeingut der Kirchenlehrer gegen das Ende des zweiten Jahrhunderts anzusehen. Ferner hat er der Idee, in welcher er den Episkopat höher erhebt, als einer der bisher vernommenen heidenchristlichen Zeugen, nicht den Titel gegeben, welcher uns als Leitpunkt in der Untersuchung des Fortschrittes der Episkopatsidee dienen mußte. Er nennt den Bischof nie Priester, obgleich das Abendmahl durch ihn an einem Opferaltare (Eph. 5; Magn. 7; Trall. 4) verwaltet wird.

Indem wir also unsere Aufmerksamkeit darauf richten müssen, wo und seit wann eine specifische Dignität gottesdienstlicher Art zugleich mit dem Priestertitel auf den Bischof übertragen wird, so begegnet uns zunächst eine schwere Krisis des christlichen Gemeindelebens und der Schätzung des bischöflichen Amtes, welche über die verschiedenen Provinzen der Kirche nacheinander ergangen ist, und in ihrem Gesammtverlaufe mehr als ein halbes Jahrhundert eingenommen hat, die Geschichte der montanistischen Bewegungen und Spaltungen.

Zweiter Abschnitt.

Der Montanismus.

Die Montanisten behaupten in der neuen Prophetie eine Offenbarung Gottes durch den Geist empfangen zu haben, welche, indem sie von der Offenbarung in Christus unterschieden, und ihr unter Umständen entgegengesetzt wird, den Anspruch auf eine höhere Geltung macht, als welche die übrigen Christen jener als der möglich höchsten bisher beigelegt hatten. Diese augenscheinliche Geringschätzung Christi konnte nicht anders angesehen werden, denn als Abtrünnigkeit vom Christenthum überhaupt[1]; und wenn als deren Urheber der Teufel galt, so ist begreiflich, daß die Gegner der vorgeblich neuen Offenbarung dieselbe nicht von parakletischer, sondern von teuflischer Eingebung herleiteten. Auf solche Beurtheilung seiner Sache nimmt schon Tertullian Rücksicht[2]. Die späteren, nicht montanistischen Berichterstatter kennen gar keine andere Ansicht[3]. Unsere Betrachtung kann bei keiner von beiden Ansichten stehen bleiben. Denn den Montanismus für eine teuflische, antichristliche Erscheinung zu erklären, widerräth schon der Umstand, daß eine dritte, sei es unparteiische, oder schwankende Ansicht zwar nicht für den Montanismus, aber auch ebensowenig gegen ihn sich entschieden

1) Tert. de monogamia 2: Monogamiae disciplinam in haeresin exprobrant. 15: Quae haeresis, si secundas nuptias ut illicitas iuxta adulterium iudicamus? cf. de ieiun. 1. 2. 11.

2) De monogamia 2: Ergo, inquis, hac argumentatione quidvis novum et onerosum paracleto adscribi poterit, etsi ab adversario spiritu fuerit. De ieiun. 11: Spiritus diaboli est, dicis o psychice.

3) Firmilianus ep. ad Cypr. in dessen Werken ep. 75. Eusebius H. E. V, 16, 4. Epiph. haer. 48, 1.

hatte [1]), und damit trifft zusammen, daß der Montanismus lange Zeit innerhalb der Kirche seine Ansprüche durchfechten durfte, ehe er als Ketzerei ausgeschieden ohne Gnade dem Pragmatismus der orthodoxen Ansicht verfiel. Dies ist ein Beweis, daß jene Richtung in der Kirche nicht etwa blos Anknüpfungspunkte, wie der Gnosticismus, sondern tiefere Wurzeln besaß. Es wird späterhin nachgewiesen werden, wie spät zum Theil die verschiedenen Provincialkirchen den Montanismus als Ketzerei ausschieden; hier genüge nur die Betrachtung, daß der Montanist Tertullian weder seiner noch der nächstfolgenden Zeit als Ketzer, vielmehr als Lehrer der Kirche galt, um den Unterschied in der Stellung des Gnosticismus und des Montanismus zur Kirche vorläufig festzustellen. Andererseits haben wir aber das Vorgeben der Montanisten, eine neue Offenbarung empfangen zu haben, an den specielleren Bestimmungen über dieselbe zu prüfen, in der Aussicht, auf diesem Wege jedenfalls den Grund und die Bedeutung jener Richtung zu entdecken.

Der Montanist Tertullian rechtfertigt die neue Offenbarung durch die Uebertragung der Entwickelungsphasen in der Natur auf die Religionsgeschichte. Wie das Samenkorn stufenweise zu einer fruchtbaren Pflanze sich entwickelt, „so ist auch die Gerechtigkeit (da Derselbe Gott der Gerechtigkeit und der Schöpfung ist) erst im Keime, als von Natur in der Furcht gegen Gott, von da schritt sie durch das Gesetz und die Propheten zur Kindheit fort. Dann erglühte sie durch das Evangelium zur Jugend, jetzt durch den Paraklet wird sie zur Reife gebracht" [2]). Dieselben vier Stufen werden an einer andern Stelle als quod ab initio fuit — Moyses — Christus et Paulus — paracletus aufgeführt [3]). Mit Uebergehung der ersten Stufen kehren sie wieder

1) Tert. de fuga in persecutione 1. schreibt an einen Fabius: Procuranda examinatio penes vos, qui si forte paraclètum non recipiendo, deductorem omnis veritatis, merito adhuc etiam aliis quaestionibus obnoxii estis. Euseb. H. E. V, 3. 4.

2) De virginibus velandis 1.

3) De monogamia 14: Si enim Christus abstulit, quod Moyses praecepit, quia ab initio non fuit sic (Matth. 19, 8), nec ideo ab alia venisse virtute reputabitur Christus, cur non et Paracletus abstulerit, quod Paulus indulsit.

in der Schrift de exhortatione castitatis 10 als prophetica vox veteris testamenti — disciplina domini — spiritus sanctus per sanctam prophetidem Priscam. Die hiemit zusammenhangende Anschauung von dem negativen Verhältniß der je spätern Stufe gegen die je vorhergehende, welches zum Beispiel in der angeführten Stelle der Schrift de monogamia sich darstellt, ist übrigens nicht gerade etwas specifisch Montanistisches, da Tertullian auch schon vor seinem Uebergang zum Montanismus als Stufen der Religionsgeschichte unterscheidet: Adam et Eva — patriarchae — lex — dominus — apostolus in extremitatibus seculi[1]), und das Recht der späteren gegen die früheren Stufen nach dem Grundsatz behauptet, daß in allen Dingen das Spätere abschließt und das Nachfolgende mehr gilt als das Vorhergehende[2]). Wenn er nun als Montanist nach Maaßgabe dieses Grundsatzes die durch Christus und die Apostel repräsentirte Stufe überschritten haben wollte, oder überschritten zu haben schien, so erkannte er doch nicht nur den gemeinsamen Ursprung aller Stufen aus der göttlichen Anordnung an[3]), sondern, neben dem negativen Verhältniß der spätern Stufe gegen die frühere, auch das positive Verhältniß der Hinweisung der frühern auf die spätere. Wie er demnach die Weissagungen nicht nur der Propheten, sondern auch des Moses und der Patriarchen auf Christus anerkannte und gegen Markion vertheidigte, so konnte er für die Periode des Paraklet nicht nur die Vorhersagung Christi[4]), sondern auch die eines alttestamentlichen Propheten, des Joel anführen[5]). Daß aber Christus und seine Apostel nicht Alles vollendeten, sondern die Möglichkeit einer neuen Offenbarung übrig ließen, liegt ebenso an der

1) Ad uxorem I, 2.

2) De baptismo 13: In omnibus posteriora concludunt et sequentia antecedentibus praevalent. De exhort. cast. 6: Puto etiam in humanas constitutiones atque decreta postera pristinis praevalere.

3) Mit Rücksicht auf die Vielweiberei der Patriarchen und die Festsetzung der Einehe durch den Montanismus, also das Verhältniß ziemlich entfernter Stufen sagt er: Unius et eiusdem dei utraque pronuntiatio et dispositio est (de exh. cast. 6).

4) Joh. 16, 12. De virg. vel. 1. de monog. 2.

5) Joel 3, 1. Cf. de anima 47. de resurrectione carnis 63. Ebenso

Schwachheit und Unfähigkeit der Menschen, das Vollkommene zu tragen, als der Umstand, daß Moses Gesetzbestimmungen erließ, welche der Vergänglichkeit bestimmt waren, aus der Hartnäckigkeit des Volkes hervorging [1]). Durch diese subjektive Begründung der Nothwendigkeit einer neuen Offenbarung war gnostischen Konsequenzen vorgebeugt und der christliche Boden der Anerkennung der Einheit Gottes gesichert.

Zu den speciellen Bestimmungen über Form und Inhalt der neuen Offenbarung schreiten wir mit der Frage fort, ob die Anhänger derselben ihre Neuheit beweisen können, und in welchem einzelnen Punkte, oder in welchem Verhältnisse von Momenten das unterscheidende charakteristische Merkmal des Montanismus liegt.

I. Die Form der neuen Offenbarung.

Wenn die montanistische Offenbarung von ihren Anhängern und Gegnern als nova prophetia, und deren Träger als novi prophetae bezeichnet werden [2]), so bietet dieser Begriff an und für sich und in seinen nächsten antithetischen Beziehungen noch keine bestimmte Vorstellung von der Form der neuen Offenbarung. Wenn die neue Prophetie offenbar in Gegensatz gegen die alte des alten Testaments steht, welche mit dem Täufer Johannes ihr Ende erreicht, und nach ihm nicht wieder in dem

---

der montanistische Vorredner zu den Acta Perpetuae et Felicitatis (Münter, Primord. eccl. afric.): „In novissimis diebus, dicit dominus, effundam de spiritu meo super omnem carnem et prophetabunt filii filiaeque eorum, et super servos et ancillas meas de meo spiritu effundam et iuvenes visiones videbunt et senes somnia somniabunt.“ Itaque et nos sicut prophetias ita et visiones novas pariter repromissas et agnoscimus et honoramus.

1) De virg. vel. 1: Propterea paracletum misit dominus, ut quoniam humana mediocritas omnia semel capere non poterat, paulatim dirigeretur et ordinaretur et ad perfectum perduceretur disciplina ab illo vicario domini, spiritu sancto. De monogamia 14: (Paulus) docuit quaedam per veniam, non per imperium, perinde temporalem licentiam permittens denuo nubendi propter infirmitatem carnis, quemadmodum Moyses repudiandi propter duritiam cordis. — Si Christus abstulit, quod Moyses praecepit, — cur non et paracletus abstulerit, quod Paulus indulsit

2) Tert. de resurr. 63; de ieiun. 1; de monog. 14; adv. Marc. III, 24; IV, 22; adv. Prax. 30. Acta Perp. et Fel. 1. Euseb. V, 16. 19. Firmil. ep. Cypr. 75.

Volke des alten Bundes erwacht ist [1]), so fragt es sich, was denn beiden Arten von Prophetie gemeinsam war. Und wenn andererseits die nova prophetia der nova lex Christi entgegengesetzt ist (de monog. 14), so erlaubt die Vorstellung, daß die neuen Propheten ebenso wie Christus Inhaber des Geistes sind, keinen Schluß auf eine Beiden gemeinsame Form der Offenbarung. Vielmehr ist Christus an und für sich Geist, und in ihm kommt die ganze Substanz des Geistes zur Ruhe [2]); dagegen einem Propheten wie Johannes wird nur ein Theil des heiligen Geistes beigelegt. Oder, da ein solcher nicht selbst Geist ist, wie Christus, so erfährt er nur eine zufällige Berührung durch den heiligen Geist; wie es von Adam in Hinsicht auf eine ihm beigelegte Prophetie heißt: accidentiam spiritus passus est (de anima 11). Der Unterschied zwischen dem substantiellen Verhältniß des heiligen Geistes zur Person Christi und dem accidentellen zu den Propheten bedingt nun aber den Unterschied in der Form der Offenbarung. Die Form der prophetischen Offenbarung ist die Ekstase oder amentia [3]), während diese Erscheinung dem Leben Christi fern geblieben ist. Was nun bei Adam stattgefunden haben soll, als er in dem Ausspruch über die Ehe das Verhältniß zwischen Christus und der Gemeinde geweissagt hat, das bildet den formellen Charakter der neuen Prophetie. Von der Aeußerung des Petrus bei der Verklärung Christi: „wir wollen drei Hütten bauen, eine für dich, eine für Moses, eine für Elias", wobei bemerkt wird: „er wußte aber

---

1) Lex et prophetae usque ad Ioannem. Adv. Marc. III, 23 und oft.

2) Adv. Marc. V, 8: In Christo consistere habuit tota substantia spiritus, non quasi postea obventura illi, qui semper spiritus dei fuerit, ante carnem quoque. Sed exinde, quo floruisset in carne — requiescere in illo omnis habuit operatio gratiae spiritalis, et concessare et finem facere quantum ad Iudaeos. IV, 18: Ipso iam domino virtutum sermone et spiritu patris operante in terris et praedicante, necesse erat, portionem spiritus sancti, qui et forma prophetici moduli in Ioanne egerat praeparaturam viarum dominicarum, abscedere iam a Ioanne reductam scilicet in dominum, ut in massalem suam summam. Vgl. auch de baptismo 10. de oratione 1.

3) De anima 11: Accidentiam spiritus passus est; occidit enim ecstasis super illum, sancti spiritus vis, operatrix prophetiae. 21: In illum deus amentiam immisit, spiritalem vim, qua constat prophetia. Cf. de ieiun. 3.

nicht was er sagte" (Luk. 9, 33), nimmt Tertullian Anlaß zu folgender Betrachtung: „Auf welche Weise war er nicht wissend? Blos aus einfachem Irrthum, oder aus dem Grunde, den wir jetzt in Sachen der neuen Prophetie vertheidigen, daß der Gnade die Ekstase, d. h. die Sinnlosigkeit angemessen sei? Denn ein Begeisterter, zumal wenn er die Herrlichkeit Gottes schaut, oder wenn Gott durch ihn spricht, muß seine Besinnung verlieren, da er nämlich von der göttlichen Kraft überschattet wird"[1]). Während also in Christus der heilige Geist den Kern der Persönlichkeit bildet, wird der Unterschied des heiligen Geistes vom Propheten streng festgehalten. In dem Verhältniß des Geistes zum Menschen aber wird der letztere rein passiv gedacht und deßhalb scheint er besinnungslos sein zu müssen[2]). Das eigentlich aktive Subjekt der Offenbarung in dem Moment der Ekstase ist nur der Geist in seinem Unterschiede vom Menschen[3]), und dieser gilt nur als das willenlose Mittel für die Wirksamkeit des Geistes[4]). Dieselbe Vorstellung in einem Bilde, welches wir auch anderwärts finden werden, wird gerade dem Manne in den Mund gelegt, nach welchem die Anhänger der neuen Prophetie genannt werden. Montanus, d. h. der Geist durch ihn, hat gesagt: „Siehe der Mensch ist wie eine Leier und ich fliege wie ein Plektrum; der Mensch schläft und ich wache; siehe der Herr ist es, der die Herzen der Menschen erregt und der Herzen den Menschen gibt." (Epiph. haer. 48, 4). Sofern also die Besinnungslosigkeit das Merkmal der Wirksamkeit des heiligen Geistes ist, stellen sich Visionen

---

1) Adv. Marc. IV, 22: Diese Auslegung rechtfertigt T. im Folgenden: Quomodo enim Moysen et Eliam cognovisset, nisi in spiritu? Nec enim imagines eorum vel statuas populus habuisset et similitudines lege prohibente, nisi quia in spiritu viderat, et ita, quod dixisset in spiritu, non in sensu constitutus, scire non poterat.

2) De anima 11, s. oben; cap. 9: Soror quaedam revelationes per ecstasin in spiritu patitur.

3) De anima 6: Ostendimus, moveri animam ab alio, cum vaticinatur, cum furitur, utique extrinsecus. Bei Epiph. haer. 48, 13 sagt die Prophetin Maximilla von sich: *ἀπέστειλέ με κύριος — ἠναγκασμένον, θέλοντα καὶ μὴ θέλοντα μαθεῖν γνῶσιν θεοῦ.*

4) Paracletus per prophetiden Priscam (de exhort. cast. 10, de resurr. carnis 11).

und Träume als gleichberechtigt neben die ekstatische Rede. Tertullian erzählt dergleichen bedeutsame Träume und Visionen, in denen die Menschen mit Christus oder mit Engeln in Verbindung treten, und je nach den Umständen göttliche Belehrungen oder Züchtigungen davon tragen (de virg. vel. 17; de anima 9); die Märtyrergeschichte der offenbar montanistischen Frauen Perpetua und Felicitas erhält nur durch die Reihe von Träumen und Visionen Interesse; die Prophetin Priskilla hat im Traume eine Erscheinung Christi gehabt, der ihr offenbarte, daß die Stadt Pepuza der Ort sei, auf den das himmlische Jerusalem sich niederlassen werde [1]). Endlich Tertullian erklärt ausdrücklich eine gewisse Klasse von Träumen für ebenso göttlich wie die prophetische Ekstase. „Von Gott, welcher die Gnade des heiligen Geistes auf alles Fleisch verheißen hat, und daß seine Knechte und Mägde ebenso träumen wie weissagen werden, müssen alle die Träume hergeleitet werden, welche mit der Gnade selbst zu vergleichen sind, die ehrbaren, heiligen, prophetischen, offenbarenden, erbauenden, berufenden. Fast die größere Menge der Menschen lernt Gott aus Visionen kennen" (de anima 47). Den Dämonen schreibt Tertullian die Bewirkung der Träume entgegengesetzter Art zu, obgleich sie es verstehen sollen, mitunter auch Wahrheit und Gnade vorzuspiegeln, um die Menschen zu verlocken.

Ist nun die ekstatische Prophetie der Montanisten etwas Neues, welches vor dem Auftreten dieser Partei in der Zeit seit Christus und den Aposteln nicht vorgekommen wäre? Dies kann so wenig behauptet werden, daß die Vertreter des Montanismus selbst dagegen sprechen, als sei ihre Prophetie und Ekstase vor ihrem Auftreten in der christlichen Kirche unerhört ge-

1) Epiph. haer. 49, 1: Φασὶ γὰρ οὗτοι οἱ κατὰ Φρύγας, ἐν τῇ Πεπούζῃ ἢ Κυϊντίλλαν, ἢ Πρίσκιλλαν, οὐκ ἔχω ἀκριβῶς λέγειν, μίαν δὲ ἐξ αὐτῶν, ὡς προεῖπον, ἐν Πεπούζῃ κεκαθευδηκέναι καὶ τὸν Χριστὸν πρὸς αὐτὴν ἐληλυθέναι, συνυπνωκέναι τε αὐτῇ, τούτῳ τῷ τρόπῳ, ὡς ἐκείνη ἀπατωμένη ἔλεγεν. ἐν ἰδέᾳ, φησί, γυναικὸς ἐσχηματισμένος ἐν στολῇ λαμπρᾷ ἦλθε πρός με Χριστὸς, καὶ ἐνέβαλε ἐν ἐμοὶ τὴν σοφίαν, καὶ ἀπεκάλυψέ μοι, τουτονὶ τὸν τόπον εἶναι ἅγιον καὶ ὧδε τὴν Ἱερουσαλὴμ ἐκ τοῦ οὐρανοῦ κατιέναι.

wesen. Die Gabe der Prophetie wird von den Aposteln Johannes und Paulus vertreten und bezeugt; die Apostelgeschichte erwähnt wiederholt Propheten, namentlich Judas, Silas und Agabus (11, 27; 13, 1; 15, 32; 21, 10). Für die Fortdauer der Prophetie bis gegen die Mitte des zweiten Jahrhunderts ist Justinus Zeuge[1]); und derselbe behauptet wie Tertullian, daß die ganze Summe der im alten Bunde wirkenden Kräfte des Geistes auf Christus übergegangen sei, nicht als ob dieser derselben bedurft hätte, sondern um der alttestamentlichen Prophetie ein Ende zu machen und die neutestamentliche zu wecken[2]). An Justin schließt sich Irenäus an, welcher unter den zu seiner Zeit in der Kirche wirksamen Charismen, die sich an offenkundigen Erfolgen, wie Dämonenaustreibungen, Krankenheilungen, Todtenerweckungen erprobten, auch die prophetische Gabe erwähnt, mit ihren Merkmalen des Vorherwissens zukünftiger Dinge, der Mittheilung göttlicher Geheimnisse und der Enthüllung der menschlichen Herzensgeheimnisse[3]).

Diesen allgemeinen Zeugnissen entsprechen nun auch die Erwähnungen einzelner prophetischer Männer des zweiten Jahrhunderts, welche nicht zu den Montanisten gehören. Pseudo-

---

1) Dial. c. Tryph. cap. 82: *Παρ' ἡμῖν καὶ μέχρι νῦν προφητικὰ χαρίσματά ἐστιν, ἐξ οὗ καὶ αὐτοὶ συνιέναι ὀφείλετε, ὅτι τὰ πάλαι ἐν τῷ γένει ὑμῶν ὄντα εἰς ἡμᾶς μετετέθη.* Cap. 39: *Οἱ (τοῦ Χριστοῦ) λαμβάνουσι δόματα ἕκαστος· — ὁ μὲν γὰρ λαμβάνει συνέσεως πνεῦμα, ὁ δὲ βουλῆς, ὁ δὲ ἰσχύος, ὁ δὲ ἰάσεως, ὁ δὲ προγνώσεως, ὁ δὲ διδασκαλίας, ὁ δὲ φόβου θεοῦ.* Cap. 88: *Παρ' ἡμῖν ἐστιν ἰδεῖν καὶ θηλείας καὶ ἄρσενας, χαρίσματα ἀπὸ τοῦ πνεύματος τοῦ θεοῦ ἔχοντας.*

2) Dial. c. Tryph. cap. 87: *Τὰς τοῦ πνεύματος δυνάμεις, οὐχ ὡς ἐνδεοῦς τοῦ Χριστοῦ τούτων ὄντος φησὶν ὁ λόγος ἐπεληλυθέναι ἐπ' αὐτὸν, ἀλλ' ὡς ἐπ' ἐκεῖνον ἀνάπαυσιν μελλουσῶν ποιεῖσθαι, τοῦτ' ἔστιν ἐπ' αὐτοῦ πέρας ποιεῖσθαι τοῦ μηκέτι ἐν τῷ γένει ὑμῶν κατὰ τὸ παλαιὸν ἔθος προφήτας γενήσεσθαι. — Ἀνεπαύσατο οὖν, ἐλθόντος ἐκείνου, μεθ' ὃν — παύσασθαι ἔδει αὐτὰ ἀφ' ὑμῶν, καὶ ἐν τούτῳ ἀνάπαυσιν λαβόντα πάλιν — ἀπὸ τῆς χάριτος τῆς δυνάμεως τοῦ πνεύματος ἐκείνου τοῖς ἐπ' αὐτὸν πιστεύουσι δίδωσιν.*

3) Adv. haer. II, 32, 4: *Οἱ δὲ καὶ πρόγνωσιν ἔχουσι τῶν μελλόντων καὶ ὀπτασίας καὶ ῥήσεις προφητικάς.* V, 6, 1: *Πολλῶν ἀκούομεν ἀδελφῶν ἐν τῇ ἐκκλησίᾳ προφητικὰ χαρίσματα ἐχόντων καὶ παντοδαπαῖς λαλούντων διὰ τοῦ πνεύματος γλώσσαις, καὶ τὰ κρύφια τῶν ἀνθρώπων εἰς φανερὸν ἀγόντων ἐπὶ τῷ συμφέροντι καὶ τὰ μυστήρια τοῦ θεοῦ ἐκδιηγουμένων* (ap. Eus. H. E. V, 7).

Ignatius beruft sich auf einen prophetischen Ausspruch für die Auktorität des Bischofs und die Reinheit und Einheit der Gemeinde[1]. Dem Polykarpus von Smyrna bezeugt seine eigene Gemeinde den prophetischen Charakter[2]. Die Nachricht, daß auch Melito, Bischof von Sardes, als Prophet gegolten habe, hat Hieronymus aus einer verlorenen Schrift Tertullians de ecstasi aufbewahrt; aus seinen Worten muß man schließen, daß nicht die Montanisten, sondern ihre Gegner den Melito so angesehen haben[3]. Die allgemeine Anerkennung der prophetischen Gabe im zweiten Jahrhundert wird endlich durch den Umstand bewiesen, daß auch bei Gnostikern solche Erscheinungen vorkommen, die wir in psychologischer Hinsicht für gleichartig mit jenen halten müssen, obgleich die orthodoxen Berichterstatter sie entweder für künstliche verfälschte Nachahmungen des wahren Charisma erklären, oder den Teufel für deren Urheber ausgeben. Eine Prophetin war offenbar Philumene, die Auktorität des Apelles, eines Schülers Markions, wie nicht nur Pacianus von Barcelona, ein später Berichterstatter, sondern schon Frühere, Rhodon und Tertullian andeuten[4]. Daß es

1) Ad Philadelph. cap. 7: *Τὸ πνεῦμα ἐκήρυσσεν λέγον τάδε· χωρὶς τοῦ ἐπισκόπου μηδὲν ποιεῖτε, τὴν σάρκα ὑμῶν ὡς ναὸν θεοῦ τηρεῖτε, τὴν ἕνωσιν ἀγαπᾶτε, τοὺς μερισμοὺς φεύγετε, μιμηταὶ γίνεσθε Ἰησοῦ Χριστοῦ, ὡς καὶ αὐτὸς τοῦ πατρὸς αὐτοῦ.*

2) Bei Euseb. H. E. IV, 15: *(Πολύκαρπος) ἐν τοῖς καθ' ἡμᾶς χρόνοις διδάσκαλος ἀποστολικὸς καὶ προφητικός. — Πᾶν γὰρ ῥῆμα, ὃ ἀφῆκεν ἐκ τοῦ στόματος αὐτοῦ καὶ ἐτελειώθη καὶ τελειωθήσεται.*

3) Hieron. de viris illustr. 24: Huius elegans et declamatorium ingenium laudans Tertullianus in septem libris, quos scripsit adversus ecclesiam pro Montano, dicit eum a plerisque nostrorum prophetam putari. Polykrates von Ephesus bei Euseb. V, 24 nennt ihn *τὸν ἐν ἁγίῳ πνεύματι πάντα πολιτευσάμενον.*

4) Paciani ep. 3. ad Sympronianum (Max. bibl. vet. Patr. Tom. IV, p. 309): Prophetas Novatianus secutus est ut Cataphryges? an Philumenen aliquam ut Apelles? an ipse tantum auctoritatis accepit? Linguis locutus est? Prophetavit? Suscitare mortuos potuit? Horum enim aliquid habere debuerat, ut evangelium novi iuris induceret. — Rhodon bei Euseb. V, 13 nennt sie eine *παρθένος δαιμονῶσα.* Tert. de praescr. haer. cap. 6: Providerat spiritus sanctus futurum in virgine quadam Philumene angelum seductionis, transfigurantem se in angelum lucis, cuius signis et praestigiis Apelles inductus novam haeresin induxit. Cap. 30: Apelles, Philumenes energemate circumventus, quas ab ea didicit, phaneroseis scripsit. Im unächten Anhange zu jener Schrift cap. 51 heißt es: Habet privatas lectiones

unter den Anhängern des Valentinianers Markus Prophetinnen gab, bezeugt Irenäus (adv. haer. I, 13, 3). Wie also die Prophetie der Montanisten nicht eine isolirte Erscheinung ist, so lassen sich auch für die Geltung von Träumen und Visionen nicht nur Beispiele aus dem Leben des Paulus (2 Kor. 12, 1; Gal. 2, 2) und aus der Apostelgeschichte, sondern auch aus nichtmontanistischen Schriften Tertullians (de idololatria 15; de spectaculis 26) beibringen, welche auch für die in der zwischenliegenden Zeit geltende Ansicht einstehen werden.

Die Kontinuität der Prophetie in der christlichen Kirche leugnet aber auch der Montanismus so wenig, daß er vielmehr sein Recht auf dieselbe begründet. Tertullian erkennt bei den Aposteln grundsätzlich die Gabe der Prophetie an, und glaubt in einem bestimmten Fall eine Ekstase annehmen zu müssen[1]. Der Montanist Proklus beruft sich im Streite mit Gajus in Rom auf die prophetischen Töchter des Philippus in Hierapolis[2], und als Behauptung von Montanisten wird angeführt, daß ihre Prophetinnen die prophetische Gabe nach (und von) dem Quadratus und der Ammia in Philadelphia empfangen hätten[3].

Auch in der Bestimmung, daß die Prophetie eine weder vom natürlichen Wissen noch vom Willen der Menschen abhängige Aeußerungsweise sei, stimmen die Zeugen des zweiten Jahrhunderts mit den Montanisten überein. Irenäus, nachdem er mitgetheilt hat, daß der Gnostiker Markus durch mysteriöse Ceremonieen und Formeln die prophetische Thätigkeit in den ihm anhängenden Weibern zu erwecken gewohnt gewesen sei, erzählt, daß er dies auch bei einigen rechtgläubigen Weibern versucht habe. Diese aber hätten sein An-

suas, quas appellat phaneroseis, Philumenes puellae cuiusdam, quam quasi prophetissam sequitur.

1) De exhort. cast. 4: Proprie apostoli spiritum sanctum habent in operibus prophetiae et efficacia virtutum, atque documentis linguarum, non ex parte, quod ceteri. Adv. Marc. IV, 22; s. oben S. 467.

2) Euseb. III, 31: *Μετὰ τοῦτο δὲ προφήτιδες τέσσαρες αἱ Φιλίππου γεγένηνται ἐν Ἱεραπόλει τῇ κατὰ τὴν Ἀσίαν.*

3) Euseb. V, 17: *Μετὰ Κοδράτον καὶ τὴν ἐν Φιλαδελφίᾳ Ἀμμίαν, φασίν, αἱ περὶ Μοντανὸν διεδέξαντο γυναῖκες τὸ προφητικὸν χάρισμα.*

sinnen zurückgewiesen, „da sie wohl wußten, daß die Weissagung nicht von dem Magier Markus in die Menschen komme; sondern diejenigen, welchen Gott von oben seine Gnade zusendet, haben die Prophetie als von Gott gegeben, und sprechen wo und wann Gott es will; nicht aber wenn es Markus befiehlt. Denn dasjenige, was gebietet, ist größer und erhabener als das, welchem geboten wird, da das Eine vorgeht und das Andere unterworfen ist. Wenn also Markus oder ein Anderer gebietet, wie sie bei ihren Loosungsmahlen immer scherzen und einander das Weissagen gebieten und nach ihren eigenen Begierden sich wahrsagen, so ist der Gebietende größer und erhabener als der prophetische Geist, obgleich er Mensch ist, und dies ist unmöglich. Sondern solche von ihnen befohlene Geister, welche sprechen, wenn sie wollen, sind schwach und ungenügend, aber zugleich frech und schamlos, vom Satan ausgesandt zur Täuschung und zum Verderben der Rechtgläubigen“ (adv. haer. I, 13, 4). Justin sagt von den Propheten: „Weder von Natur, noch durch menschlichen Verstand ist es den Menschen möglich, so Großes und Göttliches zu erkennen, sondern nur durch die von oben den heiligen Männern mitgetheilte Gabe, welche weder der Rede- noch der Streitkunst bedurften, sondern sich nur der Wirksamkeit des göttlichen Geistes rein leidend hinzugeben brauchten, daß das Göttliche selbst, als Plektrum vom Himmel herabsteigend, die gerechten Männer wie eine Cither oder Leier gebrauchen konnte und so die Kenntniß der göttlichen und himmlischen Dinge uns enthüllte“ (Cohort. ad Graec. 8). Ebenso erklärt Athenagoras, daß der göttliche Geist den Mund des Propheten wie ein Instrument in Bewegung setze, wie ein Flötenbläser in die Flöte haucht, und daß dieselben dabei ihrer menschlichen Besinnung entbehren (Legat. pro Christianis 6. 8).

Allerdings sind auch die Aeußerungen des Paulus über die christliche Prophetie so zu verstehen, daß das Verhalten des Propheten gegen den Geist passiv war. Es ist im Sinne des Paulus zu sagen, daß der Prophet die Offenbarung, welche seine Rede begründet, erleidet, daß der Geist der Prophetie auch über seinen Willen mächtig ist (1 Kor. 14, 6. 29—31)[1]. Dagegen weicht die Beurtheilung der Prophetie durch die Zeugen des zweiten Jahrhunderts in einem wesentlichen Punkte von Paulus ab. Jene stellen die prophetische Rede als einen Vorgang dar, welcher das diskrete menschliche Bewußtsein des Propheten von dem, was aus seinem Munde ausgeht, ausschließt. Die Vergleichung der Propheten mit den musikalischen Instrumenten gilt nicht nur der Willenlosigkeit, sondern auch der Bewußtlosigkeit. Tertullian hebt es ausdrücklich hervor, daß die Ekstase amentia sei; und daß Petrus bei der Verklärung Christi nicht gewußt habe, was er sagte, gilt ihm als Merkmal dafür, daß er prophetisch begeistert gewesen sei (s. o. S. 467). Endlich aber ergänzt Philo die ohne Zweifel von ihm angeregte Vorstellung der Kirchenväter von der Prophetie durch die wiederholten Aussagen, daß die prophetische Begeisterung in dem wie ein Instrument bewegten Menschen das Bewußtsein vertreibe, und daß in der Ekstase Unwissenheit herrsche[2]. Daß diese Vorstellung von der Mantik des Heidenthums, und nicht etwa von der alttestamentlichen Prophetie in ihrer Blüthe abstrahirt ist, kann keinem Zweifel unterliegen[3]. Paulus jedoch theilt diese Vorstellung nicht, sondern bezeichnet die prophetische Rede als solche, welche auf die Uebermacht des göttlichen Geistes begründet, doch durch das menschliche Bewußtsein vermittelt wird. Denn gerade darauf beruht der Unterschied der verständlichen prophetischen Rede und der unverständlichen Glossolalie, daß jene durch die menschliche Vernunft (*νοῦς*), diese ohne Vermittlung derselben zu Stande kommt (1 Kor. 14).

Weil nun der Gegensatz in der Beschreibung der Prophetie durch Paulus und durch die Späteren nicht zu verkennen ist,

---

1) Der Satz V. 32: *πνεύματα προφητῶν προφήταις ὑποτάσσεται* bedeutet nicht, daß der Prophet mit seinem natürlichen Willen seine Begeisterung beherrscht, sondern erklärt die Pflicht, daß ein in der Weissagung begriffener Prophet vor der einem Andern zu Theil werdenden Offenbarung schweigen solle, daraus, daß die Begeisterung des Ersten der des Zweiten untergeordnet ist.

2) Quis rer. div. haer. 53 (M. I. p. 511), de spec. legibus 8 (M. II. p. 343). Bei Schwegler, Montanismus S. 100.

3) Vgl. Semisch, Justin der Märtyrer 2. Th. S. 19 ff.

so scheint die Vermuthung nahe zu liegen, daß die ekstatischen Aussprüche der neuen Propheten zur Glossolalie zu rechnen seien. Bei beiden Formen der Geistesrede wird das Bewußtsein ausgeschlossen; aber demnach erscheint es auch nicht möglich, daß die montanistischen Weissagungen in verständigen Sätzen und verständlichen Worten gefaßt waren[1]). Indessen fehlen die zureichenden Beweise dafür. Allerdings erzählt der ungenannte Gewährsmann des Eusebius von fremden Worten, in welche Montanus in der Ekstase ausgebrochen sei[2]); aber man sieht deutlich, wie eng die Züge, mit denen er den Montanismus zeichnet, mit der Voraussetzung der Teufelsbesitzung zusammenhangen. Diese Vorstellung war bei demjenigen natürlich, der, wie der Erzähler, dem zur außerkirchlichen Sekte herabgesetzten Montanismus gegenüberstand[3]). Für die Anfänger dieser Richtung innerhalb der Kirche ist jedoch sein Zeugniß um so weniger zureichend, als er sogar über die Ausscheidung der Partei aus der Kirche, der er zeitlich ungleich näher stehen mußte, nichts Genaues und Richtiges weiß. Ferner ist nach einer Aeußerung Tertullians[4]) schwerlich zu leugnen, daß auch die Glossolalie und die entsprechende Deutung derselben bei den Montanisten vorgekommen ist, da die Fortdauer dieser Erscheinung auch durch Irenäus (adv. haer. V, 6, s. o. S. 469) be-

---

1) Vgl. Schwegler, a. a. O. S. 83 f.

2) Eus. H. E. V, 16: *Φασί τινα τῶν νεοπίστων πρώτως, Μοντανὸν τοὔνομα — ἐν ἐπιθυμίᾳ ψυχῆς ἀμέτρῳ φιλοπρωτείας δόντα πάροδον εἰς ἑαυτὸν τῷ ἀντικειμένῳ, πνευματοφορηθῆναί τε καὶ αἰφνιδίως ἐν κατοχῇ τινι καὶ παρεκστάσει γενόμενον, ἐνθουσιᾶν, ἄρξασθαι τε λαλεῖν καὶ ξενοφωνεῖν.*

3) Hilgenfeld, Die Glossolalie in der alten Kirche S. 122, giebt irrthümlich an, daß der Ungenannte die neuen Propheten aus eigener Anschauung kenne, da er mit ihnen zu Ankyra in Galatien disputirt habe. Davon steht nichts bei Eus. V, 16, 2.

4) Adv. Marc. V, 8: Sed ut iam a spiritalibus recedamus, res ipsae probare debebunt, an nostrae parti (nicht blos den Montanisten) possit opponi. — Exhibeat itaque Marcion dei sui dona, aliquos prophetas, qui et futura pronunciarint, et cordis occulta traduxerint. Edat aliquem psalmum, aliquam visionem, aliquam orationem, duntaxat spiritalem, in ecstasi, id est, in amentia, si qua linguae interpretatio accessit. — Haec omnia a me facilius proferuntur. Vgl. Neander, Antignostikus S. 386. Schwegler S. 85.

zeugt ist. Allein in Beziehung auf die prophetischen Aussprüche des Montanus, der Maximilla und Priskilla, deren eine ziemliche Zahl überliefert ist, wird nie angedeutet, daß sie erst durch Uebersetzung und Erläuterung eines Andern in die verständliche Form gebracht worden seien. Vielmehr wenn Adam und Petrus als Propheten im Sinne des Montanismus von Tertullian in Anspruch genommen werden, so geschieht es in Beziehung auf verständig ausgeprägte Reden derselben. Die interpretatio linguae ferner, welche in der angeführten Stelle Tertullians berührt wird, bezieht sich nach der darin genommenen Rücksicht auf 1 Kor. 14 nur auf die oratio spiritalis, und nicht auf die vorhergenannten Propheten. Endlich wenn Tertullian (adv. Marc. V, 15) als Merkmale des Propheten anführt: futura praenuntiare, occulta cordis revelare, sacramenta edisserere, so ist dies letztere nicht identisch mit dem Merkmal des Zungenredners: πνεύματι λαλεῖ μυστήρια (1 Kor. 14, 2); sondern vielmehr ihm entgegengesetzt. Denn der Zungenredner spricht Geheimnisse, nämlich Unverständliches, der Prophet spricht Geheimnisse aus, d. h. er enthüllt den verborgenen Willen Gottes. Wir können demnach nicht umhin festzustellen, daß die prophetische Rede der Montanisten keine andere äußere Erscheinung hatte, als welche auch Paulus als Merkmal der Prophetie kennt, nämlich die logische und akustische Verständlichkeit. Daneben aber waltet ein Widerspruch über die psychologische Bedingtheit der prophetischen Rede zwischen Paulus und allen Zeugen des zweiten Jahrhunderts ob. Wenn man nun deßwegen auf der Identität der montanistischen Prophetie und der Glossolalie besteht, weil aus einem bewußtlosen Zustande nur eine unverständliche Rede hervorgehen könne[1]), so ist vielmehr umgekehrt die Richtigkeit der Theorie des zweiten Jahrhunderts und ihre Uebereinstimmung mit den prophetischen Erscheinungen jener Zeit anzufechten. Da die prophetischen Reden ohne Zweifel verständlich waren, so kann die sie begleitende Theorie von der Ekstase nur aus einer Selbsttäuschung und aus mangelhaf-

1) Vgl. Hilgenfeld a. a. O. S. 127.

ter Beobachtung hervorgegangen sein; während vielmehr die Beschreibung der Prophetie durch Paulus auch auf jene Vorgänge zutrifft.

Für die Beurtheilung des Montanismus ist es aber zu beachten, daß seine Uebung der Prophetie nichts Neues im zweiten Jahrhundert war, und daß die psychologische Beurtheilung der prophetischen Reden in jenem Kreise den in der Kirche allgemein herrschenden Ansichten entsprach. Es war erst eine Gegenwirkung gegen die neuen Propheten, daß man in der Kirche begann, die Ekstase mit ungünstigen Augen anzusehen. Tertullian erwähnt als Gegenstand des Streits mit der Kirche die Frage, ob der inspirirte Mensch das Bewußtsein verliere [1]). Gegen die Montanisten schrieb Miltiades darüber, daß ein Prophet nicht in Besinnungslosigkeit reden dürfe (*περὶ τοῦ μὴ δεῖν προφήτην ἐν ἐκστάσει λαλεῖν*), und machte darauf aufmerksam, daß das von den Montanisten angegebene Merkmal bei keinem Propheten weder im alten noch im neuen Testamente nachzuweisen sei [2]). Dieser Punkt ist auch in der kirchlichen Polemik gegen den Montanismus weiterhin festgehalten worden [3]); wenn auch die kirchliche Theologie es unterlassen hat, der Anleitung des Origenes gemäß die Natur der wahren Prophetie im Gegensatz gegen die heidnische Mantik vollkommen zu bestimmen und zu ergründen. Denn Origenes, indem er die Besinnungslosigkeit der Pythia nicht als Merkmal göttlicher Begeisterung gelten lassen will, sondern sie mit den Zuständen der Besessenen vergleicht, hebt sowohl hervor, daß die hebräischen Propheten durch die Verbindung des Geistes mit ihrer Seele scharfsichtiger und klarer an ihrem Verstande geworden seien (*διορατικώτεροί τε τὸν νοῦν καὶ τὴν ψυχὴν λαμπρότεροι*), als er auch auf die sitt-

1) Adv. Marc. IV, 22: In spiritu homo constitutus — necesse est excidat sensu — de quo inter nos et psychicos quaestio est.

2) Ap. Eus. H. E. V, 17: *Ὅγε ψευδοπροφήτης ἐν παρεκστάσει, ᾧ ἕπεται ἄδεια καὶ ἀφοβία· ἀρχόμενος μὲν ἐξ ἑκουσίου ἀμαθίας καταστρέφων δὲ εἰς ἀκούσιον μανίαν ψυχῆς ὡς προείρηται. τοῦτον δὲ τὸν τρόπον οὔτε τινὰ τῶν κατὰ τὴν παλαιὰν, οὔτε τῶν κατὰ τὴν καινὴν πνευματοφορηθέντα προφήτην δεῖξαι δυνήσονται.*

3) Vgl. Schwegler a. a. O. S. 227.

liche Begründung der prophetischen Begeisterung nach Maaßgabe der Wirksamkeit des Geistes hinweist (c. Cels. VII, 3. 4).

Aber diese Ansichten kommen im zweiten Jahrhundert nicht vor. Der Montanismus steht vielmehr mit seiner Uebung und mit seiner Beurtheilung der Prophetie in unzweifelhafter Uebereinstimmung mit der kirchlichen Meinung der Zeit, in welcher er auftrat. Die Verwechselung der Prophetie mit der Mantik ist eine Probe von der verhängnißvollen Verfälschung der biblischen Grundanschauungen, welcher das Heidenchristenthum verfiel. (s. o. S. 331). Und wenn die Kirche in diesem Falle durch die vom Montanismus ausgehende Gefahr zur Zurücknahme des früher allgemein geltenden Grundsatzes gedrängt wurde, so ist dieser Umschlag der Meinung in der katholischen Kirche bemerkenswerth genug; er hat jedoch zu einem vollständigen und richtigen Verständnisse der alttestamentlichen Prophetie nicht geführt. Mit dem Ebjonitismus aber hängt die Ekstase und die Anerkennung derselben nicht zusammen [1]). Denn dem essenischen Ebjonitismus ist das hier gemeinte prophetische Element überhaupt fremd; und von prophetischen Gaben unter Nazaräern und pharisäischen Ebjoniten wissen wir nichts.

II. Der Inhalt der neuen Offenbarung.

A. Das Dogma.

Daß die Montanisten das katholische Dogma anerkannten, bezeugt ihnen Epiphanius gleich am Anfange des ihrer Schilderung und Widerlegung gewidmeten Abschnittes: „Die Kataphryger nehmen die ganze heilige Schrift an, das alte und neue Testament, und bekennen gleicherweise die Todtenauferstehung; über den Vater und den Sohn und den heiligen Geist denken sie ebenso wie die heilige allgemeine Kirche" (haer. 48, 1). Dasselbe bescheinigt ihnen Firmilianus von Cäsarea, indem er sie erwähnt als solche, welche „obgleich sie neue Propheten anerkennen, doch denselben Vater und Sohn wie wir anzunehmen

1) Wie Schwegler S. 94 behauptet.

scheinen" [1]). Ebenso erklärt Hippolytus (Refut. VIII, 19), daß die Phryger den Vater und Schöpfer aller Dinge gerade wie die Kirche bekennen, und Alles, was das Evangelium von Christus bezeugt. So behauptet auch Tertullian ausdrücklich, daß das Dogma kein Trennungsgrund zwischen den Montanisten und den Psychikern sei, daß vielmehr in dogmatischer Hinsicht beide Parteien eine Kirche bilden [2]), ja er macht nur darum Anspruch auf Anerkennung der neuen Prophetie, weil sie das Dogma nicht antaste, während eine falsche Prophetie zunächst mit der Fälschung des Dogma beginnen würde [3]). Wie Tertullian deßhalb vor und nach seinem Uebergang zum Montanismus sich im Bekenntniß der Glaubensregel gleich geblieben ist [4]), welche er die allein unbewegliche und unveränderliche nennt, so hindert ihn seine Anerkennung der neuen Propheten an nichts weniger, als daran, die häretischen Gnostiker im Einklang mit den Principien der katholischen Kirche auf das schärfste zu bekämpfen. Der Grundsatz: id esse dominicum et verum, quod sit prius traditum, id autem extraneum et falsum, quod sit posterius immissum (de praescr. haer. 31), kehrt deßhalb auch in den Schriften gegen Markion, Hermogenes, Praxeas wieder, welche deutliche Merkmale der montanistischen Richtung tragen [5]), und ebenso die Berufung auf die von den Aposteln her, durch die Bischöfe der von ihnen ge-

---

1) Ep. ad Cyprian. inter opp. Cypr. ep. 75, 19.

2) De ieiun. 1: Psychici paracleto controversiam faciunt, propter hoc novae prophetiae recusantur, non quod alium deum praedicent Montanus et Priscilla et Maximilla, nec quod Iesum Christum solvant, nec quod aliquam fidei aut spei regulam evertant, sed etc. — De virg. vel. 2: Cum quibus (den Gemeinden, in welchen die Verschleierung der Jungfrauen Observanz ist) communicamus ius pacis et nomen fraternitatis. Una nobis et illis fides, unus deus, idem Christus, eadem spes, eadem lavacri sacramenta; semel dixerim, *una ecclesia sumus.*

3) De monog. 2: Adversarius spiritus ex diversitate praedicationis apparet, primo regulam adulterans fidei et ita ordinem adulterans disciplinae. — Ante quis de deo haereticus sit necesse est, et tunc de instituto. Paracletus autem multa habens edocere, quae in illum distulit dominus secundum praefinitionem, ipsum primo Christum contestabitur, qualem credimus, cum toto ordine dei creatoris, et ipsum glorificabit, et de ipso commemorabit. Cf. de ieiun. 11.

4) Praescr. haer. 13. 36. De virg. vel. 1. Adv. Prax. 2.

5) Adv. Marc. I, 1; IV, 5. Adv. Hermog. 1. Adv. Prax. 2.

stifteten Gemeinden vermittelte echte Tradition. Die Bischöfe der apostolischen Gemeinden z. B. Smyrna, Rom, als Nachfolger der Apostel, werden in den Praescriptiones 32 als Träger der richtigen Lehre im Allgemeinen aufgeführt (s. o. S. 444), und Markions Vorgeben, das nach der apostolischen Zeit durch Judaismus verfälschte Christenthum wiederherzustellen, wird durch die Berufung auf die Tradition der apostolischen Kirchen zurückgewiesen[1]). So ist denn auch die bischöfliche Tradition der apostolischen Kirchen die Instanz, durch welche Tertullian den neutestamentlichen Kanon seiner Zeit Markion gegenüber rechtfertigt (adv. Marc. IV, 5).

Diesen Bestimmungen steht jedoch eine Reihe von Aeußerungen Tertullians gegenüber, nach welchen der Montanismus dennoch einen eigenen dogmatischen Charakter sich vindicirt haben müßte. Nicht nur scheint dies durch das dem Paraklet öfters gegebene Prädicat: deductor omnis veritatis, oder dux universae veritatis[2]) bestimmt ausgedrückt zu sein, sondern es wird auch eine direkte Anwendung dieser Formel auf dogmatische Bestimmungen gemacht. Als Voraussetzung dabei gilt, daß der Paraklet die Dunkelheit der heiligen Schrift zerstreut, und keinen Zweifel über ihren von Häretikern verdrehten Sinn zurückläßt[3]). Darauf hin beruft sich Tertullian, im Streit gegen Praxeas Monarchianismus, für seine Lehre von der ökonomischen Trinität auf die Belehrungen des Pa-

1) Adv. Marc. I, 21: Si post apostolorum tempora adulterium veritas passa est circa dei regulam, ergo iam apostolica traditio nihil passa est in tempore suo circa dei regulam. Et non alia agnoscenda erit traditio apostolorum, quam quae hodie apud ipsorum ecclesias editur. Nullam autem apostolici census ecclesiam invenias, quae non in creatore christianizat.

2) De fuga in persec. 1. 14; adv. Prax. 2. 30; de ieiun. 10.

3) De resurr. carnis 63: Deus omnipotens — effundens in novissimis diebus de spiritu suo in omnem carnem — pristina instrumenta manifestis verborum et sensuum luminibus ab omni ambiguitatis obscuritate purgavit — Iam omnes retro ambiguitates et quas volunt parabolas aperta atque perspicua totius sacramenti praedicatione discussit per novam prophetiam de paracleto inundantem, cuius si hauseris fontes, nullam poteris sitire doctrinam, nullus te ardor exuret quaestionum. — De virg. vel. 1: Quae est paracleti administratio, nisi haec, quod — scripturae revelantur, quod intellectus reformatur?

raklet [1]); er führt an, daß die neue Prophetie das von Ezechiel und Johannes entworfene Bild des himmlischen Jerusalem bestätige [2]); er beweist seinen Lehrsatz, daß die menschliche Seele ein körperliches Wesen sei, durch eine dahin zielende Offenbarung eines visionären Weibes [3]). Dazu kommt endlich die principielle Behauptung der dogmatischen Auktorität jedes ekstatischen Propheten, welche natürlich auch auf die der Montanisten zu beziehen ist, wenn er dem Markion das Recht zugesteht, zwei Götter zu lehren, im Falle er nur sich als ekstatischen Propheten legitimiren könnte [4]). Bei dieser Behauptung leuchtet jedoch der Cirkel ein, in welchem Tertullian sich dreht. Dem Satze,

1) Adv. Prax. 2: Nos et semper, et nunc magis ut instructiores per paracletum, deductorem scilicet omnis veritatis, unicum quidem deum credimus, sub hac tamen dispositione, quam οἰκονομίαν dicimus, ut unici dei sit et filius, sermo ipsius — qui exinde miserit — a patre spiritum sanctum. Cap. 8: Protulit deus sermonem, quemadmodum etiam paracletus docet, sicut radix fruticem. Cap. 13: Nos, qui et tempora et causas scripturarum per dei gratiam inspicimus, maxime paracleti, non hominum discipuli, duos quidem definimus, patrem et filium et iam tres cum spiritu sancto, secundum rationem oeconomiae, quae facit numerum, ne, ut vestra perversitas infert, pater ipse credatur natus et passus, quod non licet credi, quoniam non ita traditum est. Cap. 30: Christus interim acceptum a patre munus effudit, spiritum sanctum, tertium nomen divinitatis, unius praedicatorem monarchiae, sed et oeconomiae interpretatorem, si quis sermones novae prophetiae eius admiserit, et deductorem omnis veritatis, quae est in patre et filio et spiritu sancto secundum christianum sacramentum.

2) Adv. Marc. III, 24: (Jerusalem coelestem) et Ezechiel novit, et apostolus Ioannes vidit. Et qui apud fidem nostram est novae prophetiae sermo, testatur, ut etiam effigiem civitatis ante repraesentationem eius conspectui futuram in signum praedicarit.

3) De anima 9: Est hodie soror apud nos, revelationum charismata sortita, quas in ecclesia inter dominica solemnia per ecstasin in spiritu patitur; conversatur cum angelis, aliquando etiam cum domino, et videt et audit sacramenta, et quorundam corda dignoscit, et medicinas desiderantibus submittit. Iam vero prout scripturae leguntur, aut psalmi canuntur, aut allocutiones proferuntur, aut petitiones delegantur, ita inde materiae visionibus subministrantur. Forte nescio, quid de anima disserueramus, cum ea soror in spiritu esset. Post transacta solemnia, dimissa plebe, quo usu solet nobis renuntiare, quae viderit, inter cetera, inquit, ostensa est mihi anima corporaliter, et spiritus videbatur, sed non inanis et vacuae qualitatis, imo quae etiam teneri repromitteret, tenera et lucida et aërii coloris, et forma per omnia humana.

4) Adv. Marc. I. 21: Definitio superior instructa est, non esse credendum deum, quem homo de suis sensibus composuerit, nisi plane προφήτης, id est non de suis sensibus. Quodsi Marcion poterit dici, debebit etiam probari.

daß ein ekstatischer Prophet neue Dogmen einführen dürfe, steht der andere gegenüber, daß die Glaubwürdigkeit eines Propheten sich an seiner Uebereinstimmung mit der Kirchenlehre erprobe, und diesen hat er bei Gelegenheit auch nicht ermangelt, dem Markion vorzuhalten (adv. Marc. V, 8). Deßhalb müssen wir die angeführten Aeußerungen Tertullians über das Verhältniß des Paraklet zum Dogma anders beurtheilen. Wenn auch Tertullian in abstracto die Regel aufstellte, und zwar im leidenschaftlichen Streit, daß ein Prophet absolute dogmatische Auktorität habe [1]), so dachte er als Montanist in Wirklichkeit nicht daran, sich von der anerkannten Lehrtradition zu entfernen; vielmehr sind alle jene Aeußerungen über die Trinität so gefaßt, daß durch die Berufung auf das Zeugniß des Paraklet das ohnehin feststehende Recht der Tradition nicht geschmälert werde. Das heißt, der Paraklet gewährte dem Tertullian eine an und für sich überflüssige Bestätigung der apostolischen Lehrtradition, und zwar aus dem Grunde, weil derselbe heilige Geist auch als Princip der orthodoxen Lehre in den Aposteln wirksam gewesen war. Diesem Grundsatze, der vor seinem Uebertritt zum Montanismus sich von selbst verstand, ist er auch als Montanist treu geblieben, indem er behauptet, die Apostel hätten im eigentlichen vollen Sinne den heiligen Geist, nicht nur theilweise, wie die übrigen Gläubigen [2]), und der Geist selbst sei der unmittelbare Urheber ihrer Aussprüche [3]).

Also auch in Hinsicht auf sein Princip macht der Montanismus keinen Anspruch auf Neuheit, sondern Tertullian will die Wirksamkeit des heiligen Geistes in seiner Partei nur als

1) Diese Voraussetzung gilt auch in den spöttischen Worten des Pacianus über Novatian, s. oben S. 470. Vgl. Recogn. Clem. II, 38. 45.

2) De exhort. cast. 4: Spiritum quidem dei etiam fideles habent, sed non omnes fideles apostoli. — Proprie enim apostoli spiritum sanctum habent in operibus prophetiae et efficacia virtutum atque documentis linguarum, non ex parte, quod ceteri.

3) Mit Beziehung auf das Wort γυνή (1 Kor. 11, 5) heißt es de virg. vel. 4: Nullam volens esse disceptationem spiritus sanctus uno nomine mulieris etiam virginem intelligi voluit. — De resurr. carnis 24: Maiestas spiritus sancti perspicax eiusmodi sensuum et in ipsa ad Thessalonicenses epistola suggerit: de temporibus autem etc. (1 Thess. 5, 1 sq.) cf. de ieiun. 15.

sich gleichbleibende Fortsetzung seiner Wirksamkeit in den Aposteln angesehen wissen. Deßhalb gilt ihm der heilige Geist auch schon in den Aposteln als deductor omnis veritatis (de cor. mil. 4), deßhalb bezieht er die Weissagung Joels an einer Stelle auch schon auf das apostolische Zeitalter, deutet ferner die von jenem gemeinten letzten Zeiten, welche sonst die montanistische Epoche bezeichnen sollen, bis zur Zeit der Erscheinung Christi zurück (adv. Marc. V, 8), und schließt endlich aus jener Anschauung, daß wer die fortgesetzte Wirksamkeit des Geistes in den neuen Propheten [1]) nicht anerkenne, auch den Geist in den Aposteln nicht besitzen könne [2]). Hiemit steht jedoch eine Angabe in dem Anhang zu Tertullians Präskriptionen in Widerspruch. Es wird nämlich in dieser Schrift ausdrücklich behauptet, die verschiedenen Parteien des Montanismus hätten darin übereingestimmt, daß sie die Begriffe des heiligen Geistes und des Paraklet unterschieden, und danach jenen auf die Apostel, diesen auf die neuen Propheten bezogen hätten [3]). Dies wird jedoch durch das eigene Zeugniß des Montanismus widerlegt. Tertullian gebraucht nicht nur in Beziehung auf die neuen Propheten durchgehends die Begriffe „heiliger Geist" und „Paraklet" in ganz gleicher Bedeutung, sondern auch in Beziehung auf die Apostel, und zwar in einer montanistischen Schrift. „Wenn alle jene apostolischen Aussprüche die Erlaubniß zum Heirathen vernichten, warum könnte nicht nach den Aposteln derselbe heilige Geist, herabkommend, um die Zucht in alle Wahrheit fortzuleiten, die letzte Schranke dem Fleische auferlegen. Nichts Neues führt der Paraklet ein; woran er früher erinnert hat (durch die Apostel), das setzt er fest; was er nachgegeben hat, das fordert er" [4]). Ganz ebenso spricht der Vorredner zu den Akten der

1) De virg. vel. 1: Spiritus sanctus usque nunc, non olim prophetans.

2) De pudicitia 12: Itaque isti, qui alium paracletum in apostolis et per apostolos receperunt, quem non in prophetis nostris agnitum, iam nec in apostolis possident.

3) De praescr. adv. haer. 52: Qui *κατὰ Πρόκλον* dicuntur et qui secundum Aeschinem pronunciantur, habent communem blasphemiam illam, qua in apostolis quidem dicant spiritum sanctum fuisse, paracletum non fuisse.

4) De monog. 3: Si omnia ista obliterant licentiam nubendi, — cur

Perpetua und Felicitas [1]). Beide behaupten demnach zwar eine verschiedene Bethätigung des Geistes in der frühern apostolischen und der spätern montanistischen Zeit, erkennen aber zugleich die Identität des Princips in beiden Epochen ausdrücklich an. Hiezu allein paßt auch die von den Montanisten versuchte Nachweisung der prophetischen Succession bis zur apostolischen Zeit hinauf, welche bei einer Unterscheidung zwischen heiligem Geist und Paraklet keinen Sinn gehabt hätte. Wir werden deßhalb annehmen dürfen, daß auch der kleinasiatische Montanismus, von welchem uns keine derartigen Beweisversuche aufbewahrt sind, in jener Hinsicht mit dem nordafrikanischen einverstanden gewesen ist. Sollte wirklich der spätere häretisch gewordene Montanismus sein Verhältniß zur apostolischen Kirche in jener Formel ausgesprochen haben, so hätte er sich nicht nur von seiner Grundanschauung entfernt, sondern damit zugleich sich in eine schwierige Stellung versetzt, da jene Formel weder in sich klar ist, noch durch das neue Testament gegen die Kirche vertheidigt werden kann. Dann ist es aber eben so glaublich, daß die häretischen Montanisten, wie die späteren Häreseologen berichten [2]), mit Festhaltung der Identität zwischen Geist und Paraklet, beide den Aposteln ganz abgesprochen und nur sich beigelegt haben. Oder wenn dies unwahrscheinlich ist, so muß auch jene Notiz der pseudotertullianischen Ketzergeschichte auf einem Mißverständnisse beruhen. Jedenfalls haben wir uns an die beglaubigte Ansicht zu halten, daß die **Montanisten das materiale Princip ihrer Prophetie nicht in Gegen-**

---

non potuerit post apostolos idem spiritus superveniens ad deducendam disciplinam in omnem veritatem — supremam iam fibulam carni imponere? — Nil novi paracletus inducit; quod praemonuit, definit, quod sustinuit, exposcit.

1) Ap. Muenter, Primord. eccl. afric. p. 227: Viderint, qui unam virtutem spiritus unius sancti pro aetatibus iudicent temporum, cum maiora reputanda sint novitiora quaeque ut novissimiora. P. 250: (Gloriam Christi) qui magnificat et honorificat et adorat, utique et haec non minus veteribus exempla in aedificationem ecclesiae legere debet, ut novae quoque virtutes unum et eundem semper spiritum sanctum usque adhuc operari testificentur.

2) Vgl. die Stellen bei Schwegler S. 40.

satz, sondern in Kontinuität mit dem in den Aposteln wirksamen Geiste gesetzt haben, und dies durch ihre Uebereinstimmung mit der von den Aposteln überkommenen Glaubensregel darzuthun suchten, da der Geist, der dieselbe hervorgebracht hatte, sie nur bestätigen, nicht aber aufheben konnte.

Der Montanismus macht also auf nichts weniger Anspruch, als darauf, eine dogmatische Epoche zu bezeichnen, sondern er erkennt das Dogma der werdenden katholischen Kirche, soweit dasselbe einen relativen Abschluß erreicht hatte, ohne Weiteres an. Zunächst hält er die katholische Grundanschauung fest, daß das Christenthum das neue Gesetz sei (s. o. S. 322). Denn wenn hiefür allerdings nur Zeugnisse Tertullians beigebracht werden können, so muß diese Ansicht doch dem ganzen Montanismus beigelegt werden, weil die neue Prophetie, auf welche derselbe sich berief, ebenso das neue Gesetz voraussetzt, wie die alte Prophetie das alte mosaische Gesetz. Auf Grund der ebjonitischen Anschauung, daß das Christenthum nur das wahre Judenthum, d. h. das alte mosaische Gesetz sei, hätte die Formel „nova prophetia" nimmermehr entstehen können. Vielmehr wird von den Ebjoniten Christus selbst in die Reihe der alten Propheten gestellt [1]), und die clementinischen Homilieen, welche die Reihe der alttestamentlichen Propheten verwerfen, kennen nur den wahren Propheten, der, indem er von Neuem auftritt, doch immer derselbe alte Prophet und Gesetzgeber ist. Wenn also die neue Prophetie im Christenthume ein neues Gesetz sah, so ist hiemit eine unübersteigliche Grenze zwischen ihr und dem Ebjonitismus gezogen, der in den Clementinen lieber die Integrität des Pentateuch und die ganze alttestamentliche Prophetie Preis gab, als daß er sich von dem Satze trennte, das Christenthum sei nichts, als das echte mosaische Gesetz. Da also von dieser Seite der Beweis, daß der Montanismus ebjonitisch sei [2]), nicht

1) Tert. de carne Christi 14: Ebion nudum hominem — constituit Iesum, plane prophetis aliquo gloriosiorem.

2) Schwegler a. a. O. S. 133 ff.

gelingen kann, so ist die Vorstellung, daß das Christenthum neues Gesetz sei, und der gesetzliche Standpunkt überhaupt auch keineswegs ein charakteristisches Merkmal des Montanismus, sondern bezeichnet eben das dogmatische Princip des Katholicismus, von welchem der Montanismus sich selbst in dogmatischer Hinsicht gar nicht unterscheiden will.

Gemäß jenem Verhältnisse zum katholischen Dogma nimmt der Montanismus an dem Bekenntniß der Dogmen Theil, in denen das praktisch-religiöse Interesse jener Zeit sich ausprägte, der Eschatologie und der Christologie, sowie der Trinitätslehre. Und aus demselben Grunde war es möglich, daß ein solcher Hauptvertreter jener Richtung, wie Tertullian, an der kirchlich-theologischen Ausbildung der Trinitätslehre so lebendig und so fruchtbar sich betheiligte, daß er den Namen eines Kirchenlehrers und den Einfluß eines solchen stets behauptet hat. Die Eschatologie, welche die Vorstellungen vom nahen Ende der Welt, vom tausendjährigen Reiche im neuen himmlischen Jerusalem, und von der Auferstehung des Fleisches umfaßt, ist bis ins dritte Jahrhundert hinein nicht nur gemeinsames Bekenntniß der Kirche, sondern das hauptsächliche praktische Motiv der Sitte und der Weltanschauung. Für alle derartigen Sätze der Montanisten lassen sich daher Parallelen aus gleichzeitigen nicht montanistischen Schriften beibringen. Wenn die Prophetin Maximilla von sich sagt: „Nach mir wird keine Prophetin mehr kommen, sondern das Ende der Welt"[1], so entspricht diese Verheißung durchaus der Erwartung und dem Wunsche des Tertullian in einer nicht montanistischen Schrift. Indem er die figürliche Auslegung der Bitte: „dein Reich komme", bei Seite schiebt, sagt er: „Wenn die Erscheinung des göttlichen Reiches der Wille Gottes und unsere Hoffnung ist, wie können Einige um irgend eine Verlängerung der Zeitlichkeit bitten, da das Reich Gottes, um das wir flehen, auf die Vollendung der Welt abzweckt? Wir wünschen früher zu herrschen und nicht

---

1) Epiph. haer. 48, 2: *Μετ' ἐμὲ προφῆτις οὐκέτι ἔσται, ἀλλὰ συντέλεια.*

länger zu dienen. Ja alsbald komme dein Reich, o Herr, die Sehnsucht der Christen, die Beschämung der Heiden, das Frohlocken der Engel" (de orat. 5). Auch die Katastrophe des Montanismus hat diese Erwartung nicht zurückdrängen können, welche, da sie auch von dem nüchternen und besonnenen Cyprian ausgesprochen wird [1]), für jene Zeit kaum als besonderes Merkmal von Schwärmerei angeführt werden kann. Ueber das tausendjährige Reich im neuen vom Himmel herabgekommenen Jerusalem spricht sich der Montanist Tertullian so aus: „Diese Stadt ist von Gott ausersehen zur Aufnahme der Heiligen in der Auferstehung und zu ihrer Stärkung durch die Fülle der natürlich geistigen Güter, zum Ersatz dessen, was wir in der Welt entweder verachtet oder verloren haben; denn es ist doch gerecht und Gottes würdig, daß seine Diener ebendaselbst, wo sie seinetwegen gelitten haben, auch Freude genießen. Dies ist der Zustand des irdischen Reiches, nach dessen 1000jähriger Dauer, während welcher die Auferstehung der nach ihren Verdiensten je früher oder später auferstehenden Frommen abgeschlossen wird, die Welt zerstört und das Gericht gehalten wird" (adv. Marc. III, 24). Die phrygischen Montanisten werden diese Anschauung völlig getheilt haben, obgleich ihrerseits nur die Erwartung der himmlischen Stadt beglaubigt ist [2]). Daß sie als Ort derselben den Wohnort des Montanus angesehen haben, ist eine an und für sich gleichgültige Sache, deren Richtigkeit allerdings nicht absolut sicher gestellt ist, die aber auch den Zweifel nicht entschieden genug herausfordert, als daß wir uns weiter damit beschäftigen könnten. Der Erwartung eines irdischen Reiches Gottes entspricht mit Nothwendigkeit die Auferstehung des Fleisches, welche

1) De mortalitate 2: Regnum dei esse coepit in proximo. Praemium vitae et gaudium salutis aeternae et perpetuae securitas et possessio paradisi nuper amissa, mundo transeunte iam veniunt; iam terrenis coelestia et magna parvis et caducis aeterna succedunt. De unitate ecclesiae 16: Adimplentur, quaecunque praedicta sunt et appropinquante iam saeculi fine (haeretici) venerunt. Ebenso Irenaeus l. IV, init.

2) Epiph. haer. 48, 14: *Τιμῶσι καὶ τόπον τινα ἔρημον ἐν τῇ Φρυγίᾳ, Πέπουζάν ποτε καλουμένην πόλιν νῦν δὲ ἠδαφισμένην. Καί φασιν ἐκεῖσε κατιέναι τὴν ἄνω Ἱερουσαλήμ.* Haer. 49, 1; s. oben S. 468. Andere Stellen bei Schwegler S. 73.

von Tertullian in der angeführten Stelle angedeutet ist, und deren Vertheidigung gegen die Gnostiker er ein eigenes Buch de resurrectione carnis gewidmet hat. Dieser ganze Komplex von Vorstellungen ist nun nicht nur dem Tertullian schon vor seinem Uebergang zum Montanismus eigen (de spectaculis 30, de patientia 9. 16), sondern wird auch von Irenäus (adv. haer. V, 32. 33), Justin (Dial. c. Tryph. 80), Papias (Euseb. H. E. III, 39) vertreten, welche dem Vorgange der johanneischen Apokalypse treu nachfolgen. Allerdings bezeugt schon Justin, daß manche sonst Rechtgläubige sich von der Erwartung des irdischen Reiches Christi losgesagt hätten, erklärt aber nur die für völlig orthodox, welche jene Hoffnung festhielten [1]). Es ist zwar kein Zweifel, daß der Chiliasmus aus dem Judenthum hervorgegangen ist, aber darum ist er nicht specifisches Merkmal des Judenchristenthums oder Ebjonitismus (s. o. S. 60).

In Hinsicht auf die Christologie und die Trinitätslehre nehmen die Montanisten an den verschiedenen Lehrformen Theil, welche während der zweiten Hälfte des zweiten Jahrhunderts innerhalb der katholischen Kirche selbst neben einander hergingen. Die Trinitätslehre Tertullians ist weder für den Montanismus charakteristisch, noch kann sie als die allgemein geltende Lehre der katholischen Kirche jener Zeit angesehen werden. Tertullian selbst erwähnt es, daß seine hypostatische Trinitätslehre noch keineswegs allgemeine Anerkennung gefunden habe, daß vielmehr die größere Masse der nicht theologisch Gebildeten eine monarchianische Vorstellung von der Offenbarung hegte, und vor der Hypostasenlehre zurückschreckte [2]). Wenn also

---

1) Dial. c. Tryph. 80: *Πολλοὺς καὶ τῶν τῆς καθαρᾶς καὶ εὐσεβοῦς ὄντων χριστιανῶν γνώμης τοῦτο μὴ γνωρίζειν ἐσήμανά σοι. — Ἐγὼ δὲ καὶ εἴ τινές εἰσιν ὀρθογνώμονες κατὰ πάντα χριστιανοὶ καὶ σαρκὸς ἀνάστασιν γενήσεσθαι ἐπιστάμεθα καὶ χίλια ἔτη ἐν Ἰερουσαλὴμ οἰκοδομηθείσῃ καὶ κοσμηθείσῃ καὶ πλατυνθείσῃ.*

2) Adv. Praxeam 3: Simplices quique, ne dixerim imprudentes et idiotae, quae maior semper credentium pars est, quoniam et ipsa regula fidei a pluribus diis seculi ad unicum et verum deum transfert, non intelligentes, unicum quidem, sed cum sua oeconomia esse credendum, expavescunt ad oeconomiam. Numerum et dispositionem trinitatis divisionem praesumunt unitatis. — Itaque duos et tres iam iactitant a nobis praedicari,

noch zu seiner Zeit beide Vorstellungen im Kampfe mit einander lagen, so ist klar, daß, obgleich Tertullian es unternahm, die monarchianische Lehre des Praxeas zur Häresie zu stempeln, dieser selbst einige Jahrzehnde zuvor einen bedeutenden Einfluß auf den römischen Bischof haben konnte, ohne wegen seiner Ansichten angefochten zu werden (adv. Prax. 1). Gegen das Ende des zweiten Jahrhunderts schwankte also die katholische Lehre zwischen Monarchianismus und Hypostasenlehre, und an diesem Schwanken nimmt auch der Montanismus Theil, sofern in ihm beide christologische Ansichten vertreten waren. Während Tertullian seine hypostatische Trinitätslehre als die einzig wahre selbst unter den Schutz des montanistischen Princips stellt, wird ausdrücklich bezeugt, daß ein Theil der Montanisten den Vater, den Sohn und den Geist nicht hypostatisch unterschieden hätten [1]), und als Hauptvertreter dieser Richtung wird Aeschines genannt [2]). Diese Ansicht ist nicht, wie Schwegler annimmt, als ein Rückfall von der Hypostasenlehre zu betrachten, sondern als die theologische Theorie des ursprünglichen kleinasiatischen Montanismus. Denn eben die Identität des Vaters, Sohnes und Geistes liegt allen prophetischen Aussprüchen des Montanus und seiner beiden Begleiterinnen zu Grunde, welche Epiphanius und Eusebius offenbar aus guten Quellen geschöpft haben. Epiphanius führt als Ausspruch des Montanus die Worte an: „Ich der Herr der allmächtige Gott bin herabgekommen in den Menschen", und weiterhin: „weder ein Engel

---

se vero unius dei cultores praesumunt; monarchiam, inquiunt, tenemus. — Monarchiam sonare student Latini, oeconomiam intelligere nolunt etiam Graeci. Cf. cap. 9; Orig. in Ioh. Tom. II, 2.

1) Hippol. Refut. VIII, 19: *Τινὲς δὲ αὐτῶν τῇ τῶν Νοητιανῶν αἱρέσει συντιθέμενοι τὸν πατέρα αὐτὸν εἶναι τὸν υἱὸν λέγουσι.* Theodoreti fabb. haer. III, 2: *Τινὲς τῶν Μοντανιστῶν τὰς τρεῖς ὑποστάσεις τῆς θεότητος Σαβελλίῳ παραπλησίως ἠρνήσαντο, τὸν αὐτὸν εἶναι λέγοντες καὶ πατέρα καὶ υἱὸν καὶ ἅγιον πνεῦμα, παραπλησίως τῷ Ἀσιανῷ Νοητῷ.* Spätere Berichterstatter pflegen auch Montanisten und Sabellianer zusammenzustellen. Vgl. Schwegler S. 177. 178.

2) Tertull. Praescr. haer. 52 (im unechten Anhang): Privatam blasphemiam illi, qui sunt *κατὰ* Aeschinem, hanc habent, qua adiiciant etiam hoc, Christum ipsum esse patrem et filium.

noch ein Bote, sondern ich der Herr, Gott der Vater, bin gekommen" (haer. 48, 11). Die Verbindungsformeln, mit welchen der Berichterstatter beide Sätze einführt, lassen sie als Fortsetzung des Ausspruchs des Montanus erkennen, welchen wir aus dem vierten Kapitel ausgehoben haben, und dessen Widerlegung die Kapitel vom vierten bis zum elften gewidmet sind. Montanus sagt also in der Ekstase, d. h. nicht in seinem Sinn, nicht indem er sich als Mensch für Gott den Vater erklärt, wie ihm Epiphanius aufbürdet, folgendes: „Siehe der Mensch ist wie eine Leier, und ich fliege wie ein Plektrum; der Mensch schläft und ich wache; siehe der Herr ist es, der die Herzen der Menschen erregt und der Herzen den Menschen giebt. Ich der Herr der allmächtige Gott bin herabgekommen in den Menschen; weder ein Engel noch ein Bote, sondern ich der Herr, Gott der Vater bin gekommen"[1]). Wenn die durch den bewußtlosen Propheten sprechende Macht in diesen Worten sich nicht als den heiligen Geist, sondern als Gott den Vater darstellt, so scheinen die Montanisten nach der Regel Tertullians, daß die ekstatischen Momente die Zustände des natürlichen Lebens und Denkens abspiegeln[2]), zwischen dem Vater und dem heiligen Geist nicht unterschieden zu haben. Aber auch nicht zwischen dem Sohn und dem Geist. Denn wenn Maximilla sagt: „Höret Kinder auf Christus, was er sagt; auf mich höret nicht, sondern auf Christus höret"[3]), so wird Christus als der sie Inspirirende gedacht, also vom heiligen Geist nicht unterschieden. Dieselbe Identität, im Vergleich mit der hypostatischen Trinitätslehre, ist in folgendem Ausspruch derselben Prophetin ausgedrückt: „Verfolgt werde ich wie ein Wolf von den Schafen; ich bin

---

1) Epiph. haer. 48, 4. 11: Ἰδοὺ ἄνθρωπος ὡςεὶ λύρα, κἀγὼ ἵπταμαι ὡςεὶ πλῆκτρον, ὁ ἄνθρωπος κοιμᾶται, κἀγὼ γρηγορῶ. ἰδοὺ κύριός ἐστιν ὁ ἐξιστάνων καρδίας ἀνθρώπων, καὶ διδοὺς καρδίας ἀνθρώποις. Ἐγὼ κύριος ὁ θεὸς ὁ παντοκράτωρ καταγενόμενος ἐν ἀνθρώπῳ, οὔτε ἄγγελος οὔτε πρέσβυς, ἀλλ' ἐγὼ κύριος ὁ θεὸς πατὴρ ἦλθον.

2) Tertull. de anima 9, s. o. S. 480.

3) Epiph. haer. 48, 12: Ἀκούσατε ὦ παῖδες Χριστοῦ τί λέγει, ἐμοῦ μὴ ἀκούσατε ἀλλὰ Χριστοῦ ἀκούσατε.

kein Wolf; Wort bin ich und Geist und Kraft" [1]). Hiernach ist fast nicht zu zweifeln, daß die von Celsus erwähnten Propheten, welche zu sagen pflegen: „Ich bin Gott oder Gottes Sohn oder der göttliche Geist; ich komme, denn schon geht die Welt unter" [2]), zu den neuen Propheten gehören, bei denen es ganz gleich galt, ob der Vater, oder der Sohn, oder der Geist als das inspirirende Subjekt vorgestellt wurde. Auf dieselbe modalistische Anschauung läßt sich auch das Wort der Priskilla reduciren, daß im Traume Christus in weiblicher Gestalt zu ihr gekommen und ihr die Weisheit eingeflößt habe [3]). Christus erscheint in weiblicher Gestalt als die Weisheit Gottes; die von ihm mitgetheilte Weisheit ist der heilige Geist, also ist kein bestimmter Unterschied zwischen dem heiligen Geiste und Christus aufgefaßt. An diese modalistische Vorstellung von den göttlichen Personen läßt sich die montanistische Anschauung von den Offenbarungsstufen leichter anknüpfen, als an die hypostatische Theorie Tertullians. Daran bewährt sich die übrigens auch nicht zu bezweifelnde Ursprünglichkeit derselben innerhalb der montanistischen Partei. Und eigentlich macht sich der modalistische Grundgedanke doch auch in Tertullians hypostatischer Theorie geltend, so weit dieselbe mit den montanistischen Offenbarungsepochen in Verbindung gesetzt ist. Denn nach seiner Lehre ist der Sohn nicht nur das Subjekt der Offenbarung im A. und im N. T., sondern da der Geist Christi Wesen selbst ist, ist er indirekt auch das Subjekt in den neuen Propheten.

---

1) Euseb. H. E. V, 16, 7: *Διώκομαι ὡς λύκος ἐκ προβάτων· οὐκ εἰμὶ λύκος· ῥῆμά εἰμι καὶ πνεῦμα καὶ δύναμις.*

2) Orig. c. Cels. VII, 9: *Πρόχειρον ἑκάστῳ καὶ σύνηθες εἰπεῖν· ἐγὼ ὁ θεός εἰμι, ἢ θεοῦ παῖς, ἢ πνεῦμα θεῖον, ἥκω δέ, ἤδη γὰρ ὁ κόσμος ἀπόλλυται, καὶ ὑμεῖς ὦ ἄνθρωποι διὰ τὰς ἀδικίας οἴχεσθε. Ἐγὼ δὲ σῶσαι θέλω. καὶ ὄψεσθέ με αὖθις μετ' οὐρανίου δυνάμεως ἐπανιόντα. Μακάριος ὁ νῦν με θρησκεύσας, τοῖς δὲ ἄλλοις ἅπασι πῦρ αἰώνιον ἐπιβαλῶ καὶ πόλεσι καὶ χώραις. Καὶ ἄνθρωποι, οἳ μὴ τὰς ἑαυτῶν ποινὰς ἴσασι, μεταγνώσονται μάτην καὶ στενάξουσι· τοὺς δέ μοι πεισθέντας αἰωνίους φυλάξω.*

3) Epiph. haer. 49, 1; s. o. S. 468. Tert. Scorpiace 7: Possum dicere cum sophia dei: Christus est, qui se tradidit pro delictis nostris, iam et semetipsam sophia trucidavit.

Wenn also der ursprüngliche Montanismus in Kleinasien, ohne in notorischem Widerspruch gegen die Kirche zu stehen, monarchianisch gesinnt war, wenn der nordafrikanische dagegen zur Zeit Tertullians der ökonomischen Trinitätslehre ergeben war (obgleich freilich Tertullian selbst bezeugt, daß die minder Gebildeten am Monarchianismus festhielten), so ist der Montanismus, gemäß dem festgesetzten und zugestandenen Verhältnisse zum kirchlichen Dogma, der selbständigen Entwickelung desselben gefolgt. Auf diese Weise erledigen sich alle Schwierigkeiten, welche Schwegler (S. 152) in dem Verhältniß der tertullianischen Trinitätslehre zum Montanismus erblickt. Dieselbe gehört, wie wir gesehen haben, nicht zum Grundstock des montanistischen Systemes, oder besser der montanistischen Anschauung, sie ist aber auch nur insofern als individuelle Gedankenthat Tertullians anzusehen, als er an dem dogmatischen Fortschritt der Kirche Theil nahm, wozu er als Montanist verpflichtet war. Aus dem Montanismus selbst aber ist diese Trinitätslehre nicht hervorgegangen. Denn weder hat derselbe dogmatische Triebkraft, noch liegt ein Grund zu jener Annahme in dem Zeugnisse, welches der Paraklet der Trinitätslehre Tertullians dargeboten haben soll (s. o. S. 480). Wenn Schwegler (S. 159) die Einwirkung des Montanismus auf die Trinitätslehre dahin bestimmt, daß er durch sein eigenthümliches Interesse dazu getrieben worden sei, die Trennung des Logos und Pneuma als zweier diskreter Persönlichkeiten zu vollziehen, so waltet hiebei der Irrthum ob, daß die ursprüngliche Christologie, an welcher auch der Montanismus Theil genommen, zwei diskrete Personen, den Vater und den Geist oder den Logos gesetzt habe. Diese Voraussetzung auf den Montanismus anzuwenden, ist aber nach geführtem Beweise seines ursprünglichen Monarchianismus nicht thunlich, und da die Offenbarungstheorie des Montanismus in völligem Einklang mit jener Form der Trinitätslehre stand, so fällt auch Schweglers zweite Voraussetzung, daß die Offenbarungstheorie des Montanismus selbst den Anstoß zur Weiterbildung der Trinitätslehre gegeben habe.

B. Die Sitte.

Während der Paraklet in der neuen Prophetie keine dogmatische Neuerung begeht, sondern durch den Anschluß an die geltende Kirchenlehre seine Wahrhaftigkeit und Glaubwürdigkeit zu beweisen sucht, so ist das eigentliche Feld seiner Bethätigung die christliche Sitte [1]). Daher die Bezeichnungen: Spiritus sanctus ipsius disciplinae determinator (de pud. 11) oder paracletus novae disciplinae institutor (de monog. 11). Unter den verschiedenen Geschäften des Paraklet geht die Einrichtung der Zucht der Enthüllung der Schrift und der Wiederherstellung der Erkenntniß voran [2]). Das Recht des Paraklet, neue Bestimmungen der Sitte zu erlassen, ist theils gegen manche aus Akkommodation hervorgegangene Bestimmungen der Apostel [3]), theils gegen traditionelle Gewohnheiten, welche überhaupt der göttlichen Auktorität ermangeln [4]), gerichtet. Mit Rücksicht auf einen solchen Punkt verwirft Tertullian die Auktorität jeder Gewohnheit, welche sich nicht vor der Wahrheit zu rechtfertigen wüßte, vermeidet aber die Anwendung dieses Grundsatzes auf den Gegensatz von Häresie und Rechtgläubigkeit durch die stillschweigende Voraussetzung, daß die Wahrheit in Christus älter sei, als jede mit ihr etwa streitende Gewohnheit [5]). Die

---

1) De monog. 2: Paracletus de principali regula agnitus, illa multa, quae sunt disciplinarum, revelabit, fidem dicente pro eis integritate praedicationis, licet novis, quia nunc revelantur.

2) De virg. vel. 1: Quae est paracleti administratio, nisi haec, quod disciplina dirigitur, quod scripturae revelantur, quod intellectus reformatur, quod ad meliora proficitur?

3) De monog 3: Post apostolos idem spiritus superveniens ad deducendam disciplinam in omnem veritatem per gradus temporum. 14: Si Christus abstulit, quod Moyses praecepit, — cur non et paracletus abstulerit, quod Paulus indulsit? — tantum ut deo et Christo dignum sit, quod superducitur.

4) De ieiun. 10: Eorum, quae ex traditione observantur, tanto magis dignam rationem afferre debemus, quanto carent scripturae auctoritate, donec aliquo coelesti charismate aut confirmentur aut corrigantur. Et si qua, inquit, ignoratis, dominus vobis revelabit. Itaque seposito confirmatore omnium istorum, paracleto, duce universae veritatis etc.

5) De virg. vel. 1: Veritati nemo praescribere potest, non spatium

Abweichung jenes Ausspruchs von dem katholischen Grundsatze über das Dogma ist also nur Schein, zumal die erste Hälfte desselben gar keine Beziehung auf das Dogma, sondern nur auf die Disciplin hat[1]). Wenn nun der Katholicismus das Christenthum als ein neues Gesetz auffaßt, welches sich als Komplex einzelner Bestimmungen des Lebens (Disciplin) darstellt, so ist die nova prophetia nach ihren eigenen Geständnissen nur als eine novissima lex zu betrachten, in welcher der Begriff des Gesetzes streng durchgeführt werden soll. Dies erfordert aber, daß kein Fall unbestimmt gelassen werde, oder daß für jede Lebensäußerung eine Gesetzesbestimmung vorhanden sei. Ein solches Streben kann nun erstens keine Adiaphora dulden, das heißt, solche Lebensäußerungen, deren sittlicher Werth oder Unwerth nicht in ihnen selbst, sondern nur in ihrer Beziehung zum Subjekte liegt, welches sie ausübt. Vielmehr werden alle einzelnen Punkte nur entweder als gebotene oder als verbotene bezeichnet werden. Mit dieser Aufhebung des Begriffs des Erlaubten hängt dann zweitens der Satz zusammen, daß, was überhaupt in der Gesetzgebung nicht berührt ist, als verboten gelten muß. Für Beides bietet uns Tertullian schlagende Beispiele. Paulus hält den zufälligen Genuß von Opferfleisch für ein Adiaphoron, indem er danach zu forschen verbietet, ob bestimmtes Fleisch vielleicht von jener Art sei, verordnet aber zugleich, man solle sich jenes Genusses enthalten, falls Jemand mit den Worten: „dies ist Opferfleisch", kund thäte, daß sein

temporum, non patrocinia personarum, non privilegium regionum. Ex his enim fere consuetudo, initium ab aliqua ignorantia vel simplicitate sortita, in usum per successionem corroboratur et ita adversus veritatem vindicatur. Sed dominus noster Christus veritatem se, non consuetudinem cognominavit. Si semper Christus et prior omnibus, aeque veritas sempiterna et antiqua res. Viderint ergo, quibus novum est, quod sibi vetus est. Haereses non tam novitas, quam veritas revincit. Quodcunque adversus veritatem sapit, hoc erit haeresis, etiam vetus consuetudo.

1) Hienach und nach dem im vorigen Abschnitt Erörterten ist die Notiz im Anhang zu den Präskriptionen cap. 52: Haeretici, qui secundum Phrygas dicuntur, — habent communem blasphemiam, qua dicunt Paracletum plura in Montano dixisse, quam Christum in evangelio protulisse, nec tantum plura, sed etiam meliora et maiora, — für mindestens ungenau, wenn nicht gar für eine Verdrehung zu halten.

Gewissen an dem Genusse desselben Anstoß nähme (1 Kor. 10, 27—29). Dies faßt Tertullian so auf, als wenn das vorliegende Fleisch durch seine Bezeichnung als Opferfleisch objektiv unrein wurde, und folgert daraus, daß jedenfalls das Tragen eines Kranzes bei einem heidnischen Opferfeste noch mehr verunreinige [1]). Dies ist ein der Meinung des Apostels gerade entgegengesetzter Schluß, aber er ist nothwendig bei der gesetzlichen Tendenz, welche die Beziehung des Subjekts auf die Sache übersieht. Den andern Grundsatz spricht Tertullian bei der Gelegenheit aus, daß die Sitte der festlichen Bekränzung in der Schrift gar nicht berührt war. Wenn nun Manche an jener Sitte Theil nahmen nach der Regel: Quod non prohibetur, ultro permissum est, so setzte Tertullian dagegen: Imo prohibetur, quod non ultro est permissum (de cor. mil. 2 fin.). Dieser Umstand, daß die Schrift Gelegenheit gab, sie nach jener Regel als Sittengesetzbuch zu gebrauchen, legte also dem Paraklet die Pflicht auf, über alles Einzelne bestimmte Entscheidungen zu treffen. Wenn wir dessen ungeachtet nur sehr wenige Disciplinarbestimmungen des Paraklet finden, so nehmen allerdings die Ehe, das Fasten und das Märtyrerthum, auf welche sich die Gesetze des Paraklet hauptsächlich beziehen, im Leben der damaligen Christen die vorzüglichsten Stellen ein; daß sich aber die Aufmerksamkeit der neuen Propheten und ihrer Anhänger auch auf geringere Punkte erstreckt habe, können wir aus den Schriften Tertullians de corona militis und de virginibus velandis erkennen, und daraus schließen, daß dieselbe Peinlichkeit sich auf andere ähnliche Kleinigkeiten erstreckt habe, über welche uns keine Kunde geworden ist.

Bei der Darstellung der einzelnen parakletischen Gesetze, welche ja den eigentlichen Inhalt der neuen Offenbarung bilden, kehrt natürlich für uns die Frage wieder, ob sie wirklich für neu, und ob sie für Merkmale einer Offenbarung zu halten sind.

---

1) De cor. mil. 10: Si verbo nudo conditio polluitur, ut apostolus docet: si quis dixerit, hoc idolothytum est, non contigeris, multo magis cum habitu et ritu et apparatu idolothytorum contaminatur.

1. Das Märtyrerthum. Der Angabe des ungenannten Gewährsmannes des Eusebius, daß die Montanisten ihre vielen Märtyrer als Beweis der Wahrheit ihrer Prophetie angesehen haben [1]), entsprechen einige von Tertullian mitgetheilte Orakelsprüche, in welchen der Paraklet das Streben nach dem Märtyrerthume empfiehlt, und die Flucht vor demselben mißbilligt [2]). Es heißt: „Wirst du als Christ öffentlich vor Gericht gestellt, so ist es dir gut. Denn wer vor den Menschen offenbar wird, wird es vor dem Herrn. Schäme dich nicht; um der Gerechtigkeit willen wirst du öffentlich dargestellt. Was schämst du dich, da du Ruhm davonträgst? Macht erhältst du, wenn du vor den Menschen erscheinst." Und ein anderesmal: „Wünschet doch nicht auf euren Betten, in Kindesnöthen oder in weichlichem Fieber zu sterben, sondern wünschet als Märtyrer zu sterben, daß der verherrlicht werde, der für euch gelitten hat." Auch der Umstand, daß die Montanisten sich auf ihre Märtyrer als Argument für ihre Prophetie berufen haben, wird durch Tertullian insofern erläutert, als wir von ihm erfahren, daß die Gnostiker und Valentinianer sich der Pflicht des Martyriums zu entziehen pflegten, sich also deutlich genug von den übrigen Christen unterschieden [3]). Wenn aber der Ungenannte bei Eusebius jenem

---

1) Euseb. H. E. V, 16, 8: Ὅταν ἐν πᾶσι τοῖς εἰρημένοις ἐλεγχθέντες ἀπορήσωσιν, ἐπὶ τοὺς μάρτυρας καταφεύγειν πειρῶνται, λέγοντες πολλοὺς ἔχειν μάρτυρας καὶ τοῦτο εἶναι τεκμήριον πιστὸν τῆς δυνάμεως τοῦ παρ' αὐτοῖς λεγομένου προφητικοῦ πνεύματος.

2) De fuga in persec. 9: Spiritus omnes paene ad martyrium exhortatur, non ad fugam, ut et illius commemoremus: Publicaris, inquit, bonum tibi est; qui enim [non] publicatur in hominibus, publicatur in domino. Ne confundaris, iustitia te producit in medium. Quid confunderis, laudem ferens? Potestas fit, cum conspiceris ab hominibus. Sic et alibi: Nolite in lectulis nec in aborsibus et febribus mollibus optare exire, sed in martyriis, uti glorificetur, qui est passus pro vobis.

3) Tertullian schrieb dagegen das Buch: Contra gnosticos scorpiace. Vielleicht bezieht sich auf Gnostiker folgende Stelle des Briefs der gallischen Gemeinden über ihre Verfolgung unter Markus Aurelius (bei Eus. V, 1, 20): Ἔμειναν δὲ ἔξω (τοῦ τῶν μαρτύρων κλήρου) οἱ μηδὲ ἴχνος πώποτε πίστεως, μηδὲ αἴσθησιν ἐνδύματος νυμφικοῦ μηδὲ ἔννοιαν φόβου θεοῦ σχόντες, ἀλλὰ καὶ διὰ τῆς ἀναστροφῆς αὐτῶν βλασφημοῦντες τὴν ὁδόν· τουτέστιν οἱ υἱοὶ τῆς ἀπωλείας. Vgl. auch Clemens Alex. Strom. IV, 4, 16.

Argumente der Montanisten mit der Bemerkung begegnet, auch die Markioniten hätten viele Märtyrer aufzuweisen, so behält er allerdings dem äußern Anscheine nach Recht, im Grunde erkennt man aber hieran den von den übrigen Gnostikern verschiedenen Charakter der Partei Markions. Ist nun die Verpflichtung zum Märtyrerthum wirklich ein neues Gebot des Paraklet, welches vor dem Zeitalter der Montanisten nicht gekannt oder ausgesprochen worden wäre? Daß dies nicht der Fall ist, läßt sich aus Tertullians Schriften selbst beweisen. Zunächst führt er in den Präskriptionen (cap. 36) unter den allgemeinen Merkmalen der Kirche an, daß sie zum Märtyrerthum ermahne. Dann begründet er die Pflicht des Märtyrerthums in den montanistischen Schriften de fuga 7 und Scorpiace 9 ausdrücklich auf Aussprüche Christi und der Apostel selbst, welche ohne Schwanken auf jene Pflicht hinweisen. Der einzige Befehl Christi an die Apostel, aus einer Stadt in die andere zu fliehen (Matth. 10, 23), ist nur auf den besondern Beruf der Apostel und die damaligen Umstände berechnet, und hebt alle übrigen Stellen nicht auf (de fuga 6). Bei dieser Beweisführung drängt sich uns das Dilemma auf: Entweder ist der Montanismus in seinem Vorgeben, die Verpflichtung zum Märtyrerthum sei ein neues Element der Disciplin, in einem groben Irrthum befangen; oder der specifische Charakter desselben liegt nicht darin, was Tertullian schon in der frühern Offenbarungsstufe nachweist, nämlich in der Erlassung von Geboten. Im erstern Falle ist nicht zu begreifen, wie Tertullian, der jenen Irrthum durchschaut, doch Montanist sein kann, und wie er von uns als Vertreter des Montanismus behandelt werden konnte. Auf den zweiten Fall ist jedoch dies Bedenken nicht anzuwenden. Deßhalb fragen wir, unter der Voraussetzung, daß Tertullian als Montanist anzusehen sei, wo die specifische Beziehung des Montanismus zum Märtyrerthum liegt, wenn doch jener selbst die Empfehlung desselben nicht als etwas Neues darstellt. Aus Tertullians Büchern über diesen Gegenstand geht hervor, daß nicht nur die Gnostiker sich dem Märtyrerthum entzogen, indem sie zu diesem Zweck namentlich die Stelle Matth. 10, 32 auf ein Bekenntniß nicht vor den

Menschen, sondern vor den Aeonen deuteten [1]), sondern daß auch in kirchlichen Kreisen sowohl über jene Pflicht und ihre biblische Begründung Zweifel herrschten, als auch die Observanz mannigfach, und zwar von dem Klerus, im entgegengesetzten Sinne entschieden worden war. Die Schrift de fuga bezieht sich eben auf einen solchen ausgesprochenen Zweifel [2]), und beweist, daß namentlich in jener Stelle Matth. 10, 23 eine allgemeine Erlaubniß zur Flucht gefunden wurde, welcher besonders der Klerus Folge geleistet zu haben scheint [3]). Ganz auf gleicher Stufe mit der Flucht standen die offenbar gelungenen Versuche, durch Bestechungen eine Verfolgung abzuwenden, deren Tertullian ganze Gemeinden beschuldigt, welche wohl auf Veranlassung des Klerus dieses von jenem hart verspottete Mittel der Selbsterhaltung ergriffen [4]). Wenn also die Montanisten einer solchen Tendenz gegenüber die Pflicht des Märtyrerthums geltend machten [5]), so handelt es sich zwischen ihnen und ihren Gegnern innerhalb der Kirche nur um die geschärfte Durch-

1) Scorp. 10: Qui non hic, id est, non intra hunc ambitum terrae nec per hunc commeatum vitae, nec apud homines huius naturae communis confessionem putant constitutam etc. 15: Quodsi iam tunc Prodicus aut Valentinus assisteret, suggerens, non in terris esse confitendum apud homines etc.

2) De fuga 1: Quaesisti proxime, Fabi frater, fugiendum necne sit in persecutione.

3) De fuga 11: Quum ipsi auctores, id est ipsi diaconi, presbyteri et episcopi fugiunt, quomodo laicus intelligere poterit, qua ratione dictum: fugite de civitate in civitatem? Itaque cum duces fugiunt, quis de gregario numero sustinebit ad gradum in acie figendum suadentes. — Quod nunquam magis fit, quam cum in persecutione destituitur ecclesia a clero *Si et spiritum quis agnoverit*, audiet fugitivos denotantem.

4) De fuga 13: Massaliter totae ecclesiae tributum sibi irrogaverunt. Nescio, dolendum an erubescendum sit, cum in matricibus beneficiariorum et curiosorum, inter tabernarios et lanios et fures balnearum et aleones et lenones Christiani quoque vectigales continentur. Hanc episcopatui formam apostoli providentius condiderunt, ut regno suo securi frui possent sub obtentu procurandi pacem? Scilicet enim talem pacem Christus ad patrem regrediens mandavit a militibus per Saturnalitia redimendam.

5) De corona mil. 1: Plane superest, ut etiam martyria recusare meditentur, qui prophetias eiusdem spiritus sancti respuerunt. Mussitant denique tam bonam et longam sibi pacem periclitari.

führung eines alten Gebotes, welches im Begriff war, außer Uebung gesetzt zu werden. Wir finden also, daß der Montanismus neu ist, insofern er reaktionär ist; und daß Tertullian mitunter ein klares Bewußtsein darüber gehabt hat, werden wir aus seinen eigenen Aussprüchen beweisen können. Ob aber die Richtung sich durch diesen Charakter zu einer neuen Offenbarungsstufe qualificirt, ist eine andere Frage, welche erst am Schluß der Untersuchung beantwortet werden wird.

2. Das Fasten. Die Sitte der katholischen Kirche, welche Tertullian als Montanist voraussetzt und bezeugt, enthielt die allgemeine Verpflichtung zum Fasten am Mittwoch und Freitag bis 3 Uhr Nachmittags (stationes), und zum völligen Fasten (ieiunium) am Charfreitag und am darauf folgenden Sabbath [1]). Im Uebrigen war das Fasten dem Belieben eines Jeden anheimgestellt [2]), wenn nicht etwa in einzelnen Gemeinden die Bischöfe Fastenzeiten anordneten (de ieiun. 13). Da dies Alles aber nur auf einer Tradition beruhte, welche keine Stütze an der Schrift hatte (de ieiun. 10, s. o. S. 492), so gaben die Montanisten kraft der göttlichen Auktorität des Paraklet verschärfte Gesetze über das Fasten [3]). Sie bestanden erstens in der Verlängerung

---

1) De ieiun. 14: Stationibus quartam et sextam sabbati dicamus et ieiuniis parasceuen; quanquam vos etiam sabbatum si quando continuatis, nunquam nisi in pascha ieiunandum, secundum rationem alibi redditam, nobis certe omnis dies etiam vulgata consecratione celebratur. (Während sich Tertullian den übrigen Anordnungen anschließt, widerspricht er als Montanist der unter den Katholikern vorkommenden Fortsetzung des Fastens auf den Sabbath. Vgl. Neander Antignostikus S. 295 f.). Cap. 2: In evangelio illos dies ieiuniis determinatos putant, in quibus ablatus est sponsus et hos esse iam solos legitimos ieiuniorum christianorum.

2) De ieiun. 2: De cetero indifferenter ieiunandum ex arbitrio non ex imperio novae disciplinae pro temporibus et causis uniuscuiusque.

3) De ieiun. 13: Spiritus sanctus, quum in quibus vellet terris et per quos vellet praedicaret, ex providentia sive ecclesiasticarum tentationum sive mundialium plagarum, qua paracletus, id est advocatus ad exorandum iudicem, huiusmodi officiorum remedia mandabat, puta nunc ad exercendam sobrietatis et abstinentiae disciplinam; hunc qui recipimus, necessario etiam, quae tunc constituit, observamus. Apollonius ap. Euseb. V, 18: *Μοντανὸς ὁ νηστείας νομοθετήσας.* Hippol. Refut. VIII, 19: (*Οἱ Φρύγες*) *καινίζουσι νηστείας καὶ ἑορτὰς καὶ ξηροφαγίας καὶ ῥαφανοφαγίας, φάσκοντες ὑπὸ γυναίων δεδιδάχθαι.*

der Stationen bis zum Abend[1]), und in der Anordnung von jährlich zwei Wochen sogenannter Xerophagieen, in denen man sich des Fleisches, des Weines, der Leckereien und des Bades enthalten sollte[2]). Gegen diese Anordnungen wurden die entgegengesetzten Vorwürfe der Neuerung und der Rückkehr zum alten Testament erhoben[3]), und indem Tertullian beide zurückzuweisen versucht, kann es nicht fehlen, daß er beide bestätigt, d. h. daß er seinen Standpunkt als einen reaktionären darstellt. Die Reaktion mußte in diesem Falle der Anordnung von Ceremonieen mit Bestimmtheit auf das Muster des alten Testaments zurückgehen, und dies thut auch Tertullian mit der Regel: Si nova conditio in Christo, nova et solemnia esse debebunt (de ieiun. 14), und ist seinen Grundsätzen (de virg. vel. 1, s. o. S. 493) untreu genug, um aus dem traditionellen Feststehen des Osterfestes, der Pfingstzeit, und der oben erwähnten Fastentage zu schließen, das neue Gesetz könne auch noch mit weiteren Ceremonialbestimmungen umgeben werden. Allerdings ist dies eine nothwendige Konsequenz aus der Anwendung des Begriffs des neuen Gesetzes auf das Christenthum, und indem keine unmittelbare Uebertragung aus dem alten Testament stattfand, hielt sich der Montanismus auf dem Gebiet des neuen Gesetzes, und der Vorwurf des Galatisirens war schief. Aber der Versuch Tertullians, den entgegengesetzten Vorwurf der Neuerung abzulehnen, zeigt eben deutlich, daß die Grenze zwischen dem alten und dem neuen Gesetz nicht festgehalten werden kann, und daß die Weiterbildung des letztern nur durch die Zurückführung einer überwundenen Lebensstufe möglich ist. Das Resultat der biblischen Beweisführung, welche er vom sechsten

1) De ieiun. 1: Arguunt nos, — quod stationes plerumque in vesperam producamus. 10: Aeque stationes nostras ut indignas, quasdam vero et in serum constitutas novitatis nomine incusant, hoc quoque munus et ex arbitrio obeundum esse dicentes, et non ultra nonam detinendum, de suo scilicet more.

2) De ieiun. 15: Duas in anno hebdomadas xerophagiarum nec totas, exceptis scilicet sabbatis et dominicis offerimus deo. Conf. cap. 1.

3) Der erstere Vorwurf cap. 1. 10. 13. Der letztere in der charakteristischen Form des Galatisirens cap. 2. 14.

Kapitel an für die Nothwendigkeit des Fastens überhaupt [1]), dann speciell für die montanistische Form desselben leistet, faßt er in den Worten zusammen, er widerlege diejenigen, welche die Fastengebote der Neuheit beschuldigen, denn neu sei nicht, was immer gelte und leer nicht, was nützlich sei [2]). Allerdings gesteht er zu, daß nicht über alle diese Punkte göttliche Gebote vorhanden seien, sondern manche der von ihm angeführten Beispiele auf menschlichen, freiwilligen Gelübden beruhen; in Beziehung auf diese stellt er aber den Grundsatz auf, daß die Annahme solcher Gelübde bei Gott einem Gebote derselben gleich zu achten sei [3]). Nach diesen Geständnissen bleibt also für den Montanismus nur das als specifisch stehen, daß er die praktische Durchführung dessen beabsichtigt, was er als ewiges göttliches Gebot erkannt hat. Es ist dies derselbe Fall, wie bei der Pflicht des Märtyrerthums, jedoch mit dem Unterschied, daß diese nur aus dem neuen Testament abgeleitet wurde, während die montanistische Fastengesetzgebung auf das alte Testament zurückging, uneingedenk der Herzenshärte, mit deren Vernichtung durch Christus auch die lästigen Ceremonialgesetze aufgehoben sein sollten.

3. Die Ehe. Die Montanisten gestatten keine zweite Ehe [4]), und stellen sich mit diesem Grundsatze zwischen die Ka-

---

1) De ieiun. 7: Non modo naturae mutationem (d. h. die Gleichheit mit Gott, der nichts genießt) aut periculorum aversionem, aut delictorum obliterationem, verum etiam sacramentorum agnitionem ieiunia de deo merebuntur.

2) De ieiun. 11: Dum pariter ostendimus, quo semper in ordine fuerint religionis (singulae species ieiunationum), eos revincamus, qui haec ut nova accusant; nec novum enim, quod semper, nec vacuum, quod utile.

3) De ieiun. 11: Et votum, cum a deo acceptatum est, legem in posterum facit per auctoritatem acceptatoris; exinde enim faciendum mandavit, qui factum comprobavit.

4) Adv. Marc. I, 29: Nubendi iam modus ponitur; quem quidem apud nos spiritalis ratio paracleto auctore defendit, unum in fide matrimonium praescribens. De monog. 1: Nos, quos spiritales merito dici facit agnitio spiritalium charismatum — unum matrimonium novimus, sicut unum deum. Es ist eine Konsequenzmacherei aus diesem Grundsatz, wenn Apollonius bei Euseb. V, 18 den Montanus bezeichnet als ὁ διδάξας λύσεις γάμων, und wenn er ebendaselbst erzählt, die montanistischen Prophetinnen hätten ihre Männer verlassen.

tholiker, welche eine mehrmalige, und die Gnostiker, welche gar keine Ehe erlauben [1]). Von den beiden Schriften, welche Tertullian der Vertheidigung dieses Grundsatzes gewidmet hat, de exhortatione castitatis und de monogamia, setzt die letztere dem Vorwurf der Neuerung sogleich die Versicherung entgegen, die Beschränkung der Ehe auf die angegebene Regel sei so wenig etwas Neues, daß, wenn der Paraklet auch vollständige Virginität verlangt hätte, dies nur im Einverständniß mit Christus selbst geschehen sein würde, „spadonibus aperiente regna coelorum ut et ipso spadone" (de monog. 3; vgl. Matth. 19, 12). Nach Besprechung einiger apostolischer Stellen (1 Kor. 7, 1; 1 Joh. 3, 3), welche vollständige Virginität verlangen sollen, schließt Tertullian mit den Worten: „Alt ist diese Sitte, sie ist früher dargestellt im Leben und im Willen des Herrn, danach in den Rathschlägen und Vorbildern seiner Apostel. Schon lange sind wir zu dieser Heiligkeit bestimmt gewesen. Nichts Neues führt der Paraklet ein; woran er früher erinnert hat, das setzt er fest; was er nachgegeben hat, das fordert er." Wenn nun aber doch der Paraklet nicht auf Virginität, sondern nur auf Einehe dringt, so soll diese Koncession an die menschliche Schwachheit, als die geringste, dem Sinne Christi am angemessensten sein. Jedoch auch diese in der Einehe liegende Koncession soll nichts Neues sein. Vielmehr macht sich Tertullian anheischig, ihr Alter und ihre christliche Eigenthümlichkeit aus der heiligen Schrift nachzuweisen, woraus folge, daß der Paraklet die Einehe nicht sowohl einführe, als wiederherstelle [2]). In diesen

1) De monog. 1: Haeretici nuptias auferunt, psychici ingerunt; illi nec semel, isti non semel nubunt.

2) De monog. 4: Evolvamus communia instrumenta scripturarum pristinarum. Hoc ipsum demonstratur a nobis, neque novam neque extraneam esse monogamiae disciplinam, imo et antiquam et propriam Christianorum, ut *paracletum restitutorem potius sentias eius, quam institutorem.* Damit stimmen überein Athenagoras (Legat. 33): *Τὸ ἐν παρθενίᾳ καὶ εὐνουχίᾳ μεῖναι μᾶλλον παρίστησι τῷ θεῷ. — ὁ δεύτερος γάμος εὐπρεπής ἐστι μοιχεία.* Theophilus (ad Autolyc. III, 15): *Παρ' οἷς (τοῖς χριστιανοῖς) σωφροσύνη πάρεστιν, ἐγκράτεια ἀσκεῖται, μονογαμία τηρεῖται, ἁγνεία φυλάσσεται.* Irenäus (III, 17, 2): Samaritana praevaricatrix, quae in

Worten ist der reaktionäre Charakter des Montanismus auf eine bestimmte Formel gebracht, welche uns in den Schriften Tertullians über das Märtyrerthum und das Fasten nicht begegnete, mit welcher aber die Methode seines Schriftbeweises und einzelne Aeußerungen in denselben vollständig übereinstimmen. Der nun folgende Schriftbeweis berührt sich in den meisten Punkten mit dem im Buche de exhortatione castitatis geführten. Zur Einehe verpflichtet das Beispiel des ersten Paares, weil in Christus alle Dinge auf den ursprünglichen Zustand zurückgeführt werden (de monog. 5; de exh. cast. 5). Die Vielweiberei des Abraham soll nicht als maaßgebend angesehen werden können, einmal, weil die Regel: crescite et multiplicamini, nicht mehr gelten kann, wo es heißt: tempus iam in collecto est (de exh. cast. 6); dann weil Abraham nach dem paulinischen Grundsatz nur als Glaubender Muster der Christen ist, nicht aber nach dem Zeitpunkt seiner Beschneidung, mit welcher seine Vielweiberei zusammentrifft (de monog. 6). Dagegen wird aus dem mosaischen Gesetz die vorgebliche Bestimmung über die Einehe der Priester auf alle Christen übertragen [1]). Das neue Testament bietet dem Tertullian verschiedene direkte und indirekte Empfehlungen und Beispiele der Monogamie, jedoch machte ihm der Widerspruch, der in den Aeußerungen des Paulus sich darbot, manche Schwierigkeit. In der Schrift de monogamia 14 entscheidet er sich dahin, daß es im Wesen der neuen Prophetie liege, daß sie über die Nachsicht des Apostels hinausgehe, da sie das Recht dazu habe. In der andern Schrift löst er diesen Widerspruch aus den Aeußerungen des Apostels selbst auf eine feine Weise. Die Erlaubniß zur zweiten Ehe giebt Paulus als Mensch, bei dem Vorzuge jedoch, den er der Monogamie er-

---

uno viro non mansit, sed fornicata est in multis nuptiis. Clemens (Strom. III, 12, 82) erklärt die zweite Ehe zwar nicht für Sünde, aber doch für einen Mangel christlicher Vollkommenheit, und verheißt der Enthaltung von der zweiten Ehe himmlischen Preis. Vgl. Hermae Pastor Mand. 4, 4.

1) De exh. cast. 7. De monog. 7: Certe sacerdotes sumus a Christo vocati, monogamiae debitores, ex pristina dei lege, quae nos tunc in suis sacerdotibus prophetavit.

theilt, beruft er sich auf den heiligen Geist (1 Kor. 7, 40) das heißt, auf dasselbe Princip, welches in den neuen Propheten fortwirkt [1]). Diese Beweisführung giebt uns wieder Proben, davon, wie wenig der Montanismus im Stande ist, seine Offenbarungstheorie wenigstens an dem festgehaltenen Unterschiede zwischen dem alten und dem neuen Testament zu bewähren. Während Tertullian die Vielweiberei der Patriarchen bei Seite setzt, als einer überwundenen Offenbarungsstufe angehörig, benutzt er das mosaische Priestergesetz für seinen Zweck, weil nichts dagegen sei, von den alten Vorbildern das anzuerkennen, was mit seinen eigenen Tendenzen übereinstimme [2]). Dies ist ein deutlicher Beweis dafür, wie wenig der Montanismus sich in Wirklichkeit von dem Standpunkt des Katholicismus entfernte, welchen Tertullian mit den Worten bezeichnet: Ecclesia legem et prophetas cum evangelicis et apostolicis scriptis miscet (de praescr. haer. 36). Also nicht eine neue Sittengesetzgebung, sondern nur die Durchführung der alten, in beiden Testamenten niedergelegten Gesetzgebung ist die Absicht des Montanismus auch in Betreff der Monogamie.

Wir haben oben aus Tertullians Munde vernommen, daß die Verpflichtung zur Monogamie, welche der Paraklet ausspricht, im Verhältniß zu dem von Christus und Paulus gegebenen Beispiele als Inkonsequenz, als Koncession anzusehen sei. Deßhalb führt ihn die Konsequenz des asketischen Princips dahin, die volle Virginität viel höher zu stellen, als die Monogamie [3]); er ist, so zu sagen, als Mensch parakletischer als der Paraklet selbst. Dies zeigt sich denn auch in dem harten Urtheil, das aus der Auffassung der Ehe als sinnlicher Geschlechtsgemein-

1) De exh. cast. 4: Cum veniam facit, prudentis hominis consilium allegat, cum continentiam indicit, spiritus sancti consilium affirmat.

2) De exh. cast. 7: Cur de pristinis exemplis non ea potius agnoscamus, quae cum posteris communicant disciplinam, et formam vetustatis ad novitatem transmittunt?

3) De exh. cast. 1: Voluntas dei est sanctificatio nostra. — Id bonum — in species distribuo complures. Prima species est virginitas a nativitate, secunda virginitas a secunda nativitate, id est lavacro, tertius gradus superest monogamia.

schaft nothwendig folgte, daß jede Ehe, auch die einmalige, sich von der Unzucht wesentlich nicht unterscheide [1]). Dieser Konsequenz ist denn auch die montanistische Prophetie wenigstens noch in einem Punkte gefolgt, nämlich in der Empfehlung der Virginität für den Klerus. Die Prophetin Priska hat gesagt: „Nur ein heiliger, das heißt, jungfräulicher Diener kann das Heilige recht verwalten. Denn die Reinigkeit stimmt damit überein, und sie sehen Gesichte, und das Antlitz niederbeugend hören sie deutlich verborgene Stimmen heilsamen Inhalts" [2]).

Alle diese Grundsätze, deren idealen Hintergrund wir noch im Zusammenhang mit den übrigen Satzungen des Montanismus zu untersuchen haben, werden auch schon in den nichtmontanistischen Schriften Tertullians ad uxorem berührt. Das erste Buch derselben empfiehlt die Monogamie, das zweite gestattet allerdings die Eingehung einer zweiten Ehe, widerräth aber eine solche mit einem Heiden. Dabei tritt aber die Hochschätzung der Virginität (I, 4), so wie die Ansicht, daß die Ehe ein nothwendiges Uebel sei (I, 3), deutlich genug hervor.

4. Der äußere Anstand. Es liegt in demjenigen Begriff des Gesetzes, unter welchem der Montanismus das Christenthum auffaßte, daß die Fragen, ob ein Christ einen Kranz tragen dürfe, und ob die Jungfrauen in den Gemeindeversammlungen verschleiert erscheinen sollen, mit derselben Strenge behandelt werden, wie die in die Lebensordnung so tief eingreifenden Institutionen der Ehe und des Fastens, und die Pflicht des Märtyrerthums. Da der Paraklet mit derselben Genauigkeit auch über jene Fälle des äußern Anstandes entscheidet, so wid-

---

1) De exh. cast. 9: Leges videntur matrimonii et stupri differentiam facere, per diversitatem illiciti, non per conditionem rei ipsius. Alioquin quae res et viris et feminis omnibus adest, ad matrimonium et stuprum? commixtio carnis scilicet, cuius concupiscentiam dominus stupro adaequavit. Ergo, inquis, iam et primas, id est unas nuptias destruis? Nec immerito, quoniam et ipsae ex eo constant, quod est stuprum.

2) De exh. cast. 11: Per sanctam prophetidem Priscam ita evangelizatur, quod sanctus minister sanctimoniam noverit ministrare. Purificantia enim concordat, et visiones vident, et ponentes faciem deorsum etiam voces audiunt manifestas, tam salutares, quam et occultas. Vgl. Neander, Antignostikus S. 245; Schwegler S. 61.

met auch Tertullian der Vertheidigung dieser Entscheidungen denselben Eifer, der in allen seinen Streitschriften hervorbricht. Dieser Eifer verräth uns aber gerade in den hiehergehörigen Schriften de virginibus velandis und de corona militis mehr als irgendwo anders den eigentlichen Charakter der montanistischen Gesetzgebung im Verhältniß zur bestehenden Sitte. In der erstern Schrift entwickelt Tertullian ausführlicher, als sonst, die Stellung des Paraklet zu Christus, das Verhältniß der neuen Disciplin einmal zu dem feststehenden Dogma, dann zu der traditionellen Gewohnheit, und geht mit der Behauptung zu seinem Gegenstand über: Paracletum qui audierunt, usque nunc, non olim prophetantem, virgines contegunt [1]. Daß die Uebereinstimmung dieser Anordnung mit der Schrift nachgewiesen werde, versteht sich von selbst; es wird deßhalb der Beweis geliefert, daß die Anordnung des Apostels (1 Kor. 11, 5 f.), daß die Weiber sich verschleiern sollen, auch auf die Jungfrauen zu beziehen sei [2]. Diesem Beweise ist aber ein Abschnitt vorausgeschickt, in welchem Tertullian sich ausführlich auf die mit der Forderung des Paraklet übereinstimmende schon vorhandene Gewohnheit beruft [3]. Dies beweist nicht nur wiederum, daß der Montanismus nicht lauter neue Bestimmungen über die Sitte erläßt, sondern sogar, daß die wenigstens von ihm in Anspruch genommene Ausführung der alten Gesetze [4]) keineswegs durchgängig der herrschenden Sitte entgegengesetzt ist." In unserem Falle nämlich berührt sich die vorgeblich alle Gewohnheit über-

---

1) De virg. vel. 1. fin. Cap. 17: Nobis dominus etiam revelationibus velaminis spatia metatus est. Nam cuidam sorori nostrae angelus in somnis cervices, quasi applauderet, verberans, elegantes, inquit, cervices et merito nudae; bonum est usque ad lumbos a capite veleris, ne et tibi ista cervicum libertas non prosit, et utique, quod uni dixeris, omnibus dixeris.

2) Ibid. 4—8. Vgl. darüber auch de oratione 16. 17.

3) Ibid. 2: Nolo interim hunc morem veritati deputare, consuetudo sit tantisper, ut consuetudini etiam consuetudinem opponam. Per Graeciam et quasdam barbarias eius plures ecclesiae virgines suas abscondunt. Est et sub hoc coelo institutum istud alicubi, ne quis gentilitati graecanicae aut barbaricae consuetudinem illam adscribat.

4) Ibid. 16: Scriptura legem condit, disciplina exigit.

bietende Neubildung der Sitte durch den Paraklet mit einer schon weit verbreiteten Gewohnheit, welche deßhalb nur anzuerkennen war [1]), deren faktische Anerkennung jedoch den specifischen Charakter des Montanismus sehr zu beeinträchtigen scheint.

Bei dem Verbot, einen Kranz zu tragen, war der Montanismus durch seine Verpflichtung zum Märtyrerthum interessirt. Es lag der Fall vor, daß ein christlicher Soldat bei einem Feste unter seinen bekränzten Kameraden allein ohne Kranz auf dem Haupte erschienen, daran als Christ erkannt und gefangen gesetzt worden war. Sein Verfahren hatte unter den Christen Mißbilligung gefunden; Tertullian aber vertheidigt es aus derselben Tendenz, welche sich in der Verpflichtung zum Märtyrerthum ausspricht, aber wodurch? Durch die Gewohnheit, welche in dieser Hinsicht hergebracht war [2]). Eine Schriftauktorität war nicht vorhanden, ein bestimmter Prophetenausspruch, der die Tradition hätte bestätigen können, wahrscheinlich auch nicht, denn sonst hätte Tertullian denselben mitgetheilt; deßhalb begründet er die Gültigkeit jener durch die Schrift nicht festgestellten Observanz auf eine ganze Reihe von Beispielen derselben Art, welche ihm das Gemeindeleben darbot. Dieser Fall unterscheidet sich von dem vorher besprochenen wesentlich, da die Verschleierung der Jungfrauen eine, sei es richtig oder unrichtig gebrauchte, Schriftauktorität, und daneben nur eine partielle Observanz für sich hatte, während hier eine offene Kapitulation des an und für sich antitraditionellen Montanismus mit der Tradition stattfindet. Folgerecht mußte derselbe alle jene von Tertullian angeführten Gebräuche entweder ausdrücklich durch prophetische Aussprüche bestätigen, oder dieselben abschaffen. Geschah Keines von Beidem, so erkennen wir daran, daß die Neugestaltung der Disciplin durch den Paraklet nur eine partikulare war, d. h. sich nur in solchen Fällen bewies, in denen

1) De virg. vel. 2: Non possumus respuere consuetudinem, quam damnare non possumus.

2) De cor. mil. 2: Habemus observationem inveteratam, quae praevenicndo statum fecit. Hanc si nulla scriptura determinavit, certe consuetudo corroboravit, quae sine dubio de traditione manavit.

gerade verschiedene Ansichten sich geltend machten, dagegen diejenigen Gebräuche unangetastet ließ, welche aus irgend welchem Grunde nicht Gegenstand des Streites geworden waren. In jenen Fällen nun, welche eben darum schwankend wurden, weil sich an ihnen eine Veränderung der Sitte vollzog, tritt der Montanismus reaktionär auf, und in der strengen Durchführung der alten Sitte haben wir bisher seinen specifischen Charakter erkannt. Indem aber dies nur in einzelnen Punkten, der Sache nach, stattfinden konnte, so zeigt sich daran, daß der Montanismus nicht eine absolute, sondern nur eine relative, durch die Verhältnisse, unter denen er entstand, wesentlich bedingte Gestaltung ist. Da eine Reaktion immer abhängt von dem Maaße der Entwickelung, gegen welche sie auftritt, und die Punkte, welche nicht in die Entwickelung hineingezogen werden, ebenfalls unberührt läßt, so giebt sich auch der Montanismus fälschlich für einen absolut neuen Anfang, oder für eine neue Offenbarungsstufe aus. Wäre der Montanismus in seinem Charakter als neue Disciplinargesetzgebung, oder als Vollziehung der von Christus herrührenden Disciplinargesetzgebung, eine neue Offenbarungsstufe, so hätte er keinen einzigen in der Kirche geltenden Gebrauch bestehen lassen, oder ohne ausdrückliche Bestätigung anerkannt [1]).

Die Reaktion auf dem Gebiete der christlichen Sitte, welche sich bis jetzt als das Wesen des Montanismus dargestellt hat,

1) Auf diesem Punkte möchte es passend sein, eine Stelle von Origenes anzuführen, welche sich auf nichts Anderes, als auf den Montanismus beziehen kann, und gewissermaßen mit unserem Urtheile über denselben übereinstimmt. De principiis II, 7, 3: Aliis praebetur per spiritum sermo sapientiae, aliis sermo scientiae, aliis fides et ita per singulos, qui eum capere possunt, hoc efficitur vel hoc intelligitur ipse spiritus, quo indiget ille, qui eum participare meruerit (1 Cor. 12, 8). Quas divisiones ac differentias non advertentes hi, qui eum Paracletum in evangelio audiunt nominari, neque considerantes, ex quo opere vel acto Paracletus nominetur, *vilibus eum nescio quibus spiritibus compararunt*, et per hoc *conturbare* conati sunt *ecclesias Christi*, ita ut *dissensiones fratribus non modicas* generarent. . . . Pro imperitia sui intellectus, *minora quam dignum est de eius divinitate sentientes*, erroribus se ac deceptionibus tradiderunt, erratico magis spiritu depravati, quam *sancti spiritus institutionibus eruditi*, secundum quod apo-

ist nicht gegen ein Princip, sondern nur gegen einzelne Abweichungen von dem allgemein anerkannten Princip gerichtet. Die Askese, welche auf der Anschauung von dem schlechthin ausschließenden Verhältnisse zwischen Geist und Fleisch beruht, und die Flucht vor der Welt, in welcher sich der Gedanke von der Unvereinbarkeit der göttlichen Zwecke und des Lebens in der Welt verwirklicht, sind der gemeinsame Charakter der montanistischen und der allgemein christlichen Sitte jener Zeit. Tertullian hat, ehe er die neue Prophetie anerkannte, und deren ausdrückliche Forderungen vertheidigte, in vielen Schriften dieselben Grundsätze verfochten. Die Gleichheit seiner Ansichten über die Ehe in den beiden Perioden seines Lebens ist erwähnt. Die Freudigkeit zum Märtyrerthum leitet er beidemale aus der nothwendigen Unterwerfung des Fleisches unter den Geist ab (ad martyres 4, de fuga 8), der sich aus der Welt, wie aus einem Gefängnisse herauswünscht [1]). Wenn er als Montanist sich gegen die Bekränzung auch darum erklärt, weil sie durch ihren Gebrauch bei heidnischen Festen den Menschen in Beziehung zum Teufel setze, so ist dies auch der Grund, weßhalb er vorher den Weibern den Putz, und den Christen die Theilnahme an Schauspielen verboten hatte (de cor. mil. 7. 10; de cultu feminarum I, 2, II, 11; de spectaculis 7). Bei dem Streit über das Fasten handelt es sich nur um ein Mehr oder Minder, während das asketische Princip, den Geist frei zu machen, indem die Pflege dem Leibe entzogen wird (de ieiun. 8. 12), beiden Formen gleichmäßig zum Grunde liegt.

Wenn also die nur auf wenige Punkte beschränkte Reak-

---

stolus dixit (1 Tim. 4, 1. 2): Doctrinam spirituum daemoniorum sequentes prohibentium nubere ad ruinam et interitum multorum, et importune se abstinere a cibis, ut per *ostentationem acrioris observantiae* seducant animas innocentum. Hier ist sehr richtig die Unangemessenheit der montanistischen Institutionen zu dem Principe aller Offenbarung, dem h. Geiste hervorgehoben. Uebrigens bezeugt auch Tertullian (de ieiun. 2), daß die Gegner der Montanisten jene Stelle aus dem Timotheusbriefe auf die Montanisten gedeutet hätten.

1) Ad mart. 2: Si recogitemus, ipsum magis mundum carcerem esse, exisse vos e carcere, quam in carcerem introisse intelligimus.

tion des Montanismus weder ein neues Princip aufstellt, noch auch so ganz antitraditionell ist, als sie zuerst erschien, so leuchtet ein, daß der Unterschied des Montanismus von dem übrigen Gebiete der christlichen Kirche, so weit wir ihn bisher kennen gelernt haben, nur als ein quantitativer anzusehen ist. Die Tendenz der sittlichen Strenge, welche die Partei der neuen Propheten verfolgte, ist derselben nicht in der Art eigenthümlich, daß außerhalb ihrer nur die sittliche Schlaffheit Geltung gehabt hätte; sondern Tertullians Schriften bieten Beweise genug dafür, daß nicht die neuen Propheten allein strengere Grundsätze der Sitte in der Kirche vertraten. Dagegen unterliegt es keinem Zweifel, daß in der Kirche im Allgemeinen unter der Leitung des Klerus eine Verweltlichung des christlichen Lebens sich vollzog, welche eben die Reaktion der neuen Propheten hervorrief. Für diese und ihre Partei war die Erwartung des Weltendes das Hauptmotiv zur Schärfung der sittlichen Forderungen [1]). Ihr Princip war, daß der Christ mit der Welt brechen müsse, weil die Welt am Rande des Unterganges sei. Aber auch dies Motiv ist nicht so charakteristisch für die Partei der neuen Propheten, daß es nicht von Tertullian schon vor seinem Uebergang zu derselben gegen die Ehe geltend gemacht worden wäre (ad uxorem I, 5). Die Erwartung der Parusie ist ja ferner ein Element des allgemeinen Glaubens der Kirche und wird von allen Kirchenlehrern jener Zeit bezeugt. Allein es ist kein geringer Unterschied wahrzunehmen, wenn einerseits, neben dem Glauben an das Ende der Geschichte, die Kirche in solchen Formen gestaltet wird, welche auf eine lange Geschichte berechnet sind, und wenn andererseits der Glaube an das Ende der Geschichte durch die Personen der ekstatischen Propheten eine unmittelbar anschauliche Gewalt gewann. Die Grundsätze sittlicher Strenge und die Erwartung des Weltendes sind in der Hand der Montanisten nichts weniger als unerhörte Neuigkeiten, sondern sie sind die Grundlagen der altchristlichen Weltanschauung. Sie be-

1) Vgl. Baur, Das Wesen des Montanismus. In den Theol. Jahrbüchern 1851. Heft 4. S. 538—594, besonders S. 560 ff.

stimmen nur darum die Physiognomie einer besondern Partei, weil die Kirche mit der innerlichen Gleichgültigkeit gegen die eschatologische Erwartung einer Erschlaffung der Sitte Raum gegeben hatte. Eine Reaktion der sittlichen Strenge war naturgemäß auf die Belebung der eschatologischen Erwartung angewiesen; und daß Propheten auftraten, welche in jenem Sinne redeten, ist deßhalb nichts Auffallendes.

Zwischen den Montanisten und der Kirche steht es also nicht so, als ob die Richtung jener Partei in einem an sich widerchristlichen Elemente wurzele. Sondern das Gegentheil ist der Fall; und der sittliche Geist in der Kirche, welcher die montanistische Reaktion hervorrief, war in einer unverkennbaren Abwendung von den ursprünglichen Aufgaben begriffen. Auch die Mittel, mit welchen jene Reaktion durchgeführt werden sollte, waren an sich nicht widerchristlich. Aber die Kombination dieser Mittel ist in einer bedenklichen Weise geschehen. Einmal liegt in der gesetzlichen Kleinmeisterei, welche die neuen Propheten leitet, keine Kraft sittlicher Erhebung und Erneuerung; dann liegt in der Prätension, eine neue Offenbarung darzustellen, eine schwere Selbsttäuschung; und endlich reicht die Schärfung der eschatologischen Erwartung auf die Länge nicht aus, um auch die an sich richtigsten Grundsätze zu empfehlen. Durch jene Eigenthümlichkeiten qualificirte sich die Richtung der Montanisten nicht zur Herrschaft in der Kirche. Umgekehrt aber folgt die Kirche mit ihrer disciplinarischen Weitherzigkeit einem durch die Geschichte gerechtfertigten Triebe, geschichtliche Macht in der Welt zu werden, wenn auch auf Kosten mancher Güter ihrer ursprünglichen Ausstattung.

Eine schwere Krisis der christlichen Kirche stellt sich in diesen Gegensätzen dar. Die alten Grundsätze der Sitte sind in der Hand einer Partei von apartem und unheimlichem Gepräge; die Kirche dagegen ist in einer Abweichung von ihrer ursprünglichen Richtung begriffen, ohne daß das Ziel derselben in deutlicher Gestalt schon in den Gesichtskreis getreten wäre. Nach dem Rechte der frühern Epoche ließe sich unmöglich zu Gunsten der einen oder der andern Richtung entscheiden. Aber zur richtigen

Würdigung der bezeichneten Sachlage gehört, daß die beiden Gegensätze, die bezeichnet sind, nicht so nackt einander gegenüber gestanden haben können, daß nicht in der von den neuen Propheten unabhängig bleibenden Kirche eine analoge Richtung sittlicher Strenge, vielleicht in mannigfacher Abstufung vertreten gewesen wäre. Denn die gleichen Tendenzen sind sowohl vor als auch nach der Epoche des Montanismus innerhalb der Kirche rege gewesen. Die sittliche Strenge an sich ist nicht nothwendig schismatisch; die schismatische Stellung der neuen Propheten ist also durch die bisher erörterten Merkmale noch nicht erklärt. Es bedarf vielmehr noch der Ermittlung anderer specifischer Merkmale, um die ganze Eigenthümlichkeit des Montanismus zu erkennen.

Vorher aber ist ein Bedenken zu erledigen, welches von Hauber[1]) gegen Schwegler erhoben ist, und welches auch unsere bisherige Untersuchung trifft. Hauber meint, Schwegler habe in der Annahme geirrt, daß Tertullian der eigentliche Repräsentant des Montanismus gewesen sei, während er doch nur ein mehr zufälliger Anhänger desselben wäre[2]). Als Begründung dieses Urtheils darf man wohl folgende Aeußerung ansehen: „Tertullian vermag, und dies ist gewiß ein Zeichen seines freiern Verhaltens zur montanistischen Sekte, durchaus nicht bei seinen Behauptungen sich mit den neuen Prophetenstimmen zu beruhigen, sondern es ist ihm beständiges Bedürfniß, in die frühere Zeit zurückzugehen, und für seine Einehe bald aus dem Paradiese, bald aus den Patriarchen, Priestern u. s. w. Bestätigung, und bei Jesus und den Aposteln theils Bestätigung theils Entschuldigung zu suchen"[3]). Diese Beobachtung ist ganz richtig, ja wir können sogar noch einen schärfern Widerspruch Tertullians gegen die Grundanschauung des Montanismus nachweisen, in seiner Formel: paracletus restitutor potius, quam in-

1) Tertullians Kampf gegen die zweite Ehe, ein Beitrag zur christlichen Sittengeschichte; in den Studien und Kritiken 1845. S. 607—662.

2) A. a. O. S. 608.

3) A. a. O. S. 616.

stitutor disciplinae (de monog. 4). Denn hierin ist ja ausdrücklich geleugnet, daß die Offenbarung des Paraklet neuen Inhalt habe. Dennoch können wir Haubers Folgerung nicht beistimmen. Denn der Widerspruch findet nicht zwischen Tertullian und dem Montanismus statt, sondern fällt in Tertullian selbst hinein. Es läßt sich ja nicht verkennen, daß Tertullian den Offenbarungen des Paraklet die vollste Anerkennung schenkt, und in der Schrift, welcher die oben angeführte Formel entlehnt ist, bekennt er sich vorher zu dem eigentlich montanistischen Grundsatze: paracletus novae disciplinae institutor (cap. 2). Wie würde er denn also diesen Standpunkt in allen hieher gehörigen Schriften einnehmen, wenn er nicht hauptsächlich Montanist wäre? Darum kann ebensowenig darüber ein Zweifel entstehen, daß er vorherrschend Repräsentant des Montanismus ist, als man freilich die mit der andern Formel übereinstimmenden Anschauungen nur dem Tertullian, und nicht dem Montanismus anrechnen darf. Wie ist nun aber dieser Widerspruch zwischen seinen eigenen Aussprüchen zu erklären? Ich meine daraus, daß Tertullian der theologische Apologet des Montanismus ist, dem freilich seiner ganzen Natur und seinem Ursprunge nach das theologische Element fremd ist. Nur aus dieser Eigenthümlichkeit ist einerseits zu erklären, daß die Ekstase bei den Urhebern und den hervorragenden Trägern der Richtung als Hauptsache sich darstellte, und andererseits, daß dieselben ihre Disciplinargebote für eine neue Offenbarung halten konnten, während sie in Wirklichkeit nicht eine solche waren. Es ist daher nur aus Tertullians persönlicher Disposition zu erklären, daß er als Theolog Montanist wurde, und daß er selbst den Widerspruch zwischen der Anerkennung der neuen Prophetie und seinen apologetischen Schriftbeweisen nicht gewahr wurde. Deßhalb ist er nun aber doch, mit Abrechnung jener theologischen Elemente, als Repräsentant des Montanismus zu betrachten; und, da wir so wenig andere zuverlässige Berichte haben, sind seine Schriften als Hauptquellen der Geschichte des Montanismus anzusehen und ferner zu benutzen. Zugleich sind aber auch seine Apologieen des Montanismus eine unschätzbare Handhabe zur Kritik dieser Richtung, da sich an ihnen die vorgeblich neue Offenbarung erproben läßt. Wir haben ja gesehen, daß Tertullian selbst die neue Offenbarung nur als partikulare Reaktion auf dem Gebiete der christlichen Sitte zu rechtfertigen weiß. Sie kann also auch wirklich nicht mehr gewesen sein, als eben dies. Tertullian nimmt also freilich eine zweideutige Stellung ein, aber ihm selbst unbewußt. Denn hätte er sie eingesehen, so würde er entweder dem Montanismus entsagt, oder sich der Theologie entäußert haben.

C. Die Sittenzucht.

Da der Montanismus die Durchführung des von ihm, sei es als neu ausgesprochenen, oder nur wiederholten, Sittengesetzes bezweckt, so traten neben die verschärften positiven Forderungen die negativen beschränkenden Bestimmungen über die Buße. Aus der Heiligkeit der Gemeinde wird gefolgert, daß jede Todsünde die Zugehörigkeit zu derselben absolut aufhebe, und daß die Vergebung derselben nicht für die Kirche stattfinden dürfe, sondern allein Gott anheimzustellen sei [1]). Die Buße, das heißt die Sinnesänderung für solche Sünden wünschte natürlich der Montanismus, verweigerte aber den Büßenden die Wiederaufnahme in die Gemeinde, und machte nur auf Annahme derselben bei Gott Hoffnung [2]). So allein schienen der Kirche ihre Prädikate vera, pudica, sancta, virgo gesichert zu sein. Tertullians Schrift de pudicitia, in welcher die montanistischen Grundsätze über die Buße entwickelt werden, ist gegen das Edikt eines römischen Bischofs gerichtet, in welchem derselbe die Buße für Ehebruch und Unzucht anzuerkennen verspricht [3]). An diesem Gegensatze werden wir uns die Eigen-

1) De pud. 18. fin.: Poenitentia veniam consequi poterit maioribus et irremissibilibus delictis a deo solo.

2) De pud. 19: Sane agat poenitentiam, sed in finem moechiae, non tamen et restitutionem consecutura. Haec enim erit poenitentia, quam et nos deberi quidem agnoscimus multo magis, sed de venia deo reservamus.

3) De pud. 1: Audio edictum esse propositum et quidem peremtorium. Pontifex scilicet maximus, episcopus episcoporum, edicit: Ego et moechiae et fornicationis delicta poenitentia functis dimitto.

thümlichkeiten des montanistischen Grundsatzes anschaulich machen, und danach entscheiden können, wie sich der Montanismus zur katholischen Sitte verhält, und ob der Anspruch auf Neuheit ihm in diesem Punkte bestätigt werden kann.

Im Verhältniß zu der Sitte der zweiten Buße in der katholischen Kirche ist die Leugnung derselben durch den Montanismus jedenfalls etwas Neues. Allein der Gegensatz kann nicht so total gewesen sein, als es nach der oben (S. 371) angeführten Stelle aus der Schrift de poenitentia scheint. Denn Tertullian erwähnt in montanistischen Schriften ausdrücklich, daß Todtschlag und Abfall zum Götzendienst auch bei seinen Gegnern überhaupt keine Vergebung fände, daß also auch sie die zweite Buße für diese Sünden nicht anerkannten[1]). Hiemit stimmt die Stelle de poenitentia 7 insofern überein, als auch in ihr nicht angedeutet ist, daß der Mord in der Gemeinde Vergebung finde. Die Abweichung findet also nur in Hinsicht des Abfalls vom Christenthume statt; und wir müssen annehmen, daß sich in diesem Punkte keine feste Observanz gebildet haben wird, ehe der Montanismus auftrat. Dagegen wird die von Tertullian de poenitentia erwähnte Zulassung der Fleischessünden zur Buße durch den Hirten des Hermas bestätigt. Um diese handelt es sich nun gerade zwischen Tertullian, dem Montanisten, und dem römischen Bischof. Die Neuerung ist aber nicht nur auf der Seite Jenes, sondern sie wird offenbar von Beiden begangen. Von der Observanz, daß die Fleischessünden zur zweiten Buße zuzulassen sind, weicht der Montanist ab, indem er jede Buße leugnet; von ihr weicht aber auch der römische Bischof ab, indem er die Buße für jene Vergehen ohne Einschränkung auf ein einziges Mal gestattet. Tertullian sucht zwar einen Vortheil gegen den römischen Bischof zu gewinnen, indem er gegen denselben

1) De pud. 12.: Neque idololatriae neque sanguini pax ab ecclesiis redditur. Cf. cap. 5. 22. — De monog. 15: Qui exprobrant nobis duritiam, vel haeresin in hac causa, si in tantum fovent carnis infirmitatem, ut in nubendo frequenter sustinendam putent, cur illam in alia causa neque sustinent, neque fovent, cum tormentis expugnata est in negationem? — Sed illam quidem a communicatione depellunt, quia non sustinuit in finem, hanc vero suscipiunt, quasi et haec sustinuerit in finem.

an die ursprüngliche christliche Zucht appellirt, aber der Umweg, den er macht, beweist deutlich genug, wie wenig er sich im Einklang mit der Observanz weiß [1]).

Die zweite Differenz betraf die Frage, wer als Inhaber der Schlüsselgewalt anzusehen sei. Der römische Bischof, indem er jene Sünden zu vergeben versprach, that dies offenbar in Hinsicht auf seine Stellung als Nachfolger der Apostel. Diesem Anspruch setzte Tertullian folgende Theorie entgegen [2]). Es ist zwischen der Lehrbefugniß und der persönlichen Machtvollkommenheit der Apostel zu unterscheiden. Das Recht, Sünden zu vergeben, gehört zu ihrer Machtvollkommenheit, ebenso wie ihre Wunderkraft. In der Handhabung dieser unmittelbar göttlichen Vorrechte sind sie Nachfolger der Propheten. Diese Merkmale der persönlichen Machtvollkommenheit, Prophetie, Wunderkraft

---

1) De pud. 1: Moechis et fornicatoribus veniam pollicentur, adversus principalem christiani nominis disciplinam, quam ipsum quoque seculum usque adeo testatur, ut si quando eam in feminis nostris inquinamentis potius carnis, quam tormentis punire contendat, id volens eripere, quod vitae anteponunt.

2) De pud. 21: Excerno inter doctrinam apostolorum et potestatem. — Itaque, si et ipsos beatos apostolos tale aliquid indulsisse constaret, cuius venia a deo non ab homine, competeret non ex disciplina (= doctrina), sed ex potestate fecisse. Nam et mortuos suscitaverunt, quod deus solus, et debiles redintegraverunt, quod nemo nisi Christus, imo et plagas inflixerunt, quod noluit Christus. — Sic et prophetae caedem et cum ea moechiam poenitentibus ignoverant, quia et severitatis documenta fecerunt. Exhibe igitur et nunc mihi, apostolice, prophetica exempla et agnoscam divinitatem, et vindica tibi delictorum eiusmodi remittendorum potestatem. Quodsi disciplinae solius officia sortitus es, nec imperio praesidere, sed ministerio, quis aut quantus es indulgere? qui neque prophetam nec apostolum exhibens, cares ea virtute, cuius est indulgere. Sed habet, inquis, potestatem ecclesia delicta donandi? Hoc ego magis et agnosco et dispono, qui ipsum paracletum in prophetis novis habeo dicentem: Potest ecclesia donare delictum, sed non faciam, ne et alia delinquant. — Ergo spiritus veritatis potest quidem indulgere fornicatoribus veniam, sed cum plurium malo non vult. De tua nunc sententia quaero, unde hoc ius ecclesiae usurpes, si quia dixerit Petro: Super hanc petram aedificabo ecclesiam meam, tibi dedi claves regni coelestis, — idcirco praesumis et ad te derivasse solvendi et alligandi potestatem? qualis es evertens atque commutans manifestam domini intentionem, personaliter hoc Petro conferentem? — Secundum Petri personam spiritalibus potestas ista conveniet aut apostolo aut prophetae. Nam et ecclesia proprie et principaliter ipse est spiritus. — Et ideo ecclesia quidem delicta donabit, sed ecclesia spiritus per spiritalem hominem, non ecclesia numerus episcoporum. Domini enim, non famuli est ius et arbitrium, dei ipsius, non sacerdotis.

Schlüsselgewalt, legitimiren sich gegenseitig. Da nun der Bischof, auf welchen die Lehrbefugniß der Apostel übergegangen ist, weder Proben von Prophetie, noch von Wunderkraft ablegt, so kann er auch nicht Inhaber der Schlüsselgewalt sein. Wenn die Kirche die Schlüsselgewalt führt, so sind deren Träger nicht die Bischöfe, sondern die Nachfolger der Apostel in der persönlichen Machtvollkommenheit, die neuen Propheten. Diese nun, welche das Recht haben, zu binden und zu lösen, halten es für angemessen, die Todsünden nicht zu lösen, wie das von Tertullian angeführte Orakel des Paraklet beweist: „Es kann die Kirche Uebertretung vergeben; aber ich werde es nicht thun, damit sie nicht auch Anderes begehen." Indem also der Episkopat und die Prophetie, das kirchliche Amt und die ausgezeichnete persönliche Begabung sich gegenseitig die Schlüsselgewalt streitig machten, so fragt sich, wessen Anspruch das Recht des Herkommens für sich hatte. Diese Frage läßt sich bestimmt dahin entscheiden, daß weder der Episkopat noch der Montanismus die Tradition für sich haben; vielmehr sind die Ansprüche Beider Neuerungen. Wenn ursprünglich sowohl die Exkommunikation als auch die Wiederaufnahme der Gefallenen in die Kirche von dem Beschlusse der ganzen Gemeinde, und die Vollziehung des letztern Aktes von der Fürbitte derselben abhing, und die Gemeindebeamten sowohl in der Fällung der Ausschließungssentenz, als in dem feierlichen Aussprechen der Fürbitte nebst Handauflegung nur als Repräsentanten der Gemeinde zu handeln hatten (s. o. S. 373 ff.), so liegt in dem Anspruch einzelner Personen, seien es Bischöfe oder Propheten, an jene Funktion, eine klare Abweichung von der althergebrachten und gut bezeugten kirchlichen Sitte. Die Schlüsselgewalt lag auch nicht schon in der kirchlichen Stellung der Bischöfe als Nachfolger der Apostel, wie dieselbe seit der Mitte des zweiten Jahrhunderts sich festgestellt hatte, und namentlich durch Irenäus und Tertullian bezeugt ist. Aus dem Begriff der Nachfolge der Apostel folgte nach diesen Zeugen nur die Lehrauktorität der Bischöfe, aber nichts weiter. Indem nun Tertullian in der Anerkennung dieser Würde des Episkopates vor und nach seinem Uebergange zum Montanismus sich gleich blieb, und nicht etwa als Montanist den Bischöfen ein Recht bestritt, welches er vorher selbst anerkannt hatte, so erkennen wir zunächst in dem Edikt des römischen Bischofs einen Fortschritt der Ansprüche des Episkopates über die bisher erkannte Lehrauktorität desselben, und schließen aus der Methode der Bekämpfung Tertullians, daß dieser Anspruch auf die Schlüsselgewalt ohne wesentliche Mitwirkung der Gemeinde aus einer umfassendern Deutung des Begriffs der apostolischen Succession abgeleitet wurde, als welche demselben ursprünglich beigelegt worden war.

Tertullian erkennt neben der Lehrgewalt des Bischofs in herkömmlicher Weise die Disciplinargewalt desselben in der Gemeinde an [1]). Und indem er dem Bischof die Vollmacht der Sündenvergebung bestritt, meinte er nach dem alten Grundsatze zu verfahren, daß Gott allein berechtigt sei, Sünden zu vergeben (s. o. S. 376). Aber nun erkannte er Gott selbst als gegenwärtig in den neuen Propheten, stellte also bestimmte Menschen als Träger jenes göttlichen Rechtes auf, wenn auch die Unterscheidung der göttlichen Macht im Propheten von dem menschlichen Organe noch so scharf ausgeprägt wurde. Denn die Annahme, daß Gott durch die Propheten die sogenannte Gewalt zu binden und zu lösen ausübe, tritt ebenso wie die entgegenstehende Prätension der Bischöfe der bisher gültigen Observanz entgegen, daß die Gemeinde über Fortdauer oder Aufhebung der Exkommunikation zu entscheiden, und die Sündenvergebung von Gott zu erbitten habe. Es waren nun doch bestimmte Mittler zwischen Gott und den Gemeinden aufgestellt. Daß dieselben durch die grundsätzliche Verweigerung der Vergebung für Todsünden mehr eine Schranke gegen die eingerissene Leichtfertigkeit als die unumgänglichen Vermittler der den Einzelnen nothwendig gewordenen Gnadengüter sein wollten, verändert die Sache im Grunde nicht. Denn neben der durch die Umstände veranlaßten

---

1) In Hinsicht auf Anordnung von außerordentlichem Fasten durch den Bischof sagt Tertullian de ieiun. 13: Itaque si et ex *hominis* edicto et in unum omnes ταπεινοφρόνησιν agitatis etc.

Verweigerung der Sündenvergebung steht die Behauptung aus dem Munde jenes von Tertullian angeführten Propheten, daß die Kirche, nämlich die inspirirten Personen, Sünden vergeben kann, also eines göttlichen Vorrechtes Herr ist.

Der eben dargestellte Gegensatz zwischen den neuen Propheten und den Bischöfen ist direkt nur von Tertullian bezeugt. Die fragmentarischen Mittheilungen über die Montanisten in Kleinasien weisen nicht nach, daß die Propheten kraft der durch sie redenden Gottesmacht die Vergebung der Todsünden suspendirt haben. Die einzige nach Kleinasien gehörende Anspielung auf das Thema der Sündenvergebung scheint im Gegentheil dieselbe als üblich in der Partei der neuen Propheten vorauszusetzen. Apollonius nämlich, der Gegner des Montanismus, beschuldigt die Prophetin Priskilla des Betruges, und einen Montanisten Alexander, der sich für einen Märtyrer ausgebe, der Räuberei, und fragt dann: „Wer wird dem Andern seine Sünden vergeben? die Prophetin die Räubereien dem Märtyrer, oder der Märtyrer der Prophetin die Betrügereien"? (bei Euseb. H. E. V, 18, 4). Wenn diese Aeußerung als ein einfaches geschichtliches Zeugniß angesehen werden müßte, so wäre im kleinasiatischen Kreise der Partei die Schlüsselgewalt von Propheten und Märtyrern anerkannt gewesen, dieselben hätten aber die Sündenvergebung nicht unbedingt verweigert. Darin läge ein bedenklicher Widerspruch gegen das, was bei Tertullian als ein hauptsächlicher Charakterzug jener Richtung erscheint. Aber die Worte des Apollonius sind nicht in jenem Sinne eines direkten geschichtlichen Zeugnisses zu verstehen, da sie offenbar ironisches Gepräge haben. Der Hohn des Gegners hat aber seine eigentliche Schärfe erst unter der Voraussetzung, daß die Montanisten die Sündenvergebung verweigern. Die an sie gerichtete Zumuthung, sich untereinander die Sünden zu vergeben, hat nur dann das Gepräge des Spottes, wenn ein Widerspruch zwischen ihren Grundsätzen und ihrer Praxis vorliegt, wenn sie das Bedürfniß nach Sündenvergebung bei Anderen nicht achten, während sie selbst demselben unterliegen. Wir glauben deßhalb nicht zweifeln zu dürfen, daß auch auf dem ursprünglichen Gebiete der Partei die Verweigerung der

Vergebung für Todsünden als ein besonderes Merkmal ihrer sittlichen Reaktion hervorgetreten ist.

Die Verweigerung der Sündenvergebung zu dem Zwecke der gesetzlichen Heiligkeit aller einzelnen Genossen der Kirche ist eine wesentliche Ergänzung der montanistischen Sittengesetzgebung. Denn da dieselbe nur in quantitativer Weise sich von der in der Kirche nicht ausgestorbenen strengern Disciplin unterschied, so gewinnt die Reaktion der neuen Propheten gegen die disciplinarische Nachsicht in der Kirche ihren specifischen Charakter erst durch die Hinzunahme des negativen Mittels, durch die endgültige Ausschließung Aller, die eine Todsünde begangen hatten, aus der Gemeinde. Indem aber die neuen Propheten über diese Maaßregel frei und nach den Umständen verfügen zu können erklären, so findet die montanistische Richtung ihre Spitze in dem Gegensatz gegen die durch neue Attribute sich verstärkende Episkopalgewalt. Es ist zu eng, wenn Hauber[1]) den Montanismus für „das häretische Produkt einer asketischen Krisis in der alten Kirche" erklärt. Zuerst ist der Montanismus im engern Sinne nicht häretisch, da er dogmatisch rechtgläubig ist; und wenn er später in die Stellung einer Häresie gedrängt wurde, so ist er lange Zeit als kirchliche Partei wirksam gewesen, weil seine Wurzeln durchaus christlich sind. Dann bezeichnet die Richtung allerdings eine Krisis der christlichen Kirche; aber diese findet nicht blos in Hinsicht des Rechtes der Askese statt, sondern bezieht sich auf die Frage, ob die Sitte des Christenthums weltförmig werden dürfe, oder auf das Ende der Welt berechnet sein müsse. Wenn aber endlich der Montanismus häretisch geworden ist, so hängt dies von seinem schismatischen Triebe ab. Derselbe erscheint nun in der Entgegenstellung der neuen Propheten gegen die Bischöfe. An diesem Punkte aber zeigt sich, daß die vom Montanismus bezeichnete Krisis der sittlichen Weltanschauung sich zu einer Krisis der Verfassung der katholischen Kirche zuspitzt; und nur

---

1) A. a. O. S. 656.

an dieser Bedingung hängt die specifische Stellung, welche die Partei der Kirche gegenüber einnahm.

Dieser Gegensatz in der Verfassung gründet sich aber nicht nur auf eine Neuerung, nämlich daß die Montanisten die neuen Propheten für sich als Inhaber der Schlüsselgewalt aufstellten, sondern es erscheint in demselben auch die entschiedene Tendenz auf Schisma. Obgleich sich die Montanisten durch ihre Rechtgläubigkeit mit der Kirche verbunden wissen (s. o. S. 478), so bedingt freilich der Widerspruch, der den neuen Propheten entgegentrat, daß deren Partei sich von den Mitgliedern der Gemeinden zurückzog, welche den Grundsätzen der neuen Offenbarung nicht folgten. Aber nachdem die Montanisten in dieser Weise gegen ihre Absicht Schismatiker geworden waren, haben sie ihren Anspruch, die wahre Kirche zu sein, in einer vollkommen unberechtigten Weise gegen die episkopale Partei fixirt. Obgleich Tertullian im kirchlichen Sinne richtig anerkennt, daß der Besitz des heiligen Geistes vom Glauben abhängt (de anima 1), so unterscheidet er doch im Interesse seiner Partei zwischen spiritalis und fidelis (de ieiun. 11). Spiritalis homo ist zunächst derjenige, welcher die Gabe der ekstatischen Prophetie hat (de pud. 21. fin.), dann aber auch derjenige, welcher dieselbe als neue Offenbarung anerkennt, der Montanist (de ieiun. 16; de monogam. 1). In dieser Anmaßung heißen die Anhänger der Bischöfe Gegner des Geistes (non recipientes spiritum; de monog. 1), Menschen der bloßen Seele und des Fleisches (homines solius animae et carnis spiritalia recusantis; de ieiun. 17), und insgemein Psychiker; ihr Glaube wird ein blos seelischer Glaube (fides animalis; de ieiun. 1) genannt. Und demgemäß bezeichnet Tertullian den Streitpunkt in leidenschaftlicher Uebertreibung so, daß die Gegner die Charismen des heiligen Geistes verwerfen [1]), weßhalb man sich über die gleichlautende falsche Angabe des Epiphanius nicht

1) Adv. Prax. 1: Praxeas episcopum Romanum coegit a proposito *recipiendorum charismatum* concessare. De anima 9: Quia spiritalia charismata agnoscimus, post Ioannem quoque prophetiam meruimus consequi. De monog. 1. Adv. Marc. IV, 22.

wundern darf [1]). Jener Gegensatz der Pneumatiker und der Psychiker ist aus dem gnostischen Ideenkreis entlehnt, und die Anwendung desselben durch die Montanisten auf sich und die Katholiker charakterisirt auf das schlagendste den unkirchlichen, schismatischen Sinn, der durch den Widerspruch des Episkopats gegen die Propheten bei den Montanisten erweckt worden war. Denn die Anwendung jener Namen spricht der Kirche den Besitz des heiligen Geistes ab, der das untrennbare Merkmal des rechten Glaubens und des geschichtlichen Zusammenhangs mit Christus ist. Die Montanisten verwickeln sich aber durch diese Beurtheilung der Kirche in einen Widerspruch mit sich selbst. Denn wenn sie von vorn herein den Glauben und die Tradition der Kirche und die principielle Identität der in der Kirche ausgeübten Charismen mit den ihrigen anerkennen, und wenn sie durch diesen Zusammenhang sich zu legitimiren suchen, so nehmen sie alles dieses zurück, indem sie ihren Gegnern in der Kirche den Geist absprechen, seitdem derselbe in den montanistischen Propheten eine neue Erscheinung gewonnen habe. Diese Selbstgewißheit schöpfte die Partei aus der Prätension, auf einer neuen Stufe der göttlichen Offenbarung zu stehen; diese Anmaßung aber ist wesentlich dadurch bedingt, daß Gott in den neuen Propheten nicht nur neue Gesetze geben, sondern auch die oberste Auktorität in der Gemeindedisciplin ausüben sollte. Der Irrthum und die Selbsttäuschung in der Meinung, daß die prophetischen Orakel eine neue Offenbarungsstufe bilden, ist freilich nicht blos durch den Untergang der Sekte klar geworden, sondern hat sich uns auch darin ergeben, daß durch die neuen Propheten kein wesentliches Princip religiösen Lebens aufgestellt, sondern nur eine partikulare Reaktion der christlichen Sitte versucht worden ist. Aber jenen Schein gewann die montanistische Prophetie nur, indem die ekstatischen Personen nicht blos die Gewalt der sittlichen Gesetzgebung, sondern auch die der disciplinarischen Exekutive in Anspruch nahmen. Die Entgegenstellung

1) Haer. 48, 1. 12: Ἀπέσχισαν οἱ κατὰ Φρύγας τῆς καθολικῆς ἐκκλησίας, λέγοντες ὅτι δεῖ καὶ τὰ χαρίσματα δέχεσθαι.

der Propheten gegen die Bischöfe ist also das abschließende Merkmal der specifischen Eigenthümlichkeit der Partei.

Die Partei der neuen Propheten hat den Anstoß zu dem lange schwebenden Kampfe im Schooß der christlichen Kirche gegeben. Die Veranlassung zu ihrem Auftreten war eine sittliche Erschlaffung in den christlichen Gemeinden, welche sich nicht nur im Nachlassen positiver Forderungen, sondern auch in dem Bedürfniß nach Wiederholung der Vergebung von Todsünden aussprach. Diese Erschlaffung stand aber in unleugbarer Wechselwirkung mit der Befestigung der kirchlichen Verfassung, welche im Gegensatze gegen die Gnosis durch die Erhöhung des Episkopates erreicht war. Die Gestaltung der Kirche in der Welt war ferner bedingt durch das Verblassen der Erwartung des Weltendes, und machte wiederum gegen dieses Hauptmotiv sittlicher Strenge gleichgültig. Andererseits verpflichtete der Verfall der sittlichen Strenge den Episkopat, als das Organ der neugewonnenen Einheit und Sicherheit, zu außerordentlichen Maaßregeln für die Erhaltung der Gemeinden. Denn weder durfte die Disciplin gegen Todsünden überhaupt aufgegeben werden, noch entsprach es dem Triebe der Kirche, sich in der Welt anzubauen, daß man durch die alte Strenge der Disciplin den Bestand der Gemeinden schmälerte. Deßhalb wurden die Bischöfe auf den Grundsatz hingedrängt, daß die Sündenvergebung nach der Taufe mehr als einmal wiederholt werden dürfe. Und wenn die von den Gemeinden eingeschlagene Richtung auf dieses Bedürfniß hinwies, so setzt dies auch die Unmöglichkeit voraus, die Disciplin in den Händen der Gemeinde zu lassen. Wenn der in ihnen herrschende Geist von der Sittenstrenge abgewichen war, so werden die Bischöfe viel mehr im Interesse einer relativen Strenge der Disciplin, als in unbedingter Nachgiebigkeit gegen die Zeitströmung, die Disciplin in ihre eigenen Hände genommen haben. Deßhalb brauchen wir durchaus nicht ausschließlich Motive der Herrschsucht zu unterstellen; sondern die Umstände haben es unumgänglich gemacht, daß die Bischöfe in ihrer Stellung als Nachfolger der Apostel ein neues Attribut gewannen, welches in diesem Amtscharakter an sich nicht enthalten war. Sofern aber nun der Umschwung der Weltanschauung in einer nur zu deutlichen Abweichung von den alten Normen begriffen war, und sofern die Prätension der Bischöfe, auf ihre Auktorität hin wiederholt Sündenvergebung zu ertheilen, eine unzweifelhafte Neuerung war, ist es begreiflich, daß die strenger Gesinnten eine Gegenwirkung in aggressiver Weise unternahmen. Der Wiederholung der Sündenvergebung mußte man die Verweigerung derselben entgegenhalten; das Maaß der noch geltenden Strenge der Sitte mußte durch Steigerung der Enthaltungen überboten werden, um die Abkehr von der Welt gründlich durchzusetzen; und wie die Erwartung des Weltendes in jeder Epoche, wo große Gegensätze auf einander treffen, lebendig wird, so ist die Organisirung jener reaktionären Richtung durch jenen Gedanken und ihre prophetischen Träger durchaus verständlich in jener Zeit, wo die christliche Kirche kaum Fuß in der Welt gefaßt hatte. Aber wie jede Reaktion hat auch diese Partei nicht ohne das Element der Neuerung sich bilden können. Es erscheint direkt in der Behauptung des Rechtes der ekstatischen Propheten über die göttliche Sündenvergebung. Der Konflikt zwischen ihnen und den Bischöfen, der sich erheben mußte, bezeichnet den Punkt, an welchem es sich entschied, ob die Montanisten die sittliche Reaktion in der Kirche fortsetzen könnten, oder ob sie die Gemeinschaft mit derselben abbrechen müßten. Der Umstand, daß der Streit über die sittlichen Principien sich zu der Entgegensetzung von verschiedenen Arten menschlicher Auktoritäten steigerte, machte die Entfremdung beider Richtungen von einander unheilbar. Die montanistische Partei ist aber dadurch, daß sie das schwärmerische Element der Ekstase nicht etwa in ihren Dienst nahm, sondern sich von ihm beherrschen ließ, bis zur Fiktion einer neuen Offenbarung, aus dem Geleise des geschichtlichen Rechtes gekommen. Wenn sie das Widerstreben der bischöflichen Partei mit dem Namen der Psychiker beantwortete, und sich als die eigentliche Kirche des Geistes hinstellte, so hat sie damit indirekt die Offenbarung in Christus verleugnet, auf der die Kirche fußt, und nach deren Maaße die montanistische Richtung nicht auf den Charakter einer neuen Offenbarungsstufe Anspruch machen konnte.

Wenn wir bisher der Partei der neuen Propheten mitunter die Partei der Bischöfe entgegengesetzt haben, um damit die Sachlage vor der definitiven Ausscheidung der montanistischen Sekte aus der Kirche zu bezeichnen, so ist das Mißverständniß abzuwehren, als ob alle Bischöfe auf der Seite gestanden haben, welche das peremtorische Edikt des römischen Bischofs einnimmt. Vielmehr haben Manche gewiß die strengere Disciplin und die ursprüngliche Autonomie der Gemeinde aufrecht erhalten, auch als der Kampf jener beiden Parteien anderswo schon im Gange war. Hierauf läßt Tertullians Schrift de poenitentia schließen. Es ist auch möglich, daß an manchen Orten die Bischöfe sich der Auktorität der neuen Propheten unterordneten, und die Disciplin in dem Sinne derselben leiteten. An den einen oder den andern dieser Fälle erinnern die Angaben des Eusebius [1]) über den Inhalt und den Zweck der Briefe des Bischofs Dionysius von Korinth, welcher hienach ein Anhänger der schlafferen Ansicht von der Sitte gewesen ist. Der Gemeinde zu Amastris in Pontus hat er viele Ermahnungen in Beziehung auf Ehe und Enthaltsamkeit gegeben, und ihr geboten, diejenigen wieder aufzunehmen, welche von irgendwelchem Falle, sei es von einem sittlichen Vergehen oder von häretischem Irrthume zurückkehrten. Ebenso hat Dionysius in einem Brief an die Gemeinde zu Knossus deren Bischof Pinytus ermahnt, nicht schwere Lasten in Hinsicht der

1) H. E. IV, 23: *Τῇ ἐκκλησίᾳ τῇ παροικούσῃ Ἄμαστριν ἅμα ταῖς κατὰ Πόντον ἐπιστείλας, Βακχυλίδου μὲν καὶ Ἐλπίστου, ὡς ἂν αὐτὸν ἐπὶ τὸ γράψαι προτρεψάντων μέμνηται· γραφῶν τε θείων ἐξηγήσεις παρατέθειται, ἐπίσκοπον αὐτῶν ὀνόματι Πάλμαν ὑποσημαίνων· πολλὰ δὲ περὶ γάμου καὶ ἁγνείας τοῖς αὐτοῖς παραινεῖ· καὶ τοὺς ἐξ οἵας δ' οὖν ἀποπτώσεως, εἴτε πλημμελείας, εἴτε μὴν αἱρετικῆς πλάνης ἐπιστρέφοντας, δεξιοῦσθαι προστάττει. Ταύταις ἄλλη ἐγκατείλεκται πρὸς Κνωσσίους ἐπιστολή, ἐν ᾗ Πινυτὸν τῆς παροικίας ἐπίσκοπον παρακαλεῖ, μὴ βαρὺ φορτίον ἐπάναγκες τὸ περὶ ἁγνείας τοῖς ἀδελφοῖς ἐπιτιθέναι, τῆς δὲ τῶν πολλῶν καταστοχάζεσθαι ἀσθενείας. Πρὸς ἣν ὁ Πινυτὸς ἀντιγράφων, θαυμάζει μὲν καὶ ἀποδέχεται τὸν Διονύσιον· ἀντιπαρακαλεῖ δὲ στεῤῥοτέρας ἤδη ποτὲ μεταδιδόναι τροφῆς, τελειοτέροις γράμμασιν εἰσαῦθις τὸν παρ' αὐτῷ λαὸν ὑποθρέψαντα, ὡς μὴ διατέλους τοῖς γαλακτώδεσιν ἐνδιατρίβοντες λόγοις τῇ νηπιώδει ἀγωγῇ λάθοιεν καταγηράσαντες· δι' ἧς ἐπιστολῆς καὶ ἡ τοῦ Πινυτοῦ περὶ τὴν πίστιν ὀρθοδοξία τε καὶ φροντὶς τῆς τῶν ὑπηκόων ὠφελείας τό, τε λόγιον καὶ ἡ περὶ τὰ θεῖα σύνεσις, ὡς δι' ἀκριβεστάτης ἀναδείκνυται εἰκόνος.*

Enthaltsamkeit den Brüdern aufzulegen. Dieser dagegen hat den Dionysius aufgefordert, seiner Gemeinde schon festere Speisen mitzutheilen, damit dieselbe nicht bei der Milchspeise erhalten in kindischer Führung unversehens alt würde. Wenn Pinytus dabei als vollständig rechtgläubig bezeichnet wird, und eine strengere Sitte namentlich in Ehelosigkeit darum durchzuführen strebt, weil die Christen aus dem Kindesalter hinausgeführt werden müßten, so berührt es sich in wesentlichen Merkmalen mit den Montanisten (s. o. S. 463). Wenn also der Episkopat selbst nicht überall und nicht zu gleicher Zeit den Grundsätzen der neuen Propheten entgegentrat, so ist es begreiflich, daß deren Partei erst spät, und an verschiedenen Orten zu verschiedener Zeit aus der Kirche ausgeschieden wurde.

III. Die Geschichte des Montanismus.

Es ist nur der Zweck, die zerstreuten und spärlichen Notizen über die Geschichte des Montanismus in der Kirche zu sammeln, um die vorausgehende Darstellung zu bestätigen. Der als Sekte aus der Kirche geschiedene Montanismus bietet weder dem Geschichtschreiber Stoff, noch für die Entwickelungsgeschichte der Kirchenverfassung irgend welches Interesse, da er der Bewegung entzogen, und seine Centralanschauung in das Bewußtsein der Kirche zu weiterer Fruchtbarkeit aufgenommen worden ist.

A. Der Montanismus in Kleinasien.

Ueber den Anfängen und den ersten Vertretern des Montanismus in Kleinasien ruht eine undurchdringliche Finsterniß, da es den Gegnern jener Richtung entweder nicht gefallen hat, oder auch nicht möglich war, zuverlässige Kunde von Montanus und seinen beiden prophetischen Begleiterinnen, Priskilla und Maximilla, einzuziehen. Die Gewährsmänner des Eusebius (H. E. V, 16—18), um der Späteren nicht zu erwähnen, wissen nur Schlechtigkeiten und Zweideutigkeiten von dem Leben jener Parteihäupter und Schimpfliches von ihrem Ende zu erzählen, dessen Wiederholung wir uns um so mehr ersparen können, als die Widersprüche und Unklarheiten in jenen Nachrichten von Schwegler[1]) hinreichend

1) Montanismus S. 241 f.

beleuchtet sind. Einer der Berichterstatter ist sogar naiv genug, nachdem er von dem schimpflichen Selbstmorde des Montanus erzählt hat, hinzuzufügen, er sei übrigens nicht Augenzeuge und „vielleicht haben sie so, vielleicht aber auch nicht so geendet" (Eus. V,16, 6). Uebrigens ist, trotz der widersprechenden Nachrichten über Montanus, an seiner historischen Existenz, die von Schwegler (S. 243) in Frage gestellt wird, nicht zu zweifeln. Dieselbe ist ebenso gut bezeugt, wie die der beiden prophetischen Weiber, welche doch auch Schwegler (S. 248) nicht ganz zu leugnen wagt. Alle drei werden von Tertullian genannt [1]), von allen dreien sind Prophetensprüche bei Tertullian und Epiphanius erhalten, und unter diesen ist der dem Montanus zugeschriebene, dessen Wichtigkeit für die Trinitätslehre wir oben besprochen haben (S. 489), so charakteristisch, daß er denselben Anspruch auf Echtheit macht, wie diejenigen, welche von Maximilla und Priskilla herrühren sollen. Da ferner der Name „Montanisten" nur unter Voraussetzung der historischen Existenz des Montanus erklärlich ist, wie selbst Schwegler (S. 244) anerkennt, so glaube ich bei der historischen Existenz dieses Mannes stehen bleiben zu müssen, die, wenn durch nichts Anderes, jedenfalls durch das Eine Orakel gesichert erscheint. Wenn der Parteiname „Montanisten" nicht bei den ältesten Schriftstellern üblich ist, sondern der Name „Kataphryger", so geht daraus nur hervor, daß Montanus nicht etwa eine schöpferische Person war, sondern nur die Kombination vollzog, welche durch die allgemeinen Verhältnisse nothwendig sich aufdrängte. Und dies wird denn auch noch durch andere Beweise nahegelegt. Daß Montanus sich nicht für Gott den Vater gehalten hat, wie ihm Epiphanius aufbürdet, ist schon bewiesen; ebensowenig hat er sich aber für den Paraklet ausgegeben, oder wäre von seiner Partei dafür gehalten worden, wie der Mißverstand und die Verketzerungssucht der Kirchenlehrer es darstellt [2]). Denn wenn aus dem Propheten auch

---

1) Montanus ist erwähnt de ieiun. 1. 12, adv. Prax. 1.

2) Die Stellen bei Schwegler S. 174, zu welchen noch hinzuzufügen Eus. V, 14: *Τὸν μὲν παράκλητον Μοντανὸν αὐχοῦντες.*

der Paraklet spricht, so ist ja in der ekstatischen Form der Prophetie gerade der unüberwindlichste Unterschied zwischen dem Paraklet und dem Menschen festgestellt; und überdies ist die johanneische Bezeichnung des heiligen Geistes dem Montanus gewiß fremd geblieben.

Da Eusebius aus den kleinasiatischen Schriften gegen den Montanismus nur Klatschereien über die Personen mittheilt, so ist es unmöglich, direkt nachzuweisen, ob die Kombination von Prophetie und Schlüsselgewalt, welche der wesentliche Punkt jener Richtung ist, auch schon von jenen ersten Häuptern vollzogen worden, und wie demnach ihr Verhältniß zum kleinasiatischen Episkopat beschaffen gewesen ist. Wir haben uns begnügen müssen, aus der zugestandenen Gleichartigkeit der Richtung Tertullians mit der dieser Phrygier zu schließen, daß das aus den Schriften jenes Mannes entwickelte Grundverhältniß des Montanismus auch von Montanus und seinen Begleiterinnen vertreten worden sei, und wir konnten auch die einzige Anspielung darauf in demselben Sinne erklären (s. o. S. 518).

Unter den kleinasiatischen Häuptern der Richtung werden genannt Theodotus[1]), Alkibiades[2]), Alexander[3]), Themison, der als Schriftsteller aufgetreten ist[4]), Proklus, der von Tertullian äußerst ehrenvoll erwähnt ist als Schriftsteller gegen die Gnosis[5]), und der als Vertreter der kleinasiatischen Kirche deren Passahfeier gegen den Bischof Viktor und den Presbyter Gajus in Rom vertheidigte[6]), Aeschines, der wegen seines Patripassianismus

1) Auct. anonym. ap. Eus. V, 16, 6: *Ὁ θαυμαστὸς ἐκεῖνος ὁ πρῶτος τῆς κατ' αὐτοὺς λεγομένης προφητείας οἷον ἐπίτροπος Θεόδοτος.*

2) Eus. V, 3: *Οἱ ἀμφὶ Μοντανὸν καὶ Ἀλκιβιάδην καὶ Θεόδοτον.* V, 16: *Ἡ τῶν κατ' Ἀλκιβιάδην λεγομένη αἵρεσις.*

3) Apollonius bei Eus. V, 18, 4; s. oben S. 518.

4) Apollonius bei Eus. V, 18, 3; *Ἐτόλμησε μιμούμενος τὸν ἀπόστολον* (welchen?) *καθολικήν τινα συνταξάμενος ἐπιστολὴν κατηχεῖν μὲν τοὺς ἄμεινον αὐτοῦ πεπιστευκότας, συναγωνίζεσθαι δὲ τοῖς τῆς κενοφωνίας λόγοις, βλασφημῆσαι δὲ εἰς τὸν κύριον καὶ τοὺς ἀποστόλους καὶ τὴν ἁγίαν ἐκκλησίαν.*

5) Adv. Valentinianos 5: Proculus noster, virginis senectae et christianae eloquentiae dignitas. Vgl. den Nachtrag zu den Präskriptionen Kap. 52.

6) Eus. II, 25; III, 31; V, 24.

offenbar Kleinasien angehört [1]). Daß Melito von Sardes den Montanisten angehört habe, wie Schwegler annimmt (S. 223), ist nicht wahrscheinlich. Wenn Hieronymus (de vir. ill. 14) sagt: Melitonis elegans et declamatorium ingenium laudans Tertullianus dicit, eum a plerisque nostrorum prophetam putari, so haben wir unter den nostri nicht die Partei des Tertullian zu verstehen, sondern die katholische. Grammatisch könnte allerdings das Wort nostri im Sinne Tertullians gedeutet werden. Allein unmöglich könnte Tertullian die Anerkennung der prophetischen Gabe Melito's als von plerique nostrorum aussagen, wenn jener wirklich zu den neuen Propheten gehörte; und Hieronymus hätte schwerlich blos von einem Lobe des elegans et declamatorium ingenium Melito's gesprochen, wenn Tertullian denselben als einen völligen Gesinnungsgenossen bezeichnet hätte. Schwegler beruft sich auf Titel von Büchern Melito's, welche auf montanistische Fragen hindeuten sollen, und schließt daraus, daß, da doch Eusebius ihn nicht als Gegner des Montanismus aufführt, Melito denselben vertheidigt haben müsse. Allein die Bücher de ecclesia und de apocalypsi Iohannis haben keine unmittelbare Beziehung auf den Montanismus. Daß die Schrift unter dem Titel Clavis die Schlüsselgewalt behandle, ist nicht zu erweisen, und daß die Schrift περὶ προφητείας den Melito als Montanisten erkennen lasse, ist im Verhältniß zu den übrigen Notizen über ihn nicht begründet. Denn es ist auch unwahrscheinlich, daß der Mann, welcher offenbar ein Hauptträger des Episkopates gewesen ist, und dessen Tendenzen verfolgt haben wird, sich dem Montanismus angeschlossen haben soll. Falls er denselben nicht bekämpft hat, so hat er sich entweder neutral gehalten, oder die weitere Verbreitung jener Richtung nicht mehr erlebt.

Unter den literarischen Gegnern des Montanismus in Kleinasien werden genannt Claudius Apollinaris, Bischof von Hierapolis, welcher bald nach dem Auftreten des Montanismus geschrieben haben soll (Eus. IV, 27; V, 16); Miltiades, welcher schrieb περὶ τοῦ μὴ δεῖν προφήτην ἐν ἐκστάσει λαλεῖν (Eus. V, 17);

1) Praescript. haer. 52. S. oben S. 488.

Apollonius, welcher im vierzigsten Jahre nach dem Auftreten des Montanus geschrieben zu haben behauptet (Eus. V, 18, 7); Serapion, Bischof von Antiochia, welcher auf den Apollinaris Rücksicht nimmt (Eus. V, 19); Clemens von Alexandria [1]). Der ungenannte Schriftsteller, welchen Eusebius (V, 16) hauptsächlich benutzt, hat nach Ausscheidung des Montanismus aus der Kirche geschrieben, und zwar ziemlich lange danach, da er, wie wir sehen werden, von diesem Akt eine unbestimmte und verkehrte Vorstellung hat.

Die chronologische Frage über die Entstehung des kleinasiatischen Montanismus wieder aufzunehmen, haben wir nach Schweglers Untersuchung keine Ursache, da die vorhandenen Angaben keine nähere Bestimmung erlauben, als daß Montanus nach der Mitte des zweiten Jahrhunderts aufgetreten ist [2]).

B. Der Montanismus in Rom.

In der römischen Gemeinde hat die Partei der neuen Propheten den Boden für ihre Tendenzen wohl vorbereitet gefunden. Eine analoge Erscheinung, welche älter als die neue Prophetie ist, gehört der römischen Gemeinde an, der sogenannte Hirt der Hermas [3]). Die eigentliche Tendenz dieser Schrift ist die Hebung der Sittenstrenge. Und zwar nimmt der Verfasser auf das entschiedenste den Standpunkt der principiellen Abwendung von der Welt ein, weil die Stadt der Christen weit von der hiesigen Stadt entfernt, und weil die Welt das Reich

1) Strom. IV, 13, 93: *Πρὸς τοὺς Φρύγας ἐν τοῖς περὶ προφητείας διαλεξόμεθα.* In der Stelle Strom. VI, 8, 66 liegt wahrscheinlich ein Urtheil des Cl. über den Montanismus vor. Er giebt daselbst denen, welche den Teufel als Urheber der Philosophie betrachten, zu bedenken, daß wenn sich der Teufel in einen Engel des Lichtes verkleide, doch manches von ihm Ausgesprochene wahr sein könne und müsse; *οὐ τοίνυν ψευδὴς ἡ φιλοσοφία, κἂν ὁ κλέπτης καὶ ὁ ψεύστης κατὰ μετασχηματισμὸν ἐνεργείας τὰ ἀληθῆ λέγῃ. οὐδὲ μὴν διὰ τὸν λέγοντα προκαταγνωστέον ἀμαθῶς καὶ τῶν λεγομένων. ὅπερ καὶ ἐπὶ τῶν προφητεύειν νῦν δὴ λεγομένων παρατηρητέον, ἀλλὰ τὰ λεγόμενα σκοπητέον, εἰ τῆς ἀληθείας ἔχεται.*

2) Vgl. a. a. O. S. 249—256.

3) Ueber den dogmatischen Standpunkt dieser Schrift s. o. S. 288 ff.

des Teufels sei. Deßhalb ist er ein Gegner des überflüssigen Besitzes und der Reichthümer der Christen. „Wenn ihr eure Heimath kennet, in der ihr wohnen sollet, warum kaufet ihr hier Aecker und bauet überflüssige Gebäude? Wer hiefür sorgt in der gegenwärtigen Stadt, der kann nicht in seine eigene Stadt zurückkehren.“ „Anstatt Aecker kaufet Noth leidenden Seelen, so viel jeder kann, und sorget für Wittwen und Waisen und übersehet sie nicht; und verwendet euern Reichthum auf solche Aecker und Häuser, welche ihr von Gott empfangen habet. Denn dazu hat euch Gott reich gemacht, daß ihr ihm diese Dienste leistet. Es ist viel besser, solche Aecker und Heerden und Häuser zu kaufen, welche du in deiner Stadt finden wirst, wenn du in sie einziehst. Denn dieser Reichthum ist schön und erfreulich und bringt weder Trauer noch Furcht; den Reichthum der Heiden also erwerbet nicht; denn er ist den Knechten Gottes schädlich“ (Sim. 1). Deßhalb werden in der Vision von dem die Kirche darstellenden Thurmbau die Reichen als runde Steine abgebildet, welche nicht in die Fugen passen, und erst durch Abschlagen der Rundung, d. h. durch Wegnahme des Reichthums, dem Herrn nützlich werden, d. h. in den Bau aufgenommen werden können (Vis. 3, 6; Sim. 9, 30). Indem also der Hirt die Sittenstrenge auf die Entsagung vom Besitze und von weltlichen Geschäften gründen will, hat seine Reaktion gegen die eingerissene Verweltlichung des Lebens einen noch umfassendern Charakter als die der Montanisten. Deßhalb ist der Hirt in Hinsicht der Punkte, auf welche sich die Gesetzgebung der neuen Propheten bezog, milder gesinnt als diese. Die Märtyrer werden in dem Buche des Hermas hochgeschätzt, indem ihnen der Platz zur Rechten der dem Hermas erscheinenden Kirche vorbehalten ist (Vis. 3, 1); jedoch das Märtyrerthum wird nicht zur unbedingten Pflicht erhoben, vielmehr wird es von der Reinheit des Herzens abhängig gemacht, daß man der Verfolgung entgehe (Vis. 4, 2). Die Enthaltung von der zweiten Ehe wird als ein überschüssiges Verdienst angesehen, aber die zweite Ehe selbst wird nicht für Sünde erklärt (Mand. 4, 4). Das Fasten gilt ebenfalls als besondere, übergesetzliche Leistung (Sim. 5, 3), durch welche man göttlicher Offenbarungen würdig wird [1]); aber es wird weder eine allgemeine Verpflichtung zum Fasten auferlegt, noch die Fastengesetzgebung geschärft, sondern für das wahre Fasten wird das heilige Leben überhaupt erklärt (Sim. 5, 1; vgl. Ep. Barnab. 3). Der Hirt des Hermas ist deutlich genug auf dem fehlerhaften Wege der Werkgerechtigkeit; aber die eben bezeichneten Grundsätze der Askese sind deßhalb milder, als die Verfügungen der neuen Propheten, weil Hermas noch auf die Grundform der Entweltlichung, auf die Entsagung vom Besitze hinwirkt, während jene die Pflichten des Fastens, der Ehelosigkeit und des Märtyrerthums in dem Maaße verschärfen, als sie die Entäußerung vom Besitze nicht mehr als die Grundpflicht der Abwendung von der Welt aufstellen. Gerade dieser Grundsatz bedingt die Naivetät der asketischen Reaktion im Hirten; dagegen die willkürliche Auswahl der asketischen Forderungen bei den neuen Propheten, welche von der Besitzlosigkeit absehen, begründet den gekniffenen, verzerrten und ungesunden Charakter der montanistischen Richtung.

Wie im Kreise des Montanismus, so ist auch bei Hermas das Hauptmotiv der sittlichen Ermahnung, namentlich in der Anwendung auf die Bußfertigkeit, die Erwartung des Weltendes und des Gerichtes. Der Thurm, der die Kirche bedeutet, wird bald fertig gebaut sein (Vis. 3, 8). Ferner ist die Auktorität, in welcher Hermas die ihm zu Theil werdenden Belehrungen verbreiten soll (Vis. 3, 5), die eines Propheten, weil Alles, was er erfährt, ihm in Visionen gegeben wird. Demnach nimmt er auch für die inspirirte Prophetie Partei, indem er es für das Merkmal des falschen Propheten erklärt, wenn einer nach dem eigenen menschlichen Willen spricht, und auf vorgelegte Fragen antwortet, während der wahre Prophet aus dem heiligen Geiste heraus nur redet, wann und wie es der Herr will (Mand. 11). Auch darin ist die Anschauung im Hirten der montanistischen Theorie zu vergleichen, daß die in jenem

1) Vergl. Tert. de ieiun. 7: Etiam sacramentorum agnitionem ieiunia de deo merebuntur.

Buche niedergelegten Offenbarungen eine neue Epoche in der Kirche einführen sollen. Dem Hermas ist dreimal die Kirche erschienen; zuerst als alte Frau auf einem Stuhle sitzend, darauf stehend, mit jugendlicherem und heitererem Ansehen, aber mit greisem Haare, und zum drittenmale noch jugendlicher, frischer und heiterer. Die erste Erscheinung bedeutet die Entkräftung der Kirche durch die Sünden und den Halbglauben der Christen, welche in ihrer Hingabe an weltliche Geschäfte sorglos geworden, das Vertrauen auf den Herrn verloren haben und in Sinnesverwirrung gerathen sind. Die frischere und gekräftigte Gestalt der Kirche in der zweiten und dritten Vision wird dadurch erklärt, daß die Christen durch die Mittheilung neuer göttlicher Offenbarung im Geiste erneuert, im Glauben gestärkt und von den Schwachheiten befreit worden sind (Vis. 3, 11—13). Die Verjüngung der Kirche durch neue disciplinarische Offenbarungen, und die von den Montanisten prätendirte Entwickelung der Kirche zu einer reifern Altersstufe drücken trotz des Gegensatzes des bildlichen Stoffes denselben Gedanken aus.

Aber freilich scheint der Inhalt der Offenbarung auf beiden Seiten geradezu entgegengesetzt zu sein. Die Sittenstrenge der neuen Propheten spitzt sich in der Verweigerung jeder öffentlichen Sündenvergebung nach der Taufe zu; dagegen die Offenbarung, welche Hermas empfängt, hat die Gestattung einer einmaligen öffentlichen Sündenvergebung nach der Taufe, der sogenannten zweiten Buße (s. o. S. 371) zum Gegenstande. In der zuletzt besprochenen Stelle wird als Inhalt der die Kirche verjüngenden und aufrichtenden Offenbarung bezeichnet, daß die, welche in vollkommener Weise Buße thun, jung und festgegründet sein werden (Vis. 3, 13). Diejenigen sind freilich davon ausgenommen, welche den Namen Gottes und Christi verleugnet oder gar geschmäht haben (Sim. 6, 2; 8, 6; 9 19). Für alle übrigen Sünden aber wird nun gerade durch den Engel, welcher dem Hermas in Gestalt eines Hirten erscheint, und sich als den Vorsteher der Buße ankündigt (Mand. 4, 2), eine einmalige Buße festgesetzt. Hermas erinnert hiegegen an die eigentlich geltende Regel, daß es keine andere Buße als in der Taufe gebe, in welcher man die Vergebung der Sünden empfange, um nicht ferner zu sündigen, sondern in Reinheit zu verharren. Er wird aber belehrt, daß Gott in seiner Barmherzigkeit diese zweite Buße angeordnet, und den Hirten als Bevollmächtigten über dieselbe gesetzt habe. Wer nämlich nach der großen und heiligen Berufung, welche in der Taufe erfolgt, vom Teufel versucht werden ist und gesündigt hat, dem wird eine einmalige Buße gestattet (Mand. 4, 3. cf. cap. 1: τοῖς γὰρ δούλοις τοῦ θεοῦ μετανοιά ἐστι μία).

Diese Koncession ist aber in einer Weise bedingt, welche deutlich beweist, daß sie nicht im Sinne einer Erschlaffung der Disciplin gemeint ist. Erstlich ist durch diese Offenbarung denen nicht Vorschub geleistet, welche wiederholt sündigen und wiederholt Buße thun wollen, denn dies wird keinem Menschen helfen (Mand. 4, 2). Zweitens ist die Zeit beschränkt, innerhalb welcher die gestattete Buße erfolgreich für die Theilnahme an der Kirche und am Gottesreich sein wird. Sie gilt nur für die Zeit, innerhalb welcher noch an dem Thurme, der die Kirche bedeutet, gearbeitet wird (Vis. 3, 5; Sim. 9, 14. 32). Dieselbe reicht zwar bis zur Wiederkunft Christi (Sim. 9, 7. 10), aber diese wird nahe bevorstehen, und der Thurmbau bald vollendet werden ((Vis. 3, 8). Der hierin liegende Antrieb zur Buße wird durch die Bemerkung, daß der Bau augenblicklich eingestellt sei (Sim. 9, 5. 14), etwas gemäßigt, aber nicht aufgehoben. Denn diejenigen, welche nicht in der gestellten Frist ihre Buße vollziehen, werden von dem Thurmbau definitiv entfernt, d. h. nicht in das Reich Gottes aufgenommen (Vis. 3, 3; Sim. 9, 14). Eine gewisse Rettung wird freilich denen noch in Aussicht gestellt, welche ihre Buße nach der rechten Zeit vornehmen; nach ihrer Strafzeit sollen sie an einen geringern Ort aufgenommen werden, aber nicht in das Gottesreich (Vis. 3, 7; Sim. 8, 7). Endlich aber gilt die Gestattung einer einmaligen Buße nur denjenigen, welche vor dieser neuen Offenbarungsperiode berufen sind, nicht aber denjenigen, welche gerade jetzt zum Glauben kommen, oder erst später bekehrt werden; diese vielmehr empfangen blos für ihre früheren Sünden Vergebung in der

Taufe (Mand. 4, 3). In demselben Sinne heißt es Vis. 2, 2: „Wenn du diese Worte, welche dir auf Befehl Gottes offenbart sind, deinen Kindern und deiner Gattin kund gethan hast, dann werden ihnen alle Sünden vergeben werden, die sie vorher begangen haben. Allen Heiligen bietet er Vergebung dar, welche bis zu diesem Tage gesündigt haben, wenn sie von ganzem Herzen Buße thun, und den Zweifel aus ihren Herzen schaffen. Denn der Herr hat bei seiner Herrlichkeit über seine Erwählten geschworen, daß wenn nach Festsetzung dieses Tages (der Offenbarung, nicht des Endgerichts) einer noch sündigt, er keine Rettung hat. Denn die Buße der Heiligen hat eine Grenze; abgelaufen sind die Tage der Buße für die Heiligen; für die Heiden aber gilt die Buße bis zur letzten Stunde". Hieraus ergiebt sich, daß die zweite Buße, welche der Hirt den Christen gestattet, nur für die Sünden gilt, welche vor dem Tage dieser Offenbarung begangen sind, und nur für die der christlichen Gemeinde schon angehörenden Glieder. Wie den Heiden die Buße zur Bekehrung natürlich bis zum letzten Tage freisteht, so haben diejenigen, welche zwischen dem Tage jener Offenbarung und der Wiederkunft Christi zur Kirche übertreten, keinen Anspruch auf jene Vergünstigung; und die, welchen sie zu Theil wird, können sie nicht zum zweitenmale erfahren.

Wenn die Gestattung der zweiten Buße durch den Hirten auf den ersten Blick so erschien, als ob die Offenbarung desselben der montanistischen principiell entgegengesetzt sei, so haben die eben angestellten Erörterungen erwiesen, daß dieser Punkt wesentlich im Einklang mit der in dem Buche des Hermas sich aussprechenden Sittenstrenge ist. Die Milde des Hirten und die Strenge der neuen Propheten stehen im Punkte der Sittenzucht, wie in den sittlichen Forderungen, nicht sowohl im Widerspruche mit einander, als vielmehr in einem Unterschiede gegen einander, welcher nur quantitativer Art ist. Die Tendenz und das Motiv sind bei beiden Erscheinungen gleich, die Auktoritäten beider sind gleichartig; nur die Mittel zur Durchführung des Zweckes sind abgestuft; dieser Unterschied aber ist nur von den verschiedenen Bedingungen der Zeitumstände abhängig und erlaubt keinen Schluß auf einen Gegensatz des Princips beider neuen Offenbarungen. Diesen Schluß hat Tertullian in sehr wenig berechtigter Weise gezogen, indem er wegen der Gestattung der zweiten Ehe und der zweiten Buße den Hirten als Freund der Ehebrecher verspottet, und seine kirchliche Auktorität, die nicht gering gewesen sein muß, in Zweifel zieht[1]).

Endlich ist der Hirt mit seiner Sittenstrenge auch in Spannung gegen den Klerus, oder wenigstens gegen einen Theil desselben. Er kennt Kleriker, welche der vom Hirten verkündigten Buße bedürfen, die Einen wegen ihrer Eifersucht und ihres Streites über den Vorrang (Sim. 8, 7), die Anderen wegen Beraubung der Wittwen und Waisen (Sim. 9, 26), und deßhalb empfängt Hermas, nachdem er von der Kirche die Eröffnung über die Statthaftigkeit der Buße und über deren Begrenzung erfahren hat, den Auftrag, dies den Gemeindevorstehern zu sagen, damit sie ihre Wege in Gerechtigkeit einrichten (Vis. 2, 2). Aber während verschiedene Stellen des Buches den Eindruck machen, daß die Streitigkeiten im Klerus sich auf die Feststellung des monarchischen Episkopats bezogen (s. o. S. 403), so ist ferner zu beachten, daß Hermas in demjenigen, welchem er die Tendenz auf den Episkopat beilegt, auch einen Gegner seiner strengeren Grundsätze gefunden zu haben scheint. Die Schilderung des falschen Propheten im elften Mandat, welche im griechischen Text ihren richtigen Zusammenhang besitzt, muß sich auf einen speciellen Fall in der römischen Gemeinde beziehen. Da sie in apokalyptischen Farben entworfen ist, so kann man über den geschichtlichen Stoff des Bildes streiten. Hilgenfeld hat zuerst[2]) an Gnostiker gedacht, und in dieser Hinsicht die Umstände hervorgehoben, daß der falsche Prophet in Winkeln sich aufhalte, daß er für seine Reden Geld nehme, und

1) De pud. 10: Cederem tibi, si scriptura Pastoris, quae sola moechos amat, divino instrumento meruisset incidi, si non ab omni concilio ecclesiarum etiam vestrarum inter apocrypha et falsa iudicaretur, adultera et ipsa et patrona sociorum. Cap. 20: Ille apocryphus Pastor moechorum. Die Bekanntschaft Tertullians mit dem Hirten erhellt auch aus de orat. 12.

2) Glossolalie S. 73 Anm.

daß er nicht in Ekstase rede. Die beiden letzten Merkmale kommen allerdings bei Gnostikern vor (Iren. adv. haer. I, 4, 3; 13, 4; s. o. S. 472); indessen diese Erklärung hat keineswegs alle Merkmale des falschen Propheten, namentlich nicht die bedeutendsten in Betracht gezogen. Noch weniger ist dies in der von Hilgenfeld[1]) später aufgestellten Deutung der Fall, daß sich die Schilderung auf heidnische Orakel beziehe, deren sich Christen bedienten. Denn wenn der Verfasser sagt, es sei Götzendienst, den falschen Propheten, der von ihm als teuflisch inspirirt dargestellt wird, zu befragen, so ist das nur eine vergleichende Beurtheilung des Verkehres der Christen mit jenem Gegner, nicht eine direkte Hinweisung auf die Angehörigkeit desselben zum heidnischen Lebensgebiete. Der falsche Prophet mit seinem Anhange von halbgläubigen (δίψυχοι) weltlichgesinnten Christen muß auf dem Gebiete der christlichen Gemeinde gesucht werden. Daß eine gnostische Sekte gemeint sei, ist an sich wohl denkbar, und durch die von Hilgenfeld bezeichneten Merkmale empfohlen, aber es fehlt jede Hindeutung auf den Wissenshochmuth und die Abweichung von der Wahrheit, welche beim Gnosticismus in Betracht kommen mußten. Die Halbgläubigkeit gilt durch das ganze Buch hindurch als die Wurzel der Verweltlichung und sittlichen Erschlaffung, welcher die Offenbarungen der Kirche und des Hirten entgegenwirken sollen. Allerdings wird die Halbgläubigkeit auch als die Wurzel des gnostischen Irrthums angesehen (Vis. 3, 7); aber im elften Mandat wird jener Charakterzug so im Allgemeinen auf die Gemeinde des falschen Propheten angewandt, daß man das gemeinsame Interesse derselben auf die sittliche Richtung deuten muß, welcher der Verfasser entgegenwirken will. Wenn der falsche Prophet die Fragen der Halbgläubigen nach ihren bösen Begierden beantwortet und ihre Seelen anfüllt, wie sie es selbst wollen, wenn ferner dieselben als solche bezeichnet werden, welche häufig Buße thun, so erkennen wir in der Gemeinde des falschen Propheten die Gegner der Sittenstrenge und der Bußgesetzgebung, welche Hermas

1) Apostolische Väter S. 164 Anm. 7.

vertritt. Den falschen Propheten aber, der sich selbst erhöht, und den Vorsitz haben will, kann man im Vergleich mit den übrigen Anspielungen auf den Streit um den Vorsitz nur unter dem Klerus suchen. Dem wird nicht widersprechen, daß dem falschen Propheten vorgeworfen wird, für seine prophetischen Reden Lohn zu nehmen, vielmehr scheint dies auf den Unterhalt sich zu beziehen, welchen die Gemeinde den Vorstehern zu leisten hatte. Daß aber diese Pflicht gelegentlich in Zweifel gezogen wurde, setzen auch die clementinischen Homilieen voraus (s. o. S. 451); und gerade aus der strengern Richtung, welcher Hermas angehört, ist dieses Bedenken verständlich[1]). Daß nun aber die Zusammenkünfte des falschen Propheten mit seinen Anhängern heimlich (κατὰ γωνίαν) stattfanden, ist ein so individueller Zug des Bildes, daß er, wenn er auch im Vergleich mit unserer Deutung desselben auffällt, doch keinen selbständigen Anhaltspunkt für eine andere Erklärung der Schilderung gewährt. Wer kann ermessen, ob nicht der Vorsteher, welcher an der Spitze der weltlicher gesinnten Partei in der Gemeinde stand, welcher den Vorsitz unter den Vorstehern in Anspruch nahm, Veranlassung hatte, geheime Versammlungen seiner Partei zu halten?

S e p a r a t i s t i s c h e r S i n n giebt sich aber vielmehr in der Art kund, wie Hermas den Gegensatz jener Partei gegen seine eigene Richtung beurtheilt. Wie die Montanisten nach willkürlicher Schätzung der Ekstase den Gegensatz der Pneumatiker gegen die Psychiker aufstellen (s. o. S. 520), ebenso und aus demselben Grunde reducirt Hermas den Widerspruch zwischen sich und seinem Gegner auf göttliche und teuflische Inspiration. Die moralischen Gründe, die er angiebt, reichen zu diesem Urtheile über seinen Gegner nicht aus, und sind auch dem Hauptgrunde untergeordnet, daß der sogenannte falsche Prophet nicht in Ekstase rede. Aber natürlich hat weder dieser den Anspruch gemacht, als Prophet zu gelten, noch haben ihn seine Anhänger dafür angesehen. Nur wegen der ganz ungebührlichen Hoch-

---

1) In demselben Sinne ist es zu verstehen, wenn Hippolytus der Führer der strengen Partei den römischen Bischof Zephyrinus als ὄντα δωρολήπτην καὶ φιλάργυρον bezeichnet (Refut. IX, 11).

schätzung der ekstatischen Prophetie, die bei seinen eigenen Parteigenossen vorgekommen sein muß, konnte es dem Hermas einfallen, daß auch der Gegner prophetischen Charakter in Anspruch nehme, und nur nach jenem einseitigen Maaßstabe hat er ihn als Organ des Teufels betrachten können. Es ist aber das Wesen des Separatismus, willkürliche und zufällige Elemente religiöser Art zu unerläßlichen Bedingungen der kirchlichen Gemeinschaft und zum Maaßstabe des Göttlichen oder Widergöttlichen zu erheben.

Die Analogie zwischen den Offenbarungen der neuen Propheten und des Hirten, welche wir trotz des Widerspruches in den einzelnen Satzungen erwiesen haben, erstreckt sich also auf die allgemeine Tendenz der Sittenstrenge in der Reaktion gegen die Verweltlichung, auf das Motiv dieses Strebens, nämlich die Erwartung des Weltendes, auf die Benutzung ekstatischer oder visionärer Offenbarung zur Verschärfung der Disciplin, demnach aber auch auf einen schroffen Gegensatz gegen den widerstrebenden Klerus, und im Zusammenhang damit auf die sektirerische Willkür in der Betonung des Werthes der Ekstase. Zu den neuen Propheten selbst gehört Hermas nicht, aber er nimmt im Wesentlichen dieselbe Stellung vor der Mitte des zweiten Jahrhunderts in der römischen Gemeinde ein, in welche nach jener Epoche Montanus und seine Begleiterinnen eintraten. Hermas bezeichnet ein lokales Vorspiel der Erscheinungen, welche von Phrygien aus fast alle Theile der Kirche in Aufregung und Zerrüttung versetzten. Er eröffnet die Reihe von Separationen, welche das nächste Jahrhundert ausfüllen, und welche gerade die römische Gemeinde fast ununterbrochen beschäftigten. Denn zwischen der montanistischen Bewegung in Rom und der novatianischen Spaltung steht im Anfange des dritten Jahrhunderts die Secession des Hippolytus. Der Hirt des Hermas beweist also trotz seiner von dem Montanismus abweichenden Satzungen, daß der Boden in Rom für diese Richtung bereitet war; und wenn jener Schrift eine Partei entsprach, so mag sie in die der Montanisten übergegangen sein.

Uebrigens wird Niemand als Haupt der montanistischen

Partei in Rom direkt genannt; wir müssen aus verschiedenen Notizen kombiniren, daß Blastus in Rom zu derselben gehörte [1]). Der Mangel an Nachrichten über den Montanismus in Rom rührt offenbar daher, daß derselbe dort wenig literarische Gegner fand, von denen die späteren Geschichtschreiber Mittheilungen hätten entlehnen können. Ob der Brief *περὶ σχίσματος*, den Irenäus an Blastus schrieb, eine direkte Gegenschrift war, ist nach dem, was sonst von Irenäus bekannt ist, nicht leicht zu entscheiden; die Notiz des Prädestinatus, daß der römische Bischof Soter gegen die Montanisten geschrieben habe [2]), ist bei dem verdächtigen Ursprunge dieses Buches natürlich unsicher.

Die römische Kirche zog es vor, den Montanismus praktisch zu widerlegen. Deßhalb bedurfte sie der literarischen Unterstützung nicht, und kam eher zum Ziele, als die kleinasiatische Kirche. Der römische Bischof Eleutherus (170 — 185) wird uns zwar allein als ein Gegner der neuen Prophetie genannt, allein es ist nicht blos wahrscheinlich, sondern auch gewiß, daß schon die Vorgänger jenes Mannes im Kampfe gegen den Montanismus gestanden haben, der allerdings seine letzte Entscheidung noch nicht gefunden hatte. Durch Eusebius wissen wir, daß die Konfessoren der gallischen Gemeinden zu Lugdunum und Vienna aus dem Gefängnisse sowohl Briefe nach Kleinasien, als auch nach Rom an Eleutherus geschrieben haben, wegen des Friedens mit den Montanisten, und daß der Ueberbringer des letztern der damalige Presbyter Irenäus gewesen ist. Ein Urtheil in demselben Sinne ist dem Briefe der Gemeinden angefügt gewesen, in welchem sie die ausgestandene Verfolgung den Brüdern in Kleinasien und Phrygien schildern, welches Eusebius zwar „fromm und rechtgläubig" nennt, welches aber mitzutheilen er Anstand nimmt [3]).

---

1) Eus. V, 15: *Οἱ δὲ (αἱρετικοὶ) ἐπὶ Ῥώμης ἤκμαζον, ὧν ἡγεῖτο Φλωρῖνος, — Βλάστος τε σὺν τούτῳ.* Cap. 20: *Εἰρηναῖος διαφόρους ἐπιστολὰς συντάττει, τὴν μὲν ἐπιγράψας πρὸς Βλάστον περὶ σχίσματος.* Pacianus Ep. 1. ad Sympronianum (Max. Bibl. vett. patr. IV, 305): Phryges pluribus nituntur auctoribus, nam, puto, et Graecus Blastus ipsorum est.

2) Haer. 26: Scripsit contra Montanistas Soter, papa urbis. Vgl. Schwegler S. 9.

3) Eus. V, 3: *Τῶν δὲ ἀμφὶ τὸν Μοντανὸν — περὶ τὴν Φρυγίαν ἄρτι τότε πρῶτον τὴν περὶ τοῦ προφητεύειν ὑπόληψιν παρὰ πολλοῖς*

Hieraus ist zu schließen, daß die gallischen Gemeinden für die neue Prophetie Partei genommen haben, und daß zu jener Zeit die Montanisten in Kleinasien und die in Rom einen nahen Verkehr mit einander hatten, so daß das Urtheil des Eleutherus nicht etwa auf den Frieden Einer Gemeinde, sondern der Gemeinden, wie es heißt, einwirkte. Zugleich aber läßt sich deutlich erkennen, daß die gallischen Gemeinden selbst vom Montanismus nicht unmittelbar berührt waren. Nicht nur deutet Eusebius an, daß die Briefe auf das Gerücht von dem Auftreten jener Richtung und der durch sie bewirkten Spaltung sich bezogen hätten, sondern aus dem von ihm mitgetheilten Schreiben geht deutlich hervor, daß in Beziehung auf die Buße keine montanistischen Grundsätze in den gallischen Gemeinden herrschten. Denn die Gemeinden erzählen selbst, daß ihre Märtyrer den mit ihnen im Gefängniß eingeschlossenen Gefallenen die Sünden vergeben hätten [1]). Daß dies Verfahren gar nicht im Sinne des Montanismus ist, bedarf keines Beweises. Wenn sich nun dennoch diese Gemeinden für denselben verwandten, also ebensowenig die Grundsätze des Episkopats werden vertreten haben, so müssen wir annehmen, daß sie den eigentlichen Streitpunkt gar nicht durchschaut, sondern nur eine oberflächliche Kunde von dem stattfindenden Kampfe gehabt haben können. Wahrscheinlich war es, wie auch Eusebius (V, 3) andeutet, die Erscheinung der ekstatischen Prophetie, welche ihr Urtheil leitete, ohne daß sie eine Vor-

---

ἐκφερομένων, (πλεῖσται γὰρ οὖν καὶ ἄλλαι παραδοξοποιΐαι τοῦ θείου χαρίσματος εἰσέτι τότε κατὰ διαφόρους ἐκκλησίας ἐκτελούμεναι πίστιν παρὰ πολλοῖς τοῦ κἀκείνους προφητεύειν παρεῖχον) καὶ δὴ διαφωνίας ὑπαρχούσης περὶ τῶν δεδηλωμένων, αὖθις οἱ κατὰ τὴν Γαλλίαν ἀδελφοὶ τὴν ἰδίαν κρίσιν καὶ περὶ τούτων εὐλαβῆ καὶ ὀρθοδοξοτάτην ὑποτάττουσιν· (nämlich in dem Kap. 1 mitgetheilten Briefe über die Verfolgung) ἐκθέμενοι καὶ τῶν παρ' αὐτοῖς τελειωθέντων μαρτύρων διαφόρους ἐπιστολάς, ἃς ἐν δεσμοῖς ἔτι ὑπάρχοντες τοῖς ἐπ' Ἀσίας καὶ Φρυγίας ἀδελφοῖς διεχάραξαν, οὐ μὴν ἀλλὰ καὶ Ἐλευθέρῳ τῷ τότε Ῥωμαίων ἐπισκόπῳ, τῆς τῶν ἐκκλησιῶν εἰρήνης ἕνεκα πρεσβεύοντες. Ueber Irenäus vgl. das folgende Kap. 4.

1) Eus. V, 2: Ἔλυον μὲν ἅπαντας, ἐδέσμευον δὲ οὐδένα. — Οὐ γὰρ ἔλαβον καύχημα κατὰ τῶν πεπτωκότων, ἀλλ' ἐν οἷς ἐπλεόναζον αὐτοί, τοῦτο τοῖς ἐνδεεστέροις ἐπήρκουν, — καὶ πολλὰ περὶ αὐτῶν ἐκχέοντες δάκρυα πρὸς τὸν πατέρα, ζωὴν ᾐτήσαντο καὶ ἔδωκεν αὐτοῖς, ἣν καὶ συνεμερίσαντο τοῖς πλησίον. Cf. cap. 1, 19: καὶ μάρτυρες τοῖς μὴ μάρτυσιν ἐχαρίζοντο.

stellung von dem Dilemma über die Bußdisciplin hatten. Denn die Schilderung von der Wiederaufnahme der Gefallenen durch die Märtyrer in Lugdunum erinnert sehr deutlich an Tertullians Schrift de poenitentia, welche, indem sie weder den Grundsätzen des Episkopats noch des Montanismus entspricht, die von deren Gegensatz unberührte, ursprüngliche Form der Absolution darstellt [1].

Wenn Irenäus der Ueberbringer des besprochenen Schreibens an Eleutherus war, so müssen wir ihn jedenfalls als Vertreter der in demselben ausgesprochenen Grundsätze ansehen. Er muß mit einem günstigen Vorurtheil für die Montanisten nach Rom gekommen sein; aber dies war der Fall, weil er noch nicht im Stande war, sie vollständig zu beurtheilen. Denn sein Werk adversus haereses enthält den Beweis seiner Sinnesänderung in diesem Punkte, indem unter den falschen Propheten, die er verdammt, und die er gewiß nicht ohne Absicht mit den Schismatikern zusammenstellt, nur die Montanisten verstanden werden können [2]. Gegen sie erhebt er, wie Apollonius (Eus. V, 18), die Beschuldigung der Habsucht; und wenn er sonst sich ebenso gegen diejenigen erklärt, welche als Antimontanisten die ekstatische Prophetie überhaupt verwarfen, so ist damit doch gar Nichts für

1) S. oben S. 377. 382. Schwegler (S. 253) schließt aus einzelnen Notizen des Briefes der gallischen Gemeinden auf das Vorhandensein montanistischer Grundsätze in denselben; aber weder deutet die asketische Lebensweise des Alkibiades (Eus. V, 3), noch die auf einen andern Märtyrer angewandte Formel: *Ἔχων τὸν παράκλητον ἐν ἑαυτῷ, τὸ πνεῦμα πλεῖον τοῦ Ζαχαρίου* (V, 1), darauf hin. Denn die Askese ist allgemein christlich, und wenn der Besitz des Geistes in ekstatischer Form gemeint ist, so wurde dieselbe damals allgemein anerkannt (s. o. S. 471). Daß die gallischen Gemeinden mit den asiatischen in Korrespondenz standen, beweist allein nicht die Uebertragung des Montanismus nach Gallien.

2) Lib. IV, 33, 1: Discipulus spiritalis vere recipiens spiritum dei, qui ab initio in universis dispositionibus dei adfuit hominibus, et futura annunciavit, et praesentia ostendit et praeterita enarrat, iudicat quidem omnes, ipse autem a nemine iudicatur. §. 6: Iudicabit autem pseudoprophetas, qui non accepta a deo prophetica gratia nec deum timentes, sed aut propter vanam gloriam, aut ad quaestum aliquem aut aliter secundum operationem mali spiritus fingunt se prophetare, mentientes adversus deum. § 7: Iudicabit autem et eos, qui schismata operantur, qui sunt inanes, non habentes dei dilectionem, suamque utilitatem potius considerantes, quam unitatem ecclesiae. Cf. IV, 26, 2.

den Montanismus gesagt [1]). Nur die kirchlichen Charismen erfreuen sich der Anerkennung des Bischofs von Lugdunum (s. o. S. 469), nicht die schismatischen. Und so müssen wir denn auch annehmen, daß sein Brief an Blastus περὶ σχίσματος [2]) gegen den Montanismus gerichtet und nach jener Reise nach Rom geschrieben sei, welche ihm erst die genauere Bekanntschaft mit der neuen Prophetie verschaffte.

Wir müssen fragen, welchen Erfolg bei Eleutherus die lugdunensische Gesandtschaft und Verwendung für den Montanismus hatte? Darüber ist unmittelbar nirgendwo etwas mitgetheilt, und ebensowenig erlaubt es das spätere Verhalten des Irenäus, auf den fortgesetzten Widerstand des Eleutherus zu schließen, weil die Annahme durch nichts begründet sein würde, daß Eleutherus einen bestimmenden Einfluß auf die spätere Gesinnung des Irenäus gehabt habe. Etwas Näheres läßt sich nur festsetzen, wenn es wahrscheinlich ist, daß folgende Notiz Tertullians sich auf Eleutherus bezieht. Er sagt von Praxeas, der, aus Asien kommend, nach seiner Meinung zuerst die monarchianische Lehre in Rom verbreitet hat, daß er den römischen Bischof, welcher im Begriffe war, die Prophetie des Montanus anzuerkennen, und dadurch den Gemeinden in Asien und Phrygien den Frieden zu bringen, durch falsche Versicherungen über die Propheten und ihre Gemeinden und durch Erinnerung an die Auktorität seiner Vorgänger bestimmt habe, die schon erlassenen Friedensbriefe zu widerrufen, und von der Anerkennung der Charismen abzustehen [3]).

---

1) Lib. III, 11, 9: Infelices vere, qui pseudoprophetas quidem esse nolunt, propheticam vero gratiam repellunt ab ecclesia. — Es erscheint mir unerläßlich, so zu lesen, anstatt: qui pseudoprophetae quidem esse volunt. Mit dieser Lesart kann der Satz nur auf Montanisten gedeutet werden, das paßt aber nicht zu den vorhergehenden und den nachfolgenden Sätzen.

2) S. oben S. 539. Nach allem diesem können die sonst vorkommenden Berührungspunkte zwischen dem Werk Adv. haer. und dem Montanismus, welche Schwegler (S. 223) aufzählt, nicht beweisen, daß Irenäus zu den Montanisten, sei es näher oder ferner, gehört habe. Hier ist weder die theologische Verwandtschaft, noch die Gemeinsamkeit der Askese, sondern, da Irenäus die Frage über die Buße nirgends erwähnt, jene Vertretung der kirchlichen Einheit entscheidend, um in Irenäus den Antimontanisten erkennen zu lassen.

3) Adv. Prax. 1: Idem tunc episcopum Romanum, agnoscentem iam prophetias Montani, Priscae, Maximillae, et ex ea agnitione pacem ecclesiis

Wenn nach dieser Stelle feststeht, daß der Kampf gegen den Montanismus schon von mehreren Bischöfen geführt worden, also schon etwas Traditionelles geworden war, so muß die von Praxeas vereitelte Geneigtheit des Bischofs zum Frieden durch ein ganz besonderes Motiv bewirkt worden sein. Von den Bischöfen, die in Frage kommen können, ist Viktor (185—197) bekannt durch seine Verdammung der kleinasiatischen Passahfeier, und die deßhalb erfolgte Aufkündigung der Gemeinschaft mit der Kirche Kleinasiens. Wenn nun dieser Mann derjenige Bischof wäre, der zum Frieden mit dem Montanismus geneigt war, so wäre dies, wie Schwegler sehr richtig bemerkt, nur erklärlich, wenn die Montanisten Kleinasiens eine andere, als die dort geltende Passahfeier beobachtet hätten. Da jedoch gerade das Gegentheil feststeht, daß die Montanisten in Kleinasien in der Passahfeier der Observanz ihrer Provincialkirche folgten [1]), so ist eine, wenn auch vorübergehende, Neigung zum Frieden mit den Montanisten bei Viktor nicht wahrscheinlich. Sein ganz entschiedenes hierarchisches Auftreten kann sich überhaupt nicht mit den Ansprüchen des Montanismus vertragen haben. Auf Soter (161—170) oder Aniket (157—161) wird sich die obige Notiz nicht anwenden lassen, weil wir keinen Raum für die von Praxeas geltend gemachte Auktorität der Vorgänger finden würden. Dagegen ist die meiste Wahrscheinlichkeit dafür, daß jener Bischof Eleutherus war, welcher in der Verwendung der so ausgezeichneten gallischen Märtyrer wohl ein genügendes Motiv finden konnte, von der Auktorität seiner Vorgänger abzuweichen. Wir dürfen ferner um so mehr auf Eleutherus rathen, als in Aniket und Soter solche Vorgänger desselben gefunden werden können, die den Montanismus bekämpft haben. Endlich machen wir noch darauf aufmerksam, daß die Art, wie Eusebius den Zweck des Schreibens der Lugdunenser an Eleutherus bezeichnet, unwillkürlich zusammen-

---

Asiae et Phrygiae inferentem, falsa de ipsis prophetis et ecclesiis eorum adseverando et praecessorum eius auctoritates defendendo coëgit, et literas pacis revocare iam emissas, et a proposito recipiendorum charismatum concessare. Vgl. über diese Stelle Schwegler S. 249—253.

1) Vgl. die Beweise bei Schwegler S. 251.

trifft mit Tertullians Ausdruck für die von Praxeas hintertriebene Absicht des römischen Bischofs [1]).

Durch die Maaßregel des Eleutherus war übrigens der Montanismus weder im Allgemeinen aus der Kirche gestoßen, noch auch in der römischen Gemeinde so völlig gelähmt, daß nicht der Streit noch wieder hätte aufgenommen werden müssen. Von einem Zusammentreffen des Viktor mit demselben wird uns nichts berichtet, dagegen setzt Eusebius in die Zeit seines Nachfolgers Zephyrinus (197—218) die Blüthe des Presbyters Gajus, welcher Verfasser einer Streitunterredung mit dem Montanisten Proklus ist, in welcher die beiden Gegner unter Anderem auf die alten Auktoritäten ihrer Kirchen, Gajus auf die Apostel Petrus und Paulus, Proklus auf die weissagenden Töchter des Philippus sich beriefen, und jener die Montanisten der Verfertigung von untergeschobenen Schriften beschuldigt [2]). Wir werden annehmen müssen, daß, wenn auch die Partei der neuen Propheten nicht mehr gottesdienstliche Gemeinschaft mit der bischöflichen Gemeinde haben konnte und wollte, ihr Bestehen die letztere insofern stets beunruhigte, als auch in dieser die dem Montanismus analoge Richtung auf disciplinarische Strenge vertreten war, und als zugleich die Auktorität der ekstatischen Propheten eine besondere Anziehungskraft ausüben mußte. Das die Disciplin betreffende Edikt, gegen welches Tertullian seine Schrift de pudicitia richtete (s. o. S. 513), gehört wahrscheinlich nach Rom. Gemeinhin wird angenommen, daß der Bischof, welchen Tertullian als pontifex maximus und episcopus episcoporum bezeichnet, der römische Bischof Zephyrinus gewesen sei. Denn wenn auch diese Titel ironisch gemeint sind, so muß in der Stellung des von Tertullian bezeichneten Bischofs ein Anlaß dazu gelegen haben; ein solcher ist jedoch nur bei dem römischen

---

1) Eus. V, 3: *Πίστιν τοῦ κἀκείνους προφητεύειν παρεῖχον.* — *Τῆς τῶν ἐκκλησιῶν εἰρήνης ἕνεκα πρεσβεύοντες.* Tert. adv. Prax.: — Agnoscentem iam prophetias, — et *pacem ecclesiis* Asiae et Phrygiae inferentem.

2) Eus. H. E. II, 25; III, 31; VI, 20.

Bischof wahrzunehmen. Denn gerade die Verhandlungen des Irenäus und des Praxeas mit Eleutherus weisen darauf hin, daß schon damals die Auktorität des römischen Bischofs als weithin reichend angesehen wurde. Auch der Titel pontifex maximus deutet nach Rom hin, und kann nicht im Spott darauf gehen, daß der Bischof sich die Rechte des einzigen Hohenpriesters Christus anmaße [1]). Wenn also Zephyrinus jenes Edikt als ein solches erlassen hat, welches dem Streite ein Ende machen sollte, so muß der Kampf zwischen der montanistischen Partei und den römischen Bischöfen bis in seine Zeit fortgedauert haben. Ueber der neuen Secession des Hippolytus ist natürlich die Bedeutung des montanistischen Schisma in Rom zurückgestellt worden. Hippolytus selbst ist sich vielleicht halb dessen bewußt, daß er dieselbe Aufgabe, wie die Montanisten verfolge; denn in seinem Werke gegen die Ketzer merkt er nur den ekstatisch-prophetischen Apparat derselben, ihre Uebertreibung des Fastens und die Uebereinstimmung eines Theils der Sekte mit der Christologie des Noetus an (Refut. VIII, 19), und mit keinem Worte weist er darauf hin, daß diese Sekte kurze Zeit vor seiner Wirksamkeit die römische Gemeinde durch dieselben Tendenzen beunruhigt hat, welche auch die seinigen sind.

C. Der Montanismus in Karthago.

Als die Partei der neuen Propheten in Rom schon längst aus der Gemeinde gestoßen war, begann sie in Karthago erst Raum zu gewinnen. Und zwar läßt sich erkennen, daß der Streit, der zwischen den Propheten und den Bischöfen schwebte, nicht in zufälliger Weise in die karthagische Gemeinde eingeschleppt, sondern daß er dort aus denselben Bedingungen, wie überall entstanden, und erst in seinem weitern Verlauf an die Auktorität der neuen Propheten angeknüpft worden ist. Hiezu bieten die Märtyrerakten der Perpetua und Felicitas den Stoff [2]). Daß

---

1) Wie Gieseler, Kirchengeschichte I, 1, S. 288 erklärt, indem er es wahrscheinlich findet, daß der Bischof von Karthago gemeint sei.

2) Vgl. Uhlhorn, Fundamenta chronologiae Tertullianeae p. 5—19.

der Herausgeber dieser Schrift, welche theilweise von der Hand der Märtyrer selbst, nämlich der Perpetua und des Saturus herrührt, zur Partei der neuen Propheten gehört, ergiebt sich aus dem Eingange und dem Schlusse seiner Erzählung (s. o. S. 483). Die Visionen der Märtyrer betrachtet er als Proben der für die letzten Zeiten verheißenen neuen Kräfte des heiligen Geistes. Daß nun die der karthagischen Gemeinde angehörigen Märtyrer selbst Montanisten gewesen sind, ergiebt sich nicht mit Bestimmtheit; und daß sie schismatisch gewesen wären, davon ist vielmehr das Gegentheil festzustellen. Nicht nur sind jene Märtyrer von der katholischen Kirche stets als die ihrigen betrachtet worden; sondern auch die Erzählung enthält die Anzeichen von der Gemeinschaft, in welcher dieselben mit der Gemeinde standen, deren Diakonen sie im Gefängnisse versorgten (cap. 3. 10), und deren Bischof Optatus von ihnen als papa begrüßt wird (cap. 13). Daß die Märtyrer mit Freudigkeit ihrem Ende entgegen gehen, daß sie Visionen haben, und daß Perpetua sogar mit Bestimmtheit auf Visionen rechnet, weil sie gewohnt ist, mit dem Herrn zu reden (cap. 4), diese Züge, obgleich sie sich mit der Richtung der neuen Propheten berühren, sind weder direkt in Zusammenhang mit deren Vorbilde gestellt, noch reichen sie an sich hin, um solchen Zusammenhang zu beweisen. Es tritt jedoch ein Umstand hinzu, welcher beweist, daß diese Visionäre in der gleichen Richtung wie die neuen Propheten begriffen sind, und daß, obgleich ihr Verband mit dem Bischof der Gemeinde besteht, der Streit über die Disciplin schon angeregt war, der von Tertullian alsbald weiter geführt wurde. Nämlich in einer Vision sieht Saturus sich und die Perpetua nach ihrem Märtyrertode in den Himmel erhoben. Nachdem sie den Anblick Gottes genossen, treten sie aus dem Raume, in welchem der Thron Gottes steht, und sehen (cap. 13) vor den Thüren rechts den Bischof Optatus und links den Presbyter Doktor Aspasius, getrennt und traurig; dieselben fallen zu den Füßen der Märtyrer und sprechen: „Versöhnet uns, da ihr aus dem Leben gegangen seid, und uns so, nämlich unversöhnt, zurückgelassen habt.“ Als nun die Märtyrer mit jenen Klerikern reden, werden sie von Engeln gestört, welche die letzteren ermahnen, wenn sie Streit hätten, sich gegenseitig zu vergeben (si quas habetis inter vos dissensiones, dimittite vobis invicem); dem Optatus aber sagen sie, er solle seine Gemeinde bessern, denn die Glieder derselben kämen zu ihm, als wenn sie von der Rennbahn zurückkehrten, und an den auf die Spiele bezüglichen Parteien theilnähmen (corrige plebem tuam, quia sic ad te conveniunt quasi de circo redeuntes et de factionibus certantes). Der Streit zwischen dem Bischof und dem Presbyter wird die Aufgabe betroffen haben, wegen deren Optatus zurechtgewiesen wird. Diese ist aber die strengere Disciplin überhaupt, und speciell in Anwendung auf einen auch von Tertullian (de spectaculis) behandelten Punkt, ob ein Christ den Spielen in der Rennbahn beiwohnen dürfe. Also schon zu der Zeit, als jene Märtyrer dem Tode entgegensahen, etwa im J. 203, bestand eine Meinungsverschiedenheit über die Strenge der Disciplin im karthagischen Klerus, und natürlich auch in der Gemeinde; sie hatte jedoch noch nicht zur Trennung derselben geführt, und eine Versöhnung schien noch möglich. Welcher Partei die Märtyrer angehörten, ist dabei nicht zweifelhaft. Die Zurechtweisung, welche der Bischof in der Vision des Saturus erfährt, während Aspasius ohne Vorwürfe bleibt, läßt darauf schließen, daß sie der strengern Disciplin zugethan waren; und diese Gesinnung in Verbindung mit der Gabe der Vision läßt sie allerdings in Analogie mit Montanus und den Seinigen erscheinen. Wie in Rom der Verfasser des Hirten, so steht in Karthago der Presbyter Aspasius und seine Partei an der Schwelle des Montanismus. Es fehlte zur vollkommenen Darstellung dieser Richtung nur, daß solche Visionäre wie Saturus ausdrücklich als Auktoritäten für die strengere Disciplin anerkannt, und dann, daß die Gemeinschaft solcher einheimischen Propheten mit den phrygischen Vorbildern offen ausgesprochen wurde.

In diese Entwickelung der montanistischen Partei gewähren die Schriften Tertullians einen Einblick [1]). Eine unzweifelhafte Strenge der sittlichen Anschauung hat er schon in den Büchern

1) Vgl. Uhlhorn a. a. O. S. 46 ff.

de cultu feminarum, de patientia, ad uxorem libri II geltend gemacht, ohne jedoch eine Spur von specifisch montanistischer Richtung zu verrathen oder anzudeuten, daß eine Parteiung in der Gemeinde mit seiner Anschauung zusammenhing. Ein weiterer Schritt zeigt sich dann in den Büchern de corona militis, de fuga in persecutione, de exhortatione castitatis insofern, als in ihnen die Auktorität des Paraklet in den neuen Propheten für die strenge Sitte geltend gemacht, jedoch noch keine Rücksicht auf die phrygischen Parteihäupter genommen wird, und noch keine Trennung vom allgemeinen Gottesdienste stattgefunden hat. Dies Stadium entspricht ziemlich den aus den Märtyrerakten sich ergebenden Verhältnissen in der Gemeinde. Dagegen deutet die Schrift de virginibus velandis an, daß ein Bruch zwischen beiden Parteien eingetreten war. Da die zur strengern Richtung sich bekennenden Jungfrauen verschleiert in die Gemeindeversammlungen kamen, und durch dies Unterscheidungszeichen den Unmuth der freiergesinnten Jungfrauen erregten, so hatten diese Männer angestiftet, welche jenen die Schleier abrissen und sie mit unverschleiertem Gesichte das Gemeindehaus zu betreten zwangen (cap. 3). Eine so gewaltthätige Beschimpfung muß die Parteiung zum Schisma gedrängt haben; und als Merkmal dieser Lage der Partei ist es anzusehen, daß Tertullian die Katholiker als Psychiker verwirft, und den Montanus wie die Priskilla und Maximilla als Auktoritäten anerkennt, wie in den späteren Büchern de monogamia, de ieiuniis, de pudicitia und den dogmatisch-polemischen Werken.

Tertullian wird von Eusebius (H. E. II, 2) zu den angesehensten Römern gerechnet (τῶν μάλιστα ἐπὶ Ῥώμης λαμπρῶν), was von seiner literarischen Stellung abstrahirt ist, und seine Angehörigkeit an die Gemeinde zu Karthago nicht in Frage stellen kann. Hieronymus (de vir. ill. 53) bezeichnet ihn als Presbyter, und giebt an, daß der Neid und die Beleidigungen des römischen Klerus ihn bewogen haben, zu den Montanisten überzutreten. Die letztere Notiz ist jedenfalls nicht richtig; aber auch daß Tertullian zum Klerus gehört habe, sei es vor der Spaltung der Gemeinde, sei es in der montanistischen Gemeinde, läßt sich aus seinen Schriften unbedingt und direkt nicht beweisen.

Nur das ergiebt sich, daß er Lehrer in der schismatischen Gemeinde war (de anima 9; s. o. S. 480). Wenn jedoch darauf zu rechnen ist, daß zu Tertullians Zeit das Lehrgeschäft regelmäßig mit dem Presbyteramt vereinigt war, so würde aus der angeführten Stelle die Angabe des Hieronymus ihre Bestätigung empfangen. Augustin (de haeresibus 86) theilt mit, daß Tertullian später sich von den Montanisten zurückgezogen, hingegen eine eigene von der katholischen Kirche getrennte Partei gegründet habe, welcher Augustin selbst ein Ende gemacht habe, indem deren Mitglieder sich der katholischen Gemeinde in Karthago angeschlossen und ihre Basilika derselben übergeben hätten. Wenn auch diese persönliche Berührung Augustins mit den Tertullianisten die Richtigkeit seiner Angabe über diese Partei verbürgt, so müssen wir doch ein Bedenken gegen die Nachricht erheben, daß Tertullian sich von der montanistischen Partei getrennt habe. Sie wird unsicher durch die gleichzeitige unrichtige Notiz Augustins, daß Tertullian vor seinem Anschluß an die neuen Propheten deren Sache bekämpft habe. Und die Partei der Tertullianisten, von deren Tendenz Augustin selbst nichts sagt, leistet unserem Zweifel kein Gegengewicht, da sie in einem sehr zufälligen Verhältniß zu Tertullian gestanden haben kann.

Der Konflikt zwischen den Montanisten und dem Bischof von Karthago kann Tertullians Lebenszeit, also das Jahr 220 nicht überdauert haben. Denn Cyprian giebt keine Andeutung, daß zu seiner Zeit die montanistische Sekte in Karthago noch bestand; war dies der Fall, so war sie wenigstens der katholischen Gemeinde nicht gefährlich. Auch die Erinnerung an das montanistische Schisma, und an die Betheiligung Tertullians an demselben ist bei Cyprian nicht wahrzunehmen, der die Schriften jenes Mannes täglich studirte, ohne durch die schismatische Richtung desselben gestört zu werden. Uebrigens ergiebt sich aus einer zufälligen Mittheilung Cyprians [1]), daß die montanistische Be-

1) Ep. ad Antonianum (55, 17): Et quidem apud antecessores nostros quidam de episcopis istic in provincia nostra dandam pacem moechis non putaverunt et in totum poenitentiae locum contra adulteria clauserunt. Non

wegung nicht in allen afrikanischen Gemeinden gleiche Verhältnisse gefunden haben kann. Denn wenn manche Bischöfe solche, die wegen Ehebruch und Unzucht exkommunicirt waren, überhaupt nicht wieder in die Gemeinde aufnahmen, so hatte in deren Gemeinden die strenge Disciplin die Oberhand, und es war weder Bedürfniß noch Gelegenheit zu einer schismatischen Einwirkung der Montanisten gegeben. Aber eben deßwegen, weil nicht alle Bischöfe in der Milderung der Disciplin einig waren (s. o. S. 524), wurde es der montanistischen Partei erleichtert, ihre Ansprüche an Sittenstrenge mit Erfolg geltend zu machen. Wären die Bischöfe überall in der milden Praxis einig gewesen, so hätten sich die montanistischen Bewegungen nicht so lange Zeit immer wieder an einem andern Orte erneuern können. Andererseits aber zeigt sich an diesen Thatsachen wieder, daß die Punkte, auf welche sich die montanistische Richtung bezog, vor deren Auftreten nichts weniger als abschließend festgestellt waren, und daß der Konflikt der Partei mit der Kirche aus rein innerkirchlichen Verhältnissen hervorging.

D. Der Ausgang des Montanismus in Kleinasien.

Allerdings wurde die Partei der neuen Propheten überall, wo sie am Bischof Widerstand fand, zum Schisma gezwungen; allein diese Thatsache ist nicht unbedingt so zu deuten, daß die Montanisten dadurch für definitiv häretisch und widerkirchlich erklärt wurden. Wenn auch die Vorwürfe des teuflischen Einflusses und des blos psychischen Glaubens zwischen den getrennten Gemeinden hin und her gingen, so kann man dies nicht als das Merkmal einer definitiven Entscheidung des Verhältnisses derselben betrachten. In Rom wenigstens konnten wir ein Schwanken in der Beurtheilung des Schisma, und eine lange Dauer des Streites wahrnehmen, welche darauf schließen ließ, daß die bischöfliche Gemeinde den Einwirkungen der montanistischen Partei

tamen a coepiscoporum suorum collegio recesserunt, aut catholicae ecclesiae unitatem vel duritiae vel censurae suae obstinatione ruperunt, ut quia apud alios adulteris pax dabatur, qui non dabat, de ecclesia separaretur.

ungeachtet der zwischen ihnen bestehenden Trennung ausgesetzt blieb. Denn auch, wenn die Vermuthung nicht richtig wäre, daß das von Tertullian angefochtene Pönitenzedikt dem Zephyrinus angehöre, so weist die Stellung des Eleutherus zwischen der Fürsprache aus Lugdunum einerseits und Praxeas andererseits darauf hin, daß mit dem Eintreten des Schisma die außerkirchliche Stellung des Montanismus noch nicht entschieden war. Dieselbe Anschauung gewährt der ungenannte Berichterstatter des Eusebius von der Sachlage in Kleinasien [1]). Wenn es nöthig war, daß die Gläubigen zur Beurtheilung der Partei vielmals und an vielen Orten zusammenkamen, ehe sie dieselbe aus der Gemeinschaft ausschlossen, so ist zu folgern, daß daß Urtheil nicht leicht zu fassen war, und daß das ungünstige Urtheil über die Montanisten wahrscheinlich wiederholt gefällt werden mußte, weil der Verband der Partei mit den einzelnen Gemeinden trotz des Schisma noch in gewisser Art bestand.

Einen genauern Einblick in diese Verhältnisse gewährt Firmilianus, Bischof von Cäsarea in Kappadocien, in dem Briefe an Cyprian, den er gegen die vom römischen Bischof Stephanus anerkannte Ketzertaufe schrieb (unter Cyprians Briefen der 75ste). Er erzählt (cap. 10), daß nach dem Tode des Kaisers Alexander Severus, ungefähr 22 Jahre vor der Zeit seines Berichtes, auf Anlaß von Erdbeben in Kappadocien und Pontus eine Christenverfolgung ausgebrochen sei, welche nach dem langen Frieden nicht erwartet die Gemeinden mit Schrecken und Verwirrung erfüllt habe. „Als nun die Gläubigen dieser Verfolgung unterworfen waren, und aus Furcht vor derselben hier und dort hin flohen und ihre Heimath verließen, tauchte dort plötzlich ein Weib auf, welche wegen ihrer Ekstasen sich für eine Prophetin ausgab, und vorgeblich voll des heiligen Geistes als solche auftrat (quae in ecstasin constituta propheten se praeferret et quasi

1) Eus. V, 16, 5: Ὀλίγοι δ᾽ ἦσαν οὗτοι τῶν Φρύγων ἐξηπατημένοι. — Τῶν γὰρ κατὰ τὴν Ἀσίαν πιστῶν πολλάκις καὶ πολλαχῆ τῆς Ἀσίας εἰς τοῦτο συνελθόντων καὶ τοὺς προσφάτους λόγους ἐξετασάντων καὶ βεβήλους ἀποφηνάντων, καὶ ἀποδοκιμασάντων τὴν αἵρεσιν, οὕτω δὴ τῆς τε ἐκκλησίας ἐξεώσθησαν, καὶ τῆς κοινωνίας εἴρχθησαν.

sancto spiritu plena sic ageret). So sehr aber wurde sie durch die Macht der vornehmsten Dämonen erhoben, daß sie lange Zeit hindurch die Brüder aufregte und täuschte, indem sie wunderbare und auffallende Dinge vollbrachte und die Erde in Bewegung zu bringen verhieß; nicht weil der Dämon so große Gewalt hatte, sondern weil der böse Geist manchmal die bevorstehenden Erdstöße vorauswußte und sich so stellte, als wenn er das hervorbringen werde, was er voraussah. Durch diese Lügen und Erfindungen hatte sie die Gemüther Einzelner gewonnen, so daß sie ihr gehorchten und, wohin sie gebot und führte, ihr folgten, indem sie behauptete, daß sie nach Judäa und Jerusalem eile, woher sie vorgeblich auch gekommen war. Hier hat sie einen Landpresbyter und einen Diakonus getäuscht, so daß sie ihr anhingen, was kurz nachher entdeckt wurde." Denn plötzlich trat ein Exorkist auf, der dem bösen Geist in dem Weibe widerstand und ihn als solchen entlarvte, obgleich derselbe in schlauer Weise vorhergesagt hatte, daß ein verkehrter und ungläubiger Versucher auftreten werde.

Dieses Weib, welches etwa im Jahre 236 als Prophetin auftrat [1]), ist ohne allen Zweifel eine Nachfolgerin der Maximilla, ungeachtet diese von einer solchen nichts vorauswußte. Der einseitige Bericht des Firmilianus, der blos auf die Voraussetzung dämonischer Inspiration gebaut ist, hat offenbar wesentliches verschwiegen. Wenn die ekstatische Prophetin in der Epoche einer Verfolgung auftrat, welche eine allgemeine Flucht erregte, so wird sie ohne Zweifel sowohl zum Bestehen des Märtyrerthums aufgefordert, als auch Buße gepredigt und auf Verschärfung der Disciplin gedrungen haben. Wenn sie Erdbeben vorausgesagt und auf die Erscheinung eines verkehrten und ungläubigen Versuchers hingewiesen hat, so hat man denselben als den Antichrist und die Erdbeben als Vorzeichen des Weltendes aufzufassen; nach Jerusalem aber will die Prophetin ziehen, weil dort die

1) Alexander Severus regiert bis 235, der Streit über die Ketzertaufe fällt in die Jahre 253—257, die Prophetin soll viginti et duos *fere* annos vor dem Brief des Firmilian aufgetreten sein, also ist im Allgemeinen jenes Jahr anzunehmen.

Erscheinung der himmlischen Stadt zu erwarten ist. Direkte Ketzerei wird dem Weibe nicht Schuld gegeben, aber eine schismatische Tendenz erscheint darin, daß die Prophetin unter ihren Anhängern die Eucharistie und die Taufe, wenn auch in der legitimen Form, vollzogen hat[1]). Dies ist freilich auffallend; aber wenn Tertullian den Weibern das öffentliche Lehren und die Sakramentsverwaltung verbietet[2]), dagegen das prophetische Recht in ihnen anerkennt[3]), so liegt es sehr nahe, daß wo prophetische Weiber erschienen, sie auch von den übrigen gottesdienstlichen Schranken sich befreit achteten. Wenn auch diese Prophetin keinen äußern Zusammenhang mit ihren so viel älteren Vorgängerinnen, den Begleiterinnen des Montanus gehabt hat, so beweist eben ihre unleugbare Gleichartigkeit mit jenen, und der Erfolg, den sie fand, daß in Kleinasien die Richtung der neuen Propheten sich nicht auf die Anhänger der bekannten Personen beschränkte, sondern daß sie sich aus dem innern Bedürfniß und der äußern Lage der Kirche, welche der Bericht Firmilians vergegenwärtigt, wiederholt erzeugen konnte. Wenn auch an dem einen Orte die außerkirchliche, häretische Stellung der Partei entschieden war, so konnte an einem andern Orte unter den entsprechenden Bedingungen die Verbindung von ekstatischer Prophetie und Sittenstrenge wieder vollzogen, und die auch anderwärts schon getroffene Entscheidung in Frage gestellt werden.

Die eigentliche Entscheidung über die Stellung der montanistischen Partei zur katholischen Kirche knüpft sich an die Frage, ob die in jener vollzogene Taufe von der Kirche als gültig an-

1) L. c. cap. 10: Etiam hoc frequenter ausa est, ut et invocatione non contemtibili sanctificare se panem et *eucharistiam facere* simularet, et sacrificium domino sine sacramento solitae praedicationis offerret, *baptizaret quoque multos usitata et legitima verba interrogationis usurpans*, ut nil discrepare ab ecclesiastica regula videretur.

2) De virg. vel. 9: Non permittitur mulieri in ecclesia loqui, sed nec docere, nec tinguere, nec offerre, nec ullius virilis muneris nedum sacerdotalis officii sortem sibi vindicare. De baptismo 1: Quintilla cui nec integre quidem docendi ius erat.

3) Adv. Marc. V, 8: Apostolus, aeque praescribens mulieribus silentium in ecclesia, ceterum prophetandi ius et illas habere iam ostendit, cum mulieri etiam prophetanti velamen imponit.

erkannt werden solle. In dieser Hinsicht bietet ebenfalls Firmilian die bestimmte Nachricht dar, daß eine Synode zu Ikonium die Taufe derjenigen verworfen habe, welche, wenn sie auch die neuen Propheten annehmen, doch über den Vater und den Sohn rechtgläubig denken [1]). Da diese Synode schon lange vor dem Briefe Firmilians (jampridem, cap. 7) gehalten war, so kann diese Katastrophe des Montanismus in Kleinasien sich etwa nach dem ersten Viertel des dritten Jahrhunderts ereignet haben.

Der Montanismus hat keine Abweichung vom kirchlichen Dogma begangen, sondern richtet sich auf die Herstellung des Lebens, der Sitte und der Disciplin. Aber jener Richtung liegt eine ganz bestimmte Ansicht von dem Verhältniß des sittlichen Lebens zur Kirche oder von der Bedingung der Heiligkeit der Kirche zu Grunde. Durch den Grundsatz, daß die Heiligkeit der Kirche in der gesetzlichen Strenge und in der sittlichen Tadellosigkeit aller ihrer Mitglieder wurzele, wurde die Kirche zu der entgegengesetzten Anschauung gedrängt, daß die Heiligkeit der Kirche von dem Besitze der specifischen Heiligungsmittel, der Sakramente abhängig sei. Und wie jene sektirerische Tendenz sich auf die Aristokratie der ekstatischen Propheten stützte, so wurde die Kirche durch die in der montanistischen Krisis eingetretene Zerrüttung der Gemeinden, und durch die Erweiterung der sakramentalen Verrichtungen bewogen, die Aristokratie ihrer Amtsträger, des Klerus, noch höher zu erheben. Die Feststellung des besondern gottesdienstlichen Charakters des Klerus erfolgt erst in der Gegenwirkung gegen den Montanismus.

---

1) L. c. cap. 19: Quoniam quidam de eorum baptismo dubitabant, qui etsi *novos prophetas* recipiunt, eosdem tamen patrem et filium nosse nobiscum videntur, plurimi simul convenientes in Iconio diligentissime tractavimus et confirmavimus, repudiandum esse omne omnino baptisma, quod sit extra ecclesiam constitutum. Die von Baluzius vorgezogene Lesart: qui etsi non ut nos prophetas recipiunt, ist nicht zu billigen. Sie würde auf Markioniten hinweisen; allein es ist unmöglich, daß diesen Rechtgläubigkeit in der Lehre vom Vater und vom Sohne zugestanden würde.

Dritter Abschnitt.

Die Verfassung nach dem Montanismus.

Die Beschränkung des Priestertitels auf die Mitglieder des Klerus ist uns als der Punkt bemerklich geworden, an welchen sich die katholische Behauptung eines besondern gottesdienstlichen Charakters der Amtspersonen knüpft, welche in der Zeit vor Tertullian noch fehlt, und auch mit dem Gebrauche jenes Namens durch Tertullian noch nicht verknüpft ist (s. o. S. 398). Umgekehrt hat der falsche Ignatius den Gedanken einer specifischen Stellvertretung Gottes durch den Bischof vollzogen, aber ohne den Priesternamen auf denselben zu übertragen, und ohne jenen gesteigerten Inhalt des Episkopates im Einzelnen darzulegen (s. o. S. 457. 460). Der Kampf der Kirche mit dem Montanismus hat nun freilich den Erfolg gehabt, daß der durch Pseudoignatius erhobene Anspruch in einer bestimmten Beziehung für die Bischöfe verwirklicht wurde, nämlich in der Behauptung der sogenannten Schlüsselgewalt an der Stelle Gottes. Es kommt nun aber darauf an, das Verhältniß dieses bischöflichen Attributs sowohl zu dem Priesternamen, als auch zu den Rechten der Gemeinde näher zu beobachten.

I. Cyprian von Karthago.

Der berühmte Bischof in der Mitte des dritten Jahrhunderts gilt mit Recht als ein Hauptvertreter sowohl des Episkopates als der kirchlichen Verfassungsentwickelung überhaupt. Indessen darf seine Bedeutung auch nicht überschätzt, und etwa sein Einfluß auf die Geschichte der katholischen Kirche als epochemachend angesehen werden. Er ist nur der erste Hierarch, dessen Wirksamkeit und dessen Motive wir aus den von ihm hinterlassenen Schriften und Briefen deutlich erkennen können; während der Einfluß anderer Bischöfe, über welche wir nur geringe Notizen besitzen, viel durchgreifender, als der des Cyprian gewesen sein mag. Cyprians Ideen über den Episkopat sind weder unbedingt neu, noch vollständig abgeschlossen; und wenn er mit achtungswerther Energie nach den einmal gefaßten Grundsätzen handelte, so ist er darum doch nur ein Beispiel für die Richtung, welche von einer Menge gleichzeitiger Bischöfe in derselben Weise verfolgt wurde, die man doch darum nicht geringer als Cyprian anschlagen darf, weil sie nichts geschrieben haben, oder weil ihre Schriften durch die Ungunst des Schicksals uns nicht erhalten worden sind. Diese Bemerkung ist namentlich durch die Mittheilungen über die römischen Bischöfe am Anfange des dritten Jahrhunderts zu bestätigen, welche wir dem Hippolytus verdanken. Sie beweisen deutlich, daß die hierarchischen Interessen in Rom mit größerer Entschiedenheit gefördert worden sind, als vielleicht irgendwo anders, und gerade die Abweichungen in einzelnen Grundsätzen, welche zwischen Cyprian und Kallistus vorliegen, werden zur Erläuterung der Verfassungsverhältnisse jener Zeit erheblich beitragen.

Unter den verschiedenen Streitigkeiten, welche die Amtsführung Cyprians begleiten, begegnen uns zuerst die Verhandlungen mit den Märtyrern und Bekennern über die Wiederaufnahme der in der decianischen Verfolgung gefallenen Christen. Der Gegenstand des Streites war nicht mehr die Frage, ob solche, die in der Verfolgung zu einer Handlung von Götzendienst sich hatten verleiten oder zwingen lassen, in die Gemeinde überhaupt wieder aufgenommen werden könnten oder nicht. Noch zu der Zeit, als Tertullian gegen das Edikt des Zephyrinus schrieb, war es in Karthago wie in Rom Grundsatz, weder für Todtschlag noch für Götzendienst kirchliche Sündenvergebung zuzulassen (s. o. S. 514). Das Pönitenzedikt des Zephyrinus bezog sich blos auf die Nachsicht gegen Unzucht und

Ehebruch, daß deßhalb Exkommunicirte nach angemessener Bußzeit wieder aufgenommen werden könnten. Aber in der Zeit der decianischen Verfolgung sind Cyprian (Ep. 15, 2; 55, 12 seq.), die afrikanischen Bischöfe (Ep. 57, 1), und der römische Klerus (Ep. 2, 2; 30) darüber einig, daß die lapsi zur Kirchengemeinschaft zugelassen werden dürfen, und die Römer berufen sich (im J. 250) auf ihre alte Zucht und Strenge nur insofern, als die Aufhebung der Exkommunikation Gefallener nicht übereilt werden solle. Diese Observanz reicht nun freilich in der römischen Gemeinde nicht sehr hoch hinauf, da noch unter Zephyrin (bis zum J. 219) gar nicht in Frage gekommen war, wie lange die Buße für Rückfall an das Heidenthum dauern solle. Vielmehr hat erst dessen Nachfolger Kallistus den Grundsatz der kirchlichen Sündenvergebung auf alle Todsünden ausgedehnt, wie sein Gegner Hippolytus berichtet [1]. Dionysius von Korinth hat freilich den Grundsatz in demselben Umfang schon weit früher aufgestellt (s. o. S. 524). Dies entspricht der Thatsache, daß die abendländische Kirche auch viel später in den Kampf mit den neuen Propheten verwickelt wurde, als die morgenländische. Denn die unumschränkte Behauptung der Schlüsselgewalt für alle Todsünden durch die Bischöfe ist der Ausdruck des Sieges über die Gefahren des montanistischen Schisma [2].

Indem nun die karthagischen Märtyrer im Einverständniß mit einigen Presbytern die Wiederaufnahme der Gefallenen in übereilter und ungeordneter Weise betrieben, so beruft sich der Bischof Cyprian wiederholt auf den ursprünglich geltenden Grundsatz, daß die Exkommunikation und ihre Aufhebung nur durch gemeinsamen Beschluß des Bischofs, des Klerus und der

---

1) Refut. omn. haer. IX, 12: *Πρῶτος τὰ πρὸς τὰς ἡδονὰς τοῖς ἀνθρώποις συγχωρεῖν ἐπενόησε, λέγων πᾶσιν ὑπ' αὐτοῦ ἀφίεσθαι ἁμαρτίας.*

2) Die spanische Kirche, in welcher nach den Beschlüssen der Synode zu Eliberis (im J. 305) weder der Mord noch Götzendienst Vergebung fanden (can. 1. 6), und welche auch in anderen Punkten strengere Disciplin übte, ist von den montanistischen Wirren nicht berührt worden.

ganzen Gemeinde vollzogen werden könne (Ep. 14, 4; 19, 2; 34, 4; s. o. S. 375). Er zeigt sich also als Vertreter der Autonomie der Gemeinde, in einer Zeit, in welcher nach unserer Darstellung der Geschichte der Gedanke daran nicht mehr zu erwarten wäre. Er erklärt ausdrücklich, quod ecclesia in episcopo et clero et in omnibus stantibus sit constituta (Ep. 33, 1), und giebt sich dadurch den Anschein, als ob er hierarchischen Tendenzen fremd sei. Allein Cyprian ist nicht der Erste und nicht der Einzige, welcher um seine monarchischen Zwecke gegen den Widerstand der Aristokratie durchzusetzen, die Solidarität des Interesses der Masse mit der Monarchie vorschiebt. Die heidenchristlichen Gemeinden waren ursprünglich aristokratisch verfaßt, so aber, daß die Disciplin von der Aristokratie des Klerus nicht ohne Mitwirkung der Gemeinde gehandhabt werden sollte. Aus der Aristokratie des Klerus erhob sich der Bischof als Monarch, zunächst unter solchen Bedingungen, welche seine Solidarität mit der Aristokratie der Gemeinde gegenüber erkennen lassen. Indessen erzeugte sich in den Verfolgungen eine neue Form von Aristokratie aus dem Schooße der Gemeinde, die Klasse der Märtyrer (κλῆρος τῶν μαρτύρων. Eus. V, 1, 4. 20; s. o. S. 391), welche auf dem Gebiete der Disciplin eine außerordentliche Gewalt als Gegengewicht gegen das ordnungsmäßige Zusammenwirken von Bischof, Klerus und Gemeinde ausübte. Ihrem Ursprunge nach populär, war diese Form der Aristokratie nur dann für den Bestand der Gemeinde ungefährlich, wenn die Märtyrer ihr Vorrecht mit der größten Diskretion gebrauchten, und die bei ihnen anerkannte specifische Gemeinschaft mit Christus sich zur strengsten Zucht über sich selbst gereichen ließen (s. o. S. 383). Aber während die Märtyrer die Sündenvergebung für Exkommunicirte eigentlich auch nur von Gott erbitten konnten, so meinten die in Karthago, mit welchen es Cyprian zu thun hatte, ohne Prüfung der einzelnen Fälle, durch ihre bloße Willenserklärung, durch Ertheilung von Aufnahmescheinen ohne nähere Bezeichnung derer, denen sie gelten sollten, die Wiederaufnahme von Gefallenen durchsetzen zu dürfen (Ep. 15, 4; 16, 2). Während also die Aristokratie der Märtyrer durch die leichtfertige Handhabung ihres Vorrechtes deutlich dem Verfalle entgegenging, und durch ferner ungestörte Wirksamkeit den Bestand der Gemeinde ernstlich bedrohte, so kam in Karthago noch dazu, daß eine Anzahl von Presbytern, Donatus, Fortunatus, Novatus, und Gordius, mit den Märtyrern gemeinsame Sache gemacht hatte (Ep. 14, 4). Bei diesen Presbytern wird man wohl mit Recht die Absicht voraussetzen dürfen, das monarchische Uebergewicht des Bischofs zu beschränken [1]). Gegen diese Koalition der beiden aristokratischen Elemente, welche sowohl die bischöfliche Gewalt, als auch die Ordnung in der Gemeinde sehr ernstlich gefährdete, konnte nun der Bischof keine andere Stütze suchen, als in der Masse der Gemeinde, welche aus inneren und äußeren Gründen einen monarchischen Instinkt zu haben pflegt.

Mit dem angeführten Grundsatz über die Harmonie von Bischof, Klerus, Gemeinde hat jedoch Cyprian seine eigentliche Ansicht nur sehr schwach maskirt. Unmittelbar vorher hat er es als göttliches Gesetz bezeichnet, daß die Kirche super episcopos constituatur et omnis actus ecclesiae per eosdem praepositos gubernetur (Ep. 33, 1). Der Bischof ist also unbedingt Grund der Gemeinde, der organisirende Faktor derselben. Illi sunt ecclesia plebs sacerdoti adunata et pastori suo grex adhaerens. Unde scire debes, episcopum in ecclesia esse, et ecclesiam in episcopo, et si quis cum episcopo non sit, in ecclesia non esse (Ep. 66, 8). Daraus ergiebt sich das Urtheil, daß die Presbytern, welche auf ihre Hand die durch die Märtyrer empfohlenen Gefallenen aufgenommen haben, darum unrecht gehandelt haben, weil sie dem Bischof Schmach und Verachtung erwiesen haben (Ep. 16, 1). Als den geschichtlichen Grund dieser Stellung der Bischöfe bezeichnet Cyprian die Identität ihres Amtes mit dem der Apostel, deren Nachfolger sie sind (Ep. 3, 3; 45, 4). Daß dasselbe den Besitz der richtigen Lehrtradition enthalte (s. o. S. 443), ist von Cyprian gewiß vorausgesetzt, obgleich in seinen Schriften nichts darüber zu

---

1) Vgl. Rettberg, Cyprianus, Bischof von Karthago S. 70. 90.

finden ist, weil er keine Veranlassung hatte, den Gedanken polemisch geltend zu machen. Dagegen hebt er ausdrücklich hervor, was Tertullian im Kampfe gegen Zephyrin in Zweifel stellte (s. o. S. 515), daß die Bischöfe als Nachfolger des Petrus und der Apostel die Gewalt, Sünden zu behalten und zu vergeben oder (nach der falschen heidenchristlichen Auslegung, s. o. S. 372. 450) die Gewalt, zu binden und zu lösen, besitzen [1]. Diese Deutung des apostolischen Charakters des bischöflichen Amtes, welche der ursprünglichen durch die Fürbitte vermittelten Praxis der Sündenvergebung widerspricht, ist der Ertrag des glücklichen Kampfes der bischöflichen Gewalt gegen die Montanisten. Und wenn Cyprian daneben doch die ursprüngliche Methode der Sündenvergebung geltend macht (s. o. S. 377), so widerlegt diese Thatsache nicht unser Urtheil, daß er in dieser Hinsicht in einem Widerspruche mit sich selbst befangen war [2].

Ganz geläufig ist dem Cyprian der Gebrauch des Priestertitels für die Bischöfe. Obgleich er gelegentlich auch die Presbytern in diese Bezeichnung einschließt (Ep. 61, 2, s. o. S. 395), so ist doch die Anwendung des Namens auf die Bischöfe

---

1) Ep. 73, 7: Manifestum est, ubi et per quos remissa peccatorum dari possit, quae in baptismo scilicet datur. Nam Petro primum dominus, super quem aedificavit ecclesiam, et unde unitatis originem instituit et ostendit, potestatem istam dedit, ut id solveretur in coelis, quod ille solvisset in terris. Et post resurrectionem quoque ad apostolos loquitur dicens: sicut misit me pater, et ego mitto vos. Hoc cum dixisset, inspiravit et ait illis: accipite spiritum sanctum; si cuius remiseritis peccata, remittentur illi, si cuius tenueritis, tenebuntur (Ioh. 20, 21—23). Unde intelligimus, non nisi in ecclesia praepositis et in evangelica lege ac dominica ordinatione fundatis licere baptizare et remissam peccatorum dare, foris autem nec ligari aliquid posse nec solvi, ubi non sit, qui aut ligare possit aliquid aut solvere. — Ebenso Ep. 33, 1, und übereinstimmend Firmilianus von Cäsarea (Ep. 75, 16).

2) Derselbe Widerspruch herrscht auch in den Briefen des Pacianus von Barcelona (Max. bibl. vet. patr. Tom. IV). Einerseits behauptet er, daß die den Aposteln verliehene Schlüsselgewalt auf die Bischöfe übergegangen sei, also quod per sacerdotes suos facit, ipsius potestas est, — in episcopo dei nomen operatur, — quod ego facio, non meo iure, sed domini. Andererseits legt er ein großes Gewicht darauf, daß die Sündenvergebung erst post totius ecclesiae preces ertheilt werde. Der Widerspruch dauert auch eigentlich so lange, als die deprekatorische Absolutionsformel gilt.

so durchaus überwiegend, daß der Umfang beider Titel bei Cyprian eigentlich identisch ist. Auf die Bischöfe wendet er deßhalb allerlei Ordnungen des mosaischen Gesetzes über den Stamm Levi und die aaronitischen Priester an (Ep. 1, 3; 4, 4; 65, 2; 66, 3; 67, 1; 72, 3; 73, 8); dagegen von einem Priesterthum der Gläubigen scheint er nichts zu wissen. Priester aber heißen die Bischöfe um eines Opfers willen, welches sie darbringen, wie ja die Wechselbeziehung zwischen sacerdotium und sacrificium durch das alttestamentliche Vorbild feststand (Ep. 1, 1; 57, 3; 63, 14. 19; 65, 2; 67, 1; 72, 3). Ein Opfer der Gemeinde bildete freilich schon im zweiten Jahrhundert den Mittelpunkt des vom Vorsteher oder vom Bischof geleiteten Gottesdienstes, und auf dieses wurde auch das Priesterthum der ganzen christlichen Gemeinde angewandt (s. o. S. 365. 395). Aber bei Cyprian ist der Gegenstand des Opfers anders bestimmt als früher, und deßhalb erscheint auch seine Ansicht vom Priesterthume der Bischöfe losgerissen von dem echt apostolischen Gedanken des Priesterthums der Gläubigen. Als Opfer gelten im zweiten Jahrhundert Gebet und Wohlthätigkeit überhaupt, in dem öffentlichen Gottesdienst speciell das Brot und der Wein, welche als Vertreter der menschlichen Nahrung und der den Gemeindezwecken gewidmeten Gaben durch Dankgebet Gott geweiht, und welche danach zum Herrnmahle verwendet wurden (s. o. S. 396). Bei Cyprian herrscht nun eine Auffassung dieser Handlungen, in welcher ihre Grenzen aufgehoben, und Brot und Wein insofern als Gegenstände des Opfers dargestellt werden, als der Leib und das Blut Christi mit ihnen identisch sind. Der 63ste Brief Cyprians an Cäcilius, welcher die aus asketischen Rücksichten hervorgegangene Vertauschung des mit Wasser gemischten Weines mit reinem Wasser bekämpft, enthält beiläufig genug Zeugnisse darüber, was Cyprian von dem Abendmahle gehalten habe. Er bezeichnet es regelmäßig als sacrificium dominicum (cap. 4. 5. 9), und als solches gilt es ihm in Betracht sowohl des Subjekts als auch des Objekts. Das Brot und den Wein, mit welchem Christus das Abendmahl eingesetzt hat, hat er nach Cyprian als Hoherpriester dargebracht als seinen

Leib und sein Blut [1]). Die Wiederholung dieses Opfers hat er zur Erinnerung an sich eingesetzt, und der Bischof, welcher als Priester an der Stelle Christi handelt, bringt Gott dem Vater dasselbe dar, was zuerst Christus dargebracht hat [2]). Die kirchliche Abendmahlshandlung ist ein sacrificium dei patris et Christi (cap. 9); dargebracht wird das Blut Christi (cap. 9); der Wein ist vinum calicis dominici sanguinis (cap. 6), und darum heißt es endlich: passio est domini sacrificium, quod offerimus (cap. 17).

Die Wechselbeziehung des bischöflichen Priesterthums und dieser Auslegung des täglichen Opfers ist der Ausdruck für den besondern gottesdienstlichen Charakter, welcher bis dahin vom Klerus noch nicht erreicht worden war. Während Tertullian mit dem Priestertitel für den Bischof und die Presbytern eigentlich nur gespielt hatte (s. o. S. 398), so hat Cyprian aus diesem Spiele Ernst gemacht. Der Bischof, der ursprünglich als Organ der anbetenden, dankenden und darbringenden Gemeinde auftrat, ist durch Cyprian an die Stelle Christi, also der Gemeinde gegenüber, gesetzt. Freilich fehlt bei Cyprian noch die vollständige Begründung dessen, wie die Bischöfe an die Stelle Christi getreten sind. Wenigstens in den uns erhaltenen Schriften wird weder der priesterliche Charakter der Bischöfe durch den der Apostel, noch der letztere durch die unrichtige Deutung der Worte: hoc facite in meam commemorationem erklärt. Man erkennt daran, daß die Ansicht Cyprians nicht auf einer überlieferten Theorie, sondern auf einer vielleicht lange vorbereiteten Stimmung beruht, die aber erst neuerdings ihren verständigen Ausdruck gefunden hat. Cyprian ist nicht der Erfinder dieser Ansicht; aber der Umstand, daß sie schon in seiner

1) Cap. 4: Quis magis sacerdos dei summi, quam dominus noster Iesus Christus, qui sacrificium deo patri obtulit et obtulit hoc idem, quod Melchisedech obtulerat, id est panem et vinum, suum scilicet corpus et sanguinem.

2) Cap. 14: Si Iesus Christus dominus et deus noster ipse est summus sacerdos dei patris et sacrificium patri se ipsum primus obtulit et hoc fieri in sui commemorationem praecepit, utique ille sacerdos vice Christi vere fungitur, qui id, quod Christus fecit, imitatur et sacrificium verum et plenum tunc offert in ecclesia deo patri, si sic incipiat offerre, secundum quod ipsum Christum videat obtulisse.

Zeit allgemeine Geltung gehabt zu haben scheint, widerlegt es nicht, daß sie neuern Ursprungs ist. Denn den früheren Kirchenlehrern ist die Ansicht fremd; und nicht alle Ansichten der Menschen wachsen allmählich zur allgemeinen Geltung heran, sondern gerade in den Epochen der Krisis gewinnen richtige wie falsche Gedanken plötzlich Ausdruck und überraschend schnellen Eingang in die Gemüther der Menschen[1]).

Das Priesterthum des Bischofs umfaßt aber noch ein Attribut, welches von dem Vorbilde des levitischen Hohenpriesters abstrahirt ist. **Der Bischof ist oberster Richter**, wie der Hohepriester nach Deut. 17, 8 ff. Cyprian liebt es, seine Stellung durch die in jener Stelle (Deut. 17, 12. 18) enthaltene Drohung zu stützen, daß der gegen den Priester und Richter

---

1) Unser Urtheil würde nicht wesentlich beeinträchtigt, wenn auch schon Hippolytus in dem Abendmahl eine Wiederholung des Opfers Christi anerkannt hätte. Döllinger (Hippolytus und Kallistus S. 344) will dies durch ein Fragment beweisen, welches Pfaff in einem Turiner Manuskript gefunden und Fabricius (Hippolyti Opp. I, pag. 282) veröffentlicht habe. In einer allegorischen Auslegung von Proverb. 9, 1—5, mit der Ueberschrift: *Τοῦ ἁγίου Ἱππολύτου πάπα Ῥώμης εἰς τὸ· σοφία ᾠκοδόμησεν ἑαυτῇ οἶκον*, heißt es: *Τὸ τίμιον καὶ ἄχραντον αὐτοῦ σῶμα καὶ αἷμα, ἅπερ ἐν τῇ μυστικῇ καὶ θείᾳ τραπέζῃ καθ' ἑκάστην ἐπιτελοῦνται θυόμενα εἰς ἀνάμνησιν τῆς ἀειμνήστου καὶ πρώτης ἐκείνης τραπέζης τοῦ μυστικοῦ θείου δείπνου.* In dem Fragment sind aber einige deutliche Indicien späterer Zeit, z. B. die Aufzählung von sieben Ständen der Kirche, worunter *ἱεράρχαι* und *ἀσκηταί*, ferner der Satz: *ὁ σωτὴρ ἐγεννήθη ἐξ αὐτῆς ἀσυγχύτως θεὸς καὶ ἄνθρωπος.* Dadurch wird es verdächtig, ob jener Satz auch wirklich von Hippolytus herrührt. Jedoch bei näherer Vergleichung der Ueberschrift mit dem folgenden Text ergiebt sich, daß gar nicht die ganze Auslegung von Proverb. 9, 1—5 dem Hippolytus beigelegt wird, sondern daß die Ueberschrift blos dem ersten Satze gilt: *Χριστὸς ἡ τοῦ θεοῦ καὶ πατρὸς σοφία καὶ δύναμις ᾠκοδόμησεν ἑαυτῇ οἶκον, τὴν ἐκ παρθένου σάρκωσιν, καθὼς προείρηκεν· ὁ λόγος σὰρξ ἐγένετο καὶ ἐσκήνωσεν ἐν ἡμῖν· ὡς μαρτυρεῖ καὶ ὁ σοφὸς προφήτης, ἡ πρὸ αἰῶνος, φησί, καὶ παρεκτικὴ ζωῆς, ἡ ἄπειρος σοφία τοῦ θεοῦ ᾠκοδόμησε τὸν οἶκον ἑαυτῇ ἐξ ἀπειράνδρου μητρός, ναὸν γοῦν περιθέμενος.* Also dieser Satz allein gehört dem Hippolytus an; und daß er nicht die Auslegung des Kapitels der Proverbien ursprünglich eröffnet hat, erkennt man daran, daß in ihm der Text des Salomon nur in zweiter Reihe citirt wird, besonders aber daran, daß der Satz in einen Zusammenhang gehört, welcher sich auf die Auslegung von Aussprüchen des johanneischen Evangeliums bezieht. Hippolytus ist demnach an den folgenden Sätzen der Katene ganz unschuldig, und deren Anfang dient nicht zur Bestätigung der Nachricht des Hieronymus (De scriptor. eccl. 61), daß er einen Kommentar zu den Proverbien geschrieben habe. Es wird also auch ferner sein Bewenden dabei haben, daß die Vorstellung von der Wiederholung des Opfers Christi im Abendmahl vor Cyprian nicht auftritt.

Ungehorsame mit dem Tode bestraft werden solle (Ep. 3, 1; 4, 4; 43, 7; 59, 6; 66, 3). Demnach fällt die gubernatio ecclesiae überhaupt (Ep. 33, 1), und speciell ihre Anwendung auf die Disciplin (Ep. 68, 1) in den Umfang des Priesterthums hinein; und wenn Cyprian das einzige Mal, in dem er das Priesterthum definirt, die Priester als dispensatores dei bezeichnet (Ep. 59, 7), so scheint er dabei nur an die richterliche Vertheilung von Strafe und Gnade zu denken, welche der Bischof nach der sogenannten Binde- und Lösegewalt vollzog. Indem Cyprian den Bischof in seiner Priesterwürde als obersten Verwalter und Richter der Gemeinde bezeichnet, denkt er denselben erhaben über alle menschliche Schwäche. Obgleich der einzelne Bischof von dem Volke erwählt wird (s. o. S. 365), so gelten ihm die Bischöfe als solche, welche Gott erwählt und eingesetzt hat, und welche er in den einzelnen amtlichen Verfügungen durch seine specielle Einwirkung leitet[1]. Dieses Attribut des bischöflichen Amtes stellt den Bischof so hoch über die Gemeinde, daß, wer ein sittengesetzliches Urtheil über den einzelnen Bischof sich erlaubt, sich zum Richter über Gott und Christus aufwirft, welche die Bischöfe als ihre Stellvertreter eingesetzt haben (Ep. 66, 4).

Die dogmatische Begründung dieses Attributes, welches geschichtlich von den Aposteln und den levitischen Priestern abgeleitet wird, ist bei Cyprian noch unvollkommen. Wenn derselbe zweimal (Ep. 59, 7; 66, 1) den Schluß zieht, daß da Gott für die Sperlinge sorgt (Matth. 10, 29), er das bischöfliche Amt nicht ohne seine specielle Einwirkung übertragen und ausüben lassen werde, so steht diese naive Betrachtungsweise außer dem Bereich der dogmatischen Reflexion. Da Cyprian die

1) Ep. 3, 3: Apostolos, id est episcopos et praepositos dominus elegit. Ep. 48, 3: Dominus, qui sacerdotes sibi in ecclesia sua eligere et constituere dignatur, electos quoque et constitutos sua voluntate atque opitulatione tuetur, gubernantes inspirans ac subministrans et ad improborum contumaciam frenandam vigorem et ad lapsorum fovendam poenitentiam lenitatem. Ep. 66, 9: Si maiestatem dei, qui sacerdotes ordinat, cogitaveris, si Christum, qui arbitrio et nutu ac praesentia sua et praepositos ipsos et ecclesiam cum praepositis aliquando respexeris, — communicationis tunc poterimus habere rationem.

Mittheilung des heiligen Geistes an die Apostel zum Zwecke der Sündenvergebung (Joh. 20, 22. 23) auch auf die Bischöfe bezieht (Ep. 73, 7; s. o. S. 560), so erwartet man, daß Cyprian die göttliche Gewähr aller bischöflichen Amtshandlungen auf die Ordination begründen werde. Allein dies ist nicht der Fall. Er reflektirt nicht auf eine stetige Durchdringung der Amtsthätigkeit des Bischofs durch den heiligen Geist, sondern in Uebereinstimmung mit den oben angeführten Stellen aus Ep. 48, 3; 66, 9, auf eine atomistische, für jeden einzelnen Moment berechnete Inspiration. Die richtige Observanz der Feier des Abendmahls setzt er auseinander deo inspirante et mandante (Ep. 63, 1); und den unter seiner Leitung getroffenen Synodalbeschluß über die disciplinarische Behandlung der Gefallenen bezeichnet er als gefaßt sancto spiritu suggerente et domino per visiones multas et manifestas admonente (Ep. 57, 6). Der den Ansprüchen der neuen Propheten entgegengestellte Grundsatz, daß die Bischöfe den heiligen Geist hätten und in ihm die Kirche leiteten, hat also zwar das Merkmal der Ekstase von der Wirksamkeit des Geistes ausgeschlossen, er schließt sich aber darin noch der Anschauung von der Prophetie an, daß die Wirksamkeit des Geistes auf die Bischöfe als eine momentane und atomistische vorgestellt wird [1]. Es liegen freilich manche Aussprüche vor, welche die andere Ansicht zu begründen scheinen, daß der heilige Geist von Cyprian als eine stetig wirkende Kraft in den Bischöfen anerkannt werde. Darauf scheint man schließen zu müssen, wenn der Akt der Handauflegung nach der Taufe als Mittheilung des Geistes gedeutet wird (Ep. 72, 1; 73, 6; 74, 5). Aber an einer Stelle (Ep. 73, 9; s. o. S. 384) spricht es Cyprian

1) Ebenso ist es zu beurtheilen, wenn Cyprian (Ep. 68, 6) an Stephanus von Rom über dessen Vorgänger Kornelius und Lucius schreibt: Illi pleni spiritu dei et in glorioso martyrio constituti, dandam esse lapsis pacem censuerunt; — quam rem omnes omnino ubique censuimus. Neque enim poterat esse apud nos sensus diversus, in quibus unus esset spiritus, et ideo manifestum est, eum spiritus sancti veritatem non tenere, quem videmus diversa sentire. Die Erfüllung mit dem heiligen Geist ist nicht als stetiges Attribut der Bischöfe gemeint, sondern nur als Grund ihres Beschlusses.

deutlich aus, daß die Täuflinge durch das Gebet und die Handauflegung des Bischofs den heiligen Geist empfingen; also sind auch die anderen Aussagen nach der hierin bezeichneten Regel zu verstehen, und nicht in dem Sinne, als theile der Bischof durch die Handauflegung von seinem Besitze des heiligen Geistes mit. Cyprian sagt ferner, per eos solos peccata posse dimitti, qui habeant spiritum sanctum (Ep. 69, 11), und behauptet, daß keine oblatio sanctificari illic possit, ubi spiritus sanctus non sit (Ep. 65, 4). Diese Sätze dürfen aber nicht so gedeutet werden [1]), als solle damit dem Bischof, der die Sünden vergiebt und das Opfer verrichtet, ein specifischer Besitz des heiligen Geistes vindicirt werden; sondern sie beziehen sich auf die rechtmäßige Gemeinde der Gläubigen, im Gegensatze zu Schismatikern und Exkommunicirten. Die Gläubigen, welche an der ordnungsmäßigen Succession der Bischöfe und an der rechtmäßigen Disciplin festhalten, haben alle gleichmäßig, ohne Ansehen der Person, die Gnadengabe des heiligen Geistes empfangen (Ep. 69, 14), und Sündenvergebung, wie Opfer finden nur in ihrem Kreise statt.

Die Gemeinde ist auf den Bischof gegründet (Ep. 33, 1); der Bischof, den die Gemeinde wählt, ist doch nur von Gott gewählt; und als der, welcher von Gott stets geleitet ist, ist er das logische Prius der Gemeinde. Diese dogmatische Schätzung des Bischofs knüpft jedoch Cyprian an bestimmte sittliche Bedingungen. Den sündhaften Priester erhört Gott nicht, sondern nur denjenigen, der ihn verehrt und seinen Willen thut (Joh. 9, 31; Ep. 70, 2). In dem Briefe an Florentius Pupianus (66, 5. 7) erklärt er, daß wenn die von diesem Manne gegen seinen persönlichen Charakter erhobenen Vorwürfe richtig wären, Gott an ihm keinen Priester, und die Gemeinde keinen Bischof gehabt hätte, daß vielmehr die, welche mit ihm in Gemeinschaft ständen, verunreinigt worden und des Heiles verlustig gegangen wären. Als in mehreren spanischen Gemeinden die Bischöfe theils sacrificati theils libellatici geworden waren, und in der

1) Wie von Harnack, Der christliche Gemeindegottesdienst S. 341.

Verwaltung ihres Amtes fortgefahren waren, erklärt Cyprian (Ep. 65. 67) alle ihre Amtshandlungen für ungültig, ja sogar für verunreinigend, und fordert die Gemeinden zur Trennung von diesen Vorstehern auf. Es scheint zwar sich von selbst zu verstehen, daß ein Bischof vor Allem wirklich Christ sein müsse[1]), und daß die Qualität als Bischof nicht fortbestehen könne, wenn Jemand der Exkommunikation würdig wäre. Aber nach dem katholischen Maaßstabe ist es ein Widerspruch, wenn man zuerst die Bischöfe als die Träger der Kirche auf Grund ihres Amtes betrachtet, und dann die formelle Gültigkeit desselben nachträglich an sittliche Bedingungen knüpft, welche für die Angehörigkeit zur Gemeinde gelten. Denn wenn dies als nothwendig erscheint, so ist der Gedanke nicht durchzuführen, daß der Bischof das Prius der Gemeinde sei. Wenn die Gemeinde auf den Bischof gegründet ist, wie Cyprian behauptet, so ruht dies Verhältniß in einem für sittliche Bedingungen gar nicht meßbaren Wirken Gottes auf den Bischof; und dann dürfen die sittlichen Bedingungen, an welche der Antheil an der Gemeinde geknüpft ist, nicht auf den Bischof angewendet werden. Wenn aber die amtliche Thätigkeit des Bischofs durch seine persönliche sittliche Würdigkeit bedingt sein soll, so wird er als Glied der Gemeinde charakterisirt und nicht als außer derselben stehender Grundfaktor derselben. Cyprian ist also nach dem Maaßstabe des katholischen Standpunktes in einem Widerspruch begriffen. Und dies ist nicht nur an der modernen Theorie des Katholicismus zu erproben[2]), sondern auch an dem abweichenden Urtheile römischer Bischöfe jener Zeit.

Cyprian erwähnt im 67sten Brief, daß der römische Bischof Stephanus den Bischof Basilides, der als libellaticus entdeckt und abgesetzt war, als rechtmäßigen Bischof anzuerkennen fortgefahren habe. Er erklärt dieses von seiner Ansicht abweichende Unternehmen des Stephanus aus dessen Unkenntniß der Sachlage, und beruft sich dann darauf, daß der frühere Bischof Kor-

1) Wie Harnack a. a. O. S. 342 vom evangelischen Standpunkt aus richtig urtheilt.

2) Vgl. Möhler, Symbolik (6. Aufl.) S. 363.

nelius von Rom in Uebereinstimmung mit ihm selbst die Ausschließung solcher Bischöfe aus dem Klerus für nothwendig erachtet habe. Nun erfahren wir durch Hippolytus, daß schon Kallistus den Grundsatz aufgestellt hat, daß *ein Bischof auch wegen einer Todsünde nicht abzusetzen* sei [1]. Stephanus hat also gewiß nicht aus Unkunde den Episkopat des libellaticus Basilides genehm gehalten, sondern gemäß einem folgerechten Grundsatze seines Vorgängers. *Döllinger* [2] hat sich freilich durch die sittliche Entrüstung des Schismatikers Hippolytus zu dem Versuch verleiten lassen, den Eindruck jenes gut römisch-katholischen Grundsatzes abzuschwächen. Er behauptet, daß damals der Begriff einer Todsünde sehr unbestimmt gewesen sei; denn Tertullian, der Zeitgenosse des Kallistus, behandle als solche das Zuschauen bei den öffentlichen Schauspielen und Gladiatorenkämpfen, die Theilnahme an heidnischen Gastmahlen, übereilte oder verwegene Eidschwüre, Bruch des gegebenen Wortes und dergleichen. Wenn nun den Bischof für alle solche Sünden hätte Absetzung treffen sollen, so würde eine große Zerrüttung der Kirche eingetreten sein; Kallistus habe also Grund gehabt, der Absetzung der Bischöfe wegen jeder wirklichen oder angeblichen Todsünde vorzubeugen. In diesem Räsonnement ist zuerst die Voraussetzung falsch, als ob der Begriff der Todsünde damals unbestimmt gewesen sei; ferner ist die Behauptung sehr überraschend, daß der möglichst antimontanistische Bischof Kallistus die Ansichten des „Montanisten" Tertullian über den Begriff der Todsünde getheilt haben soll; endlich aber ist die Berufung auf dessen Schrift de pudicitia 7 gar sehr unglücklich. Tertullian ist an jener Stelle damit beschäftigt, dem Zephyrinus die biblischen Beweise zu entziehen, mit welchen derselbe die Vergebung von Ehebruch und Unzucht in der christlichen Gemeinde rechtfertigen will. Er weist nach, daß die Parabeln vom verlorenen Schaf und von der verlorenen

1) Refut. omn. haer. IX, 12: *Οὗτος ἐδογμάτισεν ὅπως εἰ ἐπίσκοπος ἁμάρτοι τι, εἰ καὶ πρὸς θάνατον, μὴ δεῖν κατατίθεσθαι.*

2) A. a. O. S. 136 ff.

Drachme die Gnade gegen die Heiden, aber nicht die gegen die gefallenen Christen beweisen. Darauf fährt er fort, er wolle einmal zugeben, daß jene Parabeln auch auf Christen anzuwenden seien, dann folge aber doch nicht das Recht zur Vergebung von Todsünden. Denn gesucht werde nicht das todte, sondern das verlorene Schaf, nicht die untergegangene, sondern die versteckte Drachme. Deßhalb könne auch nach dieser Auslegung der Parabeln Sündenvergebung nur gerechtfertigt werden, wenn der Christ sich verloren hätte in der Theilnahme am Theater und den oben bezeichneten Dingen, welche den Montanisten als nicht gleichgültig erschienen; hingegen nicht für Handlungen, die den geistlichen Tod in sich schlössen, Ehebruch und Unzucht. Tertullian sagt also das Gegentheil von dem, was ihn Döllinger sagen läßt; er bezeichnet jene dem Montanisten schwer erscheinenden Vergehungen gerade als solche, welche vergeben werden können; er setzt sie den Todsünden entgegen, die nach seiner Ansicht keine Vergebung finden, und vermischt sie nicht mit denselben. Und demnach wird auch sein Zeitgenosse Kallistus unter den Todsünden, trotz deren ein Bischof im Amte bleiben soll, nichts Anderes verstanden haben, als was man in der Kirche stets und in voller Uebereinstimmung so bezeichnet hat (s. o. S. 370).

In der Ansicht Cyprians von der göttlichen Begründung und den menschlichen Bedingungen des bischöflichen Amtes sind also zwei Anschauungen unbefangen mit einander verbunden, die sich gegenseitig aufheben. Und dieser Widerspruch ist in dem Gegensatz zwischen der Kirche und der donatistischen Partei offen hervorgetreten. Wenn einmal die Kirche auf die Bischöfe begründet, und deren persönliche Reinheit als Bedingung ihrer heilsmäßigen Wirksamkeit angesehen wird, so ergiebt sich nothwendig die donatistische Folgerung, daß die Kirche nicht da ist, wo traditores und libellatici das Amt führen. Wenn hingegen die göttliche Auktorität der Bischöfe nur von der Form der Uebertragung des Amtes ohne Rücksicht auf die fortdauernde sittliche Würdigkeit der Personen abhängen soll, so kann auch die Todsünde nicht den einmal gesetzten Amtscharakter vernichten.

An Cyprians unentschiedener Stellung zu diesem Problem erprobt man es aber, daß der nachher eintretende Konflikt nicht aus der zufälligen Laune eines Schismatikers, sondern aus der Entwickelung der Verfassungstheorie nothwendig hervorging.

Die einzelne Gemeinde ist auf ihren Bischof gegründet, weil die ganze Kirche auf die Gesammtheit der Bischöfe gegründet ist. Der einheitliche Episkopat ist nicht ein Merkmal der Einheit der Kirche, sondern diese ist eine Wirkung jener Institution, welche, wenn auch von einer Menge von Personen in räumlicher Getrenntheit dargestellt, doch in einträchtiger und solidarischer Weise verwaltet wird [1]). Nach keinem andern Maaßstabe verwirft Cyprian die von Häretikern und Schismatikern richtig vollzogene Taufe als unkirchlich und antichristlich (Ep. 69, 3; 70, 1; 74, 3), als weil die Kirche nur bei den durch legitime Succession bezeichneten Bischöfen ist. Obgleich die schismatische Partei des Novatian an der Glaubensregel festhielt, also die bisher geltenden Bedingungen der Rechtgläubigkeit erfüllte, so sagt Cyprian doch von dem Führer der Partei, der als Gegenbischof in Rom aufgetreten war: Quisquis ille est, et qualiscunque est, Christianus non est, qui in Christi ecclesia non est (Ep. 55, 20). Auf der Stufe der Verfassungsentwickelung, welche Irenäus repräsentirte, galt der Satz, daß derjenige zur Kirche gehöre, welcher den richtigen Glauben habe, und die Bischöfe wurden als die Führer der Kirche anerkannt, weil sie durch ihre amtliche Succession im Besitze des richtigen Glaubens sein sollten. Die politischen Bedingungen der Existenz der Kirche wurden also damals abhängig gemacht von den religiösen Bedingungen; der Bischof mußte sich durch den Besitz der richtigen Glaubensregel legitimiren. Dieses Maaß des kirchlichen Wesens, welches den Häretikern entgegengesetzt wird, hat die katholische Ansicht nicht festgehalten, sondern sie ist im Kampf mit den rechtgläubigen Schismatikern dazu fortgeschritten, den

1) Ep. 55, 20: Cum sit a Christo una ecclesia per totum mundum in multa membra divisa, item episcopatus unus episcoporum multorum concordi numerositate diffusus. De unit. eccl. 5: Episcopatus unus est, cuius a singulis in solidum pars tenetur.

Begriff der Kirche wesentlich politisch zu begründen. Die religiösen Bedingungen der Kirchlichkeit würden die Schismatiker nicht von der Theilnahme am Christennamen und von der Aussicht auf die Seligkeit ausgeschlossen haben. Die Ausschließung der Schismatiker von diesen Attributen konnte nur erreicht werden, indem man die Gültigkeit der religiösen Bedingungen auf den Umfang der einmal gewonnenen politischen Form beschränkte. Indem behauptet wird, daß die religiösen und die politischen Bedingungen der Kirche, die Heilsmäßigkeit der Glaubensregel und der durch nachweisbare Succession legitime Episkopat sich decken [1]), so tritt umgekehrt wie bei Irenäus der Fall ein, daß der Bischof die Glaubensregel legitimirt. Hierauf beruht auch der durch Cyprian erreichte Grundsatz, daß die Gemeinde auf den Bischof gegründet sei, und hiemit sind alle die Konsequenzen eröffnet, in denen der griechische wie römische Katholicismus alle religiösen Motive und Tendenzen nur nach ihrem Verhältniß zu den politischen Formen der kirchlichen Einheit abmißt. Es ist charakteristisch, daß Cyprian die Schismatiker wiederholt mit der Rolle Korah vergleicht (Ep. 69, 8; 73, 8), welche, obgleich sie denselben Gott anerkannte und dasselbe Gesetz beobachtete wie Moses und Aaron, doch wegen Anmaßung des Priesterthums die göttliche Verdammniß erfahren habe. In der hebräischen Religion mußten die religiösen und politischen Bedingungen den gleichen Umfang haben, weil sie die Religion Eines Volkes war und sein sollte. Vom Standpunkte des Evangeliums aber erscheint es als eine unberechtigte Erneuerung des alttestamentlichen Vorbildes, wenn die Gültigkeit des richtigen Glaubens an die Grenzen politischer Formen gebunden wird [2]), welche als solche nicht geeignet sind, den ganzen Inhalt der christlichen Religion

---

1) Ep. 69, 3: Novatianus in ecclesia non est, nec episcopus computari potest, qui evangelica et apostolica traditione contemta nemini succedens a se ipso ortus est. Habere namque aut tenere ecclesiam nullo modo potest, qui ordinatus in ecclesia non est.

2) De unit. eccl. 4: Hanc ecclesiae unitatem (nämlich die, welche in der Abstammung des Episkopats von Petrus erscheint) qui non tenet, tenere se fidem credit? Qui ecclesiae renititur et resistit, in ecclesia se esse confidit?

zu umfassen und zu decken. Die Trennung Novatians von der bestehenden Kirche ist wahrscheinlich nicht ohne sittliche Verschuldung vollzogen worden, und Cyprian hat gewiß Recht, wenn er den Mangel an Liebe bei dem Schismatiker rügt; ja wir wollen die sittliche Verwerflichkeit des Princips des Separatismus vollkommen zugestehen; aber daß Jener dadurch antichristlich geworden sei [1]), ist eine unberechtigte Folgerung, da der gemeinschaftliche Glaube als der nothwendige, aber darum auch als der einzige subjektive Grund der kirchlichen Gemeinschaft angesehen werden muß. Denn auch gegen Cyprian könnte dieselbe Anklage auf Lieblosigkeit erhoben und dieselbe Folgerung gezogen werden. Es versteht sich von selbst, daß die Partei, deren Sprecher Cyprian ist, gegen die Novatianer nicht anders denken und handeln konnte, als sie gethan hat, da die geschichtliche Stellung der Kirche ihr die Ausbildung theokratischer Formen und die politische Schärfung ihres Bewußtseins von religiöser Gemeinschaft zum Bedürfniß machte; aber indem die Novatianer ausgestoßen wurden, geschah dies nicht ohne Verstoß gegen die wahren evangelischen und apostolischen Normen der Kirche.

Indem Cyprian die solidarische Einheit sämmtlicher Bischöfe so auffaßt, daß Jeder derselben für sich Gott verantwortlich sei [2]); denkt er an keine rechtlichen Mittel zur Sicherung der Uebereinstimmung unter denselben. Nur die freie Macht der Ueberzeugung wendet er in dem Verkehr mit seinen Amtsgenossen an, wo Zwiespalt über einzelne Grundsätze eintritt; und er wehrt sich auf das Entschiedenste dagegen, daß Einer vor den Anderen einen amtlichen Vorrang und das Recht habe, von ihnen Gehorsam gegen seine Meinung zu fordern [3]). Allerdings

---

1) Ep. 69, 1: Novatianus extra ecclesiam consistens et contra pacem ac dilectionem Christi faciens inter adversarios et antichristos computatur. — Unde apparet, adversarios domini et antichristos omnes esse, quos constat a caritate atque ab unitate ecclesiae catholicae recessisse.

2) Ep. 55, 17: Manente concordiae vinculo et perseverante catholicae ecclesiae individuo sacramento actum suum disponit et dirigit unusquisque episcopus rationem propositi sui domino redditurus.

3) Concil. Carthag. (Goldhorn II, p. 266): Neque enim quisquam nostrum episcopum se esse episcoporum constituit, aut tyrannico terrore

hat Cyprian das Bedürfniß, die Einheit der Bischöfe auf einen mehr empirischen Ausdruck zu bringen, und dasselbe hat ihn zur theoretischen Aufstellung der Voraussetzungen des römischen Primates geführt, obgleich er diese Gestalt der kirchlichen Einheit ebensowenig theoretisch gefolgert hat, als er sie praktisch anerkannte. Die Einheit der Bischöfe wird von ihm in der Person des Petrus angeschaut, welcher die auf die Bischöfe übergegangenen apostolischen Attribute zuerst empfangen hat [1]). Um des Petrus willen wird sogar die römische Gemeinde, in welcher er der erste Bischof gewesen sein soll, als die Stammgemeinde der ganzen Kirche und als die Wurzel des bischöflichen Amtes geehrt [2]). Allein wie er die übrigen Apostel dem Petrus in Hinsicht ihrer Auktorität gleichstellt, so behauptet er keinen Vorzug des Nachfolgers des Petrus über die anderen Bischöfe, sondern setzt sich dem Anspruch auf einen solchen entgegen. Vor Cyprian hat von den uns bekannten Schriftstellern nur Irenäus einen Vorrang der römischen Gemeinde vor allen übrigen behauptet: Ad hanc enim ecclesiam propter potentiorem principalitatem necesse est omnem convenire ecclesiam (Adv. haer. III, 3, 2). Irenäus hat wahrscheinlich geschrieben: *πρὸς ταύτην τὴν ἐκκλησίαν διὰ τὴν ἱκανωτέραν ἀρχαιότητα ἀνάγκη πᾶσαν συμβαίνειν ἐκκλησίαν* [3]). Dem Zusammenhang nach ist damit

---

ad obsequendi necessitatem collegas suos adigit, quando habeat omnis episcopus pro licentia libertatis suae arbitrium proprium, tamque iudicari ab alio non possit, quam nec ipse potest alterum iudicare.

1) De unit. eccl. 4: Dominus, ut unitatem manifestaret, unitatis eiusdem originem ab uno incipientem sua auctoritate disposuit. Hoc erant utique ceteri apostoli, quod fuit Petrus, pari consortio praediti et honoris et potestatis, sed exordium ab unitate proficiscitur, ut ecclesia Christi una monstretur. Ep. 73, 7: Petro primum dominus, super quem aedificavit ecclesiam et unde unitatis originem instituit et ostendit, potestatem istam dedit.

2) Ep. 48, 2 nennt er die römische Gemeinde ecclesiae catholicae radix et matrix. Ep. 59, 19: Ecclesia principalis, unde unitas sacerdotalis exorta est. In der Stelle Ep. 43, 5: Deus unus est, et Christus unus et una ecclesia et cathedra una supra petram domini voce fundata, ist nicht auf den römischen Stuhl, sondern auf die auf Petrus beruhende Einheit des Episkopates angespielt.

3) Vgl. die Anmerkung von Stieren zu der Stelle in seiner Ausgabe der Werke des Irenäus I. S. 429.

nicht mehr gemeint, als dies, daß sich Irenäus begnügen könne, die durch die bischöfliche Nachfolge vermittelte Ueberlieferung des Glaubens blos in der römischen Gemeinde anstatt in allen Gemeinden nachzuweisen, weil wegen des hervorragenden Alters jener zu erwarten sei, daß die übrigen Gemeinden mit derselben übereinstimmen. Auch durch diese Aussage wird es bewiesen, daß die Idee eines römischen Primats damals höchstens ein Anspruch auf die Zukunft, nicht aber ein festes altgegründetes Recht war. Es ist der Charakter der Stufe der katholischen Kirche, deren Entstehung geschildert werden sollte, daß sie den einträchtigen Episkopat als höchste Form der kirchlichen Verfassung gewonnen hat, während das drastischere Organ der Einheit, der Primat, im Bedürfnisse, im Wunsch und im Anspruche zu keimen beginnt, aber weder schon durch eine ausgebildete Theorie, noch durch folgerechtes Handeln der römischen Bischöfe nach einer solchen sich kund gibt.

II. Die apostolischen Constitutionen.

Die ersten Bücher der apostolischen Constitutionen enthalten ein System des Katholicismus in dogmatischer, moralischer, disciplinarischer und liturgischer Beziehung, welches der zweiten Hälfte des dritten Jahrhunderts angehört [1]). Die darin ausgesprochenen Vorschriften über die Verfassung, namentlich in ihrer Beziehung zur Disciplin, schließen sich eng an die Grundsätze Cyprians an. Während wir aber bei diesem Kirchenlehrer neben den zu einem relativen Abschluß gekommenen Grundsätzen Keime weitergehender Entwickelung wahrgenommen haben, so fehlt diese Perspektive in den Constitutionen; vielmehr sind daselbst die Grundsätze der Kirchenverfassung jener Zeit in voller Abrundung dargestellt. Diese Verschiedenheit liegt an dem verschiedenen Charakter der Quellen. Die Briefe Cyprians, welche der Individualität ihres Schreibers Raum geben, lassen die treibenden Gedanken über die Verfassung in ihrer unmittelbarsten Auffassung beobachten, und Verhältnisse derselben durchschauen, welche für Cyprian selbst

1) Vgl. Drey, Neue Untersuchungen über die Constitutionen und Kanones der Apostel, S. 45 ff.

nicht durchsichtig waren. Die Constitutionen dagegen sind ein Gesetzbuch, und bringen deßhalb nur bestimmte feste Formen der Verfassung zur Anschauung, ohne die Keime von Gedanken zu verrathen, welche neben der öffentlichen Anerkennung des Gewordenen halb bewußt, halb unbewußt auf Bildung neuer Formen hinwirken, die über die gegenwärtig erreichten hinausliegen. Weil nun die Constitutionen den Episkopat, das Organ der Kirchenverfassung jener Zeit, mit allen ihm möglichen Attributen ausgestattet zeigen, ohne die Aussicht auf spätere Verfassungsformen zu eröffnen, deßhalb darf unsere Geschichte der altkatholischen Kirchenverfassung bei diesem Dokumente stehen bleiben.

Ebenso wie bei Cyprian, ist auch in den Constitutionen das ursprüngliche Attribut des kirchlichen Episkopats, der Besitz der apostolischen Glaubensregel vorausgesetzt. Das Hauptinteresse ist darauf gerichtet, die monarchische Stellung des Bischofs in der Gemeinde in Anwendung auf die Disciplin festzustellen. Daß der Standpunkt der Schrift den Montanisten und Novatianern gegenüber genommen ist, giebt der Grundsatz zu erkennen, daß eine Wiederholung der kirchlichen Buße für Todsünden möglich ist, und daß im Interesse der Gemeinde die möglichste Milde bei der Wiederaufnahme von Exkommunicirten walten soll. Dieser Gegenstand wird im zweiten Buche mit aller Ausführlichkeit zuerst von Kap. 12, dann von Kap. 38 an erörtert, und die entgegenstehende strengere Ansicht durch biblische Zeugnisse zurückgewiesen.

Der Bischof steht der Gemeinde in dreifacher Hinsicht gegenüber, als oberster Richter an Gottes Statt, als Prophet, als Priester oder Hoherpriester. Die richterliche Gewalt des Bischofs wird daher abgeleitet, daß die Attribute, welche die Apostel auszeichnen, auch ihm gelten. Die Uebertragung der sogenannten Schlüsselgewalt (Matth. 18, 18) giebt dem Bischof das Recht, mit einer Gewalt wie sie Gott hat, über die Sünder zu richten [1]). Die Anwendung des an die Apostel gerichteten

1) Lib. II, 11. 12: *Οὕτως ἐν ἐκκλησίᾳ καθέζου τὸν λόγον ποιούμενος, ὡς ἐξουσίαν ἔχων κρίνειν τοὺς ἡμαρτηκότας· ὅτι ὑμῖν τοῖς ἐπισκόποις εἴρηται· ὃ ἐὰν δήσητε ἐπὶ τῆς γῆς ἔσται δεδεμένον ἐν τῷ*

Wortes Christi bei Luk. 10, 16 auf die Bischöfe, verleiht denselben den Charakter der umfassendsten Stellvertretung Gottes (II, 20). Als Abbild Gottes (ὡς θεοῦ τύπον ἔχων ἐν ἀνθρώποις) herrscht der Bischof über alle Menschen, Priester, Könige, Herren, Väter, Söhne, Lehrer und über alle Unterthanen (II, 11); er ist für die Laien Herr und König (II, 25). Es ist wahrscheinlich, daß man diese Prädikate auch auf die civilrichterliche Gewalt ausdehnen muß, welche der Bischof in der Gemeinde ausüben soll, und über welche specielle Anweisungen erlassen werden (II, 46. 47, vgl. 1 Kor. 6, 4 ff.).

Die Bischöfe sind ferner Propheten, Empfänger und Verkündiger des Wortes, Kenner der Schrift und Laute Gottes (φθόγγοι θεοῦ) und Zeugen seines Willens (II, 25); sie sind Diener des Wortes, Wächter der Erkenntniß, Lehrer der Frömmigkeit (II, 26); ja sie heißen der Mund Gottes (II, 28). Diese auffallende Steigerung der apostolischen Lehrfunktion zum Prophetenthume schließt ohne Zweifel den Gedanken in sich, daß der Bischof von Amts wegen den heiligen Geist in Beziehung auf die Erkenntniß in vollem Umfange besitze. Indem nun in dieser Anwendung des Prophetentitels jeder Schein von Ekstase bei Seite gesetzt ist, so giebt sich doch darin auf das deutlichste zu erkennen, daß in Gegenwirkung gegen den Montanismus dem Bischof ein derartiger Lehrcharakter beigelegt ist, welcher vor jener Krisis durchaus nicht behauptet wurde. Die Verbindung der richterlichen und der prophetischen Qualität des Bischofs wird sogar zu dem Ausdrucke gesteigert, daß er ein irdischer Gott nach Gott sei (II, 26).

Drittens sind die Bischöfe Priester oder Hohepriester (s. o. S. 395), und in dieser Hinsicht gelten für sie die Regeln des alttestamentlichen Priesterthums. Als die Opfer, welche der Bischof darzubringen hat, sind zuerst im Sinne des zweiten Jahrhunderts, und in Uebereinstimmung mit dem N. T. (s. o. S. 396) das Gebet und die Wohlthätigkeit bezeichnet, auf deren Verbin-

---

οὐρανῷ, καὶ ὃ ἐὰν λύσητε ἐπὶ τῆς γῆς, ἔσται λελυμένον ἐν τῷ οὐρανῷ. Κρῖνε οὖν ὦ ἐπίσκοπε μετὰ ἐξουσίας ὡς ὁ θεός, ἀλλὰ τοὺς μετανοοῦντας προςλαμβάνου.

dung die liturgische Ordnung des regelmäßigen Gottesdienstes beruhte [1]). Neben der Darbringung des Gebetes als des geistigen und unblutigen Opfers kennen aber die Constitutionen auch das geheimnißvolle Opfer des Leibes und Blutes Christi [2]), und deuten die Worte: „dies thuet zur Erinnerung an mich" (Luk. 22, 19) als Anweisung zur Wiederholung des Opfers (V, 19). Nach der Regel des mosaischen Gesetzes darf nun Niemand außer dem Bischof das Opfer vollziehen (II, 27). Aber überhaupt keine Handlung öffentlichen Gottesdienstes darf ohne den Bischof vollzogen werden, wenn sie gültig und wirksam sein soll. In dieser Hinsicht wird nun auch die Taufe und die Handauflegung zu den priesterlichen Geschäften gerechnet, welche den Laien zu verrichten verboten ist [3]). Die Taufe kann außer dem Bischofe auch der Presbyter vollziehen (III, 11); die Handauflegung sowohl bei der Ordination (III, 10), wie in der Mittheilung des heiligen Geistes an die Getauften (Konfirmation, II, 33) und bei der Wiederaufnahme von Exkommunicirten (II, 41) ist nur dem Bischof vorbehalten.

In Hinsicht der Opferhandlungen ist der Bischof Mittler Gottes und der Gemeinde in den Leistungen an Gott; als Verleiher der Taufe und des heiligen Geistes durch seine Handauflegung ist er nach Gott der Vater der Gemeinde, welcher deren Mitglieder durch Wasser und Geist zur Gewinnung der Sohnschaft von Neuem zeugt; als Verleiher der Sündenvergebung gewinnt er das Prädikat Christi, daß er die Sünden Aller trage

---

1) Lib. II, 25: Ὑμεῖς οὖν σήμερον ὦ ἐπίσκοποι ἐστε τῷ λαῷ ὑμῶν ἱερεῖς — καὶ παρεστῶτες τῷ θυσιαστηρίῳ κυρίου τοῦ θεοῦ ὑμῶν καὶ προσάγοντες αὐτῷ τὰς λογικὰς καὶ ἀναιμάκτους θυσίας διὰ Ἰησοῦ τοῦ μεγάλου ἱερέως. 35: Χρὴ δὲ ὑμᾶς γινώσκειν, ὅτι εἰ καὶ ἐῤῥύσατο ὑμᾶς κύριος τῆς δουλείας τῶν ἐπεισάκτων δεσμῶν, μηκέτι ἐάσας ὑμᾶς θύειν ἄλογα ζῶα περὶ ἁμαρτιῶν, οὐ δήπου καὶ τῶν εἰσφορῶν ὑμᾶς ἠλευθέρωσεν ὧν ὀφείλετε τοῖς ἱερεῦσιν καὶ τῶν εἰς τοὺς δεομένους εὐποιϊῶν.

2) Lib. VI, 23: Ἀντὶ θυσίας τῆς δι' αἱμάτων (προσέταξεν) λογικὴν καὶ ἀναίμακτον καὶ τὴν μυστικὴν, ἥτις εἰς τὸν θάνατον τοῦ κυρίου συμβόλων χάριν ἐπιτελεῖται τοῦ σώματος αὐτοῦ καὶ τοῦ αἵματος.

3) Lib. III, 10: Ἀλλ' οὐδὲ λαϊκοῖς ἐπιτρέπομεν ποιεῖν τι τῶν ἱερατικῶν ἔργων, οἷον θυσίαν ἢ βάπτισμα ἢ χειροθεσίαν ἢ εὐλογίαν μικρὰν ἢ μεγάλην. — Διὰ γὰρ τῆς ἐπιθέσεως τῶν χειρῶν τοῦ ἐπισκόπου δίδοται ἡ τοιαύτη ἀξία.

und für Alle Fürbitte leiste [1]). Wenn nun das bischöfliche Amt diese so hoch gesteigerten Rechte über die Gemeinde hat, so gründen die Constitutionen ebenso wie Cyprian darauf auch die gesteigerte Pflicht, daß die Bischöfe sich einer ganz besondern sittlichen Reinheit befleißigen sollen, auch weil sie ohne diese ihre Rechte bei den Gemeindegliedern nicht zur Geltung zu bringen vermöchten (II, 11, 17). Also auch hier wird noch in naiver Weise ein sittlicher Maaßstab auf ein Verhältniß angewandt, welches übermenschlichen, also übersittlichen Inhalt hat, welches demnach entweder faktisch nicht in der Person vorhanden ist, welcher es beigelegt wird, oder welches unabhängig von dem sittlichen Thun der Person aus ihr heraus wirken wird. Aber die Verbindung dieses specifisch sittlichen Sinnes mit der übernatürlich begründeten kirchenpolitischen Tendenz ist als ein Merkmal der Kirche in jener Epoche anzusehen, welches durch den Streit mit dem Donatismus aus ihrer Theorie verschwand, weil jene Synthese theoretisch angesehen einen Widerspruch in sich enthält.

Zum Schlusse übersehen wir die Resultate unserer Untersuchung. Christus hat das Reich Gottes in die Welt eingeführt und die Kirche gegründet, indem er durch seine persönliche Selbstdarstellung in Wort und Werk den Glauben an sich als den Sohn Gottes weckte. Für die Genossen des Gottesreichs hat er die Veränderung des mosaischen Gesetzes in der Art vorgenommen, daß er dessen sittliche Ordnungen nach dem Princip der Liebe zu Gott und zum Nächsten vollendete, und daß er die Ueberflüssigkeit der Kultusordnungen andeutete. Indem aber Christus die Beschneidung nicht für abgeschafft erklärte, hat er es freigelassen, daß die geborenen Juden in seiner Gemeinde mit ihrem Volksthum auch den auf das A. T. gegründeten Anspruch festhielten, das Stammvolk des neuen Bundes zu sein. Die un-

1) Lib. II, 26: *Οὗτος — μεσίτης θεοῦ καὶ ὑμῶν ἐν ταῖς πρὸς αὐτὸν λατρείαις, — οὗτος μετὰ θεὸν πατὴρ ὑμῶν, δι' ὕδατος καὶ πνεύματος ἀναγεννήσας ὑμᾶς εἰς υἱοθεσίαν.* 25: *Ὑμεῖς ὦ ἐπίσκοποί ἐστε — οἱ πάντων τὰς ἁμαρτίας βαστάζοντες καὶ περὶ πάντων ἀπολογούμενοι.*

mittelbaren Jünger Christi und die von ihnen geleitete Gemeinde in Jerusalem waren also durch das Verhalten ihres Meisters dazu berechtigt, zunächst auf die im A. T. verheißene Bekehrung ihres ganzen Volkes hinzuwirken, indem sie an dessen Sitte festhielten, und die Mission unter den Heiden nicht unternahmen. Als jedoch dieselbe ohne ihr Zuthun begann und durch den Apostel Paulus Fortschritte machte, sind sie ihrer Verpflichtung gegen ihr Volk treu geblieben, ohne, wie die Judenchristen wollten, das israelitische Volksthum und die mosaische Sitte als nothwendiges Mittel zum Eintritt in die Gemeinde Christi geltend zu machen. In Rücksicht auf die nationale Verpflichtung der Urapostel wurde die Trennung der Missionskreise zwischen ihnen und Paulus beschlossen; in Rücksicht auf das Recht der Heidenchristen wurde denselben die zugemuthete Beobachtung des mosaischen Gesetzes erspart; in Rücksicht auf das Zusammensein von Heidenchristen und jüdischen Christen in Einer Gemeinde wurden Jenen die Beobachtungen der Proselyten des Thores auferlegt, als ein solches Merkmal der Zusammengehörigkeit Beider, welches doch die Schranke zwischen beiden Nationalitäten sicherte. Die Urapostel und Paulus unterscheiden sich zwar durch die individuelle Ausprägung ihrer christlichen Gedankenbildung, aber sie stimmen darin überein, daß sie die Neuheit des Bundes Christi und die Neuheit des religiösen und sittlichen Lebens in demselben im Gegensatz gegen den alten Bund unbedingt anerkennen. Die Urapostel haben den judenchristlichen Forderungen widerstanden, weil ihre eigene Ansicht von dem judenchristlichen Fehler frei war, den neuen Bund auf den alten zu reduciren, oder die Vollziehung jenes an die Bedingungen des letztern zu binden. Ein Widerspruch zwischen Paulus und den Uraposteln war demnach nur in der Frage wahrzunehmen, nach wessen Auktorität sich die jüdischen Christen in dem Missionsgebiet des Paulus zu richten hätten. Denn die Trennung der Wirkungskreise hatte Paulus geographisch, Jakobus ethnographisch verstanden. Wie dieser Widerspruch gelöst und wie der darüber entstandene Streit ausgeglichen ist, war nicht zu erfahren. Dagegen hat die Fortpflanzung des Standpunktes der Urapostel bei den Nazaräern und die bei denselben geltende

Hochachtung des Paulus als Apostels der Heiden auf die Versöhnung unter den Aposteln rathen lassen.

Der Gegensatz zwischen Heidenchristenthum und jüdischem Christenthum ist durch die Zerstörung des Tempels unter Titus nicht verändert, weder erweitert noch aufgehoben worden. Die Nazaräer konnten in dem durch den Hebräerbrief ausgesprochenen und begründeten Glauben an die abschließende hohepriesterliche Leistung Christi das israelitische Priesterthum und Opferwesen entbehren; die Essener wurden gerade darum Christen, weil der Tempel und das Opferwesen zerstört, und dies Ereigniß von Jesus verkündigt war. Erst die Eroberung Jerusalems unter Hadrian und die dadurch bedingte Sprengung der jüdisch-christlichen Stammgemeinde hat den Gegensatz zwischen beiden Gruppen der christlichen Kirche so erweitert, daß am Ende des zweiten Jahrhunderts auch die Nazaräer nicht mehr die Anerkennung der Heidenchristen fanden. Wenn man auf eine Verschmelzung zwischen Heidenchristen und jüdischen Christen gerechnet hat, so konnte man überhaupt nur die Nazaräer in Anschlag bringen. Denn die pharisäischen und essenischen Ebjoniten haben sich stets gegen das unbeschnittene Volk der Heidenchristen abstoßend verhalten, und die Verzichtleistung der essenischen Ebjoniten in Rom auf die Beschneidung der Heidenchristen, welche die Clementinen andeuten, ist eine durchaus isolirte Erscheinung, welche gar keine Folge gehabt hat. Aber auch die Nazaräer waren aus Treue gegen die ihrem ganzen Volk geltenden Verheißungen nicht in der Lage, sich mit den Heidenchristen zu verschmelzen. Die christliche Kirche fand also ihre Existenz als die allgemeine nur in dem Kreise der Heiden, welche ihren Widerspruch gegen jede Form jüdischen Christenthums in dem Grundsatze aussprachen, daß Gott durch Christus den Bund von den Juden genommen und ihn auf die Heiden übertragen habe.

Während die Nazaräer, auch wenn sie den Paulus als Apostel der Heiden ehrten, seine Auktorität doch nicht auf sich selbst anwendeten, hat das Heidenchristenthum von seinem ersten erkennbaren Auftreten an seine katholische Tendenz in der Zusammenfassung der Auktorität aller Apostel bekundet. In der Reproduktion ihrer Lehren kam jedoch das Heidenchristenthum alsbald auf einen abschüssigen Weg, weil die specifische Auffassung der Person und der Heilsthaten Christi im A. T. gegründet ist, und ein richtiges Verständniß der alttestamentlichen Voraussetzungen der christlichen Ideen bei den Heidenchristen von selbst nicht stattfand. Deßhalb beginnt sogleich eine Zersetzung der apostolischen Hauptgedanken, deren Erfolg war, daß Christus wesentlich als neuer Gesetzgeber, und das religiöse Verhältniß zu ihm als die Anerkennung der Glaubensregel und als die Erfüllung seines Gesetzes aufgefaßt wurde. Das Selbstgefühl der absoluten Religion, welches durch jene Formen nicht gedeckt wird, sucht sich, seitdem jene Grundgedanken des katholischen Christenthums erreicht sind, einen Ausdruck in der spekulativen Entwickelung der Christologie.

Die Gültigkeit der Glaubensregel als wesentlichen Merkmales der Kirche im Gegensatze gegen die häretische Gnosis ist an die Geltung der von den Presbytern unterschiedenen Bischöfe als Nachfolger der Apostel gebunden. Diese Anschauung gehört nicht zu der von den Aposteln begründeten Ausstattung der Kirche. Die Apostel haben keine überall gleichförmige rechtliche Verfassung der Kirche eingeführt, sondern sie haben nur den einzelnen Gemeinden als solchen ständige Beamte gegeben. Deren Beruf war auch nicht eine Abzweigung des Amtes der Apostel, sondern anderer Art, als dieses. Mit dem politischen, disciplinarischen, ökonomischen Amte der Presbytern oder Episkopen wurde zwar das Lehramt schon früh vereinigt, aber es war in jenen Amtstiteln als solchen nicht gemeint. Die göttliche Ordnung des Gegensatzes zwischen Beamtenstand und Gemeinde war von Anfang an so verstanden, daß nicht jeder beliebig die Funktionen des öffentlichen Gottesdienstes ausüben dürfe, welche der Vorsteher zu vollziehen hatte; aber das Opfer des Gebets und der Wohlthätigkeit vollzog derselbe im Namen der Gemeinde, und die disciplinarischen Akte der Ausschließung und Wiederaufnahme in die Gemeinschaft nicht ohne das Urtheil und die Fürbitte Aller. Erst mit dem Anfange des dritten Jahrhunderts tritt eine Veränderung in diesem Verhältniß der Beamten zur Gemeinde ein.

Vor dieser Zeit sind freilich schon andere Veränderungen vollzogen, seit dem Anfange des zweiten Jahrhunderts die Auseinandersetzung des Einen Bischofs und der Mehrzahl von Presbytern in heidenchristlichen Gemeinden; seit dem Kampfe mit den Gnostikern in der Mitte des Jahrhunderts die Erhebung des Episkopates zum Organ der Kircheneinheit unter dem Titel der Bewahrung der Glaubensregel an der Stelle der Apostel; seit dem Kampfe mit den neuen Propheten im letzten Drittel des zweiten Jahrhunderts die Ausdehnung des apostolischen Charakters der Bischöfe auf den Besitz der sogenannten Schlüsselgewalt. Aber erst Cyprian und die apostolischen Constitutionen bezeugen in der Mitte des dritten Jahrhunderts die Anerkennung der Bischöfe als Priester nach der Analogie des A. T. Obgleich nun dieser Titel die gottesdienstliche Identität des Bischofs mit der Gemeinde und die disciplinarische Mitwirkung der Gemeinde zu dem Urtheile des Bischofs ausschließt, also das Gegentheil von dem ursprünglichen Verhältnisse zwischen beiden ausdrückt, so sind doch die Spuren desselben gerade im dritten Jahrhundert noch lebendig genug. Nur aus dem Grunde sind die Gemeinden nicht wieder auf ihr ursprüngliches Maaß von Selbständigkeit gegen die Bischöfe zurückgekommen, weil der apostolische Charakter der Bischöfe in der Anerkennung der Gemeinden fest stand, und Jenen um der Kirche willen das Uebergewicht über die Gemeinden verlieh. Der heidenchristlich-katholische Episkopat ist stufenweise vom Anfang des zweiten Jahrhunderts an entstanden. Aelter ist der Episkopat in der jüdisch-christlichen Gemeinschaft; aber die Prädikate beider gleichnamigen Verfassungsformen sind verschieden, und eine direkte Abstammung der einen von der andern ist deßhalb nicht anzunehmen.

Die altkatholische Kirche ist, was ihre Verfassung betrifft, nicht von den Aposteln gestiftet; ihre dogmatische Grundanschauung von dem religiösen Verhältniß des Menschen zu Gott ist von den apostolischen Normen abgewichen; ihre politischen Formen beeinträchtigen schon im Streit mit den Novatianern die Geltung der religiösen Normen des Christenthums. Diese Abweichungen aber verrathen nichts weniger als einen willkürlichen

Abfall von der Wahrheit, sondern sie erklären sich zuerst aus dem Mißverhältniß der heidenchristlichen Begriffsbildung zu den im A. T. wurzelnden christlichen Ideen, und dann aus dem Bedürfniß der Kirche, den häretischen Sekten und den Verfolgungen der Welt gegenüber, die Religionsgemeinschaft in die politischen Formen einer Theokratie zu binden. Die offene und rückhaltlose Beurtheilung der Abweichung dieser Bedingungen der altkatholischen Kirche von den Normen im N. T. ist nicht eine Verurtheilung jener ehrwürdigen Epoche der christlichen Kirche, sondern das unumgängliche Mittel, die Vorzeit zu erkennen. Und wenn auch die heidenchristliche Kirche nicht umhin konnte, den Weg zu gehen, den sie eingeschlagen hat, und wenn sie die gesetzlichen und theokratischen Formen durchmachen mußte, so gereicht es doch den Männern, die auch wir als unsere Ahnen anerkennen, nicht zur Unehre, an dem Maaße Christi und der Apostel gemessen zu werden. Denn, sagen wir mit Tertullian, dominus noster Christus veritatem se, non consuetudinem cognominavit. Si semper Christus, et prior omnibus; aeque veritas sempiterna et antiqua res. Viderint ergo, quibus novum est, quod sibi vetus est!

Anhang.

Der Brief des Polykarp an die Philipper.

Da der Brief des Polykarp an die Philipper nicht nur das älteste Zeugniß für das Vorhandensein der ignatianischen Briefe enthält [1]), sondern auch in unmittelbarer Beziehung zu Aufträgen steht, welche Ignatius in dem Briefe an die Smyrnäer ertheilt [2]), so ist auch jener Brief in die kritischen Urtheile über die ignatianischen Schriften eingeschlossen worden. Von Schwegler ist derselbe ebenso für völlig unecht erklärt worden, wie die Briefe des Ignatius [3]); und Bunsen hat die von ihm an den ignatianischen Briefen durchgeführte Interpolationshypothese auch auf den Brief des Polykarp angewendet, um dadurch die Echtheit wenigstens des größten Theiles desselben zu retten [4]). Gegen beide Urtheile müssen wir uns erklären.

---

1) Cap. 13: *Ἐγράψατέ μοι ὑμεῖς καὶ Ἰγνάτιος, ἵνα ἐάν τις ἀπέρχηται εἰς Συρίαν, καὶ τὰ παρ' ὑμῶν ἀποκομίσῃ γράμματα, ὅπερ ποιήσω, ἐὰν λάβω καιρὸν εὔθετον εἴτε ἐγὼ, εἴτε ὃν πέμψω πρεσβεύσοντα καὶ περὶ ὑμῶν. Τὰς ἐπιστολὰς Ἰγνατίου τὰς πεμφθείσας ἡμῖν ὑπ' αὐτοῦ, καὶ ἄλλας, ὅσας εἴχομεν παρ' ἡμῖν, ἐπέμψαμεν καθὼς ἐνετείλασθε· αἵτινες ὑποτεταγμέναι εἰσὶ τῇ ἐπιστολῇ ταύτῃ· ἐξ ὧν μεγάλα ὠφεληθῆναι δυνήσεσθε. Περιέχουσι γὰρ πίστιν καὶ ὑπομονὴν καὶ πᾶσαν οἰκοδομὴν, τὴν εἰς τὸν κύριον ἡμῶν ἀνήκουσαν.* Et de ipso Ignatio et de his, qui cum eo sunt, quod certius agnoveritis, significate.

2) Ign. ad Smyrn. 11: *Πρέπει εἰς τιμὴν θεοῦ χειροτονῆσαι τὴν ἐκκλησίαν ὑμῶν θεοπρεσβύτην εἰς τὸ γενόμενον ἕως Συρίας συγχαρῆναι αὐτοῖς, ὅτι εἰρηνεύουσιν. — Ἐφάνη μοι οὖν ἄξιον πρᾶγμα, πέμψαι τινὰ τῶν ὑμετέρων μετ' ἐπιστολῆς, ἵνα συνδοξάσῃ τὴν κατὰ θεὸν αὐτοῖς γενομένην εὐδίαν.*

3) Nachapostolisches Zeitalter 2. Th. S. 154 f.

4) Ignatius von Antiochia und seine Zeit S. 107 f.

Schwegler hat bei seiner Kritik des Briefes übersehen, daß derselbe von Irenäus (Adv. haer. III, 3) bezeugt ist, und man muß gestehen, daß ein Zeugniß dieses Mannes bei seiner Verbindung mit Polykarp eine größere Bedeutung hat, als ein gleichzeitiges von einem andern dem Polykarp ferner stehenden Manne haben würde. Freilich ist nun zuzugeben, daß wenn der Brief kurz nach dem Tode des Ignatius geschrieben sein will, die deutlichen Anspielungen auf die Gnosis damit im Widerspruch stehen. Allein im Vergleich mit jenem Zeugniß ist Schweglers Urtheil doch zu gewaltsam, als daß man nicht noch auf einem andern Wege die Lösung der Schwierigkeit versuchen sollte, ehe man sich der Erklärung der völligen Unechtheit des Briefes anschlösse. Dieser Weg ist die Hypothese der Interpolation, welche zuerst von Dalläus versucht, und von Bunsen wiederholt worden ist. Beide bringen dieselbe nur in geringem Maaße in Anwendung, indem sie allein das oben angeführte 13te Kapitel in Anspruch nehmen. Dasselbe enthält eben die genaue Bezugnahme auf die ignatianischen Briefe und die Zeitbestimmung, welche mit den Anspielungen auf die Gnosis sich nicht vereinigen läßt. Wenn sich also genügende Gründe für die Interpolation dieses Kapitels anführen ließen, so würde allerdings das Hauptmotiv für die Annahme der völligen Unechtheit beseitigt. Die Hypothese der Interpolation des 13ten Kapitels stützt Dalläus zuerst auf den Widerspruch der Schlußworte desselben mit dem 9ten Kapitel. Da im 9ten Kapitel der Tod des Ignatius als bekannte Thatsache von dem Briefschreiber vorausgesetzt wird, so soll es nicht derselbe Mann sein, welcher in den Worten: et de ipso Ignatio, et de his, qui cum eo sunt, quod certius agnoveritis, significate, mindestens seine Unbekanntschaft mit dem Schicksale des Ignatius, wenn nicht sogar die Voraussetzung kund giebt, daß derselbe noch am Leben sei. Ferner wird nun aber gegen das ganze Kapitel eingewandt, daß es durch seine Stellung nach den Schlußermahnungen des Briefes als Nachtrag verdächtig sei. Diese Gründe haben ihre Widerlegung schon durch Hefele (Patres apostolici, Prolegomena p. LXX. edit. III) gefunden. Wenn auch das Kapitel gegen die Erwartung nach den Schlußermahnungen eintritt, also als Nachtrag erscheint, so ist diese Erscheinung im Briefstyl etwas gar nicht Ungewohntes, und deßhalb kann die Unterbrechung von brieflichen Schlußformeln durch Besprechung einer speciellen Angelegenheit unmöglich als Kriterium der Interpolation angesehen werden. Deßhalb würde dieser Verdacht höchstens auf den erwähnten Schlußsatz des 13ten Kapitels seine Anwendung finden, wenn derselbe wirklich im Widerspruch mit dem 9ten Kapitel stände. Aber auch dies ist nicht der Fall. Die Voraussetzung, welche in den Worten enthalten sein soll, als wäre Ignatius noch am Leben, ist lediglich ein Schein, den die alte lateinische Uebersetzung verschuldet. Der verloren gegangene griechische Text muß gelautet haben: *καὶ περὶ αὐτοῦ τοῦ Ἰγνατίου καὶ τῶν μετ' αὐτοῦ ἅτινα ἐγνώκατε, μηνύετε*, hat also in keinem Fall eine Andeutung davon enthalten, daß die Begleiter des Ignatius noch damals um ihn waren, daß er selbst also noch nicht gestorben war. Aber auch abgesehen hievon ist kein Widerspruch zwischen den vorliegenden Worten und dem 9ten Kapitel nachzuweisen. Wenn auch der Schreiber Kunde von dem erfolgten Tode des Ignatius hatte, so fehlte ihm doch genauere Nachricht über die letzten Schicksale des Märtyrers und seiner Begleiter. Von Smyrna aus konnte er wohl in Philippi Manches zu erfahren hoffen, was nicht mit gleicher Leichtigkeit aus Rom nach Smyrna gelangen konnte, und deßhalb wandte er sich um genauere Auskunft an die Rom näher gelegene Gemeinde. Indem das 13te Kapitel angiebt, daß die letzten brieflichen Aufträge des Ignatius, nämlich die Sendungen der Gemeinden nach Antiochia, noch nicht ausgeführt waren, läßt es errathen, daß der Tod des Ignatius vor nicht langer Zeit erfolgt war. Zwischen diesem Umstande und dem 9ten Kapitel ist nun aber auch kein Widerspruch, sofern dasselbe keine einzige Andeutung über eine größere oder geringere Zeitferne des Todes des Märtyrers enthält. Daraus, daß Ignatius an jener Stelle unter den Märtyrern zuerst genannt ist, folgt nicht, wie Bunsen will, daß er schon längere Zeit todt ist, sondern daß der Schreiber besonders ihn im

Sinne hatte, was auch gleich aus dem Anfange des Schreibens hervorgeht.

Wir müssen also auch die Interpolationshypothese in der Gestalt, welche sie von Dalläus und Bunsen erhalten hat, für verunglückt erklären. Darum schließen wir uns aber nicht der Unechtheitserklärung an, sondern versuchen die Interpolationshypothese an anderen Stellen und mit anderen Mitteln durchzuführen.

Der Brief in der uns vorliegenden Gestalt ermangelt des einheitlichen Gepräges. Wir vermissen die Klarheit in dem Verhältniß von Veranlassung, Zweck und Inhalt. Der letztere zerfällt in drei Gruppen, die allgemeinen Ermahnungen (Kap. 1—10), die Ermahnung zur Nachsicht gegen den exkommunicirten Presbyter Valens (Kap. 11. 12), die Erkundigungen und Aufträge in Hinsicht des Ignatius (Kap. 13). Die letzteren sind mit den allgemeinen Ermahnungen einigermaßen dadurch verknüpft, daß das Vorbild des Märtyrers in den Gang der Paränese verflochten ist. Im Vergleich damit erscheint die Disciplinarsache des Valens als etwas Beiläufiges. Man sollte aber denken, daß gerade dieser Fall, der die Gemeinde zu Philippi sehr beschäftigen mußte, den Brief des Polykarp hervorgerufen hat, und daß die allgemeinen Ermahnungen die Grundlage für die Anweisung sein sollen, wie die Gemeinde sich dem Vergehen des Valens gegenüber verhalten sollte. Allein Kap. 3. verräth uns, daß die philippischen Christen den Polykarp aufgefordert haben, ihnen einen allgemeinen Ermahnungsbrief zu schreiben. Dadurch wird das individuelle Gepräge, welches man von jedem Brief erwartet, ausgeschlossen, und man ist verwundert, daß der Schreiber mit dem elften Kapitel zu der speciellen Angelegenheit des Valens übergeht, während man nach jener Vorbemerkung nichts Individuelles erwartet. Logische und ästhetische Klarheit ist zwar seit dem Mittelalter nicht immer ein Element christlicher Schriftstellerei gewesen; indessen glauben wir den Grundsatz aufstellen zu dürfen, daß sie die formale Bildung in der griechisch redenden alten Kirche auszeichnet. Daß der Brief des Polykarp, wie er vorliegt, keine Klarheit in den Verhältnissen der angegebenen Veranlassung, des Inhaltes und des vermuthlichen Zweckes hat, giebt uns das Recht, ihn darauf anzusehen, ob er nicht durch eine fremde Hand Gewalt erlitten hat.

Nachdem im ersten Kapitel eine Anerkennung des löblichen Verhaltens der Gemeinde zu Philippi vorausgegangen war, folgt im zweiten eine Aufforderung, an dem rechten Bekenntniß und an den Geboten des Herrn festzuhalten. In dieser Hinsicht erinnert der Schreiber an mehrere Sätze der Bergpredigt und schließt mit den Worten: *μακάριοι οἱ πτωχοὶ καὶ διωκόμενοι ἕνεκεν δικαιοσύνης, ὅτι αὐτῶν ἐστιν ἡ βασιλεία τοῦ θεοῦ.* Darauf folgt im dritten Kapitel[1]) eine Entschuldigung, daß der Schreiber überhaupt nur darum unternommen habe, solche Ermahnungen auszusprechen, weil die Gemeinde ihn dazu aufgefordert habe. Der Grund, dessen wegen er sich unwürdig fühlt, die Gemeinde in Philippi zu belehren und zu ermahnen, ist ein höchst seltsamer: weil nämlich der Apostel Paulus ehedem in der Gemeinde gelehrt und sie mit Briefen beehrt habe, aus welchen die Gemeinde das Verhältniß von Glaube, Hoffnung und Liebe, den Bedingungen der Gerechtigkeit und Sündlosigkeit zu ihrer Belehrung und Erbauung entnehmen könne. An diesen Exkurs, der mit den Worten schließt: *ὁ ἔχων ἀγάπην μακράν ἐστι πάσης ἁμαρτίας,* knüpft sich der Satz im Anfang des vierten Kapitels: *ἀρχὴ δὲ πάντων χαλεπῶν φιλαργυρία,* von wo aus mit dem Grundsatze: *οὐδὲν εἰςηνέγκαμεν εἰς τὸν κόσμον, ἀλλ' οὐδὲ ἐξενεγκεῖν τι ἔχομεν* zu den Pflichten für die einzelnen Stände übergegangen wird. Nun ist aber eine viel engere Verbindung zwischen dem Ende des zweiten und dem Anfang des

---

1) *Ταῦτα, ἀδελφοί, οὐκ ἐμαυτῷ ἐπιτρέψας γράφω ὑμῖν περὶ τῆς δικαιοσύνης· ἀλλ' ἐπεὶ ὑμεῖς προεπεκαλέσασθέ με. Οὔτε γὰρ ἐγὼ, οὔτε ἄλλος ὅμοιος ἐμοὶ δύναται κατακολουθῆσαι τῇ σοφίᾳ τοῦ μακαρίου καὶ ἐνδόξου Παύλου· ὃς γενόμενος ἐν ὑμῖν κατὰ πρόςωπον τῶν τότε ἀνθρώπων ἐδίδαξεν ἀκριβῶς καὶ βεβαίως τὸν περὶ ἀληθείας λόγον· ὃς καὶ ἀπὼν ὑμῖν ἔγραψεν ἐπιστολὰς, εἰς ἃς ἐὰν ἐγκύπτητε, δυνηθήσεσθε οἰκοδομεῖσθαι εἰς τὴν δοθεῖσαν ὑμῖν πίστιν, ἥτις ἐστὶ μήτηρ πάντων ἡμῶν, ἐπακολουθούσης τῆς ἐλπίδος, προαγούσης τῆς ἀγάπης, τῆς εἰς θεὸν καὶ Χριστὸν καὶ εἰς τὸν πλησίον. Ἐὰν γάρ τις τούτων ἐντὸς ᾖ, πεπλήρωκεν ἐντολὴν δικαιοσύνης. ὁ γὰρ ἔχων ἀγάπην μακράν ἐστι πάσης ἁμαρτίας.*

vierten Kapitels, als zwischen dem Ende des dritten und dem Anfang des vierten. Der Satz ἀρχὴ δὲ πάντων χαλεπῶν ἡ φιλαργυρία ist der entsprechende Gedanke zu: μακάριοι οἱ πτωχοὶ καὶ οἱ διωκόμενοι ἕνεκεν δικαιοσύνης, ὅτι αὐτῶν ἐστιν ἡ βασιλεία τῶν οὐρανῶν. Bei der jetzigen Stellung des Satzes unmittelbar nach: ὁ ἔχων ἀγάπην μακράν ἐστι πάσης ἁμαρτίας muß man fragen, ob der Begriff von χαλεπὰ gleich dem von ἁμαρτία sein soll. Ist dies der Fall, so ist der Wechsel des Ausdruckes nicht zu erklären, vielmehr wäre die Rede viel wirksamer, wenn das Wort ἁμαρτία wiederholt würde. Aus dem Gebrauch eines Citates ist jener Wechsel auch nicht zu erklären, denn die Stelle 1 Tim. 6, 10, an welche man zu denken pflegt, lautet: ῥίζα πάντων τῶν κακῶν ἐστιν ἡ φιλαργυρία; also gerade das Wort, um dessen Erklärung es sich handelt, ist nicht dorther entlehnt. Aber der Begriff χαλεπὰ ist auch ganz verschieden von ἁμαρτία. Jenes Wort kann freilich diesen Begriff mit umfassen, aber der primäre Sinn desselben ist „Uebel“. Bei Beachtung dieses Sinnes ist nun der Sprung des Gedankens, welcher zwischen dem Ende des dritten und dem Anfang des vierten Kapitels stattfindet, ebensowenig verkennbar, als das völlige Entsprechen zwischen dem Schlußsatz des zweiten und dem Anfang des vierten. Wie mit der pflichtmäßigen Armuth die Habsucht kontrastirt, so mit der an jene geknüpften höchsten Seligkeit im himmlischen Reich die Uebel, welche aus der Habsucht hervorgehen. Während also bei Auslassung des dritten Kapitels ein Zusammenhang hervortritt, der bei der Lesung desselben zu vermissen ist, so bietet ferner auch der Inhalt des dritten Kapitels allerlei Bedenkliches dar. Wie soll man es sich denken, daß die philippische Gemeinde sich einen Lehrbrief von Polykarp ausgebeten habe? Ist es aber dann nicht eine zu weit getriebene Bescheidenheit, an eine Gemeinde darum keine Ermahnungen richten zu wollen, weil deren Vorfahren sich des Umganges mit Paulus zu erfreuen gehabt hätten? Ferner ist wenig Klarheit in dem Gedanken, daß die Hoffnung dem Glauben folgt, die Liebe zu Gott und Christus und zum Nächsten demselben vorhergeht. Diese Anschauung ist weder paulinisch, noch paßt sie zu den übrigen einfachen soteriologischen Sätzen des Briefes. Mit dieser Analyse des Zusammenhanges und des Inhaltes dieses Kapitels soll die Interpolirung desselben noch nicht bewiesen, sondern nur der Verdacht derselben ausgesprochen sein. Zur Bestätigung desselben bedarf es noch weiterer Fälle des Verdachtes.

Im elften Kapitel erwähnt Polykarp eines philippischen Presbyters Valens, der, wie aus dem Zusammenhange hervorgeht, wegen Veruntreuung von Gemeindegeldern seines Amtes entsetzt und aus der Gemeinde gestoßen worden sein muß. Denn der Schreiber warnt bei dieser Gelegenheit vor Habsucht, und hebt hervor, daß wer sich von Habsucht nicht frei halte, Götzendienst begehe und das Gericht erfahre, wie die Heiden. Hierauf folgen nun nachstehende Sätze: Qui autem ignorant iudicium domini? An nescimus, quia sancti mundum iudicabunt? sicut Paulus docet. Ego autem nihil tale sensi in vobis vel audivi, in quibus laboravit beatus Paulus, qui estis laudati in principio epistolae eius. De vobis etenim gloriatur in omnibus ecclesiis, quae deum solae tunc cognoverant: nos autem nondum noveramus. In diesen Sätzen, deren Beurtheilung freilich dadurch schwieriger wird, daß sie uns nur in lateinischer Uebersetzung vorliegen, ist der Erwähnung des Verhältnisses zwischen Paulus und der philippischen Gemeinde ähnlich, wie im dritten Kapitel, aber hier unleugbar ganz zweckwidrig. Wird nicht die Ermahnung, sich vor Habsucht zu hüten, welche Polykarp wegen des vorgekommenen Falles hat aussprechen müssen, völlig vernichtet durch das nachherige Lob? Ist es ferner nicht widersinnig, gegenüber dem vorgekommenen Vergehen eines Presbyters, welches eine Warnung der Gemeinde nothwendig machte, davon zu sprechen, daß bisher noch nichts der Art in der Gemeinde vorgekommen sei? Wie kann außerdem die rühmliche Haltung der Gemeinde zur Zeit des Paulus ein Vorurtheil für die gegenwärtige Zeit gewähren, wenn eben ein skandalöses Vergehen eines Presbyters vorlag? Und ist es endlich nicht eine Uebertreibung, daß Paulus die philippische Gemeinde in allen anderen Gemeinden gepriesen habe? Ganz unverständlich aber sind nun die beiden Fragen, welche den eben vorliegenden Abschnitt eröffnen. Weder stehen sie unter einander in irgend einer denkbaren Beziehung, noch haben sie mit dem vorhergehenden Satz eine andere Gemeinschaft, als die lexikalische in dem Worte iudicium. Wir müssen nicht nur darum die angeführten Sätze für interpolirt halten, sondern auch, weil die engste. Verbindung stattfindet zwischen dem, was folgt, und dem, was vorhergeht. Der Satz: Valde ergo, fratres, contristor pro illo et pro coniuge eius kann nur abhängig sein von dem Satze tanquam inter gentes iudicabitur, nicht aber von den Worten: de vobis gloriatur Paulus in omnibus ecclesiis. In der Präposition pro ist die Betrübniß des Polykarp über den Valens als eine theilnehmende bezeichnet, der Ausdruck dieser Empfindung kann sich aber nur auf die Erklärung der dem Valens persönlich drohenden Gefahr in dem Satze tanquam inter gentes iudicabitur beziehen. Wenn die Betrübniß des Schreibers wegen des Valens sich bezöge auf die Erwähnung des von Paulus früher ausgesprochenen Lobes der Gemeinde, so wäre die G e m e i n d e der Gegenstand der theilnehmenden Betrübniß, weil ihr Lob durch das Vergehen des Valens beeinträchtigt worden ist; es müßte also in diesem Falle entweder heißen p r o v o b i s, oder d e i l l o. Ein logisches Recht für den Satz contristor pro illo ist jedoch nur dann vorhanden, wenn derselbe ursprünglich unmittelbar an tanquam inter gentes iudicabitur angeschlossen war, wenn also die zwischenstehenden Sätze als interpolirt anzusehen sind. Ueber das Motiv dieser Interpolation wird sich freilich erst sicher urtheilen lassen, wenn wir alle übrigen Fälle übersehen können; jedoch ist vorläufig die von uns gegebene Andeutung eines Motives gegen mögliche Einwendungen sicher zu stellen. Wenn wir darauf hindeuteten, daß die beiden interpolirten Fragesätze am Anfange des kleinen Abschnittes nur durch die lexikalische Gemeinschaft des Wortes iudicium mit dem vorhergehenden Satze zusammenhängen, und wenn wir allein hierin das Motiv der Interpolation der ganz unverständlichen Sätze nachweisen können, so fragt es sich, ob diese Gemeinschaft im griechischen Texte wirklich stattgefunden haben wird. Man kann nämlich schwanken, ob es geheißen hat καὶ ὡς ἐν ἔθνεσι λογισθήσεται, oder καὶ ὡς ἐν ἔθνεσι κριθήσεται. Nur im letztern Falle ist das Motiv der lexikalischen Gemeinschaft bei der Interpolirung der folgenden Sätzchen denkbar. Dieser Text ist aber auch der allein mögliche. Wenn nämlich λογισθήσεται im Text gestanden hätte, so würde schwerlich ὡς, tanquam damit verbunden sein, welches neben λογίζεσθαι dann überflüssig ist, wenn, wie hier, schon eine Präposition die Verbindung zwischen dem Verbalbegriff und dem Nominalbegriff herstellt [1]). Dagegen ist der Satz ὡς ἐν ἔθνεσι κριθήσεται vollständig zu rechtfertigen. Wer in der christlichen Gemeinde sich Habsucht zu Schulden kommen läßt, dient anderen Göttern, als dem wahren Gott (Eph. 5, 5; Kol. 3, 5). Und dieses Götzendienstes wegen wird er das Gericht Gottes an sich erfahren, als wenn er zu den Heiden gehörte. Das Wort ὡς ist also neben κριθήσεται durchaus nothwendig; darum kann Polykarp auch nur κριθήσεται geschrieben haben; und bei diesem Worte fiel dem Interpolator der paulinische Spruch (1 Kor. 6, 2) ein, den er mit der Zwischenfrage: qui autem ignorant iudicium dei? einigermaßen, wenn auch ungeschickt genug an den vorgefundenen Satz anzukleben sich bemühte.

Polykarp beschließt das elfte Kapitel, welches der Angelegenheit des Valens gewidmet ist, mit den Sätzen: Valde ergo contristor pro illo et pro coniuge eius, quibus det dominus poenitentiam veram. Sobrii ergo estote et vos in hoc et non sicut inimicos tales existimetis, sed sicut passibilia membra et errantia eos revocate, ut omnium vestrum corpus salvetis. Hoc enim agentes vos ipsos *aedificatis*. Hieran schließen sich nun im Anfange des 12ten Kapitels einige Sätze bedenklichen Inhalts: Confido enim vos bene exercitatos esse in sacris literis et nihil vos latet, mihi autem non est concessum modo. Ut his scripturis dictum est, irascimini et nolite peccare, et sol non occidat super iracundiam vestram. Beatus, qui meminerit, quod ego credo esse in vobis. Die Sätze enthalten eine müßige Wiederholung der vorhergegangenen Ermahnung, Sündern Vergebung zu er-

---

1) Vgl. den neutestamentlichen Sprachgebrauch: Luk. 22, 37; Act. 19, 27; Röm. 2, 16; 4, 3; 9, 8. — 1 Kor. 4, 1; 13, 11; 2 Kor. 10, 2.

theilen, freilich mit Beziehung auf biblische Stellen, wodurch an und für sich kein Verdacht erweckt wird. Aber die Art, wie dies Citat eingeführt wird, erweckt denselben im höchsten Grade. Die Bescheidenheit, welche, während sie den Lesern eine völlige Erkenntniß der Schrift zugesteht, für den Schreiber dieselbe ablehnt, ist nicht nur der kirchlichen Stellung des Polykarp wenig angemessen, sondern in dem vorliegenden Zusammenhang der Ermahnung völlig abgeschmackt. Dieser Ausdruck der Bescheidenheit ist ganz im Sinne des verdächtigen dritten Kapitels, und hat in den übrigen Theilen des Briefes keine Spur von Analogie. Ebenso hat die angelegentliche Berufung auf die Schrift nur Parallelen in den beiden anderen der Interpolation verdächtigen Abschnitten des Briefes, während Polykarp seine zahlreichen Reminiscenzen aus der Schrift sonst ohne alle Citationsformeln einflicht, und nur Stellen aus der Bergpredigt mit den Worten einführt: *μνημονεύοντες ὧν εἶπεν ὁ κύριος διδάσκων* (Kap. 2). Endlich aber zerreißen die vorliegenden Sätze des 12ten Kapitels wiederum den guten Zusammenhang, und bewirken, daß die einzelnen Glieder desselben in ihrer Trennung gar keinen Eindruck machen. Der Zusammenhang wird ohne weitere Bemerkung einleuchten: Hoc enim agentes *vos ipsos aedificatis*. Deus autem et pater domini nostri Iesu Christi, et ipse sempiternus pontifex, dei filius Iesus Christus *aedificet vos in fide et veritate* etc. Dieser wirksame Gegensatz zwischen der Erbauung durch sich selbst und der durch Gott und Christus wird durch die Einschiebung völlig vernichtet.

Ferner ist der Schlußsatz des 10ten Kapitels verdächtig: Sobrietatem ergo docete omnes, in qua et vos conversamini. Diese Ermahnung nämlich hat gar kein Gewicht gegenüber dem vorhergehenden Satze: vae autem illi, per quem nomen domini blasphematur; vielmehr muß dieser als das Mittel zum Uebergange auf die im 11ten Kapitel folgende Angelegenheit des Valens angesehen werden. Dies tritt jedoch nur dann deutlich hervor, wenn man den Satz von jener ihn begleitenden unpassenden Ermahnung befreit.

Es sind also Interpolationen in dem Briefe des Polykarp;

ehe wir aber entscheiden können, ob noch mehrere als die nachgewiesenen vier Stellen unecht sind, müssen wir den Charakter dieser Interpolationen näher untersuchen. Wir stellen das Resultat voran: **die Interpolationen rühren von demselben Manne her, der die ignatianischen Briefe theils interpolirt, theils verfertigt hat.** In Beziehung auf die affektirte Bescheidenheit, welche namentlich im 12ten Kapitel sich dahin ausspricht, daß die Leser in der heiligen Schrift sehr geübt seien, während dies dem Polykarp fehle, und im 3ten Kapitel dadurch gerechtfertigt werden soll, daß die Philipper ehedem mit Paulus in Verbindung gestanden haben, vergleiche man Ignat. ad Ephes. 3: *Οὐ διατάσσομαι ὡς ὤν τις. εἰ γὰρ καὶ δέδεμαι ἐν τῷ ὀνόματι, οὔπω ἀπήρτισμαι ἐν Ἰησοῦ Χριστῷ. νῦν γὰρ ἀρχὴν ἔχω τοῦ μαθητεύεσθαι, καὶ προςλαλῶ ὑμῖν ὡς συνδιδασκαλίταις μου.* Cap. 12: *Οἶδα τίς εἰμι καὶ τίσιν γράφω. Ἐγὼ κατάκριτος, ὑμεῖς ἠλεημένοι· ἐγὼ ὑπὸ κίνδυνον, ὑμεῖς ἐστηριγμένοι. πάρεδροί ἐστε τῶν εἰς θεὸν ἀναιρουμένων, Παύλου συμμύσται τοῦ ἡγιασμένου, τοῦ μεμαρτυρημένου, ἀξιομακαρίστου, οὗ γένοιτό μοι ὑπὸ τὰ ἴχνη εὑρεθῆναι, ὅτ' ἂν θεοῦ ἐπιτύχω, ὃς ἐν πάσῃ ἐπιστολῇ μνημονεύει ὑμῶν ἐν Χριστῷ Ἰησοῦ.* Namentlich fällt nicht nur die Aehnlichkeit in der Art auf, wie Ignatius den Ephesern und Polykarp den Philippern (Kap. 3. 11) die Korrespondenz des Paulus als einen hohen Vorzug anrechnet, sondern namentlich die in beiden Briefen gleiche Uebertreibung, daß Paulus der Epheser *ἐν πάσῃ ἐπιστολῇ* gedenke, und daß er an die Philipper *ἐπιστολὰς* geschrieben habe. Wenn ferner Polykarp die Warnung der philippischen Gemeinde vor Habsucht dadurch versüßen muß, daß er hinzufügt: ego nihil tale sensi in vobis nec audivi (cap. 11), so ist es auch die Manier des falschen Ignatius, seinen Warnungen durch ähnliche Erklärungen die Spitze abzubrechen. Nachdem er die Gemeinde in Magnesia vor jüdischem Christenthum gewarnt hat, fährt er fort: *ταῦτα δὲ, ἀγαπητοί μου, οὐκ ἐπεὶ ἔγνων τινὰς ἐξ ὑμῶν οὕτως ἔχοντας, ἀλλ' ὡς μικρότερος ὑμῶν θέλω προφυλάσσεσθαι ὑμᾶς* (cap. 11). Ebenso ad Trall. 8: *Οὐκ ἐπεὶ ἔγνων τοιοῦτόν τι ἐν ὑμῖν, ἀλλὰ προφυλάσσω ὑμᾶς ὄντας μου ἀγαπητούς.* Bei dem 3ten Kapitel des Briefes Polykarps haben wir auf die verschränkte Art aufmerksam gemacht, in welcher das Verhältniß von Glaube, Liebe und Hoffnung ausgedrückt wird. Spielereien mit diesen Begriffen, wobei die Klarheit des Gedankens nicht gerade gewinnt, sind bei dem falschen Ignatius häufig. Am nächsten kommt die Stelle ad Ephes. 14: Ὧν οὐδὲν λανθάνει ὑμᾶς, ἐὰν τελείως εἰς Ἰησοῦν Χριστὸν ἔχητε τὴν πίστιν καὶ τὴν ἀγάπην, ἥτις ἐστιν ἀρχὴ ζωῆς καὶ τέλος. Ἀρχὴ μὲν πίστις, τέλος δὲ ἀγάπη. Τὰ δὲ δύο ἐν ἑνότητι γενόμενα θεοῦ ἐστιν· τὰ δὲ ἄλλα πάντα εἰς καλοκἀγαθίαν. ἀκόλουθά ἐστιν. Οὐδεὶς πίστιν ἐπαγγελλόμενος ἁμαρτάνει, οὐδὲ ἀγάπην κεκτημένος μισεῖ (vgl. auch Magn. 13). Endlich ist noch die Phrase im 3ten Kapitel des Polykarp: ἐάν τις τούτων (nämlich Glaube, Liebe, Hoffnung) ἐντὸς ᾖ ganz der pseudoignatianischen Ausdrucksweise analog. Keinesweges ist dazu πλήρης zu ergänzen, sondern der Ausdruck ist wie ἐντὸς τοῦ θυσιαστηρίου εἶναι (Eph. 5. Trall. 7).

Wenn also die Interpolationen in dem Briefe des Polykarp von demselben Manne herrühren, der die bisher bekannten ignatianischen Briefe theils verfertigte, theils durch Ueberarbeitung vorgefundener zu den seinigen machte, so haben wir freilich einen ganz andern Standpunkt gewonnen gegenüber den Stellen jenes Briefes, welche sich direkt auf Ignatius beziehen. Wir müssen schließen, daß wenn der Verfälscher der ignatianischen Briefe sich auch Veränderungen an dem Briefe des Polykarp erlaubte, der Verdacht auch auf die Kapitel fällt, welche der Person und der Briefe des Ignatius erwähnen, und welche durch ihre Zeitangaben im Widerspruch mit den im Briefe enthaltenen Andeutungen über die Gnosis stehen. Dies trifft nun nicht nur das von Dalläus und Bunsen in Anspruch genommene 13te Kapitel, sondern auch das 9te und einige Sätze des ersten.

Das 9te Kapitel lautet: Παρακαλῶ οὖν πάντας ὑμᾶς πειθαρχεῖν τῷ λόγῳ τῆς δικαιοσύνης καὶ ἀσκεῖν πᾶσαν ὑπομονήν, ἣν καὶ ἴδετε κατ' ὀφθαλμοὺς οὐ μόνον ἐν τοῖς μακαρίοις Ἰγνατίῳ καὶ Ζωσίμῳ καὶ Ῥούφῳ, ἀλλὰ καὶ ἐν ἄλλοις τοῖς ἐξ ὑμῶν καὶ ἐν αὐτῷ Παύλῳ καὶ τοῖς λοιποῖς ἀποστόλοις· πεπεισμένους ὅτι οὗτοι πάντες οὐκ εἰς κενὸν ἔδραμον, ἀλλ' ἐν πίστει καὶ δι-

καιοσύνῃ· καὶ ὅτι εἰς τὸν ὀφειλόμενον αὐτοῖς τόπον εἰσὶ παρὰ τῷ κυρίῳ, ᾧ καὶ συνέπαθον. Οὐ γὰρ τὸν νῦν ἠγάπησαν αἰῶνα, ἀλλὰ τὸν ὑπὲρ ἡμῶν ἀποθανόντα καὶ δι' ἡμᾶς ὑπὸ τοῦ θεοῦ ἀναστάθέντα. Vorhergegangen waren folgende Sätze: *Μιμηταὶ οὖν γενώμεθα τῆς ὑπομονῆς αὐτοῦ (Χριστοῦ), καὶ ἐὰν πάσχωμεν διὰ τὸ ὄνομα αὐτοῦ, δοξάζωμεν αὐτόν. Τοῦτον γὰρ τὸν ὑπογραμμὸν ἔθηκε δι' ἑαυτοῦ καὶ ἡμεῖς τοῦτο ἐπιστεύσαμεν.* An und für sich liegt nichts Bedenkliches darin, daß nach Christus noch Märtyrer als Beispiele der Geduld zur Nachahmung vorgeführt werden. In dem vorliegenden Falle ist aber zuerst die Anknüpfung des Beispieles der Märtyrer an das Beispiel Christi so umständlich, daß der Verdacht der Einschiebung des Kapitels sich aufdrängt. Wenn doch der Verfasser schon im achten Kapitel die Pflicht der Geduld an dem Beispiele Christi nachgewiesen hat, und dieselbe noch an den Märtyrern veranschaulichen will, so ist der Eingang so außerordentlich weit hergeholt, als ob vorher noch gar nicht von der Geduld die Rede gewesen wäre. Die Erinnerung an das Wort der Gerechtigkeit zerreißt den Zusammenhang viel mehr, als daß sie ihn herstellte; wir müssen also gegen diese Eingangsformel den Verdacht erheben, daß mit ihr eine fremde Hand in den Zusammenhang eingegriffen hat. Ferner fällt auf, daß das Beispiel der Märtyrer einerseits so hervorgehoben wird, daß es das vorher angeführte Beispiel Christi förmlich in Schatten stellt, und daß doch andererseits das 10te Kapitel auf das Beispiel Christi zurückkommt: In his ergo state, et domini exemplar sequimini. Diese Inkongruenz zeigt sich zumal darin, daß in diesen Worten das Beispiel des Herrn in die zweite Reihe hinter das Muster der Märtyrer zurückgedrängt wird. Der Umstand ist ebenfalls ein Merkmal davon, daß das 9te Kapitel und mit ihm die zusammenfassenden Worte: in his state interpolirt sind. Denn die Worte: Domini ergo *exemplar* sequimini schließen sich als genaueste Folgerung an den Schlußsatz des achten Kapitels an: *Τοῦτον γὰρ ἡμῖν τὸν ὑπογραμμὸν ἔθηκε δι' ἑαυτοῦ, καὶ ἡμεῖς τοῦτο ἐπιστεύσαμεν.* Endlich begegnet uns im neunten Kapitel noch eine Probe der Mattigkeit des Styles, welche neben dem Bestreben, recht großartig zu schreiben, eine Eigenthümlichkeit des Interpolators resp. Verfassers der ignatianischen Briefe ist. Ich meine den verunglückten Gegensatz: *Οὗτοι πάντες οὐκ εἰς κενὸν ἔδραμον, ἀλλ' ἐν πίστει καὶ δικαιοσύνῃ* [1]. Das 9te Kapitel rührt also ohne Zweifel von demselben Manne her, dem wir die anderen Interpolationen zuschreiben mußten. Das Wichtigste in demselben ist nun die Anspielung auf die persönliche Bekanntschaft der philippischen Leser mit dem Ignatius, zu welcher die Gelegenheit bei der Durchreise des Märtyrers durch Philippi nach Rom gegeben worden sein muß. Wenn also feststeht, daß diese Hinweisung dem ursprünglichen Texte des Briefes fremd ist, wenn es ferner klar ist, daß das 13te Kapitel, welches mit dem 9ten in dieser Hinsicht übereinstimmt, und im Zusammenhange damit andeutet, daß der ganze Brief unmittelbar nach dem Tode des Ignatius geschrieben sei, — daß also dieses Kapitel dadurch in Widerspruch mit anderen Stellen geräth, in welchen Bezug auf gnostische Ideen genommen wird [2], die jünger sind als die Zeit des Ignatius und seines Todes, — so folgt, daß wir auch das 13te Kapitel zu den Interpolationen des Verfassers der falschen ignatianischen Briefe rechnen müssen.

In keinem andern Sinne können wir endlich die dritte gleich im Anfang des Briefes enthaltene Anspielung auf die Durchreise des Ignatius durch Philippi beurtheilen. Der Brief beginnt: *Συνεχάρην ὑμῖν μεγάλως ἐν κυρίῳ ἡμῶν Ἰησοῦ Χριστῷ, δεξαμένοις τὰ μιμήματα τῆς ἀληθοῦς ἀγάπης καὶ προπέμψασιν, ὡς ἐπέβαλεν ὑμῖν, τοὺς ἐνειλημμένους τοῖς ἁγιοπρεπέσι δεσμοῖς, ἅτινά ἐστι διαδήματα τῶν ἀληθῶς ὑπὸ θεοῦ καὶ τοῦ κυρίου ἡμῶν ἐκλελεγμένων, καὶ ὅτι ἡ βεβαία τῆς πίστεως ὑμῶν ῥίζα, ἐξ ἀρχαίων καταγγελλομένη χρόνων μέχρι νῦν διαμένει καὶ καρποφορεῖ εἰς τὸν κύριον*

1) Diese Manier führt in den ignatianischen Briefen mitunter zu völligem Unsinn. Vgl. Eph. 6. 14. 15. Magn. 11.

2) Cap. 6: *Πᾶς ὃς ἂν μὴ ὁμολογῇ Ἰησοῦν Χριστὸν ἐν σαρκὶ ἐληλυθέναι ἀντίχριστός ἐστιν καὶ ὃς ἂν μὴ ὁμολογῇ τὸ μαρτύριον τοῦ σταυροῦ, ἐκ τοῦ διαβόλου ἐστιν· καὶ ὃς ἂν μεθοδεύῃ τὰ λόγια τοῦ κυρίου πρὸς τὰς ἰδίας ἐπιθυμίας, καὶ λέγῃ μήτε ἀνάστασιν μήτε κρίσιν εἶναι, οὗτος πρωτότοκός ἐστι τοῦ σατανᾶ.*

ἡμῶν Ἰησοῦν Χριστόν. Die gesperrten Worte dieses Satzes, welche nur auf Ignatius sich beziehen können, enthalten zuvörderst eine Uebertreibung, indem sie den Empfang mehrerer Märtyrer in Philippi andeuten. Nun war zwar Ignatius nach mehreren Andeutungen in den Briefen (Philad. 11; Smyrn. 10. 13; Rom. 10) und im Martyrium (Kap. 5. 7) auf seiner Reise von mehreren Begleitern umgeben, diese wurden aber nicht, wie er, als Gefangene gefesselt geführt. Sind nun diese in der ausgesprochenen Mehrheit gemeint, oder wird an Wiederholungen des mit Ignatius eingetretenen Falles gedacht, in jedem Falle ist der Ausdruck übertrieben. Ferner ist die Art, wie die Beziehung auf die dem Ignatius erwiesene Gastfreundschaft in den an die Gemeinde wegen ihres allgemeinen christlichen Zustandes gerichteten Anfangsgruß sich eindrängt, schon an und für sich auffallend; im Verhältniß zu dem über Kap. 9 und 13 gewonnenen Resultate ist sie aber noch verdächtiger. Dazu kommt nun noch, daß auch in dieser Stelle ein Anklang an einen Ausdruck des falschen Ignatius vorkommt, wodurch es ganz unleugbar wird, daß auch dieser Satz mit den bisher aufgewiesenen Interpolationen zusammengehört. Die Bezeichnung der Fesseln als διαδήματα hat ihre einzige und vollgültige Parallele an dem Satze des falschen Ignatius: Τὰ δεσμὰ περιφέρω, τοὺς πνευματικοὺς μαργαρίτας (Eph. 11). Sehr gesucht ist ferner der Ausdruck τὰ μιμήματα τῆς ἀληθοῦς ἀγάπης, um die Märtyrer als Nachahmer Christi zu bezeichnen. Freilich ist diese Zusammenstellung nicht auch als pseudoignatianisch anzugreifen. Jedoch kann ich mich nicht enthalten, folgende Parallele dazu mitzutheilen. In dem Schreiben der smyrnäischen Gemeinde über den Märtyrertod des Polykarp heißt es gleich im Anfang: Περιέμενεν γάρ, ἵνα παραδοθῇ, ὡς καὶ ὁ κύριος, ἵνα μιμηταὶ καὶ ἡμεῖς αὐτοῦ γενώμεθα, μὴ μόνον σκοποῦντες τὸ καθ' ἑαυτούς, ἀλλὰ καὶ τὸ κατὰ τοὺς πέλας. Ἀγάπης γὰρ ἀληθοῦς ἐστιν, μὴ μόνον ἑαυτὸν θέλειν σώζεσθαι, ἀλλὰ καὶ πάντας τοὺς ἀδελφούς. Es ist zwar nicht streng zu beweisen, aber auch nicht außer dem Bereiche der Wahrscheinlichkeit, daß der oben angeführte Ausdruck des Interpolators eine Reminiscenz aus den vorliegenden Sätzen ist. Wenn man sich zu dieser Annahme entschließen dürfte, so würde dadurch auch wahrscheinlich, daß die Interpolation des Briefes des Polykarp, wie die der ignatianischen, nicht vor dem Tode des Polykarp, sondern circa 170 stattgefunden hat.

Fast möchte ich vermuthen, daß der Brief des Polykarp auch das fernere Schicksal der ignatianischen Literatur getheilt, und wenigstens eine Veränderung von dem Manne erfahren hat, welcher nicht nur die sieben Briefe weiter verfälscht, sondern ihre Zahl noch um einige neue vermehrt hat. Ich meine die Bezeichnung der Wittwen als θυσιαστήριον θεοῦ (Kap. 4), welche an und für sich schwer verständlich, und in unserem Brief leicht zu entbehren ist [1], die aber unter Anderen in dem pseudoignatianischen Briefe an die Tarsenser vorkommt.

Nach der Ausscheidung jener auf Ignatius sich beziehenden und von dem Ueberarbeiter der ignatianischen Briefe herrührenden Stellen fällt natürlich jeder Grund dafür weg, daß der Brief des Polykarp an die Philipper unecht sei. Vielmehr müssen wir ihn auch ohne das bestimmte Zeugniß des Irenäus für echt halten. Der Brief in der von den Interpolationen gereinigten Gestalt bildet eine vollkommene Einheit. Als Veranlassung desselben erscheint die Exkommunikation des Presbyters Valens und seiner Frau wegen Betruges an dem Gemeindevermögen; der Zweck des Briefes ist, die Gemeinde zur Versöhnlichkeit gegen Jene und zur Wiederaufnahme derselben nach überstandener Bußzeit zu bestimmen. Der übrige Inhalt ist eine sehr methodisch angelegte Belehrung über den ganzen Umfang der christlichen Ueberzeugungen und Pflichten. Auf die Grundwahrheiten des Glaubens (Kap. 1) wird die Erinnerung an die sittlichen Grundpflichten gebaut (Kap. 2). Dann folgen Specialvorschriften für alle Stände der Gemeinde (Kap. 4—6). Eine Gesammtermahnung leitet zur Warnung vor der doketischen Irrlehre über (Kap. 7); die Hinweisung auf die Hoffnung der Christen und

1) Cap. 4: (Διδάξωμεν) τὰς χήρας σωφρονούσας — γινωσκούσας, ὅτι εἰσὶ θυσιαστήριον θεοῦ καὶ ὅτι πάντα μωμοσκοπεῖται, καὶ λέληθεν αὐτὸν οὐδέν.

auf die durch Christus vorgebildete Geduld (Kap. 8) schließt den allgemeinen Theil des Briefs. Mit einer allgemeinen Ermahnung zur Milde (Kap. 10) wird dann die Besprechung des eigentlichen Gegenstandes des Briefes (Kap. 11.12) eingeleitet, der für die Verhältnisse jener Zeit von einer solchen Wichtigkeit war, daß Polykarp demselben wohl ein Schreiben widmen konnte. Natürlich ist dieser echte Brief nicht im Anfange des zweiten Jahrhunderts geschrieben, sondern da Polykarp bis 168 lebte, haben wir aus Rücksicht auf die Anspielungen auf die Gnosis nur das Recht, den Zeitraum von 140 — 168 festzustellen [1]), in welchem der Brief geschrieben sein muß. In seiner ursprünglichen Gestalt wird ihn Irenäus gekannt haben, ebenso, wie es wahrscheinlich ist, daß derselbe auch nur die drei echten Briefe des Ignatius gekannt hat.

Der Ueberarbeiter der letzteren hat den Brief des Polykarp offenbar darum in den Kreis seiner Thätigkeit gezogen, um durch die verhältnißmäßig unbedeutenden Veränderungen, welche er mit demselben vornahm, die an den Briefen des Ignatius vollbrachte großartige Fälschung zu verdecken. Durch den Brief des Polykarp an die Philipper ließ er sein mit dem Namen des Ignatius geschmücktes Werk in die Welt einführen in den Worten des 13ten Kapitels: *Τὰς ἐπιστολὰς Ἰγνατίου τὰς πεμφθείσας ἡμῖν ὑπ' αὐτοῦ καὶ ἄλλας, ὅσας εἴχομεν παρ' ἡμῖν, ἐπέμψαμεν ὑμῖν καθὼς ἐνετείλασθε· αἵτινες ὑποτεταγμέναι εἰσιν τῇ ἐπιστολῇ ταύτῃ.*

---

1) Hiedurch erledigt sich auch das Bedenken Schweglers gegen die Echtheit (a. a. O. 2. Th. S. 156), daß der Ausdruck *πρωτότοκος τοῦ σατανᾶ* auf die Antwort des Polykarp an Markion in Rom anspiele. Denn dieser Ausdruck könne nicht schon vorher in einem 40 Jahre ältern Briefe gebraucht worden sein, sondern gebe sich als Nachbildung eines Fälschers zu erkennen. Vielmehr beweist dieser Ausdruck nur, daß Polykarp auch sonst die Ansicht von den Gnostikern hegte, welche er gegen Markion bei seiner persönlichen Begegnung mit ihm aussprach (Iren. Adv. haer. III, 3).

Register.

Berichtigungen.

S. 118. Z. 8 v. u. anstatt: und dem Glauben lies: und der Gerechtigkeit im Glauben.

S. 162. Z. 2 v. u. anstatt: ein Sühnopfer lies: ein Sühnopfer des großen Versöhnungstages.

S. 163. Z. 2 v. o. anstatt: zu Sühnopfern lies: zu solchen Sühnopfern.

S. 235. Z. 9 v. o. lies: 16 Meilen.

Gedruckt bei Carl Georgi in Bonn.

Zeitfracht Medien GmbH
Ferdinand-Jühlke-Straße 7
99095 Erfurt, Deutschland
produktsicherheit@kolibri360.de